Stephan A. Jansen · Eckhard Schröter · Nico Stehr (Hrsg.)

Transparenz

zu | schriften der Zeppelin University
zwischen Wirtschaft, Kultur und Politik

Stephan A. Jansen
Eckhard Schröter · Nico Stehr (Hrsg.)

Transparenz

Multidisziplinäre Durchsichten
durch Phänomene und Theorien
des Undurchsichtigen

Unter Mitarbeit von Cornelia Wallner

VS VERLAG

Bibliografische Information der Deutschen Nationalbibliothek
Die Deutsche Nationalbibliothek verzeichnet diese Publikation in der
Deutschen Nationalbibliografie; detaillierte bibliografische Daten sind im Internet über
<http://dnb.d-nb.de> abrufbar.

1. Auflage 2010

Alle Rechte vorbehalten
© VS Verlag für Sozialwissenschaften | Springer Fachmedien Wiesbaden GmbH 2010

Lektorat: Frank Engelhardt

VS Verlag für Sozialwissenschaften ist eine Marke von Springer Fachmedien.
Springer Fachmedien ist Teil der Fachverlagsgruppe Springer Science+Business Media.
www.vs-verlag.de

Das Werk einschließlich aller seiner Teile ist urheberrechtlich geschützt. Jede
Verwertung außerhalb der engen Grenzen des Urheberrechtsgesetzes ist
ohne Zustimmung des Verlags unzulässig und strafbar. Das gilt insbesondere
für Vervielfältigungen, Übersetzungen, Mikroverfilmungen und die Einspeicherung
und Verarbeitung in elektronischen Systemen.

Die Wiedergabe von Gebrauchsnamen, Handelsnamen, Warenbezeichnungen usw. in diesem
Werk berechtigt auch ohne besondere Kennzeichnung nicht zu der Annahme, dass solche
Namen im Sinne der Warenzeichen- und Markenschutz-Gesetzgebung als frei zu betrachten
wären und daher von jedermann benutzt werden dürften.

Umschlaggestaltung: KünkelLopka Medienentwicklung, Heidelberg

Printed in Germany

ISBN 978-3-531-17435-8

Inhalt

Nico Stehr und Cornelia Wallner
Transparenz: Einleitung 9

Wirtschaft

Cornelia Wallner
Einführung: Wirtschaft und Transparenz 20

Stephan A. Jansen
Undurchsichtige Transparenz – Ein Manifest der Latenz.
Oder was wir aus Terrornetzwerken, von Geldautomatensprengungen
und Bankenaufsicht lernen könnten 23

Lucia A. Reisch
Von blickdicht bis transparent: Konsum 2.0 41

Helmut Willke
Transparency after the Financial Crisis.
Democracy, Transparency, and the Veil of Ignorance 56

Ekaterina Svetlova
„What you see is what you get; what you don't see gets you":
Transparenz in den Zeiten der Finanzkrise 82

Steven Sampson
Diagnostics:
Indicators and Transparency in the Anti-Corruption Industry 97

Dirk Baecker
Das Quantum Management 112

Kultur

Cornelia Wallner
Einführung: Kultur und Transparenz 131

Ulrich Ufer
Transparency, Opacity and Status Presentation
in the Early Modern City 134

Ortwin Renn
Wer hat Angst vor Risiken?
Wahrnehmung und Bewertung von Risiken in der Bevölkerung 152

Remigius Bunia
Die Transparenz intransparenter Rhetorik.
Die Verständlichkeit politischer Kommunikation
und Shakespeares Julius Caesar 163

Ninette Rothmüller
Transparenting Traces –
Human Vulnerability as Challenge to Biobanking 177

Amy Kind
The Transparency of Conscious Experience 200

Birger P. Priddat
Ernähren, Essen, Schmecken, Genießen.
Über kulturelle Formen der Transparenz 215

Joachim Landkammer
„Tückisch trübe" – In/transparenz und Tod.
Schubert, Schubart und andere 239

Gertraud Koch und Nina Ritzi-Messner
(In-) Transparenz telematischer Kommunikationsinfrastrukturen.
Realfigur, Virtualfigur und Infosozialität des Avatars 269

Politik

Cornelia Wallner
Einführung: Politik und Transparenz 281

Piotr Sztompka
Does Democracy Need Trust, or Distrust, or Both? 284

Klaus Kornwachs
Transparenz in der Technik 292

Armin Grunwald
Transparenz in der Technikfolgenabschätzung.
Konzeptionelle Erwartungen und ihre Einlösung 309

Dirk Tänzler
Transparency International.
Von der Moralinstitution zur Politikberatungsagentur –
Professionalisierungsstrategien in einer globalen Nonprofit-Organisation 330

Tero Erkkilä
Transparency and Nordic Openness:
State Tradition and New Governance Ideas in Finland 348

Andreas Schmidt
Transparenz zur Korruptionsbekämpfung durch E-Government 373

Jörn von Lucke
Transparenz 2.0 – Transparenz durch E-Government 396

Steve Fuller
Be Tansparent Only in Your Ends, Never Your Means 413

Zu den Autorinnen und Autoren 421

Personenregister 429

Sachregister 435

Transparenz: Einleitung

Nico Stehr und Cornelia Wallner

Transparenz ist eines dieser gesellschaftlichen Phänomene, das wünschenswert erscheint und dann auch wieder nicht. Anscheinend widersprüchliche Beobachtungen zur Transparenz verdeutlichen das unmittelbar: Eine Gesellschaft, in der es keine Geheimnisse gibt, ist unrealistisch. Geheimnisse „als bewußt gewolltes Verbergen" (Simmel [1908] 1992: 392) sind ein unverzichtbarer Teil gesellschaftlichen Zusammenlebens (Bok [1983] 1989). Andererseits erfordert es, insbesondere in der Gegenwart, enorme Ressourcen, um Informationen und Erkenntnisse geheim zu halten (siehe Gallison 2004). Paradoxerweise sind es gerade umfassende Geheimhaltevorschriften, die in demokratischen Gesellschaften als *Angriff* auf die Demokratie und in autokratischen Gesellschaften als *Motor* der Demokratisierung verstanden werden, und somit insgesamt den Anreiz erhöhen, Geheimnisse öffentlich zu machen. Wir wissen außerdem, wie Heinrich Popitz (1968: 18) für die Institution des Rechts gezeigt hat, dass eine „totale Verhaltenstransparenz menschlicher Gesellschaften" ebenso unmöglich ist wie ein „Normensystem, das die Entdeckung aller Normbrüche aushalten würde".

Trotz oder gerade wegen ihrer essenziellen Strittigkeit ist Transparenz einer der Schlüsselbegriffe der Gegenwart. Die Forderung nach Transparenz als moralisches und politisches Gebot findet sich in so disparaten Zusammenhängen wie in der Geldpolitik, den Unternehmen, den Medien, der Sicherheit, der Gesundheit, den Menschenrechten, in der demokratischen Staatsführung oder der Umweltproblematik; und es formieren sich nationale und internationale Organisationen, die sich der Durchsetzung von Transparenz widmen (z.B. Transparency International). Die Externalisierung von Interna hat gerade erst begonnen. Wir leben somit, wie verschiedentlich behauptet wird, in einem Zeitalter der Transparenz (z.B. Sharman 2009). Es wird aber vor allem darauf ankommen, die Ergebnisse transparenten Handeln zu durchschauen, sie sinnvoll zu interpretieren (vgl. Wallace 2009).

In unserer Einleitung versuchen wir, knapp gefasst die besondere Komplexität und die Ambivalenz des Transparenzbegriffs aufzuzeigen sowie die Forderung nach Transparenz sozialen Verhaltens in unterschiedlichen Institutionen der modernen Gesellschaften zu skizzieren und auf die essenzielle Zerbrechlichkeit oder Überforderung von transparentem Handeln zu verweisen. Wir konzentrieren uns auf die Bereiche Politik sowie Wirtschaft.

1 Die Öffnung sozialen Verhaltens

> Alle Demokratie wird die Publizität für den an sich wünschenswerten Zustand halten, von der Grundvorstellung aus: daß jeder diejenigen Ereignisse und Verhältnisse, die ihn angehen, auch kennen solle – da dies die Bedingung davon ist, daß er über sie mit zu beschließen hat; und jedes Mitwissen enthält auch schon die psychologische Anreizung, mittun zu wollen.
>
> *Georg Simmel ([1908] 1992: 413)*

Die politische Theorie Jean Jaques Rousseaus wird häufig als Vorreiter bzw. als Rechtfertigung für moderne Transparenzpolitiken ins Feld geführt. Jean Starobinskis (1988: 153) einflussreiche Studie über Jean-Jacques Rousseau: *Transparency and Obstruction* kommt beispielsweise zu dem Schluss, dass Rousseau ein Befürworter von umfassender Transparenz und unmittelbarer Kommunikation ist. Die politische Philosophie Rousseaus zielt darauf ab, ein direktes, unzweifelhaftes und ungestörtes Verständnis zwischen Bürgern herzustellen.

Was genau ist mit Transparenz, auch im politischen Sinne, gemeint? Vereinfacht ausgedrückt ist Transparenz „(...) a state in which we experience things, ourselves and other people as they really are, in which appearance corresponds to reality" (Marks 2001: 623). Damit wird deutlich, dass jede differenzierte Gesellschaftsform, anders als der harmonische Rousseau'sche Naturzustand (die Menschen fanden Sicherheit in ihrer Fähigkeit, den Anderen zu durchschauen) eine Gefährdung umfassender Transparenz sein muss. Ökonomische Ungleichheit, psychologische Abhängigkeit oder räumliche Distanz sind Bedingungen für die Zerbrechlichkeit der Transparenz. Zu diesen Bedingungen zählt auch die Herausbildung von Schamgefühlen, die Anlass sind, das Verhalten nicht durchsichtig oder öffentlich zu machen. Deshalb spricht Michel Sandel (1996) in seiner Interpretation der Rousseau'schen Idealvorstellung von Transparenz auch von einer „sprachlosen Transparenz". Die Zivilisation ist immer eine mehr oder weniger intransparente Veranstaltung. Rousseau ist Realist genug, um zu wissen, dass eine Rückkehr zum der Naturzustand unmöglich und die mangelnde Transparenz der Preis für die Entwicklung und Praxis der Zivilisation ist. Zu seinem Bedauern ist es anscheinend unvermeidbar, dass „every particular society, when it is narrow and unified, is estranged from the all-encompassing society. Every patriot is harsh to foreigners. They are only men. They are nothing in his eyes" (Rousseau [1762] 1979: 39, IV, 248; vgl. Marks 2001: 628).

In komplexen Gesellschaften kann Transparenz ein Mittel zur Reduktion von Unsicherheiten in der Beurteilung von Handlungen, Gütern, und Dienstleistungen sein. Derartige Unsicherheiten könnten aber auch durch Vertrauen reduziert werden. So spricht etwa Luhmann (Luhmann 1989: 32) von Vertrauen als einem Mechanismus zur Reduktion sozialer Komplexität. Giddens (1990: 29ff. und 83ff.) charakterisiert die Gegenwart als „High-trust-Zeit", in der Vertrauen der kennzeichnende Begriff ist, im Unterschied zu traditionellen Gesellschaften, in denen „Gewissheit" kennzeichnend war. Die Forderung nach mehr Transparenz ist damit zugleich Ausdruck abnehmenden Vertrauens (etwa in Politik) und die Wendung hin zu Gewissheit. Nun stellt sich aber die Frage, inwieweit Komplexität zusätzlich entsteht, wenn Transparenz und damit wesentlich mehr Informationen an die Stelle von Vertrauen treten.

Durch die modernen Massenmedien, jüngst durch das Internet, wurde es sukzessive möglich, das Öffentliche in das Private zu holen; insbesondere durch die elektronischen Massenmedien hat die Außenwelt Einzug gehalten in den privaten Lebensbereich. Richard Sennett (1987) spricht in diesem Zusammenhang auch vom „Paradoxon von Isolation und Sichtbarkeit", das durch die elektronischen Medien entsteht. Durch neue Kommunikations- und Öffentlichkeitsforen kehrt sich dieses Paradoxon aber auch in die Gegenrichtung: Es kommt ebenso zu einer Veröffentlichung privater Kommunikationsinhalte in öffentlich zugänglichen Medien; ein Teil des individuellen Lebens wird damit gegenüber Anderen sichtbar gemacht. Der Grad der eigenen Transparenz liegt dabei aber noch weitestgehend in der Entscheidungsbefugnis des Einzelnen (etwa im Unterschied zur staatlich oder gesellschaftlich geforderten Transparenz von Daten des Individuums).

Die Grenzen dessen, was transparent gemacht werden soll, sind keine vorab definierten, sondern ein Produkt sozialer Ausverhandlungsprozesse. Immer wieder zeigen gesellschaftliche Debatten oder Gesetzesänderungen diese permanente Ausverhandlung der Grenzen zwischen Transparenz und Intransparenz, zwischen erlaubter Privatheit, erlaubter oder mitunter auch erwünschter Intransparenz und allgemein geforderter Offenlegung. Ein Beispiel dafür ist die Datenweitergabe in Bezug auf das Bankgeheimnis oder Flugreisen. Dennoch bleibt das Paradoxon: „das Unsichtbare sichtbar zu machen, ist kein unschuldiges Unterfangen" (Strathern 2000: 309). In einer Welt, in der sich die meisten Menschen über unterschiedlich gelagerte Interessen bei verschiedenen Akteursgruppen bewusst sind, kann in dem Ruf nach Transparenz schnell ein partikuläres Eigeninteresse und eine strategische Motivation vermutet werden. In diesem Sinne kann von einer „Tyrannei der Transparenz" gesprochen werden, beispielsweise im Bereich wissenschaftlicher Forschung und im Hochschulunterricht (Strathern 2000; Jansen/Sulmasy 2003), aber auch bei der notwendigen Offenlegung der Sponsoren von Forschungsprojekten, von Daten (etwa ihre Archivierung) und Forschungsanordnungen (vgl. Paul 2009) oder persönlichen bzw. kollektiven Interessenkonflikten.

2 Transparenz und Politik

Transparenz in Regierungsangelegenheiten und öffentlichkeitsrelevanten Prozessen ist in demokratischen Gesellschaften zur sine-qua-non und zu einer von allen Parteien getragenen Forderung geworden, sodass sich der Bürger inzwischen auf eine Reihe von Gesetzesnormen zum Zugang von Informationen und Entscheidungsgrundlagen berufen kann (z.B. dem Informationsfreiheitsgesetz). Obwohl damit im Prinzip viele Informationen zur Verfügung stehen, sperren sich Organisationen offensichtlich gegen Offenheit, da bestimmte Informationen angeblich von keinerlei öffentlichem oder privatem Interesse sind. Insgesamt ist hier zwischen den „administrativen Privilegien" (der Sicherheit, der Verschwiegenheit) und den Anforderungen der Transparenz bzw. ihren nicht-intendierten Folgen abzuwägen (siehe Prat 2005; Pasquier/Villeneuve 2007; Lessig 2009).[1]

Welches sind die Interessen der Öffentlichkeit an der Transparenz von Regierungsaktivitäten? Es kann sich dabei um finanzielle Interessen, Gesundheits- und Sicherheitsinteressen, die Einsicht in spezifische politische Angelegenheiten, Zugangschancen (vgl. Long/Saenz/Tienda 2010) und um ein generelles Verlangen nach Offenheit handeln. Zur Forderung des Bürgers nach mehr

---

1 Lawrence Lessig (2009: 37) macht darauf aufmerksam, dass, wie er dies nennt, „the naked transparency movement marries the power of network technology to the radical decline in the cost of collecting, storing, and distributing data. Its aim is to liberate that data, especially government data, so as to enable the public to process it and understand it better, or at least differently." Allerdings ist denkbar, dass ein umfassendes Angebot solcher Informationen, beispielsweise über Wahlkampfspenden, einen schon vorher existierenden politischen Zynismus über die Käuflichkeit von Politikern eher verstärkt als zum besseren Verständnis der Bedingungen politischer Entscheidungen beizutragen.

Transparenz führt typischerweise, neben seinem Alter, seiner politischen Ausrichtung, dem Vertrauen in Politikakteure und der Häufigkeit von Anfragen an die Politik oder die lokale Regierung insbesondere auch die durch den Transparenzdiskurs selbst hervorgerufene Wahrnehmung, es herrsche nicht genügend Offenheit (vgl. Piotrowski/Van Ryzin 2007).

Aus demokratietheoretischer Sicht ist Transparenz eine unbedingte Voraussetzung, damit eine Meinungs- und Willensbildung durch informierte Bürger möglich ist. So ist etwa in der (idealtypischen) Konzeption politischer Diskursöffentlichkeit bei Habermas (u.a. 1996) die Offenlegung der Informationen überhaupt die Voraussetzung, dass es zur Durchsetzung des besten Arguments und damit zur Entscheidungsfindung im Sinne des Gemeinwohls kommen kann. Der Zugang zu Informationen und deren genaue Überprüfung sind spezifische Problemfelder der Transparenz. Sind z.B. die EU-Verfahren und EU-Gesetzgebungen transparent genug, dass sie einer demokratischen Kontrolle durch die Bürger unterliegen könnten? Oder leiden diese Strukturen an einem substanziellen Transparenz-Defizit (Heard-Lauréote 2007)? Ein solches Defizit, das der EU-Politik zuweilen unterstellt wird, geht einher mit einem Mangel an (politischer) Öffentlichkeit für Belange der EU und mit einem Aufmerksamkeitsdefizit nationalstaatlich orientierter Öffentlichkeiten für Angelegenheiten, die sich auf den Geltungsbereich der EU beziehen. Wenngleich unter nationalstaatlichen Öffentlichkeiten eine Zunahme wechselseitiger Aufmerksamkeit für andere EU-Staaten und EU-Angelegenheiten festzustellen ist, so fehlt es doch weiterhin an jenem Öffentlichkeitsforum, das die Möglichkeit für politische Transparenz in einem den nationalen Öffentlichkeitsforen vergleichbaren Maße bietet (vgl. Gerhards 2002; Pfetsch/Adam/Eschner 2008).

Zugleich stellt sich die Frage nach der notwendigen Transparenz in politischer Rhetorik generell. Inwieweit ist eine völlig „transparente Politik" möglich und wie sieht die Kommunikation von Politik in einer Zeit der Professionalisierung politischer Kommunikation und des „Spin doctoring" aus? Studien zeigen, dass es bei politischer Kommunikation mehr um die Verpackung der Inhalte als um die Inhalte selbst geht. Zugleich ist von einer „Verflachung des Diskurses" die Rede, in dem Details und Hintergründe zunehmend ausgespart bleiben (vgl. Meyer 2002; Sarcinelli 1998). An dieser Entwicklung sind die beiden aktiven Seiten des Kommunikationsprozesses beteiligt: der Politiker als Kommunikator wie der Journalist als Vermittler und Kommentator. Sind im Sinne der Logik politischer Öffentlichkeit, die eine umfassende Information zur Meinungs- und Willensbildung voraussetzt, die Bürger demnach überhaupt noch in der Lage, politische Wahl-Entscheidungen zu treffen, wenn doch offensichtlich nicht alle Informationen in transparenter Weise zur Verfügung gestellt werden? Dabei ist Transparenz zum Schlagwort und zur politischen Direktive geworden, um Korruption in ressourcenreichen Entwicklungsländern einzudämmen, z.B. über die „Extractive Industries Transparency Initiative". Allerdings können solche Initiativen allein das Problem nicht lösen, sondern müssen Hand in Hand gehen mit anderen Maßnahmen (Kolstad/Wiig 2009).

Obwohl Transparenz immer wieder als Vorteil für die Einhaltung und Effektivität internationaler „Regimes" gepriesen wird, so lassen doch sehr viele Schlüssel-„Regimes" Transparenz vermissen: Regierungen wie auch NGO-Akteure legen ihr eigenes Vorgehen nicht offen oder stellen es gar selbst unter Beobachtung. NPOs müssen sich, nicht zuletzt aus Eigeninteresse, mehr und mehr für ihre Finanzen rechtfertigen und diese offenlegen. Darunter auch die Kirchen, die ihre Finanzen traditionell sehr intransparent und in großer Eigenständigkeit verwalten. Die Praktiken der Erzdiözese von Boston können hier als beispielhafte Antwort auf diese neuen Anforderungen genannt werden (McCarthy 2007).

Wo gibt es die anscheinend vorhandenen prinzipiellen Grenzen der politischen Transparenz? Wo ist selbst eine radikale Offenlegung von Informationen und Wissen nur bedingt Grundlage einer demokratischen Teilhabe an politischen Entscheidungen? Es geht um die Frage der Verständlichkeit von offenliegendem Wissen und Informationen (siehe auch Laud/Scheppers 2009).

Eine Reihe von prominenten Wissenschaftlern, wie zum Beispiel Richard Lewontin, Harry Kroto, Immanuel Wallerstein und Mancur Olsen, ist repräsentativ für eine wachsende Zahl von Stimmen und Überlegungen in der scientific community, die den zunehmenden Gebrauch von aktuellen, vor allem naturwissenschaftlichen Erkenntnissen nicht nur durch die Regierungen, sondern auch als Instrument der Politik skeptisch kommentieren, und damit vor allem auf die massive Zunahme des Unvermögens breiter Bevölkerungsschichten in vielen entwickelten Gesellschaften verweisen, sich an den demokratischen Entscheidungsprozessen zu beteiligen. Folgt man diesen Annahmen sowie der Standardprämisse, dass eine demokratische Regierungsform von der Teilnahme großer Bevölkerungsschichten abhängt, ist der „Normalbürger" anscheinend auch des Vermögens beraubt,[2] rational in einen Diskurs über moderne Wissenschaft und Technologie sowie ihre sozialen Folgen einzutreten.

---

2 Außer der Fähigkeit, in ein Diskursfeld einzutreten, ist da auch noch die Frage des Wunsches nach einem aktiven Eintritt in ein solches Feld. Psychologisch gesehen dürften Fähigkeit und Wunsch interagieren und je nach Person und Gegenstand variieren.

In der häufigen Klage über das Ausmaß der Entmündigung, der die Mehrheit der Bürger in modernen Gesellschaften durch den Zuwachs an und die Nutzung von Spezialwissen unterliegt, laufen die Fragen zu den vielfältigen Zusammenhängen zwischen Wissen und Demokratie zusammen, mit denen wir uns in diesem Zusammenhang nicht im Einzelnen befassen können. Auf jeden Fall stellen sich folgende Fragen: Ist es wirklich so, dass es keinen Ausweg aus dem Dilemma der Abtretung unseres Urteilsvermögens an die selbsternannten Expertengemeinschaften gibt? Ist es wirklich der Fall, dass die meisten Mitglieder der modernen Gesellschaft nicht genug wissen, um z.b. kompetent am politischen Diskurs teilnehmen zu können?[3] Ist es in der Tat der Fall, dass trotz der erleichterten Zugänglichkeit zum Spezialwissen die Unverständlichkeit von Wissen und Information eine der unvermeidlichen Grenzen der Forderung nach Transparenz im politischen System ist?

3 Transparenz, Ökonomie und Märkte

Wissenschaftliche, politische und gesellschaftliche Diskurse zur Transparenz von ökonomischen Transaktionen generell, über die Auswirkungen der Globalisierung auf nationale Transparenzstandards (vgl. Oxelheim 2010), den Herstellungsprozess von Waren, die allgemeine Markttransparenz oder Forderungen nach staatlichen und zwischenstaatlichen Regularien von Transparenz der Märkte sind hervorstechende Themen der Gegenwart. Diese lebhaften Diskussionen werden selbstverständlich von der gegenwärtigen Wirtschafts- und Finanzkrise angeheizt, zumal als eine der Ursachen der Krise die mangelnde Transparenz von Finanztransaktionen ausgemacht wird. Transparenz im ökonomischen Kontext kann wie folgt definiert werden: „The ability of the principal to observe how the agent behaves and the consequences of the agent's behaviour" (Prat 2005: 862). Obwohl Bengt Holström (1979) feststellt, dass Transparenz die Rechenschaftspflicht zwischen Principal und Agent deutlich erhöht, ist die tatsäch-

---

3   Russell Hardin (2002: 214) meint, zur Beantwortung dieser Frage sei vor allem das nötig, was er eine „street-level epistemology" nennt, also eine auf den „Mann auf der Straße" zugeschnittene Wissenstheorie. Anders als die übliche philosophische Epistemologie richte eine „Streetlevel"-Epistemologie ihren Blick auf das, was bei normalen Bürgern als Wissen zähle, und nicht auf das, was Wahrheitsbehauptungen begründe. Für Hardin ist eine „street-level epistemology" im wesentlichen eine ökonomische Erkenntnistheorie, da es bei ihr nicht um Wahrheit geht, sondern um Brauchbarkeit; die relevanten Folgen, die Teil einer solchen ökonomischen Erkenntnistheorie sind, schließen Kosten und Nutzen des Erwerbs und der Anwendung von Wissen insgesamt ein.

liche Transparenz z.B. im Portfolio-Management zwischen Portfolio-Manager und Investor trotz vorhandener kostengünstiger Veröffentlichungstechniken über das Internet als sehr gering anzusehen. Andererseits sind Zentralbanken in den vergangenen Jahren stets transparenter geworden (Geraats 2002). Transparenz auf Finanzmärkten kann als Zentralisierung des Marktes verstanden werden. Derartige Transparenz ist dann hilfreich für Risiko vermeidende Investoren, denn sie müssen nicht mit der Unsicherheit unbekannter fremder Einpreisung leben. Umgekehrt ist zu fragen, ob Transparenz als Zentralisierung sogar schädigende Auswirkungen auf die Liquidität und den Wohlstand haben kann (vgl. De Frutos/Manzano 2002).

Transparenz hat auch Einfluss auf das Konsumentenverhalten. Studien zeigen, dass Verbraucher extern angebotenen Informationen mehr Vertrauen schenken, besonders, wenn diese in einem „high transparency context" präsentiert werden (Miao/Mattila 2007). Bei Vertrauensgütern wiederum, deren Nutzen bzw. Qualität auch nach dem Konsum nicht vollständig überprüft werden kann und bei denen das Vertrauen in die Qualität meist deren Überprüfung ersetzt, besteht Intransparenz aufgrund der Informationsasymmetrie. Der Produzent oder Anbieter eines Gutes verfügt über wesentlich mehr Informationen als der Interessent oder Käufer. Die fehlenden Informationen werden bei der Kaufentscheidung durch Vertrauenszuschreibungen durch den Käufer ersetzt. (Dies ist mit ein Grund für das Funktionieren des „Brandings".) Durch vermehrte Transparenz wird das erforderliche Vertrauen reduziert, da sich die Informationsasymmetrie verringert. Es stellt sich die Frage, ob durch Transparenz in der Konsumgüterindustrie dieses bislang notwendige Vertrauen in den individuellen Nutzen bzw. in die Qualität von Produkten weiterhin notwendig ist, wie weit diese Transparenz gehen kann und ob Transparenz Vertrauensgüter obsolet machen kann.

Über das Feld der Transparenz wird es für Unternehmen zur Aufgabe, sich ihrer Umweltverantwortung zu stellen, über Geldtransfers Rechnung abzulegen, Einkommen aus Investitionen zu erklären etc. (vgl. Williams 2005). Es ist strittig, ob die Transparenz-Prüfung („transparency-review") wirklich in höherem Maß zur Rechenschaft einer Organisation oder Verantwortlichkeit ihrer Mitarbeiter führt. Stattdessen spricht viel dafür, dass Transparenz-Prüfungen das Verhalten in dem Sinne verändern, dass Ergebnisse den Anforderungen der Prüfung genügen, sie aber nicht unbedingt transparenter sind. „(...) a particular version of the internal dynamics of the organization" (Neyland 2007: 499) wird zur transparenten Wirklichkeit erklärt. Transparenz von und in Unternehmen wird demnach nicht durch objektiv transparente Prozesse, sondern durch eine Reihe von unsicheren und unzusammenhängenden ad-hoc Prozessen erreicht (vgl. Neyland 2007).

Diese Skizzen zeigen die Komplexität und Ambivalenz der Transparenz auf. Es bleibt festzuhalten: Transparenz an sich ist weder immer vorteilhaft noch ausschließlich mit Nachteilen behaftet. Worauf es ankommt ist, die Ergebnisse der Transparenz durchsichtig zu machen. Diese Arbeit kann uns nicht erspart bleiben.

Literatur

Bok, Sissela ([1983] 1989): *Secrets. On the Ethics of Concealment and Revelation*, New York, New York: Vintage Books.

DeFrutos, Angeles M./Manzano, Carolina (2002): Risk Aversion, Transparency, and Market Performance, in: *The Journal of Finance* 57 (2), 959-984.

Galison, Peter (2004): Removing Knowledge, in: *Critical Inquiry* 31, 229-243.

Geraats, Petra M. (2002): Central Bank Transparency, in: *The Economic Journal* 112 (483), F532-F565.

Gerhards, Jürgen (2002): Das Öffentlichkeitsdefizit der EU im Horizont normativer Öffentlichkeitstheorien, in: Kaelble, Hartmut/Kirsch, Martin/Schmidt-Gering, Alexander (Hrsg.): *Transnationale Öffentlichkeiten und Identitäten im 20. Jahrhundert*, Frankfurt am Main: Campus, 135-158.

Giddens, Anthony (1990): *The Consequences of Modernity*, Cambridge: Polity Press.

Habermas, Jürgen (1996): Drei normative Modelle der Demokratie, in: ders.: *Die Einbeziehung des Anderen. Studien zur politischen Theorie*, Frankfurt am Main: Suhrkamp, 277-292.

Hardin, Russell J. (2002): Street-Level Epistemology and Democratic Participation, in: *The Journal of Political Philosophy* 10, 212-229.

Heard-Lauréote, Karen (2007): A Transparency Gap? The Case of European Agricultural Committee Governance, in: *Public Policy and Administration* 22 (2), 239-258.

Jansen, Lynn A./Sulmasy, Daniel P. (2003): Bioethics, Conflicts of Interest, the Limits of Transparency, in: *The Hastings Center Report* 33 (4), 40-43.

Kolstad, Ivar/Wiig, Arne (2009): Is Transparency the Key to Reducing Corruption in Resource-Rich Countries?, in: *World Development* 37 (3), 521-532.

Laud, Robert L./Donald H. Scheppers (2009): Beyond Transparency: Information Overload and a Model for Intelligibility, in: *Business and Society Review* 114, 365-391.

Lessig, Lawrence (2009). Against Transparency, in: *The New Republic* (October 21), 37-44.

Long, Mark C./Victor Saenz/Mata Tienda (2010): Policy Transparency and College Enrolment: Did the Texas Top Ten Percent Law Broaden Access to Public Flagships?, in: *The Annals of the American Academy of Political and Social Science* 627, 82-105.

Luhmann, Niklas (1989): *Vertrauen. Ein Mechanismus der Reduktion sozialer Komplexität*, 3.durchges. Auflage, Stuttgart: Enke.

Marks, Jonathan (2001): Jean-Jacques Rousseau, Michael Sandel and the Politics of Transparency, in: *Polity* 33 (4), 619-642.

McCarthy, Jack (2007): The Ingredients of Financial Transparency, in: *Nonprofit and Voluntary Sector Quarterly* 36 (1), 156-164.

Meyer, Thomas (2002): Mediokratie – Auf dem Weg in eine andere Demokratie?, in: *Politik und Zeitgeschichte* (Beilage zu *Das Parlament*) 15-16 (12./19.April), 7- 14.

Miao, Li/Mattila, Anna S. (2007): How and How Much To Reveal? The Effects of Price Transparency on Consumers' Price Perceptions, in: *Journal of Hospitality & Tourism Research* 31 (4), 530-545.

Mitchell, Ronald B. (1998): Sources of Transparency: Information Systems in International Regimes, in: *International Studies Quarterly* 42 (1), 109-130.

Neyland, Daniel (2007): Achieving Transparency: The Visible, Invisible and Divisible in Academic Accountability Networks, in: *Organization* 14, 499-516.

Oxelheim, Lars (2010): Globalization, Transparency and Economic Growth: The Vulnerability of Chinese Firms to Macroeconomic Shocks, in: *Journal of Asian Economics* 21, 66-75.

Pasquier, Martial/Villeneuve, Jean-Patrick (2007): Organizational Barriers to Transparency: a Typology and Analysis of Organizational Behaviour Tending to Prevent or Restrict Access to Information, in: *International Review of Administrative Sciences* 73 (1), 147-162.

Paul, M. (2009): On Transparency, Responsibility, and Accountability, in: *Clinical Microbiology and Infection* 15, 1100-1102.

Pfetsch, Barbara/Adam, Silke/Eschner, Barbara (2008): The Contribution of the Press to Europeanization of Public Debates. A Comparative Study of Issue Salience and Conflict Lines of European Integration, in: *Journalism. Theory, Practice & Criticism* 9 (4), 465-492.

Piotrowski, Suzanne J./Van Ryzin, Gregg G. (2007): Citizen Attitudes Toward Transparency in Local Government, in: *The American Review of Public Administration* 37 (3), 306-323.

Popitz, Heinrich (1968): *Über die Präventivwirkung des Nichtwissens. Dunkelziffer, Norm und Strafe*, Tübingen: J.C.B. Mohr (Paul Siebeck).

Prat, Andrea (2005): The Wrong Kind of Transparency, in: *The American Economic Review* 95 (3), 862-877.

Rousseau, Jean-Jacques ([1762] 1979): *Emile, or On Education*, Translation Allan Bloom, New York, BasicBooks.

Sandel, Michael (1996): *Democracy's Discontent: America in Search of a Public Philosophy*, Cambridge, Massachusetts: Harvard University Press.

Sarcinelli, Ulrich (1998): Politische Inszenierung im Kontext des aktuellen Politikvermittlungsgeschäfts, in: Arnold, Sabine R./Fuhrmeister, Christian/Schiller, Dietmar (Hrsg.): *Politische Inszenierung im 20. Jahrhundert. Zur Sinnlichkeit der Macht*, Wien et al.: Böhlau, 146-157.

Sennett, Richard (1987): *Verfall und Ende des öffentlichen Lebens. Die Tyrannei der Intimität*, Frankfurt am Main: Fischer.

Sharman, J.C. (2009): Privacy as Roguery: Personal Financial Information in an Age of Transparency, in: *Public Administration* 87, 717-731.

Simmel, Georg ([1908] 1992): Das Geheimnis und die geheime Gesellschaft, in: ders.: *Soziologie*, Gesamtausgabe Band 11, Frankfurt am Main: Suhrkamp, 383-455.

Simmel, Georg ([1908] 1992): *Soziologie. Untersuchungen über die Formen der Vergesellschaftung*, Gesamtausgabe Band 11, Frankfurt am Main: Suhrkamp.

Strathern, Marilyn (2000): The Tyranny of Transparency, in: *British Educational Research Journal*, 26 (3), 309-321.

Wallace, Aurora (2009). Mapping City Crime and the New Aesthetic of Danger, in: *Journal of Visual Culture* 8, 5-24.

Williams, Cynthia Clark (2005): Trust Diffusion: The Effect of Interpersonal Trust on Structure, Function, and Organizational Transparency, in: *Business & Society* 44 (3), 357-368.

Einführung: Wirtschaft und Transparenz

Cornelia Wallner

Transparenz hat einen festen Platz in wirtschaftswissenschaftlichen Debatten, zuletzt erfuhr sie im Zusammenhang mit Finanzmärkten eine Aktualisierung. Sechs Autoren diskutieren Fragen der Transparenz und Intransparenz für den Bereich der Wirtschaft.

Transparenz sei die Antwort, nachdem mal wieder etwas schief gegangen ist, so **Stephan A. Jansen** in seinem Beitrag zur „undurchsichtigen Transparenz". Diese Grundthese ist sein Ausgangspunkt für die Diskussion von Transparenz und Intransparenz und die sich daran anschließende Differenzierung in Manifest und Latenz. Basierend auf einem systemtheoretischen Zugang skizziert Jansen eine Komplexitäts-Transparenz-Spirale und den einzig möglichen Ausweg: Vertrauen. Damit entsteht aber gerade erst die Frage danach, was eigentlich der Beobachtung verborgen bleiben *muss*, wofür Jansen den Begriff der „notwendigen Latenz" einführt. Diese theoretischen Positionen wendet der Autor anschließend auf Terrornetzwerke und Geldautomaten als Beispiele und Exemplifizierung seines abschließenden „Manifestes der Latenz" an, das viele Fragen aufwirft, welche auch in den darauf folgenden Beiträgen thematisiert werden.

Transparenz gilt als notwendige Voraussetzung für einen funktionsfähigen Markt. Mehr Transparenz auf Angebotsseite bedeutet eine Verbesserung für Konsumenten. Konsumenten hingegen leben sicherer, wenn sie sich „blickdicht" geben. **Lucia A. Reisch** diskutiert den Konsum unter den Bedingungen des Web 2.0 und stellt fest, dass die Vernetzung zu einer Verlagerung der Marktmacht von der Angebots- zur Nachfrageseite führen wird. Das Web 2.0 wird zur Schnittstelle von Konsumieren und Mitgestalten. Online-Bewertungsportale gelten heute als die vertrauenswürdigste „Werbeform". Sie haben im Verbraucherbereich ein ganz neues Niveau an Transparenz, Aktualität und Personalisierung ermöglicht und damit den Nutzwert der Information erhöht und sie können als Wissens- und Meinungsführer eine respektable Machtposition erreichen. Gleichzeitig besteht jedoch die latente Gefahr des „verschleiernden Informationsrauschens", denn „Überinformation kann schaden". Entscheidend für die Machtsymmetrie auf Märkten ist jedoch der Druck der „Öffentlichkeit", der in den Communitys erzeugt werden kann – und auch zunehmend erzeugt wird.

Die Finanzkrise der Jahre 2007 bis 2009 hat Transparenz auf Finanzmärkten neue Relevanz verliehen. **Helmut Willke** befasst sich mit einem „Transparenzparadoxon" am Finanzmarkt, welches er zwischen den Ansprüchen demokratischer Entscheidungsfindung einerseits und dem „freiem Markt" andererseits aufspannt. Der Autor diskutiert die Bedingungen und Prämissen einer produktiven Beziehung zwischen demokratischer Transparenz und konstituierender Informationsasymmetrie von Finanztransaktionen und fragt nach Kompromissmöglichkeiten für die politische Forderung nach Transparenz und dem Prinzip von Diskretion auf Finanzmärkten, ohne dabei zu einem „Transparenz-Fundamentalismus" zurückkehren zu müssen. Dabei geht es Willke vor allem auch um die Darlegung der Limitierungen von Transparenz sowie um Unsicherheit, Systemrisiko und systemische Intransparenz. Daraus leitet der Autor schließlich Konsequenzen der Limitierungen von Transparenz für die demokratische Kontrolle ab. Auch er bringt die Rolle gesellschaftlicher Komplexität in die Diskussion ein, denn diese Komplexität ruft immer Limitierungen von Transparenz hervor, welche wiederum bei aller berechtigten Forderung nach Transparenz bedacht werden müssen.

Um diese Transparenz im Sinne von „Informationsoffenlegung" geht es auch im Beitrag von **Ekaterina Svetlova**. Märkte sind in den letzten Jahren durch neue Technologien wesentlich transparenter geworden. Anlegern und Investoren stehen Daten und Fakten in vollem Umfang zur Verfügung und stellen daher die Grundlage für Investmententscheidungen da. Warum also waren die Akteure am Finanzmarkt trotz dieser erhöhten Transparenz von der Finanzkrise und besonders auch von ihrem Ausmaß so überrascht? fragt die Autorin und stellt fest, dass das zukünftige Wirtschaftsgeschehen letztlich immer intransparent ist. Prognosen und Entscheidungen sind eigentlich unmöglich. Daher wurden Instrumente entwickelt, um zumindest die *Entscheidungen* transparent zu machen. Am Beispiel einer Entscheidungsfindung nach einer Anlagenausschusssitzung in einer Schweizer Privatbank wird erläutert, dass es letztlich um die *Begründungen* einer – auch unmöglichen – Entscheidung geht: Es ist erlaubt, sich kollektiv und transparent zu irren. Der Ruf nach Transparenz ist der Ruf nach Offenlegung der Information und der Entscheidungen. Transparenz bedeutet in diesem Sinne das Erkennbarsein der Gründe, warum eine Entscheidung – wenn auch eine falsche – getroffen wurde.

Zur Sicherstellung der Transparenz wurden auch in der Korruptionsbekämpfung Indikatoren entwickelt. Aber auch dabei bewirkt mehr Transparenz nicht automatisch mehr Offenheit. **Steven Sampson** widmet sich der Frage, welche Konsequenzen die Entwicklung der Indikatoren für Korruption bedeutetet und kommt zur Schlussfolgerung, dass Korruption um so undurchsichtiger wird, je mehr versucht wird, sie zu definieren und über Zahlenwerte messbar zu machen. Der Autor diskutiert dies anhand des Corruption Perception Index. Das Vertrauen in diese Zahlenwerte führt nämlich keineswegs dazu, dass Korruption an sich reduziert wird. Vielmehr handelt es sich um die Messung der *Wahrnehmung* von Korruption, und nicht um die Messung korrupter Praktiken selbst.

Um die „Wahrnehmung" von Zuständen geht es auch im Beitrag von **Dirk Baecker**. Er bestimmt Transparenz und Intransparenz als Begriffe, welche die Relativität der beobachtbaren Zustände und der Beobachterperspektiven unterstreichen, sie sind im strengen Sinne des Wortes „Ansichtssache", also beobachtbare Begriffe. Transparenz kann nur selektiv und als Fiktion gegeben sein, während Intransparenz die Regel ist. Der Autor wendet diese Erkenntnisse auf organisationssoziologische Fragestellungen an und stellt fest, dass Transparenz und Intransparenz nicht Zustände einer Organisation sind, sondern das Ergebnis von Zugriffen von bestimmten Beobachtern: dem Management. Für das „Quantum Management" als die kleinste Einheit an Handlungsenergie, die für einen Moment unbestimmte in bestimmte Verhältnisse übersetzt, gibt es eine Unschärferelation ähnlich jener der Quantenmechanik. In der Folge formuliert der Autor mithilfe des von George Spencer-Brown entwickelten Formkalküls ein Modell, das verständlich macht, welche Optionen das Management hat, mit eigenen Handlungsquanten Entscheidungen zu stimulieren. Baecker erweitert dessen Formkalkül um bestimmende „Alternativen", um die „kommunikativen Möglichkeiten" und den intransparenten Faktor „Kultur". Dabei wichtig ist die Herstellung von Transparenz unter Aufrechterhaltung von Intransparenz. Die Offenlegung dient den Interessen der Gesellschaft, die ein so anspruchsvolles Geschäft wie das des Managements nicht ganz sich selbst überlassen darf.

Undurchsichtige Transparenz – Ein Manifest der Latenz. Oder was wir aus Terrornetzwerken, von Geldautomatensprengungen und Bankenaufsicht lernen könnten

Stephan A. Jansen

> „Idiot Transparency"
> *Der Wirtschaftsprüfer Adrian Henriques, Autor des Buches* Corporate Truth *2007*

> „Wir brauchen jetzt eine öffentliche Diskussion über Geheimdienste."
> *Bundeskanzlerin Angela Merkel im Interview mit* Der Spiegel

> „Das Fach [der Soziologie, Anm. SAJ] wird nicht nur intransparent, es hat seine Einheit in seiner Intransparenz. Die Komplexität wird nur perspektivisch angeschnitten, und jeder Vorstoß variiert mehr, als er kontrollieren kann. Es geht also um ein Verhältnis von Komplexität und Transparenz."
> *Der Soziologe Niklas Luhmann über sein Fach (1984: 9)*

1 Erste Aufklärungen über den Beitrag: Treppenwitz und Transparenz

1.1 Treppenwitze und die Zeitdimension von Transparenz

Reden wir transparent über Transparenz, dann sollten wir mit dem originellsten europäischen Aufklärer des 18. Jahrhunderts beginnen: Diderot. Als *l'esprit de l'escalier* ins Spiel gebracht und dann in der ersten Hälfte des 19. Jahrhunderts nach Deutschland rübergestolpert: der Diderotsche Treppenwitz.

Gemeint war damit ein geistreicher Gedanke, der jemandem einen Moment zu spät – also erst beim Hinausgehen auf der Treppe – einfällt und der in dem gerade beendeten Gespräch nicht mehr vorkommen konnte.

Richtig populär geworden ist aber die Idee des Treppenwitzes durch den 1882 erschienenen Bestseller von William Lewis Hertslet „Der Treppenwitz der Weltgeschichte. Geschichtliche Irrtümer, Entstellungen und Erfindungen". Hertslet bezog sich dabei insbesondere auf die Neigung, geschichtliche Ereignisse im Nachhinein anekdotisch auszuschmücken. In seinem Buch entlarvt und entmystifiziert er solche Anekdoten – sorgte also für Transparenz bei Taktiken der Verschleierung und Ausschmückung; kurz: der verschleiernden Transparenz des Nach-Gesagten.

Transparenz ist die Antwort, nachdem mal wieder etwas schief gegangen ist – so eine grundlegende These dieses Beitrages. Transparenz ist also die Antwort, wenn die Frage selbst zu spät gestellt wurde. Die allfällige Forderung der Transparenz könnte also auch so ein Treppenwitz sein. Weil erst hinterher klar ist, was vorher nicht klar war.

Was an Universitäten – eine der wenigen Adressen, an die man Transparenzhoffnungen auch nach der Desillusionierung der letzten Transparenz-Offensiven noch richten könnte – in der wissenschaftliche Analyse allerdings nicht nur durch-, sondern einsichtig ist: gegen Transparenz kann man momentan eigentlich nicht sein. Durchsichtigkeit ist sympathisch – die Evolution von privaten Duschverglasungen kann nicht irren; soziale Netzwerke, Blogs und sonstige mediale Selbstentblößungsstrategien erst recht nicht. Nun müsste man pointiert sagen: Aber wenn es schon so klar ist, dass es gut ist, dann muss die Wissenschaft nochmals ran und sich das genauer anschauen, bis die Klarheiten wieder komplexitätsbedingt unklarer werden. Also: raus auf die Treppe!

1.1 Struktur des vorliegenden Beitrages

Der Beitrag ist daher dreigestuft: I. die *Theorieperspektive*, II. die *Phänomen*perspektive, III. die *Handlungs*perspektive.

I. Die *Theorieperspektive* führt in Begriffe und Funktionen der Transparenz ein, arbeitet mit dem Beobachter- und dem Komplexitätskonzept, um dann die Ökonomie und die Soziologie der Transparenz zu skizzieren. Auf Basis des differenztheoretischen Formkalküls von Georg Spencer-Brown wird eine weitere Unterscheidung auf die Unterscheidung „Transparenz | Intransparenz" angewandt: „Manifest | Latenz".

II. Die *Phänomenperspektive* führt eher illustrativ und verkürzend vier Beispiele ein: die Transparenz von Terrornetzwerken, die Transparenz von Geldautomaten und der Bankenaufsicht sowie das Verhältnis von Transparenz und Insolvenz bzw. Krisen.

III. Abschließend soll in der *Handlungsperspektive* eine zusammenfassende Position erfolgen, die in ein Manifest der Latenz mündet – und vor übertriebenen Transparenzhoffnungen ebenso zu schützen versucht wie vor übertriebener Transparenz.

I Die Theorieperspektive

2 Von der Optik zur Funktion: zur Beschreibung von Transparenz

2.1 Begriffliche Näherungen zum Transparenzbegriff

Reden wir über Transparenz, dann zeigen sich im interdisziplinären Zugang Herleitungen. Etymologisch lässt sich aus dem Lateinischen – *trans* „(hin)durch" und *parere* „sich zeigen, scheinen" – bereits ableiten, dass Transparenz über durchscheinende Grenzen informiert. So auch die Erkenntnis aus der Physik, in der Transparenz als die optische Fähigkeit von Materie beschrieben wird, elektromagnetische Wellen hindurchzulassen. In der Politik, weit vor der Wirtschaft, ist die Idee der Transparenz eine der Öffentlichkeit und der freien Information, Partizipation und der Rechenschaft (vgl. Fairbanks et al. 2007).

Hier zeigt sich der erste relevante Unterschied: *Trans*parenz versteht sich im Sinne einer „Durch-Sichtigkeit" in Differenz zur „Offen-Sichtlichkeit". Der Unterschied ist, dass das Transparente nicht etwas bloß Sichtbares ist, sondern etwas durch Durchsichtiges sichtbar Gemachtes. Für Systeme bedeutet dies übersetzt: Durchsichtigkeit bzw. -lässigkeit von Systemgrenzen – nicht etwa offene Systeme.

Die gesellschaftliche Relevanz zeigt sich bereits an verschiedenen Initiativen wie *Abgeordnetenwatch.de*, *Corporate Europe Observatory*, *Lobby Control* oder *Spinwatch*, *Transparency International* und vielen weiteren Wettbewerbern in einer intransparenten Weltgesellschaft – deren Arbeit für einige eine weitere Intransparenzquelle bedeutet bzw. in deren Arbeit Intransparenz vermutet wird (vgl. z.B. Oppong 2009).

2.2 Außenseite des Transparenzbegriffes und Funktion von Transparenz

Während in der Physik die Außenseite der Transparenz unter anderem die *Absorption* bzw. *Reflexion* ist, wird im Sozialwissenschaftlichen schnell deutlich: Thematisieren wir Transparenz, dann thematisieren wir die Außenseite der Unterscheidung: die *Intransparenz* – und damit in der Regel ein Problem. Die Intransparenz wird dabei nicht selten negativ generalisiert, also als Geheimnis, oder sogar bereits kapitalisiert als Korruption.

Die Funktion von Transparenz im Alltagsverständnis wäre dann folgerichtig die Reduktion von Intransparenz, also die Sicherstellung von Beobachtbarkeit. Damit wird Transparenz zumeist mit Vertrauen gleichgesetzt, z.b. im Sinne der Vermeidung von Korruption und Machtmissbrauch. Transparenz wäre so als die Reduktion von Komplexität zu verstehen. Diese eingängigen Überlegungen werden in den folgenden Abschnitten herausgefordert.

3 Die Beobachterabhängigkeit sowie die Komplexitätsparadoxien der Transparenz: Ausgewählte Thesen

Angesichts der begrifflichen Nähe zur Optik sollte es nicht verwundern, dass die *Ausgangsthese* für die weitere Argumentation darauf abstellt, dass Transparenz nicht per se *besteht*, sondern – auch als Bedarf – beobachterabhängig *konstruiert* wird.

Wenn wir diese Beobachterabhängigkeit der Transparenz in sozialen Systemen annehmen, dann bedeutet dies – so die *zweite These* – 1. eine Transparenz über die Elemente, 2. eine Transparenz der Beziehungen bzw. Verbindungen zwischen diesen Elementen und 3. eine Transparenz der Beziehung dieses Beziehungsnetzes von Elementen zum Beobachter selbst (vgl. auch grundlegend die Unbestimmtheitsrelation der Physik bei Heisenberg 1927).

Eine *dritte These* bezieht sich auf die Paradoxie von Komplexität und Transparenz. Niklas Luhmann hat vorsichtig formuliert: „Die Komplexität ist für eine begriffliche Wiedergabe zu komplex" (Luhmann 2004: 45, Fn. 26). Versucht hat er es dennoch: „Eine Einheit ist in dem Maße komplex, als sie mehr Elemente besitzt und diese durch mehr Relationen verbindet" (Luhmann 1997: 137).

Damit ergibt sich nach Luhmann die Grundparadoxie des Komplexitätsbegriffs: Die Unterscheidung „Element | Relation" wird zu einer Unterscheidung der „vollständig miteinander verknüpften Elemente | selektive Verknüpfung von Elementen" ausgebaut. Es erfolgt ein sich spiralisierender Prozess der Gegensätzlichkeit: Die mögliche Verbindungsfähigkeit von Elementen hat bei steigender Elementzahl faktische Grenzen; verunmöglicht also die Beobachtung und erzwingt Selektion von zu beobachtenden Elementen bzw. Relationen. Es ist einsichtig, dass diese Selektion kontingent, d.h. weder notwendig noch unmöglich, ist, also auch anders möglich sein kann. Daraus entsteht abstrakt ein beobachtbares Risiko, ob die „richtigen" Elemente und die „relevanten" Relationen beobachtet wurden. Diese Beobachtung der risikobehafteten Nicht-Beobachtbarkeit führt zu einer Transparenzforderung, die wiederum die Komplexität erhöht (vgl. Abb. 1).

Abb. 1: Die Komplexitäts-Transparenz-Spirale (eigene Darstellung)

Der Transparenz-Bedarf entsteht durch Komplexität und scheitert daran. Transparenz wird gerade bei Komplexität unmöglich! Während Kompliziertes noch potenziell berechenbar ist, ist es bei Komplexität nicht mehr möglich, eine zusammenhängende Menge von Elementen mit Blick auf Anzahl und Relationsanzahl – sowie ggf. noch Dynamik – untereinander für einen Beobachter vollumfänglich zu beschreiben.

Die *vierte These* bezieht sich auf die Konsequenz des systematischen Scheiterns der komplexitätsbedingten Transparenzforderung: Die Beobachtbarkeit von Unbeobachtbarkeit und möglicher Risiken führt dabei regelmäßig zum Reflex der Unterstellung absichtlicher Heimlichkeit, bewusst fehlender Öffentlichkeit und damit kurz: *„interessierter Intransparenz"*.

Beobachtete Intransparenz wird damit schnell zum aktiven Verschweigen. Aspekte wie Korruption und anderweitige Vorteilsnahmen durch dieses Verschweigen sind – auch im medialen Diskurs – die Normalvermutung.

Damit bleibt aber die systemisch – d.h. aus der nicht ausreichenden kognitiven Kapazität (im Sinne der *bounded rationality* von Herbert Simon) emergierende – *„unvermeidbare Intransparenz"* unbeobachtbar, abstrakt und folgenlos, aber immer kritisierbar.

4 Die Ökonomie und Soziologie der Transparenz: Ausgewählte Positionen

4.1 Die Paradoxien der ökonomischen Theorie der Durch-Sichtbarkeit

1. Paradox: Die *Adam Smithsche Figur der „Unsichtbaren Hand"* (1776) ist eine semantische Paradoxie für zumindest theoretisch durchsichtige Märkte.
2. Paradox: Das sogenannte Morgensternsche *„Markttransparenz-Paradoxon"* (Morgenstern 1935, mit Bezug auf das epochale Duell zwischen Sherlock Holmes und dem Verbrecherkönig Moriarty): Vollständige Information in Märkten führt zu vollständiger Inaktivität, weil alle Verhaltensweisen schon antizipiert wurden. Die doppelte Kontingenz als Initialzündung für Soziale Systembildung fällt vollinformiert weg.
3. Paradox: Der *„Walrasianische Auktionator"* (1874) ist eine fiktive Figur für Zentralisierung des dezentralen Prozesses (zur Erreichung eines „Gleichgewichtspreises").
4. Paradox: Der *„Friedmansche Hubschrauber"* (1976): Fiktives Prinzip der exogenen Geldmengenverteilung unters Volk i.S. einer Transparenzproduktion: „Wir wollen nunmehr annehmen, dass eines Tages ein Hubschrauber über dieses Land fliegt und 1000 Dollar in Banknoten abwirft, die natürlich von allen Leuten hastig aufgesammelt werden" (Friedman 1976: 14).
5. Paradox: Die jahrelange Gewinnertheorie im Spiel um Nobelpreise ist die *„Spieltheorie"*, deren Erfolg in der simplen Form sich aus den – zumindest für den wissenschaftlichen Beobachter – durchsichtigen Spielergebnissen erklären lässt. Regeln und Auszahlungsmatrizen determinieren das Spiel selbst. Sogar das Gefangenendilemma ist auf der Ebene der Beobachtung zweiter Ordnung beschreibbar.
6. Paradox: Das *„Hayeksche Wissensparadox"* setzt statt auf die neoklassische Vollinformiertheit des *homo oeconomicus* auf Intransparenz und Asymmetrie von Wissen zur Beschreibung des „Wettbewerbs als Entdeckungsverfahren". Die dezentrale Nutzung des Wissens führt zu temporären Wissensvorsprüngen und damit zur Wettbewerbsfähigkeit (vgl. Hayek 1945).

4.2 Die Paradoxien der soziologischen Theorie der Durch-Sichtbarkeit

Gegen die bisherige Komplexitäts-Transparenz-Spirale gibt es ein einziges funktionales Äquivalent von Transparenz: persönliches Vertrauen und bei komplexen Systemen: Systemvertrauen. Dieser Joker des Sozialverhaltens basiert auf der Annahme der wechselseitigen Unbeobachtbarkeit: Dabei spielt insbesondere die „Doppelte Kontingenz" eine entscheidende Rolle, also die Interaktion zwischen auf sich bezugnehmenden „black boxes", die sich im Kontext des Nicht-Notwendigen und des Nicht-Unmöglichen bewegen. Hier emergiert Sozialität – als Interaktion oder Organisation – um die wechselseitigen sich selbst propellierenden Antizipationen in Grenzen zu halten. Dafür bedarf es intensiver Kommunikation oder Vertrauens: Der provokative Ansatz von Luhmann: „Vertrauen beruht auf Täuschung. (...) Eigentlich ist nicht so viel Information gegeben, wie man braucht, um erfolgssicher handeln zu können" (Luhmann 1989: 33).

Vertrauen als „riskante Vorleistung" zur Reduktion von sozialer Komplexität kann unterschieden werden in ein personelles Vertrauen und ein *Systemvertrauen*. Dabei kann Systemvertrauen verstanden werden als ein „bewußt riskierter Verzicht auf mögliche weitere Information, sowie bewährte Indifferenzen und laufende Erfolgskontrolle" und achtet somit „auf die inneren Voraussetzungen des Vertrauenserweises" (Luhmanns 1989: 23).

Die dem Vertrauen innewohnende Funktion ist die Komplexitätsreduktion, hier durch Latenz. Damit wird das Lernen durch Generalisierung vereinfacht (Nutzung von Geld ohne Geldmengensteuerungskenntnis oder von Flugzeugen ohne Kenntnisse von Thermik-Gesetzen oder Flugsicherheitssystemen) unter Reduktion der Kontrollmöglichkeiten. Systemvertrauen ist damit das entlastende Vertrauen auf Kontrolle durch andere. Damit ist Systemvertrauen auch das Vertrauen auf eine im Detail eher unvertraute, d.h. intransparente systemische Selbstkontrolle. Systemvertrauen ist also das Vertrauen auf die selbst nicht kontrollierbare Kontrolle von Systemen durch Dritte.

5 Die Unterscheidung der Intransparenz: „Manifest | Latenz"

Wenn wir eine weitere Unterscheidung in den Bereich des Unterschiedenen einführen, dann lediglich zu komplexitätssteigernder Komplexitätsreduktion. Die Einführung einer Unterscheidung in eine Unterscheidung ist nur mittels einer Beobachtung zweiter Ordnung zu realisieren, also der Beobachtung der Beobachtung des Beobachteten.

Hier wird nun vorgeschlagen, die Unterscheidung „Latenz | Manifestation" (vgl. grundlegend Merton 1957) auf die Unterscheidung „Transparenz | Intransparenz" anzuwenden.

Latenz soll dabei verstanden werden als eine „Uneinsehbarkeit", als eine „Unmöglichkeit des Herstellens von Bewusstheit." Die Beobachtung der Latenz produziert sich als die Beobachtung eines „blinden Flecks" der Beobachtung erster Ordnung, also die zwar bestehende, konstituierende Außenseite, die aber eben zu diesem Zeitpunkt nicht beobachtbar ist. Blinde Flecken sieht man dann, wenn man sehen will, was man nicht gesehen hat. Wenn Transparenz also beobachtungsabhängig ist, dann kann auch von einer *„notwendige Latenz"* gesprochen werden, so dass es gerade nicht um eine manifeste Transparenz gehen kann, sondern bei der Beobachtung zweiter Ordnung der blinde Fleck kontingent, d.h. wählbar wird.

Genau an dieser Stelle kann das differenztheoretische Formkalkül von Spencer-Brown eingeführt werden (Spencer-Brown 1969). Es erlaubt, Beobachtungen als *Form* darzustellen. Das logisch-mathematische Indikationenkalkül wird hier nur in einem basalen Ausschnitt verwendet, der für die weitere Auseinandersetzung als relevant angesehen wird. Zunächst ist zu betonen, dass der herkömmliche Formbegriff, basierend auf der klassisch aristotelischen Unterscheidung von *Substanz* als Materie, Struktur, Quantität einerseits und *Form* als Muster, Ordnung, Qualität andererseits, zugunsten eines eigendefinierten Form-Begriffes aufgegeben wird, der auf *Bezeichnungen in Abhängigkeit von Unterscheidungen* abstellt und damit Operationen zu beschreiben erlaubt, die immer beides sind: Operand *und* Operator.

Die Gesetze der Form sind als Befehle, als Aufforderungen formuliert und werden mit ausgesprochen simpler Notation gerechnet. Die erste und weitreichendste Aufforderung ist: *„Draw a distinction!"* (Spencer-Brown 1969: 3): |

Die zweite Aufforderung bezieht sich auf die Bezeichnung der Unterscheidung (*indication*), d.h. auf die Asymmetrisierung der Unterscheidung. Die Innenseite (*marked state*) wird dabei im Unterschied von der Außenseite (*unmarked state*) bezeichnet. Beobachtung kann somit als die Bezeichnung einer Seite einer getroffenen Unterscheidung beschrieben werden. Spencer-Brown führt für die bezeichnete Innenseite einer Unterscheidung folgende Notation ein: ⌐

Man kann sich dieses Zeichen wie folgt zusammengesetzt vorstellen: Durch eine Unterscheidung werden zwei Seiten erzeugt: |

Dabei verweist der Haken auf die bezeichnete Innenseite:

Die Form ist damit die Einheit der Unterscheidung, in der zugleich beide Seiten der Unterscheidung bezeichnet sind: „Call the space cloven by the distinction, together with the entire content of the space, the *form* of distinction" (ebd.: 4). Was ist dann die *Form der Transparenz*? Die Beobachtung der Innen- *und* Außenseite der Transparenz. Zunächst ist auf der Innenseite das Bezeichnete, das Transparente. Auf der Außenseite hingegen ist das Unbezeichnete, das Latente, der blinde Fleck (vgl. Abb. 2).

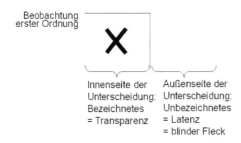

Abb. 2: Transparenz und Latenz bei Beobachtung erster Ordnung (eigene Darstellung)

Diese Latenz ist auf der Ebene der Beobachtung zweiter Ordnung zu bezeichnen: als Transparenz der Außenseite, des Ausgelassenen, des blinden Flecks. Und auch hier entsteht natürlich ein unbezeichneter Raum, der eine Latenz aufweist, die wiederum durch die Beobachtung dritter Ordnung als Form (vgl. Abb. 3).

Abb. 3: Transparenz und Latenz bei Beobachtung zweiter Ordnung (eigene Darstellung)

Was weiß man nun vom Wissen, wenn man in die Unterscheidung „Transparenz | Intransparenz" die Unterscheidung „Manifestation | Latenz" einführt? In der folgenden Differenzierung werden die unterschiedlichen Qualitäten von Wissen beobachtbar (vgl. Abb. 4).

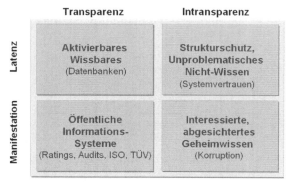

Abb. 4: Die Transparenz-Latenz-Matrix (eigene Darstellung)

Zwischenfazit I

(1) Intransparenz entsteht komplexitätsbedingt

- Intransparenz entsteht bei zu hoher Elementzahl und deren Beziehungen.
- Intransparenz ist das Ergebnis notwendiger Selektion.
- Intransparenz ist riskant, unvermeidbar und komplexitätserzeugend.

(2) Intransparenz ist beobachterabhängig

- Intransparenz ist förderlich für Privates, Vertrauliches und Krisen.
- Intransparenz entsteht auch bei Über-Transparenz,
- Intransparenz entsteht „in der Reproduktion von Intransparenz durch Transparenz, in der Reproduktion von Intransparenz der Effekte durch die Transparenz des Wissens" (Luhmann 2004: 183).
- Intransparenz entsteht durch transparenzerzeugende Massenmedien.

(3) Latenz: undurchsichtige Transparenz bzw. unbewusste Intransparenz

- Latenz schützt vor Manifestation: Sie ist flexibler und unangreifbarer.
- Systemvertrauen: Manifestation von Intransparenz macht unsicher und Systemfunktionen unmöglich.
- Latenz ist zunächst unvermeidbar; irgendwo ist immer der blinde Fleck, der erst auf der nächsten Beobachtungsebene beobachtet werden kann.

II   Die Phänomenperspektive

Die folgenden Phänomene sind lediglich kurze Referenzen für die grundsätzlichen Überlegungen der ebenso möglichen Überlegenheit von Intransparenz durch Latenz. Sie dienen nur illustrativen Sensibilisierungen für ein abschließendes Manifest der Latenz.

6   Terrornetzwerke: Intransparenz als Erfolgsfaktor

Die 1990er Jahre waren die Jahre der ersten populäreren Netzwerkforschungen und die Jahre der Netzwerkrhetorik. Mit dem 11. September 2001 bekam dieses Modethema einen nicht unerheblichen und für die Forschung förderlichen Dämpfer. Terrornetzwerke machten nicht nur deutlich, dass Netzwerke letztlich nicht wirklich zentral zu gründen sind, sondern genauso, dass sie nicht zentral zu beenden sind. Letzteres war unvergleichlich ernüchternder. Malcolm Sparrow (1991) hat früh einen Überblick über die Anwendung der *social network analysis* für kriminelle Intelligenz gegeben. Dabei beschrieb er drei systematische Probleme in der Analyse:

1. Unvollständigkeit – die Unmöglichkeit für einen Beobachter, alle Knoten und Verbindungen zu entdecken.
2. Grenzunschärfe – die Schwierigkeit bei der Entscheidung „Inklusion | Exklusion".
3. Dynamisierung – die Veränderlichkeit von Netzwerkstrukturen.

Mit Blick auf den 11. September 2001 hat Valdis E. Krebs im Jahr 2002 eine erste Analyse der 19 Hijacker auf Basis öffentlicher Daten vorgelegt. Er bezog sich dabei unter anderem auf die Arbeiten von Bonnie Erickson (1981), der für die Effizienz einer funktionierenden Geheimgesellschaft auf die Relevanz von „*trusted prior contacts*" hinwies. Für Krebs erschien es erwiesen, dass sich das Netzwerk der Terroristen während eines Terrortrainings in Afghanistan geformt habe. Krebs Argument läuft darauf hinaus, dass die vorherigen Vertrauensbeziehungen durch Schulkameraden bzw. verwandtschaftliche Verbindungen entstehen. „Deep trusted ties, that were not easily visible to outsiders, wove this terror network together" (Krebs 2002: 44; vgl. Abb. 5).

Mit dieser Analyse wird grundsätzlich unterschätzt, dass Terrornetzwerke sich in Zellen organisieren, deren Knoten vergleichsweise verbindungsfrei, und damit schwerer zu identifizieren sind. Diese sogenannten „skalenfreien Netzwerke" können zwar prinzipiell leichter ausgeschaltet werden (vgl. z.B. Barabási/Bonabeau 2003), da nur einige wenige Knoten zerstört werden müssen, aber die kaum verbundenen peripheren Knoten, d.h. z.B. die „Schläfer" sind daher kaum beobacht- bzw. ausschaltbar.

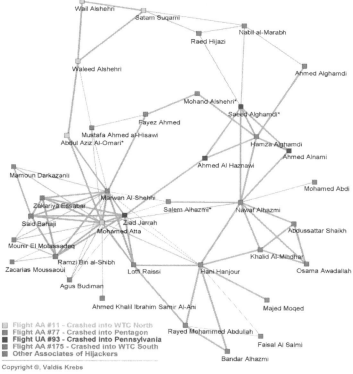

Abb. 5: Hijacker-Netzwerk vom 11. September 2001 (Krebs 2002: 50)

7 Geldautomaten: Transparenz als Problem

Es war im Jahr 2002 als die „Sendung mit der Maus" einen Beitrag brachte, der eher eine Sach- und weniger eine Lachgeschichte war: der Geldautomat (siehe hierzu Abb. 6). Der Geldautomat ist ein 68er, und so seit über 40 Jahren ein besonderes Fantasieobjekt. 50.000 Geldautomaten sind in Deutschland verteilt. Die bisherigen Strategien hießen: Gabelstapler, Rammböcke, Auto und Traktoren. Unversehrte Geldautomaten wurden in Seen oder in Wäldern gefunden. Die Vorreiter im Geldautomaten-Knacken sind die Schweden. Der Grund: privater Besitz von Dynamit ist dort erlaubt. Seit der Ausstrahlung der Ausgabe „Sendung mit der Maus" treten nun auch in Deutschland vermehrt Gassprengungen auf. Acht Minuten, die die Bankräuberei veränderten.

Abb. 6: Homepage „Sendung mit der Maus" (wdrmaus.de [18.09.2009])

Befragt wurde nun der Marktführer *Nixdorf Wincor*, der allein mit 500 Leuten in der Weiterentwicklung von Sicherungskomponenten aktiv ist. Uwe Krause, dort Marketingdirektor, verrät nur Bekanntes (zitiert nach Fries 2009): „Viele Geldinstitute betreiben mittlerweile Automaten, die bei Erschütterung im Innern der Geldkassetten Tinte ausschütten und die Scheine auf diese Weise unbrauchbar machen. (…) Maschinen haben Geheimnisse, und die sollen nicht in der Zeitung stehen." Mittlerweile gibt es auch noch bessere Videos als das vom WDR – etwas präziser z.B. die genauen Anforderungen für Gassprengungen. Das Ursprungs-Video ist natürlich kostenpflichtig und bei YouTube heruntergenommen. Transparenz hat auch seinen Preis.

8 Prognosen: Transparenz als Ex-Post-Phänomen

Die Analysen der Verhaltensökonomen Robert Shiller und Robert Case lagen schon im Jahr 2000 vor und sagten die New Economy-Krise voraus und 2007 in der zweiten Auflage die Immobilienblase. Weiß man hinterher.

Der sogenannte *„Case/Shiller-Index"* hat auf Basis von Interviews in Kalifornien im Jahre 2005 die Erwartungen für die Preisanstiege gemessen: Dies befand sich zum damaligen Zeitpunkt für die nächsten zehn Jahre bei einem Anstieg von neun Prozent p.a. Für ein Drittel der Befragten lag dies noch weitaus höher. Das Problem ist die Extrapolation, d.h. die retrospektiv-basierte Prospektion der Preisentwicklung.

Die Transparenz-Probleme bei Vorhersagen in der Wissenschaft betreffen zweierlei:

1. Problem: *„doom sayer"* haben irgendwie immer recht – entweder sie haben es tatsächlich kommen sehen, oder, es kam nicht, weil sie davor gewarnt hatten.

2. Problem: *„hindsight bias"* oder Rückschaufehler. Die gerade nach Krisenbeginn übliche Aussage „Das habe ich ja kommen sehen." Setzt auf rückwärtsgewandte Korrekturen von falschen Prognosen – und verhindert dabei wesentliche Lerneffekte.

9 Vorsicht bei Aufsicht und Durchsicht: Bankenaufsicht und Ratings

Die Teilung der deutschen Bankenaufsicht während der Krise zwischen Bafin und Bundesbank wurde von manchem Beobachter als „organisierte Verantwortungslosigkeit und Unzuständigkeit" beschrieben. Bei der Bundesbank gab es zudem noch eine inhärente Gefährdung der politischen Unabhängigkeit der Geldpolitik.

Aber auch das Versagen der SEC im Fall des *Schneeball-Artisten* „Madoff" war Versagen durch Transparenz: So gab es mehr als sechs stichhaltige Hinweise seit insgesamt 16 Jahren, die der SEC vorlagen.

9.1 Transparenzproduzent 1: Rating-Agenturen

Die Belege werden studiert, die belegen, dass die Bank Morgan Stanley für gute Ratings bezahlt – mehr als den Faktor drei zur normalen Honorierung. Im September 2009 wurde die erste Klage gegen Rating-Agenturen in New York zugelassen. Die Rating-Agenturen können sich dann nicht länger hinter der freien Meinungsäußerung verschanzen, wie US-Juristen betonen. Die Anfeindungen waren groß, weil die Transparenz-Garanten selbst die Transparenz niedrig hielten, wie der Fall *Moody's* belegte: So wurde im Untersuchungsausschuss vom damaligen Leiter der Compliance-Abteilung von Moody's, Scott McCleskey, ausgesagt, dass seine warnenden Hinweise mit dem Kommentar versehen wurden, dass man dies nicht aufschreiben dürfe. Die Transparenz war gegeben, nur war sie nicht gewollt. In Oligopol-Märkten geht es härter zu – 95 Prozent für die drei großen nicht-europäischen Risikobewerter. „[V]ersagt haben die Rating-Agenturen, weil sie trotz unzureichender Erfahrung mit Finanzinnovationen exzellente Testate ausgestellt haben. Die international, zum Teil aber auch national zersplitterte Bankenaufsicht weist ebenfalls Mängel auf", so die Einschätzung des Sachverständigenrats zur Begutachtung der gesamtwirtschaftlichen Entwicklung im Jahresgutachten 2008/2009 (2008: 4).

9.2 Transparenzproduzent 2: Bilanzierungsrat (IASB)

Die Finanzmarktkrise ist zu einem Teil auch durch neue Bilanzierungsstandards erklärbar:

Das *unfaire Sofort-Bilanzierungsparadox*: im Wesentlichen sind es die zeitnahen „fair value-Bewertungen", die zu Blasen geführt haben.

Weiterhin liegt ein *ergebnissteuerndes Abwerbungs-Paradox* bei selbst bewertbaren Schulden vor: Bei niedriger Bonität steigt das Ergebnis.

Darüber hinaus liegt ein *Unabhängigkeitsparadox des International Accounting Standard Boards* (IASB) vor: Einerseits wird seitens der US-amerikanischen „*Securities and Exchange Commission (SEC)*" hinsichtlich der Autonomie gezweifelt, andererseits könnte man eine Einflussnahme durch den Baseler Ausschuss für Bankenaufsicht interpretieren.

Zwischenfazit II

(1) Terrornetzwerke bestätigen die Unbeobachtbarkeit und sind Transparenzvermeidungsbeziehungen – durch skalenfreie Netzwerkstrukturen.
(2) Intransparenz im Sinne einer manifesten Transparenz wird bei Sicherung von Geldautomaten zur Geheimwaffe.
(3) Prognosen sind erst ex-post transparent. *Self-fulfilling prophecies* (vgl. früh Merton 1948) erzeugen Krisen durch Krisenvermutung bzw. -unterstellung Dritter. Der *hindsight bias* – als nachlaufende Transparenzmachung – ist eine lernverhindernde, absichtliche Intransparenzproduktion.
(4) Die korrupt wie inkompetent anmutenden Transparenz-Produzenten – Rating-Agenturen bzw. Bankaufsichten – haben das Systemvertrauen gestört. Damit ist das Vertrauen in die Kontrolle durch Dritte aufgehoben und die Gesellschaft muss dieses Systemvertrauen erst mühsam wieder aufbauen.

III Handlungsperspektive: Das Manifest der Latenz – 15 Punkte

(1) Erste Einschränkung: Intransparenz als Invarianz der Forschung. Wissenschaft forscht über Nicht-Wissen im Wissen der Kontingenz.
(2) Die Forschung über das Nicht-Beobachtbare ist die relevante Forschung – im Wissen der Nicht-Realisierbarkeit.
(3) Nicht Mangel an Transparenz, sondern Mangel an Achtsam- bzw. Aufmerksamkeit für das transparent Gemachte erzeugt Krisen, Korruption etc.
(4) Intransparenz entsteht durch zu hohe und zu manifeste Transparenz – wie z.B. durch Massenmedialisierung.
(5) Zu hohe Transparenz verhindert Krisenverhinderung, weil die Krise durch Misstrauen überhaupt erst entsteht und sich durchfrisst.
(6) Systemvertrauen ist die zentrale ökonomische Ressource im Umgang mit Unbeobachtbarkeit. Das Vertrauen auf eine nicht selbst kontrollierbare Kontrolle durch Dritte.
(7) Unbeobachtbare Unsicherheitsabsorption, beschränkte Rationalität und Selektionszwang sichern Entscheidungsfähigkeit auch in intransparenten Situationen.
(8) Metaisierung der Kontrolle als Reaktion der Dekonstruktion – d.h. Transparentmachung der Kontroll-Probleme durch eine Auditierung der Auditierer.
(9) Latenz und Intransparenz schützen! Organisationen werden durch ihre Grenze zur Umwelt geschützt, die Medizin durch eine nicht hinterfragte Autorität.

(10) Intransparenz ermöglicht überhaupt erst Anfänge (Liebe, Firmen, Produkte).
(11) Funktionale Äquivalente zur Transparenz: 1. Reputation und Authentizität im Sinne von personalem Vertrauen, 2. intransparentes Netzwerk von Kontrollen Dritter im Sinne eines Systemvertrauens.
(12) Bürokratie – aktenbasierte, legal gesetzte Ordnung – ist eine Antwort der Transparenzforderung in Organisationen. Bürokratie produziert für Mitglieder wie auch Anspruchsgruppen aufgrund der Binnenkomplexität intransparente Prozesse.
(13) Latenz ist ein Modus des „bewussten Unbewussten", des „aktivierbaren intransparenten Wissens".
(14) Vertraulichkeit = verlässliche und interessierte Intransparenz.
(15) Organisationen müssen die Form der Unterscheidung zwischen Transparenz und Intransparenz selbst latent halten können. Sie haben dann eine Option. Voreilige Erfüllung von Transparenz-Ansprüchen Dritter lassen Organisationen zu Auslaufmodellen werden.

Literatur

Ashby, Ross W. (1964): *An Introduction to Cybernetics*, London.

Barabási, Albert-László/Bonabeau, Eric (2003): Scale-Free Networks, in: *Scientific American* May, 50-59.

Erickson, Bonnie H. (1981): Secret Societies and Social Structure, in: *Social Forces* 60 (1), 188-210.

Fairbanks, Jenille/Plowman, Kenneth D./Rawlins, Brad L. (2007): Transparency in Government Communication, in: *Journal of Public Affairs* 7 (1), 23-37.

Friedman, Milton (1976): *Die optimale Geldmenge und andere Essays*, Frankfurt am Main.

Fries, Meike (2009): Ein Knall, nachts um halb zwei, in: *Die Zeit* 33 (06.08.2009).

Hahn, Alois (1997): Soziologische Aspekte von Geheimnissen und ihren Äquivalenten, in: Alaida Assmann/Jan Assmann (Hrsg.): *Geheimnis und Öffentlichkeit*, Band 1, München.

Hayek, Friedrich August (1945): The Use of Knowledge in Society, in: *American Economic Review* 35 (4), 519-530.

Heisenberg, Werner (1927): Über den anschaulichen Inhalt der quantentheoretischen Kinematik und Mechanik, in: *Zeitschrift für Physik* 43 (3), 172-198.

Henriques, Adrian (2007): *Corporate Truth – The Limits of Transparency*, London.

Hertslet, William Lewis (1882) [1997]: *Der Treppenwitz der Weltgeschichte. Geschichtliche Irrtümer, Entstellungen und Erfindungen*, gemeinsam mit Winfried Hofmann, Berlin.

Krebs, Valdis E. (2002): Mapping Networks of Terrorist Cells, in: *Connections* 24 (3), 43-52.

Luhmann, Niklas (1984): *Soziale Systeme*, Frankfurt am Main.

Luhmann, Niklas (1989): *Vertrauen – ein Mechanismus der Reduktion sozialer Komplexität*, 3. durchgesehene Auflage, Stuttgart.

Luhmann, Niklas (1997): *Die Gesellschaft der Gesellschaft*, Frankfurt am Main.

Luhmann, Niklas (2004): *Die Realität der Massenmedien*, 3. Auflage, Wiesbaden.

Merton, Robert K. 1957 [1949]: Manifest and Latent Functions, in: ders.: *Social Theory and Social Structure*, Enlarged Edition, Glencoe, IL, 60-69.

Merton, Robert K. 1968 [1948]: The self-fulfilling prophecy, in: ders.: *Social Theory and Social Structure*, 2nd Edition, New York, 894-904.

Morgenstern, Oskar (1935): Vollkommene Voraussicht und wirtschaftliches Gleichgewicht, in: *Zeitschrift für Nationalökonomie* 6 (3), 337-357.

Oppong, Marvin (2009): Transparency International – Wächter in der Zwickmühle, in: *Spiegel online*, http://www.spiegel.de/wirtschaft/0,1518,638784,00.html [Stand: 01.11.2009], aufgerufen am 04.08.2009.

Power, Michael (1996): *The Audit Explosion*, London.

Sachverständigenrat zur Begutachtung der gesamtwirtschaftlichen Entwicklung (2008): *Die Finanzkrise meistern – Wachstumskräfte stärken, Jahresgutachten 2008/09*, Wiesbaden.

Shiller, Robert (2005): *Irrational Exuberance*, 2nd Edition, Princeton.

Shiller, Robert (2008): *The Subprime Solution*, Princeton.

Simmel, Georg (1908): *Soziologie, Das Geheimnis und die geheime Gesellschaft*, Berlin, 256-304.

Smith, Adam (1776 [1977]): *An Inquiry into the Nature and Causes of the Wealth of Nations*, Chicago.

Sparrow, Malcolm K. (1991): The Application of Network Analysis to Criminal Intelligence: An Assessment of the Prospects, in: *Social Networks* 13, 251-274.

Spencer-Brown, George (1969 [1997]): *Gesetze der Form: Laws of Form*, aus dem Englischen von Thomas Wolf, Lübeck.

Virilio, Paul (1986): *Ästhetik des Verschwindens*, Berlin.

Von blickdicht bis transparent: Konsum 2.0

Lucia A. Reisch

1 Transparenz 1.0: Notwendige Voraussetzung für funktionsfähige Märkte

In der Tagespolitik wird immer dann besonders nachdrücklich „mehr Transparenz" gefordert, wenn mehr oder weniger große „Skandale" – von Gammelfleisch und Analogkäse über überhöhte Strompreise bis hin zum grauen Kapitalmarkt – Gesundheit, Geldbeutel oder schlicht die Informationsfreiheit der Konsumenten zu bedrohen scheinen. Dann ertönt nahezu einstimmig der Ruf nach Schaffung gesetzlicher Grundlagen und personeller Kapazitäten für den Vollzug, um Produktionsprozesse „gläsern" zu machen, „Ross und Reiter" (sprich: Unternehmen und Marken) nennen zu können und „schwarze Schafe" abzustrafen. Das Verbraucherinformationsgesetz, das Mitte 2008 in Kraft trat und sich nunmehr in der Praxis bewähren muss, ist ein Kind solcher Forderungen. Transparenz wird hier als notwendige Voraussetzung für einen funktionsfähigen Markt betrachtet, auf dem Konsumenten den Anbietern und Intermediären vertrauen können und die Transaktionskosten nicht prohibitiv hoch sind.

Dabei ist die Forderung nach transparenten Märkten so alt wie die Verbraucherpolitik selbst. Das Transparenzgebot liegt letztlich den in den 1960er Jahren von John F. Kennedy proklamierten „Verbraucherrechten" zugrunde (Lampmann 1988). Denn ohne Transparenz sind diese Rechte Makulatur: Es bedarf der Produkttransparenz, also des Wissens um Produkt- und Prozessqualitäten, um das *Recht auf freie Wahl* umzusetzen. Es bedarf der Prozesstransparenz – einer Kenntnis der Spielregeln des Marktes – um sein *Recht auf Gehör*, einschließlich Kompensation für eine schlechte Leistung, einfordern zu können. Auch das *Recht auf sichere Produkte* – Sicherheit von Leib und Leben, aber auch vor wirtschaftlichem Nachteil – und das *Recht auf eine gesunde Umwelt* sind ohne Markttransparenz nicht denkbar und nicht durchsetzbar. Vor diesem Hintergrund werden auf nationaler und internationaler Ebene Transparenzinitiativen – von REACH und RAPEX über Kataster des GVO-Anbaus in der Landwirtschaft bis zu Datenbanken über Nano-Produkte – legitimiert.

In Europa wurden im Zuge der Umsetzung der Verbraucherrechte – und auch zur Unterstützung der aufstrebenden Nachkriegswirtschaft – in den 60er und 70er Jahren des letzten Jahrhunderts Institutionen wie die Stiftung Warentest und ihre internationalen Entsprechungen – z.B. „Which?" in Großbritannien, „Que choisir?" in Frankreich, „taenk" in Dänemark – geschaffen. Ziele waren und sind, die unüberschaubare Vielfalt und die nahezu undurchdringliche Informationsdichte auf Endverbrauchermärkten transparenter zu machen und, auf Grundlage von unabhängigen wissenschaftlichen Untersuchungen, vergleichbare Qualitätsrankings zu erstellen, um Konsumenten zu optimierten Kaufentscheidungen zu befähigen.[1] Auch die Verbraucherzentralen bemühen sich seit nun einem halben Jahrhundert, durch Verbraucherberatung und -information den Verbrauchern die notwendige Transparenz über die Waren- und Dienstleistungsangebote zu geben, die sie für „gute" – also: im Interesse des Verbrauchers und der Gesellschaft – Konsumentscheidungen brauchen. Neben diesen staatlich subventionierten Verbraucherinstitutionen sind auch von staatlichen Geldern unabhängige, überwiegend mitgliedergetragene Vereine entstanden, die sich um Transparenz als Voraussetzung für „klugen Konsum" bemühen. In Deutschland sticht hier besonders die Verbraucherinitiative e.V. hervor, die sich vor allem im Bereich des Produkt-Labelling und des nachhaltigen Konsums um „mehr Durchblick" bemüht, beispielsweise, in dem sie – in diesem Falle projektfinanziert durch das Verbraucherministerium – Transparenzdatenbanken wie label online.de aufgebaut hat.

Die Kenntnis der Chancen und Risiken der Produkte und Dienstleistungen, der Qualität der kaufentscheidenden Charakteristika sowie der offenen und verdeckten Preise – und zwar sowohl der Produkte selbst als auch ihres Herstellungsprozesses und ihrer Nutzung – so die grundlegende Hypothese der Markttheorie, ist Voraussetzung für optimale Konsumentscheidungen und für funktionsfähige Märkte, auf denen „Abwanderung und Widerspruch" (Hirschman 1970) der Konsumenten die Qualität des Angebots immer wieder einfordern (Scherhorn 1983). Sind die Konsumenten wegen ihrer begrenzten Informationsverarbeitungskapazität und systematischen Bewertungs- und Entscheidungs„fehler" durch die Daten-

---

[1] Die Stiftung Warentest hat gemäß ihrer Satzung den Zweck „die Öffentlichkeit über objektivierbare Merkmale des Nutz- und Gebrauchswertes sowie der Umweltverträglichkeit von Waren und privaten sowie individuell nutzbaren öffentlichen Leistungen zu unterrichten; der Öffentlichkeit Informationen zur Verfügung zu stellen, die zur Verbesserung der Marktbeurteilung beitragen, die Verbraucher über Möglichkeiten und Techniken der optimalen privaten Haushaltsführung, über eine rationale Einkommensverwendung sowie über von ihr als fundiert erkannte wissenschaftliche Erkenntnisse des gesundheits- und umweltbewussten Verhaltens aufzuklären.", vgl. Satzung der Stiftung Warentest in der Fassung vom 1. Januar 2008, § 2 „Stiftungszweck" (zu finden unter: http://www.test.de/unternehmen/stiftungsgremien/satzung).

vielfalt, -komplexität und -menge überfordert (Reisch 2003b: 59; Reisch/Oehler 2009), dann schlägt die Stunde der „Wissensbroker", der professionellen Informationsintermediäre, der hauptberuflichen Auswerter und Bewerter, Vergleicher und Kondensierer, Kommunizierer und Lobbyarbeiter. Wie wichtig diese Informationsintermediäre sind, zeigt der enorme Anstieg der Online-Produktrecherchen sowie der Vergleichsrechner in den letzten Jahren (aktuelle Zahlen für Deutschland: Habschick/Gitter 2009). Je transparenter und verständlicher und damit nützlicher das Angebot, desto besser kann dem Verbraucherinteresse entsprochen werden, desto eher ist eine echte Wahlfreiheit gegeben. Dies belegt auch die empirisch arbeitende Verhaltensökonomik: In vielen Experimenten wurde gezeigt, dass gute Wahlentscheidungen nicht nur auf Vollständigkeit, Genauigkeit, Güte und Aktualität der Information beruhen, sondern mindestens ebenso auf Verständlichkeit, Nutzbarkeit und Nützlichkeit für die jeweilige Zielgruppe. Transparenz kann daher auch durch gezielte Reduktion von Information erhöht werden, keineswegs immer durch ein „mehr" (Reisch/Oehler 2009).

Komplizierter als beim Recht auf freie Wahl und Recht auf sichere Produkte wird es beim *Verbraucherrecht auf Schutz der Privatsphäre*. Denn hier ist es die Sorge um den „gläsernen Konsumenten" – also um ein Zuviel an Information über einzelne Konsumenten – was Verbraucher verunsichert. In der Tat: im Vergleich zu den Möglichkeiten, die sich durch Scoring, Profiling, Data Mining, RFID, Gesundheitskarte und anderen Techniken der Datenspeicherung und -personalisierung für die Besitzer dieser Daten auftun, kommt die Volksbefragung, gegen die Datenschützer vor zwei Jahrzehnten noch Sturm gelaufen sind, recht harmlos daher. Für die Anbieterseite bedeuten diese Tools enorme Produktivitäts-, Effektivitäts- und Kosteneinsparpotenziale, insbesondere für die zielgenaue Kundenansprache. Miteinander kombinierbare aktuelle Datensätze verleihen demjenigen einen großen Hebel, der viele unterschiedliche geographische, persönliche, soziodemographische und sogar gesundheitsbezogene Daten zusammenführt, professionell auswertet und in der Kundenansprache und -bewertung (z.B. bei der Vergabe von Privatkrediten und Versicherungen) einsetzt (Reisch 2001; 2003a). Nutzer, die in den Studi-VZen, Facebooks, Twitters und Xings der virtuellen Welt bereitwillig persönliche Vorlieben und Hobbys angeben, müssen damit rechnen, dass diese in ihr Kundenprofil einfließen und auch gehandelt werden.

Daraus leitet sich für den wirtschaftlichen Verbraucherschutz die Aufgabe ab, dafür zu sorgen, dass die persönlichen Daten nur begrenzt gespeichert werden dürfen, nicht öffentlich zugänglich sind und nur mit der Zustimmung des Konsumenten gehandelt werden dürfen. Außerdem muss ein Recht auf kostenfreie Einsicht und Korrektur falscher Einträge vorgesehen werden. Wie eine Studie im

Auftrag des Bundesverbraucherministeriums zum Scoring zeigt, ist bei den Auskunfteien ein hoher Prozentsatz solcher Daten nicht aktuell (Korczak/Wilken 2009). Die weniger seriösen Unternehmen dieser Branche erstellen zudem Scoring-Werte auf Grundlage nicht valider Indikatoren wie der Wohnlage (sogenanntes Geo-Scoring). Die Bedenken, die Konsumenten bezüglich ihrer Datenprivatheit und -korrektheit hegen, scheinen allerdings in Art und Ausmaß sehr unterschiedlich zu sein. Dies wird insbesondere im interkulturellen Vergleich deutlich (Überblick in Awad/Krishnan 2006): Während im europäischen Kulturraum der Schutz der persönlichen Daten als wichtiges Bürgerrecht betrachtet wird, werden im US-amerikanischen Kulturraum eher die Vorteile gesehen, die Konsumenten beispielsweise durch Profilbildung und -vermarktung haben.

„Mehr Transparenz" durch Regulierung oder durch technische Möglichkeiten bedeutet also nur dann eine Verbesserung der Verbraucherposition, wenn sie für die Angebotsseite gilt. Konsumenten leben dagegen unbehelligter und letztlich sicherer(Identitätsdiebstahl, Phishing) wenn sie sich eher „blickdicht" geben und an den Grundsatz der Datensparsamkeit halten. Die Digitalisierung hat jedoch auf der Makroebene große Vorteile für die Konsumenten gebracht: Während in der Neuen Politischen Ökonomie davon ausgegangen wird, dass sich Konsumenten, der „Logik des kollektiven Handelns" folgend (Olson 2004), aufgrund ihrer dispersen Interessen und prohibitiv hohen Transaktionskosten grundsätzlich nicht selbst organisieren, um ihre Interessen durchzusetzen, hat das Internet durch die enorm gesunkenen Kosten der Organisierung und Kommunikation in der Praxis neue, dynamische und interaktive Formen der Vernetzung hervorgebracht. Es wird davon ausgegangen, dass Vernetzung, Austausch und Wissensgenerierung der Konsumenten im Web 2.0 – dem „verteilten Internet" – zu einer Verlagerung der Marktmacht von der Angebots- zur Nachfrageseite führen wird (Hansen et al. 2004). Diskutiert wird hier sogar ein Paradigmenwechsel hin zu einer „postmodernen Verbraucherpolitik" (Repo et al. 2009). Damit bekommt das *Verbraucherrecht auf Organisierung* eine ganz neue Bedeutung. Denn Web-2.0-Nutzer sind selbst produktiv, werden selbst zu Informationsproduzenten und „Ko-Produzenten", erfinden neue Formen von Austausch, Abwanderung und Widerspruch, können so selbst Teil der „Governance" des Internet werden (Repo et al. 2009). Zurückgreifen können sie auf immer nützlichere Online-Informations- und Beratungsformate auch derjenigen Institutionen, die für die Verbraucher Transparenz schaffen und diese beraten sollen: die Verbraucherzentralen und -organisationen sowie Anbieter von unabhängigen vergleichenden Warentests (Überblick in: Scholl et al. 2009: Kap. 5). Diesen wichtigen Veränderungen wird im Folgenden nachgegangen.

2 Der Konsument als Sender und Empfänger: Transparenz 2.0

Im Internet können vier Typen von Verbraucherinformation und -beratung unterschieden werden (Hansen et al. 2004: 276´): rein kommerzielle Anbieter-Seiten, konsumentenseitig kontrollierte Informations- und Mitmachseiten (z.B. Boykottsites, Fansites, Foren, Chats), durch Infomediäre kontrollierte Seiten (z.b. Preisvergleichsdienste, (teilweise) kommerzielle Produkt- und Dienstleistungstests, Testaggregierer, Meinungsplattformen) und schließlich nicht kommerzielle Seiten von Verbraucherorganisationen und deren Verbraucherinformationsangebote (z.b. der Verbraucherzentralen und Verbraucherorganisationen, der Verbraucherinitiative, der Stiftung Warentest). Ziel und Legitimation der Letztgenannten ist, die Markttransparenz zu erhöhen und Informationsasymmetrien abzubauen, um Konsumenten zu ökonomisch, qualitativ, ökologisch, sozial optimierten Kauf- und Nutzungsentscheidungen zu verhelfen.

Viele dieser internetbasierten Informations- und Beratungsansätze besitzen zwar auch interaktive Angebote wie Chats, Online-Rechner oder personalisierte Produktfinder; sie sind jedoch vom Ansatz her immer noch eher Web-1.0-Einwegkommunikation zwischen Experten und Laien, Sendern und Empfängern. Konsumkommunikation im Web 2.0 zeichnet sich dagegen durch Mehrwegkommunikation, persönlichen Austausch und Partizipation aus: Alle Teilnehmer sind Sender und Empfänger, alle sind für bestimmte Fragen „Experten", Inhalte werden von vielen erstellt, gemeinsam überwacht und korrigiert. Web 2.0 ist damit jenseits neuer Softwaretechnologie eine neue Qualität der Internet- und Mediennutzung, die über die Dimensionen „(Mit)-Gestaltung" und „Kommunikation" definiert wird. Typische Anwendungen sind Video- und Fotocommunitys, plattformbasierte Netzwerke (Social-Networks), Blogs und Tweets (twitter.com), Podcasts, soziale Lesesammlungen (social bookmarking), Wiki-Websites und digitale Alternativwelten wie „Second Life", in denen der Nutzer durch seinen Avatar vertreten ist. Web 2.0 ist letztlich die Schnittstelle von Konsumieren und Mitgestalten, Betrachten und Kommunizieren. Je nach Nutzertyp[2] – ob eher produzierende oder kommunizierende oder betrachtende Nutzer – ist der Partizipationsgrad unterschiedlich (result 2007). Letztlich wurde mit dieser basisdemokratischen Rund-um-die-Uhr-Kommunikation erst das „eigentliche" Web geboren (Habschik/Gitter 2009).

---

2 Web-2.0-Nutzer wurden in folgende acht Nutzertypen eingeteilt (result 2007: 37ff.): Produzenten, Selbstdarsteller, Spezifisch Interessierte, Netzwerker, Profilierte, Kommunikatoren, Infosucher, Unterhaltungssucher.

Besonders Nutzer unter 25 Jahren haben großes Interesse an den Anwendungen des Web 2.0 (Habschik/Gitter 2009). Speziell für und von Konsumenten gibt es drei Typen von Web-2.0-Portalen (Scholl et al. 2009): (1) Produktbewertungs-, Einkaufs- und Meinungsportale (wie amazon, dooyoo, ciao, epinions, ShoutIt); (2) Verbraucherportale nach dem Wiki-Prinzip (wie konsumo.de) und (3) Netzwerkportale oder Communitys wie utopia. Bei allen gilt: Je höher die Qualität der Information – d.h. ihre Validität, Glaubwürdigkeit, Aktualität, Vollständigkeit, Unabhängigkeit und Objektivität, aber auch ihre „Nutzwertigkeit", also ihre Nutzerfreundlichkeit und Verständlichkeit – desto eher wird sie für Konsumentscheidungen herangezogen und desto eher wird die Informationsasymmetrie überwunden. Allerdings ist die Informationsqualität und damit die Transparenz in der Praxis auch im Netz begrenzt: Eine unüberschaubare Zahl von Anbietern und ständig wechselnde Produktversionen führen mehr oder weniger gezielt zu Konsumentenverwirrung durch hohe Produktvielfalt (z.b. Tarife in der Telekommunikation). Preisvergleiche sind allein durch die Vielfalt und häufigen Variantenwechsel kaum systematisch durchführbar (Habschik/Gitter 2009: 24). Die begrenzte Reichweite von Suchmaschinen, veraltete oder gar manipulierte Suchergebnisse, Manipulationstechniken bei der Websitegestaltung im E-Commerce sowie teilweise hohe Fehlerquoten (z.B. bei Preissuchmaschinen) sind weitere Schattenseiten des Netzes. In Meinungsbörsen manipulieren Firmen ganz gezielt die Bewertungen, Autoren von Erfahrungsberichten sind oft in Wirklichkeit Verkäufer. Studien, die berechnen, wie hoch die Folgekosten einer mangelhaften (aber suggerierten) Transparenz im Internet für die Konsumenten sind und wie viel Konsumenten durch Fehlentscheidungen und Lockvogelangebote im Netz verloren haben, stehen noch aus, wären aber von großer Wichtigkeit.

Interessant für die Bewertung der Portale ist auch die Frage nach deren Geschäftsmodell bzw. deren Finanzierung (z.B. mit Werbung oder werbefrei; Spinn-offs von Forschungsprojekten oder kommerzielle Gründungen), die Existenz und Unabhängigkeit der Kontrolle der Inhalte (Selbstkontrolle oder Monitoring) und die Möglichkeit der gezielten Manipulation. Gerade bei den Suchmaschinen und Handelsplattformen darf nicht vergessen werden, dass hier eine quasi-monopolistische Struktur mit all ihren Missbrauchspotenzialen den Markt dominiert. Tabelle 1 zeigt diese Kriterien in einer Übersicht.

Informationsportale haben selbst Charakteristika von „Vertrauensgütern" bzw. „Erfahrungsgütern" (Nelson 1970; Reisch 2005). Dies sind Güter, deren Qualitäten nicht oder nur mit prohibitiv hohen Kosten durch Augenschein bewertbar sind. Vielmehr müssen hier glaubwürdige (staatliche oder marktliche) Dritte zwischengeschaltet werden, die den Nachfragern und Nutzern beispielsweise durch eine Empfehlung oder ein Qualitätszeichen (ein Siegel, ein Zertifikat) eine bestimmte Qualität signalisieren. Vielfach wird argumentiert, dass heute durch die große Masse der Bewertungen es schon aus mathematischen Gründen so sein müsse, dass „zufällige Fehler" im Sinne von bewusst geschönten, gesteuerten Einträgen ausgeglichen würden. Insofern könne heute bei den großen Portalen sowie bei intern qualitätskontrollierten Portalen davon ausgegangen werden, dass die Bewertungen im Durchschnitt der Wahrnehmung der Bewerter entspricht. Dies ist aber nur begrenzt der Fall.

	Produktbewertungs-, Einkaufs- und Meinungsportale	Verbraucherportale (Bsp. Konsumo)	Netzwerkportale (Bsp. Utopia)
Objektivität und Unabhängigkeit der Information	subjektiv (da von Nutzern erstellt)	Verbrauchernews: objektiv (da von Redaktion erstellt) Ratgeber-Bearbeitungen: subjektiv (da von Nutzern erstellt)	subjektiv (da teilweise von Nutzern erstellt)
Finanzierung des Portals	Werbung Partnerverträge mit Online-Shops	Werbung (in Form von Google AdSense) Werbekooperationen	teilweise durch Sponsoring und Werbung Partnerschaften (überwiegend Unternehmen)
Kontrollinstanzen im Portal	„Selbstreinigung" durch andere Nutzer sowie teilweise Kontrollen durch content-manager	vorhanden und umfangreich	teilweise durch Expertengremien; Selbstkontrolle durch „Utopisten"
Möglichkeit der Manipulation von Informationen	vorhanden	gering	gering

Tab. 1: Idealtypischer Vergleich von Portalstypen (Quelle: nach Scholl et al. 2009)

2.1 Meinungs- und Bewertungsforen

Der neueste weltweite Nielsen Global Online Consumer Survey 2009, für den 25.000 Online-Konsumenten in 50 Ländern befragt wurden, zeigt deutlich, dass Konsumenten sich stark auf Meinung und Rat anderer Konsumenten – Bekannte und Einträge in Konsumentenforen – verlassen, viel stärker als auf die klassische

Werbung (vgl. Tabelle 2). Dies trifft auch für den deutschen Markt zu (businesswissen.de 2008). *Online Bewertungsportale* gelten heute als die vertrauenswürdigste „Werbeform" – so erfolgreich, dass Epinions, amiro oder ciao Nutzer für hilfreiche Einträge mit Boni belohnen: Je häufiger die Bewertung von anderen Nutzern zur Entscheidungsfindung herangezogen wird, desto mehr wird dem Mitglied bezahlt – z.B. in „Eroyalities credits" oder „doyoo Meilen". Der unabhängige Rat von neutraleren Organisationen wird dagegen überwiegend von einer bestimmten Klientel, nämlich der akademischen Mittelschicht und Konsumenten mittleren Alters, nachgefragt. Daher wagen sich nach und nach auch satzungsmäßig in engen Grenzen agierende Institutionen wie die Stiftung Warentest in die Web-2.0-Welt und lassen ihre Kunden Produkte und Beiträge bewerten, bieten Chats an oder lassen sich von den Konsumenten Testvorschläge unterbreiten.

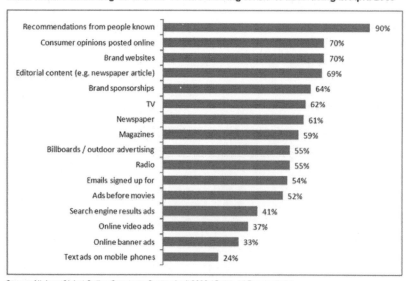

Abb: 1: Vertrauen in Werbe- und Kommunikationsformen (Qelle: Nielsen Global Online Consumer Survey April 2009)

Der große Einfluss persönlicher bzw. quasi-persönlicher Produktempfehlungen ist keine Neuigkeit für Marketingspezialisten: Schon immer war die persönliche (oder zumindest scheinbar persönliche) „Mund-zu-Mund"-Werbung sehr erfolgreich, sowohl in ihrer klassischen Form (von Tupperpartys bis zur Avon-Beraterin) als auch in ihren neuen Formen als virales und Guerilla-Marketing. Peergruppen und die erweiterte Familie sind in der Mediengesellschaft ein wichtiger „Kommunikationspuffer", in dem massenmediale Botschaften gefiltert, diskutiert und bewertet werden. Auch ist bekannt, dass Menschen bei Entscheidungen unter Unsicherheit – und das sind die meisten Konsumentscheidungen – auf Basis einer einfachen Heuristik der „Schwarmintelligenz" der Vielen folgen in der mehr oder weniger bewussten Annahme, die Mehrheit könne so falsch nicht liegen. Und tatsächlich kann die „Weisheit der Verbraucherherden" bei Entscheidungen unter Unsicherheit der individuellen Intelligenz überlegen sein (Kozinets/Hemetsberger/Schau 2008).

Neu ist das Ausmaß des Phänomens, die Fülle der technologischen Möglichkeiten und das Einflusspotenzial der Bewertungsforen. Web-2.0-Anwenungen haben im Verbraucherbereich ein ganz neues Niveau an Transparenz, Aktualität und Personalisierung ermöglicht und damit den Nutzwert der Information erhöht: Produktbewertungen werden durch eine große Masse von Nutzern minütlich oder sogar in Echtzeit aktualisiert. So können beispielsweise Nutzer eines iPhones die Kamera auf ein Restaurant richten und bekommen von Yelp die dazugehörende Restaurantbewertung. Auch die Möglichkeit, mehr über die Produktionsprozesse, die Warenketten und die Anbieter selbst zu erfahren, wächst unaufhaltsam. Beispiele dafür sind der US-amerikanische GoodGuide, ein interessanter Dienst, der am Point of Sale über die üblichen Möglichkeiten hinaus (Preise, Nutzerbewertung, Einkauf) Produkt und Produktionsprozess nach Umwelt- und Gesundheitsfaktoren sowie den Sozialstandards bei der Produktion bewertet. Ähnlich arbeitet auch „GreenScanner". Der weltgrößte Einzelhändler WalMart versucht seit kurzem, sein schlechtes Öko- und Sozialimage durch eine „360 Grad Drehung" (so der Name der Werbekampagne) loszuwerden. Jeden Monat kommen neue Ideen dazu, wie Konsumenten durch mobilen Content noch effektiver Produkteigenschaften recherchieren, die Preise und Qualitäten von Angeboten vergleichen und ihre Erfahrungen austauschen können.

Neu ist zudem die Bandbreite der bewerteten Produkte und Dienstleistungen. Waren es vor ein paar Jahren überwiegend Reisen, Filme und Bücher, so wird heute alles bewertet, und zwar auf Basis personalisierter Präferenzen und Bedürfnisse: von Gesundheitsdienstleistungen (ZocDoc) und Pflegeheimen (Heimverzeichnis.de) über Restaurants (und dort: einzelne Gerichte, einzelne Sitzplätze) und Flughäfen, Bildungsinstitutionen und Rechtsanwälte, Spielplätze und Hotelzimmer bis zu Schönheitssalons und Hundehotels.

Die Attraktivität der Bewertungsforen liegt vor allem darin, dass die komprimierten Bewertungen von Millionen von Nutzern weltweit den Weg durch das Informationsdickicht erheblich erleichtern, vereinfachen und abkürzen. Die gegenwärtig zu beobachtenden Aufkäufe, Zusammenschlüsse und Kooperationen zwischen Einkaufsratgebern, Produktbewertungsportalen, Community-Blogs und Preisvergleichsseiten lassen darauf schließen, dass in Zukunft Informationen und Bewertungen über Produkte und Dienste verstärkt in aggregierter Form angeboten und genutzt werden. Verbunden mit bezahlbaren Audio-Video-Anwendungen vor allem der mobilen internetfähigen Geräte und stündlich aktualisiertem Inhalt werden solche aggregierten „Meta-Suchen" noch anschaulicher, attraktiver und nützlicher, da sie direkt am Entscheidungsort und in der Entscheidungssituation verfügbar sind und den Nutzer über Kartenfunktionen sogar zum günstigsten Angebot „lotsen" können. Solche mobilen Angebote sind der Anfang ganz neuer Anwendungen im – mobilen – Web 3.0 (McRoberts/Terhanina 2008). Mit Shopsavvy beispielsweise, einer vor Kurzem auch in Deutschland eingeführten Android-Anwendung, kann bei über 20,000 online und stationären Händlern nach dem niedrigsten Preis gesucht werden – man muss lediglich im Geschäft mit der Mobiltelefonkamera den Strichcode einlesen.

2.2 Verbraucherportale und soziale Netzwerke

Verbraucherportale wie konsumo funktionieren nach einem anderen Schema, nämlich nach dem Wiki-Prinzip: Nicht einzelne Produkttypen oder Marken werden bewertet, sondern es werden Vorteile und Nachteile von Geräten und Gebrauchsgegenständen allgemein beschrieben, auf Qualitätskriterien hingewiesen und allgemeine Produktinformation ausgetauscht. Alle Internetnutzer können an den Bewertungen mitschreiben, Änderungen werden von einem Inhaltsadministrator geprüft. Konsumenten bekommen hier einen Überblick über Produkttypen, -funktionen sowie potenzielle Produktrisiken direkt aus der Erfahrungswelt anderer Konsumenten.

Bewertungen und Empfehlungen sind für den einzelnen dann besonders relevant, wenn die Peer-Berater ähnliche Interessen, Wertvorstellungen und Lebensstile haben. *Netzwerkportale* funktionieren ebenfalls grundsätzlich nach dem Wiki-Prinzip, haben jedoch noch eine ganze Reihe weiterer Optionen, die es Nutzern ermöglichen, sich untereinander auszutauschen. Bei den *Communitys* kommt zudem das Gemeinschaftsgefühl zum Tragen, das auf der gemeinsamen „Belebung" einer thematischen Plattform mit eigenem Themenspektrum basiert.

Nutzer sind hier häufig nicht nur vorbeiziehende Informationssucher, sondern Mitglieder. Alle können in Foren Themen anstoßen, im Shop angebotene Produkte ausprobieren, Preise ausloben, eigene Erfahrungen einbringen. Bei der erfolgreichen Lebensstil-Community utopia.de beispielsweise, einer Plattform für strategischen Konsum und nachhaltigen Lebensstil, wird ein bunter Strauß aus praktischen Hinweisen („How-To-Guides"), Neuigkeiten aus der „LOHAS"-Szene (Lifestyle of Health and Sustainability), Produktempfehlungen, aktuelle Nachrichten und Hintergrundberichte zum Thema Nachhaltigkeit und Konsum geboten.[3] Ähnliche Angebote gibt es bei codecheck.info und EcoShopper.de.

Online-Communitys haben gerade für die jüngere Generation eine große Bedeutung. Großen Communitys kann durchaus eine „APO-2.0"-Machtposition zukommen, denn sie können sehr schnell Ideen verbreiten, gute (Produkt-, Management-) Beispiele lancieren und schlechte „abstrafen" (Kozinets/Hemetsberger/Schau 2008). Ebenso häufig stellen sie wichtige Foren für sozialen Austausch, für Gemeinschaft und Entwicklung von Visionen dar. Häufig werden über Einkaufsoptionen gleichfalls die zum Lebensstil passenden Produkte angeboten und so Lösungen für die „symbolische Selbstergänzung" (Reisch 2002) quasi mitgeliefert. Aus der verhaltenswissenschaftlichen Konsumforschung ist bekannt, dass die größten Handlungsbarrieren bei der Umsetzung von Wissen und Werten zum Handeln im „triple A" liegen: Access, Affordability und Availability – also einfacher, zeitsparender Zugang zu Produktalternativen, die man sich auch leisten kann und die zum eigenen Lebensstil passen. Dies sind Hürden, die Communitys durch Online-shopping-Angebote leicht nehmen können.

3 Konsumenten im Web 2.0: auf Augenhöhe?

In der empirischen Forschung über Online-Verhalten wurden mit Hilfe von Faktoranalysen drei grundlegende Motive der Online-Nutzung herausdestilliert (Johnson/Kulpa 2007): Geselligkeit (Beziehungen zu anderen Menschen), Nützlichkeit (Effizienz) sowie Reziprozität (kognitive Stimulierung und aktives Involvement). Schon die heute verfügbaren Web-2.0-Anwendungen können diese Bedürfnisse viel besser befriedigen als das Web 1.0. Heute sind weltweit ungefähr eineinhalb Milliarden Konsumenten regelmäßig online, von den jüngeren „digital natives" – geboren ab den 1980er Jahren – über die mittleren „digital immigrants" bis zur Gruppe mit den heute höchsten Zuwächsen, den älteren Internetnutzern. Die für

---

3   Utopia hatte im Februar 2010 eine Community von über 60.000 registrierten Nutzern, den „Utopisten" – mehr Mitglieder als manche im Bundestag vertretene Partei.

kluge Konsumentscheidungen notwendige Medienkompetenz wird allerdings in der Regel eher nebenbei erworben und beschränkt sich weitgehend auf konkretes Produkt- und Handlungswissen („Bedienungswissen") und kaum auf Orientierungswissen („Reflexionswissen") und Metawissen über die Qualität von Internetangeboten. Damit Transparenz – und nicht nur freier Informationszugang – gewährleistet ist, bedarf es jedoch beider Formen von Wissen.

Je mobiler, billiger, ubiquitärer und damit einfacher der Netzzugang wird, desto interessanter werden internetbasierte Informations- und Beratungstools zudem auch für Konsumenten der „emerging markets" und der so genannten Entwicklungsländer. Aufgrund fehlender Infrastruktur ist hier bekanntermaßen der Anteil der Kommunikation über Mobiltelefone besonders hoch. Heute gibt es weltweit ca. vier Milliarden Mobilfunk-Verträge, davon zwei Drittel in den Entwicklungsländern. Hier liegt ein riesiges Potenzial für eine noch stärkere weltweite Vernetzung und Stärkung der Konsumenten. Es reicht eben angesichts der Globalisierung vieler Märkte heute nicht mehr aus, nur die Konsumenten „vor der Haustür" zu betrachten.

Auf der Anbieterseite sind Bewertungs- und Verbraucherportale zunehmend wichtige Quellen zur Erkundung von Kundenwünschen und -beschwerden, die zur Marktforschung, Produktentwicklung und Sortimentsoptimierung genutzt werden. Wie Marktstudien zeigen, werden die von Verbrauchern im Internet veröffentlichten Informationen von Unternehmen nicht mehr ignoriert wie noch vor wenigen Jahren; die traditionelle Marktforschung wird vielmehr zunehmend um regelmäßiges Web-Monitoring von Produktbewertungsportalen und Online-Foren ergänzt (business-wissen.de 2008; Consline 2008). In der neueren Marketingforschung wird zudem argumentiert, dass die „kollektive Kreativität" von Web-Communitys der „individuellen Kreativität" einzelner überlegen sei (Kozinets et al. 2008).

Traditionell haben Unternehmen von einem Informationsgefälle zwischen ihnen und den Konsumenten – in Bezug auf (internalisierte und externalisierte) Kosten, Qualitäten, Preise, Zulieferer – einen Vorteil. Wenn nun durch die webbasierte Transparenz im Zusammenspiel mit einem Wertewandel hin zu mehr eingeforderter Unternehmensverantwortung diese Asymmetrie abnimmt, kann es eine sinnvolle Strategie sein, Nachfrager systematisch in „Co-Creation"-Prozesse mit einzubeziehen, bei denen Produkte – beispielsweise Software – gemeinsam mit den Nachfragern gestaltet und optimiert werden. Auf Wertpapiermärkten ist dies teilweise bereits Realität (Prahalad/Ramaswamy 2004; Bruns 2008).

Gleichzeitig wird seitens der Konsumenten Druck auf die Hersteller ausgeübt, indem Bewertungen abgegeben werden, die für jeden einsehbar sind und im

Unterschied zur flüchtigen Mund-zu-Mund-Werbung über einen langen Zeitraum abgerufen werden können (Habschik/Gitter 2009). Manche Beiträge werden von Hunderttausenden von Nutzern gelesen, wodurch sich Multiplikatoreneffekte ergeben können (business-wissen.de 2008). Bewertungsforen können als Wissens- und Meinungsführer eine respektable Machtposition erreichen (Kozinets et al. 2008). Mehr oder weniger freiwillig geben die großen Firmen Daten preis von der Höhe der Gehälter bis zu Bewertungen der Arbeitsatmosphäre – wie glassdoor und liveSalary. Gerade im Bereich der „Corporate Social Responsibility" (CSR) wird Transparenz der Produktionskette – und damit der externalisierten Kosten – eingefordert, da Transparenz Voraussetzung für valide Bewertungen der CSR-Performance ist. In einigen Ländern ist dies bereits Pflicht. So sind in Dänemark seit 2009 die meisten großen Firmen gesetzlich verpflichtet, einen jährlichen CSR-Bericht zu erstellen. Auch wenn diese Berichte nicht für die Konsumenten gedacht sind – sondern für Investoren, die Politik und Lobbygruppen – so bewirkt diese Pflicht zur Transparenz interne Veränderungsprozesse in den Unternehmen bis in die Lieferketten hinein. Und zunehmend geraten Unternehmen unter Druck, den Transparenzbegehren der Öffentlichkeit nachzukommen. Dies gilt nicht nur für die Unternehmensperformance als Ganzes, sondern auch unmittelbar für den Produktbereich: Mehrere Initiativen arbeiten derzeit an europäischen Versionen von „GoodGuide" und „Project Label", Informationsdatenbanken für nachhaltigen Konsum, die die Lebenszyklen von über 70.000 Produkten (bislang: Lebensmittel, Hygiene, Reinigungsmittel, Spielzeuge) bzw. den ökologisch-sozialen Impact von Unternehmen bereitstellen. Das ambitionierteste Projekt eines „zweiten Preisschilds" ist derzeit der weltweite „sustainable product index", dessen Entwicklung Walmart im Juli 2009 initiiert hat. Dieser Nachhaltigkeitsproduktindex soll in den nächsten Jahren entwickelt und dann verbindlich für alle bei Walmart geführten Produkte werden.

Immer mehr Anbieter gehen zudem dazu über, Kunden auf den eigenen Firmenseiten zu – für alle sichtbaren – Bewertungen und Beschwerden einzuladen und damit das Beschwerdemanagement gleichzeitig zur Kundenzufriedenheitsforschung und Öffentlichkeitsarbeit professionell zu nutzen. Auf der schwedischen Fairshopping-Seite können sich Konsumenten öffentlich über Firmen beschweren, und diese können wiederum dort Stellung nehmen und andere Nutzer können kommentieren. Das Internet bietet hier eine ganz neue Plattform für „Widerspruch" für Konsumenten, aber auch für die Chance der Richtigstellung und ggf. Wiedergutmachung der Anbieter. Eine zunehmend kritische Managementaufgabe ist in diesem Zusammenhang die Frage, wie viel Transparenz ein Unternehmen wagen kann – ohne Geschäftsgeheimnisse zu verraten und ohne in unlauterer Absicht firmenschädigenden Konsumenten zu viel Einblick zu geben. Web-2.0-Unternehmensberater wissen jedoch, dass es vor allem die eigenen Mitarbeiter sind, vor deren hauseigener Kritik sich das Management „fürchtet" – viel weniger als vor der Kritik von Konsumenten. Werden jedoch die Regeln guter Kommunikation im Netz verstanden und beherrscht, dann sind hier die Risiken für die Firmen viel geringer als befürchtet.

Insgesamt, so zeigt dieser Beitrag, eignet sich das Internet sehr gut dafür, durch Information und Vernetzung Transparenz herzustellen. Gleichzeitig besteht jedoch die latente Gefahr des verschleiernden Informationsrauschens, denn „too much information can harm", so der programmatische Titel einer britischen Regierungsstudie zu Verbraucherinformation. Web 2.0 und Web 3.0 bieten vor allem ganz neue Möglichkeiten für selbst geschaffene und selbst verwaltete Transparenz über Anbieter, Produkte und Produktionsprozesse. Entscheidend für die Machtasymmetrie auf Märkten ist jedoch der Druck der „Öffentlichkeit", der in den Communitys erzeugt werden kann – und auch zunehmend erzeugt wird.

Literatur

Awad, Neveen Farag/Krishnan, M. S. (2006): The Personalization Privacy Paradox: An Empirical Evaluation of Information Transparency and the Willingness to be Profiled Online for Personalization, in: *Management Information System Quarterly* 30 (1), 13-28.

Bruns, Axel (2008): The Future is User-Led: The Path towards Widespread Produsage, in: *Fibreculture Journal* 11; http://eprints.qut.edu.au/12902/1/12902.pdf (Abruf 14.01.2009).

business-wissen.de (2008): *Web 2.0 Quellen dominieren Kaufentscheidung*; http://www.business-wissen.de/marketing/kundenanalyse/fachartikel/informationsquellen-web-20-quellen-dominieren-kaufentscheidung.html (Abruf 25.08.2008).

Consline Research & Consulting (2008): *Web 2.0 Quellen dominieren Kaufentscheidungen. Beratung durch Verkäufer und Händlerwebsites von untergeordneter Bedeutung*; www.consline.com/Aktuelle-studien.77.0.html?L=0&tx_ttproducts_pi1[backPID]=77&tx_tt products_pi1 [product]=33&cHash=d3ad3fb238 (Abruf 28.08.2008).

Habschick, Marco/Gitter, Rotraud (2009): *Verbrauchermacht im Internet*, Gutachten im Auftrag der Abteilung Wirtschafts- und Sozialpolitik der Friedrich-Ebert-Stiftung, Bonn: Friedrich Ebert Stiftung.

Hansen, Ursula/Bornemann, Daniel/Resabakhsh, Behrang (2004): Markttransparenz als Problemstellung der Verbraucherpolitik im Zeitalter des Internets; in: Wiedmann, Klaus-Peter (Hrsg.): *Fundierung des Marketing*, Wiesbaden: Gabler, 271-291.

Hirschman, Albert O. (1970): *Exit, Voice and Loyalty. Responses to Decline in Firms, Organizations and States*, Cambridge/Mass.: Harvard University Press.

Johnson, Genevieve Marie/Kulpa, Anastasia (2007): Dimensions of Online Behavior: Toward a User Typology, in: *CyberPsychology & Behavior* 10 (6), 773-779.

Korczak, Dieter/Wilken, Michael (2009): *Verbraucherinformation Scoring, Bericht im Auftrag des Bundesministeriums für Ernährung, Landwirtschaft und Verbraucherschutz*, Berlin/München: Bundesministerium für Ernährung, Landwirtschaft und Verbraucherschutz.

Kozinets, Robert V./Hemetsberger; Andrea/Jensen Schau, Hope (2008): The Wisdom of Consumer Crowds: Collective Innovation in the Age of Networked Marketing, in: *Journal of Macromarketing* 28 (4), 339-354.

Lampman, Robert J. (1988): JFK's four consumer rights: A retrospective view, in: Maynes, Scott (Hrsg.): *The Frontier of Research in the Consumer Interest*, Columbia: American Council on Consumer Interests, 19-33.

McRoberts, Brian/Terhanina, George H. (2008): *Digital Influence Index Study. Understanding the Role of the Internet in the Lives of Consumers in the UK, Germany and France*; http://releases.fleishmanhillard.com/download/FH_Digital_Index_White_Paper_English.pdf (Abruf 18.08.2008).

Nelson, Phillip (1970): Information and Consumer Behavior, in: *Journal of Political Economy* 78, 311-329.

Olson, Mancur (2004): *Die Logik des kollektiven Handelns: Kollektivgüter und die Theorie der Gruppen*, 5. Aufl., Tübingen: Mohr Siebeck (Original 1965).

Prahalad, C. K./Ramaswamy, Venkar (2004): CO-Creating Unique Value with Customers, in: *Strategy & Leadership* 32 (3), 4-9.

Reisch, Lucia A. (2001): The Internet and Sustainable Consumption: Perspectives on a Janus Face, in: *Journal of Consumer Policy* 24 (3/4), 251-286.

Reisch, Lucia A. (2002): Symbols for Sale: Funktionen des symbolischen Konsums. In: *Leviathan – Zeitschrift für Soziologie* 21, 226-248.

Reisch, Lucia A. (2003a): Potentials, Pitfalls, and Policy Implication of Electronic Consumption, in: *Information and Communications Technology Law* 12 (2), 93-109.

Reisch, Lucia A. (2003b): Transparenz auf Lebensmittelmärkten: Eine theoretische Begründung und verbraucherpolitische Praxis, in: *Hauswirtschaft und Wissenschaft* 51 (2), 58-64.

Reisch, Lucia A. (2005): Verbraucherpolitik auf Vertrauensgütermärkten, in: Held, Martin/Kubon-Gilke, Gisela/Sturn, Richard (Hrsg.): *Normative und institutionelle Grundfragen der Ökonomik*, Jahrbuch 4: *Reputation und Vertrauen*, Marburg: Metropolis, 185-206.

Reisch, Lucia A./Oehler, Andreas (2009): Behavioural Economics: Eine neue Grundlage für die Verbraucherpolitik?, in: *DIW Vierteljahreshefte zur Wirtschaftsforschung, „Verbraucherpolitik zwischen Markt und Staat"* (78/3), 30-43.

Repo, Petteri/Timonen, Päivi/Zilliacus, Kim (2009): Alternative Regulatory Cases Challenging Consumer Policy, in: *Journal of Consumer Policy* 32 (3), 289-301.

Result (2007): *„Web 2.0": Begriffsdefinition und eine Analyse der Auswirkungen auf das allgemeine Mediennutzungsverhalten*. Grundlagenstudie des Markt- und Medienforschungsinstitutes result in Zusammenarbeit mit der Medienforschung des Südwestrundfunks, Köln: result.

Scherhorn, Gerhard (1983): Die Funktionsfähigkeit von Gütermärkten, in: Irle, Martin (Hrsg.): *Marktpsychologie als Sozialwissenschaft*, Göttingen: Hogrefe, 45-150.

Scholl, Gerd et al. (2009): *Konsumenten- und kundennahe Instrumente der Ressourcenpolitik*, Hintergrundpapier zur Zusammenfassung der Politikoptionen. Arbeitspapier 12.1 des Projekts „Materialeffizienz und Ressourcenschonung" (MaRess), Wuppertal/Heidelberg/Calw.

Transparency after the Financial Crisis.
Democracy, Transparency, and the Veil of Ignorance

Helmut Willke

1 Exposition

The global financial crisis of the years 2007-2009 has exacerbated a fundamental dilemma of modern democracies: Democratic decision-making presupposes transparency of interests, influences and interventions, whereas the operational logic of financial transactions, financial instruments, and financial strategies depends on proprietary knowledge, exclusive expertise and competitive advantages through deliberate veiling of the competing organizations' own intentions.

The global financial system thus creates a massive veil of ignorance, albeit not in Rawls' sense as a precondition for a "just" distribution of social goods and social positions by nullifying "the effects of specific contingencies which put men at odds and tempt them to exploit social and natural circumstances to their own advantage" (Rawls 1981: 136), but in a very opposite sense: The point of this veil of ignorance is to explore and exploit behind this shield all conceivable circumstances for one's own advantage in order to succeed in a competitive market.

The political systems of modern democracies have a long tradition of trying to enforce some degree of transparency on their financial systems by tightly regulating, controlling and limiting banks, insurance companies and other financial corporations. For example, the U.S. Glass-Steagall Act of the Depression era separated the business spheres of banks, investment firms and insurance companies in order to create more transparency in types and kinds of financial businesses, or the U.S. Sarbanes-Oxley Act of 2002 mandated a strict control of the financial officers (CFOs) of listed corporations after the Enron- and WorldCom disasters.

However, the results of all these efforts have not been overwhelming. Most endeavors of politics to increase the transparency of the financial systems have had the detrimental effect of engendering more sophisticated evasion strategies, more refined circumventions and more complex risk models, thus perpetuating the rat race between regulators and regulated and the impasse between the calls for transparency and the pursuit of "constructive ambiguity", i.e. intransparency of the financial system: "We have lived for decades with a regulatory 'disclosure paradox', which Anthony Hopwood identified, namely that the more organizations disclose about themselves, the less we know about them" (Power 2008: 11).

This text aims at describing the transparency paradox which is obfuscating a clear call for transparency in the (global) financial system from the point of view of democratic decision-making and responsibility on the one hand, and derogating a clear call for splendid opacity of financial transaction from the point of view of a "free" market on the other. What are the conditions and premises of a productive relationship between democratic transparency and the constitutive asymmetry of information inherent in financial transactions? What venues are there to reconcile the political quest for transparency and the financial principle of privacy and discretion without regressing to transparency fundamentalism or to market fundamentalism?

A first step of the following reasoning will be to delineate the renewed entitlement of democratic politics for disclosure and transparency in financial affairs as part of the democratic essentials of capitalism. We will then, in a second step, outline some of the limits to transparency, particularly limits of expertise and limits of involvement. In a third step, the paper will address the crucial question of non-knowledge, ignorance, risk and uncertainty as constitutive elements of corporate financial strategies. The difference of corporate risk (micro-prudential risk philosophy) and "systemic risk" (macro-prudential risk philosophy) will be essential to arrive at a valid mode of complex political governance of global finance. Finally, in a fourth step we will outline some consequences of the limits to transparency for democratic governance.

2 Democratic essentials of capitalism

The democratic institutions of capitalism have become more relevant and more acute with the advent of a global economic crisis which has reinforced the nation-state's role as lender and guarantor of last resort. In democracies this pits private/corporate failures and profits against collective responsibilities and losses – presumably an uneven contest. A more balanced role for polities in setting rules and limits to economic activities has been gradually dissolved as far back as the "liberalization" of markets during the 1980s: "Since then the political climate has fostered deregulation, with politicians supporting light-touch rules and assembling meta-governance systems that assess performance of regulators in terms of business interests rather than those of the consumer" (Hutter/ Dodd 2008: 4).

Deregulation can be understood as liberation of (financial) markets from the heavy-handed control by politics, following from the end of the Bretton-Woods agreement, the implosion of the Soviet-Union and the obvious triumph of market capitalism. However, some actors and institutions of the "Washington consensus" (Williamson 2000) have extended the idea of liberalization to mean market-fundamentalism pure and simple, i.e., a sustained myth of the self-organizing and self-correcting operation of markets. "If the story of the past quarter of a century has a one-line plot summary, it is the rediscovery of the power of market capitalism" (Greenspan 2008: 14). The present crisis has destroyed that myth of the power and glory of pure markets. But what would be a more adequate description of the range and role of "free" markets?

Ironically, contrary to the epitaph of "neo-liberalism" it is the proponents of classical liberalism who have given answers to this question which still appear to be valid today (Willke 2003). The centerpiece of the argument is that the market cannot produce its own preconditions – for example rule of law, the institution of private property or the prevention of monopolies – and therefore needs the regulatory powers of polities. Even among market fundamentalists there is no doubt about the fact that markets presuppose legal institutions, political frameworks, and cultural patterns in order to function as markets. The details of the relations between politics and economy, of the political preconditions of a market economy and of the architectures of a political economy, of course, are hotly debated and contested. More specifically, it has turned out that a positive, self-reinforcing relationship between capitalism and democracy depends on reigning in the self-destructive tendencies of an unfettered market capitalism by defining rules for public goods (Malkin/Wildavsky 1991), rules for accountability (Held 2004; Keohane 2003), rules against "predatory" abuses of market power (Shiller 2009), rules for "financial product safety" (Shiller 2008: 129), rules for coping with economic and financial globalization (Stiglitz 2007: 269ff.), and, in general, rules for setting the economic preconditions for democratic participation.

While the crisis has exposed the fallacies of market fundamentalism, the opposite fallacy of a "global Salvationism" (Henderson 2004: 196) through well-intended but erroneous models of "corporate social responsibility" (CSR) or "corporate citizenship" is less obvious. These models, however, are equally mistaken as market-fundamentalism because they disregard the essential separation of "spheres of justice" (Walzer 1983) within a functionally differentiated modern society. Many proponents of CSR seem to ignore that postulating some "social" responsibility of corporations subjects these corporations to *political* demands, since the content of "social responsibility" of course is not just plain and evident but must be defined by some constituency. The definition of social responsibilities, therefore, inevitably constitutes a political act of collective will formation, whatever or whoever the respective collectivity might be. CSR entails a politicization of the corporation, and some authors in fact take account of this consequence. Palazzo/Scherer, for example, deplore the "de-politicization of the corporation" which, they argue, exempts the corporation from "self-evident" political responsibilities, and they doubt the validity "of the established interpretation of the corporation as an extension of the private self" (Palazzo/Scherer 2006: 76). Consequently, they endorse the politicized corporation, holding "that corporations have to align their activities with 'broader community values'" (p. 77). Instead of re-politicizing corporations, de-politicizing non-political spheres is one of the cornerstones of liberal democracy and not to be done away with lightly.

The democratic essentials of capitalism must be defended against the fallacies of market-fundamentalism as well as against the moral arrogance of CSR and similar concepts. In spite of recurrent and "cyclic dreams of a strong state" (Hofmann 2008) there is no way for politics to do the job of the economy, substituting political decisions for economic and market decisions. Conversely, the evidence of market failures calls for a sober examination of the limits of the self-organizing capacities of markets and the failures derogate any notion of a self-correcting automatism of markets. A crucial case in point is the propensity of politics to intervene in the markets (in case of market failure), if there is evidence of "systemically relevant" risks or failures.

The distinction between regular failure of corporations in the market as part of the process of "creative destruction" (Schumpeter) and systemically relevant failures obviously is a precarious and contested one. A crisis of a financial institution or an imminent collapse of an enterprise becomes systemically relevant if the mass media, relevant parts of the electorate or relevant groups of politicians consider the fallout and the costs of a failure (of that institution or enterprise) greater than the costs of rescuing it by public bailout. Of course, the entire calculation is necessarily based on presumptions and assumptions. Whether the failure and bankruptcy of Lehmann Brothers has been a private problem of owners and investors and the possible failure of AIG has been and still is systemically relevant remains an open question. Whether (in Germany) the car maker Opel must be rescued with public help, while Karstadt or other retailers go bankrupt, is open to debate.

A case in point: The bailout of the investment bank Bear Stearns by the U.S. Federal Reserve in March 2007 was seen as a successful intervention against the risk of "systemic shocks" from the failure of a large financial corporation. "The bailout was justified on the grounds that the collapse of Bear Stearns appeared to be driven by marked illiquidity rather than insolvency. ... Yet, is has been noted ... that the Fed did not have first-hand information on Bear Stearns, as this was outside its supervision. How can a central bank with no supervisory power over investment banks tell whether one such institution is or is not insolvent?" (Sinn 2009: 85).

In spite of plenty of remaining doubts the notion of "systemic relevance" is helpful and valid in configuring the transition points in the relation between economy and polity. Politics is defined as the functional subsystem of (modern) societies responsible for making collectively binding decisions. Politics is responsible for deciding on the range of and for providing public goods. Thus, political action seems appropriate as soon as a public good appears to be at risk. Although the distinction between private concern and public interest will remain controversial in most cases, the distinction itself must be made, and the political system is entitled to define "systemic relevance" along its own operational decision criteria.

The proof of the pudding comes as a corollary of the distinction. *If* some economic/corporate decision-making may have systemic effects, it is not only legitimate but mandatory for the political system to set rules and regulations for this kind of business. For example, if some corporation is "too big to fail", then is seems politically legitimate and appropriate to set political rules for maximum size of corporations. If corporations run the risk of "adverse selection" of their risks in view of public bailouts, it is the prerogative of politics to define regulations for acceptable risks and appropriate risk models.

To be sure, even legitimate and appropriate regulation does not prevent crises: "Given the financial system's fallibility, regulation is bound to be fallible too" (Economist 2009: 20). The point here is that capitalism is not a free floating idea or system, but it is necessarily embedded in societal contexts in general and in democratic prerogatives in particular. As soon as the gyrations of markets impinge on public goods or concerns, as in some instances they inevitably do, democracy must impinge on capitalism, too. In this sense, the core components of democracy, i.e. legitimacy, participation, accountability and transparency, have repercussions on the selection of valid models out of a variety of optional forms of capitalism. Varieties of capitalism correspond to varieties of democracy (Hall/Thelen 2005; Willke 2009). Therefore, democratic governance regimes subscribing to explicit basic human and social values, including overall concerns like ecology or sustainability, institute these values as guideposts or contextual conditions for *all* other societal subsystems beyond politics.

It is a quite different question, however, whether and how these contextual conditions can be implemented by means of political action. This leads us to the second step of the argument.

3 Distributed expertise and the limits to transparency

The central obstacle to valid political regulation of financial affairs is not a lack of legitimacy or formal competences but a lack of expertise on the part of the regulators and, to a considerable degree, on the part of the regulated. Even if disclosure is mandated, the ironic reality is that the expertise required to understanding the information is controlled by those being regulated and the expertise of the regulators to exercise oversight, therefore, depends on the organizations' willingness to cooperate. "Research into accountability relationships confirms this somewhat reversed power constellation" (Hofmann 2008: 9).

It is almost a truism to state that financial transactions, models and instruments have become so sophisticated and complex that there are very few experts who will understand their consequences. The invention and use of "collateralized debt obligations" (CDOs) is a conspicuous case in point. The original intent of using CDOs was to spread risks across regions, firms and markets: "When the JP Morgan team had created its original, prototype CDO deals, they had bundled up loans from a well-diversified pool of companies, specifically to minimize the chance of widespread defaults" (Tett 2009). One of the ideas of CDOs was to specify "super-senior" slices of risk which were supposed never to default. However, within ten years of practice this turned out to be erroneous. "As a result, few of the bankers outside the CDOs team knew how the operation worked. 'Perhaps there were a dozen people in the bank {here: CitiBank} who really understood all this before – I doubt it was more', one senior Citi manager recalled bitterly" (Tett 2009).

If financial experts do not understand the most sophisticated instruments, then it is safe to assume that regulators know even less: "Financial regulators, in my experience, know far less than private-sector risk managers. Indeed, the open secret about regulation in the free-market world is that regulators take their cues from private-sector practitioners. The Federal Reserve and other supervisory institutions continually seek the advice of the best and brightest risk-management professionals" (Greenspan 2008: 524). In all fields of regulatory activities of the state, regulators and regulatory agencies now need highly sophisticated knowledge to evaluate negative externalities, risks or incipient damages resulting from the operations of the regulated organizations. Particularly in banking supervision and financial regulation, the regulatory models of Basel II (the current supervisory model of the Basel Committee on Banking Supervision) or Solvency II establish a cognitive mode of public supervision of private activities in which the risk models and internal control frameworks of financial corporations are evaluated by means of equally sophisticated rating and governance models of the regulators (Sinclair 2005). One of the consequences has been to establish Basel II in a way which proceeds from a normative to a cognitive form of banking regulation by instituting a discourse-model of arguing one's case instead of following rigid norms (Strulik/Willke 2006).

In order to exercise some sort of oversight, regulators need professional knowledge about business plans, risk models, financial strategies, investment vehicles, structured investment products etc. It is useless to command firms to share the relevant expertise. Rather, *common* knowledge and evaluations need to be produced by an intelligent – principles-based – discourse between the regulators and the regulated. In an exemplary way this discourse is envisaged by the "supervisory dialogue" of Basel II (Kussin/Kette 2006) in which, ideally, the actors in a regulatory process reconfigure this process as a mutual learning endeavour.

The current global financial crisis has put into question almost all received approaches and convictions about governing global finance. Doubt also extends to the model of principles-based regulation:

> "Only last year the advocates of principles-based regulation were on the ascendance. A year later, people are asking whether the failure of regulators, notably the UK Financial Services Authority, to prevent the credit crisis is due to a principles-based approach. The difficulty with this argument is that the US Securities and Exchange Commission with its highly rules-based approach was equally unable to prevent the crisis that has led to the death of the US investment banks that it supervised" (Black 2008: 8).

Consequently, the current crisis should not be used as argument for or against any applied model of regulation since *all* actual models have turned out as unable to prevent the crisis – for whatever reasons in detail. Presumably the crisis is not the fault of one of these models, but rather it has been precipitated by a confluence of multiple factors ranging from loose monetary politics, overextended credit creation, failures of credit rating agencies, auditors, mortgage banks and mortgage brokers, general banks and many more. If there is a lesson to be learnt at this stage of reflecting on the crisis, then it reinforces the idea that neither the market alone nor any formal state authority in itself are able to establish the kind of complex and sophisticated regulatory framework necessary to cope with the intransparency, volatility and non-knowledge prevalent in the operational set-up of global finance.

Creating a feasible regulatory environment under circumstances of hyper-complexity and extreme levels of opacity is requiring a joint production by private financial corporations and public regulatory bodies. The regulatory bodies define the principles and guidelines of sound financial affairs, including the range of regulated entities, whereas financial corporations provide the relevant expertise which is necessary to evaluate their risk propensities. The model of a joint production stems from the fact of "distributed expertise", i.e., the fact that the crucial indispensable knowledge for maintaining a viable and responsible financial system is not available to a single organization any more, but instead is distributed among many different actors and organizations around the globe: "Regulatory authority can be seen as the outcome of collaboration rather than an exclusive and stable resource for government action" (Hofmann 2008: 9).

Expertise as a basis for decision-making in governance and regulation opens a Pandora's box of uncertainties. Whereas normative settings push aside all "ifs" and "buts" and replace all doubts by a final "so be it", a cognitive frame of reference fosters doubts and uncertainties. It builds on the expectation that all knowledge is provisional and destined to be revised by the next step in knowledge creation. Normative authority derives from the unquestionable fact of a majority vote. Cognitive authority derives from a complex interplay of minimizing doubts and maximizing revisions in a framework of "organized skepticism" (Merton 1973). Normative authority reduces and destroys complexity, whereas cognitive authority manages and preserves complexity.

A knowledge-based framework for decision-making brings in "private authority" in the sense of authority exercised by a trans-national cooperation of private organizations and other actors in areas of rule-making, arbitration, dispute settlement, standards-setting, and organization of societal sectors. For standard political theory the surprising aspect of private authority lies in the assertion that "the cooperation among firms is either given legitimacy by governments or legitimacy is acquired through the special expertise or historical role of the private sector participants" (Cutler/Haufler/Porter 1999: 3). The argument highlights a close relationship between the diffusion of authority (in hybrids of public and private forms of authority) on the one hand and a complementary diffusion of legitimacy on the other.

In financial regulation the exercise of private cognitive authority has been common practice. However, not only the regulators' expertise lags behind the innovative and sophisticated knowledge of the vanguard of financial models and instruments, but also that of most "regular" bankers and, in particular, the top management of financial firms which is supposed to exercise control and oversight over the operations of their employees and firms. The exclusiveness of relevant expertise creates a veil of ignorance, making the arcane gyrations of the financial system intransparent to most of its actors, including the regulators.

The global financial crisis has exposed the operational and cognitive aspects of a built-in intransparency of the financial system, including a paradoxical entanglement of regulators and regulated. The crisis, therefore, is systemic and cannot be reduced to the failure or the greed of some actors within the system. Indeed it is not even a crisis limited to failures of regulation but a crisis due to a much broader insufficiency of governance modes concerning highly complex and knowledge-intense problem arenas: "We have to start from the presumption that the crisis we are now witnessing is not one that is specific to the financial system. ... It is a crisis both of an interrelated set of *ideas* about what it means to govern appropriately, and a set of *practices* that seek to govern the operations of domains as diverse as financial markets and health care" (Miller 2008: 6).

4 Systemic risk, systemic relevance and systemic intransparency

The veil of ignorance covering the operational modes and the consequences of arcane financial models and instruments becomes a public concern as soon as the failure (bankruptcy) of financial firms (banks, investment firms, insurance companies, private equity funds, semi-official mortgage agencies like Fannie Mae or Freddie Mac) threaten to engender system-wide consequences. The question is: What are system-wide consequences?

Systemic repercussions of the (possible) failure of financial corporations are closely related to the notion of "systemic risk". In general, systemic risks emanate from an intransparent interplay of layered and leveraged components of a concatenated compound. The case of the global financial system is an exemplary one since the focus of all governance and regulatory action has been on single components, i.e. issuers, CFOs, individual firms and corporations etc., whereas the interplay of these components has remained intransparent: "A lack of focus on the changing *system* characteristics of the international financial system has become a characteristic of international regulatory developments in the past few years" (Eatwell 2004: 1). John Eatwell has given an exemplary account of two of the most acute factors of common concepts of regulation that actually create and enhance systemic risks: The factors he singles out are: (1) the focus on single firms instead of a focus on a conglomerated global system of finance, and (2) a misguided focus on homogeneity instead of a focus on heterogeneity as an optimal mix of risk factors. Both factors lead into the thick of questions of governance since governance influences, and at times even creates, these factors.

(1) In principle, regulation and supervision of the financial system through central banks, regulatory and supervisory institutions aim at system-wide financial stability. In practice, however, critical standards and rules, i.e., the Sarbanes-Oxley Act or pillar one of Basel II, address single firms and their specific control architectures and risk models. To be sure, Basel II is an important step in establishing a learning mode of the new supervisory review process, aiming at a cognitive supervisory regime in banking. Still, the focus is on single firms and their risk behavior, neglecting structural issues and negative externalities of the risk strategies of single firms. New types of operational risks emanating from individual firms might coalesce to systemic operational risks and market risks that overwhelm the coping capacities of the individual actors of the financial system: "The internal risk management regime – for credit and market risk, operational risk, compliance risk – needs to meet a more exacting standard. The requirements for operational resilience for technology systems are necessarily more demanding" (Geithner 2004: 4). Obviously, this also increases the demands on and difficulties of financial governance.

The shifting grounds for regulatory supervision correspond with a marked change in risk perception within the last decade. In the 1990s, major risks derived from aberrant or criminal behavior of single firms and persons. By 2003, the sources of risks had shifted to complex financial instruments and adverse macroeconomic conditions for the business strategies of financial firms (Smutniak 2004: 16). At present, the systemic effects of individual risk taking are becoming more accentuated, because the traditional separation of different types of financial institutions, in particular the separation between banks, insurance companies, securities and funds, already loosened by the Gramm-Leach-Bliley Act of 1999 (for the USA), is undermined by an intransparent concatenation of risk propensities via diffusing effects of structured credit instruments (Plender 2005) and the creation of a massive "shadow banking system" intended to hide major transactions, to enhance intransparency and to cover serious parts of the financial system under a veil of ignorance by operating outside regular banking supervision and national regulation. The shadow banking system "is a nexus of private equity and hedge funds, money-market funds and auction-rate securities, non-banks such as GE Capital and new securities such as CDOs and credit-default swaps. ... On the eve of the crash, more capital was flowing through it than through the conventional banks" (Economist 2009: 20).

As the field of options within the financial system is extended into the depth of structured derivative instruments and into the labyrinths of prolonged chains of conditioned events, the chances and risks of aggregate or even systemic effects of mutual reinforcement, snowballing, leverage and positive feedback loops beyond single firms loom large. A complex array of options corresponds with chances of "low-probability, high-impact events" (Kohn 2004). A regulatory focus on single firms necessarily makes governance blind for systemic turbulences. These turbulences certainly start with some actions and decisions of firms, like kids throwing snow-balls, but these actions then turn into avalanches by setting off chain reactions that follow the logic of the financial system and defy the motives and reasons of the people or single firms involved.

When the bubble bursts and the crisis is happening, systemic risks turn into systemically relevant threats. Again, nobody can know for sure what event und what organization/institution exactly is systemically relevant. The notion covers various aspects: (1) an organization is "too big to fail", meaning that its failure precipitates the downfall of an entire sector of the financial system; (2) an organization's failure would kick off an avalanche of related failures within the financial system, particularly by destroying the quintessential trust which fuels financial transactions; (3) the failure of a sector of the financial system would expand into the "real" economy, putting firms and jobs at risk, thus impinging on the social security system and connecting to politically touchy fields; and (4) an organization's failure would touch off social unrest, protest and more violent expressions of deception and insecurity from affected people, thus again connecting to politically touchy arenas.

The notion of "systemic relevance" implies a responsibility for politics to react to a financial (or economic) critical state of affairs. Its definition derives less from financial/economic reasoning than from political judgments of *political* relevance. Politics finds itself in a double-bind of unavoidable non-knowledge and intransparency: Political decision-makers have no way of knowing the exact financial/economic implication of a critical situation since even most of the financial and economic actors involved have no clue of what is going on; and they have no way of knowing whether or not political action (like bailout, guarantees, grants, the creation of "bad banks" or even nationalization of firms etc.) will solve the problem or whether the solution will be the next problem.

An important aspect of the logic of the financial system lies in the temporal deep-structure of capital. Since "financial markets are markets for stocks of current and future assets, the value of which today is dependent on the expectations of their future value" (Eatwell 2004: 2), present expectations of future asset-price movements and future value dynamics must be based on past experience as well as concurrent beliefs, assumptions, reasoning and extrapolations of distributed knowledge. No person or institution commands the knowledge or covers the expertise to "run the system". The system runs itself. Friedrich von Hayek has shown this convincingly for the 'simple' regular market, stressing that only the market itself is able to combine the complexities of distributed knowledge into a construction of operating market: "the knowledge of the circumstances of which we must make use never exists in concentrated or integrated form, but solely as the dispersed bits of incomplete and frequently contradictory knowledge which all the separate individuals possess" (Hayek 1945: 519). Even more so, then, the financial markets rely on a trans-individual aggregation of knowledge and non-knowledge (uncertainties, risks, and ignorance) that no single person or institution is in a position to direct or escape.

(2) A second form of systemic risk exhibits the idiosyncratic logic of the financial system even more clearly. Whereas financial innovations and a more elaborate temporal deep-structure of financial transactions enhance the field of options of the financial system, a complementary dynamic can reduce that field of options to a dangerous level of uniformity. John Eatwell calls this result a state of homogeneity, as opposed to the crucial heterogeneity which allows markets to prosper: "Markets become illiquid when objectives become homogeneous. When everyone believes that everyone will sell, liquidity vanishes. Markets fall over the cliff when average opinion believes that average opinion has lost confidence in financial assets" (Eatwell 2004: 3). What aspects of capital, as a symbolic medium, drive financial markets towards homogeneity instead of preserving a more balanced heterogeneity of diverse objectives, methodologies, instruments, risk models or time horizons?

Surprisingly, the culprits seem to be exactly those aspects of capital that are responsible for a global financial system coming into being in the first place: liberalization, disintermediation, internationalization, global standards and methods of professionalization "and extensive conglomeration of financial institutions" (Eatwell 2004: 4). These factors combine to create a unified and uniform space of global finance, characterized by global infrastructures, global suprastructures (i. e., uniform methods, standards, and models of regulation and supervision), aligned core business processes and financial products, similar business visions, strategy maps, and core competencies, coordinated rule systems, risk management procedures, and control ideas.

At first glance, these factors seem innocent enough, since they contribute to establishing exactly what is at stake – a global financial system. The unintended consequences of their performance, however, appear detrimental to the stability and success of the very system they constitute. This basic ambivalence or built-in contradiction is of course reminiscent of Marx' characterization of the capitalist system as inherently self-destructive. Ironically, Marx' diagnosis was premature in presupposing circumstances of the deterritorialized deployment of capital that only the ultimate global breakthrough of the capitalist mode of financial operations have brought into existence – a constellation which Marx may have foreseen by following the logic of the medium of capital.

The astonishing self-defeating propensity of the financial system is closely related to its temporal deep-structure. In order to understand this, it seems helpful to distinguish between three levels. The market economy as a functional subsystem of society fosters heterogeneity because the power of competition drives differentiation, specialization, a Schumpeterian propensity for innovations and a Porterian exploitation of differential competitive advantages of locations (Porter 1990). Hence, on a first level, in a 'simple' market economy there is little danger of forced homogeneity.

However, the trouble with "herd behavior" and the corresponding urge towards homogeneity begins on a second level, when the decisions to invest and the decisions to sell/buy are distant points in time and therefore lose their automated corrective response from the market (Scharfstein/Stein 1990). The famous "hog cycle" points to the problem of maintaining heterogeneity when extended time frames (i.e., investing in life stock, raising hogs, producing meat and selling the product) and committed resources prevent a fast and flexible reaction to market conditions. Hog cycles still exist today, causing serious problems of excess production capacity in many fields: automotive, memory chips, computers, mobile phones, ship building etc. The hog cycle builds on exaggerated expectations of investors in times of shortages and it results in overcapacities because "everybody does the same" (homogeneity) instead of everyone doing their own thing (heterogeneity).

On a third level, the level of the financial system, the long-term cyclicity of the real economy is replaced and enhanced by the short-term and ultra short-term cyclicity of electronic financial flows. It takes considerable experience and expertise for people to direct their interventions in a way that avoids unintended or detrimental consequences. It is important to recognize (and it takes a bit of courage to admit) "that we do not know a lot about the underlying dynamics of financial crises in the context of the evolving financial system" (Geithner 2004: 4).

Accordingly, quite a few elements of governing, controlling, and regulating the financial system lend themselves to producing unintended or detrimental results. During the Asian crisis, for example, "financial institutions followed the instructions of their risk models by reducing their exposure to emerging markets throughout the world. These cutbacks helped spread the crisis, as reduced lending and reduced confidence fed the financial downturn" (Eatwell 2004: 7). Similarly, strong incentives to create global standards for corporate governance, risk management, accounting and management control increase the system's propensity for homogeneity and pro-cyclical positive feedback loops (Power 2003).

The preceding considerations of system risk highlight the massive amount of uncertainty, ignorance and intransparency involved in the emergence of systemic risks. There is no way of escaping the inherent intransparency of global finance, but there are ways to cope with various forms of uncertainty. In particular, any governance regime for global finance – as governance regimes for global problem arenas in general – must be built around available insights into "decision-making under uncertainty and risk" (Luhmann 2000), involving limited rationality, limited knowledge, limited resources, and limited pervasiveness of regulatory modes and strategies.

5 Some implication for democratic governance

More than a decade ago Susan Strange anticipated the present dilemma of governance by observing "a widespread popular disbelief in the power of the individual state to plan the economy or to protect the citizen from the impact of change in the world market economy. Politicians still make speeches pretending that they have the answers to economical and social problems" (Strange 1995: 291). She identified three main dynamics affecting the nation-state – a shift in power from states to markets, asymmetries in state power, and gaps in government – and she derived from these trends the need for figuring out which non-state authorities beside the state "really do exercise authority in world society and economy and with what political, social and economic consequences" (Strange 1995: 305). Her predictions have come true, much more so than she probably hoped for.

It would be kind of cheap to quibble that after the global crisis we have come to know better, to some degree. Yes, indeed "non-state authorities" have been exercising authority with immense economic and social consequences. After their fall from grace, however, the classical nation-state and its political system have been left with cleaning up the mess. While nationalization has been a dirty word during the last decade, and deregulation and privatization all the hype, the global crisis has taught a different lesson: Neither the market nor the state in isolation are in a position to govern an exceedingly complex political-economic system with global range. In particular, neither market-fundamentalism nor "statism" is able to describe adequately the interdependence of political contextual guidance and economic/financial self-organization, i.e. the interplay of democratic institutions of a market society and the economic institutions of democracy.

Propositions to reconsider globalization and to mend the systems and regimes of global governance abound in the wake of the current financial crisis (Eichengreen/Baldwin 2008). In all these considerations concerning an adequate governance architecture for global challenges there is no room for market fundamentalism or state-fundamentalism. Instead, there is a concerted effort to single out the components of viable governance, i.e. legitimacy, accountability, transparency, resilience and efficacy. It is, for example, quite unrealistic to expect or to demand for institutions and modes of global governance the same democratic standards that are applied to claim formal democracy of modern nation-states (Buchanan/Keohane 2006). Instead, the necessary cooperation and imbrication of public and private actors, of national and transnational institutions and of organizations from civil society and from the public sphere call for a complex reconstruction of legitimacy on grounds of expertise, participation and accountability. Recourse to the constituent components of good governance means to build a rational, contestable and flexible framework for solving problems whose adequate handling depends on professional expertise and, therefore, the inclusion of relevant and knowledgeable actors and organizations.

Of course, reliance on private institutions can be exaggerated and a concomitant shift from public to private responsibilities can be harmful. The dominant political ideology in the Western world in the last few years of "neo-con" politics was carried by a morally grounded crusade for free markets and global financial arbitrariness and even negligence. The ideology included a systematic dismantling of the role of public regulatory institutions and of laws mandating regulation. Government, whether big or small, was becoming increasingly unfashionable and the idea of the strong regulatory state was under attack from all sides. Now, the state is cajoled into the role of savior of last resort, and the nationalization of banks is not out of the question any more, even in the USA and Great Britain. These national rescue routes contrast starkly with the global extent and deep-structure of the financial crisis, and even more so with the conspicuous absence of statehood at the global level. "The global economic, financial and political situation has reached a dangerous point. Governments and central banks have staunched the bleeding in their financial systems for the moment by nationalising banks, guaranteeing their liabilities, and back-stopping markets in debt securities. But they lack an exit strategy from the awkward position in which they now find themselves" (Eichengreen/Baldwin 2008: 1). Indeed, the need for a global regulatory framework and a proficient governance regime for global finance could not be more obvious.

At the same time the need for smart governance is reconfiguring the composition of interests, resources, restrictions and contingencies of collective decision-making (Willke 2007). Global governance, in particular, encompassing national, international and global levels as well as public, private and civil society organizations, transforms the nation-states from classical guardians of the common good (related and restricted to the territory of the nation-state) to representatives and protagonists of special (national) interests. Conversely, some civil society organizations, e.g. Amnesty International or Transparency International, have achieved a global perspective and are pursuing global common interests. So, at a global level the traditional juxtaposition of egotistic private interests and common public interests is reversed in some respects related to pursuing global public goods.

As if there was a need to prove this proposition, the present financial crisis is exhibiting exactly this new constellation of interests: The nation-states follow their narrow national interests, explicitly propagating a financial protectionism in spite of knowing that the problem is not nationally delimited any more. And it seems to be left to the institutions of global finance, i.e. the IMF, Financial Stability Forum, G-30 etc., to endorse the common interest of global financial stability. This dynamic must be considered as part of an ongoing expansion of "varieties of democracy".

In a quite surprising way the current crisis has rediscovered the maxim of "bringing the state back in" (Evans 1985). The magnitude of the crisis has led many commentators to propagate an almost omnipotent state, demanding the nationalization of banks, financial institutions and "systemically important" industries, like in the USA and Germany, parts of the car industry. Obviously, this stance disregards a set of historical experiences with state-failures (analogous to market-failures) and with a very limited capacity of political systems to manage or control sophisticated economic and financial processes. The first lesson from the crisis seems to be not to succumb to the either-or-logic of either market-fundamentalism or state-omnipotence, but rather to intensify the much more arduous search for appropriate hybrid forms of regulated market autonomy, i.e. of combining contextual conditions set by public and private authorities on the one hand and self-regulated accountability of private actors and organizations in the market on the other.

In the wake of the crisis democracy is aching under the weight of apparent "necessities" following from the turbulences of the crisis:

- to prove its ability to govern and to cope with the crisis
- to restore trust in the financial system
- to bail out systemically relevant enterprises
- to guarantee the savings of small investors, savers and big pension funds
- to increase substantially public debt
- to appease national constituencies at a cost to international agreements and cooperation
- to interfere in the markets by differential bailouts and guarantees
- to redesign national and transnational regulation
- to instigate economic incentive programs (rescue packages) in spite of their doubtful or even detrimental outcomes.

Even more somber implications of the financial crisis for democracy pertain to the core components of democracy, i.e. legitimacy, participation, accountability, and transparency. At the root of these challenges to democracy lies a fundamental discrepancy between an advanced economic and financial globalization on the one hand and an acute absence of global politics able to create globally binding rules on the other. *Government*, and in particular democratic government, is restricted to the level of nation-states. Only governments represent sovereign nations able to legislate collectively binding norms which, eventually, can be enforced by the legitimate use of force. To be sure, by now multiple forms of *governance* supplement the nation-states' role at the transnational and global level. Marie-Anne Slaughter defines the tri-lemma of global governance as "the need to exercise authority at the global level without centralized power but with government officials feeling a responsibility to multiple constituencies rather than to private pressure groups" (Slaughter 2004: 257).

There is an array of global governance regimes in policy arenas like economy, finance, health, energy, sports and many more (Willke 2006), including an impressive edifice of "global law" (Teubner 1997). The core problem with global governance regimes is that they lack, in various degrees, the characteristics of formal democracy, and thus their rule-making competences depend on contract, compliance and consensus.

An increasingly powerful globalization forces us to accept that the traditional standards of formal democracy, legitimacy and democratic accountability cannot be expected to apply to global contexts since the world is far away from global democracy and a global *governmental* regime. Still, the emergence of various global *governance* regimes amounts to a strengthening of important components of democratic self-governance since these regimes incorporate strong elements of self-organization, self-guidance, self-defined autonomy and participation of relevant actors and institutions. All this remains, to be sure, an ambiguous and contested experiment in expanding democracy to include private authority, indirect power and derivatives of legitimacy. But it is arguably a better option than limiting democracy to the level of the (modern) nation-states and leaving global contexts to a regime of *laissez-faire*. So, the first constitutive paradox in promoting reason in global affairs is to *lower* the aspiration level of formal democracy for global contexts (lateral world systems) in order to *enhance* the overall democratic quality of global governance. In a serious sense this means to adapt John Rawls' conception of "reasonable pluralism" (Rawls 1996: 36, 63f.) to the level of global governance.

To insist that democracy must remain restricted to the core model of formal democratic procedures based on political party competition and majority votes of a specific electorate would mean to denigrate new inventive ways of creating legitimacy, participation and accountability. Decision-making in global policy arenas depends on varieties of democracy that use derivatives of legitimacy to sustain compliance and adherence to common rules. The most important new asset to create legitimacy in this context is the legitimacy of expertise as exemplified by the Dispute Resolution panels of the WTO. The most important new asset to increase participation is to invite NGOs and special interest groups, and the most important new asset to enforce accountability is to involve the watch-dog capabilities of global mass media and corresponding public "blame and shame" campaigns.

The financial crisis has had the double effect of hurting the viability and legitimacy of the governance regime for global finance (and by implication also all other governance regimes) and at the same time exposing the nation-states' incompetence to deal efficiently with a global crisis: "Globalisation of financial markets has systematically and vastly outpaced the development of their governance: governments have lagged behind in reshaping domestic and international institutions as well as in changing and adapting policy behavior" (Sinn 2009: 59). Now, in the wake of the crisis, the time has come to revisit the prospects and limits of formal democracy at the level of nation-states for coping with global problems and to scrutinize the prospects and limits of global governance regimes in general and of global finance in particular.

In both cases the most pressing need is to revise received models of legitimacy, participation, accountability and transparency. This task cannot be achieved here, but a few concluding remarks may indicate the scope of the ongoing transformation.

5.1 Legitimacy

Input-legitimacy still is the solid base of modern democracies at the national level. Its principles of "one person one vote" and "We, the people ..." are the hallmarks of creating democratic and responsive governments (Ackerman 1991). Problems arise at the side of output-legitimacy. In principle, democratic legislatives are free to turn any content into law, given the required majorities. There are no rules for correct or false contents, only formal rules for correct decision-making. In actual fact, however, the validity, viability and appropriateness of (the content of) laws is an increasingly important factor of convincing the electorate of the quality of government and of sustaining compliance with the laws.

Here is the rub. The (content-wise) quality of laws depends to an ever more critical degree on expertise in the various fields of social and societal problems. The financial system, evidently, is a case in point. Decision-makers need an excessive amount of expertise to create viable rules for governance and regulation of an exceedingly sophisticated and complex financial system which, in addition, is permanently producing innovative new models, instruments, risk dispersion strategies etc. In spite of a serious amount of consulting, scientific and professional support, congressional research services, involvement of experts and research institutes etc., most legislators and legislatives are at a loss judging and evaluating the options for rules in complicated problem arenas. They follow the recommendations of their caucus, who follow those of their subcommittees, who follow those of their experts, who follow those of their consultants etc. The space for deliberation and informed decision-making by legislators becomes minuscule.

Interestingly, the relation of input-legitimacy and output-legitimacy is just reversed and complementary in global governance regimes. A long-standing complaint in global governance studies is an ubiquitous deficit of input-legitimacy of all regimes, because there are no direct elections, popular votes and direct representation of electorates in the decision-making institutions of global governance regimes, e. g in the WTO, WHO, WB, IMF, BIS, IOC or IAEA (Buchanan/Keohane 2006; Scharpf 2007; Zürn 2004). Since most of these core institutions of global governance regimes have been created through international treaties by representatives of nation-states, there is a kind of "chain of legitimacy" from legitimated founders and representatives to the institutions. Still, though, the degree of input-legitimacy is low and in dire need of improvements.

Some improvements are indeed under way by extending the constituency-base of some of the global institutions by including "stake holders" in the various policy arenas: transnational corporations (for example in the UN's "Global Compact"), transnational NGOs, foundations, social movements, global policy networks, imbedded knowledge networks (Sinclair 2000) or single-issue action groups.

The real strength of global governance regimes lies in their extensive use of output-legitimacy. They are governed by expert institutions which quite often provide state-of-the-art expertise and, like the Dispute Settlement Process of the WTO, make use in their decision-making of outstanding experts in their fields. All in all, global governance institutions compensate some of their deficient (input-)legitimacy by producing at the output side knowledge-based legitimacy as a derivative of legitimacy. Innumerable variants of expert commissions, round tables, specialized agencies, think tanks, councils, consultation procedures, white papers, research papers etc., have yielded a rich experience of policy makers asking for and making use of expertise (as well as not using or even abusing it). A broad discussion ranging from decrying "expertocracy" to deploring the general ignorance of political decision-making is part of the ongoing search process.

Without assuming any imminent resolution of these intricate problems it can be stated that two recent developments add a crucial acuteness that demands increased efforts to build forms of knowledge-based legitimacy. The first is that forceful globalization processes highlight the inability of the territorial nation-states to cope with transnational problems ranging from AIDS, global warming and bird-flu to terrorism, drug trafficking and migration flows. This does not render obsolete formal democratic decision-making within the boundaries of the nationally organized democracies. It does point, however, to the limits of national formal democratic procedures, resulting in a "disaggregated sovereignty" which is part of a "disaggregated world order" (Slaughter 2004: 131ff. and 266ff.). As long as there are no global decision-making bodies with formal democratic legitimacy of their own, the existing global institutions are bound to construct derivative forms of legitimacy, particularly legitimacy of expertise, in order to underpin their authority.

5.2 Participation

Participation is a close correlate and precondition for legitimacy. If participation in formal democratic procedures is deteriorating, there may soon be a problem of legitimacy. In most modern democracies voter turnout, membership in parties and participation in local political affairs is decreasing, Barack Obama's success in activating dormant voters for once notwithstanding. Instead of deploring this state of affairs it seems appropriate to delineate some of the causes.

Again, the transition from common knowledge to specialized expertise as basis of political decision-making is playing a pivotal role. Participation in political affairs presupposes a mixture of being interested and concerned, of being affected and of being able to comprehend the main features of the problem. Since fields of experience and knowledge branch out in unending specialization and differentiation, there is no way for the average voter to keep track of all problems/issues, let alone to actively engage and participate in many of them.

A telling case in point is the EU, European politics and the elections to the European Parliament. Most voters are overtaxed and overwhelmed by national political agendas and problems. They appear to have a hard time to assess the relevance, the competences and the consequences of European politics. Thus, voter turnout for European elections is disappointingly low and, equally important, the esteem for institutions of European politics is not the highest possible.

If this is the case at the European level, the prospects for participation at a global level seem dim. To be sure, there is an encouraging degree of participation by *special* interests and *specialized* groups like TNCs, INGOs, social movements or large foundations. But they are engaged for their special causes, commanding professional expertise and neglecting other areas of political decision-making. It seems to be a vain hope to expect broad and general participation in global politics. Therefore, forms and venues of participation must be adapted to the special circumstances of global governance.

In any case the result will be a substantial increase of intransparency for most people for most problem/policy arenas. Even exemplary "global citizens" will at best be able to engage in a few causes, and they will find themselves forced to leave out most other causes and policy arenas. The result is a patchwork of general intransparency intermingled with a few selected spots of transparency and expertise. The problems of participation, knowledge and transparency in regard to political decision-making already noticeable at the level of national politics become exceedingly serious at the level of global governance.

5.3 Accountability

In a classic view of democracy, a single basic line of accountability connects the government as temporary sovereign and the electorate as ultimate sovereign: the next election. Things become more complicated with the rise of highly disaggregated and distributed forms of order, governance and sovereignty. "The intimate connection between 'physical setting', 'social situation' and politics, which distinguished most political associations from pre-modern to modern times, has been ruptured; the new communication systems create new experiences, new modes of understanding and new frames of political reference independent of direct contact with particular peoples, issues or events" (Held 2004: 365).

Democratic legislative bodies can act perfectly legitimately but still grossly miss the mark of accountability, if accountability is measured in a less formal and more substantively demanding manner. Being accountable means that actors (a person, an organization, an institution) are held responsible for their decisions on account of a set of measures or indicators. The international career of accounting and accountability has gained momentum in the private sector with the need for comparable and common sets of accounting standards across the board and across the globe.

Moving from quantitative to qualitative criteria of accounting, validation and evaluation invokes the complexities of expertise-based judgments. Whereas pure democratic accountability seems clear-cut in comparison, substantive accounting in complex interrelated policy arenas suffers from the pains of uncertainty and ambiguity. Paradoxically enough, inviting and coping with uncertainties enhances the quality of accounting, if certain precautions and provisions are taken. A most important provision for adequate procedures of validating accountability appears to be a shift from a normative to a cognitive style of auditing. A prime example of this cognitive turn is the emergence of a cognitive supervisory regime in banking following Basel II.

New ideas and forms of accounting can help to alleviate the deficits of accountability of many global actors and institutions. As David Held observes, in global governance

> "the perceived accountability deficit is linked to two interrelated difficulties: the power imbalances among states as well as those between state and non-state actors in the shaping and making of global public policy. Multilateral bodies need to be fully representative of the states involved in them, and they are rarely so. In addition, there must be arrangements in place to engage in dialogue and consultation between state and non-state actors, and these conditions are only partially met in multilateral decision-making bodies" (Held 2004: 369).

Global public policy networks are well positioned to expand the range of mechanisms for creating accountability. Benner et al. name five forms that are particularly important: accountability via professionals and peers, via public reputation ("blame and shame"), via the market, via fiscal and financial accounting and via legal justification (Benner/Reinicke/Witte 2004: 199f.).

5.4 Transparency

A look at the interrelated issues of legitimacy, participation and accountability can teach a few lessons for the problem of governance of a globalizing knowledge society in general and for the implied problem of transparency in particular:

- In spite of its unquestionable merits, formal democracy is insufficient for providing adequate legitimacy in complex de-territorialized policy arenas.
- Various forms of private and hybrid authority need to complement public authority in issue fields where private actors and organizations command the relevant expertise, veto power and/or access for handling the issues.
- Additional modes of creating authority and legitimacy come into play when policy issues outgrow the confines of the nation-state or outsmart the competence and expertise of the political system.
- Additional modes of legitimacy can be seen as derivatives of (formal, democratic) legitimacy. This construction accepts that formal legitimacy is necessary and preeminent whenever feasible. At the same time it realizes that formal legitimacy becomes deficient under conditions of global concatenation and an evolving knowledge society.
- The diffusion of authority through hybrid forms and the diffusion of legitimacy through derivatives of legitimacy invite uncertainty and ambiguity. New forms of accounting that are capable of handling this openness can help to stabilize a highly volatile construction.
- Global institutions as focal actors in global decision-making are fully exposed to the ambivalences of governing the knowledge society. They have developed exemplary models of smart governance, i.e. the WTO's dispute settlement procedure that can teach the nation-states a lesson, inviting them to expand their repertoire of models of legitimate decision-making. "Governance means living with uncertainty and designing our institutions in a way that recognizes both the potential and the limitations of human knowledge and understanding" (Stoker 1998: 26).

The repercussions of the illustrated changes in the components of democracy for transparency of democratic political processes and for governance are considerable. The core consequence appears to be that governance in a multi-layered system, reaching today from the local to the global level, is bound to cope with substantial degrees of intransparency. This does not render invalid the quest for transparency. But any such quest must recognize the limits to transparency deriving from societal complexity, from the knowledge-intensity of policy arenas and political programs, and from a pervasive veil of ignorance benignly hiding the contingencies of an incomprehensible world.

References

Ackerman, Bruce (1991): *We the People. Foundations*, Cambridge, Mass: Harvard University Press.

Benner, Thorsten/Wolfgang Reinicke/Jan Witte (2004): Multisectoral Networks in Global Governance: Towards a Pluralistic System of Accountability, in: *Government and Opposition* 39 (4), 191-210.

Black, Julia (2008): The Death of Credit, Trust – and Principle Based Regulation?, in: *Risk & Regulation. Magazine of the ESRC Centre for Analysis of Risk and Regulation* (December), 8.

Buchanan, Allen/Robert Keohane (2006): The Legitimacy of Global Governance Institutions, in: *Ethics & International Affairs* 20 (4), 404-415.

Cutler, Claire/Virginia Haufler/Tony Porter (eds.) (1999): *Private Authority and International Affairs*, New York: State University of New York Press.

Eatwell, John (2004): *International Regulation, Risk Management and the Creation of Instability*, pdf-file available at www.cerf.cam.ac.uk, lecture at the IMF.

Economist (2009): Greed – and Fear. A Special Report on the Future of Finance, in: *The Economist* (January 24th), 3-24.

Eichengreen, Barry/Richard Baldwin (eds.) (2008): *What G-20 Leaders Must Do to Stabilize Our Economcy and Fix the Financial System. A VoxEU publication*. Available at www.voxeu.org.

Evans, Peter et al. (1985): *Bringing the State back in*, Cambridge et al.: Cambridge University Press.

Geithner, Timothy (2004): *Changes in the structure of the U.S. financial system and implications for systemic risk*, pdf-file available at www.cerf.cam.ac.uk.

Greenspan, Alan (2008): *The Age of Turbulence. Adventures in a New World*, London: Penguin Books.

Hall, Peter/Kathleen Thelen (2005): Institutional Change in Varieties of Capitalism, in: *Paper prepared for presentation to the International Sociological Association*, Chicago, Illinois, Sept. 8th, 2005, available at www.harvard.edu.

Hayek, Friedrich A. (1945): The use of knowledge in society, in: The *American Economic Review* XXXV (September), 519-530.

Held, David (2004): Democratic Accountability and Political Effectiveness from a Cosmopolitan Perspective, in: *Government and Opposition* 39 (6): 364-391.

Henderson, David (2004): The case against 'Corporate social responsibility', in: Frank Lechner/John Boli (eds.): *The Globalization Reader*, second edition, Malden, MA: Blackwell, 194-199.

Hofmann, Jeanette (2008): Cyclic dreams of a strong state, in: *Risk & Regulation. Magazine of the ESRC Centre for Analysis of Risk and Regulation* (December), 9.

Hutter, Bridget/Nigel Dodd (2008): Social System Failure? Trust and the Credit Crunch, in: *Risk & Regulation. Magazine of the ESRC Centre for Analysis of Risk and Regulation* (December), 4-5.

Keohane, Robert (2003): Global Governance and Democratic Accountability, in: David Held/Mathias Koenig-Archibugi (eds.): *Taming Globalization. Frontiers of Governance*, Oxford: Polity Press, 130-159.

Kohn, Donald L. (2004): How Should Policymakers Deal With Low-Probability, High-Impact Events? Remarks by Governor Donald L. Kohn, in: *The Federal Reserve Board. Speeches*, available at www.federalreserve.gov/boarddocs /speeches/2004.

Kussin, Matthias/Sven Kette (2006): Making Use of Cognitive Standards: On the Logic of a New Mode of Governance in Global Finance, in: Torsten Strulik/Helmut Willke (eds.): *Towards a Cognitive Mode in Global Finance. The Governance of a Knowledge-Based Financial System*, Frankfurt, New York: Campus, 279-302.

Luhmann, Niklas (2000): *Organisation und Entscheidung*, Opladen: Westdeutscher Verlag.

Malkin, Jesse/Aaron Wildavsky (1991): Why the Traditional Distinction between Public and Private Goods Should be Abandoned, in: *Journal of Theoretical Politics* 3 (4): 355-378.

Merton, Robert K. (1973): *The Normative Structure of Science, in: The Sociology of Science. Theoretical and Empirical Investigations* (first publication 1942, edited by Robert Merton), Chicago: University of Chicago Press, 267-278.

Miller, Peter (2008): When Markets and Models Fail: Rethinking Risk, Regulation and the State, in: *Risk & Regulation. Magazine of the ESRC Centre for Analysis of Risk and Regulation* (December), 6-7.

Palazzo, Guido/Andreas Georg Scherer (2006): Corporate Legitimacy as Deliberation: A Communicative Framework, in: *Journal of Business Ethics* 16 (66), 71-88.

Plender, John (2005): Shock of the New: a Changed Financial Landscape May be Eroding Resistance to Systemic Risk, in: *Financial Times* (February 16th), 11.

Porter, Michael (1990): *The Competitive Advantage of Nations*, New York: Free Press.

Power, Michael (2003): The Invention of Operational Risk, in: *LSE ESRC Centre for Analysis of Risk and Regulation, Discussion Paper* 16 (June), London, 1-20.

Power, Michael (2008): The Risk Management of Nothing, in: *Risk & Regulation. Magazine of the ESRC Centre for Analysis of Risk and Regulation* (December), 10-11.

Rawls, John (1981): *A Theory of Justice*, 11th ed. (first publication in 1971), Cambridge, Mass.: Harvard University Press.

Rawls, John (1996): *Political Liberalism*, second paperback edition, New York: Columbia University Press.

Scharfstein, David/Jeremy Stein (1990): Herd Behavior and Investment, in: *American Economic Review* 80 (3), 465-479.

Scharpf, Fritz (2007): Reflections on Multi-Level Legitimacy, in: *MPIfG Working Paper* 3. Available at www.mpifg.de.

Shiller, Robert (2008): *The Subprime Solution. How Today's Global Financial Crisis Happened, and What to Do About It*, Princeton/Oxford: Princeton University Press.

Shiller (2009): Interview, in: *Frankfurter Allgemeine Zeitung* 35 (February 11th), 20.

Sinclair, Timothy (2000): Reinventing Authority: Embedded Knowledge Networks and the New Global Finance, in: *Environment and Planning C: Government and Policy* 18, 487-502.

Sinclair, Timothy (2005): *The New Masters of Capital. American Bond Rating Agencies and the Politics of Creditworthiness*, Ithaca/London: Cornell University Press.

Sinn, Hans-Werner (ed.). (2009): *EEAG Annual Report (European Economic Advisory Group at CESifo)*, available at http://hdl.handle.net/1814/9648.

Slaughter, Anne-Marie (2004): *A New World Order*, Princeton/Oxford: Princeton University Press.

Smutniak, John (2004): Living Dangerously. A Survey of Risk, in: *The Economist* (January 24th), 3-22.

Stiglitz, Joseph (2007): *Making Globalization Work*. With a New Afterword, New York/London: Norton.

Stoker, Gerry (1998): Governance as Theory: Five Propositions, in: *International Social Science Journal* 50 (March), 17-28.

Strange, Susan (1995): The limits of politics, in: *Government and Opposition* 30, 291-311.

Strulik, Torsten/Helmut Willke (eds.) (2006): *Towards a Cognitive Mode in Global Finance. The Governance of a Knowledge-Based Financial System*, Frankfurt/New York: Campus.

Tett, Gillian (2009): How Greed Turned to Panic, in: *Financial Times* (May 9th/May 10th): *Life & Arts*, 17.

Teubner, Gunther (ed.) (1997): *Global Law Without a State*, Aldershot et al.: Artmouth.

Walzer, Michael (1983): *Spheres of Justice. A Defense of Pluralism and Equality*, New York: Basic Books.

Williamson, John (2000): What Should the World Bank Think About the Washington Consensus?, in: *The World Bank Research Observer* 15 (August 2nd), 251-264.

Willke, Gerhard (2003): *Neoliberalismus*, Frankfurt, New York: Campus.

Willke, Helmut (2006): *Global Governance*, Bielefeld: Transcript.

Willke, Helmut (2007): *Smart Governance. Governing the Global Knowledge Society*, Frankfurt/New York: Campus.

Willke, Helmut (2009): *Governance in a Disenchanted World: The End of Moral Society*, Cheltenham, UK: Edgar Elgar.

Zürn, Michael (2004): Global Governance and Legitimacy Problems, in: *Government and Opposition* (2): 260-287.

„What you see is what you get; what you don't see gets you": Transparenz in den Zeiten der Finanzkrise

Ekaterina Svetlova

1 Einführung

„What you see is what you get; what you don't see gets you". Dieses Motto wurde in den Zeiten der Finanzkrise besonders oft in den Märkten wiederholt (N. N. 2009: 78). Das Sehen, das Durchschauen wurde zum zentralen Erfolgsfaktor erklärt; Transparenz wurde zu einem Modebegriff. Sie wird bis heute als ein Heilmittel gepriesen, das die Wiederherstellung des Vertrauens der Investoren ermöglicht. Warum? Weil Transparenz oft synonym zu dem Begriff „Information" verwendet wird oder, besser gesagt, zu der „Informationsoffenlegung". Auf den transparenten Märkten stehen den Anlegern Daten und Fakten im vollen Umfang zur Verfügung, so dass niemand einen mit rechten oder unrechten Mitteln erworbenen Informationsvorsprung besitzt und hiermit einen Vorteil bei den Investmententscheidungen ziehen kann. Totale Transparenz bedeutet eine absolute Informationssymmetrie, die, laut der ökonomischen Theorie, für die Effizienz der Märkte sowie für die ausreichende Liquidität sorgt. Dass die asymmetrische Information zu einem Marktversagen führen kann, hat Akerlof (1970) demonstriert. Das hat auch mit Ehrlichkeit und Vertrauen zu tun: Wenn die zur Verfügung stehenden Informationen falsch sind, wird das unehrliche Geschäft das ehrliche Geschäft verdrängen und letztendlich den Markt zerstören. In transparenten Märkten können Marktteilnehmer den Informationen und den Kontrahenten vertrauen; die Märkte funktionieren reibungslos.

Dabei wird auch eine direkte Verbindung zwischen dem Umfang der Informationen und der Richtigkeit der Entscheidungen vorausgesetzt. So wird zum Beispiel in der Debatte um die Corporate Governance ständig für mehr Transparenz der Vorstandsgehälter plädiert. Dabei wird wie folgt argumentiert: „Die Aktionäre brauchen diese Offenheit, um die richtigen Entscheidungen zu treffen" (N. N. 2004). Diese Aussage gibt eine der zentralen Ideen der Wirtschaftstheorie wieder, dass die umfangreichen und für alle zugänglichen Informationen erlauben, rationale Entscheidungen zu treffen, was wiederum zu der Effizienz der Märkte beiträgt (Heertje/Wenzel 2001: 132).

Die Gleichsetzung der Transparenz mit Information in der Wirtschaftsliteratur ist sehr häufig. Der berühmte Ökonom Stiglitz (2000: 1466) schrieb explizit: „*transparency* – another name for information". Hier ist eine etwas ausführlichere Beispieldefinition: „transparency describes the increased flow of timely and reliable economic, social, and political information... Alternatively, a lack of transparency may exist if access to information is denied, if the information given is irrelevant to the issue at hand, or if the information is misrepresented, inaccurate, or untimely" (Vishvanath/Kaufmann 1999: 3). Die Transparenzkriterien sind dementsprechend Zugänglichkeit, Relevanz, Qualität und die zeitliche Nähe der Informationen. In anderen Worten, wenn Anleger Informationen erhalten, die diesen Kriterien entsprechen, ist der Markt effizient und vollständig. Man geht dabei davon aus, dass Transparenz prinzipiell möglich ist: Man muss sich nur um die Informationen bemühen.

Wenn Transparenz in der Tat als eine Menge von und ein leichterer Zugang zu qualitativen Daten verstanden werden soll, dann kann man sagen, dass die Märkte in den letzten Jahren viel transparenter geworden sind. Neue Technologien und das Internet ermöglichen der breiten Masse der Anleger einen uneingeschränkten Zugang zu Unternehmensdaten und ökonomischen Zahlen. Ihnen stehen gut gepflegte Datenbanken zur Verfügung; die Berichterstattung in den spezialisierten Medien liefert gründlich recherchierte Informationen. „Das Internet schafft durch seine Transparenz und Reichweite die größte bisher erreichte Annäherung an den perfekten Markt" (Siemons 2000: 1).

Vor dem Hintergrund der aktuellen Finanzkrise drängen sich allerdings folgende Fragen auf: Warum war die Krise, trotz der leichteren Informationsbeschaffung für alle Gruppen der Investoren, möglich? Warum hat die angestiegene Transparenz der Märkte den Kollaps nicht verhindert, sondern stattdessen womöglich sogar verstärkt? Was genau war transparent und was nicht?

Die meisten Marktteilnehmer waren von der Krise selbst und insbesondere von ihrem Ausmaß überrascht. Das heißt, sie haben die wesentlichen Entwicklungen nicht gesehen, was Queen Elisabeth veranlasste, die Experten der Londoner School of Economics zu fragen: „If these things were so large, how come everyone missed them?" (Pierce 2008). Die Ökonomen bei der LSE haben einen unbeschränkten Zugang zu den wirtschaftlichen Informationen, trotzdem haben sie die dramatischen Entwicklungen im Finanzsystem und in der Ökonomie verpasst. Was heißt das? Das gegenwärtige und vor allem das künftige Wirtschaftsgeschehen war intransparent: Es war nicht erkennbar, was gerade passiert und passieren wird. Die Zukunft war und blieb undurchschaubar, obwohl eben ihre Transparenz eine Bedingung für das erfolgreiche Entscheiden ist. Transparenz der Zukunft bedeutet, dass man die Faktoren und ihre Zusammenhänge, die die zukünftige Entwicklungen beeinflussen, kennt, die exakten Vorhersagen macht und – darauf basierend – die richtigen Entscheidungen trifft.

Es gibt heutzutage genug Evidenz, dass Ökonomen und Finanzmarktteilnehmer diese Art Transparenz nie schaffen konnten. Zahlreiche Studien belegen, dass die Vorhersagen für die Entwicklung der Inflation, der Zinsen, der Aktienindizes und der Gewinnentwicklungen der Unternehmen stark von den tatsächlich realisierten Werten abweichen (vgl. zum Beispiel Montier 2007: 99 ff.; Taleb 2007: 135 ff.). Es geht um die Unmöglichkeit der Prognosen und letztendlich des Entscheidens (Derrida 1991; Ortmann 2009). Allerdings hat die moderne Gesellschaft Instrumente entwickelt, mit diesem Problem umzugehen. Eines von diesen Instrumenten ist das bewusste Streben nach Transparenz, aber nicht nach der Transparenz des aktuellen und künftigen Geschehens, sondern nach der Transparenz der Entscheidungen. Der Duden „Etymologie" (1989: 752) belegt: Das Wort Transparenz wird „heute besonders übertragen gebraucht im Sinne von ‚Durchschaubarkeit, Erkennbarkeit' in bezug auf Vorgänge und Entscheidungsprozesse im Bereich von Politik und Wirtschaft." Es sei betont, dass es also nicht um die Richtigkeit, sondern um die Nachvollziehbarkeit der Entscheidungen geht. Wichtig ist, sich transparent zu irren.

Transparenz ist ein Instrument des Umgangs mit der Erwartungsunsicherheit, weil das Erwarten und Entscheiden in der Sozialdimension stattfinden. Sie sind institutionalisiert und Institutionen verlangen Konsensus: Man muss sich auf die Begründung einer unmöglichen Entscheidung einigen. Es ist erlaubt, sich kollektiv und transparent zu irren. Dieser Regel passt sich die an sich unmögliche Entscheidungsfindung über die Zukunft an. Dies lässt sich am Beispiel der Diskussionen in Wirtschaftskreisen in 2007 und 2008 demonstrieren: Die Entscheidungsgründe waren perfekt nachvollziehbar und wurden auch ausreichend in der Presse und Fachpublikationen dargestellt.

Die gemeinsame Begründung der Entscheidungen basiert meistens auf den Aussagen formalisierter und etablierter Wirtschaftstheorien. Elena Esposito (2007: 30) schrieb: „Ist man jedoch an Konsens interessiert, benötigt man ein Instrument, mit dem Entscheidungen zwar nicht rational, aber doch für die anderen nachvollziehbar werden". Dabei hat sie die Wahrscheinlichkeitstheorie gemeint; diese Aussage gilt aber im Grunde für alle ökonomischen Theorien: Die Argumente der Parteien in den Wirtschaftsdebatten basieren auf diesen Theorien, die allen eine gemeinsame Sprache bieten; sie machen die Argumente und Entscheidungen nachvollziehbar. „Ein Akteur, der auf dieser Grundlage [stochastische Berechnungen, formale Theorien] eine Entscheidung trifft, kann sich auch dann gegenüber Dritten verteidigen, wenn sich die Realität ganz anders entwickelt als erwartet. Sofern er sich nicht verrechnet hat, kann ihm niemand einen Vorwurf machen" (Esposito 2007: 34). Dies wurde in der modernen Gesellschaft zu einer grundlegenden Entscheidungsregel: Nicht unbedingt richtig, aber transparent entscheiden.

Faszinierend ist, dass dabei eine gemeinsame transparente, aber völlig fiktive Welt geschaffen wird. Die meisten Marktteilnehmer – von Profis bis Laien – haben während der letzten Krise das Gleiche erkannt oder nicht erkannt, weil sie sich aneinander orientiert haben. Auf die Frage der Queen nach der Blindheit der LSE-Ökonomen hat Professor Garicano wie folgt geantwortet: „At every stage, someone was relying on somebody else and everyone thought they were doing the right thing" (Pierce 2008). Mit anderen Worten geht es um die allumfassenden Prozesse der sozialen Mimesis, die eine besondere Art von Transparenz schafft: Basierend auf transparenten und allen zur Verfügung stehenden Informationen werden nachvollziehbare Entscheidungen getroffen, die aber von einer fiktiven Realität ausgehen und gleichzeitig eine fiktive Realität kreieren.

Wie dies genau passiert, soll in dem vorliegenden Beitrag empirisch untersucht werden. Am Beispiel der Experten einer Schweizer Privatbank wird exemplarisch dargestellt, was die Marktteilnehmer im Winter 2008 gesehen und welche Entscheidungen sie getroffen haben. Eine Diskussion in einer Anlageausschusssitzung wird analysiert, eine Diskussion, die typisch für die Zeit war. Es werden Argumente und Instrumente der Investoren offengelegt, die ihnen helfen, in einer opaken Situation Transparenz zu schaffen. Dass diese Transparenz keine echte ist – weil die Experten die aktuellen und künftigen ökonomischen Entwicklungen gemeinsam falsch eingeschätzt haben – wird gezeigt: Es wurde etwas gesehen, was nicht da war und sich nie realisierte. Was aber wurde tatsächlich gesehen? Hat eine fiktive Realität etwas mit Transparenz zu tun? Brauchen wir einen erweiterten Begriff der Transparenz? Diesen Fragen ist der Beitrag gewidmet.

2 Daten

Der Analyse liegen Daten zugrunde, die während einer teilnehmenden Beobachtung im Januar-März 2008 in der Asset Management Abteilung einer Schweizer Privatbank gesammelt wurden. Das sind vor allem Aufzeichnungen und Transkriptionen interner Sitzungen wie zum Beispiel Morning Meetings und Anlageausschusssitzungen sowie die Diskussionen mit externen Experten.

Schriftliches Material wurde während des Aufenthalts ebenso gesammelt und später ausgewertet. Ergänzend zur teilnehmenden Beobachtung wurden Interviews mit den Bankmitarbeitern geführt.

Primär wird sich der Beitrag mit dem Material beschäftigen, das in der Anlageausschusssitzung im Februar 2008 gesammelt wurde. In dieser Sitzung sollte die Anlagestrategie der Schweizer Bank für das Jahr 2008 erarbeitet werden. Die Schweizer Bank ist eine Tochter einer Frankfurter Bank (Mutterbank) und hat gleichzeitig einen Beratervertrag mit einer anderen Bank in Frankfurt (Advisory). Experten von allen drei Banken waren im Meeting vertreten; Volkswirte und Strategen der Mutterbank und der Advisory haben ihre Einschätzung der aktuellen Situation in den Märkten präsentiert und Empfehlungen abgegeben, wie das verwaltete Vermögen zwischen Aktien, Renten und Liquidität aufgeteilt werden soll. Da die Schweizer Bank gegenüber ihren Kunden allein die Verantwortung für die getroffenen Entscheidungen trägt, muss sie nicht die Empfehlungen beider Frankfurter Banken übernehmen, sondern kann sich kritisch damit auseinander setzen und sie zu einem späteren Zeitpunkt in den internen Sitzungen zu einer eigenen Strategie verarbeiten. In der Anlageausschusssitzung ging es zuerst darum, die Argumente der Parteien kennenzulernen. Sie sind interessant, weil sie repräsentativ für die Diskussionen in den Finanzkreisen zu der Zeit waren.

3 Was hat der Markt gesehen?

Zum Anfang 2008 befand sich die Welt in einer Finanzkrise. Es handelte sich um die erste Welle der Krise, die vor allem das Bankensystem betraf. Es stellte sich heraus, dass die neuesten strukturierten Finanzinstrumente wie Asset Backed Securities, Collateral Debt Obligations oder Structured Investment Vehicles verbriefte Hypothekenkredite ganz unterschiedlicher, auch sehr niedriger Qualität beinhalteten. Da diese Instrumente bis dahin eine starke Verbreitung gefunden hatten, führte das Platzen der Subprime Blase in den USA in 2007 zu erheblichen Problemen bei einigen, auch nicht-amerikanischen Banken: Sie mussten signifikante Verluste bekannt geben und beträchtliche Abschreibungen vornehmen. Die Liquidität im Interbankenhandel wurde knapp, da die Kontrahenten gegenseitige Zweifel an der Qualität ihrer Bilanzen hegten und zurückhaltend bei der Geldverleihung aneinander wurden. Die Risikoprämien stiegen stark an. Außer Banken litt der Bausektor ernsthaft unter der Krise und gefährdete die Konjunkturaussichten. Die Fed reagierte mit einer Zinssenkung von

2,25% in fünf Schritten zwischen September 2007 und Januar 2008. Außerdem wurde ein umfangreiches fiskalisches Konjunkturpaket in Höhe von USD 150 Mrd. (1% des BIP) verabschiedet (Deutsche Bank Research 2008: 3). In dieser Situation mussten die Experten, die sich mit der Allokation der Anlagen beschäftigen, sich folgende Fragen stellen: Wird die Finanzkrise erfolgreich in der absehbaren Zukunft bekämpft, d. h. greifen die Maßnahmen der US-Regierung? Wird die Finanzkrise auf die Realwirtschaft überschwappen und sie gefährden, in anderen Worten: Kommt es zu einer Rezession in den USA? Die Antworten auf diese Fragen sind ausschlaggebend für die Asset Allokation. Denn wenn die Finanzkrise abgedämpft werden kann und die Realwirtschaft nicht signifikant leidet, muss man Aktien kaufen. Wenn nicht, dann sind Renten und Kasse zu bevorzugen. Um diese Punkte drehte sich die Diskussion in der Anlagesitzung Mitte Februar 2008.

Spannend an dieser Sitzung war, dass zwei konträre Szenarien präsentiert wurden, das eine von der Mutterbank und das andere von der Advisory. Die Argumente und Instrumente beider Parteien sollen jetzt kurz rekonstruiert werden, um dann die aufgezeichneten Szenarien mit dem aktuellen späteren Geschehen zu vergleichen. Dadurch soll klar gemacht werden, was die Marktteilnehmer gesehen und was sie nicht durchschaut haben – mit anderen Worten: ob also Transparenz erreicht wurde.

3.1 Szenario 1: Back-To-Normality

Die Mutterbank stellte eine Einschätzung der ökonomischen Situation vor, die die meisten Ökonomen zu dieser Zeit teilten (siehe zum Beispiel The EEAG Report on the European Economy 2009, Deutsche Bank Research 2008 und Merill Lynch 2008), nämlich das Szenario einer „weichen Landung". Der Volkswirt der Mutterbank vertrat in seiner Präsentation folgende Position: „Wir erwarten keine tiefgehende, wirklich andauernde Rezession von weit über zwei Quartalen mit sehr negativen Wirtschaftszahlen ... . Unsere offizielle Prognose ist keine Rezession, aber ein sehr, sehr schwaches erstes Halbjahr und dann einen ganz steilen Anstieg nach oben und sehr hohe Wachstumsraten gegen Ende 2008 und im 1. Quartal 2009". Er prognostizierte ein BIP-Wachstum in den USA von 2,2% für das Jahr 2008. Wie argumentierte er?

Der Volkswirt fing mit einer Definition an: „Was wir in der Vergangenheit sehen, und auch rein makroökonomisch, findet immer dann eine Rezession statt, wenn eine nachlassende Nachfrage bei einer Überinvestition kommt. Das ist eigentlich ein typischer Auslöser eines Rezessionsszenarios: Die Unternehmen investieren, die Nachfrage lässt nach, die Unternehmen entlassen die Arbeiter, die Nachfrage lässt weiter nach, der makroökonomische Multiplikator setzt sich in Gang – es kommt zu einer Rezession." Das ist eine Definition aus einem makroökonomischen Lehrbuch. Durch den Bezug auf diese Definition, die jedem Anwesenden geläufig war, wurde sofort eine gemeinsame Basis für die weiterfolgende Argumentation geschaffen.

Der Volkswirt zeigte dann, dass das aktuelle Geschehen in der amerikanischen Ökonomie dieser Definition nicht entspricht: „Momentan haben wir überhaupt keinen Investitionsboom in den Vereinigten Staaten gehabt. Ja, wir haben eine Finanzmarktunsicherheit gehabt, aber wir haben keinen Investitionsboom: Investitionen waren in der Vergangenheit, in den letzten anderthalb Jahren schon negativ." Allerdings fügte er hinzu: „In den letzten Quartalen hat sich die Investition schon erholt. Also von daher Schwäche im ersten Halbjahr, aber keine wirklich anhaltende Rezession der verarbeitenden Gewerbe." Die letzten, aktuell bekannten Zahlen sprachen also für das vorgestellte Szenario.

Neben den fehlenden Überinvestitionen deuteten die Auftragseingänge darauf hin, dass es zu keiner Rezession kommt: „Auch die Auftragseingänge – die Auftragseingänge sind ein klassischer Frühindikator – auch die weisen nicht darauf hin, dass es zu einer andauernden Rezession kommt. Eher im Gegenteil. Wir hatten sehr schwache Auftragseingänge hier am Ende des vergangenen Jahres, nee, des übervergangenen Jahres, also zu 2006 auf 2007; die Auftragseingänge haben sich zuletzt wieder erholt. Eigentlich als klassischer Frühindikator schafft er ein positives Bild für die Investitionstätigkeit in den Vereinigten Staaten." Durch den zweifachen Hinweis darauf, dass dieser Frühindikator „klassisch" ist, wird betont, dass er in der Community verbreitet und anerkannt ist und dass die Argumentation, die darauf basiert, akzeptiert werden muss.

Gleichzeitig wies der Volkswirt auf die negative Entwicklung eines anderen Indikators hin, und zwar des ISM-Indexes: „Wir hatten einen starken Einbruch beim ISM-Manufacturing-Index.[1] Meines Erachtens darf man diesen Einbruch nicht zu stark überinterpretieren. [Der Index] besteht viel aus den Finanzdienstleistungsunternehmen und Versicherungsunternehmen, und dass hier die Stimmung momentan schlecht ist, das verwundert, glaube ich, keinen. Der ISM-Index ist unter die 50-Punkte-Marke[2] gesprungen, er wird sicherlich in den nächsten Monaten hin und her pendeln ..., aber wir rechnen nicht damit,

---

[1] Der Index ist basiert auf der Umfrage der Vertreter von 20 Branchen der verarbeitenden Industrie und dient als ein zuverlässiger Indikator der wirtschaftlichen Aktivitäten in den USA.
[2] Ein Wert von unter 50 Punkten weist auf eine rückläufige Industrieproduktion hin.

dass er deutlich unter 43 Punkte[3] schwappt, dafür geht es dem verarbeitenden Gewerbe eigentlich auch noch zu gut." Die Aussagekraft eines Indikators wird also beschönigt. Hiermit wird ein wichtiges Argument, das für das Rezessionsszenario spricht, unterminiert.

Die Zitate zeigen deutlich, wie argumentiert wurde: Ausgehend von den aktuellen Informationen wurde demonstriert, dass es der Industrie (mit Ausnahme von Banken und Baugewerbe) eigentlich noch ganz gut gehe. Daraus wurde die Schlussfolgerung gezogen, dass es auch in Zukunft keine dramatische Schwäche geben wird, also keine Rezession. Außerdem ging man davon aus, dass die Maßnahmen der US-Regierung erfolgreich greifen würden: „Der Konsum schwächt sich doch, was zugunsten des Rezessionsszenarios sprechen würde... . Aber auch beim Konsum erwarten wir eine Erholung im zweiten Halbjahr, die durch das Fiskalprogramm der Regierung bedingt wird. Das Fiskalprogramm der Regierung trug immer etwa 1% im Folgequartal zum Konsumwachstum bei." Das Geschehen in der Vergangenheit wird auf die gegenwärtige Situation extrapoliert. Der Volkswirt ging auch davon aus, dass die Fed durch Zinssenkungen und Liquiditätsbeschaffung die Wirtschaft stabilisieren wird: „Die Unsicherheit bleibt für die nächsten Monate. Das hat nicht nur mit der Subprime-Krise zu tun ... wir haben schon eine ausgewachsene Bankkrise... obwohl – das möchte ich dazu betonen – wir nicht von der systemischen Kreditkrise ausgehen. Das auf gar keinen Fall. Wir denken, dass sich das auch im zweiten Halbjahr beruhigt."

Auch der Aktienexperte der Mutterbank plädierte für das Back-To-Normal Szenario: „Wir haben im Moment eine Krise des Finanzsektors, des Bankensektors... oder eines Teils des Finanzsektors. Ich glaube, wir tendieren dazu, den einen Sektor auch sehr stark auf die Gesamtwirtschaft zu übertragen." Es wird also keine harte Landung geben, die geld- und fiskalpolitischen Maßnahmen werden greifen, man sieht in der 2. Hälfte 2008 eine wesentliche wirtschaftliche Erholung, deswegen ist es empfehlenswert, Aktien zu kaufen bzw. überzugewichten.

3.2 Szenario 2: Rezession, allerdings mit 45% Wahrscheinlichkeit

Die Advisory Bank ist vorsichtiger vorgegangen. Ihr Volkswirt hat drei mögliche Szenarien vorgestellt: „Rezession" als Basisszenario, das Szenario „Durchstarten" (2,5% und 2,5% Wachstum in den Jahren 2008 und 2009) sowie „Rocky Recovery" Szenario (1,8% und 2,5% entsprechend).

---

3 Anzeichen einer deutlichen konjunkturellen Schwäche, evtl. einer Rezession.

Dem Basisszenario wurde eine Wahrscheinlichkeit von 45% beigemessen. Es beinhaltete eine Prognose von 0,9% und 1,2% Wachstum in 2008 und 2009 wegen Absatzstagnation und Produktionsrückgang an den Gütermärkten sowie aufgrund des starken Investitionsrückgangs ab der zweiten Hälfte 2008. Der Volkswirt wies darauf hin, dass „die Rezession von dem National Bureau for Economic Research bestimmt wird und deutlich im Nachhinein: wichtig auch – es werden die GDP-Zahlen sehr stark korrigiert. Normal, passiert immer. Das wird jetzt wieder passieren, das ist, was ich vermute. Und deswegen sind wir schon nach Dezember oder nach dem vierten Quartal [2007] in den USA in einer Rezession." Es wurde auch das Szenario durchgespielt, dass es, obwohl Geld billig wird, zu dem Credit Crunch kommt, d. h. dass die Banken ihre Kredite auch an die Unternehmen im Nichtbankensektor stark limitieren, vor allem wegen fehlenden Vertrauens. „Und dann," sagte der Volkswirt, „haben wir eine schöne, tiefe und lang andauernde Rezession." Gleichzeitig hat er die aggressive monetäre Politik der Fed, die zu einer Entspannung auf den Geldmärkten führte, sehr positiv beurteilt, deswegen hat er den beiden anderen Szenarien 30% und 25% Wahrscheinlichkeit beigemessen.

Die vorgestellten Szenarien wurden anschließend in der Sitzung diskutiert. Das Unbehagen der Back-To-Normal Variante gegenüber wurde mehrmals geäußert. Ein Mitarbeiter der Schweizer Privatbank fragte „Ihr versucht uns klar zu machen: wirtschaftlich passiert nichts... Und danach wird immer gefragt ‚hallo, was ist da passiert?'" Wichtige Entwicklungen wurden in der Vergangenheit also viel zu oft verpasst, was zu den falschen Entscheidungen führte. Dass die Prognosen fehlschlagen, ist keine privilegierte Einsicht der wissenschaftlichen Literatur. Die Angst, dass es wieder passiert, wurde artikuliert.

Als Reaktion darauf haben die Sitzungsteilnehmer die Argumente des Volkswirts aus der Mutterbank bekräftigt: „Fundamental ist die Situation nicht wirklich negativ. Abgesehen von Banken hat niemand geschäftlich Einbrüche erlebt... außer den Banken und Bau, wenn man die mal abzieht, geht es der Wirtschaft nicht schlecht." Es fehle die Information, um die Situation anders (radikal neu) zu beurteilen: „Das Thema Wirtschaftskrise, da sind wir schon seit 6 Monaten. Der Erkenntnisgewinn in den letzten vier Wochen, außer den ISM-Zahlen, ist nicht sehr hoch, was die Realwirtschaft angeht." Es wurde auch das historische Beispiel „Krise in Japan der 80er Jahre" zur Diskussion gestellt. Ein Bond-Portfoliomanager hat gesagt: „In Japan hatten wir auch eine Immobilienkrise, Bankenkrise und keiner hat geglaubt, dass es da 2 bis 3 Jahre anhält. Es wurden aber 10 Jahre." Daraufhin hat der Volkswirt der Mutterbank seine Argumente noch einmal bekräftigt, indem er klare Unterschiede zu dem Fall Japan aufgezählt hat: in Japan gab es eine systemische Bankenkrise, und die haben wir nicht, die Bank of Japan hat die Zinsen zu spät gesenkt, die Fed aber hat diese Maßnahme schon radikal durchgeführt, außerdem sind Amerikaner viel aktivistischer als Japaner, was Konsum angeht, und eben von der Konsumseite sollen positive Impulse für die Gesamtwirtschaft kommen.

Der Volkswirt der Advisory Bank, der grundsätzlich für das Rezessionsszenario plädierte, widersprach in der Diskussion diesen Argumenten nicht radikal. Er schätzte zwar die Entwicklung der Realwirtschaft als schwach ein, betonte aber die überraschende Aggressivität der Regierungsmaßnahmen, die – insbesondere wegen ihrer Radikalität – wirksam sein müssen: „Man kann dann nicht genug Aktien in dem Umfeld haben". Es bildete sich also ein Konsens, indem man die Hauptargumente unterstützte und die widersprechenden Aussagen einfach untergewichtete.

Um sich zu vergewissern, dass man auf der richtigen Spur ist, hat man in der Diskussion explizit die Frage nach den Erwartungen der anderen Marktteilnehmer gestellt: „Wie liegen Sie mit Ihren Konjunkturschätzungen im Vergleich? 2% sind wahrscheinlich schon eher optimistisch." Die Antwort des Volkswirts der Mutterbank war: „Einige Investmentbanken malen Rezession hin. Wobei wenn ich mir Merill Lynch angucke, sie erwarten für das 1. Quartal 2009 das Wirtschaftswachstum von 3,5%. Also da sind sie weit optimistischer als wir mit ihren Prognosen. Wir erwarten keine tiefgehende Rezession, aber dann ganz steilen Anstieg nach oben und sehr hohe Wachstumsraten gegen Ende 2008 – 1. Quartal 2009. Ja, keine Frage, wir sind optimistisch, aber wir sind nicht optimistischer als andere." So hat man mit Bezug auf eine große renommierte Investmentbank die eigene Argumentation bekräftigt.

In der Tat wurde das „Rocky Recovery"-Szenario, also Wachstumsverlangsamung mit der anschließenden schnellen Erholung, Anfang 2008 von den meisten Ökonomen und Politikern als besonders wahrscheinlich betrachtet. In dem „EEAG Report on the European Economy 2009" (IFO Institut) wurde dies nachträglich bestätigt: „A crucial feature of the turmoil is that for a number of months after the eruption, many markets remained untouched by the crisis. Most importantly, there was little evidence of spillovers on to the real economy, of the gravity that the ongoing financial turmoil could be expected to generate" (the EEAG Report on the European Economy 2009: 82). „Little evidence" bedeutete vor allem, dass „die meisten Geschäftsklimaindikatoren auf ein moderates Wachstum hin" deuteten (the EEAG Report on the European Economy 2009: 2). Gleichzeitig „[o]ver this first phase, the prevailing view among policy circles was that the fundamental problems at the root of the admittedly dangerous pathology in money markets were relatively manageable, in the sense that they could be absorbed over time by adopting a two armed policy approach. On the one hand, central banks would make up for the lack of liquidity in the interbank markets by providing financial intermediaries with enough cash to operate without relying on each other for credit... On the other hand, treasuries and central banks would intervene on a case-by-case basis to support banks under threat of failure" (the EEAG Report on the European Economy 2009: 82).

Es hat sich ein Szenario als Konsensus etabliert, das sich nie realisiert hat. Die Argumente hinter diesem Szenario waren transparent, also nachvollziehbar: Die Konjunkturindikatoren haben sich nicht dramatisch negativ entwickelt, die US-Ökonomie war robust, die aggressiven Regierungsmaßnahmen haben in der Vergangenheit eine positive Auswirkung auf die Wirtschaft gehabt. Basierend auf diesen Argumenten wurde eine völlig transparente Fiktion geschaffen, die der Empfehlung zugrunde lag, Aktien überzugewichten.

4 Was hat der Markt nicht gesehen?

Wie wir jetzt wissen, hat das „Rocky Recovery"-Szenario sich nicht realisiert. Wie so oft, wenn es um die Zukunft geht, kam es zu Überraschungen (Taleb 2007 nennt die Ereignisse, mit denen keiner gerechnet hat, „schwarze Schwäne"). Überraschend war vor allem das Ausmaß der Probleme, die die Banken im Laufe des Jahres 2008 bekommen haben. So haben Citygroup und UBS im Frühjahr 2008 Verluste in Höhe von jeweils USD 12 Mrd. und 11,2 Mrd. bekannt gegeben (The EEAG Report on the European Economy 2009: 113). Anderen Banken und Versicherungsunternehmen ging es nicht viel besser (siehe Tabelle 2.4 in the EEAG Report on the European Economy 2009: 90): Weltweit haben die Banken seit Anfang 2007 USD 741,2 Mrd. an Abschreibungen oder faulen Krediten verloren, die Versicherungen dementsprechend 146 Mrd. Mit anderen Worten hat sich die „Finanzmarktunsicherheit" (so wurde der Problemkomplex in der Anlagesitzung bezeichnet) doch zu einer systemischen Krise entwickelt. Das Kreditwachstum hat sich nicht erholt, da der Umfang ausfallgefährdeter Kredite im System sich als viel größer erwies als vermutet wurde.

Außerdem hat die inkonsistente Politik der Fed zu dieser Entwicklung beigetragen. Als die Banken im Laufe des Jahres 2008 sich in immer größeren Schwierigkeiten fanden, gingen alle Marktteilnehmer nach wie vor davon aus, dass die Zentralbanken ihre Rolle als „lender of last resort" erfolgreich spielen werden. Im Spätsommer nach der Rettung von Fannie Mae und Freddie Mac sah es noch danach aus, dass die Fed in Einzelfällen eingreifen würde. Die richtige Überraschung, die nachhaltig das Vertrauen der Marktteilnehmer ruinierte, war die Pleite der US-Bank Lehmann Brothers. Hierbei hat die Fed sich geweigert, eine Rettungsaktion zu starten, was zu einer rasanten Verschlechterung der Liquiditätslage führte und das normale Funktionieren der Geld- und Kapitalmärkte gefährdete. Es kam zu einer systemischen Finanzkrise.

Außerdem haben sich die Anzeichen für eine Konjunkturabschwächung schon im Sommer 2008 in der Realwirtschaft bemerkbar gemacht: Die Industrieproduktion und die Kapazitätsauslastung gingen stark zurück. Der private Konsum war ebenfalls schwach. The National Bureau of Economic Research hat nachträglich festgestellt, dass die USA seit Dezember 2007 in einer Rezession waren (NBER 2008). Das Wirtschaftswachstum erreichte in 2008 nur 0,4%, dabei waren die zwei letzten Quartale des Jahres besonders schwach. Von einem steilen Aufschwung in der 2. Jahreshälfte war also nicht mehr die Rede.

Der S&P 500-Index[4] ist zwischen dem 14. Februar 2008 (Tag der Anlageausschusssitzung) und dem 31. Dezember 2008 um 33%[5] gefallen, der DAX[6] um 30%[7] in der gleichen Zeitperiode. Die Entscheidung, Aktien überzugewichten, erwies sich hiermit als falsch.

5 Aktive Arbeit an der transparenten Fiktion

Eine Anlageentscheidung ist eine „echte" Entscheidung, weil sie im Sinne von Heinz von Förster eigentlich unmöglich ist: „Es sind nur die prinzipiell unentscheidbaren Fragen, die wir entscheiden können" (Bröcker/von Förster 2007: 67). Die Finanzmärkte sind komplex und verändern sich ständig, so dass eine Entscheidung nach den gegebenen, vorher formulierten Regeln oft nicht möglich ist. In der Situation der genuinen Ungewissheit im Sinne von Frank Knight (1971) fehlen das Wissen und Informationen, um eine formale Entscheidung zu kalkulieren. In den Worten von Derrida heißt es: „Auch wenn man von der Hypothese ausgeht, dass die Zeit und die Überlegtheit, die Geduld des Wissens und die Meisterschaft unbegrenzt sind, ist die Entscheidung in ihrer Struktur endlich, so spät sie auch getroffen werden mag: dringliche, überstürzte Ent-

---

4   Der S&P 500, Standard & Poor's 500, ist ein Aktienindex, der die Aktien von 500 größten, börsen-notierten US-amerikanischen Unternehmen beinhaltet.
5   Eigene Berechnung.
6   Der DAX, der Deutsche Aktienindex, widerspiegelt die Entwicklung der Aktienkurse von 30 größten deutschen Unternehmen.
7   Eigene Berechnung.

scheidung, in der Nacht des Nicht-Wissens und der Nicht-Regelung" (Derrida 1991: 54). Eine Entscheidung ist immer ein Schnitt, so ist auch der etymologische Ursprung des Wortes „Entscheiden".

Würde die Informationstransparenz in dieser Situation helfen, eine Entscheidung weniger überstürzt zu treffen? Eigentlich ja, das Problem ist nur, dass die relevanten Informationen meistens in der Zukunft liegen und zu dem Zeitpunkt der Entscheidung nicht vorhanden sind. Wer sollte die Marktteilnehmer im Februar 2008 darüber informieren, dass Lehmann Brothers im September Pleite geht und nicht gerettet wird? Dass die international renommierten Banken wie UBS, City Group, Royal Bank of Scottland oder Commerzbank ohne Staatshilfen ihre Probleme nicht mehr bewältigen können werden? Das waren Anfang 2008 zukünftige Informationen, die nicht verfügbar waren. Die bekannten Daten, die zum Beispiel den Berechnungen der Geschäftsklimaindikatoren zugrunde liegen, waren von den Marktteilnehmern ausgewertet; dadurch erhielten sie ein Bild davon, was in der Ökonomie der Fall ist und sein wird, wenn man nur von diesen bekannten Informationen ausgeht: eine Fiktion also. Die Entscheidung, Aktien zu kaufen, basierte auf dieser Fiktion. Höhere Transparenz, d. h. ein größerer Umfang an Informationen über den aktuellen Stand der Dinge, hätte nicht geholfen; solche Informationen hätten die entwickelte Fiktion nur weiter untermauert. Um die reale Entwicklung vorherzusehen, benötigt man Daten und Zahlen, die erst in der Zukunft bekannt sein werden. Es handelt sich um solche Überraschungen, die dem intransparenten Bereich des Nicht-Wissens angehören. Dieser Bereich kann nicht transparent gemacht werden. Die Informationstransparenz ist vor diesem Hintergrund eigentlich irrelevant: Sogar wenn jeder zeitnah alle bekannten wahren Daten abfragen kann, wird er sich an der laufenden Entwicklung der gemeinschaftlichen Fiktion beteiligen. Deswegen ist nach Derrida jede Entscheidung „in ihrer Struktur endlich", egal wie lange und wie professionell Informationen gesammelt und ausgewertet werden.

Das wissen die Marktteilnehmer. Deswegen äußern sie ihr Unbehagen während der Diskussion: „Und danach wird immer gefragt ‚hallo, was ist da passiert?' " Die Erfahrung haben sie schon mehrmals gemacht. Sie werden sie wieder machen, das ist das Einzige, was sie über die Zukunft mit Sicherheit wissen. Deswegen arbeiten sie zusammen an der Transparenz ihrer Fiktion; diesem Zweck dienen die zahlreichen Sitzungen wie die beschriebene Anlageausschusssitzung. Man sammelt Argumente, sucht Bestätigung, schafft eine gemeinsame theoretische und begriffliche Basis, rekurriert auf die bekannten Indikatoren und historische Beispiele; es entwickelt sich eine soziale, an dem Konsensus orientierte Dynamik der Sitzung. Alle beteiligen sich aktiv an dem

Schaffen einer transparenten Fiktion, die auch eine transparente, d. h. für alle nachvollziehbare, begründete Entscheidung garantiert. Das ist die Transparenz, an der die Marktteilnehmer wirklich interessiert sind.

6 Zusammenfassung

Der gegenwärtige Ruf nach Transparenz ist der Ruf nach einer Offenlegung der Informationen und Entscheidungen. Transparenz bedeutet das Erkennbarsein der Gründe; sie erlaubt nachzuvollziehen, warum eine, wenn auch falsche, Entscheidung getroffen wurde. Eine eindeutige Verbindung zwischen der Transparenz, verstanden als Information, und der Qualität der Entscheidungen, die auf diesen Informationen basieren, gibt es nicht. Transparenz bedeutet das gemeinsame Erkennen der Gründe des Versagens. Es geht dabei um die Unfähigkeit, die viel wesentlichere Transparenz zu schaffen: Transparenz des Geschehens um die Entscheider herum sowie die Durchschaubarkeit der Zukunft. Die Marktteilnehmer treffen nachvollziehbare Entscheidungen aufgrund transparenter Informationen und beziehen sich dabei auf eine gemeinsam geschaffene, fiktive, aber völlig durchschaubare Welt.

Literatur

Akerlof, George A. (1970): The Market for „Lemons": Quality Uncertainty and the Market Mechanism, in: *Quarterly Journal of Economics* 84 (3), 488-500.

Bröcker, Monika/von Foerster, Heinz (2007): *Teil der Welt: Fraktale einer Ethik oder Heinz von Foersters Tanz mit der Welt*, Heidelberg: Carl-Auer-Systeme.

Derrida, Jacques (1991): *Gesetzeskraft: ‚Der mystische Grund der Autorität'*, Frankfurt/Main: Suhrkamp.

Deutsche Bank Research (2008): Die Weltwirtschaft in 2008: Verlangsamung, aber keine Rezession, 21. Februar 2008, http://www.deutsche-bank.de/mittelstand/downloads/PROD0000000 000221134.pdf (aufgerufen am 14.09.2009).

Duden Etymologie (1989): Herkunftswörterbuch der deutschen Sprache, hrsg. Drosdowski, Günther, 2. Aufl., Mannheim: Dudenverlag.

Esposito, Elena (2007): *Die Fiktion der wahrscheinlichen Realität*, Frankfurt/Main: Suhrkamp.

Heertje, Arnold/Wenzel, Heinz-Dieter (2001): *Grundlagen der Volkswirtschaftslehre*, Heidelberg: Springer.

Knight, Frank H. (1971): *Risk, Uncertainty and Profit*, Chicago: The University of Chicago Press.

Merill Lynch (2008), Merrill Lynch Research Expects Global Economy to Rebalance in 2008, http://www.ml.com/index.asp?id=7695_7696_8149_74412_86378_86421 (aufgerufen am 01.09.2009.)

Montier, James (2007): *Behavioural Investing: A Practitioner's Guide to Applying Behavioural Finance*, Chichester: Wiley&Sons.

N. N. (2004): Briten bestehen auf Ausnahmeregelungen: Fonds wollen flexible Corporate Governance, in: *Handelsblatt* 119 (2).

N. N. (2009): Full Disclosure, in: *Economist* 390 (8619), 78.

NBER National Bureau of Economic Research (2008): *Determination of the December 2007 Peak in Economic Activity*, http://www.nber.org/cycles/dec2008.pdf (aufgerufen am 10.09.2009).

Ortmann, Günther (2009): *Management in der Hypermoderne: Kontingenz und Entscheidung*, Wiesbaden: VS Verlag.

Pierce, Andrew (2008): *The Queen asks why no one saw the credit crunch coming*, http://www.telegraph.co.uk/news/newstopics/theroyalfamily/3386353/The-Queen-asks-why-no-one-saw-the-credit-crunch-coming.html (aufgerufen am 01.09.2009).

Siemons, Mark (2000): Im Labyrinth der Erwartungen. Wie die neue Börse die Wahrnehmung verändert. Eine Spekulation, in: *Frankfurter Allgemeine Zeitung* 180 (Bilder und Zeiten), 1.

Stiglitz, Joseph E. (2000): The Contributions of the Economics of Information To Twentieth Century Economics, in: *Quarterly Journal of Economics* 115, 1441-1478.

Taleb, Nassim N., (2007): *The Black Swan: The Impact of the Highly Improbable*, New York: Random House.

The EEAG Report on the European Economy 2009, EEAG European Economic Advisory Group at CESifo, 25. Februar 2009, http://www.cesifo-group.de/portal/page/portal/ifoHome/B-poltik/70eeagreport/20PUBLEEAG2009/_publeeag2009?item_link=eeag_report_inhalt_2009.htm (aufgerufen am 14.09.2009).

Vishwanath, Tara/Kaufmann, Daniel (1999): *Daniel Towards Transparency in Finance and Governance*, http://ssrn.com/abstract=258978 (aufgerufen am 01.09.2009).

Diagnostics:
Indicators and Transparency in the Anti-Corruption Industry

Steven Sampson

1 Introduction

We are in a wave of transparency. Transparency used to be a slogan of civil society organizations, something they pressed for when confronting unresponsive governments or secretive corporations. Transparency was about compelling organizations of the state and market to reveal their secrets. It was an exercise of discovery, knowledge gathering and dissemination. Transparency was the wooden club wielded by civil society.

Times have changed. We are now being assaulted by transparency at every turn. Governments hold open hearings. The Obama White House releases its visitors list. Government agencies make documents available in such amounts that we cannot keep up. Corporations are now parading their social responsibility, informing the public of their every move. Transparency is now an obligation. Accusations that an agency, or firm, or an NGO is 'not being transparent' is tantamount to an accusation of witchcraft. In the name of efficiency, not every process can be revealed. But even the most top down institutions are now showing us how their decisions were made. Transparency, openness and accountability are now the solutions for organizational inertia, replacing corporate secrecy.

Why this wave of transparency? What are the consequences? This paper will try to shed light on the transparency phenomenon by examining one single crest in this wave: the effort to highlight the extent of corruption through statistically-based rankings. I will argue that the effort to make corruption transparent in fact changes the nature of the object, and might possibly lead to more opacity. This conclusion, that isolating an object of study tends to alter it, is hardly unique. Social scientists routinely warn us that efforts to understand, define or measure an object of study – especially a social process – may in fact alter its very nature. When the object in question happens to be an illicit, illegitimate, hidden or outright illegal practice, such as corruption, the efforts to illuminate it may create the reverse consequences. In trying to bring hidden knowledge to the surface, we may instead end up masking the very nature of the phenomenon we want to understand. I believe that this has happened with the phenomenon known as 'corruption', and especially with the sub-discipline of the anti-corruption industry known as 'diagnostics'. That is, the more we try to define and measure corruption, the more it slips through our fingers. The effort to turn a social transaction into a quantifiable object, the effort to make corruption transparent via numbers, indices and rankings, leads to it becoming opaque.

In order to show this, I will begin by outlining the nature of what has become a vibrant 'anti-corruption industry' and the factors behind it. I will then give examples of how one feature of this industry, 'diagnostics', operates using the Transparency International Corruption Perceptions Index, one of the most well known corruption indicators. The conclusion will bring us back to the problem of trust, and particularly 'trust in numbers' (Porter 1996). There is a link, I will argue, between our trust in numbers and our faith in transparency. This link can itself help us understand regimes of knowledge-gathering, knowledge-management and knowledge dissemination as they operate to elucidate hidden social practices such as corruption. In its unintended consequences, we will see that diagnostics about corruption may also generate opacity.

2 The work of transparency and civil society

The work of transparency requires a transparent object, an object that is well-defined, amenable to inquiry, and static. It is there to be contemplated, analyzed and investigated. Yet social practices are constantly changing in their form and function, and this is particularly true of those practices which are hidden or illicit. A listing of such practices would be a long one, but a range of examples include organized crime, human trafficking, domestic violence, pedophilia, eating disorders and corruption. How do we bring transparency to such phenomena when we are prevented from directly observing them? This is a typical dilemma for investigative journalists, for law enforcement specialists, for social workers, and for social scientists. We resolve this dilemma by using more creative methods, such as unobtrusive measures, key informants, random samples, informed estimates or proxy measurements. These methods, if they are reliable, can help bring to the surface what is hidden. Such work constitutes the work of transparency. Like all social practices, the work of transparency has its unintended consequences and wide-ranging effects.

The work of transparency is a standard feature of modern civil society organizations, NGOs, or activist groups. Combining expertise, social mobilization and advocacy, such groups operate as moral entrepreneurs. They have a mission to better the world by effecting some kind of change. Working for either the public interest or in the interest of their members, civil society organizations push government or business to open their accounts, archives and decision-making practices. They then lobby for policy choices in light of this new information. For their part, the NGOs must make themselves an example of openness, accountability and transparency in their own decision making. Transparency is a moral imperative. It is supposed to make policies more efficient, but it is also morally uplifting. No one these days is against transparency.

In the domain of fighting corruption, the key civil society player is Transparency International (TI). With 90 national chapters and a secretariat in Berlin, the 'TI movement' as it calls itself, militates for anti-corruption and transparency in governments and firms (see www.transparency.org). However, TI itself is also supposed to be a model of transparency for other organizations. Having achieved a degree of influence in high policy-making circles in governments, in the development-aid world and in business, TI is itself accused of being non-transparent by individuals and groups who disagree with its methods or do not have such high access.

TI's transparency work is best illustrated by its most well known 'brand', the ranking of corrupt countries known as the Corruption Perceptions Index. Yet in its effort to be as transparent as possible, TI actually produces layers of opacity that need to be peeled away. The more emphasis on a transparency discourse, the more we need social science to uncover why transparency is so popular. Let me therefore begin by describing the anti-corruption industry and TI's role in it, focusing particularly on the dilemma between anti-corruption as movement and anti-corruptionism in the form of institution. I will then describe the Corruption Perceptions Index as one example of how the numbers and indices, in trying to produce a standardized ranking of corrupt countries, run the risk of undermining transparency by emptying the concept of corruption of any meaning.

3 The anti-corruption industry and Transparency International

Throughout the world, there is now a public concern about illicit payments given to public officials or unfair benefits given to clients or firms. In various bureaucracies, people hire their friends and relatives, or cover up while they exploit their positions for private benefit. Meanwhile, foreign and local firms pay, or are forced to pay, 'facilitation fees' to government officials in order to obtain public contracts. Trust is betrayed and power is abused. We call such practices 'bribery', 'extortion', 'fraud', 'embezzlement', 'nepotism', 'favoritism', 'speed payments' and when grouped together, we call it 'corruption'. The most frequently cited definition of corruption, used in UN, OECD, World Bank and various NGO forums, is 'the abuse of entrusted power for private benefit'. The term 'entrusted power' could mean an administrative position in a state apparatus, or a position in a private firm or NGO. 'Private benefit' could mean either financial gain (as in bribery) or the benefit of private loyalties benefiting one's family, party, or ethnic group. Bribery, nepotism and clientelism are viewed as a problem for business because they add extra costs to doing international business; for civil society activists, corruption is a problem because it undermines democracy and oppresses ordinary people; for those working in development assistance, corruption subverts development by depriving a country of much-needed investment or by diversion of funds; and for ordinary citizens, corruption is a problem because it imposes on them a hidden tax and prevents establishing trust in government.

Corruption should therefore be eliminated, or reduced, and the corrupt leaders or bureaucrats kept in check. To do this, an arsenal of anti-corruption measures have been developed with the goal of assessing, controlling or preventing corruption. Such measures include awareness campaigns aimed at the public, reform of state administration, ethical training of officials, setting up anti-corruption agencies, whistleblower protection, new forms of citizen-government contact which eliminate unscrupulous middlemen or bottlenecks, and various laws and standards for encouraging transparency, openness and accountability (e.g., internet-bidding, declaration of assets).

Who pays for all this? In the emerging anti-corruption industry, national anti-corruption agencies and local campaigns by NGOs in the South are financed by aid agencies from the North, while donors from governments, international organizations, business and NGOs meet to develop new guidelines and enforce existing conventions, the most recent being the UN Convention against Corruption (Sampson 2005, 2009). Not a week goes by without a conference or meeting on preventing corruption in development aid, on integrity in international business, on standard-setting in public contracting, on advances in asset recovery or bribery convictions, on improving governance and accountability. The discourse of anti-corruptionism is everywhere. In what I have called a 'landscape of anti-corruption' (Sampson 2009), Transparency International stands out as the undisputed leading civil society organization for fighting corruption.

4 Fighting 'the cancer of corruption'

Transparency International was founded in 1993 by ex-World Bank staffer Peter Eigen and several colleagues with experience in international law, diplomacy, business and development. Focus at that time was on abuse of development aid in the third world and on reducing bribery as a cost of doing international business. The TI program was to raise awareness of corruption as an international issue, 'naming and shaming' the corrupt firms and third world leaders, who at that time invoked quaint 'customs' of traditional gift giving or culture to mask bribery, embezzlement and nepotism. TI sought to influence firms who insisted that 'there was no other way to do business' than to give a bribe.

TI's goal was for international donors to bring more conditionality to their aid, for citizens to demand that governments act more openly, to demand accountability from partners or aid recipients, and for firms to institute what we would now call ethical practices.

The breakthrough for TI can be said to have occurred with World Bank president James Wolfensohn's 'cancer of corruption' speech in 1996, which placed anti-corruption on the aid agenda (see Polzer 2001 on the birth of the World Bank's anti-corruption discourse). Under Eigen's leadership, and with the clever marketing campaign of the Corruption Perceptions Index (to be described below), TI became a leading player in the move toward 'good governance', and with it, became a key player in the anti-corruption industry (for a conceptualization of the 'anti-corruption industry', see Sampson 2010). TI organized or participated in various anti-corruption forums, foremost among them being the biannual International Anticorruption Conference. Today, TI's secretariat in Berlin, with about 60 staff, has a budget of € 9-10 million per year, financed mostly by West European government donors, USAID partnerships, and some foundations. The Berlin secretariat (rather than a headquarters) cooperates with independent, affiliated national chapters or partners in about 90 countries. These chapters, which vary widely in membership, staff and funding, can be financed by these same aid organizations, by government grants, by private donations or simply by member fees.

The national TI chapters conduct awareness raising campaigns, advocacy work, cooperate with officials on drafting laws or regulations, or collect data and write reports about corruption in certain sectors (customs, contracting, health, etc.). Several chapters have now set up legal advice centers (financed by a grant through Berlin) to aid citizens victimized by corrupt practices. Chapters also provide legal expertise to governments on issues of openness, access to information and accountability. Chapters located in the South focus on issues of graft, development aid, humanitarian relief and corruption in minerals extraction. Chapters located in post-socialist states have focused on particular corruption-prone sectors and especially issues of privatization or political cronyism in contracting and infrastructure projects. Chapters in the industrialized countries deal often with information issues, media, political party financing, codes of ethics and corporate social responsibility for large exporting firms.

TI's international work emanates from its secretariat in Berlin. Besides administering projects with chapters, the secretariat tackles what are called 'global issues' such as enforcing conventions and the forming of coalitions with other private or public actors. TI's advocacy strategy is based on 'coalition building', entering the corridors of power by cooperating with firms, business associations, governments and major NGOs. Demonstration and confrontation have no place in TI's activity. The target groups are international decision-makers, governments, and aid officials. Here the issues are enforcement of anti-corruption conventions, corruption in private sector and asset recovery, and cross cutting issues of environment, foreign aid, financial reform, extractive industry, health and security. TI's secretariat develops various 'tools' and information instruments such as the Bribe Payers Index, the Corruption Perceptions Index and the Global Corruption Report for measuring and assessing corruption by sector, by issue and by region. It has also developed the 'national integrity system' for analyzing potentials for corruption in a given country, and it develops training and awareness campaigns and modules for activists, firms, and aid officials.

TI's leadership proudly attempts to maintain itself in the forefront of international civil society. TI attends key international forums, such as the annual World Economic Forum in Davos, and in 2009 was active in the follow-up meetings for the UN Convention against Corruption and in various forums for business ethics, such as the Global Compact, and in the OECD and Council of Europe anti-corruption forums. TI's executive director, in addressing the recent annual meeting of TI chapters, has insisted that TI must not only act transparently, but must be aware that TI itself is the object of scrutiny of its own transparency. As he expressed it, the goal is to make TI as well known in the corruption field as Amnesty International is in the domain of human rights.

5 Trust in Numbers: the Corruption Perceptions Index

Behind anti-corruption activities lies an understanding about governance, or more accurately, 'good governance'. It is assumed that governance can be defined, assessed and measured, and that the quality of governance can be improved using the 'proper tools'. Evidence of good or poor governance can be derived from assessing the presence or absence of laws and regulations, combined with expert assessments of how special interests can influence government illicitly (state capture) and the effectiveness of administration in meeting citizens needs (number of permits needed to build a house or import a container of freight). On this basis, The World Bank has listed no less than 340 data sets for use in its various governance indicators, known as 'Governance Matters' (info.worldbank.org/overnance/wgi/index.asp). Several books and manuals exist which describe the problems and techniques of measuring corruption (see www.globalintegrity.org. and Sampford et al. 2006). Corruption conferences contain workshops on 'tools' and 'diagnostics' for measuring corrupt practices, attitudes about corruption, calculating bribe-giving, assessing expert opinions about corruption, and evaluating the impact of anti-corruption campaigns. These surveys and data sets are artifacts of the policy process. Because corruption is so slippery as a concept, and because the impact of specific anti-corruption measures is so hard to measure over the short term, the corruption diagnostic tools take on almost a magical power, or more accurately, a magical PowerPoint, when presented. The forum of these data presentations, the need to present any data as good data, is such that specific questions as to the quality of the experts, the basis of their assessments, the reliability of tools or other methodological issues are never totally brought out. Doubts may be expressed in the discussion period, but at the end of the session, life goes on, as it were.

The most well known of the tools for measuring corruption, though far less comprehensive than the World Bank index, is the TI Corruption Perceptions Index (http://www.transparency.org/policy_research/surveys_indices/cpi/2009). The Corruption Perceptions Index is a TI brand, 'our public relations powerhouse' as one TI staff member called it. When released in late October each year, the index, known as the CPI, is cited in the world press, and it is now used by other donors to assess the risk or feasibility of giving foreign aid or monetary credits.

The Corruption Perceptions Index provides a country corruption 'score' and a ranking of countries from the least to the most corrupt. From an original sample of 42 countries in 1995, the CPI now ranks 180 countries. In this ranking, Australia, New Zealand, Northwest Europe and Scandinavia invariably rank highest, i.e., they have the lowest level of perceived corruption. Ranking lowest (i.e., with the most perceived corruption) are a varying array of conflict-ridden, failed states, or autocratic underdeveloped countries. Among these 'usual suspects' are Somalia, Iraq, Afghanistan, Haiti, Guinea, Myanmar, Azerbaijan, Bangladesh, Indonesia, Nigeria and Cameroon. Every year when the list comes out, local journalists either hail or condemn the position of their respective country. Mention of the CPI is made every single day in the world press, often in order to add color to a government scandal or to encapsulate the state of affairs in a given country. In December 2009 and January 2010, for example, articles on the problems of Afghanistan's political system and Haiti's rebuilding after the earthquake invariably mentioned their rock bottom CPI rankings.

Befitting the status of the CPI within the anti-corruption movement, the CPI also has mythical origins. The originator of the CPI, until he 'retired' in 2009, was Prof. Johann Graf Lambsdorff, a German economist who currently heads the Internet Center for the Study of Corruption at the University of Passau (http://www.icgg.org). Lambsdorff procured the data sets, performed the statistical operations, and derived the correlations, regressions, and standard deviation tests that generate the CPI. Almost immediately, the Corruption Perceptions Index assumed a central role in the public profile of TI. TI founder Peter Eigen, in its autobiography (2008), devotes a chapter to the CPI and relates the founding story of the CPI in Dr. Lambsdorff's own words:

> "I still remember exactly when the idea of creating the corruption index first came to me. It was on 27 March 1995, my 30th birthday. I was lying alone, on the bed of my hotel room in Milan. It was pretty depressing, to spend my birthday like this, but it just so happened that TI's annual meeting was taking place in Italy that day. Somehow, I must have felt inspired by the speeches, talks and presentations of that day. The idea that you could develop a corruption index which would gather international expert opinions on corruption came to me that evening in my hotel room in a flash. All you had to do was find a way to gather the information and reduce it to a common denominator…".

Lambsdorff continues:

> "The question was, how to gather the expert opinions? Looking into it, I stumbled onto different sources such as business surveys and the work of risk agencies that touched on corruption in certain areas. Using all these resources, I developed a draft index that I sent confidentially to some leading TI members in June 1995" (Eigen 2008: 99-100).

As it happens, a journalist from *Der Spiegel* got hold of the draft document, and a week later it appeared in the magazine. "Suddenly," Lambsdorff recalls, "my phone was ringing off the hook. Journalists were calling from all over the world." A month later, "a reporter from *The New York Times*, who had read about the CPI on vacation in India, called me and made the CPI a headline item in the financial section." "We could tell we had touched a nerve" (ibid.; see Lambsdorff's more detailed description of what he calls 'the CPI's childhood days' at http://www.icgg.org/corruption.cpi_2008.html).

Until 2009, Lambsdorff had a contract with TI to produce the CPI. In 2005, Passau even hosted a special conference celebrating Ten Years of the Corruption Perceptions Index, in which Lambsdorff and Peter Eigen mutually praised each other. Missing from this gathering, and unmentioned, was Frederik Galtung, the original research director of Transparency International, who has written a well-known critique of the CPI (2006) and who left to form his own development consulting organization, called Tiri (for other critiques of the CPI see Søreide 2006, van Hulten 2007 and de Maria 2008). Lambsdorff remained 14 years as the author of the CPI. In September 2009, however, in an e-mail to the 'movement' entitled 'Farewell to the CPI', Lambsdorff decided to cease doing the index, although he remains a supporter of TI. TI has plans to continue the CPI in some form.

The CPI attempts to illuminate the state of corruption by comparing 'corrupt countries'. The actual CPI data are in fact an aggregate of several outside surveys, most of which are based on assessments made by foreign and now local experts as to the degree of corruption in the respective countries. The CPI is, therefore, a perceptions index. It does not attempt to measure corrupt practices such as bribe-giving, or bribe-taking as such. Nor does it specify which sectors of society, e.g., customs service, political parties, or health, are more prone to corruption than others. The CPI indices distill relevant data from other surveys, so that each country is covered by 3-10 surveys (for more details, see http://www.icgg.org/corruption.cpi_2008_sources.html). In 2008, 13 surveys were used (from 11 sources). Some of these surveys are worldwide, others cover specific regions. The surveys were:

- Country Performance Assessment Ratings by the Asian Development Bank,
- Country Policy and Institutional Assessment by the African Development Bank,
- Bertelsmann Transformation Index, Bertelsmann Foundation,
- Country Policy and Institutional Assessment by the World Bank,
- Economist Intelligence Unit,
- Freedom House Nations in Transit,
- Global Insight (formerly World Markets Research Centre), Country Risk Ratings,
- International Institute for Management Development, Lausanne (2007 and 2008),
- Grey Area Dynamics Ratings, Merchant International Group,

- Political and Economic Risk Consultancy, Hong Kong (2007 and 2008),
- World Economic Forum.

The original samples of experts for these surveys were composed largely of foreign businessmen and bankers. Today, the expert pool includes academics, researchers, diplomats, businesspeople, as well as an increasing number of in-country experts, journalists and businesspeople. On the basis of these assessments, each country receives a composite score from 1 to 10 based on the aggregate of surveys. The countries are then ranked. Countries may move up or down on the ranking scale from year to year, depending on the scores. Since the scores are based on perceptions, however, they are affected by a variety of factors, e.g., media coverage of scandals, a corruption awareness campaign, or the establishment of an anti-corruption agency. Hence, a prominent corruption scandal covered by the media might push a country down the ranking list, establishment of a new anti-corruption agency might move it up. In addition, adding new countries to the survey may in itself cause a country to move down in rank. That is, a higher score does not necessarily generate a higher rank if many other countries also improved. When the CPI first began, the lowest scoring countries were ranked from 31st to 40th.. In 2010,a country needs a very high score to be ranked in the top 30. A country ranked 15 in 1995 with a median score of 5 on the perceived corruption scale, can now be ranked 100 in 2009 and still have a better score.

With the increase in the number of surveys used and the methodological sophistication in calculating standard deviations, the CPI rankings actually change little from year to year. Generally, the most developed countries score highest, and the group of weak, failing or rogue states lowest, along with several sub-Saharan African (except Botswana) and some Central Asian countries. In between are various developing or post-socialist states. Countries can, of course, move up or down the list from year to year: From 2007 to 2008 significant declines took place in the scores of Bulgaria, Burundi, Maldives, Norway and the United Kingdom, due largely to publicized political scandals. Similarly, statistically significant improvements in ranking are recorded for Albania, Cyprus, Georgia, Mauritius, Nigeria, Oman, Qatar, and South Korea. Nevertheless, the CPI remains an index of *which countries* are more corrupt than others. The link between the presence of corruption and a specific state formation remains.

6 Effect of the CPI

The CPI has been hailed as a brilliant marketing tactic for the anti-corruption movement. TI has even called it its 'brand'. The launching of the CPI in late October leads to thousands of hits on TI's website. Journalists and officials from dozens of countries are intensely interested in the CPI ranking, with predictable protests when their country receives a low ranking. Protests take the form of 'How dare they judge us.' 'What about bribes given by Western firms?'

More serious effects were in Pakistan in 1996, when the CPI rating of Pakistan as second to last (next to Nigeria) led to Prime Minister Benazir Bhutto being confronted with the results in parliament. The corruption charges eventually led to her ouster. In Bolivia in 1999, the president threatened to bring legal action against TI for having caused his loss of election. In Argentina and in several other Latin American countries, the CPI has been criticized as being politically motivated or partisan. In Cameroon and Nigeria, leaders complained that they received low rankings not because they were corrupt but precisely because they were fighting corruption. In South Korea, the government has placed the CPI on a strategic level, making it a policy to be among the top 15 countries within five years.

The protests against the CPI are not simply complaints about bad publicity. Low CPI rankings can lead to higher risk assessments, lowered credit ratings from international banks or denial of foreign assistance by Western aid agencies. The US Millennium Challenge Account uses the CPI, along with the World Bank's 'Control of Corruption' indicator, to assess potential aid recipients. Kenya was therefore denied aid on this basis in 2004. Hence, it is no surprise that an official from Cameroon even contacted the World Bank once to see if it could get its lowest ranking removed from the list, even though the Bank has nothing to do with the CPI.

Essential to the surveys used in the CPI is that a country expert must rank the situation of 'corruption' – undefined and unspecified – in that country as compared to other countries. An acknowledged weakness of the CPI, therefore, is that it does not deal with corruption by sector or in specific regions of a country. In addition, it indicates nothing about what conception or definition of corruption the various experts are using. This has consequences when surveys ask the respondent to evaluate the 'frequency', 'level', or 'severity' of corruption; a Gallup survey, for example, asks the respondent to assess the frequency of bribe payments on a scale from 'very common' to 'very uncommon/never', and whether the amounts of these payments are 'very significant' ranging to 'insignificant'. The informant then ranks these characteristics for up to five countries with which they are familiar (de Maria 2008 provides detailed criticism of the actual questions and response options).

The fact that the CPI is a *perception* index, and not a tally of corrupt *practices*, is a major topic of debate. Lambsdorff and other proponents of the CPI insist that perceptions are a good index that corruption exists. Yet corruption is never formally defined, while in other cases it is defined by informants in quite different ways. The World Bank experts discuss the possibility that informants might view corruption either more or less severely than would an objective specialist. Such perception bias they call by the Yiddish terms 'kvetching' and 'kvelling' (http://www.worldbank.org/wbi/governance/pdf/measure.pdf). Yet there remain doubts as to whether expert perceptions, colored as they are by their concepts, experiences and anecdotes, reflect the realities of corrupt practices. Razafindrakoto and Roubaud (2006) cite major discrepancies between expert and local assessments of corruption in Africa, with experts tending to overvalue the amount of corruption.

The key critique of the CPI, as Galtung (2006) notes, is that the CPI gives a scientific veneer to journalistic accounts of corruption and political critique. Hence, "corruption ratings have entered the mainstream lexicon of descriptors for the general state of a country, frequently used in conjunction with GDP growth rates and foreign direct investment rates" (Galtung 2006: 106).

Following Galtung and others, the popularization of the CPI and its focus on 'naming and shaming' is misplaced if the goal is to reduce corruption. Furthermore, the CPI highlights only experts' perceptions of the degree of bribe-taking. It ignores the bribe-givers, many of whom come from foreign firms or Western aid agencies seeking to grease the wheels of the local bureaucracy with facilitation payments. Other criticisms of the CPI are the pro-business bias in the surveys, that the scores are purely arbitrary, and that the experts used are overwhelmingly private sector business people. In addition, no definition of corruption is specified, although it is often understood that the definition of corruption is limited to bribery of public officials. Finally, the CPI is often misused as an instrument of aid conditionality. According to Galtung, the CPI cannot measure trends and cannot capture progress through reforms. The annual measurement and the artificial 'score' lock countries in.

As a result of the CPI's being nation-oriented, TI has developed a transnational type of index called the Bribe Payers Index. The BPI measures perceptions of the amount of transnational bribe payments from the supply side, meeting the critique of developing countries that their corruption is the result of their being corrupted by unscrupulous foreign bribe-givers. However, the BPI is not nearly as popular as the CPI. The goal of the BPI was that it may be misleading to say that *countries* are corrupt. One could just as well rank sectors, such that military procurement and petroleum might be two of the most corrupt-prone sectors, involving large, hidden payments to high government officials made by international firms seeking military contracts or extraction rights.

7 Conclusion: the cloud of transparency

As an end state, transparency, like socialism, is always 'on the horizon'. The problem with horizons, as we all know, is that they have this irritating tendency to retreat as we approach them. So it is with the work of transparency, especially when we try to generate transparency about this phenomenon known as 'corruption'. The Corruption Perceptions Index is an effort to quantify what are essentially hundreds of personal judgments. Quantification, writes Theodore Porter (1996) is a social technology. 'Trust in numbers' (the title of Porter's history of scientific objectivity) has everywhere replaced trust in judgment. The qualitative and contextual is replaced with ostensibly objective statistical indicators, scores and rankings. We would rather trust numbers and forget about the judgments which went into the process of classifying and assessing corruption in the first place. In the CPI, these judgments are mutually reinforcing; judgments of experts are based on their trusting of judgments by other experts, or on exaggerated media accounts of corruption scandals. The various data sources tend to reinforce each other in a circular fashion. We depend on these judgments, however, because the phenomenon of corruption is not only contextually defined; it is illegal, illicit or hidden.

Corruption was originally defined back in 1931 as the 'abuse of public office for private benefit' (Senturia 1931: 449) a definition which was later co-opted by Transparency International. Recently, corruption has been redefined as the 'abuse of *entrusted power* for private gain'. Discussing the definition within the context of measuring corruption, Brown (2006) has proposed that corruption be considered simply as an 'abuse of entrusted power'. In the CPI and other surveys, the expert informants have their own visions of corruption, their own 'corruption imaginary'. The problem, therefore, is not to judge the accuracy of the surveys – numbers based on vague categories that there is 'more' or 'frequent' corruption in Country X – but to assess their social and policy effects. This is especially pertinent when policy decisions are applied to countries, and when these countries have little chance of contesting either the data base or the judgments that lay within these data.

In *Trust in Numbers*, Porter (1996) describes how *social conditions* of joblessness and crime led to aggregate statistical data such as unemployment *rates* and crime *rates*. Qualitative conditions led to the construction of abstract indicators that could be manipulated and compared in order to formulate policy. Corruption indicators are, in the same way, beginning to take on a life of their own. Corruption statistics and anti-corruption programs are now being applied under various agendas. These include agendas to reduce costs for international business, to promote democracy, to enhance governance, and to make development aid more effective. With all these agendas, we might ask, when we will see corruption *rates*? Perhaps we can look forward to an 'index of trust', and statistically comparable 'trust rates'. As Porter writes: "the invention of crime rates in the 1830s and of unemployment rates around 1900 hinted at ... a condition of society involving collective responsibility rather than an unfortunate or reprehensible condition of individual persons." (Porter 1996: 37). Corrupt practices are also individual acts, difficult to define, often hidden from view, varying in interpretation, but seemingly comparable on the axis of 'abuse of trust'. The Corruption Perceptions Index has been a useful tool for global institutions in building the anti-corruption industry. It can also be used in local political struggles: Accusations of corruption, or failure to fight corruption, have now become a standard weapon among political competitors throughout the developing world. Corruption rates and trust rates may be the next phase in which the global anti-corruption industry evolves.

There is an assumed connection between quantification and transparency. It is as if qualitative, contextual judgments are by nature opaque, while quantitative indicators – regardless of their foundation – are considered invariably more revealing, more transparent, and more 'objective'. We need to understand how such technologies of quantification relate to this wave of transparency. We need to discover how corruption, an intimate social practice in which money, favors and knowledge change hands, how corruption becomes countable. And we need to understand why more counting, more numbers, and more abstraction into 'rates' and 'indices' are considered useful in telling us about the nature of corrupt societies and corrupt transactions. We need to figure out how abstractions are re-interpreted as transparency. Perhaps then we can understand why our trust in numbers has not led to any reduction in corruption.

References

Brown, A. J. (2006): What Are We Trying to Measure? Reviewing the Basics of Corruption Definition, in: Charles Sampford et al. (eds.): *Measuring Corruption*, Aldershot: Ashgate, 57-80.

de Maria, William (2008): Measurements and Markets: Deconstructing the Corruption Perceptions Index, in: *International Journal of Public Sector Management* 21,777-797.

Eigen, Peter (2008): *The Web of Corruption*, Berlin: Transparency International.

Galtung, Frederik (2006): Measuring the Immeasurable: Boundaries and Functions of (Macro) Corruption Indices, in: Charles Sampford et al. (eds.): *Measuring Corruption*, Aldershot: Ashgate, 101-130, and in: www.u4.no/pdf/?file=/document/literature/Galtung%282005%29-boundaries.pdf. (accessed 20 December 2009).

van Hulten, M. (2007): *Ten Years of Corruption (Perceptions) Indices as established by Prof. Dr. Johann Graf Lambsdorff (University of Passau) and Yearly Published by Transparency International in the Years 1995-2005. METHODS – RESULTS – WHAT NEXT? An analysis. What went right, what wrong? What can be done to improve this tool?* 31 January 2007, in: www.corup tie.org (accessed 22 December 2009).

Lambsdorff, Johann Graf (2008): Measuring the Dark Side of Human Nature: The Birth of the Corruption Perceptions Index, in: www.icgg.org/corruption.cpi_childhooddays.html (accessed 22 December 2009).

Polzer, Tara (2001): *Corruption: Deconstructing the World Bank Discourse*, Report 01-18, Working Paper Series, University of London, Development Studies Institute, in: www.lse.ac.uk/depts/destin (accessed 22 December 2009).

Porter, Theodore, (1996): *Trust in Numbers: The Pursuit of Objectivity in Science and Public Life*, Princeton: Princeton University Press.

Razafindrakoto, Mireille/François Roubaud (2006): *Are International Databases on Corruption Reliable? A Comparison of Expert Opinion Surveys and Household Surveys in Sub-Saharan Africa*, Paris: Institute for Research & Development (Fr), in: www.dial.prd.fr/dial_publications/PDF/Doc_travail/2006-17_english.pdf (accessed 1 February 2010).

Sampford, Charles et al. (eds.) (2006): *Measuring Corruption*, Aldershot: Ashgate.

Sampson, Steven (2005): Integrity Warriors: Global Morality and the Anti-Corruption Movement in the Balkans, in: Dieter Haller/Chris Shore (eds.): *Understanding Corruption: Anthropological Perspectives*, London: Pluto, 103-130.

Sampson, Steven (2009): Corruption and Anti-Corruption in Southeast Europe: Landscapes and Sites, in: Luís de Sousa/Peter Larmour/Barry Hindess (eds.): *Governments, NGOs and Anti-Corruption: The New Integrity Warriors*, Abingdon: Routledge, 168-186.

Sampson, Steven (2010): *The Anti-Corruption Industry: from Movement to Institution, Global Crime* (in press), and in: www.lu.se/o.o.i.s?id=12570&orgid=012013002&nr_children=0 (accessed 2 February 2010).

Senturia, J. J., (1931): Corruption, Political, in: *Encyclopedia of the Social Sciences*, Vol. 4, New York: Crowell-Collier-MacMillan, 1930-1935, 448-452.

Søreide, Tina (2006): *Is it Wrong to Rank? A Critical Assessment of Corruption Indices*, Working papers, Bergen: Christian Michelsen Institute, in: www.cmi.no/publications/publication/?2120=is-it-wrong-to-rank (accessed 10 January 2010).

Das Quantum Management

Dirk Baecker

I.

Transparenz und Intransparenz sind in einer Organisation das Ergebnis der zureichenden oder unzureichenden Schnelligkeit, Genauigkeit und Verlässlichkeit, mit der die tatsächlichen und die möglichen Zustände der Organisation innerhalb und außerhalb der Organisation kommuniziert werden können. Sie definieren „optische", das heißt auf beobachtbare Zustände und Beobachterperspektiven bezogene Bedingungen des Erwerbs von Informationen im Bedarfsfalle. Eine transparente Organisation ist eine Organisation, in der sich bestimmte Beobachter innerhalb oder außerhalb der Organisation nach Bedarf über für sie interessante Zustände der Organisation informieren können. Eine intransparente Organisation ist eine Organisation, in der das nicht der Fall ist.

Transparenz und Intransparenz sind somit Begriffe, die die Relativität der beobachtbaren Zustände und der Beobachterperspektiven unterstreichen. Eine Organisation kann mit Bezug auf bestimmte Zustände und bestimmte Beobachter transparent und mit Bezug auf andere Zustände und andere Beobachter intransparent sein. Sie kann darüber hinaus für dieselben Beobachter in manchen Hinsichten transparent und in anderen Hinsichten intransparent sein; und sie kann für dieselben Zustände für manche Beobachter transparent und für andere Beobachter intransparent sein. Nimmt man hinzu, dass die Definition von Zuständen zwischen Beobachtern innerhalb der Organisation und Beobachtern außerhalb der Organisation differieren kann, wird schnell deutlich, dass Transparenz und Intransparenz im strengen Sinne des Wortes Ansichtssache sind.

Im gegenwärtigen Sprachgebrauch lässt man sich auf die Komplikationen der Relativität von Transparenz und Intransparenz meist nicht ein. Man optiert entweder für die Absolutsetzung eines bestimmten Blickwinkels und definiert alle Zustände der Organisation so, wie sie aus diesem Blickwinkel interessant sind, oder man generalisiert die beiden Begriffe und bezeichnet eine Organisation dann als transparent, wenn sie Bedingungen vorhält, die es ermöglichen, sich über beliebige ihrer Zustände aus beliebigen Perspektiven nach Bedarf zu informieren, und als intransparent, wenn das nicht der Fall ist.

Korreliert man die beiden Begriffe der Transparenz und der Intransparenz mit den üblichen Einsichten über die sachliche, soziale und zeitliche Komplexität einer Organisation, das heißt mit dem Wissen, dass man jeden Sachverhalt als Rätsel, jede soziale Beziehung als einen Dissens und jedes Ereignis als Überraschung formulieren kann, wenn man nur möchte, wird schnell deutlich, dass Transparenz nur selektiv und als Fiktion gegeben sein kann, während Intransparenz die Regel ist. Innerhalb und außerhalb der Organisation leben wir in undurchsichtigen Verhältnissen, die es uns nach Bedarf gelingt, uns für unsere jeweiligen Zwecke durchsichtig zu machen. Transparenz und Intransparenz sind beobachterrelative Begriffe. Den einen gelingt es, die Trennung ihres Beobachterstandorts von bestimmten Sach-, Sozial- und Zeitverhalten, also von den Dingen, den Beziehungen und den Ereignissen so zu konzipieren, dass die Trennung durchsichtig und durchlässig wird, so dass die Beobachter sehen können, was sich in der durch die Trennung definierten Distanz abspielt; und den anderen gelingt dies nicht. Es liegt auf der Hand, dass nicht nur die Distanz, sondern auch die Ansprüche variiert werden können, wenn es darum geht, Transparenz und Intransparenz zu definieren. Für die einen ist die Welt transparent, weil sie fast nichts über sie wissen und sich in heiliger Einfalt in ihr bewegen; für die anderen ist sie intransparent, weil sie bereits zu viel und damit zu viel über ihre Undurchschaubarkeit wissen.

II.

Wenn Transparenz und Intransparenz beobachterrelative Konzepte – oder besser: Perzepte, und nicht zuletzt auch: Affekte (Deleuze 1993: 197 ff.) – sind, können sie nicht als Zustände einer Organisation verstanden werden, so als könne man durchschaubare von undurchschaubaren Organisationen unterscheiden, sondern müssen als das Ergebnis von Zugriffen verstanden werden, für die bestimmte Beobachter verantwortlich gemacht werden können, die wir hier mit dem Begriff des Managements bezeichnen. Transparenz und Intransparenz, so werden wir sagen, sind das Ergebnis von Maßnahmen eines Managements, das a) die passenden Zustände (Dinge, Beziehungen, Ereignisse), b) die interessierten Beobachter innerhalb und außerhalb der Organisation (Kostenrechnung, Steuerprüfung, Rechtmäßigkeit etc.) und c) den Zugriff der Beobachter auf die Zustände definiert, präpariert und sicherstellt. Das Management einer Organisation ist nicht nur selbst an einer bestimmten Form von Transparenz interessiert; es ist auch daran interessiert, eine bestimmte Form von Transparenz für andere interessierte Beobachter herzustellen; und es ist daran interessiert, die Maßnahmen der Herstellung von Transparenz insoweit transparent werden zu lassen, als der Verdacht der Intransparenz jeweils ausgeräumt werden können muss, und diese Maßnahmen in allen Hinsichten intransparent bleiben zu lassen, die von der Selektivität der Maßnahmen auf die Fiktionalität ihrer Ergebnisse schließen ließen.

Wenn wir uns von einem linearen Verständnis der Wirklichkeit ebenso verabschieden müssen wie von der Idee einer linearen Darstellung dieser Wirklichkeit, werden Transparenz und Intransparenz zu Produkten der Unterscheidung von Beobachtern, die in dem Maße überzeugen beziehungsweise beunruhigen, in dem diese Unterscheidungen als Korrelate der unterschiedenen Zustände dargestellt werden können. Mit einem etwas pathetischen Wort aus der Sprache der Existentialisten könnte man die entsprechenden Bilder von Transparenz und Intransparenz als „Entwürfe" bezeichnen, die zwar zum einen auf den entwerfenden Akteur zurückfallen, jedoch zum anderen auch etwas mit den entworfenen Zuständen und vor allem mit deren Gestaltung durch den Akteur zu tun haben. Ist man weniger pathetisch und existentialistisch gestimmt, liest man aus dem Wort des Entwurfs nicht zuletzt dessen Unwahrscheinlichkeit heraus: Man bezweifelt die Gestaltbarkeit der immer komplexen Zustände als entweder transparent oder intransparent durch den mit diesen Ansprüchen auftretenden Akteur. Diese Unwahrscheinlichkeit erschließt jedoch eine weitere und möglicherweise abschließende Dimension jedes Transparenz- und Intransparenzmanagements, wenn wir annehmen dürfen, dass ein solches Management darauf zielt, bestimmte Unterscheidungen zu treffen, Zustände zu definieren und Beobachter derart zu platzieren, dass der Eindruck der Transparenz oder der Intransparenz entstehen kann.

Wir wollen dies im Folgenden als jenes Quantum Management bezeichnen, dem es innerhalb komplexer Verhältnisse gelingt, Zustände, Zugriffe und Beobachter derart zu markieren, dass für einen präzisen Moment eine Übersicht gewonnen wird, die für Anschlussentscheidungen ausgewertet werden kann. Wir sprechen von einem „Quantum" Management, um in Anspielung auf die Quantenmechanik das Management als jene Erbringung von Handlungsenergie zu verstehen, die in der Lage ist, unbestimmte in bestimmte Verhältnisse um den Preis zu verwandeln, daraus nie nur auf objektiv vorliegende Verhältnisse, sondern immer auch auf den eigenen Anteil am Vorliegen dieser Verhältnisse schließen zu können.

Wir bewegen uns damit im Umfeld einer Kommunikationstheorie (Shannon/Weaver 1963), die für und innerhalb komplexer Verhältnisse von Selektionen von Zuständen durch Beobachter ausgeht, deren Maß die Redundanz dieser Selektionen im Verhältnis zu ihrer Varietät ist. Da jeder Beobachter von jeder Situation, in der er sich bewegt, grundsätzlich überfordert sein muss, da er ihre sachlichen Bezüge, ihre soziale Dynamik und ihre zeitliche Interdependenz nicht überschauen kann, bleibt ihm keine andere Wahl, als mit jener Form einer kybernetischen Kontrolle aufzuwarten (Wiener 1961; Ashby 1958), die sich dadurch auszeichnet, dass man erstens das eigene Nichtwissen eingesteht und in die beobachterrelative Unbestimmtheit der Situation übersetzt und zweitens gegenüber sowohl der Situation als auch möglichen anderen Beobachtern mit Unterscheidungen (Selektionen) experimentiert, die entweder Informationen generieren, die zum Gegenstand von Kommunikation werden können, oder nicht. Man sucht pragmatische Einsätze, man experimentiert mit Konstruktionen, man setzt auf die Performanz der eigenen Unterscheidungen. Man sucht nicht mehr nach der richtigen Ontologie der vorliegenden Verhältnisse, sondern nach der passenden Ontogenese im Umgang mit einer Komplexität, die man umso mehr allenfalls aus den Augenwinkeln beobachtet, je genauer man um ihre prinzipielle Qualität der Überforderung jedes Beobachters weiß (von Foerster 1993). Statt der Ontologie einer unbekannten Welt geht es um die Ontogenese der Abstimmung mit den umliegenden Verhältnissen; und statt eines vergeblichen Versuches, die Komplexität einer Situation doch noch zu beherrschen, geht es um die Einrichtung von Rekursivität, das heißt der gleichwohl nie garantierten Möglichkeit, auf eigene Erfolge an sie anknüpfend und auf eigene Irrtümer sie korrigierend zurückzukommen.

III.

Wir postulieren, dass es für dieses Quantum Management, für diese kleinste Einheit an Handlungsenergie, die für einen Moment unbestimmte in bestimmte Verhältnisse übersetzt, eine Unschärferelation gibt, die jener der Quantenmechanik zwischen Ort und Impuls eines Teilchens ähnelt. Wir behaupten damit nicht, dass die Sach-, Zeit- und Sozialverhältnisse in einer Organisation den Gesetzen der Teilchenphysik unterworfen sind, sondern wir lassen uns von Konzepten der Quantenmechanik anregen, Perzepte auszuprobieren, die geeignet scheinen, Problemstellungen der Organisation und ihres Managements zu beschreiben.

Wenn es dem Management für eigene und für fremde Zwecke darum geht, Transparenz in bestimmten Hinsichten herzustellen und Intransparenz in anderen Hinsichten zuzulassen, etwa Transparenz für die Zwecke der Rekursivität aufzubereiten und Intransparenz angesichts der Realität der Komplexität hinzunehmen, so hat es dazu gegenwärtig die Wahl zwischen der Kombination von kommunikativer Transparenz und kultureller Intransparenz oder der Kombination von kultureller Transparenz und kommunikativer Intransparenz. Es kann entweder zwischen Redundanz und Varietät Korrelationen beliebiger Art herstellen, muss dann jedoch auf ein Verstehen der Verhältnisse verzichten, oder es bewegt sich im Einklang mit dem Sinn des Geschehens, muss sich dann aber von jeder Varietät überraschen lassen. Es kann entweder rechnen oder verstehen, entweder zählen oder ordnen, muss die Differenz zwischen diesen beiden Möglichkeiten jedoch jeweils sich selber, das heißt den Verhältnissen überlassen.

Wir greifen mit dieser These eine Tradition innerhalb der Organisationstheorie auf, die die Wirklichkeit einer Organisation nicht als entweder perfektes oder korruptes Abbild betriebswirtschaftlicher Konsistenzerwartungen begreift, sondern als spannungsreiche, um nicht zu sagen: lebendige, Entfaltung unlösbarer, das heißt nie endgültig zu entscheidender Dilemmata der effizienten und transparenten Gestaltung der Organisation. Diese Tradition hat Herbert A. Simon (1946) mit einem maßgeblichen Aufsatz über „The Proverbs of Administration" eröffnet. Michael D. Cohen, James G. March und Johan P. Olsen (1972) haben sie mit ihrem „Garbage Can Model of Organizational Choice" zu einem Höhepunkt geführt, der bis heute nachwirkt (Weick 1985; Padgett 1980; Warglien/Masuch 1996; Heimer/Stichcombe 1999). Und mit Niklas Luhmanns (1993, 2000) Entdeckung der „Paradoxie des Entscheidens" ist sie sicherlich noch nicht zu einem Abschluss gekommen (Kets de Vries 1980; Peters 1987; Cameron/Quinn 1988; Handy 1994; Littmann/Jansen 2000). Die Pointe dieser Tradition liegt in der Entdeckung einer Unentscheidbarkeit der Verhältnisse, die als solche nicht einfach deduzierbare Entscheidungen allererst möglich macht. Ob Simon von den Dilemmata zwischen Zentralisierung und Dezentralisierung, Autorität und Spezialisierung oder zwischen der *span of control* und der *unity of command* spricht, ob Cohen, March und Olsen ein Modell konstruieren, demgemäß es offen ist, ob sich Probleme Lösungen oder Lösungen Probleme, Personen Arbeit oder die Arbeit Personen und Themen ihre Situationen oder Situationen ihre Themen suchen oder ob Luhmann darauf hinweist, dass Entscheidungen Alternativen zur Wahl stellen, deren Disjunktion nicht zur Wahl steht, immer hat man es mit sachlich, zeitlich oder sozial konstruierten Unmöglichkeiten zu tun, die nicht etwa bedeuten, dass die Menschheit jede Hoffnung auf Organisation fahren lässt, sondern ganz im Gegenteil dazu, dass sich Manager aufgerufen fühlen, mit minimalen Handlungen und maximaler Symbolik jene Entscheidungen zu treffen, die sich nicht selber treffen (Chandler 1977).

Die konzeptionelle Nähe dieser Tradition der Organisationstheorie zur Quantenmechanik ergibt sich daraus, dass es hier wie dort in ihrer Minimalität unverzichtbare Quanten von Handlungsenergie sind, die jeweils jene Bestimmtheit herstellen, die die Verhältnisse für einen Moment beschreibbar machen. Es genügt die sprichwörtliche Geste. Aber diese ist unverzichtbar. Das Management kontrolliert die Organisation nicht, sondern es wird von dieser kontrolliert. Es wird im Hinblick darauf kontrolliert, zu dieser Geste in der Lage zu sein. Zur Not wird sie abgerufen, wenn das Management sie nicht liefert. Dann entscheidet die Organisation das Unentscheidbare, tut aber so, als sei genau das ein Ergebnis von Management. Die Unentscheidbarkeit der Verhältnisse wird damit um eine weitere Drehung verstärkt, denn jetzt kann das Management offen lassen und entscheiden, ob es entscheidet, was die Organisation bereits entschieden hat, oder entscheidet, worauf in der Organisation noch niemand gekommen ist. Nimmt man hinzu, dass das Management in der Organisation operiert und nicht etwa außerhalb von ihr, so dass es so oder so nur entscheiden kann, was die Organisation entscheidet, ist die Verwirrung und damit Lebendigkeit perfekt.

Schauen wir uns an, ob und wie es zu der von uns postulierten Situation kommen kann, dass das Management nur die Wahl zwischen einem entweder kommunikativen oder kulturellen Verständnis der Lage der Organisation hat, das heißt die eine Option nur um den Preis der anderen realisieren kann und bereits mit diesem Manöver eine Unbestimmtheit der Zustände der Organisation regeneriert, die ihr bereits im nächsten Moment die Möglichkeit liefert, erneut eine Entscheidung zu treffen. Immerhin, das darf man nicht vergessen, geht es bei all dem ja auch darum, die Voraussetzung dafür zu schaffen, dass das Management trotz zunehmend routiniert und innovativ arbeitender Organisation im Spiel bleibt und nicht etwa überflüssig wird.

IV.

Wir formulieren im Folgenden mithilfe des von George Spencer-Brown (1997) entwickelten Formkalküls ein Modell, das geeignet scheint, verständlich zu machen, welche Optionen das Management hat, mit eigenen Handlungsquanten Entscheidungen zu stimulieren, die der Ontogenese der Organisation zugrunde liegen und die Rekursivität ihrer Operationen definieren. Wir machen uns dabei die generelle Eigenschaft dieses Formkalküls zunutze, beweisen zu können, wie mit selbstreferentiellen Operationen, die Zeit in Anspruch nehmen und dadurch generieren, jene Unbestimmtheit gewonnen werden kann, die von weiteren Operationen desselben Typs bestimmt werden kann (Baecker 1993; Luhmann 1998). Der Beweis läuft über die Figur der Selbstreferenz selber, die sich nie sicher sein kann, ob die Referenz, die sie vornimmt, etwas trifft, das tatsächlich sie selber ist.

Wir greifen auf Spencer-Browns Vorschlag, seinen Kalkül für die Zwecke der (booleschen) Logik zu interpretieren (Spencer-Brown 1997: 98 ff.), zurück und führen das Spencer-Brownsche *cross*, die Markierung einer Unterscheidung, die daraufhin auf ihre Form hin beobachtet werden kann, als einen logischen Operator ein, der sowohl Negation als auch Implikation bedeutet. Das ist so zu verstehen, dass die Negation nicht nur einfach Nein zu etwas sagt, sondern, indem sie Nein sagt, etwas unbestimmt anderes aufruft, somit impliziert und, wenn man so will, zur Reflexion bringt (Baecker 1996). Diese Denkfigur der Bestimmung und Negation von etwas im Kontext von etwas anderem legen wir im Folgenden einer Gleichung zugrunde, die anzuschreiben erlaubt, worin die Leistung des Managements in einer Organisation besteht.

Unser Ausgangspunkt ist eine Paradoxie, die schon deshalb auf ihre operative Entfaltung angewiesen ist, weil sie sich anders nicht erklärt. Ihren Sinn hat sie wie jede andere Paradoxie darin, dass sie zwar die Beobachtung blockiert, die zwischen den beiden Seiten des Widerspruchs ohne eine denkbare Lösung oszilliert, eine Anschlussoperation, die dennoch und möglicherweise dank der blockierten Beobachtung zustande kommt, jedoch passieren lässt. Damit ist die Funktion der Paradoxie bereits angedeutet: Sie blockiert Linearitäts- und Konsistenzerwartungen und ermöglicht den Sprung, den Kontextwechsel, den Handstreich, kurz: die Handlung (White 2008: 298 ff.). In diesem Sinn schreiben wir eine Gleichung an, deren erster Terminus die Paradoxie formuliert, dass eine Managemententscheidung, *EntM*, keine Managemententscheidung ist:

$$\mathrm{Ent}^M = \overline{\mathrm{Ent}^M \Big|}$$

Gleichung 1

In allen drei Sinndimensionen, die Niklas Luhmann zur Analyse sozialer Systeme unterschieden hat (Luhmann 1984: 110 ff.), leuchtet das sofort ein: Sachlich kann die Managemententscheidung keine Managemententscheidung sein, weil sie dann in der Organisation keinerlei Halt hätte. Sie wäre sachlich unmotiviert und fiele auf das Management als Dokument von dessen Selbstinszenierung zurück. Sozial kann die Managemententscheidung ebenfalls keine Managemententscheidung sein, weil sie mindestens von anderen ausgeführt werden muss, die dazu auf eigene Entscheidungen zurückgreifen müssen, wenn sie nicht auch von anderen und wiederum aufgrund eigener Entscheidungen vorbereitet worden ist. Und zeitlich kann die Managemententscheidung ebenfalls keine Managemententscheidung sein, weil ihr etwas vorausgegangen sein muss und ihr etwas folgen muss, wenn sie nicht riskieren will, als weniger unerhörtes als vielmehr ungehörtes Ereignis zu verklingen.

In diesen drei Sinndimensionen ist die Paradoxie der Managemententscheidung nichts anderes als ein Hinweis auf deren Vernetzung innerhalb einer Organisation, die dennoch und gerade deswegen darauf angewiesen ist, ihre eigene Vernetzung von allem mit jedem zu unterbrechen und bestimmte Positionen, die des Managements, dafür auszuzeichnen, Entscheidungen zu treffen, die sonst nirgendwo getroffen werden können, eben weil sie es mit einer Unentscheidbarkeit zu tun haben.

Dennoch fällt es uns natürlich schwer, eine solche Paradoxie einfach hinzuschreiben. So sind wir nicht erzogen worden. So etwas macht man nicht. Das ist vor allen Einheits- und Identitätserwartungen, mit denen wir aufgewachsen sind, genauso unsinnig, wie es sich liest.

Interpretiert man jedoch die Negation als Implikation und liest man die Spencer-Brown'sche Markierung, ⏌, als das, was sie ist, die Markierung einer Form, die auf ihre vier Bestandteile hin zu lesen ist: 1) die Innenseite der Unterscheidung, 2) die Außenseite der Unterscheidung, 3) die Trennung zwischen den beiden Seiten und 4) der Raum der Unterscheidung, der durch die Unterscheidung hervorgebracht wird, dann wird sofort klar, worin der Sinn der paradoxen Formulierung, der Zuspitzung auf die Paradoxie, liegt: Er lenkt den Blick des Beobachters, immer bemüht um Transparenz, auf den Kontext der Unterscheidung, auf den konkreten Sach-, Sozial- und Zeitraum, in dem die Unterscheidung einer Managemententscheidung von allem anderen getroffen wird. Was versteckt sich hinter diesem „allem anderen"? Was ist enthalten in jener Unterscheidung, von der Spencer-Brown sagt (1997: 1), sie sei „perfect continence", „perfekte Be-Inhaltung"?

Die Gleichung 1, die wir oben hingeschrieben haben, gibt keine Antwort auf diese Frage, solange wir sie auch anschauen mögen. Die Antwort auf diese Frage gibt nur der Beobachter, der die Unterscheidung der Managemententscheidung praktisch und empirisch trifft, praktisch im Rahmen seiner eigenen Praxis und empirisch als Gegenstand einer diese Praxis zu ihrem Gegenstand machenden Wissenschaft. Wir fragen nach dem Beobachter – und sind doch selber einer. Was also, glauben wir Wissenschaftler, beobachtet ein Beobachter, der Managemententscheidungen beobachtet und der selber ein Manager sein kann? Richtig, er beobachtet jene minimale Rationalitätserwartung an ein Management, die darin besteht, dass eine Managemententscheidung immer und grundsätzlich im Wissen um mögliche (und unmögliche) Alternativen zustande kommt. Davon geht jede Wissenschaft auch dann aus, wenn sie auf die scheinbare Gegenthese wechselt und von „intuitiven" Entscheidungen spricht, die ihre Pointe darin haben, dass sie sich im Zweifel gegen jede Alternative durchsetzen. Einen anderen Ansatzpunkt, ihr eigenes Risiko zu bestimmen, einzugrenzen und zu verteilen, hat die Managemententscheidung nicht (Baecker 1989). Sie muss ihre Alternativen, *Alt*, bestimmen und im Hinblick auf ihre Vor- und Nachteile im Sach-, Sozial- und Zeithorizont der zu treffenden Entscheidung beschreiben:

$$Ent^M = \overline{Ent^M \mid Alt \mid}$$

Gleichung 2

Der Sinn dieser Gleichung leuchtet sofort ein: Eine Managemententscheidung ist nur dann eine Managemententscheidung, wenn sie in der Lage ist, sich selbst im Kontext ihrer Alternativen zu negieren. Und eine Managemententscheidung ist deshalb eine und zugleich keine Managemententscheidung, weil diese Alternativen nicht (nur) vom Management, sondern von der Organisation insgesamt bestimmt werden. Jede Entscheidung, auch die des Managements, wird zwar punktuell getroffen und ist nur so adressierbar und zu verantworten, aber sie ist in Wirklichkeit ein hochgradig verteilter Sach-, Sozial- und Zeitverhalt, der, kommt es hart auf hart, Zurechnungen auf die unterschiedlichsten Positionen der Organisation möglich macht und es sowohl erlaubt, die Spitze aus dem Feuer herauszunehmen, wie, sie darin verbrennen zu lassen. Davon zeigte sich Ulrich Beck mit seiner die eine Hälfte der Wahrheit aussprechenden Formel von der „organisierten Unverantwortlichkeit" seinerzeit ja so beeindruckt (Beck 1988).

Damit halten wir nur fest, was die ökonomische Theorie rationaler Entscheidungen im Ergebnis auch festhalten würde: Managemententscheidungen sind, wie andere Entscheidungen auch, darauf angewiesen, sich im Hinblick auf ihre Alternativen rational zu bestimmen, wobei „Rationalität" als ein zu optimierendes, mindestens aber befriedigendes Zweck/Mittel-Verhältnis zwischen Präferenzen, Ressourcen und Eintrittswahrscheinlichkeiten der gewünschten Zustände definiert ist (Arrow 1974; Simon 1982). Dass diese Rationalität eine zweischneidige Angelegenheit ist, haben Organisationstheoretiker und Managementphilosophen inzwischen entdeckt (Brunsson 1985; Peters/Waterman 1982). Je mehr Alternativen erwogen werden, desto schwerer fällt die Entscheidung, desto zahlreicher sind die Hinsichten, unter denen jede Entscheidung im

Anschluss bereut werden kann und desto geringer ist die Motivation, überhaupt eine Entscheidung zu treffen. Man kann von den Kosten der Suche nach Alternativen sprechen, um der Rationalität ein ökonomisches, diese Kosten in eine Relation zum erwarteten Nutzen stellendes Maß zu geben. Man kann die Suche nach Alternativen durch einen Verweis auf die kulturell tradierten Usancen der jeweiligen Organisation begrenzen, die in einem bestimmten Suchraum zuhause ist und für andere Möglichkeiten keinen Sinn hat. Beides ändert jedoch nichts daran, dass eine Entscheidung negativ durch den Ausschluss möglicher Alternativen zu bestimmen ist.

Mit Recht hat man eingewandt, dass schwer einzusehen ist, wie eine Entscheidung motiviert werden kann, die mit tendenziell gleich-gültigen Alternativen verglichen werden muss (Shackle 1979). Rationalen Entscheidungen mangelt es unter diesen Umständen an Inspiration, an Attraktivität, an Schwung. Schlimmer noch: Wenn eine Entscheidung errechnet werden kann, braucht sie streng genommen nicht getroffen zu werden.

Wir bleiben unserem Versuch einer paradoxen Bestimmung von Managemententscheidungen nur treu, wenn es uns gelingt, die negative Bestimmung einer Entscheidung durch ihre Alternativen so weit zu treiben, dass wiederum jene Unentscheidbarkeit sichtbar wird, die eine Entscheidung unmöglich macht und genau dadurch erzwingt. Aber wie machen wir das? Wie verhindern wir, wie verhindern Organisationen, dass Entscheidungen errechnet werden, so sehr auch die ökonomische Theorie daran arbeitet, die dafür erforderlichen Modelle bereitzustellen? Wie macht man die rationale Entscheidung unmöglich? So zu fragen, ist scheinbar so frivol wie unser Interesse an der Paradoxie, doch man täusche sich nicht. Nur auf diesem Wege stoßen wir auf robuste Entscheidungsmotive, die nicht dem Irrtum verfallen, die Welt des Möglichen mit der Welt des Wirklichen zu verwechseln. Das Wirkliche kann man errechnen, solange man die Wirklichkeit des Möglichen außer Acht lässt. Das Mögliche jedoch lässt sich nicht errechnen. Es lässt sich nur in die Wege leiten.

Das Unentscheidbare, darauf wollen wir hier hinaus, ist selbst eine Errungenschaft. Es ist eine Konstruktion, vielleicht die Kostbarste und Schwierigste von allen Konstruktionen. Die größte Sorgfalt muss darauf verwendet werden, sie so zu bewerkstelligen, dass der gewünschte Effekt, das Erzwingen einer Entscheidung, tatsächlich möglich wird. Es geht um nichts Geringeres als um die Konstruktion von Notwendigkeit inmitten eines durch jede neue Alternative nur wieder bestätigten und vermehrten Meers an Kontingenzen. Denn notwendig ist nur *die* Entscheidung, die das Unentscheidbare entscheidet (von Foerster 1993; Derrida 2004).

Wie also konstruiert man das Unentscheidbare, wenn dies überdies nicht auffallen darf, da andernfalls an der Konstruktion deren Kontingenz sofort wieder sichtbar wäre? Man beachte, dass wir hier unsererseits paradox fragen. Wir fragen nach einer Notwendigkeit, um deren Kontingenz wir vorab wissen, weil wir wissen (zu wissen glauben), dass zumindest für Organisationen die Notwendigkeit eine so unverzichtbare Ressource ist, dass man sie nicht in das Belieben des Gegebenseins oder Nichtgegebenseins stellen kann. Die Notwendigkeit kann man nicht outsourcen. Sie muss inhouse hergestellt werden, und dies so, dass sie als weltgegebenes Faktum unbezweifelbar ist.

Keine Chance, ist man versucht zu sagen. Die Frage muss falsch gestellt sein. Jede Aufklärung wird immer schneller sein als jede kontingente Konstruktion einer Notwendigkeit. Aber auch hier möge man sich nicht täuschen. Der Schein scheint allerorten schneller nachzuwachsen, als er jeweils durchschaut werden kann. Man nehme nur den Nachweis jener sich selbst fundierenden Machtspiele, der Michel Crozier und Erhard Friedberg (1993) für Organisationen gelungen ist: Es genügt, die Mitglieder einer Organisation in genau jene Ungewissheit zu versetzen, die nur vom Management aufgelöst werden kann, um sie an eine Macht glauben zu lassen, die dennoch durch und durch Spiel ist. Pierre Granier-Deferre hat 1981 unter dem Titel „Une étrange affaire" mit Michel Piccoli in der Hauptrolle einen Film veröffentlicht, der im Spiel des neuen Chefs mit seinem Angestellten präzise zeigt, wie dies zu verstehen ist (Abb.).

Abb. 1: Michel Piccoli als Chef, „Bertrand Malair", und Gérard Lanvin als Angestellter, „Louis Coline", in „Une étrange affaire", Regie: Pierre Granier-Deferre, Frankreich, 1981

Wir kürzen hier ab. Wir orientieren uns an unserer Ausgangsfragestellung und damit daran, dass das Management einer Organisation unter den gegenwärtigen Bedingungen mindestens beides leisten muss: Transparenz und Intransparenz. Es benötigt Transparenz, um eine hinreichende Kontrolle über die Kontrollierten (Mitglieder der Organisation) und die Kontrollierenden (Mitglieder von Aufsichtsorganen) ausüben zu können. Es muss Durchschaubarkeit herstellen, damit es mit den Karten spielen kann, die es selber offen gelegt hat. Und es benötigt Intransparenz, um die Kontrolle darüber zu behalten, wie es seine Kontrolle ausübt. Es darf nicht zeigen, welche Karten es noch in der Hand hat. Ich vermute, dass die Wirklichkeit der Notwendigkeit ein Effekt der Gleichzeitigkeit von Transparenz und Intransparenz ist. Und ich würde mir wünschen, ich könnte das empirisch nachweisen. Aber wie?

V.

Als Kulturtheoretiker kennt man sich mit Figuren aus, die Transparenz und Intransparenz zugleich bewirken. Sie heißen Fetische, Totems, Tabus und funktionieren deshalb, weil sie den Blick des Beobachters zugleich anziehen und abschrecken. Man durchschaut, was man sich anschaut, durchschaut jedoch nicht, was man dabei sieht.

Wenn wir uns an diesen Hinweis halten, brauchen wir nur noch zu fragen, ob es irgendeine Art von Fetischismus auch in Organisationen gibt und ob das Management dafür verantwortlich gemacht werden kann, Fetische sowohl zu konstruieren als auch nach Bedarf zu dekonstruieren. Paradox genug wäre auch dieser Weg, wissen wir doch, dass wir in einer aufgeklärten Moderne leben, die Fetische, Totems und Tabus nicht mehr gelten lässt. Ob das tatsächlich so ist, mag man jedoch bezweifeln (Böhme 2006). Vielleicht brauchen wir den Fetisch in exakt dieser aufgeklärten, jederzeit dekonstruierbaren Form.

Wenn unsere Ausgangsintuition zutrifft, dass das Management seine Entscheidungen der Unentscheidbarkeit nur treffen kann, wenn es oder die Organisation gleichzeitig dafür sorgt, dass es eine Unbestimmtheit gibt, die als solche in Bestimmtheit aufgelöst werden muss, wenn Anschlusshandeln möglich sein soll, können wir unsere möglichen Fetische dort vermuten, wo Unbestimmtheit zugunsten von Bestimmtheit und Kontingenz zugunsten von Notwendigkeit entschieden worden ist und verhindert werden muss, dass diese Entscheidung wieder ins Unbestimmte und Kontingente zurückkippt. Kommen wir auf unsere Vermutung zurück, dass die Differenzen von Unbestimmtheit und Bestimmtheit, Kontingenz und Notwendigkeit, Transparenz und Intransparenz, Unentscheidbarkeit und Entscheidung, obwohl und weil wir sie kategorial nicht hinreichend ordnen können, etwas mit der Differenz von Kommunikation und Kultur zu tun haben. Kommen wir auf unsere Vermutung zurück, dass das Zählen der Möglichkeiten eine Unbestimmtheit und das Ordnen der Möglichkeiten eine Bestimmtheit bewirken, die beide nicht unproblematisch, weil beide kontingent sind. Dann müssen wir das eine auf das andere beziehen, um eine Kippfigur zu erzeugen, an der Fetischisierungen ansetzen können, ohne deshalb unvermeidbar werden zu müssen.

Wir ergänzen unsere Spencer-Brown-Gleichung um einen dritten Terminus. Wir negieren die Suche nach Alternativen, indem wir annehmen, dass diese Suche nach Alternativen nichts anderes impliziert als die Demotivation der Entscheidung durch die Entdeckung der Gleich-Gültigkeit der endlos abzählbaren kommunikativen Möglichkeiten, *Kom*:

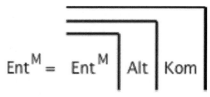

Gleichung 3

Das ist die Situation, auf die die Organisationstheorie und die Managementphilosophie gleichermaßen reagiert haben: Das Auszählen der Möglichkeiten zur Bestimmung denkbarer Alternativen informiert über eine Welt, in der es zu jeder Absicht, zu jeder Erwartung, zu jeder Zwecksetzung attraktive Alternativen gibt, die jeden Ansatzpunkt für die Begründung einer bestimmten Entscheidung ruinieren.

Nichts ist instabiler als diese Situation. In einer Welt der symmetrischen Möglichkeiten ist letztlich nur die Symmetrie attraktiv, die man jedoch nur kontemplieren kann. Handlung ist hier schon deshalb unmöglich, weil sie stört.

Es hilft alles nichts; man muss ein Problem einführen, das eine Asymmetrie begründet, auf deren Grundlage man schon deshalb handeln muss, weil man ihre Effekte begrenzen muss. Niemand will auf einer abschüssigen Bahn landen. Das einzige, was hilft, ist das *commitment*, und zwar, um Missverständnisse zu vermeiden, ein *self-commitment*, das zugleich ein *precommitment* ist, eine Festlegung, die dem anderen vorgreift, weil und obwohl sich dieser noch nicht festgelegt hat. Rationalität, so die Entdeckung von Jon Elster (2000) nach einer jahrzehntelangen Beschäftigung mit den Subtilitäten der Rational-Choice-Theorie, ist nur als Auseinandersetzung mit *constraints* möglich, die man, damit einem in diesem Punkt niemand zuvorkommt, am besten selber setzt, eben durch *precommitment*.

Wir übersetzen: Bindung erzeugt man durch Kultur. Kultur ist all das, was man in dem Moment, in dem man es braucht, einem Moment der Wiederkehr, schon nicht mehr versteht, weil es indiziert ist mit einer Erinnerung an Gestern, das für Handlung und Verstehen gleichermaßen unerreichbar ist. Die Kultur ist der globale und zivile Fetisch schlechthin. Wir lassen uns auf sie ein, weil sie uns mit einer selbst gesetzten Notwendigkeit versorgt, die mindestens darin besteht, sich von ihr nicht komplett an der Nase herum führen zu lassen. Wiederkehr ja, aber als was? Das ist die Form eines Fetischs, dem keine Ontologie, sondern nur, wie Derrida sagt (1995), eine *hantologie*, eine Geisterkunde, gewachsen ist. Die Kultur erfüllt genau die Funktion, die wir brauchen. Sie führt Ungleichgültigkeiten ein, die umso wirksamer gelten, je unverständlicher sie sind, da Verständlichkeit den Vergleich, der Vergleich die Kontingenz und die Kontingenz schon wieder die Gleichgültigkeit nach sich ziehen würden. Man kann sich kulturtheoretisch darum bemühen, das Wiederkehrende und Unverständliche als Balanceakt der untereinander immer wieder neu abzustimmenden Institutionen einer menschlichen Gesellschaft oder eben einer Organisation zu beschreiben und zu erklären (Malinowski 2005), aber das ändert nichts daran, dass dies die Spezialleistung eines wissenschaftlich trainierten Beobachters ist, der sich eine Komplexität sinnhaft macht, die dem Laien undurchsichtig bleibt.

Wir nehmen den Faktor „Kultur", *Kul*, in unsere Gleichung mit auf und schließen die Form, um anzuschreiben, dass dieser Faktor als ein *commitment*, *precommitment* und *recommitment* zu verstehen ist, der seine Leistung der Begründung von Asymmetrie und Notwendigkeit nicht mehr daraus bezieht, dass es anders nicht geht, sondern nur noch daraus, dass es nur so geht:

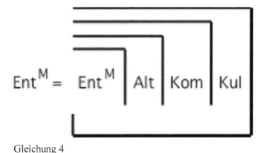

Gleichung 4

Das ist der Moment, auf den es der Negativität der Negation ankommt: Die Entscheidung wird als unmögliche sichtbar, als unvermeidliche erlebbar und als befreiende, weil mit der Einsicht in die Notwendigkeit abgestimmte, attraktiv.

Der Fetisch, den die Organisation als Organisationskultur vor sich her trägt, macht die Intransparenz jener Entscheidungsprämissen, die, obwohl gesetzt, nicht geändert werden können, dann sogar transparent (Luhmann 2000: 239 ff.; Schein 1995). Aber man hat sich mit ihr abgefunden. Es ist der Preis, den man einer Wirklichkeit zahlt, die dank dieser Kultur nicht an Attraktivität verliert, sondern gewinnt.

Und in der Tat, wenn Kultur heißt, Werte zu setzen, die eine Prioritätenordnung determinieren, die sich im kulturellen Vergleich als so kontingent erweist wie alles andere (Luhmann 1995), dann heißt das noch lange nicht, das man auf diese Ordnung verzichten kann. Man entdeckt in ihr und in der Möglichkeit, sie zu setzen, und gerade dann, wenn es dafür keine anderen Gründe gibt als die selbst entwickelten, eine Form der eigenen Freiheit, die man nicht aufzugeben bereit ist, sondern als schlicht notwendig definiert. Das gilt allgemein für die Gesellschaft. Und es gilt speziell für eine Organisation und ihr Management. So, wie das Management sich von einer Organisation dafür gewinnen lässt, zumindest einen Teil ihrer Kultur zu würdigen (und sei es auch nur, um einen anderen umso radikaler umkrempeln zu können), so lässt sich auch die Organisation vom Management dafür gewinnen, die Wiederkehr, die ihr damit versprochen wird, für ein Zeichen der Verlässlichkeit, der Ordnung und der Orientierung in unsicheren Zeiten zu halten.

Das ist unmöglich und deshalb möglich. Es ist transparent und enthält doch sein Maß an Intransparenz. Und es fällt zurück auf jenes Quantum Management, das bereit ist, sich dieses eine Mal an eine Notwendigkeit zu halten, die keiner aufklärerischen oder betriebswirtschaftlichen Nachfrage gewachsen ist, aber genau deshalb jene Solidaritätseffekte in der Organisation auslöst, von denen die Soziologie weiß, dass sie affektuell unterfüttert sein müssen, um tatsächlich integrieren zu können (Parsons 1977). Auch das ist nur in dieser Form der Unmöglichkeit möglich.

VI.

Für die klassische Hierarchieform der Organisation galt die Prämisse, dass man nur ihre Spitze beobachten musste, um angesichts der Befehlsgewalt dieser Spitze und ihrer Verantwortung auf den Rest der Organisation schließen zu können.

Das immerhin war die Bedingung dafür, dass auch eine so demokratisch gestimmte Gesellschaft wie die amerikanische sich mit so autoritären Einrichtungen wie Organisationen anfreunden konnte (Miller/O'Leary 1989). In der Netzwerkorganisation, in der die Spitze zudem gegenüber den Kapitalmärkten weit mehr Verantwortung empfindet als gegenüber der Politik, gilt diese Prämisse nicht mehr. Wenn man hier die Spitze beobachtet, beobachtet man Intransparenzmanöver, die der Profilierung einer Organisationsidentität dienen, die die heterarchische Wirklichkeit sowohl dem Blick entziehen als auch, da die tatsächliche Differenz zur Identität nicht mehr unangenehm auffällt, zu stärken erlauben.

Das aktuelle Management profitiert von dieser neuen Situation der Netzwerkorganisation wie es bereits von allen Organisationsformen im Kontext der modernen Gesellschaft zu profitieren wusste. Seit Alfred D. Chandlers (1977) Untersuchungen zur Geschichte des amerikanischen Unternehmens weiß man, dass das Management der Paradoxiegewinnler schlechthin ist. Nur das Management, so brachte dies Talcott Parsons (1960) auf den Punkt, beherrscht die Kunst, verschiedene Abteilungen und ebenso verschiedene Hierarchieebenen innerhalb der Organisation sowohl autonom zu setzen, um sie arbeitsfähig zu machen, als auch in die Gesamtorganisation einzubinden, um die Bedingungen definieren zu können, unter denen sie autonom bleiben können. Jede Koordination, jede Kooperation, die in einer Organisation zu leisten sind (und Organisation *ist* Koordination und *ist* Kooperation, so Barnard 1938 und Gulick 1937), wird von einem Management geleistet, das seinerseits mit dem Rest der Organisation zu koordinieren ist.

Die Herstellung von Transparenz unter der Bedingung nicht nur der Aufrechterhaltung von Intransparenz, sondern sogar der Herstellung von transparenten Bedingungen für die Beibehaltung von Intransparenz („Kultur" genannt), ist in diesem Zusammenhang nur eine zusätzliche Pointe in einem durch Widersprüche und Dilemmata bereits vielfach gehärteten (oder soll man sagen: weich geklopften) Geschäft. Die Fundamentalparadoxie des Managements, das Entscheidungen nur treffen darf, wenn sie gleichzeitig als Entscheidungen qualifiziert werden dürfen, die nicht aus dem Management kommen, legt diese Kunst des Managements nur offen und macht sie damit ihrerseits beobachtbar. Diese Offenlegung dient zum einen den Interessen des Managements, dessen eigene, auf Einheit, Konsistenz und Linearität abstellende Semantik den Blick auf die eigene Praxis so sehr verstellt, dass der Nachwuchs, wenn ihm nicht eine gute Portion Zynismus auf die Sprünge hilft, Jahre braucht, um das Spiel zu verstehen, geschweige denn zu beherrschen. Und die Offenlegung dient zum anderen den Interessen der Gesellschaft, die ein so anspruchsvolles Geschäft wie das des

Managements von Unternehmen, Behörden, Kirchen, Krankenhäusern, Universitäten, Armeen und Opernhäusern nicht ganz sich selbst überlassen darf. Uns jedenfalls war der Zusammenhang dieser Überlegungen willkommen, um auf jenes Quantum Management aufmerksam machen zu können, das die Organisation entgegen klassischen Rationalitätserwartungen sowohl mit Unentscheidbarkeit versorgt als auch diese Unentscheidbarkeit für den Gewinn von Entscheidungen nutzt, die andernfalls keinerlei Chance hätten, mit irgendeiner Art von Überzeugungskraft aus Notwendigkeit aufzutreten. Denn darauf kommt es an. Das Management einer Organisation besteht darin, einen Knoten zu schnüren zu wissen, in dem nur das Management sich nicht verfängt.

Literatur

Arrow, Kenneth J. (1974): *Essays in the Theory of Risk-Bearing*, Amsterdam: North-Holland.

Ashby, W. Ross (1958): Requisite Variety and Its Implications for the Control of Complex Systems, in: *Cybernetica* 1, 83-99.

Baecker, Dirk (1989): Rationalität oder Risiko?, in: Manfred Glagow/Helmut Willke/Helmut Wiesenthal (Hrsg.): *Gesellschaftliche Steuerungsrationalität und partikulare Handlungsstrategien*, Pfaffenweiler: Centaurus, 31-54.

Baecker, Dirk (1993): *Die Form des Unternehmens*, Frankfurt am Main: Suhrkamp.

Baecker, Dirk (1996): Was leistet die Negation?, in: Friedrich Balke/Joseph Vogl (Hrsg.): *Gilles Deleuze – Fluchtlinien der Philosophie*, München: Fink, 93-102.

Barnard, Chester (1968): *The Functions of the Executive*, Jubiläumsausgabe zum 30. Geburtstag mit einer Einführung von Kenneth R. Andrews, Cambridge, Mass.: Harvard UP.

Beck, Ulrich (1988): *Gegengifte: Die organisierte Unverantwortlichkeit*, Frankfurt am Main: Suhrkamp.

Böhme, Hartmut (2006): *Fetischismus und Kultur: Eine andere Theorie der Moderne*, Reinbek b. Hamburg: Rowohlt Tb.

Brunsson, Nils (1985): *The Irrational Organization: Irrationality as a Basis for Organizational Change and Action*, Chichester: Wiley.

Cameron, Kim S./Robert E. Quinn (1988): Organizational Paradox and Transformation, in: Robert E. Quinn/Kim S. Cameron (Hrsg.): *Paradox and Transformation: Toward a Theory of Change in Organization and Management*, Cambridge, Mass.: Ballinger, 1-18.

Chandler, Alfred D, jr. (1977): *The Visible Hand: The Managerial Revolution in American Business*, Cambridge, Mass.: Harvard UP.

Cohen, Michael D./James G. March/Johan P. Olsen (1972): A Garbage Can Model of Organizational Choice, in: *Administrative Science Quarterly* 17, 1-25.

Crozier, Michel/Erhard Friedberg (1993): *Die Zwänge kollektiven Handelns: Über Macht und Organisation*, aus dem Französischen von Erhard Friedberg und Steffen Stelzer, Neuausgabe Bodenheim: Athenäum.

Deleuze, Gilles (1993): *Unterhandlungen: 1972-1990*, aus dem Französischen von Gustav Roßler, Frankfurt am Main: Suhrkamp.

Derrida, Jacques (1995): *Marx' Gespenster: Der verschuldete Staat, die Trauerarbeit und die neue Internationale*, aus dem Französischen von Susanne Lüdemann, Frankfurt am Main: Fischer Tb.

Derrida, Jacques (2004): Unterwegs zu einer Ethik der Diskussion, in: ders.: *Die différance: Ausgewählte Texte*, Ditzingen: Reclam.

Elster, Jon (2000): *Ulysses Unbound: Studies in Rationality, Precommitment, and Constraints*, Cambridge: Cambridge UP.

Gulick, Luther (1937): Notes on the Theory of Organization, in: ders. et al. (Hrsg.): *Papers on the Science of Administration*, New York: Institute of Public Administration, 1-45.

Handy, Charles (1994): *The Age of Paradox*, Boston: Harvard Business School.

Heimer, Carol A./Arthur L. Stinchcombe (1999): Remodelling the Garbage Can: Implications of the Origin of Items in Decision Streams, in: Morten Egeberg/Per Lægreid (Hrsg.): *Organizing Political Institutions: Essays for Johan P. Olsen*, Oslo: Scandinavian UP, 25-75.

Kets de Vries/Manfred F. R. (1980): *Organizational Paradoxes: Clinical Approaches to Management*, London: Tavistock.

Littmann, Peter/Stephan A. Jansen (2000): *Oszillodox: Virtualisierung – Die permanente Neuerfindung der Organisation*, Stuttgart: Klett-Cotta.

Luhmann, Niklas (1984): *Soziale Systeme: Grundriß einer allgemeinen Theorie*, Frankfurt am Main: Suhrkamp.

Luhmann, Niklas (1993): Die Paradoxie des Entscheidens, in: *Verwaltungsarchiv* 84, 287-310.

Luhmann, Niklas (1995): Kultur als historischer Begriff, in: ders.: *Gesellschaftsstruktur und Semantik: Studien zur Wissenssoziologie der modernen Gesellschaft*, Frankfurt am Main: Suhrkamp.

Luhmann, Niklas (1998): Die Kontrolle von Intransparenz, in: Heinrich W. Ahlemeyer/Roswita Königswieser (Hrsg.): *Komplexität managen: Strategien, Konzepte und Fallbeispiele*, Wiesbaden: Gabler, S. 51-76.

Luhmann, Niklas (2000): *Organisation und Entscheidung*, Opladen: Westdeutscher Verlag.

Malinoswki, Bronislaw (2005): *Eine wissenschaftliche Theorie der Kultur und andere Aufsätze*, aus dem Englischen von Fritz Levi, Frankfurt am Main: Suhrkamp.

Miller, Peter/Ted O'Leary (1989): Hierarchies and American Ideals, 1900-1940, in: *Academy of Management Review* 14, 250-265.

Padgett, John F. (1980): Managing Garbage Can Hierarchies, in: *Administrative Science Quarterly* 25, 583-604.

Parsons, Talcott (1960): Some Ingredients of a General Theory of Formal Organization, in: ders.: *Structure and Process in Modern Societies*, New York: Free Press, 59-96.

Parsons, Talcott (1977): Some Problems of General Theory in Sociology, in: ders.: *Social Systems and the Evolution of Action Theory*, New York: Free Press, 229-269.

Peters, Tom (1987): *Thriving on Chaos*, New York: Knopf.

Peters, Thomas/Robert H. Waterman (1982): *In Search of Excellence*, New York: Harper & Row.

Schein, Edgar Henry (1995): *Unternehmenskultur: Ein Handbuch für Führungskräfte*, dt. Frankfurt am Main: Campus.

Shackle, G. L. S. (1979): Information, Formalism, and Choice, in: Mario J. Rizzo (Hrsg.): *Time, Uncertainty, and Disequilibrium: Exploration of Austrian Themes*, Lexington, Mass.: Lexington Books, 19-31.

Shannon, Claude E./Warren Weaver (1963): *The Mathematical Theory of Communication*, Reprint Urbana, Ill.: Illinois UP.

Simon, Herbert A. (1946): The Proverbs of Administration, in: *Public Administration Review* 6, 53-67.

Simon, Herbert A. (1982): *Models of Boundes Rationality*, 2 Bände, Cambridge, Mass.: MIT Press.

Spencer-Brown, George (1997): *Gesetze der Form: Laws of Form*, aus dem Englischen von Thomas Wolf, Lübeck: Bohmeier.

von Foerster, Heinz (1993): *KybernEthik*, Berlin: Merve.

Warglien, Massimo/Michael Masuch (1996): The Logic of Organizational Disorder: An Introduction, in: dies. (Hrsg.): *The Logic of Organizational Disorder*, Berlin: de Gruyter, 1-34.

Weick, Karl F. (1985): *Der Prozess des Organisierens*, aus dem Amerikanischen von Gerhard Hauck, Frankfurt am Main: Suhrkamp.

White, Harrison C. (2008): *Identity and Control: How Social Formations Emerge*, Princeton, NJ: Princeton UP.

Wiener, Norbert (1961): *Cybernetics, or Control and Communication in the Animal and the Machine*, 2. Aufl., Cambridge, Mass.: MIT Press.

Einführung: Kultur und Transparenz

Cornelia Wallner

Kultursoziologische und -philosophischer Fragestellungen der Transparenz stehen im Mittelpunkt der folgenden acht Beiträge. Undurchsichtigkeiten von sozialem Status und sozialen Beziehungen als „charakteristisches Merkmal städtischer Modernisierungsprozesse" diskutiert **Ulrich Ufer** in seinem Beitrag. Die Transparenz sozialer Beziehungen geht mit der Entstehung früher moderner Städte zunehmend verloren. Inkongruenz zwischen dem „richtigen" sozialen Status und der reinen Zurschaustellung durch neuartige Konsummuster wird zu einem zentralen Charakteristikum der modernen Konsumgesellschaft. Es kommt zu „sozialer Maskerade", die erst möglich wird, als der in traditionellen Gesellschaften transparente Charakter sozialer Beziehungen durch die Undurchsichtigkeit moderner städtischer Gesellschaften, beginnend im 17. Jahrhundert, ersetzt wird. Die Unsicherheiten, welche durch die verschwundene Transparenz des sozialen Status entstanden waren, erzeugen Misstrauen – in städtebaulichen Maßnahmen und Planungen wird sodann versucht, sozialen Status wieder abzubilden. Ufer diskutiert diese Evolutionen anhand der Stadtentwicklung von Paris und Amsterdam.

Wer hat Angst vor Risiken? fragt **Ortwin Renn** und diskutiert die unterschiedlichen Formen, Verarbeitungsmechanismen und möglichen Nutzen von Risiken. Demnach stufen Menschen Risiken nach ihrer subjektiven Wahrnehmung ein, basierend auf der Vermittlung (und Durchsichtigkeit) von Informationen über die Gefahrenquelle, den psychischen Verarbeitungsmechanismen von Unsicherheit und früheren Erfahrungen mit Gefahren. Renn identifiziert unterschiedliche anthropogen verursachte Risikomuster wie etwa Risiko als unmittelbare Bedrohungsszenarien, als Schicksalsschläge oder als die Herausforderung der eigenen Kräfte. Das Risiko kann aber auch selbst zum Nutzen werden, etwa bei Glückspielen. In naturwissenschaftlichen Analysen wird die Berechnung von Risiko zunehmend als Frühindikator für Gefahren verwendet, z.B. im Zusammenhang mit Umweltverschmutzungen, und somit zu einem hilfreichen Instrument vorausschauender Technologiepolitik. Die Wahrnehmung von Risiko wiederum dient als Input für das politische System, dessen zentrale Aufgabe es ist, wissenschaftliche Erkenntnisse über mögliche Auswirkungen und Unsicherheiten mit Bewertungen und Wünschen der betroffenen Bevölkerung zu einer Gesamtpolitik zusammenzufügen.

Wenn sprachliche Äußerungen, speziell in politischer Kommunikation, ohne transparente Formulierung paradoxerweise von allen verstanden werden, so nennt **Remigius Bunia** das „eigentlich eigentliches Sprechen". Es liegt dann vor, wenn man uneigentlich spricht, aber „eigentlich" sich transparent äußert. Erläutert wird das „eigentlich eigentliche Sprechen" am Beispiel einer Rede von Angela Merkel vor dem Wissenschaftsrat (2009) und Shakespeares berühmter Rede des Marcus Antonius vor der Leiche Caesars. „Eigentlich eigentliches Sprechen" kennzeichnet dabei die Abgesichertheit der eigenen Position. Seine zentrale Funktion ist es, eine Widerrede rhetorisch unplausibel zu machen, denn es gibt keine adäquate Reaktion darauf. Es besitzt völlige Transparenz in zweierlei Hinsicht: erstens drückt es klar aus, worum es geht, zweitens weist es – genau so deutlich – jede Reaktion zurück. Seine Funktion erfüllt es im politischen Kontext so gut, weil es oft nötig ist zu zeigen, dass man sich ein Urteil erlauben darf, dass man sich aber nicht festlegen kann und will.

Ninette Rothmüller fragt nach den Konsequenzen von Transparenz bei Biobanken und diskutiert den Zwiespalt von menschlicher Verletzlichkeit einerseits und erforderlicher Transparenz zu Forschungszwecken andererseits. Diese Transparenz kann im Dienste der Forschung zum Wohl der Menschen genutzt werden, zugleich entsteht als Ergebnis und Begleiterscheinung der Forschung mit Biodaten eine besondere Art der Verletzlichkeit von Menschen. Rothmüller diskutiert diese Aspekte der Verletzlichkeit als individuelle Erfahrungen von Personen und sich daraus ergebende ethische Fragen für den zukünftigen Umgang mit Biodaten.

Kann es so etwas wie eine transparente individuelle Wahrnehmung überhaupt geben? **Ami Kind** befasst sich mit dem Repräsentationalismus und der Annahme, dass Wahrnehmungen wie Objekte dem subjektiven Erfahren transparent zugänglich sind. Die Autorin weist darauf hin, dass sowohl Vertreter des Repräsentationalismus als auch Vertreter des Nicht-Repräsentationalismus die Transparenzthese für die Entwicklung einer Philosophie der Wahrnehmung, um das Subjektive der Erfahrung zu erfassen, übernehmen würden. Kind analysiert die Verwendung des Konzepts der Transparenz in verschiedenen philosophischen Arbeiten und kommt zur Schlussfolgerung, dass die Annahme, die bewusste Wahrnehmung von Erfahrungen ist zwar schwierig, aber nicht unmöglich, haltbar ist, was konsequenterweise den repräsentationalistischen Ansatz in Zweifel stellt.

Aus einer anderen Perspektive, aber ebenfalls auf die Transparenz subjektiver Erfahrungen bezogen, befasst sich **Birger P. Priddat** mit Transparenz bei Lebensmitteln. Diese erzeugt Überinformation und damit Intransparenz für den

Konsumenten, so der Autor. An einer Vielfalt von Beispielen wird erläutert, dass heute weitgehend die kulturelle Kompetenz für die Beurteilung der Nahrung fehlt. Nahrung bleibt trotz aller Informationen intransparent. Je mehr Information über Aromen, Geschmack, Inhaltsstoffe, Herkunft, Produktionsart und Verarbeitung verfügbar sind, desto komplexer werden Entscheidungen. Die Information muss erst decodiert werden, was in Abhängigkeit von sozialer, ökonomischer und kultureller Herkunft des Konsumenten nur in begrenztem Ausmaß möglich ist. Zuviel Information bringt letztlich Unsicherheit, lässt aufgeworfene Fragen mangels Fachwissens unbeantwortet und bewirkt wieder Intransparenz. Auch sichert Transparenz noch keine Qualität. Heutige Kriterien, die nur scheinbar Qualität ansprechen, führen zu Neubewertungen von Lebensmitteln, ohne aber mehr Transparenz zu bewirken. „Bio", „Gesundheit" und „Internationalität" der Nahrung simulieren eine Transparenz, die mehr verdeckt als offenbart.

Joachim Landkammer geht von der Philosophie von Transparenz und Instransparenz aus. Transparenz ist die technische Voraussetzung für einen freien und unverfälschten Blick auf die Realität. Aber die „Helligkeit" als Grundbedingung von Erkenntnis und Wahrheit selbst ist unserem Blick nicht zugänglich – ein Paradoxon der Transparenz. Anhand einer einfühlsamen Interpretation von Schubarts Gedicht „Die Forelle" in der Vertonung von Franz Schubert setzt sich Landkammer mit bisher vorliegenden Interpretationen, Überinterpretationen und auch Interpretationsversäumnissen dieses berühmten Textes auseinander. Aus den Überlegungen zu Text und Musik der „Forelle" kommt der Autor zur Schlussfolgerung: Transparenz *selbst* sei „tödlich". Davon ausgehend zeigt Landkammer, dass sich diese skeptische Haltung bis in die Literatur des 20. Jahrhunderts verfolgen lässt, indem er eine berühmte Szene aus Thomas Manns „Zauberberg" interpretiert: Hans Castorp betrachtet seine eigene Hand im Röntgenschirm. Das Einzelbild löst sich am Ende im Ungewissen, in der Intransparenz auf.

Der (In-) Transparenz in neuen Kommunikationsformen widmen sich **Getraud Koch** und **Nina Ritzi-Messner**. Sie diskutieren die Transparenz von „Avataren als Repräsentationen menschlicher Akteure" und stellen fest, dass Avatare trotz deren Virtualität nicht vom menschlichen Individuum, welches sich des Avatars bedient, entkoppelt ist. Avatare repräsentieren auch Informationen über die Nutzer, diese Informationen sind zugänglich, und somit ist auch der Nutzer bis zu einem gewissen Grad transparent. Die Autorinnen zeigen, dass sich die (In-) Transparenz eines Avatars nur unwesentlich von jener unterscheidet, die auch bei Face-to-face-Kommunikation gegeben ist.

Transparency, Opacity and Status Presentation in the Early Modern City

Ulrich Ufer

Incongruence between "real" social status and its mere display through novel patterns of consumption is one of the defining characteristics of modern consumer society. Ostentation, deceit, pretension, imposture and other forms of social masquerading could only become possible after the more transparent character of social relations in traditional society had been replaced by the opacity of modern urban society. Contrast between intimate traditional social relations and urban anonymity has featured strongly in the discussions of nineteenth and twentieth century modernity, for example in such sociological studies as Ferdinand Tönnies' seminal work on the modern division between *Gemein-schaft* and *Gesellschaft* and Georg Simmel's sociology of the city, or in more poetical and literary approaches as those in Charles Baudelaire's and Kurt Tucholsky's poetry of urban solitude and anonymity or Friedrich Dürrenmatt's childhood memories of his native village in Switzerland during the 1920s and 1930s. However, the growth of an urban anonymous sphere and the erosion of traditional structures of society must be dated back at least to the seventeenth century, when rapidly increasing urbanization turned cities such as Amsterdam and Paris into quasi-theatrical locations which made extended role play possible. But opacity in social relations was highly criticized and reacted against by a conservative part of the population who feared that "real" social status – defined by heritage, lineage and tradition – would be endangered in modern society by becoming undistinguishable and unrecognizable. Those concerned with the maintenance of traditional status lamented the loss of social transparency in the presentation of social status and they resorted to various strategies of enhancing social transparency in the city. Such developments shall be analyzed on the following pages by referring to a variety of contemporary sources, in particular to Dutch as well as French novels and theatre plays written during the century between 1620 and 1720.

1 Social Opacity in the Early Modern City

After the rupture in population growth during the later Middle Ages the early modern period experienced a demographic recovery. While during the renaissance city culture had been concentrating in southern Europe, in Italy in particular, the seventeenth century experienced a shift of urbanizing dynamics toward the west. Two economic and political trends contributed to a growing concentration of demographic increase into western European urban areas. One was the macro-economic transition from a Mediterranean to an Atlantic economy, promoting urbanization in ports along the coastline from the Øre Sound in Denmark to Cadiz in southern Spain. The other was the establishment of absolutist monarchy. Its aggrandized courts strengthened the capital's economy by demanding increasing supplies and services while at the same time, as for example in Paris, the removal of courts from the city centre to the countryside strengthened the position of urban politics. London, Paris, Naples, Amsterdam, Lisbon and Vienna were the largest cities of early modern Europe and their respective geographical locations close to the Atlantic Ocean or their political settings within absolutist monarchies underline the importance of both conditions for early modern urbanization. Our discussion of transparency and opacity in the early modern city will hence centre on Paris and on Amsterdam as outstanding examples of early modern urbanization.

The capital of the province of Holland had experienced the most drastic increase in urbanization of all European cities during the seventeenth century. Its population rose sevenfold between 1580 and 1660, counting just over 200.000 citizens by the time of the city's final extension in 1662. Paris looked back on a much longer history as an important urban centre and counted already more than half a million citizens by the end of the seventeenth century. As urban mortality rates were generally high and infectious diseases ravaged population growth from time to time, early modern urban populations still reproduced with negative rates. Thus, growing cities had to draw heavily on immigrants. Amsterdam, for example, could not have sustained its first phase of growth without the large number of immigrants pouring in from the southern Netherlands in the wake of the war of liberation during the final decades of the sixteenth century. Later it drew on immigrants from the rural parts of the United Provinces, on immigrants from those parts of northern and western Germany that had been impoverished by the Thirty Years' War, on immigrants from Scandinavia and England or, in fact, on many multifarious groups of immigrants from other parts of Europe who were attracted by the Dutch freedom of religion. Parisian population growth was fed by established migratory streams coming mainly from rural France, from the *Bassin Parisien*, but also from more distant regions. These rural parts provided not only a vast pool of migrants but also constituted the majority of the country's roughly 18 million inhabitants. In comparison, even though Amsterdam was the much smaller city, its surrounding region was much more densely urbanized than the *Île de France*. While about sixty percent of Holland's population lived in towns by the end of the seventeenth century, close to ninety percent of the French population still lived in rural areas (Garnot 1992: 11-22).

These differences in the structural settings, within which Amsterdam and Paris were urbanized over the course of the seventeenth century, should not lead to underestimating or neglecting commonalities. Growing urbanization through continued influx of immigrants – in the case of Amsterdam combined with rapid urban growth – changed the quality of social relations in both cities. Even though in Amsterdam as well as in Paris immigrants from the same rural region or foreign countries tended to flock to specific quarters of the cities, the sheer number of people and their fluctuation caused a lack of transparency in society which incited one dweller of Amsterdam in the first half of the eighteenth century to remark that although he had lived next to his neighbour for some years now, he did not even know his name (Roodenburg 1992: 226). The rapidness of social fluctuation in the composition of the populace was also underlined in a Dutch theatre play by Pieter Bernagie of 1684, *De belachelyke Jonker*, which featured a sailor who, upon his return after some time of travel, felt like a stranger in his neighbourhood because many of his former acquaintances had already left the city or had moved to another part of the town (Bernagie 1684a: 15).

Urban opacity can be considered as one of the outcomes pertaining to the more general transition from *Gemeinschaft* to *Gesellschaft* and high density of population increased urban opacity. With nearly 35.000 people per square kilometre, the city of Amsterdam was even more densely populated than present day Mumbai. A contemporary witness reported in 1685 that "the city is totally overcrowded with people, every time that a bridge has to be pulled up to let pass a ship with standing mast, flocks of people have to stop and wait until it is lowered again" (Teensma 1991: 131). Perhaps the most telling statement about the erosion of traditional structures of society in Amsterdam comes from the hand of one of the city's most famous inhabitants, René Descartes. In 1631 he remarked with slight exaggeration, when looking at the bustling activity of commercial business about him, that all his fellow citizens were so absorbed in making profit, that he could spend all his life in the city, without ever being noticed by anyone (Bense 1949: 57). Opacity in the city was experienced to impede in particular the establishment of more intimate social relations. Both in Paris and in Amsterdam numerous contemporary commentaries alluded to the difficulties of pursuing a spontaneous contact with a person whose identity was unknown. While the Dutch theatre play *Moortje* by Bredero, put on stage in 1617, told the story of a man who fell in love on first sight but was then unable to retrieve his beloved in the transitoriness of urban anonymity (Grootes 1999), the Parisian as described by Louis Liger could suffer repeated disappointments in the urban masses when features of a dear friend, seemingly recognized in a passer-by, turned out to belong to some anonymous person (Liger 1715: 37).

2 Opacity and Modernity – the limits of Social Role Play

How did urban opacity and the rise of an anonymous sphere impact on the modernization of society? Customarily the structural changes in modern society are discussed in terms of a growing split between the public and the private spheres. This implies equally the differentiation between public office and private persona as well as the formation of localities for these separate spheres in the architecture of bourgeois homes or in sites of public gatherings. The public sphere as a constitutive part of modern society has also been defined as determined by communication or dialogue (Habermas 1981) and thus by reciprocity and by the mutual recognition of its participants. However, taking into consideration also the rapid rise of social opacity and of an urban anonymous sphere gives a more complete picture of the tripartite structure of modern society, characterized by public, private and anonymous spheres. For it was especially in the opacity of an urban anonymous sphere that individualizing dynamics such as social role play and the erosion of traditional social structures by anonymously representing status markers first became possible.

The theatre piece *Spaanschen Brabander* of 1618, written by the Dutch author Bredero and set in Amsterdam, addresses how social actors could benefit of a lack of social transparency and break with the bounds of traditionally ascribed social status. One of the principal characters of the play is Jerolimo, an immigrant from Antwerp in the southern Netherlands. He has lost all his wealth during the Spanish occupation of his native city, but he attempts to maintain a socially privileged position by displaying – despite his actual poverty – as many markers of upper class distinction as possible. In the anonymity of Amsterdam's streets he performs sophisticated manners, eloquent language and elegant dress. He can do so, because nobody will be capable of uncovering that his fine garment is, in fact, the only piece of clothing he owns, that his home is bare of any furniture and that he must hide from his landlord who runs after him claiming outstanding rent payments. Jerolimo enjoys freedom of performance in the opacity of the city, but at the same time he knows that his role play is also restricted to it. He can never invite acquaintances to his poor private home as he cannot transfer his self-image from the opaqueness of an anonymous sphere to the more transparent environment of the private sphere. But also in the public sphere of mutual recognition and communication his status presentation is frail. This is exemplified in a scene when Jerolimo manages to flatter two young ladies on the street. He impresses them with his distinctly civilized elocution and manners, but his assumed identity fails when he is unable to transfer it from the opacity of urban anonymity into public spaces, where identity becomes socially more embedded and contextualized: As soon as he is asked to confirm his flatteries with an invitation for a drink at one of Amsterdam's prestigious guesthouses, Jerolimo must back out. He quickly leaves the scene under false pretence, since he does not have the financial means to support his assumed social status (lines 689-690 in Grootes 1999).

Jerolimo's story, as told by Bredero in the early decades of the seventeenth century, is strongly reminiscent of an episode in the *Roman Bourgeois* by Antoine Furetière, set in Paris during the years before its publication in 1666. The *Roman Bourgeois* displays the condition of a new social actor, born in the context of modernizing urbanity – the modern urban dweller, who somehow defies social classification according to traditional categories. Having risen from the lower ranks of society himself, Furetière watched the formation of a new middle-class with a keen eye and his multiple definitions of the *bourgeois* in his *Dictionaire Universel* of 1690 reflect his ambiguous social standing. The bourgeois was a cross-breed, neither opposable to the noble members of the courts, nor a member of the lower classes of the population, as the artisans used to call their employers *bourgeois*, as Furetière noted (Furetière 1690). The *bourgeois* was the outcome of an urban habitat in which anonymous spaces and social opacity allow escape from the transparency of traditionally ascribed status. Nicodème, a young "homme amphibie", illustrates the possibilities for social role play in the opacity of the city. His identity display oscillates between his work as a simple clerk in a law firm during daytime and his nightly expeditions into quarters where his anonymous position permits him to pretend to the status of a gentleman: "C'étoit un de ces jeunes bourgeois", wrote Furetière, "qui, malgré leur naissance et leur éducation, veulent passer pour des gens du bel air, et qui croyent, quand ils sont vêtus à la mode et qu'ils [sic] méprisent ou raillent leur parenté, qu'ils ont acquis un grand degré d'élevation au dessus de leurs semblables" (Furetière 1880 [1666]: 32). Initially, Nicodème's nightly ventures into role-play prove successful. By frequenting public sites in the wealthier quarters of the city he makes acquaintance with the daughter of a wealthy family, successfully woos her, but eventually gets rejected by her father on the very grounds that he is too concerned with his outer appearance. In Pierre Bourdieu's terms (Bourdieu 1984: 95) Nicodème lacked the nonchalance of inherited social status, his vanity and overemphasized civility making him suspicious and cast doubt on his *honnêteté*, his general reliability and professional dedication.

In a similar vein, two pieces of literature from the Dutch context discuss the limits of urban opacity for social role play – one a piece of moralizing pamphlet literature, the other a theatre play. In the former, a female protagonist attempts to achieve social promotion by using the anonymous sphere as a stage on which to act as peer to her social superiors. As the narrative goes, the young woman pretends to higher social status by dressing up far beyond her actual financial aptitude and social status. She hopes to find a good match while making her promenades through town, but faces the problem – similar to the case of Jerolimo discussed before – that she may never let anyone accompany her back to her miserable home, a "coal cellar", since this would betray all her pretensions to higher social status ([s.n.] 17XX). Acting out her fake identity is restricted to the opaque social atmosphere in the anonymous spaces of urban street life.

Albeit structurally similar in the sense that urban opacity is discussed as a limited playground for social role play, the theatre play *De Mode* of 1698 by Pieter Bernagie relates in a much more complex way, how social masquerade and status assumption in the private, public and anonymous urban spaces are interrelated, with the rise of urban opacity as a feature of modern society. Impressed by her great beauty, an apparently wealthy man, the character Gaudiness, falls in love at first sight with Fashion, a beautiful and elegant young woman he has but briefly encountered. Gaudiness orders his companion Speciousness to find out more about her and to arrange a marriage. What he does not know is that Speciousness is already well acquainted with the young woman Fashion, and that the apparently accidental encounter had been a set-up: The woman's real name is Poverty and only through generous sponsoring by Speciousness has she been able to doll herself up for the arranged meeting and to assume the alias of Fashion. To render the case even more ironic, the audience is told that Speciousness has, in fact, borrowed the money for Fashion's adornment from his companion Gaudiness, and that the latter himself is a bon vivant on the verge of bankruptcy, who squanders the savings of his laborious and parsimonious forefathers.

Only after the couple has been wed, the whole set-up is discovered and Gaudiness is appalled by the realization of having married Poverty in disguise of Fashion. The ensuing dialogue between husband and wife is indicative of the multifaceted character of social ambiguity in urban opacity. In the commercialized and anonymous spaces of Amsterdam nobody could be sure about the status represented by a vis-à-vis: "GAUDINESS: I don't want to ever see you again; I will deadly hate you. / But pray tell, who are you, tell it all; / How did you arrange all this? / FASHION: I will give you honest account of my misfortune / since such you deem my lot: / I, who could beguile so many hearts / appearing and being clad as the Fashion, / I am in fact, forgive me, Sir, / the unhappy and miserable poverty [...]. / Now, you will have to live with me. GAUDINESS: Live with you? / FASHION: Yes, Poverty will never quit Gaudiness, / You might escape my presence for a while, / But finally you will come to realize / how tightly bound Gaudiness is to Poverty. / I will be your shadow, no matter where you turn to / I will soon be seen following your traces; / I will chase you just as quickly as you flee" (Bernagie 1698: 95-97).

This is a social world in which none can be sure of the actual social position of the other, where pretence meets status built on debt and where appearances must generally be distrusted, for experience tells that they might collapse at any point. And yet, to interpret the protagonists' actions in the context of urban opacity in Amsterdam and Paris as merely strategic pretensions to a socially elevated status does not give the full picture. Being capable to envision oneself as someone different also represented an important step toward modern individualization, and the same can be said of the creative use of clothing as an expression of identity and personal taste (see also Burke 2006). The emergence of an anonymous sphere in early modern cities allowed emulating civilized behaviour of social superiors and made possible the presentation of their formerly exclusive prestige goods. Such enactments of the social role of someone else was an important step toward considering one's own position in society as nothing more but a role, too.

3 Consumption and the Fashioning of Identity in Social Opacity

Showing most obviously in the theatre play *De Mode* by Pieter Bernagie, but clearly discernable also in the other contemporary materials cited so far, social role play in urban opacity developed within the contexts of the rise of fashion and of changing attitudes toward consumption. The commercialization of everyday life in the early modern city created atmospheres and spaces of consumption in which, as contemporaries noted, hereditary social standing determined one's position less and less, and where appearance and the sometimes brute pecuniary forces of conspicuous consumption more and more made the man. To what high degree early modern cities were commercialized even on lower scales of consumption is indicated, for example, by the rise of second-hand markets (Ufer 2008: 134). In Amsterdam, the working class quarter of the Jordaan knew a weekly second-hand market, and also in Paris shopkeepers fuelled developing consumer markets by giving increasing attention to consumer segments interested in semi-luxury goods, imitations and second-hand products which allowed emulating and displaying a social status that would not have been affordable at the price of first-hand originals of high quality (Coquery 2004).

Increased accentuation of appearance as a way to express individual identity gave visual expression to a general tendency toward commercialization of life in the cities and it was closely tied to the rise of capitalism in early modern European cities. As Collin Campbell has remarked, the role of consumption had for a long time been neglected in the study of social modernizing processes (Campbell 2005 [1987]). In particular the Weberian legacy of the *Protestant Ethic and the Spirit of Capitalism* had left little conceptual room to approach consumerist enjoyment as an equally important facet in the development of capitalism. Some of the materials presented here may be read in support of Campbell's thesis and they suggest that consumption was an important driving force of modernization in early modern European cities, regarding both its implications for the rise of capitalism and for individualizing dynamics.

As a textile manufacturer, Pieter de la Court of the Dutch city of Leyden looked with a keen eye on changes in consumption patterns and in clothing habits among his fellow countrymen. In 1659, he observed and described how thoroughly fashion had become interrelated with the expression and representation of social status. "Fashion and custom are tyrants," de la Court stated, "against which only the fool rebels on purpose, the hypocrite out of stinginess, and the poor devil out of poverty. You can truly witness its impact, not only at the construction of gables in the streets, with the furnishing of houses, not only with food and drinks, but also in the comfort and luxury of bedrooms and beds. As you see the genteel people go ahead it begins to please you also – even if it might have seemed uncomfortable at first. Thus it is easy to understand that one follows fashion also in clothing, but you are more accountable to the taste of the public than to your own, for the saying goes: sleep and eat just as you like but clothe yourself according to fashion" (Driessen 1911: 43).

That liberation of the individual consumer played a vital role to economic development in early modern Europe was noted also by the Englishman Josiah Child, who in 1668 described as one of the competitive economic advantages of Holland over England "their giving great incouragement and immunities to the Inventors of New Manufactures, and the Discoverers of any New Mysteries in Trade, and to those that shall bring the Commodities of other Nations first in use and practise amongst them; for which the Author never goes without his due Reward allowed him at the Publique Charge" (Child 1668: 4). In a similar vein Child's fellow countryman Nicholas Barbon commented only a few years later on the beneficial effect of fashion on the economy: "It is not Necessity that causeth the Consumption, Nature may be Satisfied with little; but it is the wants of the Mind, Fashion, and Desire of Novelties and things scarce, that causes trade. Fashion [...] keeps the great Body of Trade in Motion; it is an Invention to Dress a Man, as if he lived in a perpetual Spring; he never sees the Autumn of his Clothes" (Barbon 1690: 65).

Both Paris and Amsterdam witnessed commercialization of everyday life and the birth of an early modern consumer society during the closing decades of the seventeenth and the early decades of the eighteenth century. As Louis Liger remarked in 1715 about life in Paris: "il faut de l'argent partout, c'est le mobile sur lequel tout roule. [...] Rien n'y manque: plaisirs de toutes sortes, curiositez, jusques aux resources pour avoir de l'argent; car sans argent on est partout bien embarassé" (Liger 1715: 80 and 174). In Amsterdam, numerous commentators remarked upon the heightened importance given to money in society and on a general drive in society to constantly acquire new goods. The Dutch always "yearned for something new" – that at least was the view of one Stephanus Blankaart who spent some thoughts on the Dutch consumer in his treatise on the recently introduced beverage coffee (Blankaart 1686: 138). Blankaart's remarks echoed those of another author, D. van Nispen, who a few years earlier had portrayed his contemporary society as cultivating a penchant for everything that was "brand spanking new" (Nispen 1664: 142). To him, fashion crazes could seem extreme, almost excessive, for van Nispen saw "young as well as old people, men, women, who wear a totally new dress every three months: and they keep changing it, again and again, without stopping, the hat as well as their shoes, skirts, trousers, jackets, beard, hair: now white then brown again. Yes, if it was possible, they would even alter their eyes or their faces. And this constant change goes along with such high expenses that they all go bankrupt" (Nispen 1664: 46).

Surprise of seventeenth century contemporaries at such extreme consumerist attitudes needs to be considered within the contemporary context of the rising consumer society which still knew legal statutes in many parts of Europe which acted to guard the traditional transparency of status markers vis-à-vis the onslaught of the liberal market's social opacity. In the cities of the United Provinces, an obvious and compulsory tie between social status and sartorial display of traditional society had been cut by abandoning sumptuary laws. Already in 1636, a French visitor remarked that in Amsterdam all strata of society were allowed to clothe "after their own taste, which is not granted elsewhere" (Schottmüller 1910: 261) and according to a contemporary Dutch witness of the 1660s, his homeland allowed such an "unrestricted and liberal way of life that everybody without any distinction was free to wear such clothing as suited his taste and his wallet" (Nispen 1664: 142). By the end of the seventeenth century a French traveller, again, noted that everybody in the United Provinces dressed after his own fashion, creating a diversity of clothing which conveyed the image of a street scene which was "divertissant et agréable" (Parival 1697: 151).

In Paris, by contrast, sumptuary laws still applied during the seventeenth and eighteenth centuries. Yet, already by the early decades of the eighteenth century their enforcement was weak (Sennett 1992 [1977]: 65) and if we can trust the account of the fictional *Guide des Étrangers dans la Ville de Paris* of 1715, street scenes were not very different in Paris than in Amsterdam. In fact, liberty of consumption and sartorial display obfuscated social transparency to the highest degree in Paris, too: "La vie de Paris", the guidebook explained, "est bien différente de celle des Provinces & des Pays étrangers; la liberté y regne beaucoup, on y vit comme on veut sans qu'on y trouve à redire: faites bonne ou mauvaise chere, on n'y prend pas garde, pourvû que d'ailleurs l'exterieur éclate, & tel y paroît aux yeux de bien du monde vêtu magnifiquement, n'ayant d'ailleurs ni qualité, ni bien, qui est plus estimé qu'un autre avec un habit simple & modeste, qui aura un fond d'honnête homme & des talens merveilleux. Cette apparance qui brille tient lieu de tout mérite, particulierement chez les gens venus de fortune, qui ne connoissent pour veritable trésors que ceux qu'ils manient; mais aussi ne faut-il pas s'étonner si souvent ils sont les dupes de leur faux discernement" (Liger 1715: 211-212).

Both Paris and Amsterdam had their spaces for crowds as well as resorts of urban solitude, where reveries about being someone else or about pertaining to a more elevated social group could be enacted without getting immediately discovered as acts of imposture. In particular the emergence of coffee houses as venues of congregation and the increasingly fashionable pastime of strolling on promenade streets dedicated to that very purpose allowed individuals to mingle with the crowd anonymously, revealing no more social context around the persona than offered by mere appearance.

4 In Quest for Transparency – The Spatial Re-Ordering of Urban Opacity

Lack of social transparency contributed to modern individualizing tendencies in urban centres of early modern Europe by allowing for social role play, individuation and an erosion of traditional social structure. Yet, from the perspective of those interested in the upkeep of traditional social hierarchies, such obfuscations of social order endangered the stability of society. The city as a centre of civility provided many virtues, but it seemed that active policies were needed to curtail its potential vices. From such a conservative point of view, city planning provided an opportunity to reintroduce transparency about social status in the city.

France knew at least two illustrious attempts of imposing social discipline by designing urban space during the seventeenth century. One was the building from scratch of the city of Richelieu where Cardinal Richelieu hoped to exercise control over the nobility by assigning them a flight of houses on the principal street. Even though the whole endeavour failed utterly, it still indicates awareness of the disciplining potentials of urban planning. This also shows in the plans for redesigning the city of Nantes during the same period. Similar to Amsterdam, this French seaport boomed in the wake of extended commerce with the Americas and needed a new spatial outlay to regulate the habitations of increasing numbers of citizens and to order the ever more complex circulation and logistics of people and commodities in the city (Rabinow 2003: 357).

A theoretical treatise on the linkages between urban planning and the disciplining of society was formulated in 1682 by the French protestant engineer Alexandre Le Maitre. Working for the court of Prussia and dedicating his work *La Métropolitée* to the King of Sweden, Le Maitre was nevertheless heavily influenced by his knowledge and experience of France and of its centralized government in Paris. Even though Le Maitre's designs were never realized during his life time and the modern reconstruction of Paris would only be executed by Baron Haussmann two centuries later, Alexandre Le Maitre's treatise *La Métropolitée* deserves attention for explicitly spelling out ideas on how to deal with the problem of decreasing social transparency in the wake of increasing urbanization.

In the words of Michel Foucault, who referred to Le Maitre in his studies of discipline and order in early modern Europe, the engineer's design was particularly modern in the sense that it superimposed two orders on each other, the sovereignty of the territorial state and the authority of commerce and capital (Foucault 2007). Le Maitre conceived his *Métropolitée* as a symbol of national order and virtue by making it at once the political capital – representative of the nation's and the king's grandeur – as well as the centre of economic activity, jurisdiction, administration and promotion of the sciences and of knowledge. The unobstructed circulation of political power and decision making, of money and of knowledge was to extol the city's virtue and any disturbances or potentials for social unrest were to be excluded from the *Métropolitée*. In particular, the lower classes of labourers and peasants, who had been increasingly attracted by the expanding capitals, were to reside outside the metropolis. They should conduct their socially relevant tasks in an appropriate and segregated social milieu of small towns dedicated to this purpose. Admitting for some artisans' work that had to be conducted on site in the capital to render immediate services to the higher strata of society, Le Maitre intended to restrict the presence of craftspeople to designated quarters of the city (Lévy 1957: 112).

In Amsterdam, by contrast, the city's economic upswing during its "Golden Age" of the seventeenth century allowed to actively coordinate and direct its rapid demographic and spatial expansion. Even though much smaller than Paris, Amsterdam certainly was the more advanced and the more modern city as regards the state of its urban planning. Without explicitly stating social transparency as a strategic aim in the conceptualization of Amsterdam's city extensions in the course of the seventeenth century, its execution implemented tendencies that worked toward similar results: The city was to be structured after a concentric layout which closed in the small medieval centre with its harbour, shipyards and artisan workshops, building around it a series of channels lined by prestigious houses. The physical restructuring also implied a social restructuring because the new quarters along the channels were explicitly designed as residential areas inhabited by government officials and wealthy wholesale merchants. In the centre and outside the city lived the majority of the population – artisans, labourers and lesser merchants.

Naturally, such implementations of social transparency only worked to a certain degree. Adding further visibility was still important to those who wished to give credence to their socially elevated status. With a view to this social need, the architectural layout of individual houses in Amsterdam's wealthy residential areas can be interpreted as another means of contributing to social transparency. Floor plans generally had the living room facing the street side, and by installing large window panes the strict separation between a public or anonymous outside and a private inside was attenuated. Amsterdam's residential architecture increased social transparency on both sides of the pane. As several contemporary sources stated (Krook 1701: 2; Rijndorp 1708: 16), the inhabitants of the residential quarters could manifest and showcase themselves as the righteous owners of extended private property by putting on display themselves as well as luxurious household goods in their living rooms. On the outside, neighbours and other passers-by could acknowledge such testimony and at the same time display themselves in appropriate attire. By mutual acts of recognition, such as gestures of greeting or nodding, the person outside on the street could be recognized as a neighbour and thus get distinguished and feel himself distinguished from the mere passer-by. Repeated acts of such "see and be seen" served to counterbalance growing opacity and to enhance transparency in social relations. Such strategies of city planning as displayed in the designs by Le Maitre and in the actual city extensions of Amsterdam as well as the architecture of individual houses which allowed communication with the street outside can be interpreted as architectural means to create and establish social order and transparency about social status in a modern urban environment prone to obfuscate and erode traditional social structures.

5 Manners and Transparency in Social Order

As the free market opened conspicuous consumption to everyone capable and willing to pay and as social opacity in the urban public and anonymous spheres increased the possibilities for social role play, traditional elites became distressed about their own appearance and status presentation in the public. While from the point of view of social upstarts and of those who enjoyed the reveries of enacting and pretending upward social mobility, the possibilities and conditions of modern social opacity were vital, from the point of view of traditional elites they posed a deadly threat to their habitual forms of status presentation. If classes could be kept apart neither by their appearances, nor by the means of urban planning, then there remained basically three other reactions through which social transparency could be enhanced. One alternative was the conservative call for re-establishment of class-specific sumptuary laws. The other was to continuously resort to new status markers and the third one can be understood in terms of Pierre Bourdieu's sociology of taste, meaning that social distinction becomes increasingly dependent on civilized behaviour beyond the mere ownership and display of status goods.

Pretension to luxury by the "wrong people" was a general issue to traditional elites in early modern Europe (Smith 2002: 78) and conservative voices were raised in Holland in reaction to growing social opacity, too. In Leeuwenhorn, near Amsterdam, the town chronicler observed that "everybody dolls up with gaudiness, at such great expense with dresses and all kind of ornament, that you can hardly tell the difference between a citizen, a peasant or a nobleman" (Deursen 1991: 217). One Willem Telinck, writing at about the same time, confirmed that obfuscation of social status resulted first and foremost from the commercialization of society and from the introduction of liberal ways of dressing. He demanded that it be "the status, not the wallet that should make the measure for clothing" (Telinck 1626: 24). However, a few decades later the liberal consumer market had already eroded traditional forms of status display to such an extent that the conservative tone had become much more defensive and resigned. In a theatre play of the 1680s, a woman of traditional status could do no more than to complain bitterly about the present "infamy how slovenly the dress code is treated, it has become impossible to distinguish any classes" (Bernagie 1686: 32). The conservative complaint over decreasing transparency in social status presentation due to the popularization of formerly exclusive prestige goods was summarized in the jaundiced remark: "If the cobblers and coolies with their respective wives are allowed to lay their dirty hands on holy things, what else is there to be expected than that these things will turn into something bad?" (Bontekoe 1686: 56).

An alternative option to the conservative strategy for re-establishing transparency of social standing was to accept the new dynamics implied by the commercialization of society and to play along. In the hope that imitators would always be one step behind, status goods could now be constantly redefined by committing to fashion waves as the fundamental mechanisms of distinction in commercial society. In his sociological work on the dynamics of the modern consumer society, Georg Simmel has explained the emergence and modern acceleration of fashion waves through precisely this kind of competition through status representation (Simmel 1995 [1905]). Having gone through a transition from *Gemeinschaft* to *Gesellschaft* in the Tönniesian sense, Simmel argued that the actors of an atomized modern society lacked the kind of reciprocal knowledge about each other's hereditary social status or achievement of social position. Fashion waves in modern society thus witness constant acceleration, because under the conditions of a free market status representation of traditional elites will be put under pressure by impostors and *nouveaux riches* who imitate their lifestyle. However, the problem with this kind of strategy against increasing opacity of social status presentation was that it caused high costs and contradicted the aim of seeking distinction also from the *nouveaux riches*, a rising group of new contesters to social status in the early modern urban society.

When social transparency had become impossible to achieve by mere appearance, when, in fact, appearance now became regarded as the very source of social opacity, conservative responses to this challenge could still resort to a refinement of manner and taste as means to stand out against imposters and *nouveaux riches*. In a theatre play of 1684, a member of a traditional Amsterdam family makes a number of spiteful remarks against a young couple of the *jeunesse dorée*. He describes them as squanderers, spending vast sums of money on household expenses, travels, adornment, clothing and servants, and yet, their manners and their social conduct betray them as upstarts (Bernagie 1684b: 39). Another paradigmatic example of how connoisseurship could re-establish a sense of social transparency and help to distinguish the hypocrites from those of true social standing is conveyed in a treatise on the consumption of novel status goods by Cornelis Bontekoe. Like tea and coffee, tobacco had entered the higher circles of society, but got popularized quickly so that sophisticated consumption – involving fine accessories, elegant gestures and knowledge about different types of tobacco – became the true markers of distinction (Bontekoe 1686: 62).

By emphasizing taste, however, defenders of traditional status faced problems which can be discussed as the conservative dilemma. Creating orders of style, fashion, civilized behaviour and other such vicissitudinous markers of distinction further promoted the commercialization of society and accelerated fashion waves, thus feeding into the very social dynamics against which the reaction had initially aimed.

6 Conclusion

The rise of opacity and the decrease of transparency in the display of social status and, more generally, in social relations as such has been discussed as a characteristic trait of urban modernizing processes. An increasingly opaque social climate, new anonymous spaces in the early modern city and the emergence of an early modern consumer society worked dynamically toward social change. Reactions toward such modernizing dynamics could take various forms and the phenomena of social opacity and transparency in the city were experienced differently by different groups of society. This conflicting experience of urban modernity showed, on the one hand, in the ways how people indulged in the liberation of the individual person, finding themselves enabled to imagine different identities and to enact them without facing the limitations of traditional sumptuary laws or immediate control by the informed and revealing gaze of the other.

On the other hand, social opacity rendered all appearances ambiguous and growing lack of social transparency pervaded social relations with distrust. Uncertainty and distrust about status presentation in the opacity of urban society centred first on sartorial display of status in anonymous spaces and in the public sphere. As part of a conservative reaction, distinction of status was sought to be re-established through urban planning and through the architectural design of individual houses. However, doubt about the truth and sustainability of status in a commercialized society could become all-pervasive, as expressed in the poem *Eerste Kuyering in Gedachten* of 1684, which describes an imaginary stroll through the city of Amsterdam. Passing the prestigious houses – considered as an ultimate pledge of sustained and socially embedded "true" status – the author, Sybrand Feitama, voiced his suspicion that "losse borg", that is loose or unsustainable loans, was the basis of apparent fortune for many occupants of the prestigious residential buildings along the channels (Feitama 1684: 176). Under such conditions, greater emphasis was given to manners and taste in status presentation. However, connoisseurship as a social strategy of distinction further enhanced the dynamics of a progressively commercializing society, thus expressing the conservative dilemma of how to react to attacks on traditional status.

References

[s.n.] (17XX): *Wonderlyke levensbeschryvingen, van elf extra schoone juffers na de mode, geboortig van Amsterdam, s' Hage, Rotterdam en elders. Doormengd met zeer raare en wonderlyke kluchten.* [s.l.].

Barbon, Nicholas (1690): *A Discourse on Trade*. London; Tho. Milbourn.

Bense, Max (ed.) (1949): *René Descartes. Briefe 1629-1650*. Köln: Staufen.

Bernagie, Pieter (1684a): *De belachelyke Jonker*. Amsterdam: [s.l.].

Bernagie, Pieter(1684b): *De Huwelyken Staat*. Amsterdam: Albert Magnus.

Bernagie, Pieter (1686): *De Goe Vrouw*. Amsterdam: Albert Magnus.

Bernagie, Pieter (1698): *De Mode*. Amsterdam: erfg. van J. Lescailje.

Blankaart, Stephanus (1686): *Verhandelinge van de Coffee*. 's Gravenhage: Pieter Hagen.

Bontekoe, Cornelis (1686): *Gebruik en misbruik van de thee, mitsgaders een verhandelinge wegens de deugden en kragten van de tabak*. Amsterdam: Jan ten Horn.

Bourdieu, Pierre (2002 [1979]): *Distinction. A social critique of the judgement of taste*. Cambridge, MA: Harvard University Press.

Burke, Peter (2006): Imagining Identity in the Early Modern City, in: Christian Emden/Catherine Keen/David Midgley (eds.): *Imagining the City*, vol.1. Oxford: Peter Lang, 23-38.

Child, Josiah (1668): *Brief Observations Concerning Trade and Interest of Money*. London: Henry Mortlock.

Coquery, Natacha (2004): The Language of Success. Marketing and Distributing Semi-luxury Goods in Eighteenth-Century Paris, in: *Journal of Design History* 17 (1), 71-89.

Deursen, Arie van (1991): *Mensen van klein Vermogen. Het 'kopergeld' van de Gouden Eeuw*. Amsterdam: Bakker.

Driessen, Felix (ed.) (1911): *Het welvaren van Leiden. Handschrift uit het jaar 1659 uitgegeven met duitsche vertaling, aanteekeningen en bibliografische bijzonderheden*. 's Gravenhage: Nijhoff.

Feitama, Sybrand (1684): *Gemengelde Parnas-Loof bestaande in verscheidene soort van Gedichten, zo ernstige als Spot-Dichten*. Amsterdam: Fred Vorster.

Foucault, Michel (2007): Spaces of security: The example of the town. Lecture of 11th January 1978, in: *Political Geography* 26 (1), 48-56.

Furetière, Antoine (1690): *Dictionaire Universel*. Rotterdam: [s.l.].

Furetière, Antoine (1880 [1666]): *Le Roman Bourgeois*. Paris: A. Quantin.

Garnot, Benoît (1992): *La Population Française aux XVIe, XVIIe et XVIIIe siècles*. Paris: Edition Ophris.

Grootes, Elidius (ed.) (1999): *G. A. Bredero's Moortje en Spaanschen Brabander*. Amsterdam: Athenaeum-Polak & Van Gennep.

Habermas, Jürgen (1981): *Theorie des kommunikativen Handelns*, 2 vols. Frankfurt am Main: Suhrkamp.

Krook, Enoch (1701): *De theezieke juffers. Kluchtspel onder de zinspreuk, Door yver bloeid de konst*. Amsterdam: erfg. van J. Lescailje.

Lévy, Claude (1957): Un plan d'aménagement du territoire au XVIIe siècle: 'La Métropolitée' d'Alexandre Le Maitre, in: *Population* 12 (1), 103-114.

Liger, Louis (1715): *Le voyageur fidèle, ou Le guide des étrangers dans la ville de Paris, qui enseigne tout ce qu'il y a de plus curieux à voir [...] avec une Relation en forme de voyage des plus belles maisons qui sont aux environs de Paris*. Paris: Pierre Ribou.

Maitre, Alexandre Le (1682): *La Métropolitée*. Amsterdam: Balthes Boekholt.

Nispen, D. Van (1664): *Den verkeerden Pernassus, of De gehoonde à la mode, Gebrilde werelt, Hemelvaert der waerheyt, en De gespoiljeerde post*. [s.l.]: Momus Knapen.

Parival, Jean Nicolas de (1697): *Les délices de la Hollande*. Amsterdam: Henri Wettstein.

Rabinow, Paul (2003): Ordonnance, Discipline, Regulation: Some Reflections on Urbanism, in: Setha M. Low and Denise Lawrence-Zúñiga (eds.): *The Anthropology of Space and Place: Locating Culture*. Malden, MA: Blackwell, 353-362.

Rijndorp, Jacob van (1708): *Derde Meydag of Verhuys Tyd*. 's Gravenhage: Gerr. Rammazeyn.

Roodenburg, Herman (1992): Naar Een Etnografie Van De Vroeg-Moderne Stad: De 'Gebuyrten' In Leiden En Den Haag, in: Peter Te Boekhorst/Peter Burke/Willem Frijhoff (eds.): *Cultuur En Maatschappij In Nederland, 1500-1850. Een Historisch-Antropologisch Perspectief.* Amsterdam: Heerlen, 219-243.

Schottmüller, Kurt (1910): Reiseeindrücke aus Danzig, Lübeck, Hamburg und Holland 1636. Nach dem neuentdeckten 2. Teil von Charles Ogiers Gesandtschaftstagebuch, in: *Zeitschrift des Westpreussischen Geschichtsvereins* 52, 199-273.

Sennett, Richard (1992 [1977]): *The Fall of Public Man.* New York: W Norton.

Simmel, Georg (1995 [1905]): Philosphie der Mode, in: *Georg Simmel Gesamtausgabe*, vol. 10. Frankfurt am Main: Suhrkamp, 7-37.

Smith, Woodruff (2002): *Consumption and the Making of Respectability, 1600-1800.* New York: Routledge.

Teensma, B. (1991): Abraham Idaña's Beschrijving van Amsterdam, 1685, in: *Amstelodamum Jahrbuch* 83, 113-138.

Telinck, Willem (1626): *Den spieghel der zedicheyt, daer in alle soorten van menschen haer selven besiende, bemercken mogen oft sy oock niet geweken zijn van de eenvoudicheyt die sy in hare kleedinge behoorden te betrachten.* Amsterdam: Mart. Jansz. Brandt.

Ufer, Ulrich (2008): *Welthandelszentrum Amsterdam. Globale Dynamik und modernes Leben im 17. Jahrhundert.* Köln: Böhlau.

Wer hat Angst vor Risiken? Wahrnehmung und Bewertung von Risiken in der Bevölkerung

Ortwin Renn

1 Einleitung

Risiken für Umwelt und Gesundheit sind zurzeit in aller Munde. Ob BSE, gentechnisch veränderte Lebensmittel oder Elektrosmog – die populären Gazetten sind voll mit warnenden oder entwarnenden Risikoinformationen. Wie diese Informationen in der Öffentlichkeit wahrgenommen und bewertet werden, ist der Gegenstand dieses Beitrages. Mit dem Begriff der Wahrnehmung werden in der kognitiven Psychologie alle mentalen Prozesse verstanden, bei der eine Person über die Sinne Informationen aus der Umwelt (physische ebenso wie kommunikative) aufnimmt, verarbeitet und auswertet (Jungermann/Slovic 1993).

Wahrnehmungen sind eine Realität eigener Natur: So wie in Zeichentrickfilmen die gemalten Figuren erst dann in den Abgrund stürzen, wenn sie mitten in der Luft stehend plötzlich der Gefahr gewahr werden, so konstruieren auch Menschen ihre eigene Realität und stufen Risiken nach ihrer subjektiven Wahrnehmung ein. Diese Form der intuitiven Risikowahrnehmung basiert auf der Vermittlung von Informationen über die Gefahrenquelle, den psychischen Verarbeitungsmechanismen von Unsicherheit und früheren Erfahrungen mit Gefahren. Das Ergebnis dieses mentalen Prozesses ist das wahrgenommene Risiko, also ein Bündel von Vorstellungen, die sich Menschen aufgrund der ihnen verfügbaren Informationen und des „gesunden Menschenverstandes" (Common Sense) über Gefahrenquellen machen (vgl. Renn 1989; Renn/Schweizer/Dreyer/Klinke 2007: 80ff.). Das Augenmerk dieses Kapitels liegt also auf der Ebene der konstruierten Realität, d.h. der Welt der Vorstellungen und Assoziationen, mit deren Hilfe Menschen ihre Umwelt begreifen und auf deren Basis sie ihre Handlungen ausführen.

Die Forschung der Risikowahrnehmung hat eine Reihe von Vorstellungsmustern identifizieren können, die in der Bevölkerung zur Wahrnehmung und Bewertung von Risiken benutzt werden. Da in diesem Beitrag nur anthropogen verursachte Umwelt- und Gesundheitsrisiken behandelt werden, sind im Folgenden die Vorstellungsmuster aufgeführt, die den Bedeutungsumfang von

Risiko im Bereich menschlich erzeugter Risiken (also nicht der Naturgefahren) prägen. Als Kontrast dazu ist noch das Verständnis von Risiko als Schicksalsschlag hier erfasst. In diesem Verständnis spielen auch natürliche Katastrophen eine wichtige Rolle. Unter diesen einschränkenden Bedingungen lassen sich folgende Wahrnehmungsmuster aufzeigen:

– Risiko als unmittelbare Bedrohung
– Risiko als Schicksalsschlag
– Risiko als Herausforderung der eigenen Kräfte
– Risiko als Glücksspiel und
– Risiko als Frühindikator für Gefahren

Wie beeinflussen diese unterschiedlichen Risikoverständnisse das Denken und Bewerten von riskanten Situationen und Objekten? Welche Typen von Situationen und Objekten sind den verschiedenen Risikomustern zugeordnet?

2 Semantische Risikomuster

Risiko als unmittelbare Bedrohung: Große Störfälle verbunden mit dem Ausfall von Sicherheitssystemen können bei vielen technischen Systemen, vor allem Großtechnologien, katastrophale Auswirkungen auf Mensch und Umwelt auslösen. Die technische Sicherheitsphilosophie zielt meist auf eine Verringerung der Eintrittswahrscheinlichkeit eines solchen Versagens ab, so dass das Produkt aus Wahrscheinlichkeit und Ausmaß denkbar klein wird. Die stochastische Natur eines solchen Ereignisses macht aber eine Voraussage über den Zeitpunkt des Eintritts unmöglich. Folglich kann das Ereignis in der Theorie zu jedem Zeitpunkt eintreten, wenn auch mit jeweils extrem geringer Wahrscheinlichkeit. Wenn wir uns jedoch im Bereich der Wahrnehmung von seltenen Zufallsereignissen befinden, spielt die Wahrscheinlichkeit eine geringe Rolle: die Zufälligkeit des Ereignisses ist der eigentliche angstauslösende Faktor. Beispiele für Risikoquellen, die in diese Kategorie fallen, sind große technische Anlagen, wie etwa Kernkraftwerke, Flüssiggaslager, chemische Produktionsstätten und andere menschlich geschaffene Gefahrenpotenziale, die im Ernstfall katastrophale Auswirkungen auf Mensch und Umwelt haben können.

Die Vorstellung, das Ereignis könne zu jedem beliebigen Zeitpunkt die betroffene Bevölkerung treffen, erzeugt das Gefühl von Bedrohtheit und Machtlosigkeit. Instinktiv können die meisten Menschen mental (ob real mag hier dahin gestellt bleiben) besser mit Gefahren fertig werden, wenn sie darauf vorbereitet und darauf eingestellt sind. Ebenso wie sich die meisten Menschen in der Nacht mehr fürchten als am Tage (obwohl das objektive Risiko, über Tag zu Schaden zu kommen, wesentlich höher ist als während der Nacht, man aber in der Nacht leichter von möglichen Gefahren überrascht werden kann), so fühlen sich die meisten mehr von potenziellen Gefahren bedroht, die sie unerwartet und unvorbereitet treffen, als von Gefahren, die entweder regelmäßig auftreten oder die genügend Zeit zwischen auslösendem Ereignis und möglicher Gefahrenabwehr erlauben. Somit ist das Ausmaß des Risikos in dem hier vorliegenden Verständnis eine Funktion von drei Faktoren: *der Zufälligkeit des Ereignisses, des erwarteten maximalen Schadensausmaßes und der Zeitspanne zur Schadensabwehr.* Die Seltenheit des Ereignisses, also der statistische Erwartungswert, ist dagegen unerheblich. Im Gegenteil: häufig auftretende Ereignisses signalisieren eher eine kontinuierliche Folge von Schadensfällen, auf die man sich im „Trial-and-error"-Verfahren einstellen und vorbereiten kann.

Die Wahrnehmung des Risikos als drohende Katastrophe bestimmt häufig die Bewertung technischer Risiken, findet aber nur wenig Anwendung in der Bewertung naturgegebener Katastrophen. Erdbeben, Überflutungen oder Wirbelstürme folgen den gleichen Bestimmungsgrößen wie Großtechnologien, d.h. sie treten relativ selten nach dem Prinzip des Zufalls auf und erlauben meist nur wenig Zeit zur Gefahrenabwehr, sie werden jedoch mit einem anderen, im folgenden beschriebenen Risikokonzept bewertet.

Risiko als Schicksalsschlag: Natürliche Katastrophen werden meist als unabwendbare Ereignisse angesehen, die zwar verheerende Auswirkungen nach sich ziehen, die aber als „Launen der Natur" oder als „Ratschluss Gottes" (in vielen Fällen auch als mythologische Strafe Gottes für kollektiv sündiges Verhalten) angesehen werden und damit dem menschlichen Zugriff entzogen sind (Watson 1987). Sie sind in der Terminologie Niklas Luhmanns Gefahren, denen man ausgesetzt ist. Die technischen Möglichkeiten, auch Naturkatastrophen zu beeinflussen und deren Auswirkungen zu mildern, haben sich noch nicht so weit in das Bewusstsein der meisten Menschen eingeprägt, dass natürliche Katastrophen eine gleiche Bewertung des damit verbundenen Risikos erhalten wie technische Unfälle.

Natürliche Belastungen und Risiken werden als vorgegebene, quasi unabdingbare Schicksalsschläge betrachtet, während technische Risiken als Konsequenzen von Entscheidungen und Handlungen angesehen werden. Diese Handlungen werden nach anderen Maßstäben bewertet und legitimiert. Schicksalsschläge können höchstens mythologisch oder religiös gerechtfertigt werden.

Wenn niemand außer Gott zur Verantwortung gezogen werden kann, lässt sich auch durch menschliches Handeln keine Besserung der Situation herbeiführen. Als Alternativen verbleiben nur noch Flucht oder Verdrängung der gefährlichen Situation. Je seltener das Ereignis, desto eher wird die reale Gefahr verneint oder verdrängt; je häufiger das Ereignis, desto eher ist Rückzug aus der Gefahrenzone die Folge. Insofern ist es verständlich, wenn auch nicht unbedingt rational, wenn Menschen in Erdbeben- oder Überflutungsgebieten siedeln und häufig nach eingetretener Katastrophe in diese Gebiete zurückkehren. Im Gegensatz zur Situation der technischen Bedrohung ist die Zufälligkeit des Ereignisses nicht der angstauslösende Faktor (weil Zufall hier Schicksal und nicht unvorhersehbare Verstrickung von Fehlverhalten beinhaltet). Im Gegenteil, die relative Seltenheit des Ereignisses ist ein psychischer Verstärker für die Verneinung der Gefahr.

Aufgrund der zunehmenden Beeinflussung natürlicher Katastrophen durch menschliche Aktivitäten enthält das Risikomuster des Schicksalsschlages vermehrt Merkmale der Kategorie „Risiko als unmittelbare Bedrohung". Dies drückt sich beispielsweise dadurch aus, dass nach Naturkatastrophen immer häufiger die Frage nach der Verantwortung gestellt wird und dabei auch die Unterlassung von möglichen vorbeugenden oder nachsorgenden Maßnahmen als Schuld angesehen wird (vgl. Douglas 1966 sowie Wiedemann 1993).

Risiko als Herausforderung der eigenen Kräfte: Wenn ein Extrembergsteiger ohne Atemgerät die höchsten Berge der Welt bezwingt, obwohl das Risiko, dabei zu Schaden zu kommen, beachtlich ist, wenn Autofahrer wesentlich schneller fahren, als es die Polizei erlaubt, wenn Menschen sich mit Plastikflügeln in den Abgrund stürzen und das als Sport bezeichnen, dann erschließt sich eine weitere Bedeutung des Risikobegriffes. Bei diesen Freizeitaktivitäten wird nicht, wie vielfach behauptet, das Risiko in Kauf genommen, um einen angenehmen Nutzen zu haben (etwa Wind um die Ohren oder schöne Aussicht), sondern das Risiko ist der Nutzen: Die Aktivitäten gewinnen ihren Reiz gerade dadurch, dass sie mit Risiken verbunden sind (Machlis/Rosa 1990).

In all diesen Fällen gehen Menschen Risiken ein, um ihre eigenen Kräfte herauszufordern und den Triumph eines gewonnenen Kampfes gegen Naturkräfte oder andere Risikofaktoren auszukosten. Sich über Natur oder Mitkonkurrenten hinwegzusetzen und durch eigenes Verhalten selbst geschaffene Gefahrenlagen zu meistern, ist der wesentliche Ansporn zum Mitmachen. Möglicherweise bietet unsere „Absicherungsgesellschaft" zu wenig riskante Herausforderungen, so dass – häufig instinktiv verankerte – Bedürfnisse nach Abenteuer und Risiko unbefriedigt bleiben. So werden künstliche Situationen geschaffen, die ein kalkulierbares und durch persönlichen Einsatz beherrschbares Risiko schaffen, dem man sich freiwillig aussetzt. Risiko als Herausforderung ist an eine Reihe von situationsspezifischen Attributen gebunden:

- Freiwilligkeit,
- persönliche Kontrollierbarkeit und Beeinflussbarkeit des Risikos,
- zeitliche Begrenzung der Risikosituation,
- die Fähigkeit, sich auf die riskante Tätigkeit vorzubereiten und entsprechende Fertigkeiten einzuüben, und
- soziale Anerkennung, die mit der Beherrschung des Risikos verbunden ist.

Risiko als Herausforderung ist eine so dominante Handlungsmotivation, dass Gesellschaften symbolische Gefahrensituationen in Form von Sportaktivitäten, Gesellschaftsspielen, Spekulantentum, Geldgeschäften und politischen Spielregeln des Machterwerbs entwickelt haben, um das „Prickeln" bei der Beherrschung von Gefahren zu kanalisieren und die möglichen negativen Konsequenzen durch symbolische Bestrafungen zu ersetzen. Mit der symbolischen Kanalisierung des Risikorausches geht auch eine symbolische Vorwegnahme realer Gefahren in Form von Computersimulationen und hypothetischen Risikoberechnungen einher (Breakwell 2007: 121ff.). Die herkömmliche Methode, durch Versuch und Irrtum technische Innovationen oder neue Einsatzgebiete für Technik zu überprüfen, ist in einer auf die Erhaltung des Individuums fixierten Gesellschaft moralisch nicht mehr zu rechtfertigen. Anstelle des – immer Schaden erzeugenden – Irrtums tritt die symbolische Antizipation des Schadens: Abenteuerurlaub darf nur die Illusion der Gefahr vermitteln, aber wehe, wenn einer wirklich zu Schaden kommt; technische Systeme müssen so angelegt sein, dass sie auch bei Versagen niemanden schädigen können (das Lernen an realen Fehlern wird durch Computersimulation von hypothetischen Schadenabläufen ersetzt), und geplante soziale Veränderungen bedürfen einer wissenschaftlichen Folgenabschätzung, inklusive Kompensationsstrategien für potenzielle Geschädigte, bevor eine Reform in Kraft treten kann.

Das zunehmende Erlebnis eines nur symbolischen Schadens schafft natürlich auch neue Erwartungshorizonte gegenüber technischen Systemen. Je mehr der Risikorausch von symbolischen Konsequenzen für einen selbst und mögliche Konkurrenten geprägt ist, desto eher erwartet man auch von den technischen Risikoquellen nur symbolische Konsequenzen. Der echte Schaden darf demnach niemals eintreten.

Risiko als Glücksspiel: Das Risiko als Herausforderung, bei der die eigenen Fähigkeiten zur Risikobewältigung den Ausgang der Handlung mitbestimmen, ist nicht identisch mit dem Verständnis von Risiko in Lotterien oder Glücksspielen. Verlust oder Gewinn sind in der Regel hier unabhängig von den Fähigkeiten des Spielers. Spielen selbst kann natürlich auch einen Rausch erzeugen und zum Selbstzweck werden, aber es ist die erwartbare oder erhoffte Auszahlung, die Möglichkeit des großen Gewinns, die das berühmte „Prickeln" erzeugt und nicht der Vorgang des Spielens (im Gegensatz zu Gesellschaftsspielen, in denen Belohnung und Bestrafung nur noch symbolischen Wert haben).

Psychologen haben sich seit langem intensiv mit Risikoverhalten bei Glücksspielen befasst. Zum einen lässt sich die Situation im Labor gut simulieren, zum anderen kann man leicht die Abweichungen vom statistischen Erwartungswert bestimmen (Dawes 1988: 92ff; siehe auch Kahneman/Tversky 1979). Gleich hier soll deutlich werden, dass der statistische Erwartungswert keinen Maßstab für tatsächliches Spielverhalten abgibt. Der Einsatz sollte möglichst gering sein, während der Hauptgewinn ausgesprochen attraktiv sein sollte. Denn Spieler unterschätzen die Wahrscheinlichkeit seltener Ereignisse und sind eher bereit mitzuspielen, wenn der Wetteinsatz die Schmerzgrenze nicht überschreitet.

Die Tatsache, dass es jedes Mal einen Gewinner gibt, verführt zu der Vorstellung, man könne selbst der nächste sein. Häufig werden mit Glücksspielen versteckte Verteilungsideologien (etwa todsicheres Wettsystem, magische Glückszahlen oder ausgleichende Gerechtigkeit) verbunden. So glauben etwa 47 Prozent aller Amerikaner, dass es besondere Glücksnummern gibt, die bestimmten Mitspielern eine bessere Gewinnchance vermitteln (Miller 1985: Table 8-13). Wird das Zufallsprinzip jedoch anerkannt, dann ist das wahrgenommene Konzept der stochastischen Verteilung von Auszahlungen dem technischen Risikokonzept am nächsten. Nur wird dieses Konzept bei der Wahrnehmung und Bewertung technischer Risiken nicht angewandt. Im Gegenteil: wie eine Studie in Schweden nachweist, halten es die dort untersuchten Personen geradezu für unmoralisch, eine „Glücksspielmentalität" auf technische Gefahrenquellen, bei denen Gesundheit und Leben auf dem Spiel stehen, anzuwenden (Renn 2004).

3 Risiko als Frühindikator für schleichende Gefahren

In jüngster Zeit hat sich in der öffentlichen Diskussion ein neues Bedeutungsumfeld des Risikobegriffes aufgetan. Mit der zunehmenden Berichterstattung über Umweltverschmutzung und deren Langzeitwirkungen auf Gesundheit, Leben und Natur haben wissenschaftliche Risikoberechnungen die Funktion von Frühwarnindikatoren erhalten.

Nach diesem Risikoverständnis helfen wissenschaftliche Studien, schleichende Gefahren frühzeitig zu entdecken und Kausalbeziehungen zwischen Aktivitäten oder Ereignissen und deren latenten Wirkungen aufzudecken. Beispiele für diese Verwendung dieses Risikobegriffs findet man bei der kognitiven Bewältigung von geringen Strahlendosen, Lebensmittelzusätzen, chemischen Pflanzenschutzmitteln oder genetischen Manipulationen von Pflanzen und Tieren. Die Wahrnehmung dieser Risiken ist eng mit dem Bedürfnis verknüpft, für scheinbar unerklärliche Folgen (z.B. Robbensterben, Krebserkrankungen von Kindern, Waldsterben, etc.) Ursachen ausfindig zu machen. Im Gegensatz zum technisch-medizinischen Risikobegriff wird die Wahrscheinlichkeit eines solchen Ereignisses nicht als eine signifikante (d.h. nicht mehr durch Zufall erklärbare) Abweichung von der natürlich vorgegebenen Variation solcher Ereignisse interpretiert, sondern als Grad der Sicherheit, mit der ein singuläres Ereignis auf eine externe Ursache zurückgeführt werden kann.[1]

Wer etwa an Krebs erkrankt ist oder mit ansehen muss, wie ein Mitglied der Familie oder des eigenen Freundeskreises von dieser Krankheit getroffen ist, sucht nach einer Erklärung. Metaphysische Erklärungsmuster haben in unserer säkularisierten Welt an Geltung verloren. Gleichzeitig befriedigt das nach heutigem Wissensstand bestmögliche Erklärungsmuster einer zufälligen Verteilung von Krebserkrankungen das psychische Verlangen nach einer „sinnhaften" Erklärung wenig. Wie trostlos ist es, das zufällige Opfer eines blinden Verteilungsmechanismus von Krankheit zu sein. Kennt man dagegen einen konkreten Grund, etwa Umweltbelastung, Rauchen, falsche Ernährung usw., dann macht das Auftreten der Krankheit zumindest Sinn. Lässt sich aus subjektiver Sicht darüber hinaus eigenes Verschulden (etwa Rauchen oder Alkoholmissbrauch) ausschließen und Fremdverschulden als Ursache der Krankheit heranziehen, dann mag die Krankheit sogar einen sozialen Zweck erfüllen, nämlich die künftigen potenziellen Opfer zu alarmieren und gegen die Ursache des Übels anzukämpfen.

Die häufig hochemotionale Auseinandersetzung um Risiken dieses Typus muss aus diesem psychischen Hintergrund heraus verstanden werden. Die Befähigung des Menschen zum Mit-leiden verhilft ihm zu einer potenziellen Identifikation mit dem Opfer. Risikoanalysen, die eine bestimmte Wahrscheinlichkeit einer schleichenden Erkrankung aufgrund einer Emission nachweisen, bewirken

---

1 Die Ergebnisse einer empirischen Studie über die Unterschiede zwischen Laienbewertung und Expertenbewertung von toxikologischen Erkenntnissen und Vermutungen zeigt, dass Laien Kausalbeziehungen dann für erhärtet ansehen, wenn zwischen singulären Ereignissen (etwa Exposition und Erkrankung) eine mentale Verknüpfung gesehen wird. Kausalität ist hier an kasuistisches Denken gebunden. Siehe Kraus/Malmfors/Slovic 1992; siehe auch Breakwell 2007: 29.

eine Identifikation mit dem von dem Risiko betroffenen Opfer. Während der Risikoanalytiker stochastische Theorien zur Charakterisierung der relativen Gefährdung von Ereignissen benutzt, die keine kausalen Zusammenhänge zwischen singulären Auslösern und deren Effekten erlauben (und damit Distanz zum eigenen Wissensbereich schaffen), sieht der Laie in ihnen den Beweis für die schuldhafte Verstrickung gesellschaftlicher Akteure bei der Verursachung lebensbedrohender Krankheiten.

Bei Risiken als Frühindikator sind die betroffenen Menschen auf Informationen durch Dritte angewiesen. Sie können sie in der Regel nicht sinnlich wahrnehmen. Bewerten Laien diese Risiken, dann stoßen sie auf eine Schlüsselfrage: Vertraue ich den Institutionen, die mir dazu die notwendigen Informationen geben, ja oder nein? Wenn ich „nein" sage, dann will ich Nullrisiko. Denn wenn ich bei der Bewertung solcher Risiken auf Informationen durch Dritte angewiesen bin, diesen Dritten aber nicht vertraue, dann lasse ich mich auf keine Kosten-Nutzen-Bilanz ein. Dann will ich Nullbelastung. In diesem Falle werden keine Risikoberechnungen vorgenommen (zumindest in der Theorie), es geht nicht mehr um tolerierbare Risiken, sondern nur noch um Verbot oder Vermeidung solcher Risiken.

4 Aufgaben der Politik

Die semantische Bestimmung des Risikobegriffs im Alltagsleben hat zu der wichtigen Erkenntnis geführt, dass der universelle Geltungsanspruch des technischen Risikobegriffes als Maß für die relative Wahrscheinlichkeit von negativen Ereignissen nur eingeschränkt für die Alltagssprache gilt. Begriffe in der Alltagssprache sind gewöhnlich mit mehrfachen Bedeutungen besetzt, die sich für den in der Alltagssprache Kundigen mühelos aus dem Kontext ableiten lassen. Gleichzeitig sind Begriffe der Alltagssprache weniger abstrakt, d.h. sie erfordern keinen universellen Geltungsanspruch über unterschiedliche Kontexte hinweg. Risiko beim Skifahren bedeutet etwas signifikant anderes als Risiko beim Betrieb eines Kernkraftwerkes.

Welchen Nutzen können Wissenschaft und Politik in dieser Situation von der Erforschung der Risikowahrnehmung ziehen? Was lässt sich normativ aus den Studien über die intuitive Risikowahrnehmung für risiko- und technologiepolitische Entscheidungen ableiten?

- Naturwissenschaftliche Risikoanalysen sind hilfreiche und notwendige Instrumente einer vorausschauenden Technologie- und Risikopolitik. Nur mit ihrer Hilfe lassen sich relative Risiken miteinander vergleichen und Optionen mit dem geringsten Erwartungswert von Schaden auswählen. Sie können und dürfen jedoch nicht als alleinige Richtschnur für staatliches Handeln dienen. Ihre Universalität wird nämlich mit einer Abstraktion vom Kontext und einer Ausblendung der übrigen rational sinnvollen Wahrnehmungsmerkmale erkauft. Ohne Einbeziehung von Kontext und situationsspezifischen Begleitumständen werden Entscheidungen dem Anspruch, in einer gegebenen Situation ein Zielbündel zweckrational und wertoptimierend zu erreichen, nicht gerecht.
- Kontext und Begleitumstände sind wesentliche Merkmale der Risikowahrnehmung. Diese Wahrnehmungsmuster sind keine beliebig individuell aneinander gereihten Vorstellungen, sondern in der kulturellen Evolution entstandene und im Alltag bewährte Konzepte, die in vielen Fällen – wie eine universelle Reaktion von Menschen auf die Wahrnehmung von Gefahren – das eigene Verhalten steuern. Ihr universeller Charakter über alle Kulturen hinweg ermöglicht eine gemeinsame Orientierung gegenüber Risiken und schafft eine Basis für Kommunikation (Brehmer 1987; Renn 2008: 146f.). Die Wirksamkeit dieser intuitiven Wahrnehmungsprozesse ist zwar abhängig von verinnerlichten Wertvorstellungen und äußeren Situationsumständen, sie bleiben aber bei aller kulturellen Überformung stets präsent und messbar (Rohrmann 1995).
- Unter rationalen Gesichtspunkten erscheint es durchaus erstrebenswert, die verschiedenen Dimensionen des intuitiven Risikoverständnisses systematisch zu erfassen und auf diesen Dimensionen die jeweils empirisch gegebenen Ausprägungen zu messen. Wie stark verschiedene technische Optionen Risiken unterschiedlich auf Bevölkerungsgruppen verteilen, in welchem Masse institutionelle Kontrollmöglichkeiten bestehen, und inwieweit Risiken durch freiwillige Vereinbarung übernommen werden, lässt sich im Prinzip durch entsprechende Forschungsinstrumente messen. Dass aber diese Faktoren in die politische Entscheidung eingehen sollen, lässt sich aus dem Studium der Risikowahrnehmung lernen. Dahinter steht also die Auffassung, dass die Dimensionen (Concerns) der intuitiven Risikowahrnehmung legitime Elemente einer rationalen Politik sein müssen, die Abschätzung der unterschiedlichen Risikoquellen auf jeder Dimension aber nach rational-wissenschaftlicher Vorgehensweise erfolgen muss.

- Risikowahrnehmung kann kein Ersatz für rationale Politik sein. Ebenso wenig wie technische Risikoanalysen zur alleinigen Grundlage von Entscheidungen gemacht werden dürfen, sollte man die faktische Bewertung von Risiken zum politischen Maßstab ihrer Akzeptabilität machen. Wenn man weiß, dass bestimmte Risiken, wie etwa das Passivrauchen zu schweren Erkrankungen führen können, dann ist politische Risikoreduzierung angebracht, auch wenn mangelndes Problembewusstsein in der Bevölkerung herrscht. Viele Risiken werden verdrängt, weil man sich mit ihnen nicht beschäftigen will. Dies gilt vor allem für Risiken, die durch Naturgewalten ausgelöst werden. Sich von verdrängten oder offenkundig falschen Vorstellungen leiten zu lassen, kann kaum eine Rechtfertigung für die Festlegung einer vorausschauenden Risiko- und Technologiepolitik sein. Die Kenntnis dieser Wahrnehmungsmuster kann jedoch zur Gestaltung und Ausführung von Informations- und Bildungsprogrammen nutzbringend angewandt werden. Das Unvermögen vieler Menschen, probabilistische Aussagen zu verstehen oder die Riskantheit langfristig vertrauter Risikoquellen zu erkennen, ist sicherlich einer der Problembereiche, an denen gezielte Bildungs- und Informationsprogramme anknüpfen können (Renn 2008: 42ff). Damit ist eine gegenseitige Ergänzung von technischer Risikoanalyse und intuitiver Risikowahrnehmung gefordert.

Meines Erachtens ist es eine der zentralen Aufgaben der Politik, die wissenschaftlichen Expertisen über die möglichen Auswirkungen und die verbleibenden Unsicherheiten mit den Bewertungen und Gestaltungswünschen der von den Risiken betroffenen Bevölkerung zusammenzufügen und zu einer wissens- und wertorientierten Gesamtpolitik zu integrieren. Risikopolitik darf sich weder auf eine reine Wissensorientierung noch auf eine reine Wertorientierung reduzieren lassen.

Literatur

Breakwell, G. M. (2007): *The Psychology of Risk*, Cambridge, UK: Cambridge University Press.

Brehmer, B. (1987): The Psychology of Risk, in: W. T. Singleton/J. Howden (Hrsg.): Risk and Decisions, New York: Wiley, 25-39.

Dawes, R. M. (1988): *Rational Choice in an Uncertain World*, San Diego u.a: Harcourt, Brace & Jovanovich.

Douglas M. (1966): *Purity and Danger: Concepts of Pollution of Taboo*, London: Routledge.

Jungermann, H./Slovic, P (1993): Charakteristika individueller Risikowahrnehmung, in: Bayerische Rückversicherung (Hrsg.): *Risiko ist ein Konstrukt. Wahrnehmungen zur Risikowahrnehmung*, München : Knesebeck, 89-107.

Kahneman, D./Tversky, A. (1979): Prospect Theory: An Analysis of Decision Under Risk, in: *Econometrica* 47, 263-290.

Kraus, N./Malmfors, T./Slovic, P. (1992): Intuitive Toxicology: Expert and Lay Judgments of Chemical Risks, in: *Risk Analysis* 12, 215-232.

Machlis, E./Rosa, E. (1990): Desired Risk: Broadening the Social Amplification of Risk Framework, in: *Risk Analysis* 10, 161-168.

Miller, S. (1985): *Perception of Science and Technology in the United States*, Manuscript, Washington, D.C.: Academy of Sciences.

Renn, O. (1989): Risikowahrnehmung – Psychologische Determinanten bei der intuitiven Erfassung und Bewertung von technischen Risiken, in: G. Hosemann (Hrsg.): *Risiko in der Industriegesellschaft*, Erlangen: Universitätsbibliotheksverlag Erlangen-Nürnberg, 167-191.

Renn, O. (2004): Perception of Risks, in: *The Geneva Papers on Risk and Insurance* 29 (1), 102-114.

Renn, O. (2008): *Risk Governance. Coping with Uncertainty in a Complex World*, London: Earthscan.

Renn, O./Schweizer, P.-J./Dreyer, M./Klinke, A. (2007): *Risiko. Über den gesellschaftlichen Umgang mit Unsicherheit*, München: Oekom.

Rohrmann, B. (1995): Technological Risks: Perception, Evaluation, Communication, in: R. E. Mechlers/M. G. Stewart (Hrsg.): *Integrated Risk Assessment. Current Practice and New Directions*, Rotterdam : Balkema, 7-12.

Watson, M. (1987), In Dreams Begin Responsibilities: Moral Imagination and Peace, in: V. Andrews/R. Bosnak/K. W. Goodwin (Hrsg.): *Facing Apocalypse*, Dallas: Spring, 70-95.

Wiedemann, P. M. (1993), Tabu, Sünde, Risiko: Veränderungen der gesellschaftlichen Wahrnehmung von Gefährdungen, in: Bayerische Rückversicherung (Hrsg.): *Risiko ist ein Konstrukt. Wahrnehmungen zur Risikowahrnehmung*, München: Knesebeck, 43-67.

Die Transparenz intransparenter Rhetorik.
Die Verständlichkeit politischer Kommunikation und Shakespeares *Julius Caesar*

Remigius Bunia

1 Einleitung

In der Kommunikation werden viele Äußerungen als ‚indirekt' empfunden. Speziell in politischer Kommunikation kommt es vor, dass etwas ausgedrückt wird, ohne dass es eine transparente Formulierung findet. Der Eindruck entsteht, die politische Äußerung sei nicht sehr klar und versuche, den eigentlichen Sachverhalt zu verschleiern, obwohl – paradoxerweise – alle zugleich wissen, wovon ‚eigentlich' die Rede ist. Die Intransparenz ist völlig transparent. Man könnte das ‚Spiel' so benennen: alle wissen, was gemeint ist, aber alle halten sich an die Regel, das nicht in eigentlicher Sprache zu sagen. Wie kann es sein, dass alle wissen, wovon die Rede ist, obwohl keiner direkt sagt, worum es geht? Wir wollen für dieses rhetorische Phänomen, das im Zentrum unserer Aufmerksamkeit steht, den Ausdruck *eigentlich eigentliches Sprechen* verwenden. Wie diese Bezeichnung motiviert ist, soll sich im Laufe der Ausführungen zeigen: Es handelt sich nämlich um uneigentliches Sprechen im Sinne der rhetorischen Theorie, das sich verfestigt und so den Charakter der Uneigentlichkeit verliert.

Dabei soll unter politischer Kommunikation solche begriffen werden, die darauf abzielt, bindende Einigung für alle zu finden, die beteiligt oder betroffen sind. Diese Definition lehnt sich an Luhmann (1998 [1984]: 269-274) an; politische Kommunikation kann es in privaten Kleingruppen, in Unternehmen und unter Wissenschaftlern geben. Es wird abschließend zu fragen sein, welche Brauchbarkeit eigentlich eigentliches Sprechen gerade in der Politik entfaltet. Denn das Phänomen lässt sich durchaus in nichtpolitischer Kommunikation beobachten, wirft allerdings in der Politik offenbar mehr Nutzen ab.

2 Sprachtheorie

Das Problem zielt ins Herz der Rhetoriktheorie. Denn wenn eine ‚übertragene Redeweise' sich als diejenige erweist, die in einer bestimmten Situation als die übliche und gewöhnliche genommen wird, dann verhärtet sich der ‚übertragene' Gebrauch zu demjenigen eines ‚eigentlichen'. Man spricht von einer Katachrese; ein Beispiel ist das *Stuhlbein*, das zunächst einmal metaphorisch das Bein eines Stuhles bezeichnet, der metaphorische Charakter des Wortes aber geht durch die Lexikalisierung verloren. Man empfindet *Stuhlbein* als eigentlichen Ausdruck für Stuhlbein (zur Katachrese vgl. Posselt 2005). Dabei muss die zugrundeliegende rhetorische Operation keineswegs eine metaphorische sein. Beispielsweise liegt beim *Serviervorschlag* eine Hyperbel in Form einer Beschönigung vor. Es ist meist gar nicht möglich, das mittels des Serviervorschlags beworbene Produkt in der Form zu servieren, wie man es abgebildet vorfindet.[1] Dabei ist dem Wort *Serviervorschlag* der Charakter einer rhetorischen Verschiebung abhanden gekommen; es ist *das* gebräuchliche und allgemeinverständliche Wort für eine Abbildung geworden, die einem Produkt nicht ähnlich sehen muss.

Das Phänomen, das uns interessiert, nämlich das eigentlich eigentliche Sprechen, besitzt dieselbe rhetorische Struktur. Es liegt nämlich dann vor, wenn man uneigentlich spricht, aber ‚eigentlich' sich transparent äußert. Ähnlich wie beim Wort ‚Stuhlbein' ist die Bedeutungsübertragung praktisch aufgehoben. Eigentlich eigentliches Sprechen ließe sich also auch als *phraseologische Katachrese* bezeichnen, also als Katachrese mit Bezug auf ganze Syntagmen bzw. Phrasen.

Ein Beispiel soll erläutern, worum es geht. Das Phänomen ist in der politischen Kommunikation alltäglich und auch bei vergleichsweise nichtigen Anlässen zu beobachten. Angela Merkel lud den Wissenschaftsrat ins Kanzleramt ein und begrüßte seine Mitglieder.

> „Der Wissenschaftsrat ist ein in der Politikberatung einzigartiges Gremium, mit all den Vor- und Nachteilen, die es hat. Wenn die Meinung in Bund, Ländern und Wissenschaftsrat einheitlich ist, kann sozusagen fast nichts mehr schief gehen, weil dann die inhaltliche Orientierung gefunden ist. Das Gute ist, dass dies ein Gremium ist, in dem die politischen Zuständigkeiten ein Stück hintanstehen. Man kann die politischen Zuständigkeiten natürlich nicht vollkommen vergessen – ich sehe schon, Herr Professor

---

1   Im Italienischen schreibt man hingegen Folgendes: „L'immagine ha il solo scopo di presentare il prodotto." ‚Die Abbildung hat den einzigen Zweck, das Produkt zu präsentieren.' Hier liegt also keinerlei Verschiebung vor, sondern ein klarer Hinweis darauf, dass Abbildung und Produkt wenig über den Werbecharakter hinaus miteinander zu tun haben müssen.

Strohschneider wiegt leicht den Kopf –, aber ich glaube, zumindest ist die Mühe da, das immer wieder zu versuchen."[2]

Die Rhetorik ist bemerkenswert lax. Zwar wird Merkel am Ende sagen, dies sei der offizielle Teil gewesen: „Ich freue mich auf Diskussionen mit Ihnen, die wir führen können, wenn wir hier den offiziellen Teil beendet haben." Doch zeichnet ihren Stil eine gewisse Flapsigkeit in der Wortwahl aus, die den Eindruck erweckt, hier werde nicht strategisch, sondern frei heraus gesprochen. Zugleich ist für alle Zuhörer völlig transparent, dass genau das die Strategie ist. So kann sie nämlich loben, dass der Wissenschaftsrat „die politischen Zuständigkeiten" ignoriert. Peter Strohschneider scheint zu protestieren, nicht etwa weil Merkel sich immer die „Mühe" mache, die Zuständigkeiten zu übergehen, sondern weil der Wissenschaftsrat ein hochgradig politisiertes Beratergremium ist, dessen Mitglieder vermutlich im Schlaf über Zuständigkeiten in der Bildungs- und Wissenschaftspolitik fachsimpeln können. Will Merkel die politischen Zuständigkeiten tatsächlich vergessen? Sicherlich nicht. Es ist hier allen transparent: Merkel betont, dass Politik und Wissenschaftsrat auf zwei verschiedenen Seiten agieren. Besonders augenfällig wird dies, wenn Merkel ‚zur Sache' kommt:

„Wir sind aber, so glaube ich, in den letzten Jahren auf dem Weg zur Wissensgesellschaft ein ganzes Stück vorangekommen. Die materielle Ausstattung ist aus dem Blickwinkel der Wissenschaft sicherlich noch immer nicht optimal, aber sie ist verbessert worden."

Merkel erklärt, es habe deutlich mehr Geld als vorher gegeben, und trotzdem gebe es Unzufriedenheit; das aber sei nicht überraschend, denn niemand habe das Gefühl, über *genügend* Geld zu verfügen. Die Forderungen aus der Wissenschaft sind so also nicht ernstzunehmen. Nur die Politik weiß, wohin sie ihr Geld am besten steckt; dabei lässt sie sich vom Wissenschaftsrat gerne beraten. Dennoch weiß Merkel, dass ein zentrales Versprechen immer noch nicht eingelöst ist:

„Wir sind auf einem guten Weg zum Drei-Prozent-Anteil der Ausgaben für Wissenschaft und Forschung am Bruttoinlandsprodukt. Ich möchte mich jetzt nicht darauf konzentrieren, dass das Drei-Prozent-Ziel einfacher zu erreichen ist, wenn das Bruttoinlandsprodukt schrumpft; das war nicht der Ansatz, den wir mit unserer Verpflichtung erfüllen."

Die politischen Entscheidungsträger haben also nicht realisiert, was versprochen ist: keine 3 % des Bruttoinlandsprodukts werden aufgewandt. Die Formulierung

---

2 Dieses und alle folgenden Zitate: Merkel (2009).

kleidet sich in eine positive Formel: wir seien „auf einem guten Weg" – dass wir nicht angekommen sind, wird zweitrangig. Durch die Krise schrumpft das BIP, also steigt die Forschungsfinanzierung, doch die Entscheidungsträger haben nichts dafür getan. Die Losung daher ist:

> „Man muss vielmehr sagen: Gerade wenn wir in einer krisenhaften Situation sind, ist es wichtig, dass man für die Zukunft vorsorgt."

Damit ist gesagt: Wir brauchen Wissenschaft und Forschung nicht um ihrer selbst willen, sondern weil sie dem Land in der Zukunft dienlich sein werden. Die Rechnung ist folgende: ‚Ihr bekommt mehr Geld, wenn Ihr das Geld so einsetzt, dass auch das Bruttoinlandsprodukt ansteigt.' Es besteht wenig Zweifel daran, dass Merkel an dem Modell einer rein utilitaristischen Wissenschaftsförderung festhält, selbst wenn sie in derselben Rede bekundet: „Die Wissenschaft hat es in sich, wie ich aus meinem früheren Leben weiß." Auch hier spricht sie eigentlich eigentlich aus, dass dieses frühere Leben (dasjenige einer wissenschaftlich tätigen Physikerin) sehr lange zurückliegt.

Die Mitteilungen der Kanzlerin lassen damit bloß zurückhaltend erkennen, dass sie weiß, an welchen Stellen die gegenwärtige Situation von den Versprechungen abweicht. Sie markiert diese Diskrepanz, lässt sie transparent werden, verweigert zugleich aber das Eingeständnis, dass dies ein Grund zur Unzufriedenheit wäre.

Im Gegensatz zu Phraseologismen sind phraseologische Katachresen keineswegs größere Lexeme. Zu den Phraseologismen zählen nämlich etwa Redewendungen oder vergleichbare feste Wortverbindungen, die zwar ihre eigentliche wörtliche Bedeutung hintanstellen, sich aber durch die starke Wiedererkennbarkeit der Komponenten auszeichnen (Pilz 1981). Nimmt man mit der kognitiven Linguistik und Sprachlernforschung allerdings an (Tomasello 2003), dass Phrasen ohnehin zuerst gelernt werden und daraus überhaupt erst – nach und nach – allgemeine Regeln abgeleitet werden, so sind Phraseologismen ohnehin strukturell von anderen häufigen einfachen Ausdrücken nicht zu unterscheiden. Die jüngere Linguistik – speziell die kognitive und gebrauchsbasierte – geht verstärkt davon aus, dass Spracherwerb in erster Linie aus dem Erlernen fester Fügungen besteht, aus denen erst allmählich allgemeine Regeln abgeleitet werden, die die Erzeugung neuartiger Sätze ermöglichen.[3] Dies erklärt, weshalb bestimmte Phrasen sich einstellen und sich ein bestimmter Ausdrucksgebrauch wiederholt, obwohl größere Variation möglich wäre oder ein anderer Gebrauch als eleganter gelten könnte.

---

3   Dabei bleiben die generalisierten Regeln voll von Ausnahmen und Unterregeln, wie Culicover (2007 [1999]) eindrucksvoll am Beispiel des Englischen belegt.

Das Besondere an eigentlich eigentlichem Sprechen ist hingegen, dass sich die wiedererkennbaren Muster nicht auf der Ebene der syntagmatischen Fügung und der lexikalischen Wahl bewegen (wie bei Sprichwörtern), sondern sich die Übertragung sozusagen auf der Vorstellungsebene realisiert. Ein gesamter ‚Ausdrucksbereich' verschiebt sich. Ein ganzes Wortfeld wird neu eingestellt, indem Worte aus dem Wortfeld in Situationen benutzt werden, für die sie nicht vorgesehen scheinen. Was als Verschiebung des Ausdrucksbereichs bezeichnet wird, müssen wir noch genauer ausführen; an dieser Stelle sei erst ein Beispiel gegeben.

Generell sind nämlich vergleichbare Verfestigungen und Verschiebungen ganzer ‚Ausdrucksbereiche' in jeder Sprachentwicklung zu beobachten. Hier liefert das Französische eindrucksvolle Exempel. So heißt noch im 18. Jahrhundert *embrasser* nichts anderes als *umarmen*, hat sich jedoch durch beständige Amplificatio heute zu *küssen* lexikalisiert; *baiser* dagegen bedeutet damals noch *küssen*, hat sich aber für den heutigen Sprachgebrauch zum (derben) Ausdruck für *ficken* verschoben; während noch *foutre* Ende des 18. Jahrhunderts das einschlägige Wort für *ficken* ist, hat sich für die Gegenwartssprache eine völlige Verschiebung der Bedeutung ergeben, die daraus resultiert, dass der Ausdruck dank seiner emotional aufgeladenen Bedeutungen für viele Situationen Benutzung findet: Heute bezeichnet *foutre* unter anderem *machen, setzen, stellen* und *legen*, daneben in weiteren Verbindungen und Formen *kaputtgehen* (‚c'est foutu') und *gleichgültig sein* (‚j'm'en fous'). Stärker noch als beim deutschen Wort *geil*, das in bestimmten Kontexten seine sexuelle Bedeutung noch bewahrt, hat das französische *foutre* praktisch jede Assoziation mit Sexualität eingebüßt.[4] Für unseren Zusammenhang bemerkenswert ist jedoch, dass ein gehobener, eigentlicher Gebrauch von *embrasser* und *baiser* im Sinne von *umarmen* und *küssen* neben dem alltagssprachlichen, spontanen Gebrauch fortexistiert. Sprecher des Französischen müssen also wissen, dass diese Worte eigentlich etwas anderes meinen (oder gemeint haben), aber *eigentlich* nun die eigentliche amplifizierte Bedeutung tragen.

Was passiert bei dieser Verschiebung von Ausdrucksbereichen? Für die bis vor Kurzem dominierenden Beschreibungen von Bedeutung ist eine solche Verschiebung kein Problem gewesen. In der auf der Rhetorik der Hochantike beruhenden, schließlich von Augustinus radikal zweigeteilten Bedeutungsvorstellung gibt es die *verba propria* und die *verba translata* (oder auch *figurata*[5]), also zwischen Worten mit eigentlicher Bedeutung und solchen mit übertragener Bedeutung (1826 [427]). Seitdem ist über viele verschiedene Stationen der Ent-

---

4   Kompliziert wird diese Verschiebung durch die Tatsache, dass sie die Verben und nicht die Substantive betrifft: So bedeutet *le baiser* weiterhin *Kuss* und *le foutre* weiterhin *Sperma*.
5   Augustinus unterscheidet nicht zwischen Tropen und Figuren.

wicklung der Sprachtheorie daran festgehalten worden, dass Worte einen bestimmten Bedeutungsumfang, die Extension, haben, der sie mit den Dingen der Welt verbindet. Die zwei wichtigsten Einsprüche gegen diese Annahmen, de Saussures Zeichentheorie (2006 [1916]) und Wittgensteins Gebrauchstheorie der Bedeutung (2001 [1953]), sind in der jeweiligen Rezeptionsgeschichte vereinfacht und verwässert worden. Die ‚kognitive Wende' in den Geisteswissenschaften hat nun zur Konturierung einer gebrauchsbasierten Theorie der Kommunikation geführt (Tomasello 2003).

Sie steht in großem Einklang mit dem Kerngedanken von de Saussures Arbeit am Begriff des Zeichens: dass es nämlich darum geht, die diachronen Entwicklungen in der Sprache zu erklären. In seinem neuartigen Zeichenbegriff konstituieren sich die zwei Seiten, Signifikat und Signifikant, bloß negativ, also bloß in Abgrenzung zu dem, was sie nicht sind. Der praktische Grund für diese Einführung wird aber oft übersehen: De Saussure geht es darum zu erklären, wie *diachrone* Veränderungen vonstatten gehen, wie es also kommt, dass von einem Jahr zum nächsten einzelne Elemente einer Sprache sich *unmerklich* verändert haben. Ständig finden nämlich, so de Saussure, kleine Bedeutungsänderungen statt, die unbemerkt bleiben, solange der Unterschied, den sie machen, unbemerkt fortbesteht, weil der Nutzen, den sie haben, erhalten bleibt. Auf diese Weise können etwa morphologische Elemente einer Sprache wegfallen – so unterscheidet man in der gesprochenen Sprache im Deutschen nicht mehr zwischen *ein* und *einen* und spricht beides bloß /n/ oder /aɪn/ aus. Da es aber praktisch keine Situation gibt, in der dieser Unterschied einen Unterschied macht (gemäß Batesons Charakterisierung von Information [2000 (1971): 315]), verliert er *so* schon an Hörbarkeit. Das heißt, dass von dem Moment an, in dem niemand mehr einen Sinn darin sieht, auf den Unterschied zu achten, der Unterschied selbst nicht mehr existiert.

Genauso können sich Bedeutungsunterschiede verflüchtigen und Ausdrücke vereindeutigen. So steht *Kanzlei* heute für ein Rechtsanwaltsbüro, meint aber eigentlich *Büro* und *Dienststelle* überhaupt (aus der früheren *Reichskanzlei* ist das *Bundeskanzleramt* geworden – es gibt aber heute noch in einigen Bundesländern die Staatskanzleien). Die ursprüngliche Bedeutung ist *Sitz des Kanzlers* gewesen. Solche Veränderungen treten schleichend ein: Sie werden von einzelnen Mitgliedern der Sprachgemeinschaft durch Benutzung vorgeschlagen und dann entweder aufgegriffen oder verworfen, aber sie wandeln sich in jeder Benutzung auf ein Neues, sodass die Vorschlagenden die Bedeutung eines Wortes auch nicht kontrollieren können.[6]

---

6 Das ist bei viel staatlicher Sprachpolitik freilich doch möglich. Für de Saussure ist daher auch der Staat eine Behinderung der natürlichen Entwicklung von Sprachen gewesen. Seiner Auffas-

Die Bedeutungsentwicklung lässt sich nicht dadurch beschreiben, dass sich die Extension eines Wortes verändert, weil ja der Bedeutungswandel dadurch eintritt, dass ein Unterschied im konkreten Gebrauch des Wortes nicht mehr zählt. (Im Beispiel *Kanzlei* zählt der Unterschied zwischen dem einen Bürotypus und dem anderen nicht mehr; in den meisten Fällen benötigt man eine Anwaltskanzlei und gerät mit anderen Typen von Kanzlei selten in Berührung.) Anders ausgedrückt: man kann gar nicht sagen, ob nicht ein Merkmal noch existiert (beispielsweise für eine interne Plausibilitätsprüfung im kognitiven System), sondern nur ob für diejenigen, die den Gebrauch eines Wortes beobachten, das betreffende Merkmal eine Rolle spielt. In dieser Beobachtung zweiter Ordnung aber kann ebenfalls nicht essenziell gesagt werden, ob ein Merkmal definitorische Qualität besitzt, denn es können ja neue Situationen auftreten, in denen die Sprachgemeinschaft ganz anders bezeichnet und plötzlich wieder Unterscheidungen benötigt. Genau dies kommt vor, wenn sich auf einmal Ausdrücke differenzieren. Das Differenzieren ist der häufigere Fall: sei es durch Aufnahme von Lehn- und Fremdwörtern, sei es durch Entstehung zweier Wörter aus derselben Wurzel (etwa französisch *fond* und *fonds*), sei es durch Metaphernbildung im weitesten Sinne (etwa französisch *ordinateur*).

Beim Zusammenfall von Bedeutungen kommt es auf die Kontexte an. Je nach Kontext kann es nämlich durchaus angeraten sein, die Etymologie und entlegene Verwendungsweisen zu kennen (wer ständig mit Staatskanzleien zu tun hat, wird bei dem Wort *Kanzlei* nicht automatisch an Anwälte denken). Jemand, der viel Literatur liest, kennt die ‚Bedeutungsproblematik' um *baiser* im Französischen sehr gut, jemand hingegen, der nur Französisch spricht, wird beim Verb *baiser* ausschließlich an Sex denken und den Gebrauch des Wortes für sehr bestimmte Situationen reservieren. Nicht die Extension wandelt sich, da ja durch den Wegfall eines möglichen Gebrauchs die Bestimmung der Extension rein hypothetisch wäre. Sofern niemand einen Ausdruck in einer bestimmten Situation benutzt, gibt es kein Kriterium, anhand dessen ein Bezug zu seiner Bedeutung wiederum in neue Worte gefasst werden kann. Bei eigentlich eigentlicher Rede findet ein Wortgebrauch statt, der die eigentliche Botschaft in Worte fasst, die im Kontext einer politischen Auseinandersetzung als ganz eindeutige Informationen aufgefasst werden können.

---

sung nach gäbe es ein bruchfreies geographisches Kontinuum zwischen den Sprachen, wenn nicht durch Politik und kontingente Staatsgrenzen an einzelnen geographischen Linien die Sprachentwicklung ‚künstlich' und strategisch behindert würde. Vgl. Stockhammer (2010).

3 Shakespeare

Unter den vielen Diskussionen moderner politischer Kommunikation stechen die Reden des Marcus Antonius und des Brutus in Shakespeares *Julius Caesar* heraus. Sie werden als prototypische Beispiele für die Manipulation des Volkes durch rhetorisches Geschick gehandelt. Im Folgenden wollen wir hingegen darlegen, dass es sich vielmehr um eine dramatische Analyse des eigentlich eigentlichen Sprechens handelt. Speziell Marcus Antonius verhehlt seine Absichten nicht; von einer Manipulation kann nicht die Rede sein, sondern von einer ‚eigentlich' offenen Aufforderung zu öffentlicher Wut über das Attentat an Caesar.

Brutus tötet Caesar aus Motiven heraus, die in seinen Augen ehrenhaft sind. Er kontrolliert die öffentliche Meinung, will aber aus seinem Gerechtigkeitswillen heraus Marcus Antonius erlauben, eine öffentliche Rede zum Gedenken an Caesar zu halten (Szene 3.1):

„[Brutus:]
Mark Antony, here, take you Caesar's body.
You shall not in your funeral speech blame us,
But speak all good you can devise of Caesar,
And say you do't by our permission;
Else shall you not have any hand at all
About his funeral. And you shall speak
In the same pulpit whereto I am going,
After my speech is ended" (Shakespeare 1998 [1623]: 348).

Seine Anweisung ist absolut transparent, sogar unmissverständlich. Über die Verschwörer um Brutus – sie sind es, die „our permission" geben – darf Marcus Antonius nichts Schlechtes sagen. Er darf erst als zweiter sprechen. Brutus bietet (es ist die Szene 3.2) zwar sein ganzes rhetorisches Geschick auf, um Caesar zu verurteilen und dem Volk zu erklären, dass diese Tötung hat um seinetwillen vollzogen werden müssen.

„[Brutus:] Not that I loved Caesar less, but that I loved Rome more. Had you rather Caesar were living, and die all slaves, than that Caesar were dead, to live all free men? As Caesar loved me, I weep for him; as he was fortunate, I rejoice at it; as he was valiant, I honour him; but, as he was ambitious, I slew him" (Shakespeare 1998 [1623]: 349).

Doch Brutus übertreibt hier. Die eingesetzten rhetorischen Figuren erscheinen elegant, doch lassen sie sich leicht ‚durchschauen'. Schon in diesem kurzen Auszug finden sich Antithesen, Suggestivfragen, Parallelismen und Klimax auf engstem Raum gedrängt. Brutus wirbt kunstvoll um die Gunst der versammelten Bevölkerung, doch verlässt er sich zu sehr auf die gelungenen Sprachformen; er verzichtet darauf, seine starken und ungeschützten Behauptungen zu untermauern. Zu ihnen zählen die Rechtfertigung durch die Liebe zu Rom und die Darlegung von Caesars Ambitionen. Beides lässt sich aber hinterfragen, ja, Brutus fordert unfreiwillig auf, seine Ausführungen zu bezweifeln.

Der genaue Blick ist nun auf Marcus Antonius' Rede zu werfen. Antonius stachelt das Volk gegen Brutus und die übrigen Verschwörer auf, um letztlich sich und später Octavian die Macht zu sichern (Octavian tritt am Ende des Dramas auf). Antonius' Rede nutzt die Schwächen von Brutus' Vortrag auf bemerkenswerte Weise. Erstens greift sie *nicht* Brutus' Rechtfertigungen auf. Denn täte sie das, liefe es auf eine Diskussion der Argumente hinaus, die zu einem ambivalenten Bild führen müsste; das aber will Antonius vermeiden. Zweitens fordert er die umstehenden Zuhörer *eigentlich* nicht zu einer Revolte auf; er nutzt geschickt eigentlich eigentliches Sprechen.

Antonius' Rede bildet – Szene 3.2 – den Mittelpunkt des Dramas und einen Höhepunkt der rhetorischen Beeinflussung. Doch lesen wir Teile der Replik und unterbrechen diese Lektüre durch einige Erläuterungen.

„[Antony:]
Good friends, sweet friends, let me not stir you up
To such a sudden flood of mutiny."

Zwar erlaubt sich Antonius an dieser Stelle nicht, einen Aufruhr zu erzeugen, doch wirft er dessen Möglichkeit in den Raum. Es wird direkt zu Beginn seiner Rede transparent, dass Aufbegehren und öffentlicher Protest denkbar sind. Zwar erklärt er sich ausdrücklich gegen Proteste, doch stehen seine folgenden Ausführungen gleichsam unter der Überschrift: ‚Ist angesichts des Mordes nicht Protest angebracht?'

„They that have done this deed are honourable."

Hier folgt Antonius exakt Brutus' Vorgabe. Er sagt nicht nur nichts gegen die Verschwörer, sondern attestiert ihnen Ehrenhaftigkeit. Eine solche Zuschreibung ist schwer auszuräumen, und Shakespeare findet für Antonius eine bemerkenswerte – und seitdem berühmte – Methode, um seinen Zweifel an der Ehrenhaftigkeit der Verschwörer zu wecken: die ständige Wiederholung.

„What private griefs they have, alas, I know not,
That made them do it. They are wise and honourable,
And will, no doubt, with reasons answer you."

Es wird deutlich, dass sich die Verschwörer auf ihre dem Volk bekannte Ehrenhaftigkeit stützen, um sich als öffentlich gerechtfertigt anzusehen. Das heißt, sie leiten die Berechtigung zu bestimmten Taten aus ihrem Ruf ab – und nicht ihren Ruf aus ihren Taten. Damit provoziert die beständige Wiederholung die Frage, worauf das Urteil beruht, sie seien ehrenhaft. Antonius legt Wert darauf, die Ehrenhaftigkeit als bekannt vorzustellen, aber die Gründe für sie als ihm unbekannt („I know not", epistemisches „will" im letzten Vers).

> „I come not, friends, to steal away your hearts.
> I am no orator, as Brutus is,
> But (as you know me all) a plain blunt man[.]"

Antonius erklärt hier, kein professioneller Redner zu sein, und vergleicht sich mit Brutus. Indem er darauf verweist, möglicherweise die Herzen der Zuhörer zu stehlen, gibt er offen zu verstehen, dass dies im Bereich des Möglichen ist. Er warnt auch auf diese Weise seine Zuhörer. Rhetorisch geht er in der Tat anders als Brutus vor: keine Figuren, keine Tropen, es handelt sich um den *plain style*, der im 17. Jahrhundert empfohlen wird und der einem *plain blunt man* ziemt. Seine Mittel sind bescheiden: eine Apostrophe, die einnimmt („friends"), ein Vergleich und sehr unterschwellige *captationes benevolentiae*.

> „[I am a plain blunt man]
> That love my friend; and that they know full well
> That gave me public leave to speak of him.
> For I have neither wit, nor words, nor worth,
> Action, nor utterance, nor the power of speech,
> To stir men's blood; I only speak right on.
> I tell you that which you yourselves do know,
> Show you sweet Caesar's wounds, poor poor dumb mouths,
> And bid them speak for me."

Antonius verlässt sich nicht allein auf seine Worte, auf die er hier mutwillig die Aufmerksamkeit lenkt. Es ist völlig offensichtlich, dass er eine aufrührerische Rede hält, und er verbirgt es auch nicht. Er setzt jedoch überdies die öffentliche Wirkung des aufgebarten Leichnams ein, um die Massen zu empören (vgl. Maassen 2000: 120). Es sind diese Wunden, „poor poor dumb mouths", die Marcus Antonius' Rede unterstützen.

> „But were I Brutus,
> And Brutus Antony, there were an Antony
> Would ruffle up your spirits, and put a tongue
> In every wound of Caesar that should move
> The stones of Rome to rise and mutiny" (Shakespeare 1998 [1623]: 352).

Wenn bisher nicht, dann spätestens an dieser Stelle macht Antonius seine Absichten völlig transparent, selbst wenn seine Worte im Irrealis weiter anzeigen, dass er nicht ‚sagt', was er meint. Wäre er Brutus und damit ein großer Redner, riefen er und die Wunden Caesars zu Protesten auf. Und da er sich zugleich als bescheidener, aber großer Redner präsentiert, ruft er in aller Offensichtlichkeit zu Aufruhr auf. Das Publikum versteht es und wird unruhig; die Stimmung, die zuvor ganz auf Brutus' Seite gewesen ist, beginnt zu schwanken. Damit zeigt Shakespeare, dass von ‚Manipulation' kaum die Rede sein kann. Hier liegt völlig offen, was Antonius will und worin die Gefahr für Brutus besteht. Dennoch wiegelt er das Volk nicht direkt auf, sondern nutzt das eigentlich eigentliche Sprechen. Der Grund dafür besteht darin, dass er ansonsten den Verdacht wecken würde, im eigenen Interesse Caesar zu verteidigen. Auf die genaue Funktion eigentlich eigentlichen Sprechens kommen wir noch einmal zum Schluss unserer Überlegungen zu sprechen.

Am Ende seiner Rede radikalisiert Marcus Antonius seine Attacken, indem er Brutus' Rede direkt aufnimmt (weiterhin in Szene 3.2):

„[Antony:]
The noble Brutus
Hath told you Caesar was ambitious.
If it were so, it was a grievous fault,
And grievously hath Caesar answer'd it.
Here, under leave of Brutus and the rest,
(For Brutus is an honourable man,
So are they all, all honourable men)
Come I to speak in Caesar's funeral.
He was my friend, faithful and just to me;
But Brutus says he was ambitious;
And Brutus is an honourable man" (Shakespeare 1998 [1623]: 349).

Antonius stellt die Frage danach zurück, ob Caesars Ehrgeiz das Maß des Erlaubten gesprengt hat: Sollte dies der Fall sein, so hat Caesar dafür gebüßt. Doch vergleicht er Caesars Ehrgeiz mit Brutus' Ehre und erhebt implizit gegen Brutus den Vorwurf, allzu ehrgeizig zu sein, ohne dass *dies* transparent würde. An diesem Punkt – wir sind am Ende von Antonius' Rede – wirft Antonius dem Verschwörer Brutus vor, seine eigentlichen Motive zu verschleiern. Als er erklärt hat, dass die Verschwörer ihre Tat rechtfertigen könnten (they „will, no doubt, with reasons answer you"), so hat er gemeint, wie jetzt deutlich wird, dass sie ihre eigenen Ambitionen auf Macht in Rom hätten nennen müssen.

Brutus ist sich seiner Ehrlichkeit und seiner moralischen Integrität sicher (Szene 4.5):

„For I am arm'd so strong in honesty
That they pass by me as the idle wind" (Shakespeare 1998 [1623]: 353).

Und so verwundert es nicht, dass sich Brutus am Schluss der Dramenhandlung – kurz vor seinem Selbstmord (Szene 5.5) – wenig Sorgen um seinen langfristigen Ruhm macht.

„[Brutus:]
I shall have glory by this losing day
More than Octavius and Mark Antony
By this vile conquest shall attain unto.
So fare you well at once; for Brutus' tongue
Hath almost ended his life's history:
Night hangs upon mine eyes; my bones would rest,
That have but labour'd to attain this hour" (Shakespeare 1998 [1623]: 359 f.).

Er bezeichnet die Auseinandersetzung mit Markus Antonius und dem späteren Augustus als Sieg („conquest") über ihn; es handelt sich dabei ganz ohne Zweifel um einen rhetorischen. So ist es Brutus' eigene Zunge („tongue") – zugleich also seine Rede und seine Sprache –, die seinem Leben ein Ende setzt. Zu sehr hat er sich darauf verlassen, dass seine Mühen um die gerechte Sache und die Republik sich auszahlen würden; nach der Niederlage wünscht sich sein Körper selbst Ruhe („my bones would rest"). Nicht umsonst hängt schließlich über seinen Augen Dunkelheit („Night hangs upon mine eyes"): Es hat seiner Strategie letztlich an derjenigen Transparenz gemangelt, mit der seine Ziele hätten ins allgemeine Bewusstsein dringen können.

4 Coda

Luhmann hat darauf hingewiesen, dass man nicht darauf verweisen kann, die Wahrheit zu sagen, weil dieser Verweis selbst Argwohn hervorrufen würde.[7] Es gibt keine Möglichkeit, die Aufrichtigkeit und Richtigkeit der eigenen Äußerung durch positive Wendungen zu bestärken. Ein probates Mittel ist nur die intrinsische Plausibilität, die mutig Zweifel an Aufrichtigkeit und Richtigkeit sät, damit der Mut selbst als berechtigtes Selbstbewusstsein gedeutet wird. Wenn also Marcus Antonius in Shakespeares *Julius Caesar* die Ehrenhaftigkeit der Verschwörer anspricht oder eine Bundeskanzlerin die Unterfinanzierung staat-

---

7 Luhmann analysiert ‚indirekte' Kommunikation und Inkommunikabilitäten sehr ausführlich. Ein Beispiel (1998 [1984]: 499): „Man lädt jemanden ein, ohne den Zeitpunkt zu bestimmen, und macht damit klar, daß er, im Moment jedenfalls, nicht eingeladen wird, und daß ihm auch die Möglichkeit abgeschnitten wird, sofort oder später nachzufragen. Überhaupt steckt die Kommunikation von Absichten, von Aufrichtigkeit, von gutem Willen voll solcher Widersprüche. Je ausdrücklicher man die Intention einer Kommunikation mitkommuniziert, desto mehr sind Zweifel angebracht."

licher Hochschulen benennt, so liegt allein in dieser rhetorischen Strategie die Möglichkeit, die Solidität der eigenen Redeposition zu markieren. Insgesamt ist eigentlich eigentliches Sprechen ebenfalls kein Phänomen, das sich als Jargon erklären ließe oder das Intransparenz zum Zwecke der ‚Manipulation' zu erzeugen versuchte, sondern es kennzeichnet die Abgesichertheit der eigenen Position. Deswegen greifen gerade auch erfolgreiche Politiker, Manager und Wissenschaftler zu eigentlich eigentlichem Sprechen. Es geht nicht darum, den Blick auf die faktischen Mängel und Probleme zu vernebeln, sondern zu signalisieren, dass man trotz der sichtbaren Schwierigkeiten so und so sprechen *kann*. Die Schwierigkeiten werden als normale Hindernisse oder als unabänderliche Unzulänglichkeiten dargestellt.

Schließlich ist zu fragen, wann eigentlich eigentliches Sprechen Einsatz findet. Die zentrale Funktion eigentlich eigentlichen Sprechens ist es, eine Widerrede rhetorisch unplausibel zu machen. Sowohl ein bejahender Anschluss als auch ein verneinender können als Anzeichen eines Missverstehens zurückgewiesen werden, weshalb letztlich gar keine Reaktion adäquat ist (die Stilkritik, auf die sich vor allem der Journalismus stürzt, bleibt natürlich denkbar). Besonders deutlich wird bei Shakespeare, dass gerade die Bejahung eine entwaffnende Verneinung ist. Zwar hat bei Shakespeare Brutus bereits das Forum verlassen, als Marcus Antonius spricht, doch hätte Brutus wenig gegen Antonius' Worte ausrichten können. Denn gerade Brutus' Vorgaben setzt er punktgenau um. Auf Kritik an seinen Äußerungen könnte er mit dem Hinweis reagieren, er halte sich an die Vereinbarung und spreche bloß in ehrendem Gedenken an den toten Caesar. Eine offene Bejahung ist genauso unmöglich, denn er verbietet ja den Zuhörern ausdrücklich, seine Worte als Aufwiegeln zu begreifen. Gleiches – wenn auch in anderer Weise – trifft auf das Eingangsbeispiel aus Merkels Rede zu: Indem Merkel sowohl die Mängel in den politischen Entscheidungen markiert als auch maskiert, ist eine Reaktion im Prinzip unmöglich. Auf ihr eigentlich eigentliches Sprechen kann nicht damit erwidert werden, dass sie doch bitte die Realitäten zur Kenntnis nehmen möge, also die vergleichsweise schlechte Grundfinanzierung von Forschung und Lehre in der Bundesrepublik; genauso kann man Merkel nicht darauf festlegen, sich auf die Seite der Wissenschaft geschlagen und verbindliche Zusagen gemacht zu haben.

Eigentlich eigentliches Sprechen besitzt zusammenfassend völlige Transparenz in zweierlei Hinsicht: Erstens drückt es klar aus, worum es geht, zweitens weist es – genauso deutlich – jede Reaktion zurück. Seine Funktion erfüllt das eigentlich eigentliche Sprechen gerade deshalb in politischen Kontexten so gut, weil es dort besonders oft nötig ist, sowohl zu zeigen, dass man sich ein Urteil erlauben darf, als auch die eigene Unangreifbarkeit sicherzustellen. Will man es – wie Antonius bei Shakespeare – dazu benutzen, das Volk auf die Straße zu treiben, ist allerdings überdurchschnittliche rhetorische Kreativität vonnöten.

Literatur

[Augustinus] (1826 [427]): *S. Aurelii Augustini Hipponensis Episcopi De Doctrina Christiana*, Ingolstadt: Attenkover.

Bateson, Gregory (2000 [1971]): The Cybernetics of ‚Self'. A Theory of Alocoholism, in: ders.: *Steps to an Ecology of Mind: Collected Essays in Anthropology, Psychiatry, Evolution and Epistemology*, Chicago: University of Chicago Press, 309-337.

Bertram, Georg W./Lauer, David/Liptow, Jasper/Seel, Martin (2008): *In der Welt der Sprache*, Frankfurt am Main: Suhrkamp.

Bunia, Remigius (2008): Worte und andere Dinge, in: Butter, Michael/Sanchez, Christina/Grundmann, Regina (Hrsg.): *Zeichen der Zeit. Interdisziplinäre Perspektiven zur Semiotik*, Frankfurt am Main u. a.: Lang, 199-219.

Culicover, Peter W. (2007 [1999]): *Syntactic Nuts. Hard Cases, Syntactic Theory, and Language Acquisition*, Oxford/New York: Oxford University Press.

Luhmann, Niklas (1998 [1984]): *Soziale Systeme. Grundriß einer allgemeinen Theorie*, Frankfurt am Main: Suhrkamp.

Maassen, Irmgard (2000): Text – Körper – Monument. Performatives Totengedenken bei Shakespeare, in: *Paragrana* 2, 107-136.

Merkel, Angela (2009): *Ansprache von Bundeskanzlerin Angela Merkel anlässlich des Empfangs der Mitglieder des Wissenschaftsrats am 29. Januar* [2009], http://www.bundeskanzlerin.de/nn_5296/Content/DE/Rede/2009/01/2009-01-29-merkel-wissenschaftsrat.html, Abruf im Juni 2009.

Pilz, Klaus Dieter (1981): *Phraseologie. Redensartenforschung*, Stuttgart/Weimar: Metzler.

Posselt, Gerald (2005): *Katachrese: Rhetorik des Performativen*, München: Fink.

Saussure, Ferdinand de (2006 [1916]): *Cours de linguistique générale*, kritisch hrsg. von Tullio de Mauro, Paris: Payot.

Shakespeare, William (1998 [1623]): Julius Caesar, in: *The Arden Shakespeare. Complete Works*, hrsg. von Richard Proudfoot, Ann Thompson und David Scott Kastan, Walton-on-Thames: Nelson, 333-360.

Stockhammer, Robert (2010): Und: Globalisierung, sprachig – Literatur (Gegenwart?, deutsch?), in: *Globalisierung und Gegenwartsliteratur. Konstellationen, Konzepte, Perspektiven*, hrsg. von Wilhelm Amann, Georg Mein und Rolf Parr, Heidelberg: Synchron.

Tomasello, Michael (2003): *Constructing a Language: A Usage-Based Theory of Language Acquisition*, Cambridge: Harvard University Press.

Wittgenstein, Ludwig (2001 [1953]): *Philosophische Untersuchungen*, kritisch-genetisch hrsg. von Joachim Schulte, Darmstadt: WBG.

Transparenting Traces –
Human Vulnerability as Challenge to Biobanking

Ninette Rothmüller

1 Introduction

This chapter focuses on discourses in international research about biobanking as a means of exploring the relationality of transparency and vulnerability, with a particular interest in establishing vulnerability as an ethical principle to biobanking practices. There are increasing calls for transparency in scientific research, accompanied by transparent representations of the research aims and practices within the public sphere (González Quinzá 2002; Høyer et al. 2004). This emphasis on transparency has particular meaning in the context of establishing biobank projects[1] and biobanking research, given the cultural and political significance of substance and tissue donation and the linkages that are made between the analyses of these substances and the data of distinct (or circumscribed) populations. Whether or not biobanking – in comparison to other biotechnological research – is in need of additional or alternative ethical frameworks is a contested question (Solbakk 2007). What is recognisable, however, as will be illustrated in this chapter, is that biobanking practices are challenging the very tools and concepts – especially of autonomy and informed consent – which have come to be considered foundational to sound research ethics. One reason for this is the very premise upon which most biobank projects are based, that is, the significance of the biobank as a research resource for as yet unknown research endeavours. A second reason is the articulation of new concepts of ownership and rights of access to future benefits which are emerging in the context of relationships which are forming on many different levels.

---

1   In this paper, I differentiate between a *biobank project* (the establishment of a biobank) and *biobanking research* (research which uses a biobank as a primary resource). The term *biobanking relationship*, in this chapter, refers to any form of relationship that develops as a result of the implementation of a biobank project or biobanking research. These might be 'new' relationships between physicians and patients who, for example, are now addressed as donors, or between the state and commercial enterprises. These relationships may take legal and economic forms and may offer insight into how ethical guidelines employed by distinct entities relate to each other.

The concept of *vulnerability* is often identified in philosophical and social science literature about biobanking as an aspect to consider with respect to an individual's potential for autonomous decision-making and the respective consent processes which might be affected. In this chapter, I aim to work with the concept of vulnerability as a principle to be adhered to in biobanking and through which the concepts of autonomy and consent can be readdressed in the light of emerging challenges presented by biobanking practices and, specifically, experiences. I will begin by outlining the ways in which the term vulnerability is framed within literature on biobanking and the way in which I employ the term in this chapter. Then I present illustrative examples of developments in biobanking from Iceland, Tonga and the UK which have received considerable attention. Next, I discuss the potential for the concept of vulnerability to count as an argument toward strengthening and securing transparency in the field of biobanking and discuss the concept in relation to the currently prevailing notions of autonomy and consent. Following this I introduce the concept of the *Leib*[2] as a possible means of reflecting upon and informing ethical frameworks for biobanking. In the final section of this chapter, I will discuss the possible consequences of establishing vulnerability as an ethical principle to biobanking.

2 Framing Vulnerability

The term *vulnerability* has emerged as a salient concept in the literature that addresses the ethical, social and legal aspects of biobanking. There is, however, a multitude of reference points for the term and the way in which it is used as an analytical concept. The following are a few specific examples of the variety of reference points for vulnerability: the vulnerability of research (Dahl Rendtorff 2001); "all self-organizing life in the world" (Dahl Rendtorff 2001: 57); animals (Dahl Rendtorff 2001); potential research participants with different intellectual abilities (Iacono/Murray 2003); intensive care patients (Seymour et al. 2003); those who are dependent on the care of others (O'Donovan/Gilbar 2003); people who, by an unequal distribution of ApoE4 allele variation, belong to a specified risk group in terms of contracting Alzheimer's disease (Lock/Freeman 2006); minors and differently competent adults (Rynning 2001); older people (Harris/Dyson 2001); "people who are stigmatized, have low social status and who have very little power or control over their lives. [...A]dults whose vulnerable

---

2   The German term *Leib* is used here in order to retain the complexity of meanings transported by the term.

social status is consequent upon long term cognitive difficulties – people with developmental disabilities, people with 'chronic schizophrenia' or 'manic-depression', people with dementia, [...] children, those without a permanent home, and prisoners" (Clements et al. 1999: 104); and people who live their life "under damaging institutional regimes" (Clements et al. 1999: 104).

As is captured in these examples, the concept of vulnerability is both broad and precise. It is not uncommon for a publication in the field of biobanking to be based on the expertise of an interdisciplinary collective authorship. The authors cited above, for example, are engaging with biobanking practices and ethical concerns from within different national contexts as well as different disciplinary fields, such as law, social sciences and natural sciences. Vulnerability is viewed in these different disciplines and from various angles as an important issue to be addressed, with the term being applied to individuals, groups of people, institutions and forms of life.

The concept of vulnerability is also underpinned by a variety of theoretical frameworks. In this chapter, I aim to further reflect upon the approach taken by Jacob Dahl Rendtorff in his publication 'Biobanks and the Rights to the Human Body' (2001). In the author's own words, to integrate the idea of vulnerability in the ethical framework of a biobank project involves "fighting both mortality and disease, but it also includes an awareness of the additional human vulnerability that might be created in the biobank projects" (Dahl Rendtorff 2001: 57). Dahl Rendtorff's description points to the potential tension between, on the one hand, the means of research to do good on behalf of humankind and, on the other hand, the possibility for humans to be exposed to new forms of harm as both a result and an accompanying feature of scientific research.

3 Consent, Donation and Social Obligation

Following the definition of Eve-Marie Engels (2003), biobanks are institutions, privately owned or publicly financed, which are established for the long-term storage of bodily substances, such as tissue, blood, etc. Together with biological samples, biobanks store data and information that is relevant to the research to be conducted with the bodily substances. Such data may be lifestyle information, geographical information, etc. Both data streams – the sample and the other data – are frequently anonymised. However, it is precisely the interest in combining the analyses of both data streams in order to pursue research questions, which provides the foundation for the establishment of a biobank. Research questions are very likely to focus on discovering the causes of illnesses and the development of novel medical treatments (Engels 2003).

Similar to other areas of biotechnology, emerging social science and philosophical studies have compared biobanking practices (regulations, consent practices, public consultation exercises, etc.) that have been implemented in different countries (see Cambon-Thomsen et al. 2007; Nwabueze 2007; Questiaux 2002). A main concern of the analyses has been to elicit the distinctions amongst forms of regulating biobanking in various countries and the means by which practices – for example, of consent and public involvement – are implemented (Petersen 2005). In many instances, knowledge about the practices and policies in other countries has served to provide policy input with respect to the establishment of a new biobank (Petersen 2005; Nwabueze 2007). Exemplifying this, Hilary Rose notes that critiques of the market-driven conceptualisation of the Icelandic Health Sector Database (also referred to herein as the Icelandic biobank project), which had led to the development of hybrid structures between two biobank players – the market and the state – proved to be a major concern during the design of the ethical and regulatory procedures to be implemented in conjunction with the UK Biobank (Rose 2001). Analyses which produce such associative and comparative links between biobanking projects in different countries, and which contextualise these comparisons in terms of decision-making processes concerning the establishment of a new project, emphasise the global character of biobanking. While understood, on the one hand, to be productive, this mode of association, on the other hand, also has the potential to engender a sense of commonality with respect to biobanking practices and ethics, which relies on concepts of cultural unspecificity. The social responsibilities and needs of citizens living in potentially very different cultural and national contexts and political belief systems who experience participation (or potential participation) in biobanking are obscured. My suggestion is that if transparency is not considered a foremost good in practice, biobanking relationships which are configured in different social-national contexts have the potential to create new forms of vulnerability for the individuals and communities involved. Having said this, I am aware that introducing transparency as a foundation to policies and practises is a multilayered task. Regarding science politics in the UK, Mavis Jones suggests: "Transparency may in fact be merely a revamped version of the deficit model: where the deficit model constructs the public as unable to support science and technology policy due to their lack of understanding [...] [T]here appears to be little foresight regarding formal instruments that would allow citizens to change the direction of policy [...]" (Jones 2004: 263). If efforts in the name of transparency can be viewed simply as a refashioning of the perspective that non-scientific experts do not have the capacity to participate in research governance discussions, how would it be possible to reconfigure the constituent components that support transparency initiatives? In other words, would it possible to implement an ethical framework that could render the achievement of transparency integral to the overall conducting of research? Two examples of biobank projects will be drawn upon in the following pages in order to address the complexities that emerge with respect to practices of informed consent in the context of biobanking.

3.1 Framing Consent as Social Obligation

In the late 1990s, Kári Stefánsson, co-founder of the American biotechnological company deCODE Genetics, requested support from the Icelandic government for the development of a DNA biobank of the Icelandic population, which was to be linked to the country's health records (Hansson 2004; Nwabueze 2007). In response, the Act on a Health Sector Database no. 139/1998 (1998 Act) was passed by the Icelandic parliament in 1998 (Nwabueze 2007). The resulting Icelandic Health Sector Databank was based on what is conceptualised as 'presumed consent'[3], whereby each Icelandic citizen had the option to opt out of the project. Seven percent of Iceland's citizens chose to opt out and the remaining population were deemed to have consented to the use of their data (Hansson 2004). In terms of research transparency, the concept of presumed consent operates on a very low level: It is very possible that a significant portion of the Icelandic population may not have been aware of the option to opt out. It is thought that approximately 25% of the participants in the Icelandic Health Sector Databank (that is, those citizens who did not opt out) now fear the misuse of the data contained in the databank (Hansson 2004).

In the case of the Icelandic biobank "criticisms were raised that the methods to protect the privacy and confidentiality of data were not adequate and that the establishment of such a database was not premised on democratic mechanisms, in particular that the Icelandic population had not been given the opportunity to debate these issues prior to the establishment of the Biobank" (Corrigan 2006: 500). The 'presumed consent' process which was implemented lacked any mode of communication between the project and its researchers and the

---

3   See Caufield et al. 2003 for a review of different forms of consent models that are used in practice.

public, which was expected to provide the very substance and data upon which the biobank would be based. In fact, outreach practises have become a means by which biobanking projects can be rendered transparent for the public and which also facilitate feedback, which can help to determine whether the aims of the research are in agreement with the public's interest.[4]

The circumstances surrounding the Icelandic biobank project can be viewed as an example in which the "additional vulnerability", to which Dahl Rendtorff refers, might be experienced as a result of biobanking research. In relation to the Icelandic case, one of the issues that emerged was the authority of the state to have entered into a contractual relationship with a commercial enterprise in a manner which granted transparency neither concerning this relationship, nor concerning the options that citizens might wish to consider. Members of the Icelandic population, who were expected to exercise an 'opt-out' function, thus might experience a form of vulnerability that is closely linked to the establishment of the biobank and which would, in this very form, certainly not have appeared without its creation in the first place.

The second example that I draw on is that of a project proposed with respect to the population of the Kingdom of Tonga. In this case, Autogen Limited, an Australian biotechnology company, proposed to establish a biobank in the Kingdom of Tonga based on an agreement made with Tonga's Ministry of Health (Nwabueze 2007). Similar to Iceland, being relatively small in size and in population, the Kingdom of Tonga has been understood as providing a solid research base due to the population's 'genetic homogeneity'. The agreement between Autogen Limited and Tonga's Ministry of Health illustrates, as the Icelandic example also partly does, the "growing international trend [...] towards governmental assumption of ownership of its citizens' gene pool" (Nwabueze 2007: 167). The agreement included a list of privileges and financial profits in terms of trade relations, such as the free provision of therapeutic products that might result from Autogen Limited's research to the population of Tonga.[5] Amongst other issues, two main critiques were raised in this case. First, the fact that the content of the agreement between Autogen Limited and the Ministry of Health was never publicly discussed was seen as problematic. Second, Autogen Limited's ethical approach to consent was based on a societal model in which

---

4 See the website of the Public Population Project in Genomics, specific section of Governance and Public Engagement: http://www.p3gobservatory.org/repository/ethics.htm;jsessionid=E7 8031546091A75EFC147C45EAF32A33 (accessed 8/20/2009).
5 While this may be construed as an equitable relation, such agreements also establish future dependencies.

individualism is considered to be a foremost good. Autogen Limited was criticised by the church and pro-democracy groups who expressed disapproval of the company's "emphasis on the prior consent of individuals" for not taking "into account the role of the extended family in Tonga" (Burton 2002: 443). In Tonga, "the extended family grouping (ha'a or matakali) will definitely have a say on whether its individual members be permitted to give prior informed consent in the full knowledge that the serum and genetic material donated is reflective of the extended family's genetic make up" (Senituli/Boyes 2002, as quoted in Nwabueze 2007: 167-168). Following Sivaramjani Thambisetty, consenting and decision-making according to a tradition of social group practice can fulfil "a function of the nature of the relationship between individuals within the community and the community itself" (Thambisetty 2002: 703). Autogen Limited was unable to prove that a concept for obtaining consent that was appropriately based on Tongan traditions of decision-making prior to participation had been developed and as a result failed "to establish a database of genetic information on the population of Tonga" (Burton 2002: 443). The framework for decision-making in this case allows for "the applicability of the concept of 'informed consent' to groups and the ability of marginalized groups to protect themselves from the potential harms of such research" (Tsosie/McGregor 2007: 352). The Tongan case demonstrates the ways in which new forms of vulnerability may be rooted in the hierarchical structures of historical and contemporary relations between countries.

The social and ethical issues that were raised concerning the Icelandic biobank project and that which was proposed for Tonga have been described as "almost identical" (Kaye/Martin 2000: 1146). In only briefly discussing the issues that emerged in the two cases, there is a clear need to closely look at the issues within their specific context. In Iceland, the approval of the presumed consent approach by the state supported the initial establishment of the biobank. In contrast, in Tonga the lobby against the proposed means of consent led to the stalling and eventual abandonment of plans to establish a biobank. Both the Icelandic and Tongan cases involved significant economic and commercial interests, yet the meaning of these has been configured differently. In the former, the significance of commercialisation was highlighted in critiques of the government's decision to establish the Icelandic Health Sector Database without the involvement of the public in the decision-making process. In the latter, the non-transparent content of the trade agreement – rather than the commercialisation of substance or data – was highlighted as a concern, in some ways also recognising the historical economic relations between the specific nations involved.

Comparative studies of national or international biobanking projects which aim to inform the development of ethical frameworks must be 'translated' into the cultural setting in which the framework will be implemented. Additionally, critical reflection on such frameworks and biobank projects is required on different societal levels by, for example, holding discussion groups comprising so-called 'lay people' or non-scientists, etc. Otherwise, the nuances of the meanings of commercial engagement, as well as of inter-state relations and state-citizen relations will be missed.

Understanding these nuances will become increasingly important as biobanking research is undertaken by international consortiums which must meet the legislative requirements and citizens' calls for transparency in varying cultural and national contexts.

3.2 Constructing Biological Citizenship and the Rhetoric of Altruism

I will now turn to two examples from the United Kingdom in order to explore notions of altruism in relation to practices of informed consent and expectations of social obligation. Whereas in Iceland and Tonga potential participation in biobanking research became an issue of citizen engagement in processes of contesting the practices that were or had been implemented, in the UK citizens were addressed as potential participants in the light of their status as potential donors of substances and data prior to the existence of, and as part of establishing, a biobank. A discursive environment was created in which individuals, most often citizens belonging to a specified group (fertility patients, for example), were asked to frame their consent to participate in a biobank project as acts of 'donation'.

In most cases, in the public sphere biobanks are associated with collections of tissue and blood samples. Some of the complexities related to biobanking thus have to do with the understanding of what is defined as a tissue or a cell and the meaning that is attributed to these substances. An emerging field of regenerative medicine and reproductive-medicine research involves research with stem cells and the establishment of stem cell banks. As part of the process of establishing an infrastructure for stem cell research in the UK, the UK Stem Cell Bank was opened in 2004 as a repository for stem cell lines which meet particular standards. These lines would be deposited and available for access (upon meeting particular conditions) by researchers world-wide.[6] Early on in this process, the

---

6 The UK Stem Cell Bank stores both human embryonic stem cell lines and non-human embryonic stem cell lines. Human embryonic stem cells are derived from the inner cell mass of a

UK Medical Research Council drafted a Code of Practice[7] for the donation of substances for stem cell research, emphasising the 'ethical sourcing' of embryos. An information package and consent form for embryo donors –developed and piloted by the Medical Research Council but not implemented as a national tool[8] – exemplifies 'inexplicit' expectations that citizens fulfil their social obligations through donation (that is, by participating in the establishment of the biobank, in this case a stem cell bank). In a paragraph on the first page of the information package, the reader is informed that the document will provide them with information about: "how you can help medical research by donating embryos" (Medical Research Council 2004: 1). This rhetoric of 'help' invokes notions of altruism and responsibility. The placement of this statement on the first page of the package also creates a hierarchy between the statement and the information that follows, as a presumption in favour of participation is already articulated.[9]

The last example in this section of my chapter refers to the rhetoric employed in the constitution of the UK Biobank. The concept for the UK Biobank, formerly the UK Population Biomedical Collection, was first developed by the Medical Research Council and the Wellcome Trust UK in 1999. From the beginning, the UK Biobank project has been criticised widely. For example, the nonprofit public interest group GeneWatch pointed to, amongst other issues, the project's potential to facilitate discrimination and questioned the suitable use of pub-

---

blastocyst and have the potential to be maintained indefinitely in culture and to be differentiated into tissues and organs of the human body. In the text of the Medical Research Council information leaflet the terms *cells*, *embryos*, and *egg cells* are not clearly differentiable from one another. Such clarity, however, would be required in order to provide the reader with a sound idea of what it is that is talked about (and, more specifically, what it is that they are being asked to donate).

7   See http://www.ukstemcellbank.org.uk/code.html (accessed 8/19/2009) for the latest version of the Code of Practice.

8   In 2004 the MRC funded the Human Embryonic Stem Cell Coordinators' Network (HESCCO), which then also undertook the task of developing a standardised consent form.

9   Drawing on a similar discourse of donation and social obligation, a report of the UK Medical Research Council Human Genetics Commission, which was published in 2002, emphasises solidarity and a population's common interest in genetic research being performed: "We all share the same basic human genome, although there are individual variations which distinguish us from other people. Most of our genetic characteristics will be present in others. This sharing of our genetic constitution not only gives rise to opportunities to help others but also highlights our common interest in the fruits of medically-based genetic research" (Human Genetics Commission 2002, quoted in Dickenson 2004: 116). This sentence presents a link between shared genomes, common (shared) interests in genetic research, and participation in genetic research. The emphasis on the similarity between the genome of individuals is being used as rationale for some more recent court decisions concerning cell ownership. Bruce Howell (2007) comments that since the completion of the Human Genome Project, one could argue that the genome is in the public domain and thus no one individual can lay claim to its content.

lic money to support the UK Biobank (GeneWatch UK 2002). The Medical Research Council set out to "set a new standard for ethics and governance in this area" (MRC 2003, cited in Petersen 2005: 286), aiming to engender public trust in science after the 1999 GM crops controversy and scandals such as the Alder Hey Hospital case. As a means of enacting transparency – and in response to both the general atmosphere of mistrust in medical research and the voiced opposition to the objectification of the body and its commodification – a main characteristic defining the implementation of the UK Biobank was the focus on public consultation, for example through one-to-one in-depth interviews and group interviews etc (Pálsson/Harðardóttir 2002). Social scientist Alan Petersen emphasises "the adequacy of [the consultation] process and the assumption that underlie it are never scrutinised" (Petersen 2005: 283). Petersen notes, furthermore, that in the run-up to the UK Biobank "proponents [...] made extensive use of the language of citizenship, particularly in reference to participants' contribution to helping others and to 'altruism' " (Petersen 2005: 283). Adriana Petryna views this post-modern discourse of "biological citizenship" as a "linking of biology and identity" (Petryna 2002: 14; see also Rose and Novas 2004).

Concepts such as donation and altruism have their place outside of economic calculations. Hence the framing of participation in a biobank through the 'donation' of substance and data is somewhat pre-emptive in character as it circumvents requests for confirmation of public benefits and profit-sharing: participating individuals are donors only. Helen Busby writes: "In the midst of uncertainty and controversy surrounding contemporary developments in genetic research, the utility of the concept of altruism in a policy context is found in its fluidity" (Busby 2006: 860). The rhetoric of altruism is flexibly applicable to different matters, but it is also seemingly easily linked to discourses of biological citizenship as well as those which promote transparency. As has widely been discussed, it is problematic to conceptualise an individual as a donor of a substance, if the 'donation' then materialises into what Donna Dickenson, with reference to Suzanne Holland (2001), calls the "biotechnology 'Gold Rush', in which the territory is the human genome or the human body, [which] is flooding into unexplored and 'wide open' territory" (Dickenson 2004: 110). This form of altruism, Donna Dickenson states outright, "is better [...] called exploitation" (Dickenson 2004: 110). An awareness of the tension that exists between the concept of autonomy that is foregrounded in models of consent and the commodification of bodily substances according to the rules of a global economy is required.[10] Obscuring such tensions diminishes efforts aimed at

---

10 Alain Pottage, for example, demonstrates the ways in which the prevailing linkage between the two has proven to be disadvantageous for some. Pottage examines the case of so-called

achieving additional transparency, which should not only pertain to actions in the present, but also to the broader context in which research is carried out. The discursive framing of donation with respect to stem cell research in the first example and the UK Biobank in the second example is ethically questionable. Both are statements which at first glance appear to make research practises transparent by explaining the rationale behind the science. When taking a closer look, however, the language that is used in both examples renders the breadth of research interests (and potential future use of research), as well as economic interests, invisible. Following this train of thought, one can ask how playing on notions of a potential donor's altruism could be justified, when or if the research which then employs the 'donated' bodily substances is part of a highly-commercialised biotechnology economy. Is it not rather that highlighting the altruism of donors has the potential to obscure economic-driven interests, rather than, as the intentions formulated by the Medical Research Council state, to set new ethical standards with respect to the governance of complex technologies?

4 Vulnerability at Stake

The German National Ethics Council states that: "biobanks are defined as collections of samples of human bodily substances that are or can be associated with personal data and information on their donors. [...] A facility is not a biobank [...] if it merely records and stores personal data derived from bodily samples" (German National Ethics Council 2004: 21). According to this definition, what makes a biobank a biobank is precisely the connection to the so-called life data that a biobank research participant in Klaus Høyer's study described as "more intimate [...] than giving blood, it really is" (Høyer 2002: 10).[11] Another participant in the same study stated that the data is "really, a part of myself that I hand out. [...] (laying his hand on the questionnaire)" (Høyer 2002: 10). These comments illustrate that, although there are different ways of relating to samples

---

    'bio-colonialism' in New Guinea with respect to the process of producing and patenting the PNG-1 cell line (Pottage 1998).

11 It should be noted (but will not be further discussed herein) that the German National Ethics Council's definition is limited when it comes to considering other samples contained in biobanks, such as those which were procured during surgeries or which can be traced back to fertilitytreatment, etc. The emphasis that is placed in the definition on tissue banks which were established from the outset as a resource for future research may obscure (potential) donors' perceptions of their life histories as also being inscribed in the tissue (and data) that is now stored, generated and used in a biobank which does not meet the definition employed by the German National Ethics Council.

or information that is provided, the process of participating in a biobanking project has the potential to be an intimate experience. It is this very intimacy that is foremost linked to vulnerability.

Analysing the reflections of participants in his study, Høyer, whose work focused on the implementation of a biobank in Sweden, poses a question about "where [...] we feel that personhood resides: in the life experience that can be recollected or in the substance that can be medically analysed?" (Høyer 2002: 10). Taking vulnerability into consideration as a foundational ethical principle, this question becomes crucial. In the bioethics literature, there is significant debate as to whether genetic information is 'exceptional' and whether – as a result of this exceptionality – it should be subject to additional precautionary governance. Høyer's question renders it possible to suggest that the substance that is to be medically analysed in biobanking research is embedded in the story of an intimate relationship to the person who donated it and, on this basis, the substance and the data can be understood to be exceptional: the data is incomparable to other research data.

This exceptionality can be extended by taking a step further, as research about the meanings ascribed to donated egg cells shows. For example, in contrast to the non-specific use of terminology in the MRC information leaflet discussed above, a distinction between the conceptual framing of donated egg cells and other cells is made in other contexts, raising the question of what it is that makes eggs special (Denker 1999). Foregrounding potential vulnerability, I suggest that such distinctions may arise due to the intimate connection between eggs and generativity and, hence, the ways in which individuals write history. For women who are undergoing fertility treatment, which, as research demonstrates, is a very intense and often painful experience, eggs, whether donated or not, are potentially connected to the same hopes; the stuff that futuricity is made of (Throsby 2004; Rothmüller 2007). The meanings that are inscribed in egg cells may for some indeed be quite different than the meanings that other cells of the body might have. It is perhaps the imagination of what could be that underpins experiences of vulnerability in these situations.

4.1 On Being Vulnerable – Transcending Time

The various manners in which notions of consent, donation and social obligation are conceptualised and experienced in relation to biobanking in different contexts, as illustrated by the above examples, highlight the culturally-mediated practices of ethics. Given the examples that have been discussed thus far, I would now like to outline more specifically the role that implementing vulnerability as an ethical principle to biobanking could have, especially in relation to the more common focus on autonomy and informed consent.

In this contribution I am proposing the principle of vulnerability not as an alternative to that of autonomy, but as a necessary addition to the authoritative model of autonomy. Ole Andreas Brekke and Thorvald Sirnes note that autonomy has, on the one hand, been conceptualised as a "distinguishing feature separating modern-day genetics from the old eugenics" (2006: 393). On the other hand, they comment, it is "this 're-socializing' of genetics, whereby presumably autonomous individuals are asked to make informed choices based upon knowledge of their own or their family's genetic predispositions, [that] is less distinguishable from the 'old' eugenic idea of enhancing the population's genetic characteristics" (Brekke/Sirnes 2006: 393). In many cases, the concept of autonomy is restricted to the here and now in which an individual is expected to act. The concept of experience that I employ within the framework of vulnerability includes experiences that are embedded in either the individual memory of a subject or the collective memory[12] of a community. In lifting the 'ethical coat' of autonomy, the social obligations of the conceptualised autonomous individual become apparent. Additionally, implementing the concept of vulnerability as the key focus aims to overcome temporal limitations and to address the vulnerabilities of the individual within his or her own life history, as well as those of communities (which may be a result of a past rather than current situation). In this sense, the concept of vulnerability transcends time. My suggestion, therefore, is that taking vulnerability – in all of its manifestations – into account will challenge the presumptions which often underpin the concept of autonomy and thus render the processes of consent, information dissemination and decision-making more transparent.

Equally, the establishment of vulnerability as an ethical principle to biobanking is not in disagreement with an emphasis on informed consent, but rather builds a bridge to a conceptual understanding of consent as an on-going process. How and to whom information should be passed in the context of biobank projects – that is, also amongst those for whom the transparency of practises is most required – is an issue that is widely discussed. One mechanism through which transparency is thought to be achieved is the process of obtaining consent. In the literature there is a focus on models of consent that might be implemented, as well as on the nuances of consent within particular contexts which should be ad-

---

12 I am using this term in relation to Frigga Haug's concept of collective memory work. See Haug 1999.

dressed. Discussing the central role of informed consent in research ethics, Brekke and Sirnes conclude that "informed consent is not an adequate answer to the problematic raised within biobank based research" (Brekke/Sirnes 2006: 396). The different forms of informed consent which have been the subject of bioethical analysis, such as blanket consent, the authorisation model, etc. (Caulfield et al. 2003), seem inadequate for handling the various issues that are arising in biobanking projects and the very premise that biobanks are established as resources for as yet unknown research projects and aims. The emergence of new forms of fear in people once they have participated in a biobanking project, as is described with respect to the Icelandic biobank project discussed above, or concerns that biobanking will create or enhance power imbalances between participants, their families and professionals, as in both the Icelandic and Tongan cases, is not resolved by amending consent processes. A primary focus on consent also does not alleviate issues that concern the potential maintenance or enhancement of the disadvantages of people whose active involvement in an economically-oriented society is likely to be limited in the first place (for example, differently-able people, the elderly, etc.). Vulnerability, thus, is not a mere addition to informed consent as a foundational principle. More so, the relationship between the two has to be articulated and conceptually developed in relation to and involving members of the public, those with economic interests, politicians, and professionals and other individuals and communities concerned with biobanking.

What I have been elaborating upon thus far is to serve as a foundation to support the proposal to implement the concept of vulnerability as an ethical principle to biobanking and, significantly, as an integral means of meeting the transparency requirements for relationships between different actors in biobanking: participants, researchers, companies, etc. Bringing vulnerability into focus could facilitate a greater awareness of the power imbalances between individuals with diverse investments in the conducting and the outcomes of research and render this awareness a critical dimension of ethical conduct.

5 Establishing Vulnerability – Philosophical Notes

Employing experience as a reference point for the implementation of vulnerability as an ethical principle to biobanking, I am binding my approach back to concepts which have been developed in the field of Leibphilosophy. Ulle Jäger, whose sociological research revisits and reformulates the relationality of *Leib* and body, emphasises that a perspective coming from the Leib can prove to be of relevance to social scientific work, as "der Leib ist der Ort der Erfahrung des Selbst"[13] (Jäger 2004: 17). Including notions of the Leib within the investigations undertaken in this chapter, I hence establish experience as knowledge-producing matter. Taking Leib into consideration, from my perspective, acts as a challenge to the objectification of the body through biobanking. My understanding of Leib follows Maurice Merleau-Ponty's (2003) articulation of the apperceiving subject as an embodied subject and, hence, a 'leibliches' subject (Jäger 2004). In Richard Zaner's words, "the body proper[14] is the matrix of concrete human existence" (Zaner 1971: 240). Introducing this conceptual framing of Leib into social scientific investigations in biobanking, medical interferences with the body can be understood to be interventions that leave traces on the level of Leib: on the level of existence.

In his book 'Leibsein als Aufgabe',[15] Gernot Böhme declares that genetic research and its future application will, in the long run, create a situation in which "humankind will potentially become an artefact" (Böhme 2003: 174),[16] impacted by the manipulation of its make-up. The manipulation that Böhme anticipates would be preceded by the acquisition of genetic knowledge, such as that which could identify the potential of an individual to acquire or experience a specific illness during their lifespan. Assessing the potential outcome of genetic research for individuals involved, Böhme emphasises that "knowledge about one's own destiny is an incredible burden for the person" (Böhme 2003: 175).[17] Following this train of thought, any reservations that might be expressed about the implementation of a biobank appear in a different light: The conceptualisation of the value of the knowledge which might be acquired may vary significantly among the various actors involved in biobank projects and biobanking research. Participants, for example, might experience a specific form of involvement, given that genetic knowledge is always knowledge which is external: "one is approached in a radically foreign way – however, one is at the same time unavoidably 'meant' [betroffen]" (Böhme 2003: 176).[18] From this point of view, requests for clarity concerning the different values that genetic knowledge might have for an individual or a society, as such, are justifiable (Thorgeirsdottir 2003).

---

13   The Leib is the site of experiencing the self. Translation contributed by Carol Hagemann-White.
14   The term 'body proper' is used here by Zaner in translation of *Leib*.
15   'Being Leib as Task' (title translated by Ninette Rothmüller).
16   In the original: "[...] der Mensch wird potenziell zum Artefakt" (translation by Ninette Rothmüller).
17   In the original: "[...] dass das Wissen um das eigene Schicksal eine ungeheure Belastung für den Menschen darstellt" (translation by Ninette Rothmüller).
18   In the original: "[...] dass das Wissen um das eigene Schicksal eine ungeheure Belastung für den Menschen darstellt" (translation by Ninette Rothmüller).

Newer investigations in the field of Leibphilosophy offer a better understanding of how individuals are 'meant' by biobanking and how they are potentially open to new forms of vulnerability via biobanking practises which work with bodily substances and personal information. Recent contributions in this field strengthen the notion of the intertwined relationship between the Leib and the body as the matrix of our existence – that is, the existence of the individual (Jäger 2004). In Norbert Meuter's words, "[t]he Leib is the gateway of cultural interpretation into our bodily existence" (Meuter 2006: 56). Introducing an understanding of individuals as existentially 'meant' by biobanking research into the discussions of vulnerability in relation to ethical frameworks for biobanking acknowledges this intertwined relationship of body and Leib and, furthermore, contests notions of an objectifiable and commodifiable body. What limits the possibility for bodies to be objectified is precisely, for example, the pain that is experienced or imagined by some individuals who participate in biobanking practises. This pain may be caused by a real interference through medical interventions, such as having a blood sample taken, or it may be based on the awareness that the data that is provided is intimate. It may also be that the process surrounding the substance donation, such as a fertility treatment, is a painful experience which creates uneasy memories. Böhme states that "[...] it is pain that always reminds us that we are Leib [...]" (2003: 94).[19] The inclusion of notions of Leib in this investigation, points to vulnerability – whether in the individual or the community – as that which is at stake in biobanking. If this is the case, this has consequences for the ethics of regulating biobank projects and biobanking relationships.

Linking the notion of individually experienced vulnerability to the Leib thus fulfils two aims with respect to establishing vulnerability as an ethical principle to biobanking. First, a concept of the body as intertwined with the Leib implies that the body can be neither objectified nor commercialised as such. Second, employing such an understanding of the body strives to overcome a conceptualisation of the body as either thing or person; rather "the lived body and therefore at the same time the self that other objects and the own body present itself or themselves to" (Jäger 2004: 53).[20] In terms of ethics and law in the field of biobanking, if the concept of vulnerability were to be bound to experience the establishment of contracts between biobanking companies and the state would not be permissible without the consent of the citizens of that state. Gov-

---

19 In the original: "[...] der Schmerz ist es, der uns immer wieder daran erinnert, dass wir Leib sind [...]" (translation by Ninette Rothmüller).
20 In the original: „ [...] der gelebte Körper, und damit zugleich das Selbst, dem sich andere Objekte und auch der eigene Körper präsentieren" (translation by Ninette Rothmüller).

ernment officials would no longer have the authority to consent to the development of a biobank on behalf of citizens. Instead, the process of consenting would require the direct (unvermittelt) experience of individual (and community) vulnerability. Furthermore, any claims made by a country in which (access to) the genetic data of citizens is framed as a state concern (as was done in the case of the Icelandic biobank), could be confronted and contested.

The rhetoric in the field of biobanking shapes the establishment of a specific discursive language: The commodification of the body through biobanking can be understood as a culturally defined process which is reconstructing the borders of private and public, according to economic value systems and medical interests. In establishing the UK Biobank, for example, the hope for biobanking research to contribute to new forms of treatment in the future was foregrounded. What, however, might be the risks of harming human dignity through harming the Leib in the process of optimising and regulating the functioning of the body? Genetic knowledge, which is generated from biobanking research, has a potentially objectifying impact upon humans. It is justifiable and necessary, therefore, to ask whether the genetic knowledge that arises from biobanking research will result in additional forms of vulnerability for individuals and communities. The discussions about the value of such knowledge must, from my point of view, take place with an awareness and acknowledgement of the framing of 'human life as existence in the Leib' in order to adequately deal with the individual and collective vulnerability by which we all are 'meant' (betroffen).

6 Concluding Remarks

The key points of reference for vulnerability in this chapter are the individual experiences of a person (or a community), including past experiences that manifest as memories as well as experiences that are imaginable for the future. In taking this focus, the aim has been to recognise the temporality (Zeitlichkeit) of human existence and to make experiential knowledge come to matter in a non-hierarchical relationship with professional theory-based knowledge. This would allow the notion of time to be recognised as relevant to biobanking practices. The time-span to which one relates his or her life-history does not correspond only to the real time in which an individual lives, but possibly also includes stories from the past, which comprise the self-understanding of an individual or a community. Placing an emphasis on the equitability of sources of knowledge from which one draws in order to formulate perspectives on ethical issues, and to define an issue as an ethical one in the first place, would facilitate a recognition of the 'timelessness' of being vulnerable. This 'extended' vulnerability might be due, for example, to a community's specific history with regard to the meaning of bodily substances or parts.[21] The experience of being vulnerable could then be viewed as a stable concept within the past and present life of the individual (or community).

As described in the opening paragraphs of this contribution, the term vulnerability appears frequently in the literature pertaining to the ethical, legal and social aspects of biobanking, yet very often the term is used in reference to specific populations. In this chapter, my starting point for exploring the potential of vulnerability as an ethical principle to biobanking, and as a concept that could contribute to an increased transparency of the relations established and embedded within biobanking projects and research, is thus different. Vulnerability, in terms of the perspective from which I am writing, cannot be strictly bound to specific groups of people. Rather vulnerability should be understood to be a marker of human constitution. Having said this, the straightforward consequence is to begin, to borrow Dickenson's words, "from scratch" (2004: 123). There is a need to approach the potential issues raised by the implementation of biobanking projects and biobanking research in a manner that facilitates new ways of thinking: It is necessary to open up space for streams of thought to emerge from outside of the existing framework for the regulation of tissue-based and cell-based research. Such new ways can be found when applying vulnerability as a principle to ethical questions involved in biobanking (other than consent), such as those concerning the necessity for and societal consequences of biobanking research. The stuff that biobanking deals with is, as one of Høyer's research participants put it (Høyer 2002), meaningful and intimate. In order for this viewpoint to be taken seriously, the experience of being vulnerable must come to matter: it has to count. Following this approach, the definitions provided by a researcher or established within a research project, for example with regard to bodily substances, can not override those which are held by the potential donor. When addressed as a potential donor, an individual (or community) is already exposed to a definition of who he or she is which may be foreign to them and is confronted with a definition which situates her or him as belonging to a specific group. This wish to amend or even leave behind the borders of the existing conceptual framework for biobanking is entwined with the growing demand for those individuals and communities who have not been involved in

---

21   Dickenson points to a publication by S.C. Lawrence who examines "the plundering of natives' corpses for Western museum collections" (2004: 115).

the development of regulatory or ethical frameworks to have the possibility to engage with the issues in ways that suit their abilities and respect their perspectives.[22] Given the constitution of biobanking as a global practise, its conceptual framing ought to be shaped by equitable collaborative reflections on its meaning and its implications. I recognise that such a statement may sound oversimplified. Yet, I do not believe that we have thus far attained a comprehensive understanding of what it really means to be human – particularly, that it might mean very different things on an individual level – and how we can work with this variability in an equitable manner.

As the literature that I have drawn on demonstrates, vulnerability is recognised to be an issue in biobanking. However, who or what is seen as vulnerable differs. Hence, given that biobank projects may bring together various interdisciplinary research teams from different countries, an awareness of the different streams and approaches that are foregrounded in public and professional discussions of the vulnerability involved in biobanking is necessary. Such an explicit awareness could assist in developing a common language – which would engage with cultural and language-specific limitations and which is necessary for discussions about methodological issues – by which different forms of human vulnerability could be recognised.

The establishment of vulnerability as a principle to biobanking demands that we acknowledge and commit to our own vulnerability and that we respect the vulnerability of others, even when this vulnerability can not be expressed in words or be formulated in relation to the present. Essentially, an environment in which the experiences of being vulnerable come to matter needs to be established. This will provide an important interface with currently pivotal concepts associated with biobanking in that acknowledging vulnerability can serve as a critical assessment of the consent processes to be used and also the aims of the research to be pursued.

Dahl Rendtorff's call to establish an ethical framework for biobanking which takes vulnerability into account, to which I referred at the beginning of this contribution, is a significant one to consider. The establishment of vulnerability as an ethical principle to biobanking has not yet taken place. The issue of vulnerability seems to be most prevalently discussed in relation to either a focus on specific groups of people or in relation to consent processes. Vulnerability cannot, within these discussions, be established as a principle that counts for

---

22   This would need to go beyond critiquing the so-called 'deficit' model and emerging practices of promoting scientific literacy in order to recognise citizens' abilities as interlocutors regardless of their level of knowledge about 'science'.

everyone. Hence, approaches that are limited, as described, have not succeeded in creating a research environment in which harm is not or would not be caused. Much energy (and funding) has been mobilised in order to support the establishment of biobanks and the practises of biobanking research. Yet, as this chapter illustrates, there are ethical questions for which there are as yet no suitable responses. It is necessary for energy and funding to be directed also toward acknowledging and resolving these concerns in a manner that emphasises social and economic fairness.

Acknowledgements

The author would like to acknowledge the collegial feedback that was provided on the presentation on which this chapter is based by Prof. E. Haimes, Dr. J.C. Hughes, Prof. B. Jeune, Prof. T. Kirkwood and Dr. O. Toussaint. Furthermore, the author wants to thank the editors of this volume for their invitation to contribute this chapter.

References

Böhme, Gernot (2003): *Leibsein als Aufgabe. Leibphilosophie in Pragmatischer Hinsicht.* Kusterdingen: SFG-Servicecenter Fachverlage.

Brekke, Ole/Sirnes, Thorvald (2006): Population Biobanks: The Ethical Gravity of Informed Consent, in: *BioSocieties* 1, 385-398.

Busby, Helen (2006): Biobanks, Bioethics and Concepts of Donated Blood in the UK, in: *Sociology of Health and Illness* 28 (6), 850-865.

Burton, Bob (2002): Proposed Genetic Database on Tongans Opposed, in: *British Medical Journal* 324 (7335), 443.

Caulfield, T./Upshur, R./Daar, A. (2003): DNA Databanks and Consent: A Suggested Policy Option Involving an Authorization Model, in: *BMC Medical Ethics* 4 (1). http://www.pubmedcentral.nih.gov/articlerender.fcgi?artid=140033 (accessed 2008/2/2).

Cambon-Thomson, Anne et al. (2007): Trends in Ethical and Legal Frameworks for the Use of Human Biobanks, in: *European Respiratory Journal* 30 (2), 373-382.

Clements, John et al. (1999): On, To, For, With – Vulnerable People and the Practices of the Research Community, in: *Behavioural and Cognitive Psychotherapy* 27 (2), 103-115.

Corrigan, Oonagh (2006): Biobanks: Can They Overcome Controversy and Deliver on their Promise to Unravel the Origins of Common Diseases?, in: *Medical Education* 40 (6), 500-502.

Dahl Rendtorff, Jacob (2001): Biobanks and the Rights to the Human Body, in: Hansson, Mats G. (ed.): *The Use of Human Biobanks – Ethical, Social, Economical and Legal Aspects*. Uppsala: Uppsala University Press, 55-59.

Denker, H.W. (1999): Embryonic Stem Cells: An Exciting Field for Basic Research and Tissue Engineering, but also an Ethical Dilemma?, in: *Cells Tissues Organs* 165, 246-249.

Dewing, Jan (2002): From Ritual to Relationship: A Person-Centred Approach to Consent in Qualitative Research with Older People who have a Dementia, in: *Dementia* 1 (2), 157-171.

Dickenson, Donna (2004): Consent, Commodification and Benefit-Sharing in Genetic Research, in: *Developing World Bioethics* 4 (2), 109-124.

Engels, Eve-Marie (2003): Biobanken: Chance für den wissenschaftlichen Fortschritt oder Ausverkauf der „Ressource" Mensch?, in: Nationaler Ethikrat (ed.): *Vorträge der Jahrestagung des Nationalen Ethikrates 2002*. Hamburg: Nationaler Ethikrat, 11-22.

GeneWatch UK (2002): *Biobank UK: A Good Research Priority? Human Genetics and Health Parliamentary Briefing, 3rd of November*. http://www.genewatch.org/uploads/f03c6d66a9b35453 5738483c1c3d49e4/MPbrief_3.doc (accessed 2009/8/20).

German National Ethics Council (2004): *Biobanken für die Forschung. Stellungnahme*. Berlin: Saladruck.

González Quinzá, A. (2002): Access to Medical Information in Spain, in: *Haemophilia* 8, 455-460.

Hansson, Mats G. (2006): Combining Efficiency and Concerns about Integrity when using Human Biobanks, in: *Studies in History and Philosophy of Biological and Biomedical Sciences* 37, 520-532.

Hansson, S.O. (2004): The Ethics of Biobanks, in: *Cambridge Quarterly of Healthcare Ethics* 13, 319-326.

Harris, R./Dyson, E. (2001): Recruitment of Frail Older People to Research: Lessons Learnt through Experience, in: *Journal of Advanced Nursing* 36 (5), 643-651.

Haug, Frigga (1999): *Einführung in die Erinnerungsarbeit*. Lecture presented at The Duke Lectures. Hamburg, Germany.

Howell, Bruce (2007): Catalona and the Ownership of Genetic Material, in: *American Bar Association Health Law Section* 3 (9). http://www.abanet.org/health/esource/Volume3/09/howell.html (accessed 2009/8/20).

Høyer, Klaus (2002): Conflicting Notions of Personhood in Genetic Research, in: *Anthropology Today* 18 (5), 9-13.

Høyer, Klaus et al. (2004): Informed Consent and Biobanks: A Population-Based Study of Attitudes towards Tissue Donation for Genetic Research, in: *Scandinavian Journal of Public Health* 32, 224-229.

Holland, Suzanne (2001): Contested Commodities at Both Ends of Life: Buying and Selling Gametes, Embryos, and Body Tissue, in: *Kennedy Institute of Ethics Journal* 11 (3), 263-284.

Iacono, T./Murray, V. (2003): Issues of Informed Consent in Conducting Medical Research Involving People with Intellectual Disability, in: *Journal of Applied Research in Intellectual Disabilities* 16 (1), 41-51.

Jäger, Ulle (2004): *Der Körper, der Leib und die Soziologie. Entwurf einer Theorie der Inkorporierung*. Königstein/Taunus: Ulrike Helmer Verlag.

Jones, Mavis (2004): Policy Legitimation, Expert Advice, and Objectivity: 'Opening' the UK Governance Framework for Human Genetics, in: *Social Epistemology* 18 (2-3), 247-270.

Kaye, J./Martin, P. (2000): Safeguards for Research Using Large Scale DNA Collections, in: *British Medical Journal* 321 (7269), 1146-1149.

Kegley, J. (2004): Challenges to Informed Consent. New Developments in Biomedical Research and Healthcare May Mark the End of the Traditional Concept of Informed Consent, in: *EMBO (European Molecular Biology Organization) Reports* 5 (9), 832 – 836.

Lock, Margaret et al. (2006): When it Runs in the Family: Putting Susceptibility Genes in Perspective, in: *Public Understanding of Science* 15 (3), 277-300.

Medical Research Council (2004): *Pilot version of Donor Information and Consent Form, Code of Practice for the Use of Human Stem Cell Lines*. Annex 2a, Version 1.

Merleau-Ponty, Maurice (2003): *Basic Writings*. ed. Thomas Baldwin. New York: Routledge.

Meuter, Norbert (2006): Körper und Leib. Zum Verhältnis von Körperlicher Integrität und Persönlicher Identität, in: Ehm, Simone/Schicktanz, Silke (eds.): *Körper als Maß? Biomedizinische Eingriffe und ihre Auswirkungen auf Körper- und Identitätsverständnisse*. Stuttgart: Hirzel Verlag, 51-61.

Nwabueze, Remigius N. (2007): *Biotechnology and the Challenge of Property: Property Rights in Dead Bodies, Body Parts, and Genetic Information*. Hampshire, UK: Ashgate Publishing Limited.

O'Donovan, K./Gilbar, R. (2003): The Loved Ones: Families, Intimates and Patient Autonomy, in: *Legal Studies* 23 (2), 332-358.

Pálsson, G./Harðardóttir, K. E. (2002): For Whom the Cell Tolls: Debates about Biomedicine, in: *Current Anthropology* 43 (2), 271-301.

Petersen, Alan (2005): Securing Our Genetic Health: Engendering Trust in UK Biobank, in: *Sociology of Health & Illness* 27 (2), 271-292.

Post, S.G. (1995): Alzheimer's Disease and the 'Then' Self, in: *Kennedy Institute of Ethics Journal* 5 (4), 307-321.

Pottage, Alain (1998): The Inscription of Life in Law: Genes, Patents, and Bio-politics, in: *The Modern Law Review Limited* 61 (5), 740-765.

Questiaux, Nicole (2002): Genetics as a legal minefield, in: *European Review* 10 (1), 15-26.

Rose, Hilary (2001): *The Commodification of Bioinformation: The Icelandic Health Sector Database*. Research Report. London: The Wellcome Trust. http://www.wellcome.ac.uk/stellent/groups/corporates ite/@msh_grants/documents/web_document/wtd003281.pdf (accessed 2009/8/20).

Rose, Nikolas/Novas, Carlos (2004): Biological Citizenship, in: Ong, Aihwa/Collier, Stephen J., (eds.): *Global Assemblages: Technology, Politics, and Ethics as Anthropological Problems*. Oxford: Blackwell Publishing, 439-463.

Rothmüller, Ninette (2007): *When Eggs Come to Matter – Rhetoric and Discourses in Stem Cell Research and the Commodification of Bodily Substances*. Lecture presented at the European Summer Academy on Bioethics, Ludwigshafen, 21 August.

Rynning, Elisabeth. (2000): *Genteknikens användning på människa – rättsliga aspekter med särskild inriktning på Sverige och övriga Norden*. Appendix 5 to the Final Report of the Biotechnology Commission, SOU 103, 405-468.

Rynning, Elisabeth. (2001): The Use of Human Biobanks – Public Law Aspects, in: Hansson, M. (ed.): *The Use of Human Biobanks – Ethical, Social, Economical and Legal Aspects*. Uppsala: Uppsala University Press, 87-93.

Schröder-Butterfill, E./Marianti, R. (2006): Guest Editorial: Understanding Vulnerabilities in Old Age, in: *Aging & Society* 26, 3-8.

Secko, David M. et al. (2009): Informed Consent in Biobank Research: A Deliberative Approach to the Debate, in: *Social Science & Medicine* 68, 781-789.

Seymour, J. et al. (2005): Ethical and Methodological Issues in Palliative Care Studies: The Experiences of a Research Group, in: *Journal of Research in Nursing* 10 (2), 169-188.

Solbakk, Jan Helge (2007): *Consent*. Lecture presented at the symposium "Translational Medicine and Public Health Policy: Lessons from Biobanks Ethical, Legal, Social Issues (ELSI)", Brocher Foundation, Geneva, Switzerland, December 5-7.

Thambisetty, Sivaramjani (2002): Patents and Human Genome Research in Developing Countries. Problems and Proposals, in: *The Journal of World Intellectual Property* 5 (5), 685-723.

Thorgeirsdottir, Sigridur (2003): Ein lehrreicher Fall für die Bioethik. Wie ein kleines Land mit den Herausforderungen der neuen Biotechnologie fertig wird, in: Nationaler Ethikrat (ed.): *Biobanken. Chance für den wissenschaftlichen Fortschritt oder Ausverkauf der „Ressource" Mensch? Vorträge der Jahrestagung des Nationalen Ethikrates 2002*. Hamburg: Nationaler Ethikrat, 61-63.

Throsby, Karen (2004): *When IVF Fails: Feminism, Infertility and the Negotiation of Normality*. Basingstoke: Palgrave Macmillan.

Tsosie, R./McGregor, J.L. (2007): Genome Justice: Genetics and Group Rights, in: *Journal of Law, Medicine & Ethics* 35 (3), 352-355.

Zaner, Richard M. (1971): *The Problem of Embodiment. Some Contributions to a Phenomenology of the Body*. The Hague: Springer.

The Transparency of Conscious Experience[1]

Amy Kind

From the moment we first awake each morning, our senses are assaulted by the outside world. Even before we leave our beds, we hear the buzz of the alarm clock and see a golden shaft of sunlight peeking through the bedroom curtains. As we move throughout the day, we continue to experience the sights and sounds – not to mention the tastes and smells – of the world around us.

Moreover, each of the various experiences that make up our day has a distinctive, subjective quality to it. For example, when you have a cup of Starbucks French Blend, you experience an intense smoky quality that differs from the "sunny disposition" of your experience of their Breakfast Blend. When you have a cup of the latter, you experience a sensation "kind of like orange juice and the way it dances on your tongue" – at least if the Starbucks marketing executives are to be believed. And these subjective qualities occur in all sensory modalities and bodily sensations. In addition to the smokiness of our experience as we drink the French Blend, consider also the greenness of our visual experience as we look at the Starbucks logo on the cup, the loud swoosh of our auditory experience as we hear the milk being steamed by the cappuccino machine, and the searing nature of our pain sensation as the hot coffee spills in our lap.

Philosophers refer to the various subjective aspects of our experience as its *phenomenal character*, or as its *qualia*. Qualia, at least according to some philosophers, are what make life worth living,[2] but they are also what make it incredibly difficult to give a scientific account of the mind. As neuroscience has developed, we have learned more and more about the physical processes of the brain, but we are still completely in the dark about how these physical processes give rise to conscious experience. Moreover, it is not clear that any satisfactory answer to this question could be provided by even a completed neuroscience. As contemporary philosopher David Chalmers has put it: "Why is it that when our brains process light of a certain wavelength, we have an experience of deep purple? Why do we have any experience at all? Could not an unconscious automa-

---

[1] This article draws heavily on the material presented in Kind 2003.
[2] This claim was apparently made by Wilfrid Sellars over a glass of fine Chambertin; see Dennett 1991: 383.

ton have performed the same tasks just as well?" (Chalmers 2002: 93). Providing answers to these sorts of questions is what Chalmers has called the *hard problem of consciousness*.

Over the past couple of decades, many philosophers have attempted to solve the hard problem via the representationalist theory of consciousness. Representationalism comes in several varieties and degrees of strength, but common to all the varieties is the claim that the phenomenal character of experience supervenes on the representational content of experience, i.e., any two experiences that are alike representationally are also alike phenomenally. In this essay, I will focus on a strong version of representationalism according to which the phenomenal character of experience not only supervenes on but also reduces to the representational content of experience; on this view, what it is to have a certain phenomenal character is just to have a certain sort of representational content. For example, when I look at the coffee cup in my hand, my visual experience represents the color of the logo on it, and according to the strong representationalist, it is in this representational content that the greenness of my experience wholly consists. Likewise, when I spill some of the coffee on my lap, my pain sensations represent the tissue damage caused by the scalding hot liquid; again, the strong representationalist claims that it is in this representational content that the painfulness of my experience wholly consists. As prominent representationalist Michael Tye explains, a strong version of representationalism "aims to tell us what phenomenal character *is*" (Tye 2000: 45).

By reducing qualitative character to representational content, the representationalists hope also to reduce the hard problem of consciousness to an easier one. While we do not yet have a complete account of how the brain produces representational states, this problem is considerably more tractable than the problem of qualia. In distinguishing the easy problems of consciousness from the hard problem, Chalmers stresses that the easy problems themselves "are by no means trivial – they are actually as challenging as most in psychology and biology." But since these problems concern "the objective mechanisms of the cognitive system ... we have every reason to expect that continued work in cognitive psychology and neuroscience will answer them" (Chalmers 2002: 92).

But now the question arises: Why should we think that qualitative content reduces to representational content? To answer this question, the representationalists have relied heavily on the so-called transparency of experience. Experience is said to be transparent in the sense that we "see" right through it to the object of that experience, analogously to the way we see through a pane of glass to whatever is on the other side of it. When we try to focus on the green aspect of our experience as we look at the coffee cup, we simply find ourselves focusing on the coffee cup itself – we cannot introspectively attend to the green aspect of our experience itself, except by attending to the cup. If we have no introspective access to any intrinsic aspects of our experience – if we can only attend directly to what is represented by our experience – then it allegedly becomes plausible to claim that the phenomenal character of our experience is exhausted by its representational content, i.e., all there is to qualia is what they represent.

To my mind, however, the notion of transparency invoked in these recent discussions is considerably less transparent than one would like. As I will suggest in what follows, experience is not transparent in the way that representationalism requires. Although there is a sense in which experience can be said to be transparent, transparency in this sense does not give us any particular motivation for representationalism – or at least, not the pure or strong representationalism that it is usually invoked to support.

1 The transparency thesis: a quick overview

Considerations relating to transparency were introduced into the contemporary debate about qualia about two decades ago by Gilbert Harman. In a passage that has since been widely quoted, Harman asked us to consider Eloise, a woman having a visual experience of a tree:

> "When Eloise sees a tree before her, the colors she experiences are all experienced as features of the tree and its surroundings. None of them are experienced as intrinsic features of her experience. Nor does she experience any features of anything as intrinsic features of her experiences. And that is true of you too. There is nothing special about Eloise's visual experience. When you see a tree, you do not experience any features as intrinsic features of your experience. Look at a tree and try to turn your attention to intrinsic features of your visual experience. I predict you will find that the only features there to turn your attention to will be features of the presented tree ..." (Harman 1990: 667).

Over the past two decades, Tye has repeatedly and forcefully appealed to similar considerations in his discussions of the phenomenal character of experience (Tye 1991; 1995; 2000). For example, having asked us to suppose that we have focused our attention on a square that has been painted blue, Tye attempts to elicit our intuitions about transparency as follows:

> "Intuitively, you are directly aware of blueness and squareness as ... features of an external surface. Now shift your gaze inward and try to become aware of your experience itself, inside you, apart from its objects. Try to focus your attention on some intrinsic feature of the

experience that distinguishes it from other experiences, something other than what it is an experience *of*. The task seems impossible: one's awareness seems always to slip through the experience to blueness and squareness, as instantiated together in an external object. In turning one's mind inward to attend to the experience, one seems to end up concentrating on what is outside again, on external features or properties" (Tye 1995: 30).

Both Tye and Harman are representationalists, and both invoke considerations of transparency to support representationalism.[3] But even among non-representationalists there is widespread agreement that experience is transparent, a claim I will refer to as *the transparency thesis*. Thus, for example, Brian Loar endorses the idea that "normal visual experience is transparent" (Loar 2003: 1) and Sydney Shoemaker comments that "qualia, if there are such, are diaphanous; if one tries to attend to them, all one finds is the representative content of the experience" (Shoemaker 1990: 101).[4] Shoemaker's use of the term "diaphanous" here implicitly references G.E. Moore. Discussions of transparency inevitably invoke Moore's claim that "When we try to introspect the sensation of blue, all we can see is the blue: the other element is as if it were diaphanous" (Moore 1903: 25).[5] Moore himself was no representationalist, having offered these considerations about transparency to defend his sense-data theory. (On a sense-data theory, when we have a visual experience of, e.g., an apple, we are not actually seeing the apple but rather an image, or *sense-datum*, of the apple.)

Considering that the representationalist/non-representationalist divide has been called "the greatest chasm in philosophy of mind" (Block 1996: 19), this apparent agreement about the transparency thesis across the chasm is rather striking. Of course, there are some philosophers who have gone on record as denying this thesis, most notably Ned Block (1996). Responding to Harman's discussion of Eloise, Block claims, "As a point about introspection, this seems to me to be straightforwardly wrong" (Block 1996: 27).[6] But, even taking into account isolated voices of dissent such as Block's, there nonetheless appears to be a broad philosophical consensus surrounding the claim that experience is transparent.

As we all know, however, appearances can be deceiving, and I believe that underneath the appearance of consensus there lies unrecognized disagreement. In particular, there are two important ambiguities inherent in discussions of the transparency thesis, one regarding its strength and one regarding its scope. In

---

[3] The transparency thesis is routinely endorsed by both strong and weak representationalists; see, e.g., Crane 2001; Dretske 1995; Lycan 1996; Sturgeon 2000; and McGinn 1997.
[4] See also Shoemaker 1991. Although Shoemaker has more recently endorsed a version of representationalism, his commitment to transparency preceded this conversion.
[5] References to Moore can also be found in Block 1996; Leeds 2002; and Tye 2000.
[6] Robinson 1998 also rejects transparency.

the following two sections I discuss each of these ambiguities in turn. In the final section, having highlighted the existence of these ambiguities, I assess their significance for representationalism. As we will see, the representationalists' claim that experience is transparent turns out to be considerably more contentious than they would have us believe, and there is good reason to deny that experience is transparent in the sense that their theory requires.

2 The strength of the transparency thesis

Interestingly, although Moore is often credited as being the first philosopher to take significant note of the transparency of experience, the first crack in the consensus about the transparency thesis comes to light when we take a closer look at his work. Though his widely cited remark (quoted above) suggests that he endorses this thesis, consideration of the larger context in which that remark is situated, and in particular, the very next sentence, suggests otherwise:

> "[T]hough philosophers have recognised that *something* distinct is meant by consciousness, they have never yet had a clear conception of what that something is. ... [T]he moment we try to fix our attention upon consciousness and to see *what*, distinctly, it is, it seems to vanish: it seems as if we had before us a mere emptiness. When we try to introspect the sensation of blue, all we can see is the blue: the other element is as if it were diaphanous. Yet it *can* be distinguished if we look attentively enough, and if we know that there is something to look for."

Once we consider the remark quoted above in context, Moore's endorsement of the transparency thesis seems significantly more qualified. In particular, he does not seem to be suggesting that it is *impossible* to avoid "seeing through" our experience, but only that it is *difficult* to do so. If we are attentive enough, then we can become aware of elements of our experience that ordinarily seem diaphanous.[7]

This interpretation of Moore and correspondingly of the transparency thesis does not sit well with the above quotations from Harman and Tye. Recall that Tye claims that the task of attending to intrinsic features of experience "seems impossible" (by which I take it he means: "*is* impossible"), and Harman suggests that there are no features to attend to other than features of the presented object. Thus, we can distinguish two interpretations of the transparency thesis, one stronger than the other:

---

7   Indeed, Moore elsewhere (Moore 1925: 54) gives his readers instructions for how to notice one's sense-data. Such instructions suggest that Moore must have thought it was possible to focus on one's sense-data and thereby avoid 'seeing through' them.

- *Strong Transparency*: it is *impossible* to attend directly to our experience, i.e., we cannot attend to our experience except by attending to the objects represented by that experience.
- *Weak Transparency*: it is *difficult* (but not impossible) to attend directly to our experience, i.e., we can most easily attend to our experience by attending to the objects represented by that experience.

Once we have distinguished these two different interpretations, we can see that at least some of the contemporary philosophers who buy into the transparency thesis are best interpreted as endorsing only weak transparency. Statements that are intended as endorsements of the transparency thesis are sometimes subtly qualified in ways that are important for our purposes here, as when Van Gulick notes that experiences "are so transparent that we *typically* 'look' right through them" (Van Gulick 1992, my emphasis). Other times the qualifications are less subtle. Loar's discussion of the transparency thesis clearly suggests he would reject strong transparency. Though he thinks that when we adopt an attitude of untutored reflection to our experience, such experience strikes us as transparent, he also thinks that we can adopt an attitude of "oblique reflection" to our experience. When we do so, Loar claims that we are able to discern and attend to visual qualia (Loar 2003).

But when representationalists such as Harman and Tye invoke the transparency thesis in support of their views, they clearly intend strong transparency. Interpreting the transparency thesis in terms of weak transparency would be problematic for their case for representationalism. Consider how transparency functions in Tye's argument for representationalism (Tye 2000), which proceeds roughly as follows:

1. Experience is transparent, i.e., in introspecting a visual experience of object O, one is not directly aware of any qualities of the experience itself but only of a range of qualities experienced as being qualities of the surfaces of O (let us call these 'surface qualities'). It is only by being aware of these surface qualities that one is aware that one's visual experience has the phenomenal character that it does.
2. When the surface qualities that are experienced change, so too does the phenomenal character of one's experience.
3. These two premises are best explained by the representationalist hypothesis, i.e., that the phenomenal character of visual experience is wholly constituted by the representational content of the experience.
4. Premises (1) and (2) generalize to hallucinations and other perceptual modalities, as well as bodily sensations and moods.

5. Thus, the representationalist hypothesis too should be generalized: the phenomenal character of experience is wholly constituted by the representational content of the experience.

This argument proceeds by inference to the best explanation: Tye takes note of the transparency of experience and then claims that the representationalist theory offers the best possible explanation of it. But for this argument to succeed, we must interpret the first premise in terms of *strong* transparency. If experience were only weakly transparent, then we could (at least in principle) avoid seeing through it – and this is in tension with the claim that awareness of surface qualities provides us with our only means for becoming aware that our visual experience has the phenomenal character that it does. Recasting the first premise in terms of weak transparency gives us something like:

1^W. Experience is weakly transparent, i.e., in introspecting a visual experience of object O, one is *usually* not directly aware of any qualities of the experience itself but only of a range of qualities experienced as being qualities of the surfaces of O (let us call these 'surface qualities'). *Usually*, it is by being aware of these surface qualities that one is aware that one's visual experience has the phenomenal character that it does.

Reinterpreting the first premise in this manner undermines the inference to representationalism as the best explanation for its truth.

Thus, insofar as the ambiguity between weak and strong transparency makes the transparency thesis appear more widely shared than it is, the representationalists' appeal to transparency may appear to have more force than it does. As a result, distinguishing these two forms of transparency poses a threat to representationalism. In the face of this threat, I expect that those who endorse strong transparency will attempt to deny that weak transparency adequately captures the phenomenological facts. As a prelude, they might attempt to deny that weak transparency can even adequately capture the notion of transparency. But this latter denial is entirely unwarranted. When we consider paradigmatic examples of transparent objects from everyday life, such as panes of glass, there is no question that the sense of transparency in question must be weak transparency (and thus, that weak transparency must be sufficient to capture the notion of transparency). The window next to my desk in my home office overlooks the roof of my neighbor's house. As I look out the window, it is difficult for me to avoid seeing right through it to my neighbor's roof, but it is by no means impossible for me to do so. If I angle my head just so, or if the light is right, I can undeniably focus on the pane of glass of the window itself. (And this is true even on those rare occasions when the window has been recently cleaned.)

Moreover, transparency claims made in other areas of philosophy provide further evidence that weak transparency is a perfectly respectable form of transparency. For example, considerations of transparency play a major role in discussions of the aesthetics of photography. Philosophers such as Barthes, Scruton, and Walton, among others, have claimed that photographs are transparent – that, as Walton puts it, we "see the world *through* them" (Walton 1984: 252).[8] Importantly, Walton insists that this claim not be taken metaphorically: "I am not saying that the person looking at the dusty photographs has the *impression* of seeing his ancestors ... My claim is that we *see*, quite literally, our dead relatives themselves when we look at photographs of them" (Walton 1984: 251-252). In arguing that photographs are transparent, however, these aestheticians would certainly not deny that we can also focus on the properties of the photograph itself. As Walton notes, "to be transparent is not necessarily to be invisible" (Walton 1984: 252). On the transparency view of photographs, although we can see through the photograph to the object photographed, we can undeniably avoid doing so and focus on properties of the photograph itself.

However controversial this transparency view of photographs may be – and many other aestheticians have mounted important arguments against it – no one disputes the characterization of this view in terms of transparency.[9] Likewise, proponents of strong transparency cannot reject weak transparency by denigrating its ability to capture the notion of transparency in general. But even if weak transparency is a legitimate form of transparency, that does not mean that it adequately accounts for the phenomenology of experience. Having distinguished strong from weak transparency, we thus need to ask: Which of these two conceptions of transparency, if either, better captures the phenomenology?

3 The scope of the transparency thesis

To determine whether experience is more accurately described as strongly or weakly transparent, it is natural to start with the standard sources of opposition to the transparency thesis. Taking Block as representative of this opposition camp, we can distinguish three different kinds of attack on the transparency thesis: (1)

---

8   See also Scruton 1981: 590; Barthes 1984.
9   See, e.g., Brook 1986; Friday 1996.

Block points to various examples of non-visual experience, arguing that the transparency thesis does not have any purchase when it comes to sensations (e.g., orgasms) and moods. (2) He also points to visual experiences where "the diaphanousness of perception is much less pronounced" (Block 1996: 35). One example is that of a phosphene-experience, i.e., the color sensations created by pressure on the eyeball when one's eyelids are closed. Another is the case of blurry vision. These special kinds of visual experiences are thus offered as counterexamples to the transparency thesis. (3) Finally, he presents us with various thought experiments, most notably the Inverted Earth scenario (Block 1990), that aim to clarify our intuitions about visual experiences. On Inverted Earth, objects have colors complementary to the colors they have on earth (the sky is yellow, ripe bananas are blue, grass is red, strawberries are green, etc.) but the language of Inverted Earthlings is also inverted (so they refer to the sky as blue, bananas as yellow, etc.). Block asks you to imagine that a team of mad scientists anesthetize you, insert color-inverting lenses in your eyes, and transport you to Inverted Earth where you are substituted for your counterpart. Since the language-inversion cancels out the effect of the color-inversion, you notice no difference, e.g., grass looks green to you and people around you will describe the (red) grass as green. But although there is no qualitative difference in your experience, if our intentional contents depend on environmental factors, as Block claims they do, there will eventually be an intentional difference: "[A]fter enough time has passed on Inverted Earth, your embedding in the physical and linguistic environment would dominate, and so your intentional contents would shift so as to be the same as those of the natives" (Block 1990: 683). Thus, the qualitative cannot be reduced to the intentional.

Each of these strategies has importantly different consequences for the transparency thesis. Suppose for the sake of argument that we accept the examples in (1).[10] Strictly speaking, we might still be able to endorse the transparency thesis, even understood as strong transparency, as long as we restrict its scope. Visual experience could be transparent even if bodily sensations and/or moods are not. This sort of position seems to be held by Dretske, who unequivocally endorses strong transparency when it comes to visual experience, but withholds judgment about experiences such as general feelings of depression (Dretske 1995: xv). It was also the position once held by Tye, who in the early 1990s argued that we are introspectively aware of non-intentional features of experience with respect to pain, while denying that we can be introspectively aware of any such features with respect to perception (Tye 1992: 158).

---

10   This supposition would be contra the claims of many representationalists, e.g., Tye 2001: 50-1; Lycan 1996.

We might attempt to make a similar claim about the examples in (2). Again suppose for the sake of argument that we accept the examples in (2).[11] Even if there are special cases in which perceptual experience is not transparent, it might be that ordinary visual experience (or, more broadly, even ordinary perceptual experience) is transparent. While this point strikes me as right in principle, I doubt it will sound very appealing to proponents of transparency. Though expressions of the transparency thesis are often restricted to visual experience, no further restriction is usually made to *ordinary* visual experience. Perhaps we can still do justice to the transparency thesis while acknowledging that sensations and/or moods are not transparent, but if there are *any* examples of visual experiences that fail to be transparent, then we will have to abandon transparency altogether.

Or do we? Here it seems to matter very much whether the sense of transparency in question is strong or weak. While it would be odd for there to be some visual experiences that are strongly transparent and others not, it does not seem at all odd that there might be some visual experiences that are weakly transparent while others are not transparent at all. After all, when visual experiences are weakly transparent, although it is difficult for us to avoid seeing through them to the objects represented, it is still possible for us to do so. This seems compatible with the existence of other visual experiences for which there is no such difficulty, i.e., experiences that are not transparent in any sense.

In evaluating the considerations arising from the thought experiments in (3), we need to be clear about what exactly such thought experiments, if successful, should be taken to show. We might take the primary result of such thought experiments to be that certain theoretical considerations are brought to the surface, in particular, theoretical considerations that dictate that experience must have non-intentional features. On this way of taking the thought experiments, since there is room to claim that these non-intentional features of experience are not directly introspectively accessible, the thought experiments might even be compatible with strong transparency.

This way of taking the thought experiments, however, underestimates their force. In saying this, I do not mean to claim that the thought experiments are successful. Rather, I mean only that *if* they are, they show us not just that experience has such non-intentional features, but also that we are directly introspectively aware of such features. In fact, the ability of the thought experiments to convince us of the existence of such features depends precisely on their abil-

---

11 This supposition too would be contra the claims of many representationalists, e.g., Tye 2001: Ch. 4; Dretske 2002.

ity to show us how to become introspectively aware of such features. Thus, the conclusion that these thought experiments are designed to establish is incompatible with strong transparency. As should be clear, however, it is fully compatible with weak transparency – in fact, the intuitions that are sharpened by these thought experiments complement the transparency thesis understood in terms of weak transparency. According to weak transparency, it is difficult for us to avoid seeing through our experiences to the objects of such experiences; we can thus view the thought experiments as helping us surmount this difficulty by bringing the non-intentional features of experiences themselves into view.

4 The significance of the ambiguities

So where are we? The first cracks in the transparency consensus began to appear when we took a closer look at Moore, and I suggested that there are two notions of transparency, weak and strong, present in the literature. As we then attempted to settle the question of whether the phenomenology is better captured by strong or by weak transparency, we saw that the ambiguity about the strength of the transparency thesis is intimately related to an ambiguity about its scope. Insofar as there is any consensus about strong transparency, it is at most a consensus about ordinary perceptual experience. Intuitions are much weaker and, correspondingly, seem more in line with weak transparency when we look at other examples of phenomenal experience.

These cracks in the consensus directly bear on the representationalists' appeal to transparency. Above I suggested that Tye's argument from transparency to representationalism requires strong transparency. Now, however, it becomes clear that it is not just a particular argument for representationalism that requires strong transparency. Weak transparency does not just undermine the representationalists' attempt to use the transparency thesis to motivate their theory; it undermines the theory. For if weak transparency is true, then we can, at least in principle, become introspectively aware of properties of our experiences themselves. This would mean that properties of an experience itself, rather than just what is represented by the experience, figure in the phenomenal character of the experience. Thus representationalists' reduction of phenomenal character to representational content would fail.

Representationalism thus requires that the transparency thesis be understood as strong rather than weak. Similarly, it also requires that the transparency thesis have the widest possible scope (i.e., for the full range of our phenomenal experiences). One quite general desideratum that we might place on a theory of phenomenal character is that it should be general. Representationalism, in other words, should be *unrestricted*.[12] A theory of phenomenal character that applies just to perceptual phenomenal character and not to phenomenal character generally at least ought to explain why we cannot account for nonperceptual phenomenal character in the way that we can account for perceptual phenomenal character. Moreover, for any such explanation to be persuasive, it will have to invoke *phenomenal* differences between perceptual and nonperceptual phenomenal character. Specifically, the representationalist cannot usefully rely on purported representational differences between perceptual and nonperceptual phenomenal character to carry this explanatory burden; to do so would be question begging.

In the course of defending a representationalist view, Byrne persuasively makes the point that representationalism should be unrestricted.[13] As he argues:

> "Restricted intentionalism [i.e., representationalism] is hard to defend. Suppose that bodily sensations, like paradigmatic perceptual experiences, have propositional content. Then it is quite unclear how it could be simultaneously shown that the supervenience of character on content held in the case of, say, visual experiences but failed in the case of, say, itches. If there were an argument for intentionalism about visual experiences, why couldn't it be adapted to the case of itches? Conversely, if a convincing counterexample to supervenience were produced for itches, that would raise the suspicion that counterexamples concerning other experiences with propositional content (visual experiences, as it might be) are waiting in the wings. Failure to find a counterexample would not allay the suspicion" (Byrne 2001: 205-206).

If the weak transparency thesis is true for any kind of phenomenal experience, then representationalism fails to be true for that kind of experience. Thus, insofar as these sorts of considerations suggest that representationalism must be unrestricted in order to be plausible, it looks like representationalism requires not just strong transparency, but strong transparency for the full range of phenomenal experiences.

At this point, however, it might seem that representationalism emerges from the discussion of this paper essentially unscathed. Although I have brought these two ambiguities in the transparency thesis – strength and scope – to light, I have not as yet explicitly answered the phenomenological question whether strong or weak transparency better captures the phenomenological data. I think, however, that we find support for an answer in the discussion thus far, for the very existence of the ambiguities themselves is instructive for answering the phenomenological question. Earlier I mentioned that, once we recognize these

---

12 This terminology comes from Byrne 2001.
13 Byrne defends only the supervenience claim, not the reductive claim.

ambiguities, when we then try to talk about the phenomenology, we seem to have a clash of intuitions. But perhaps there is less of a clash than it might appear. Insofar as weak transparency can capture much of the phenomenological data that drive us toward strong transparency, but can also accommodate the intuitions of the opposition camp, I think we have at least an indirect reason to think that it better captures the phenomenology.

Further support for weak transparency comes from some key figures in the history of philosophy. In addition to Moore, whom we have already seen is best interpreted as endorsing weak transparency, the 18th century Scottish philosopher Thomas Reid too can plausibly be interpreted as a proponent of weak transparency.[14] Treating sensations as "signs" of the objects signified, Reid compares them to "the words of a language, wherein we do not attend to the sound but the sense" (Reid 1764/1970: 45). As he notes:

> "We are so accustomed to use the sensation [of hardness] as a sign, and to pass immediately to the hardness signified, that, as far as appears, it was never made an object of thought, either by the vulgar or by philosophers ... There is no sensation more distinct, or more frequent; yet it is never attended to, but passes through the mind instantaneously, and serves only to introduce that quality in bodies, which, by a law of our constitution, it suggests" (Reid 1764/1970: 61-62).

Reid's comment here that we never attend to the sensation itself might seem to suggest that he would accept strong transparency. But the very next passage clearly shows that Reid thinks that we can indeed attend to the sensation itself. While in normal cases, one cannot attend to the sensation "without great difficulty," there are other cases

> "wherein it is no difficult matter to attend to the sensation occasioned by the hardness of the body; for instance, when it is so violent as to occasion considerable pain: then nature calls upon us to attend to it. ... The attention of the mind is here entirely turned toward the painful feeling" (Reid 1764/1970: 62).

The analogy to language also makes clear Reid's commitment to weak rather than strong transparency, for even if we usually do not attend to the sound of words when we hear them, we clearly *can* – as is brought out when hearing someone speaking in an unfamiliar foreign language.[15]

---

14   I am grateful to Rebecca Copenhaver for pointing me to these passages in Reid.
15   As Amy Schmitter has pointed out to me, Descartes also uses the analogy to language perception in discussing sensations. This suggests that he too might be interpreted as a proponent of weak transparency.

Although I do not take the discussion in this section to settle the matter in favor of weak transparency, I do think it gives us good reason to interpret the phenomenological evidence suggestive of transparency as favoring weak rather than strong transparency. Correspondingly, there is good reason to doubt that experience is transparent in the way that is required by representationalism. At the very least, these considerations deprive the representationalists of any entitlement to take strong transparency as a phenomenological datum. It may be phenomenologically unquestionable that we *typically* attend to our experience by attending to the objects of our experience. It may also be that we find it difficult to do otherwise.[16] But the representationalist needs to derive a conclusion that is considerably more controversial. Given the above considerations favoring weak transparency, this task threatens to be quite difficult to discharge.

References

Barthes, R. (1984): *Camera Lucida*, Richard Howard, trans. London: Flamingo.

Block, N. (1996): Mental Paint and Mental Latex, in: Enrique Villanueva (ed.): *Philosophical Issues* 7, *Perception*. Atascadero, Calif.: Ridgeview (1996), 19-49.

Block, N. (1990): Inverted Earth, in: Ned Block et al. (eds.) *The Nature of Consciousness*. Cambridge, Mass.: The MIT Press (1997), 677-93.

Brook, D. (1986): On the Alleged Transparency of Photographs, in: *British Journal of Aesthetics* 26, 277-82.

Byrne, A. (2001): Intentionalism Defended, in: *The Philosophical Review* 110, 199-240.

Chalmers, D. (2002): The Puzzle of Conscious Experience, in: *Scientific American* 273, 90-110.

Crane, T. (2001): *Elements of Mind*. Oxford: Oxford University Press.

Dennett, D. (1991): *Consciousness Explained*. Boston: Little, Brown and Company.

Dretske, F. (2002): *Experience as Representation*. Unpublished manuscript; available online at http://humanities.ucsc.edu/NEH/dretske1.htm.

Dretske, F. (1995): *Naturalizing the Mind*. Cambridge, Mass.: The MIT Press.

Friday, J. (1996): Transparency and the Photographic Image, in: *British Journal of Aesthetics* 36, 30-42.

Harman, G. (1990): The Intrinsic Quality of Experience, in: Ned Block et al. (eds.): *The Nature of Consciousness*. Cambridge, Mass.: The MIT Press (1997), 663-75.

Kind, A. (2007): Restrictions on Representationalism, in: *Philosophical Studies* 134, 405-427.

Kind, A. (2003): What's So Transparent About Transparency, in: *Philosophical Studies* 115, 225-244.

---

16 In fact, it is not clear to me that even these claims should be granted. I explore this issue further in Kind 2007.

Kind, A. (2001): Qualia Realism, in: *Philosophical Studies* 104, 143-162.

Leeds, S. (2002): Perception, Transparency, and the Language of Thought, in: *Noûs* 36, 104-129.

Loar, B. (2003): Transparent Experience and the Availability of Qualia, in: Quentin Smith and Aleksandar Jokic (eds.): *Consciousness: New Philosophical Perspectives*. Oxford: Oxford University Press (2003), 77-96.

Lycan, W. G. (1996): *Consciousness and Experience*. Cambridge, Mass.: The MIT Press.

Martin, M. G. F. (2002): The Transparency of Experience, in: *Mind and Language* 17, 376-425

McGinn, C. (1997): *The Character of Mind* (Second Edition). Oxford: Oxford University Press.

McGinn, C. (1991): Consciousness and Content, in: Ned Block et al. (eds.): *The Nature of Consciousness*. Cambridge, Mass.: The MIT Press (1997), 295-307.

Moore, G. E. (1925): A Defence of Common Sense, in: *Philosophical Papers*. New York: Collier Books (1959), 32-59.

Moore, G. E. (1903): The Refutation of Idealism, in: *Philosophical Studies*. Totowa, NJ: Littlefield, Adams & Co. (1965), 1-30.

Reid, T. (1764/1970): *An Inquiry into the Human Mind*, Timothy Duggan, ed. Chicago: University of Chicago Press.

Robinson, W. S. (1998): Intrinsic Qualities of Experience: Surviving Harman's Critique, in: *Erkenntnis* 47, 285-309.

Scruton, R. (1981): Photography and Representation, in: *Critical Inquiry* 7, 577-603.

Shoemaker, S. (1994): Self-Knowledge and 'Inner-Sense', in: *The First-Person Perspective and Other Essays*. Cambridge: Cambridge University Press (1996), 201-68.

Shoemaker, S. (1991): Qualia and Consciousness, in: *The First-Person Perspective and Other Essays*. Cambridge: Cambridge University Press (1996), 121-40.

Shoemaker, S. (1990): Qualities and Qualia: What's in the Mind?, in: *The First-Person Perspective and Other Essays*. Cambridge: Cambridge University Press (1996), 97-120.

Sturgeon, S. (2000): *Matters of Mind: Consciousness, Reason and Nature*. New York: Routledge Press.

Tye, M. (2000): *Consciousness, Color, and Content*. Cambridge, Mass.: The MIT Press.

Tye, M. (1995): *Ten Problems of Consciousness*. Cambridge, Mass.: The MIT Press.

Tye, M. (1992): Visual Qualia and Visual Content, in: Timothy Crane (ed.): *The Contents of Experience*. Cambridge: Cambridge University Press (1992), 158-76.

Tye, M. (1991): *The Imagery Debate*. Cambridge, Mass.: The MIT Press.

Walton, K. (1984): Transparent Pictures: On the Nature of Photographic Realism, in: *Critical Inquiry* 11, 246-77.

Ernähren, Essen, Schmecken, Genießen.
Über kulturelle Formen der Transparenz

Birger P. Priddat

Wir wissen kaum, was wir essen. Das ist in der deutschen Küche besonders ausgeprägt. „Die inflationäre Entwicklung des Angebots immer neuer Varianten von Kartoffelchips oder Süßigkeiten ist zudem das Ergebnis einer tief verwurzelten kulinarischen Orientierungslosigkeit, die keine unentbehrlichen Qualitäten und deren Bedeutung kennt" (Dollase 2009a: Sp. 1). Jürgen Dollase, Esskritiker und -theoretiker, sieht eine Diskrepanz zwischen dem sich ausweitenden Angebot differenzierter Küchen und Nahrungsmittel, der sich ausfaltenden Diskussion über das Kochen und Essen (bis hin in TV-Küchen-Performances) und der tatsächlichen Fähigkeit, Geschmack und Qualitätsbewusstsein zu entwickeln. Der Gast und der Kunde werden umworben, „in ihrem Verhalten aber kaum relativiert" (Dollase 2009a: Sp. 1). Es grassiere eher eine Form kulinarischer Geschwätzigkeit (Dollase 2009a: Sp. 2).

> „Das Gerede ist eine Sache. Was gekauft wird, eine ganz andere. Die Käse- oder Fleischtheken selbst besserer Geschäfte und Supermärkte täuschen durch die scheinbare Vielfalt ihres Angebots Qualität vor. Es mag nicht alles gleich sein – es schmeckt aber oft so. Obst- und Gemüseansammlungen in den deutschen Geschäften sind nicht selten ein Fall für die Gewerbeaufsicht, und fettfrei ausgelöstes Schnitzel dümpelt bereits farbverändert in Pfützen aus eigenem Saft. Gute Produkte sind in der Breite kaum zu finden – was aber niemanden zu stören scheint. Und immer wieder klagen Veranstalter von Kochkursen darüber, dass selbst willige Hobbyköche – geschweige denn die Wagyu-Beef kauende Gourmet-Schickeria – bar jeder soliden Grundkenntnis von Produkten und deren Handhabung auf den jeweils aktuellen kulinarischen Wellen surfen" (Dollase 2009a: Sp. 2).

In Deutschland fehle eine „aus alltäglicher Esskultur gewachsene Orientierung an guten Produkten. Sie ist der eigentliche Kern der kulinarischen Kultur eines Landes. Aus dem selbstverständlichen täglichen Leben mit einem guten Zwischenrippenstück, einer guten Kartoffelsorte, der Kenntnis der verschiedenen Fischarten und deren jeweiligen Frischemerkmalen und der Zubereitung sämtlicher Gemüsesorten erwächst letztlich alles Weitere, was kulinarische Kompetenz ausmacht" (Dollase 2009a: sp. 2).

Was kulinarische Kompetenz bedeuten kann, wissen wir beim Weinkonsum – um ein signifikantes Beispiel herauszunehmen. Es gibt inzwischen ebenso viel Kenner wie gute Weine. Die Kenner wissen, woher der Wein kommt, welche Qualitätsmerkmale er hat, und den angemessenen Preis. Bei den Nahrungsmitteln, die wir beim Essen zu uns nehmen, wissen wir eher nichts. Manchmal nennen die Speisekarten eine Herkunft (des Huhns, des Gemüses) – aber nur dann, wenn man sich über das Etikett einer ‚Regionalküche' profilieren will. In den Läden und Supermärkten bekommt man außer einer vagen Herkunftsbezeichnung ‚aus deutschen Landen', ‚aus Israel', ‚hergestellt in Frankreich', ‚argentinisches Fleisch' keine Auskunft. Das sind ähnlich dumpfe Informationen wie die bei den einfachen Weinen ‚abgefüllt in der Provence'. Oder härter: „Tafelwein, weiß" (momentan wird die Etikettierung des Weins an neue europäische Regeln angepasst, so dass, unter dem Siegel besserer Qualitätsdifferenzierung, die Intransparenz erst einmal zunimmt). Säfte mit der Aufschrift „regionales Erzeugnis" besagen lediglich, dass die Früchte in Deutschland gepresst sind, aber aus Polen oder China stammen können.

Die Nahrung bleibt intransparent. Dabei wäre es, mit den heutigen elektronischen Mitteln, ein Leichtes, die genaue Herkunft anzugeben, bis hin auf das Feld, von dem der Salat kommt, die Entfernung von der nächsten Autobahn, die Bodenqualität und die Menge und Art des eingesetzten Pflanzenschutzmittels.[1] Ebenso bei den Rindern und Schweinen; man könnte sogar noch den Namen erfahren, den das Tier hatte. Die Rasse wäre anzugeben, die Nahrung, die Lebensweise (im Stall, auf der Weide), vor allem aber die Fleischqualität, das Alter und die Nahrung. Und der Bauer (um zu erfahren, auf wessen Qualität man sich künftig verlassen will) bzw. auch der Schlachter.

Nahrungsmittel sind biochemische Produkte, die die gleichen Auszeichnungen verdienen wie z.B. Pharmaka. Ähnlich aber wie die Beipackzettel der Pharmaka kritisiert werden wegen ihrer abschreckenden Unverständlichkeit,[2] müssten die Deklarationen der Fleische und Gemüse (und Käse etc.) deutlich, klar und lesbar sein. Transparenz ist ein Gebot der Fairness den Verbrauchern gegenüber, dass sie gewisse *minimal standards* an Aufschluss bekommen, die ihnen die Suche nach Qualität erleichtert. Doch erweist sich die Information zugleich als Problem. Bei den Eiern gibt es jetzt EU-Normen, die diese gewisse

---

1 Die neuen elektronischen Verspieltheiten erlaubten sogar, die Herkunft des Salates auf einem Navigationsdisplay weltweit genau auf 5-10 m anzugeben.
2 In einer Studie der Universität Witten/Herdecke für das Bundesforschungsministerium erwies sich, dass Beipackzettel der Pharmaka den Patienten in größerem Umfang Angst machten, so dass sie die Tabletten nicht mehr nehmen – Information als Desinformation und Nichttransparenz.

Transparenz herstellen sollen: O = ökologische Haltung, 1 = Freilandhaltung, 2 = Bodenhaltung, 3 = Käfighaltung bzw. Legebatterie. Es wird aber nur der Bewegungsraum der Hühner markiert, nicht, welches Futter sie bekommen und welche Bewegungsfreiheit sie tatsächlich haben (Baier 2009). Man fühlt sich informiert, wenn man aber nachdenkt, entstehen wieder Fragen, auf die keine Antwort bereit steht. Die Transparenz verdunkelt wieder: Halbschatten. Und über den Geschmack können wir nur rätseln.

Transparenz sichert noch keine Qualität. Dazu muss man in der Lage sein, Qualität zu beurteilen, was erst gelingt, wenn man sie einmal kennengelernt hat. Ähnlich wie beim Wein: wer keinen exzellenten Pommard (Bourgogne) je getrunken hat, weiß nicht, was Weinqualität sein kann. Friedrichs Engels erfuhr an einer Flasche Château Margaux 1848 erstmals eine „Auffassung von Glück" (Röttgers 2009: 114). Wer keinen exzellenten Wolfsbarsch je gegessen hat, weiß nichts wirklich über Fische (oder über Karotten, wer nie eine bretonische Sandmöhre aß, Dollase 2009b: 69). „Wertschätzen wir den wilden, gefangenen Steinbutt, die wirklich reifen Himbeeren, den duftenden Pfirsich? Und sind wir bereit, zweimal zu verzichten, um uns dann beim dritten Mal ein wirklich gutes Produkt zu leisten?" (Fischer/Sommer 2009: 121). Selbst ‚Königsberger Klopse' können exzellent gefertigt werden (aus Kalbsfleisch natürlich und in einer Brühe aus geräucherten Schweinehinterknochen, und kleinen Kapern von den Äolischen Inseln oder aus Südfrankreich). Jürgen Dollase bleibt skeptisch, vor allem wegen der Kinder: Sie kennen Fischstäbchen und Bratfisch. Die meisten haben in ihrem Leben noch keinen Steinbutt oder einen anderen Spitzenfisch gegessen; „wie würden sie auf eine an der Gräte gegarte, im Kern vielleicht noch leicht glasige Schnitte von einem sieben Kilo schweren Steinbutt reagieren? Schmeckt er am Ende ‚nach nichts'?" (Dollase 2009b: 70).[3]

Deutsches Essen ist oft eine geschmacksproblematische Angewohnheit. Die Basis sind dicke Soßen und Brei. Der Brei entsteht dadurch, dass man Kartoffeln, Fleisch, Gemüse und Soße auf einem Teller dargereicht bekommt, was den Großteil der Esser sofort dazu verleitet, die Kartoffeln zu zermatschen und mit der Soße zusammen als Brei zu sich zu nehmen. Die Soßen sind, nach deutscher Altart, mit Mehl gedickt (was sie geschmacklich sowieso verdünnt). Die Kartoffel erweist sich als Grundsubstanz (bzw. die Kartoffelklöße im Süden).

Wenn man drei Regeln aufstellen würde. 1. maximal 2 kleine Kartoffeln, als Gemüse, nicht als Stärkegrundstoff, 2. Mehlverbot bei Saucen, und 3. den Teller nur mit dem Fleisch und einer feinen Sauce servieren, die Gemüse extra,

---

3   Allerdings: „Geschmack ist schulbar", über Experimente in einer Kasseler Schule, vgl. Friemel 2009.

würden wir uns bereits in einer anderen Esskultur befinden. Man könnte jedes einzeln essen, was voraussetzt, dass die Qualitäten des Fleisches, der Sauce und des Gemüses höherwertig sein müssten, als bisher (wenn man dann noch darauf achtet, die Gabel nicht senkrecht zu halten, um keine Engel aufzuspießen, Röttgers 2009: 170, ist das Mahl vollendet).[4]

Wenn man in Deutschland Wiener Schnitzel bestellt, bekommt man durchweg ‚Schweinefleisch paniert'. Dass es aus Kalb hergestellt werden und flach sein muss und groß (über den Tellerrand hinüberhängend), weiß niemand mehr. Es ist eigentlich eine *bistecca fiorentia*. Das Schnitzel wird angekündigt als „Schnitzel Wiener Art", worin immerhin angezeigt ist, dass es nicht aus Kalbfleisch besteht. Doch interessiert diese Information gar nicht, weil die Kunden gewöhnt sind, dass es sowieso aus Schweinefleisch bereitet ist. Wenn niemand weiß, was es sein müsste und wie es schmecken könnte, bildet sich auch kein Urteil, und man gewöhnt sich an die abgeschmackte Version, die nichts anderes ist als die deutsche Melange, bei der es fast nicht mehr darauf ankommt, woraus die Bestandteile bestehen. Hauptsache: Soße, Kartoffeln, Fleisch und Beilage. Wir essen Struktur, nicht Qualität. Transparenz hülfe hier gar nicht, weil wir hier ‚alte Muster essen'. J. Dollase nennt es „das klassische Gericht", das allerdings auch klassische Qualitätsanforderungen hat: „Der Fisch hat klare Grillspuren, er ist durchgebraten, aber im Inneren noch nicht ausgetrocknet und die Produktqualität ist nicht schlecht. Dazu kommen Salzkartoffeln und eine große Sauciere mit der Sauce, die ganz im alten Stil zitronig und buttrig schmeckt und die Konsistenz einer leicht dicklichen Mayonnaise hat" (Dollase 2009c: Sp. 2). Entscheidend sind hier Qualität und Sauce, statt Soße.

Diese Struktur erhält sich im *Fast Food*. Ein Hamburger ist nichts anderes als Soße (Mayonnaise, Tomatenmark), Fleisch, Beilage (Tomate, Salat), nur ohne Kartoffeln, dafür mit pappeartigen Brötchen-Ober- und Untersetzern garniert.

---

[4] Über das problematische Aufkommen der Gabel um 1000 herum, vgl. Röttgers 2009: 170 f.: Der byzantinische Adel führte sie ein; anderswo erregte ihre Benutzung Abscheu. Die Italiener führten sie schließlich kulturell ein in Europa. „[N]icht alle Italiener und nicht alle Menschen waschen sich immer vor dem Essen die Hände, so dass es zweckmäßig sei, Gabeln zu benutzen. ... Das Essen mit den Fingern bot immerhin den Vorteil, den Tastsinn am Essen zu beteiligen, der u.a. die angemessene Temperatur der Speisen prüfen konnte; das ist übrigens einer der Gründe für die Bevorzugung von Silberbesteck: Silber leitet Wärme besser als Holz oder heute Edelstahl, und man kann bereits am Löffel spüren, ob die Suppe noch zu heiß ist. Durch den Gebrauch der Gabel wird der unmittelbare Tastsinn vom Essen ausgesperrt. Noch im 17. Jahrhundert hatte Moscherosch geltend gemacht, dass, da er sich ja die Hände vor dem Essen wasche, er doch auch den Salat mit den Fingern essen könnte: ‚wie kann mir der Salat wohl schmecken wan ich jhn nicht mit den Fingern esse?'" (Röttgers 2009: 170 f.). Wer wäscht sich heute im McDonalds-Restaurant vorher die Hände?

Die Struktur bleibt erhalten, nunmehr aber vertikal geschichtet. Dazu werden Kartoffeln in Form fettiger Stäbchen serviert, die so gesalzen sind, dass man dazu verleitet ist, eine Coca-Cola zu trinken o.Ä. Man muss den Hamburger in beiden Händen halten, und alle Schichten zugleich abbeißen (wobei meistens das Innere nach hinten herausrutscht oder die Soße, an den Seiten herausgequetscht, an beiden Händen herunter fließt). Der gewohnte Brei entsteht beim Hereinbeißen in die Schichtung durch das Kauen. McDonalds (die anderen auch) wirbt mit dem Slogan „Feed your inner child" und setzt „auf eine bewusste Infantilisierung der Gesellschaft und ihrer Kultur. Man sitzt auf bunten Holzstühlen an unverwüstlichen Tischen, isst mit den Fingern und ist entweder selbst ein Kind oder darf sich wie ein Kind benehmen" (Röttgers 2009: 65; mit Verweis auf Stephenson 1989: 236).

Erstaunlich daran ist die kulturelle Gleichgültigkeit dieses Produktes: Es wird in allen Ländern ähnlich produziert (mit Fleisch- und Gewürzvarianten) – „anti-kulinarisch schlechthin" (in kantianischem Ton: Röttgers 2009: 35). Ariès spricht von der konsequenten Negation aller vorhergehenden kulinarischen Kulturen (Ariès 1997). Es wäre zu untersuchen, ob hierbei nicht vordinglich symbolisch konsumiert wird (Witt 2008) – ähnlich wie bei Pepsi und Cola: man isst den *American dream* – und kann es nur deshalb vertragen, weil das Produkt einen kulturell transzendiert, obwohl es im Grunde nicht den lokalen Gewohnheiten entspricht. Klassisch war z.B. das dunkle Brot in Frankreich ein Nahrungsmittel armer Leute. Seit aber die französische Revolution das Weißbrot subventionierte, ist inzwischen das Schwarzbrot zum Ausdruck erlesenen Geschmacks avanciert – symbolischer Konsum (umgekehrt gilt die Baguette in Deutschland als edles Brot, vgl. Röttgers 2009: 117).

Die zum Hamburger gereichten fettigen Kartoffelstäbchen – Pommsfritz genannt – haben nichts zu tun mit den in Frankreich manchmal servierten fritierten *pommes de terre juliennes*, die die Basis bildeten für die belgische Erfindung der *pommes frites*, dem kontinentalen Pendant der englischen *chips*, die zu Fisch gereicht werden (beide in fettigen Papiertüten). In Deutschland liebt man dazu die Curry-Wurst, eine so schlechte Wurst, dass sie mit Gewürzpulver, eingerührt in Tomatenketchup, ihre Miserabilität überdecken muss.[5] All diese Art Nahrungsmittel werden anstelle eines Mahles zu sich genommen, meistens im Stehen, weil man sich zudem keine Zeit gibt für das Essen.[6] Sie sind kalorienreiche

---

5 Ganz nebenbei: „Von der Lebensmittelqualität einmal abgesehen – betriebswirtschaftlich ist eine Würstchenbude viel attraktiver als die Sternegastronomie. Sie brauchen zwei, drei Sorten Würstchen, Brot und sollten wissen, wie die Currysauce geht, das war's. Und die Gewinnspanne ist wesentlich höher als im Restaurant" (Fischer/Sommer 2009: 122).
6 Die Steigerungsform ist das Essen im Gehen, dessen institutionalisierte Version der *coffee to go* zu werden scheint. Man kann es kaum für eine Form des Genießens halten, dafür eher als

Füllmittel, aber kein Essen, das irgendwelche Standards erfüllt. Als Nachtisch empfiehlt sich eine Magentablette.[7]
Die jeweils gelebte Esskultur definiert Geschmack wie Qualität. Die Standards der täglichen Küche – gleich ob in der Kantine, im Restaurant oder zuhause (Reuter 2009) – prägen den kulinarischen Rahmen (*culinary frame*), innerhalb dessen die alltäglichen Auswahlen getätigt werden. Wir erleben in den *food-markets* eine zunehmende Ausdifferenzierung, deren Qualität aber die Ausdifferenzierung, nicht die Qualität ist (Dollase 2009a: Sp.1). An Vielfalt gewöhnt, gewöhnen wir uns deshalb noch lange nicht an Qualitäten (die Kartoffel, dicke Soße, Fleisch, Gemüse-Grundstruktur wandelt sich, ohne ihre Grundstruktur aufzugeben: In Tiefkühlkost-Läden sind ‚der Renner' Fischstäbchen, Rahmspinat, Schlemmerfilet Bordelaise und Lachsfilet. Danach folgt erst die erste Pizza (Thunfisch von Dr. Oetker, vgl. Brueck 2009: 50, Sp. 2). Die Einzelteile werden ausgewechselt (mit der Betonung auf weichem Vorgekochten).

> „Dass heute Lidl, Aldi, Plus und Co. den Schulterschluss mit der Gourmandise suchen, ist ein Ergebnis der neuen oberflächlichen kulinarischen Geschwätzigkeit. Locker wird mit Balsamessigen, mehreren Sorten Olivenölen, Himalayasalz und Chorizo hantiert – wohlwissend, dass man dem hysterischen Medien-Gourmet keine gute Qualität vorsetzen muss, sondern die Sache sich mehr in Signalen und Symbolen abspielt. Wie es um die Qualität steht, kann der Kunde ja ohnehin nicht erkennen" (Dollase 2009d: Sp. 1; zum symbolischen Konsum: Witt 2008).

Und dafür, dass man im Geschmack unausgebildet bleibt, nimmt die Zahl der „Wellness-"Lebensmittel und des *functional food* (mit Nahrungsergänzungsmitteln)[8]

Zeichen einer seltsamen Unabhängigkeit, sich allen kulinarischen Formen und Institutionen entziehen zu können – ein Signum sozialer Deinstitutionalisierung. Historisch haben sich die Essgewohnheiten geändert: statt des opulenten Frühstücks und des obligatorischen Mittagessens wird heute mehr, vor allem bei den Jüngeren, abends warm gegessen (statt des kalten Abendbrotes mit Brot und Wurst). Das tradierte gemeinsame Mittagessen zu Hause ist fast gänzlich verschwunden – anders als in Italien und Spanien (Lechner 2004: 50, Sp. 4, 5).

7   Dass sich das Einfetten von Kartoffeln dennoch ökologisch hochwerten lässt, erfahren wir von der Firma McDonalds, deren Lieferanten-LKWs mit Bio-Diesel aus dem gleichen Rapsöl fahren, mit dem in der Küche die Pommes frites gebadet werden (Röttgers 2009: 64).

8   Die aktuelle Liste der neuen Esswelten lautet: „*Sensual Food* repräsentiert die neue (?) Lust am Geschmack, *Convenince Cooking* die neue Art zu kochen, bei *Fast Casual* wird gesund und schnell genossen, *Hand Held Food*, das ist für Eilige, *Health Food* ist natürlich Gesundes für Bewusste, in den *Cheap Basics* wird die Geizgeilheit der Wohlstandskonsumenten angesprochen, das *Ethic Food* bedient ein gutes Gewissen, *Slow Food* vermittelt Authentizität, *DOC Food* liefert Herkunftsgarantien, *Nature Food*, man kann es besser nicht ausdrücken, ist ‚hedonistisch, frisch und politisch korrekt' und *Clean Food* ‚Purismus nicht nur für den Allergiker', während *Mood Food* zum Emotionsmanagement da ist und *Functional Food* ‚Essen als Therapie' anbietet" (Reuter 2009: 194 f.; vgl. auch www.hanni-ruetzler.at).

zu (Lechner 2004: 51: Sp. 1); das, was am Essen zu fehlen scheint, wird durch gezielte Extragenussgüter ‚ergänzt'. Die höchsten Genusswerte haben bei Frauen die Pralinen (51,7%), bei Männern das Bier (46,3%; vgl. Lechner 2004: 51).

1 Kriterien

Zudem haben wir es mit neuen Kriteriendiskussionen zu tun, die scheinbar die Qualität ansprechen, *de facto* sie aber nicht ausbilden. Folgende Kriterienkataloge für Neubewertungen von Nahrungsmitteln sind gesellschaftlich im Diskurs: 1. Bio, 2. Gesundheit (unterteilt in 2a: Diät), 3. Internationalität. Hinzu kommen etwas ungewöhnlichere Kriterien wie 4. Qualität und 5. Geschmack.

Ad 1: ‚biologisch' prädikatierte Nahrungsmittel gelten als hochwertiger als andere. Sie werden, im Idealfall, ‚natürlich' produziert, d.h. wesentlich ohne Schadstoffe. Zumindest werden die Pflanzenschutzmittel reduziert oder sind selber ‚natürlich' (was ihre Toxizität nicht selbstverständlich mindert). Genmanipulierte Gemüse wie chemische Bodenbearbeitung sollen ebenso vermieden werden wie chemische Behandlung für das Aussehen und die Lagerung. Diverse Labels sollen für Qualitätsstandards werben und die Wahl beflügeln. Die Labels sollen dem Verbraucher Transparenz verschaffen, bleiben aber opak. Man sieht ein Logo und weiß nicht, was es bedeutet (und was die verschiedenen Logos dann wieder bedeuten).

So groß der Anteil am Angebot geworden ist, so wenig hat diese Prädikation das Qualitätsbewusstsein gesteigert, noch den Geschmack kultiviert. Nahrungsmittel, die als ‚bio' gekennzeichnet sind, werden eher unter die Rubrik (2). zu zählen sein: Sie sind gesund, weil schadstofffrei oder zumindest -minimiert. ‚Bio' ist weder eine Bezeichnung für Geschmacksqualität noch für qualitativ hochwertige Produkte – obwohl das Image dieses zu versprechen scheint. Man verwechselt systematisch hohe Produktqualität mit einem Aspekt der Produktion: der Schadstofffreiheit. Dabei werden z.T. geschmacklich minderwertige Waren offeriert und wenig hochwertige Produkte (die z.B. schlecht oder unsachlich gelagert sind).

Ad 2: ‚Gesundheit' ist das zweite diskutierte Kriterium: Es deckt sich häufig mit dem ersten. Da Schadstofffreiheit ein Teil des ‚gesunden Produktes' ist. Zudem werden Gemüse und Obste in den Vordergrund gestellt allein wegen ihres Vitamingehaltes, oder wegen ihrer Mineralstoffe. Dabei wird lediglich das, was diese Produkte immer schon enthalten, expliziert. Zeitschriften und Bücher verstärken diesen Trend, indem sie auflisten, welche Mengen an Vitaminen und Mineralien man täglich zu sich nehmen soll, um gesund zu bleiben (oder sogar um Krankheiten vorzubeugen). Der Verbrauch wird neu sortiert, d.h. genauer medial mental neu geordnet, mit der Folge, dass sich das Angebot anpasst. In radikaler Form werden Nahrungsmittel unter der Rubrik ‚gesund' wie Pharmaka beurteilt.

Ad 2a: ‚Diät' ist eine besonders auffällige Form der ‚Gesundheitsesskultur'. Man will schlanker werden und entsprechend ‚bewusster' essen. ‚Diät' verzichtet gewöhnlich gänzlich auf geschmackliche Qualität: Es ist eine Form des Essen, die sich dem Essen eigentlich verweigert. Man reduziert auf physiologische und biochemische Notwendigkeiten, gerät dadurch aber in eine immerwährende Spannung zu Lüsten, die oft genug die Diät abbrechen lassen, um in einen erneuten Exzess des Essens zu geraten. Wir haben es hier eher mit einer Therapie zu tun.

3. Internationalität ist ein Kriterium für Produktdifferenzierung, das weder (1) noch (2) genügt, sondern eine eigenständige Dimension ausbildet. Die – z.T. bisher völlig unbekannten – internationalen Nahrungsmittel bringen eine ‚Abwechslung' auf den Tisch, die nur auf der Differenz beruht, nicht auf Qualität. Niemand kennt die Anbaubedingungen (oder gar die Arbeitsbedingungen derjenigen, die die Produkte ernten). In der Markteinführung werden exotische Früchte wiederum oft mit ihren ‚gesundheitlichen' Merkmalen beworben (Vitamine etc.). Kiwis z.B. gelten als leistungsfähiger in ihrer Vitamin C-Konzentration als konkurrente Früchte.

Gar nicht so neu ist der *crossover*, die international/national/regionale Mischung von Speisen. Die sizilianische Pizza, in den USA zu einem nationalen Produkt transformiert, würde von einem Sizilianer als nicht essbar deklariert werden (Reuter 2009: 184). Hier haben wir weder Geschmacks- noch Qualitätskriterien. Die ‚Internationale Küche' hat es zumindest erreicht, dass wir das ganze Jahr über alle Nahrungsmittel kaufen können; die saisonalen Versorgungslöcher der alten ‚Gemüsekalender' (Reuter 2009: 185) sind gestopft. Dass ein Gutteil dieser omnipräsenten Obste und Gemüse eher wegen ihrer Transportresistenz und Lagerfähigkeit gezüchtet wurden, als für den Geschmack, ist die trübe Seite der Medaille.

Alle drei Kriterien simulieren eine Transparenz, die mehr verdeckt als offenbart. ‚Bio' gibt einen Hinweis auf Produktionsmethoden, ohne weitere Qualitätsangaben. Viele verwechseln ‚bio' bereits mit Qualität, was nur dann legitim ist, wenn man über zusätzliche Informationen verfügt: Dass der Biobauer deshalb bestimmte Produktionsmethoden bevorzugt, weil er die Fleischqualität alter Schweinerassen erreichen will etc. (z.B. das Hallenser Hängebauchschwein). Dass die Qualität des Schweinefleisches allein schon deshalb reduziert wurde, weil man, wegen des Gesundheitskriteriums, nur noch relativ fettfreies Fleisch kauft, sei nur nebenbei angemerkt; die alten, heute nicht mehr gehaltenen Rassen hatten durchweg fettmarmoriertes Fleisch von hoher geschmacklicher Qualität.

,Gesundheit' ordnet die Nahrungsmittel neu nach Kriterien nicht der Qualität oder des Geschmacks, sondern nach ,ausgewogenen Ernährungsprogrammen'. Dass eine geschmacklich variantenreiche Küche zugleich immer schon ,ausgewogen' war, bleibt unbedacht. ,Gesundheit' polt die Kriterien in Richtung der biochemischen Zusammensetzung der Produkte, ohne dass die Klienten wirklich wissen, was sie kaufen. Der auf die Produkthüllen gedruckte Beipackzettel ist selten decodierbar; und alle frische Ware hat gar keine Kennzeichnung. Man kauft nach Fragmenten mentaler Modelle ein: Viel Vitamin C ist ,gut', ,wenig Fett', die Ware sieht ,frisch' aus, sie hat ,wenig Zucker', oder ,wenig Kohlehydrate'.

Was man einzeln so selegiert, gehorcht Metaphern, die die Analyse ersetzen. Vor allem: was man einzeln so meint nach Kriterien der (metaphorologischen) ,Gesundheit' auszuwählen, wird spätestens dann, wenn man es zusammen beim Kochen zubereitet, nicht mehr auf das Kriterium geprüft. In die Soße kommt Sahne (+ Fett), das Fleisch wird in Ölen gebraten, die aus gesättigten Fettsäuren bestehen (+ Fett), man fügt Haufen von Kartoffeln und Nudeln hinzu (+ Kohlehydrate), kocht die Vitamine heraus etc. Das ,Gesundheitskriterium' ist ein Kaufargument, entfällt aber wieder bereits bei der Zubereitung. Die Transparenz, die das Gesundheitskriterium scheinbar schafft, liefert Kauflegitimation, ohne noch in der Zubereitung wirksam zu bleiben. Man hat schließlich seine kriteriale Schuldigkeit getan.

Die Internationalität ist – aus der Transparenzperspektive betrachtet – eine seltsame Missweisung. Man kauft ,interessante' Produkte, die man nicht kennt (und auch nur durch aufwendige Lektüre besser kennenlernen könnte), verliert aber die Kenntnis der heimischen Produkte, deren Qualitäten und Entstehung nachvollziehbarer wären. Die internationalen Produkte substituieren die heimischen. Oft lassen sich regionale Produkte in Supermärkten gar nicht mehr erwerben oder identifizieren.

Ad 4: Qualität. Das war früher ein gängiges Kriterium, als man noch ungefähr wusste, welche Produkte welche Qualität hatten. Heute muss es für die, die Qualität nicht mehr *sui generis* einschätzen können, über den Preis signalisiert werden. Höherpreisige Produkte müssen qualitativ höherwertig sein; warum hätten sie sonst den höheren Preis?

Ad 5: Geschmack ist fast *old fashioned*. In einer Konsumwelt, in der viele Produkte künstlich aromatisiert werden – wir kommen gleich darauf zurück – ist Geschmack nicht nur ein älteres Modell der Bewertung, sondern irritierbar. Im Grunde muss man durch probieren prüfen – und man muss, um prüfen zu können, wissen, was wie schmecken kann. Wenn ich nicht weiß, wie Wein schmecken kann, lasse ich mich leicht befriedigen (vgl. oben den Pommard: man muss nicht ständig Pommards trinken, hat aber Maßstäbe). Wer heute Schinken kauft, weiß nicht, dass er erst dann wirklich mundet, wenn fast die Hälfte daran fett ist. Die

heutigen Schweine werden bereits so gezüchtet, dass ein normaler Konsument gar nicht mehr in die Lage gerät zu wissen, wie Schinken schmecken kann (und muss). Das heutige Angebot ist von vornherein auf Diät ausgelegt, nicht auf Geschmack, worunter auch die leiden müssen, die gar keine Diät wollen.
Die meisten Nahrungsmittel werden gar nicht mehr in ihrer Originalform gekauft, sondern als Fertiggerichte. Sie enthalten künstliche Aromen und Konservierungsstoffe, die Kinder, die damit aufgewachsen sind, avers gegen guten Geschmack machen. Ein Koch klagt: „In mein Restaurant kommen Eltern, die nach Ketchup fragen – weil die nichts mehr ohne Ketchup essen. Kinder wollen ja immer das wieder finden, was sie kennen, und wenn sie viel Süßes essen oder künstliche Aromen, die in der Natur so nicht vorkommen, dann können sie mit Natürlichem nichts mehr anfangen" (Hensen 2009). Die Frage der Transparenz erübrigt sich hier ebenso wie die des guten Geschmacks.

Das Fertiggericht ‚Rindfleischsuppe' enthält folgende Ingredienzien:
- Fleisch: Fleischkrümel gekocht und gefriergetrocknet, mariniert in einer Mischung als Antioxidantien, Natriumbicarbonat und Aromata (wg. Haltbarkeit und damit sie nicht ranzig schmecken),
- Fleischextrakt
- Geschmacksverstärker: Natriumglutamat
- Hefeextrakt: gibt ein fleischiges Aroma, enthält auch Glutamat
- Fett: gehärtet pulverisiert
- Aromata: Aminosäuren, unter Hitze mit Zucker eine braune Substanz, die u.a. Pyrazine enthält (Röstaroma).
- Maltodextrin: das Kohlehydratgemisch trägt die Aromastoffe (aus Mais- und Weizenstärke)
- Nudeln
- Karotten: winzige Stücke, damit die Suppe gesünder aussieht.
- Erbsen: werden in Citrat-Lösung eingeweicht, dann gefriergetrocknet. Zuckerimprägnierung für die grüne Farbe (Wüstenhagen 2009: 14 f.).

Das Aroma des Fleisches wird nicht mehr über das Fleisch erreicht. Alle Ingredienzien sind auf der Tüte verzeichnet: Hier haben wir bereits den Beipackzettel (der für die Bioprodukte noch fehlt). Die Transparenz ist für den, der es lesen und decodieren kann, einigermaßen vollständig. Dennoch werden die Produkte gekauft und gegessen – nur wer die Kriterien ‚bio' bzw. ‚Gesundheit' anlegt, ist gefeit (auch wenn die Biotütensuppe letztlich nichts anderes enthält als „Hightech mit maximal denaturierten Rohstoffen" (Pharmazeut Matthias Wolfschmidt, in:

Scheytt 2009: 66). Transparenz ist ein hilfloses Instrument in einer Lebenswelt, in der es weniger auf die Qualität als auf die Schnelligkeit der Zubereitung ankommt. Pro Jahr verzehren die Deutschen 137 Kilogramm aromatisierter Lebensmittel (Wüstenhagen 2009: 14), das sind 370 Gramm pro Tag im Durchschnitt.
Die Esskultur hat sich gewandelt; man isst ‚schnell etwas zwischendurch'. Oft wird das Essen auch gar nicht mehr selbst zubereitet (was faktisch bedeutet, dass immer Weniger kochen können). Die Zeit, die man sich nicht nimmt für das Zubereiten der Nahrung, wird durch die Art und Weise der Produktion der Fertiggerichte ermöglicht. Alle festen Bestandteile werden fertigungstechnisch so behandelt, dass sie sich später in kürzester Zeit in kochendem Wasser auflösen oder aufquellen lassen. Hier entwickelt sich ein neues Muster der Essenkultur: Zeitersparnis versus Qualität und zeremonialer Kultur (‚Tischgemeinschaft' vgl. Hirschman 1997; Därmann/Lemke 2008; Röttgers 2009: 129 ff.). Doch entscheidend ist dabei etwas anderes: dass die Geschmackskultur selbst sich verändert. Die chemische Aromatisierung der Fertigprodukte simuliert nicht nur den natürlichen Geschmack, sondern scheint ihn zu übertreffen. Die artifiziell produzierte Hühnersuppe von Nestlé schmeckt doppelt so hühnerhaft wie die eines Sterne-Kochs (Vincent Klink, in: Scheytt 2006: 66).

„ ‚Naturidentische' Aromen, Geschmacksverstärker und Konservierungsstoffe lassen uns unsere Essen zunehmend als fremd erscheinen; aber diese Fremdheit wuchert mitten unter uns wie geduldete ‚illegale' Einwanderer. Und der normale Verbraucher hat sich daran gewöhnt, dass Pfirsich-Yoghurt nie mit einem Pfirsich oder etwas aus diesem Gewonnenen in Berührung gekommen ist, sondern seinen Geschmack einem gewissen Schimmelpilz verdankt. Und die Deklaration der Inhaltsstoffe ist ohnehin ein Kapitel für Experten, so dass der Verbraucher normalerweise nach der Devise handelt ‚Hauptsache, es schmeckt'. Er weiß, dass er getäuscht wird, und findet sich damit ab" (Röttgers 2009: 106).

Die molekulare Küche – als ‚Physik und Chemie des feinen Geschmacks' (Vilgis 2005) – ist nur das gehobene Pendant, der Reflex der *haute cuisine* auf die Chemisierung des Geschmacks der Gesellschaft – allerdings in oft intelligenter Ironie: „ ... über 30 Gänge mit ‚Dekonstruktionen' wie einer ausgehöhlten und mit dem eigenen, verflüssigten Fleisch wiederaufgespritzten Olive oder über eine schockgefrostete weiße Popcornwolke, süß und salzig, die im Mund einfach verschwindet. Eine zwei Meter lange Nudel besteht aus gelierter Bouillon, Mandarinenduft (‚Aire') ist über einen Handschuh einzuatmen" (über Ferran Adrià: Holzer 2007: 126). Ferran Adrià nennt sein Kochen die Herstellung der „Essenz des Geschmacks". Hier allerdings ist Transparenz verboten, weil es gerade um den Zauber (Adrià spricht von ‚Magie') der Irritation geht, der, aufgedeckt, verfliegen mag. Allerdings lehrt diese Küche Komplexität des Geschmacks.

Was hier am Rande der Spitzen der Kochkunst geschieht, ist symptomatisch für den Wandel des Essens insgesamt: Es ist fast gleichgültig, woher der Geschmack kommt – ob natürlich oder artifiziell –, er muss nur differenziert sein (sowie die Schokoladen heute in Nuancen angeboten werden, die keiner Tradition entsprechen, sondern dieses Spiel der Differenzierungen spielen: Schokolade mit Pfeffer (schwarz, grün und rot), mit Chili, Ingwer etc. Die Einführung der Chemie in die Luxusküche ist nur die Wiederholung dessen, was sie bereits in der Normalküche durchgesetzt hat. Weder gewohnte Konsistenz der Speisen noch deren natürlicher Geschmack sind von Bedeutung: Wenn wir das Aroma aber selber herstellen können, sind viele Erweiterungen und Neuerungen erwartbar. Z.B. *umami* – neben salzig, sauer, bitter und süß. Und wie steht es mit pelzig, tranig, pudrig, etc.?

Transparenz ist schwierig. Käse z.B. ist für Vegetarier (für die normalen, nicht für die Veganer) zu essen erlaubt. Aber Käse enthält Lab, d.h. ein Enzymgemisch aus den Mägen junger Kälber (deren Innenhaut wird gehäckselt). Für viele Vegetarier, die ja Tierfreunde sind, ist das bereits heikel. Die Käsewirtschaft hat längst ein Ersatzenzym aus Schimmelpilzen parat: Chymosin (das auch bereits gentechnisch erzeugt wird). Nur noch 35% des Weltkäses werden aus Lab erzeugt (Drösser 2009). Vegetarier erfahren nicht, ob im Käse Chymosin oder Lab ist. Aber auch normale Käseliebhaber erfahren nicht, ob sie einen Käse mit Lab vor sich haben (den sie natürlich unbedingt bevorzugen, zumal Chymosin den Käse oft bitter schmecken lässt = Geschmacksverfälschung; vgl. Drösser 2009). Sie erfahren aber auch nicht, ob das Chymosin gentechnisch erzeugt ist. Mehrere Probleme gleichzeitig haben wir vorliegen:

– Die Substitution von Ingredienzien geschieht fortlaufend, ohne dass die Verbraucher davon erfahren,
– wenn sie es erfahren, erfahren sie es in den Medien, ohne deshalb am Produkt irgend etwas notiert zu finden,
– und zu spät.
– Die Vegetarier (Kriterium Gesundheit + Bio) wissen nicht, ob sie ihre Regeln hintergehen. Aber selbst, wenn sie wüssten, dass Chymosin verwendet wird, wissen sie nicht, ob es gentechnisch hergestellt ist (Kriterium Bio).
– Und die normalen Käseliebhaber werden hintergangen, weil sie keinen Originalkäse mehr bekommen (Kriterium Geschmack und Qualität + Bio) bzw. die Differenz nicht ausgewiesen bekommen.

Die Verbraucher werden in mehreren Kriterienkategorien in „Intransparenz" gehalten. An der Ladentheke sind die Verkäuferinnen völlig überfordert, hierauf zu antworten. Solange man es nicht weiß, kauft man brav, was man zu kennen meint. Folglich müssen wir bei der Firma nachfragen, was voraussetzt, dass die Käseläden darauf eingestellt sind, uns die Adressen der entsprechenden Hersteller auszuhändigen. Faktisch heißt das, dass ich für alle Käse, die ich kaufen will, nachfragen muss. Und wenn es stimmt, dass nur noch 35% der Käse aus Lab hergestellt werden, ist meine Auswahl sowieso restringiert.

Würde hier Transparenz hergestellt, wäre die Auskunft wenig wert, wenn sie mir nur mitteilt, dass es so ist, wie es ist. Transparenz hieße hier: die Alternativen mit auflisten, die ich noch kaufen kann, wenn die Transparenz mir mitteilt, dass ich es, wegen der nun offenbarten Ingredienzien, nicht mehr kaufen will. Bei vielerlei deutscher Wurst will man schon gar nicht wissen, was alles darin verarbeitet worden ist. Welche Fleischsorten sind in der Wurst enthalten? Von welchem Körperteil des Tieres kommt das Fleisch? Wie hoch ist der Anteil an Fett und Bindegewebe? Und welche weiteren Zutaten sind in welchen Mengen in der Wurst? Hier gilt Otto von Bismarcks: „Je weniger die Leute wissen, wie Würste und Gesetze gemacht werden, desto besser schlafen sie!"

Das allerdings bedeutet, dass Transparenz alleine nicht den Nutzen bringt, den man sich informationsselig erwartet. Das, was sie aufklärt, braucht Alternativen. Es reicht nicht, die Liste der Ingredienzien zu erfahren, wenn es nichts anderes zu kaufen gibt als Produkte mit diesen Aufschlüsselungen. Man braucht nicht nur Aufklärung über das, was schädlich ist, sondern Aufklärung, wo es das, was nicht schädlich ist, zu kaufen gibt. Vor allem aber sind Kriterien, was schädlich ist, divers verteilt, und nicht immer kongruent. Der Vegetarier, der froh ist über die Aufklärung, kein Lab im Käse zu haben, weiß nicht, ob das Chymosin nicht gentechnisch hergestellt ist, was er nicht aus einer vegetarischen, sondern aus einer ökologischen Einstellung her missbilligt.

Zucker ist in fast allen Nahrungsmitteln. Die Zunahme der Diabetes II hängt mit hohem Zuckerkonsum zusammen. Maximal 10% der täglichen Energiezufuhr soll, nach dem Rat der Weltgesundheitsorganisation, durch Zucker gedeckt werden – für ein 8-jähriges Kind sind das 45 Gramm Zucker pro Tag, d.h. 18 Würfel. Für erwachsene Frauen sind es 20 Würfel, für Männer 62,5 Gramm bzw. 25 Würfel (zu je 2,5 Gramm). Nun ist in den Nahrungsmitteln mehr Zucker enthalten, als wir durchschnittlich wissen:

- 1 Glas Traubensaft (186 kcal): 45 g Zucker = 18 Würfel
- 1 Karotte (100 g = 26 kcal): 5 g Zucker = 2 Würfel
- Schokoladenriegel (37,5 g = 290 kcal): 14 g = 6 Würfel
- 1 Glas Kakao (308 kcal): 39 g = 15,5 Würfel

- Gummibärchen (60 g = 206 kcal): 26 g = 10 Würfel
- 1 Milchbrötchen (35 g = 134 kcal): 5 g = 2 Würfel
- 1 Apfel (100g = 54 kcal): 9 g = 3,5 Würfel
- 1 Glas Coca Cola (126 kcal): 32 g = 13 Würfel
- Kinderjoghurt (2 kl. Becher 199 g = 105 kcal): 13 g = 5 Würfel

Im Durchschnitt essen Deutsche 38 Zuckerwürfel am Tag (ca. 35 Kilo p.a.; vgl. Berres 2009). Etliche Nahrungsmittel haben ihre Zuckerwerte deklariert, viele verdecken sie: Alle Bezeichnungen mit den Endungen -ose (Fructose, Glucose, Maltose, Lactose) sind Zucker. Dennoch ist man weder der effektiv enthaltenen Mengen gewahr noch der Summe, die man den Tag über zu sich nimmt. Transparenz ist der eigentlich unbedeutende Teil; die subjektive Relevanz der Information ist entscheidend. Es ist ähnlich wie bei den Diäten: „Für das Essverhalten der Patienten seien Empfehlungen weniger bedeutsam als die subjektiv empfundene Evidenz" (Sahm 2009: Sp. 3).

Transparenz erzeugt Überinformation. Man liest die Alchemie der Ingredienzien,[9] weiß aber letztlich nicht, was es nun bedeutet, denn die Aufschlüsselung der Aufschlüsslung, die Decodierung der Decodierung ist kaum möglich.[10] Denn:

- man liest zwar die Namen der Ingredienzien, weiß aber kaum über ihre chemischen oder biochemischen Effekte Bescheid.
- Selbst wenn man darüber Bescheid wüsste, wüsste man nicht sofort, welche Mengen welche Effekte bewirken. Zumal zudem die Prozentanteile bei Nahrungsmitteln, anders als bei Pharmaka, nicht dabei stehen.
- Folglich bräuchte man eine kleine Handbibliothek, um im Laden nicht nur zu decodieren, was eigentlich beigefügt ist, sondern vor allem, welche Wirkungen für den eigenen Körper damit verknüpft sind.

---

9 Einschlägig Becher 1682.
10 Nähme man die Auszeichnungspflicht hoher Transparenz ernst, müsste auf den Zigarettenpackungen folgende Agenda stehen: 1 Zigarette enthält 0,9 mg Nikotion und 12 mg Kondensat Teer und: Acetaldehyd, Dibenzanthrazen, Nickel und Nickelkomplexe, Akrolein, 7H-Dibenzcarbazol, Nikotin, 4-Aminobiphenyl, Dibenzpyren, 2-Nitropropan, Ammoniak, 1,1-Dimethyhydrazin, N-Nitrosamin, Anilin, Dimethylnitrosamin, N-Nitrosodiethylamin, Arsenverbindungen, Dioxine, N-Nitrosodimethylamin, Benzanthrazen, Ethylcarbamat, N-Nitrosonornikotin, Benzol, Formaldehyd, N-Nitrosopyrrolidin, Benzofluranthren, Fufural, Phenol, Benzphenanthren, Hydrazin, Polonium 210 (radioaktiv), Benzpyren, Hydrochinon, Plutonium (radioaktiv), Blausäure, Indenopyren, Polyzyklische Kohlenwasserstoffe, Blei, Kohlenmonoxid, Pyridin, Cadmium, Kohlendioxid, Teer, Cadmiumchlorid, Kresol, Thorium, Cadmiumverbindungen, Methylbenzopyren, 2-Toluidin, Chrom, S-Methylcholanthren, Toluol, Chrysen, Methylchrysen, Vinylchlorid, Crotonaldehyd, Methylnitrosamin, Zink, Cyanide, beta-Naphthylamide, etc. (insgesamt ca. 4000 chemische Verbindungen). Und nun?

- Und das wiederum gemessen gegen das eigene Gewicht und gegen die eigene Körpergröße (da die Dosis je verschieden wirkt).

Ich habe noch niemals in einem Supermarkt Kunden die Zutatenauszeichnungen auf den Verpackungen lesen sehen. Das tut man gelegentlich zuhause. Man ist irritiert, aber hat es bald sowieso vergessen. Oder nimmt es nicht so wichtig.

Da ist es verständlich, dass man politisch angeordnete Markierungen in drei Stufen und Farbpunkten will: viel, mittelviel, wenig Fett oder Zucker, gesättigte Fettsäuren oder Salz (wie in England bereits über eine ‚Ampelkennzeichnung'). Und es ist verständlich, dass die Verbraucher mit Faustregeln reagieren: gesund, bio etc. Sie *framen* das Thema, ohne dadurch wirklich gut bedient zu sein. Sie stellen sich ihre eigenen Weltbilder bzw. Alltagstheorien zusammen. Die sind allerdings nur teil-private, in vielem geteilte Vorstellungen (*shared mental model*): „Man isst, kocht und serviert ... nicht separat Worte und Materien, sondern Hybride: verarbeitete Rohstoffe, Warenkunde, Symbole, Erinnerungen, Kulturen, Nationen, Erfahrungen, Sehnsüchte, Qualifikationen, Techniken, Ernährungsphysiologie, Lebensgeschichten etc." (Reuter 2009: 193).

In diese Unübersichtlichkeit gehen neue Marken hinein, z.B. die Tiefkühlkost, die es allmählich schafft, vielen Verbrauchern klar zu machen, dass ihre Ware z.T. frischer ist als die auf dem Wochenmarkt, weil sie sofort nach der Ernte gefriergetrocknet wird, während das Wochenmarktgemüse (und das andere sowieso) längere Lagerzeiten hat. Und wenn es nur ein, zwei Tage sind: Es ist nicht mehr frisch. Spinat verliert bei Zimmertemperatur nach einem Tag Lagerung ca. 50% seines Vitamin-C-Gehaltes; tiefgefroren hat er selbst nach vier Monaten noch 85% des Vitamins (Brueck 2009: 49, Sp. 2). Es bleibt momentan noch offen, ob dieser *frame* ins Alltagsbewusstsein niedergeht; im Tiefkühlbereich steigt der Absatz seit 1977 fast kontinuierlich von 1 auf 11 Mrd. Euro (bis 2007).

Das Frische-Argument entspricht den Kriterien ‚bio' und ‚gesund'. Doch wird dagegen gehalten, dass die hohen Energieaufwendungen für das Gefriertrocknen und die lange Tiefkühlkette ökologisch schädlich seien (,öko' versus ‚bio'). Die Firma Frosta ließ zwei Gerichte auf ihren ‚CO_2-Fußabdruck' untersuchen: beim Selberkochen der Gerichte entstünde genauso viel CO_2, wie bei der Tiefkühlherstellung. Im Winter wäre die Selbstzubereitung ökologisch problematischer, weil die Gemüse aus geheizten Treibhäusern kommen. Dennoch. Bei aller Frische und ökologischer Effizienz: Was essen wir da? Es bleibt intransparent, woher das Gemüse kommt. Dass die Firma Iglo ‚das ganze Münsterland abemtet' (Brueck 2009: 48, Sp. 1), ist ein regionalspezifischer, aber noch kein Qualitätsausweis (es sei denn, es reiche heute schon aus, irgendwie auf ‚das Land' zu verweisen, um Qualitätsbilder hervorzurufen (so wie die ‚Landeier').

Die meisten Einschätzungen von Nahrungsmitteln hängen an selbst gestrickten Theorien. Das hängt an der Erfahrung, dass die wissenschaftlichen Behauptungen, die wir in den Medien lesen (falls überhaupt), über die Jahre nicht nur variieren, sondern vollständig umklappen können – die berühmte Butter/ Margarine-Diskussion. Es gibt in diesem Bereich exzessive Mythen. Wenn sich der wissenschaftliche Diskurs im Kreis dreht, ist es kaum verwunderlich, dass sich die Leute ihre eigenen ‚Theorien' zurechtlegen – oft gemischt mit heilkundlichen Aussagen diverser bis obskurer Herkunft.

Nicht die Transparenz ist entscheidend, sondern die ‚Theorie' (Alltagstheorie), die die Informationen aus der Transparenz wichtet und interpretiert. Die ‚Alltagstheorie' legt den Rahmen fest, welche Daten vorkommen dürfen bzw. welche wahrgenommen werden. Nehmen wir die Fett-Debatte, die für die Kriterien ‚Gesundheit' und ‚Diät' relevant ist (für ‚bio' nur bedingt, nämlich im Mischkontext ‚gesunde Fette').

Die DGE-Leitlinie fett (dge.de) liefert keine überzeugenden Hinweise, den Konsum von Fett für Diabetes, Übergewicht, Krebs, hohen Blutdruck, koronare Herzerkrankungen oder Schlaganfälle verantwortlich zu machen. „Von den rund 20 gesättigten Fettsäuren in unserer Nahrung können drei den Cholesterinspiegel erhöhen. Mittlerweile ist klar, dass pauschale Warnungen vor gesättigten Fetten fehl am Platze sind. Denn sie können nicht nur das ‚böse' LDL-Cholesterin erhöhen, sondern auch das ‚gute' HDL-Cholesterin" (Gonder 2009: 65). Das LDL wird inzwischen ebenfalls differenzierter betrachtet: Große ‚fette' LDL-Partikel im Blut sind harmloser als die kleinen LDL. Wer fettarm und kohlehydratreich ist, hat mehr kleine im Blut, die unter bestimmten Umständen Arteriosklerose hervorrufen (Krauss et al. 2006). Kürzlich wurden „fettreichere (und eiweißbetonte) Abspeckdiäten als den fettarmen (kohlenhydratreichen) zumindest ebenbürtig gestellt" (Gonder 2009: 66; vgl. auch Taubes 2007). Schädlich wären eher die Trans-Fette (für die aber keine Auszeichnungspflicht besteht).[11] Die Forschung ist sich uneins (Sahm 2009: sp. 1).

Gehen wir in die Praxis der Transparenz. Von der Firma Rauch in der Serie ‚happy day' habe ich den Fruchtsaft ‚Erdbeere' gekauft. Es besteht Auszeichnungspflicht. Wir lesen: „Mehrfruchtgetränk aus Erdbeermark und Mehrfruchtsaft/markkonzentraten. Fruchtgehalt mindestens 50% (Erdbeere 30%). Zutaten: Wasser, Erdbeermark, Zucker, Apfelmarkkonzentrat, Fruchtsaftkonzentrate (Erdbeer, Apfel, Zitrone), färbendes Frucht- und Gemüsekonzentrat (Schwarze

---

11 Nestlé z.B. aber hat schon die Transfette in seinen Nahrungsmittelangeboten reduziert bekommen (unter 1%; neben Zucker um 5%, Salz um 25% gesättigte Fettsäuren um 1%, Gesamtfett um 3%, vgl. Nestlé 2009: 28).

Johannisbeere, Schwarze Karotte); Säuerungsmittel: Zitronensäure, Aroma". Ich bin völlig irritiert: obwohl ich Erdbeersaft kaufen wollte, kaufe ich einen gemischten Fruchtsaft mit Gemüseanteilen, der deswegen so komponiert wurde, damit er nach Erdbeere schmeckt.

Zum einen bin ich ein wenig aufgeklärter als zuvor, zugleich aber auch nicht, da die Prozentanteile verschwiegen bleiben. Ich weiß lediglich, dass ich, wenn ich diesen Erdbeersaft kaufe, nur 30% Erdbeere erwerbe; der Rest sind Dinge, die ich nicht zu kaufen beabsichtigte. Wie soll ich nun entscheiden? Gehe ich nach der Präferenz, Erdbeersaft zu trinken, darf ich, so aufgeklärt, es nicht wieder kaufen. Wenn ich aber weiß (oder anzunehmen beginne), dass ich Erdbeersaft in reiner Form nicht bekomme, weil er entweder dann nicht nach Erdbeer schmeckt, oder so nicht haltbar ist o.Ä., muss ich, obwohl ich dieses Mehrfruchtsaftgetränk nicht will, es wohl dennoch kaufen, weil es nur in dieser Form ‚Erdbeersaft' gibt? Klärt mich die Transparenz darüber auf? Ändere ich nun meine Präferenz nach ‚Erdbeersaft' oder gewöhne ich mich an die dargereichte Form?

Angesichts des Umstandes, dass es ausgezeichnete andere Säfte gibt (z.B. einen Rharbarber- und einen Ananassaft derselben Firma), wechsele ich. Die durch die Aufklärung erlangte Transparenz lehrt mich, dass ich in vielen Fällen nur nominell das kaufe, was ich glaube zu erwerben: Der Name ist jener, der mich verleiten lässt, etwas zu erwerben und zu konsumieren, was in seinen Komponenten gänzlich (oder teilweise) anders zusammengesetzt ist (so wie mir ein Chemiker darlegte, dass er Wein herstellen könne, in dem keine einzige Traube ist).

Meine Neigung geht dahin, nur Dinge zu kaufen, die auch aus dem sind, wie sie heißen. Die Transparenz der Produktinformation hingegen belehrt mich, dass ich mit Kompositionen und Ingredienzien rechnen muss, die mich einerseits irritieren, andererseits mit der Tatsache vertraut machen, dass das, was ich mir vorstelle, so gar nicht zu haben ist. Ich werde in eine Komplexität eingeführt, die meiner Intuition entgegenläuft und mich mit Realitäten konfrontiert, die ich eigentlich gar nicht wissen will. Mir hätte es gereicht, im Glauben zu bleiben, ich tränke Erdbeersaft.

2 Transparenz / Intransparenz

Die Transparenz beschert mir eine Zumutung: will ich, nachdem ich weiß, was alles dazugemischt ist, dennoch den Saft zu mir nehmen? Sie erschwert mir den Genuss (außer, es würde nachgewiesen, dass der Saft genau aus dem besteht, was ich mir vorstelle). Natürlich will die Transparenz etwas anderes: mich aufklären, damit ich mich entscheiden kann, es gegebenenfalls nicht zu erwerben. Das gelingt aber nur, wenn die Aufklärung die Dominanz des Produktes überwiegt. Gewöhnlich nehme ich die Aufklärung der Transparenz irritiert wahr, trinke den Saft aber zu Ende. Immer dann, wenn die Komposition des Geschmacks so gelungen ist, dass ich meine, tatsächlich Erdbeere zu trinken, beginne ich, die mich irritierende Information zu relativieren. Allein schon dadurch, dass die Prozentanteile nicht oder nur grob angegeben sind, relativiert sich die Aussage selbst: Es werden wohl nur kleine Anteile fremder Stoffe dabei sein etc.

Nicht die informationale Transparenz ist entscheidend, sondern die Relation zum Produkt und dessen Gesamteinschätzung. Der – z.B. geschmackliche – Gesamteindruck wichtet die informationale Transparenz, und relativiert sie. Das gelungene Erdbeerliche des Saftes dekonstruiert die Information.

Erst wenn andere *frames* wirksam werden, wird die Information anders gewichtet. Z.B. bin ich Diabetiker; die Information, dass dem Saft Zucker hinzugefügt ist, ändert meine Einstellung zum Saft. Da nun aber nicht angegeben ist, wie viel Zucker *prozentual* enthalten ist (immer mehr, als man denkt!), kann ich auch hier wieder relativieren: Es wird nicht so viel sein. Erst wenn ich registriere, dass der natürliche Fruchtzucker (Zucker 1) der Erdbeeren und des Fruchtmarks anscheinend nicht ausreicht, um das Erdbeerliche des Geschmacks herauszuheben, kann mir bewusst werden, dass doch erhebliche Anteile von Zucker 2 hinzugefügt werden mussten. Erst dann dominiert der Diabetes-Frame und ich nutze die Information, das Zeug nicht mehr zu wollen. Zudem merke ich jetzt, dass es sowieso fürchterlich süß schmeckt etc.

Es zeigt sich so, dass die informationale Transparenz erst zu wirken beginnt, wenn sie mit anderen Frames verknüpft wird. Als bloße Information besagt sie wenig. Erst wenn ich andere Theorien und konzeptuelle Schemata[12] ins Spiel bringe, schließe ich mir die Information auf: Sie muss decodiert werden. Erst wenn mir klar wird, welche Konsequenzen einzelne der deklarierten Ingredienzien für mich und meinen Körper haben, macht die Information einen Unterschied, der meine Entscheidung tangiert. Vorher war die transparente Information lediglich ein Text, eine seltsame Erzählung (die dann, wenn sie auf pharmazeutischen Beipackzetteln steht, zudem in einer seltsamen Sprache verfasst ist).

Es gibt keine reine Transparenz. Transparenz ist eine kommunikative Illusion. Die Illusion läuft unter der Metapher ‚Information'. Wer informiert ist, wisse Bescheid.[13] Informationen werden Aussagen genannt, die die Alternativen, die zur

---

12 Vgl. generell: Gärdenfors/Warglin 2006.
13 Wie man in kognitive Fallen geraten kann, trotz offen gelegter Information, sieht man leicht, wenn man die Nährwertangaben auf Nahrungsmitteln (Zucker, Fett, Kalorien) daraufhin prüft,

Wahl oder Entscheidung anstehen, besser beschreiben. Information, definiert Gregory Bateson, „ist ein Unterschied, der einen Unterschied macht" (Bateson 1981: 582). Doch je mehr einer informiert ist über die Zusammensetzungen der Nahrung, der Gerichte, der Aromen, der Geschmäcker, desto komplexer werden die Entscheidungen. Denn sie sind erst einmal zusätzliche Informationen, d.h. zusätzliche Unterscheidungen in einem Angebotsraum, der selber auf das Vielfältigste ausdifferenziert ist. Das schlichte Bedürfnis zu essen, wird zu einer kognitiven Herausforderung, auf die die schlichten Esser mit Ignoranz reagieren. Die Ignoranz, in unterschiedlicher Intensität, ist der Versuch, in unsicheren Entscheidungssituationen dennoch entscheidungsfähig zu bleiben (Gigerenzer et al. 1999). Man rekurriert auf klassische Muster (‚wie bei Muttern', Faustregeln, In-Group-Manieren, Pastavorlieben etc.[14]) und schlägt sich im kulinarischen Differenzierungsraum in eine Ecke, die dadurch, dass man immer wieder auf sie als sichere Ecke zurückkommt, verstärkt und bestätigt wird. Sozial erfährt man ebensolche Bestätigungen: Wie schnell ist man sich doch dann einig, dass ein ordentliches Kotelett, mit Kartoffeln, viel Soße, Gemüse, nun ja, etc. ... Jedenfalls unter Männern; Frauen bestellen sich Salate und vertreten die Gesundheitspolizei.

Die vielen Informationsangebote, der offensichtliche Trend zur Aufklärung und Transparenz, wird alltagskommunikativ weggeredet. Man versichert sich wechselseitig der vielen möglichen Interpretationen, um sich, gegebenenfalls, auf einen kleinsten gemeinsamen Nenner zu einigen. Man ist sich einig, dass man gemeinsam nicht versteht, was nun gelten soll, und legt dann eigene Geltungen fest. Das ist nicht einfach soziale Schlampigkeit oder biederer Reduktionismus, sondern ein *modus vivendi* in einer Welt informationaler Transparenz, deren Mannigfaltigkeit den Informationen ihre Wichtungen nimmt. Je mehr man aufnimmt, um so intransparenter werden sie. Sie überlagern sich kreuzweise.

Die Nachrichten/Informationen, die die Verbraucher erreichen, sind medienpräpariert. Die Journalisten spiegeln den Stand der Forschungen. Der Stand der Forschungen ist im Fluss (und die Journalisten sind sowieso divers informiert). Jede Neubewertung in der Forschung ist medial eine Nachricht. Medien gehen nicht kritisch mit ihrer eigenen (vorherigen) Berichterstattung um. Sie servieren Nachrichten als Nachrichten, nicht als Geschichte der Kritik (der

---

auf welche Menge sie berechnet sind. Das ganze Produkt hat 250 g, aber berechnet wurde nur auf 100 g. Was man liest, muss mit 2,5 multipliziert werden, um den effektiven Wert zu bekommen. Wer rechnet hier immer?

14 „Findet man womöglich den oft genannten Geschmack der Kindheit wieder? Wer redet eigentlich immer von so etwas, wo der doch mittlerweile für die meisten aus Snickers und Mars besteht?" (Dollase 2009c: Sp. 2):

Nachrichten, der Forschungen). So kommen bei den Lesern Fraktale an, die untereinander weder verglichen noch kritisch aufgearbeitet sind. Hat man sich an ein Fraktal, eine Geschichte gewöhnt, kommt eine andere. So bleibt man oft bei der Geschichte hängen, die einen einmal überzeugt hat. Das, was früher erst einmal nur eine Information war, wird dann zu einer Überzeugung (die auch verhilft, in der Flut der Änderungen stabil zu bleiben. Man bleibt aber stabil an einem Punkt aus Überforderung, nicht aus Einsicht).

Transparenz erzeugt Intransparenz: z.B. in der Form der Abwehr neuer Information, in der Form von Ideologien, in der Form von Opportunismus jeder neuen Information gegenüber, etc. Neue Informationen, die mehr Transparenz versprechen, werden selektiv interpretiert – in Abwehr oder unkritischer Sofortannahme. So bildet sich ein heterogenes Feld individueller Theorien über die Relevanz dessen, was die Informationen in transparentierender Absicht bieten, gebrochen durch gesellschaftliche Standards, die hin – und herkommuniziert werden, und denen, die unsicher sind, Orientierung bieten. Jenseits aller angebotenen Transparenz.

Die nachhaltige Konsumforschung (Pfriem et al. 2008) analysiert das Problem der Transformation von Präferenzen für ‚nachhaltige' Lebensmittel. Grundsätzlich besteht eine Differenz zwischen ‚Essen' und ‚Ernährung' (Hasse 2008). ‚Essen' ist an Gewohnheiten geknüpft und an die Sozialisation. ‚Essen' ist an ‚Geschmack' geknüpft; Geschmackspräferenzen sind schwerer zu ändern. ‚Bio'-Produkte schmecken anders (intensiver, charakteristischer, also nicht-standardisiert, was einer modernen Geschmackswelt zuwider laufen kann). Neugierde kann ein Motiv sein, es zumindest zu probieren. Wenn Identifikationsfiguren sich neu verhalten, reizt es zu Nachahmung (ebenso bei Änderung der Konsumstile in *peer groups* (vgl. auch die soziale Konstruktion symbolischer Konsumption (Witt 2008; auch Fn. 8). Das Lernen beruht weniger auf Wissenskommunikation und Informationen als auf interaktiven sozialen Prozessen. Informationen wirken nur, wenn sie ständig wiederholt und nicht abgebrochen werden (Pfriem et al. 2008: 21). Informationen wirken eher in der Kombination Medien + soziales Umfeld.

‚Ernährung' wird stärker kognitiv aufgenommen, weil die Erfolge nicht unmittelbar wirken. Gesundheitsthemen bewirken eine erhöhte Lernbereitschaft, d.h. auch erhöhte Aufmerksamkeit für Informationen (Pfriem et al. 2008: 24). Subjekte „als lose gekoppelte Bündel von Wissensformen" weisen auf Unberechenbarkeit, aber auch auf Chancen kultureller Umprogrammierung (Antoni-Komar/Pfriem 2009: 28).

Transparenz, die Intransparenz herstellt, lässt nicht automatisch auf Routinen und sozialisierte Geschmacksmuster zurückfallen, wenn die kognitiven Impulse greifen. Das gilt aber vornehmlich für die Kategorien ‚bio' und ‚Ernährung/Gesundheit'. Die Dimension ‚Geschmack' ist komplexer.

„Anteil der Deutschen, die von ihrer Mutter das Kochen lernen: 72. Anteil der Deutschen, die von Fernsehköchen das Kochen lernten: 25%" (Bättig 2009). Die alten Muster überwiegen – und die schlechten: „Wir finden Kochsendungen unterhaltsam und Filme über die Käseherstellung in den Savoyer Alpen gemütlich. Dann gehen wir zur Tiefkühltruhe und essen die gleiche Pizza wie gestern" (Dollase 2009b: 67).

Was einer Geschmack nennt, ist „unter Umständen das Produkt einer ganzen Ansammlung von unglücklichen Umständen, Nichtwissen, schlechten Erfahrungen, Erziehung oder Nicht-Erziehung. Jedenfalls ist es nur in den seltensten Fällen wirklich zu größeren Teilen eine relativ freie, selbstbestimmte Entscheidung. Man kann also über kaum etwas besser streiten, als über den Geschmack" (Dollase 2009b: 68). Geschmackstransparenz bekommen wir über Restaurantführer. Doch müssen wir hier vertrauen, ohne selber bereits schon besser zu schmecken. Aus den Ratschlägen des Michelin oder des Gault-Millau lassen sich gewisse Differenzierungen lernen. Doch viel Lob für Starköche beruht oft nur darauf, dass die Kunden gutes Essen kaum kennen.

Jürgen Dollase sieht die Entwicklung einer Geschmackskultur nur über soziale Praxis entfaltbar (Dollase 2005, 2006). Geschmack ist mehr als zwischen salzig, bitter, sauer und süß unterscheiden zu können. Es sind nicht nur die Aromen, sondern die Wahrnehmungen der Texturen (hart, kross, schmelzend, weich etc.) und die Temperaturen. Zudem entfaltet sich Geschmack im Mund zeitlich (dominant, im Hintergrund, anhaltend etc.; vgl. Dollase 2009b: 72, 73 ff.). Hier werden sensorische Geschehnisse eingeführt, die völlig unabhängig vom sogenannten Expertenwissen gelten (welche Austern von welcher Bank zu welcher Zeit wie seien etc.). Es entwickelt sich, wenn man viel und different isst in Restaurants, so etwas wie ein ‚virtuelles Menü': man hat Vergleiche, Erfahrungen und eine ausgebildete Sensorik.

„Das systematische Erlernen geschmacklicher Wahrnehmung ... beruht gerade auf dem konsequenten, ausgesprochen stark objektivierenden Reflex auf die Wahrnehmung. In hierarchisierter Form beschrieben, geht es darum, die geschmackliche Wahrnehmung zu öffnen und auszuweiten, sie dann zu intensivieren, über Geschmack und die eigne wahrnehmung zu reflektieren und schließlich neue geschmackliche Wahrnehmungen zu initiieren" (Dollase 2009d: Sp. 2).[15]

---

15 Hier nur ein Verweis auf Roland Barthes Schilderung japanischen Essens und Kochens (Barthes 1981: 33-42) als Medium von Komplexität.

Das ist eine Form von Transparenz, die man sich erarbeiten muss: Sie fliegt nicht zu durch ‚Information' oder das Lesen von Kochbüchern. Dazu braucht es allerdings auch Köche, die Geschmack variieren und differenzieren. Das müsse gelehrt werden (vgl. sein Konzept einer deutschen Hochschule für Kochkunst Dollase 2009b: 95 ff.; Dollase 2009d; vgl. auch Ferguson 2004: 95 f.).[16] „Wer nicht gekostet und geschmeckt hat, der kann kein Wissen erwerben" (Serres 1994: 206).[17] Der Kern einer „lebendigen kulinarischen Kultur ... bildet nur das reflektierte Schmecken und die möglichst gut entwickelte Fähigkeit, differenziert essen zu können" (Dollase 2009d: Sp. 2). Das ist die kulturelle Form der Transparenz, auf die es beim Essen ankommt.

Doch was ist der Genuss ohne das gemeinsame Mahl, bei dem gepflegte Gespräche geführt werden, durch die die Menschen sich so unterhalten, dass sie „einander selbst zu genießen die Absicht haben" (Immanuel Kant, zit. bei Röttgers 2009: 230)?

Literatur

Antoni-Komar, I./Pfriem, R. (2009): *Kulturalistische Ökonomik. Vom Nutzen einer Neuorientierung wirtschaftswissenschaftlicher Untersuchungen*, WENKE-Diskussionspapier Nr. 6, Oldenburg: Universität Oldenburg.

Ariès, P. (1997): *Les fils du McDo*, Paris: L'Harmattan.

Baier, T. (2009): Eier aus der Hühnerhölle, in: *Süddeutsche Zeitung* 182 (11.08.2009), 14.

Barthes, R. (1981): *Das Reich der Zeichen*, Frankfurt am Main: Suhrkamp.

Bateson, Gregory (1981): *Ökologie des Geistes. Anthropologische, psychologische, biologische und epistemologische Perspektiven*, Frankfurt am Main: Suhrkamp.

Bättig, R. (2009): Essen in Zahlen, in: *brand eins* 5, 84-85.

Becher, J. (1682): *Chymischer Glücks-Hafen, oder grosse chymische Concordantz und Collection, von 1500 chymischen Prozessen: Durch viel Mühe und Kosten auss den besten Manuscriptis ... zus. getr.*, Frankfurt 1682; Neudruck Hildesheim: Olm 1974.

Berres, I. (2009): Süße Bomben, in: *Die Zeit* 32 (30.7.2009), 30.

---

16 Dass die Mode der Hobbyköche keine Qualität generiert, liege vor allem daran, dass sie sich auf das Handwerkliche (mit mäßigem Erfolg) statt auf das Geschmackliche werfen (Dollase 2009d).

17 Dass das Genießen eine weit über das Essen und Trinken hinausgehende Komplexität hat, die über das Sprachliche hinausgeht, erörtert Michel Serres am Wein: „Wer guten Wein trinkt, der kann nicht von Marken reden, er kann nicht vollständig angeben, was da seinen Gaumen umspielt. Eine feinzisielierte Karte zeichnet sich darauf ab, ein Moiré ohne formelhafte Worte zu ihrer Bezeichnung, ohne Sätze zu ihrer Beschreibung, ohne einen schwächlichen Wortschatz, über den alle Welt sich lustig macht, weil Erfahrung fehlt" (Serres 1994: 297).

Brueck, M. (2009): Essen aus dem Eis, in: *Wirtschaftswoche* 33, 48-50.

Dell'Agli, D. (2009a) (Hrsg.): *Essen als ob nicht. Gastrosophische Modelle*, Frankfurt am Main.: Suhrkamp.

Dell'Agli, D. (2009b): Alles Käse? Eh Wurscht! Zur gastrosophischen Ídeomatik des Deutschen, in: Dell'Agli 2009a, 101-152.

DGE-Leitlinie fett: dge.de.

Därmann, I./Lemke, H. (2008) (Hrsg.): *Die Tischgesellschaft*, Bielfeld: Transcript.

Dollase, J. (2005): *Geschmacksschule*, Wiesbaden: Tre Torri.

Dollase, J. (2006): *Kulinarische Intelligenz*, Wiesbaden: Tre Torri.

Dollase, J. (2009a): Sind wir Kochkulturnation?, in: *FAZ* 170 (25.07.2009), 30.

Dollase, J. (2009b): Wenn der Kopf zum Magen kommt. Theoriebildung in der Kochkunst, in: Dell'Agli 2009a, 67-100.

Dollase, J. (2009c): Zitronig, buttrig, pur, in: *FAZ* 194 (22.08.2009), 32.

Dollase, J. (2009d): Lernt essen, nicht kochen!, in: *FAZ* 200 (29.08.2009), 32.

Drösser, C. (2009): Dürfen Vegetarier Käse essen?, in: *Die Zeit* 34 (13.08.2009), 31.

Ferguson, P. P. (2004): *Accounting for Taste*, Chicago: University of Chicago Press.

Fischer, G./Sommer, C. (2009): Die Ökonomie der Würstchenbude, Interview mit dem Sterne-Koch Christian Rach, in: *brand eins* 5, 120-122.

Friemel, K. (2009): Hauptsache knusprig, in: *brand eins* 58, 114-119.

Gärdenfors, P./Warglin, M. (2006): Cooperation, Conceptual Spaces and the Evolution of Semantics, in: P. Vogt et al. (Hrsg.): *EELC 2006, LNAI 4211*, Berlin/Heidelberg: Springer, 16-30.

Gigerenzer, G./Todd, P. M./ABC Research Group (1999): *Simple Heuristics That Make Us Smart*, Oxford (UK): Oxford University Press.

Gonder, U. (2006): *Fett!*, Stuttgart: Hirzel.

Gonder, U. (2009): Fette – Karriere – Knicks, in: *Novo Argumente* 100/101, 65-66.

Hasse, J. (2008): Ernährung als Dimension sinnlicher Erfahrung, in: Antoni-Komar, I./Pfriem, R./Raabe, T./Spiller, A. (Hrsg.): *Ernährung, Kultur, Lebensqualität – Wege regionaler Nachhaltigkeit*, Marburg: Metropolis.

Haubl, R. (1998): *Geld, Geschlecht und Konsum*, Gießen: psychosozial Verlag.

Hensen, R. (2009): ‚Fertiggerichte verderben den Geschmack', Interview mit dem Bio-Sterne Koch R. Hensen, in: *Die Zeit: Wissen* 5, 23.

Hirschman, A. O. (1997): *Tischgemeinschaft. Zwischen öffentlicher und privater Sphäre*, Wien: Passagen-Verlag.

Holzer, K. (2007): Der Hunger des Kochs, in: *Focus* 24, 124-128.

Krauss, R. M. et al. (2006): Separate Effects of Reduced Carbohydrate Intake and Weight Loss on Atherogenic Dyslipidemia, in: *American Journal of Clinical Nutrition* 86, 1025-1031.

Lechner, W. (2004): Wie man in Deutschland kocht und isst, in: *Die Zeit* 4 (15.01.2004), 50 ff.

Nestlé (2009): *Nutritional Needs and Quality Diets. Creating Shared Value*. Report 2008, Vevey.

Pfriem, R./Welsch, H./Lehmann-Waffenschmidt, M./Witt, U. (2008): *WENKE (Wege zum nachhaltigen Konsum – Energie-Ernährung) Zwischenbericht*, Universität Oldenburg.

Rath, C.-D. (2009): Der besorgte Esser. Zur Psychoanalyse der Esskultur, in: Dell'Agli 2009a, 201-262.

Reisch, L. A. (2009): To Nudge or not to Nudge: Towards Evidence-Based Consumer Policy, Stiftung Soziale Marktwirtschaft, Conference report: EU Consumer Protection Policies: Market or Regulation vom 31.03.2009, Brüssel: European Parliament.

Reuter, M. (2009): Eingeklemmt zwischen Auster und Currywurst. Letzter Versuch über das deutsche Essen, in. Dell'Agli 2009a, 153-200.

Röttgers, K. (2009): *Kritik der kulinarischen Vernunft. Ein Menü der Sinne nach Kant*, Bielefeld: Transcript.

Sahm, S. (2009): Wenn der Doktor die Kalorien zählt, in: *FAZ* 99 (29.04.2009), 1.

Scheytt, S. (2009): Der Mischkonzern, in: *brand eins* 5, 62-68.

Serres, M. (1994): *Die fünf Sinne*, Frankfurt am Main.: Suhrkamp.

Stephenson, P. H. (1989): Going to McDonald's in Leiden, in: *Ethos* 17, 226-247.

Taubes, G. (2007): *Good Calories, Bad Calories: Challenging the Conventional Wisdom on Diet, Weight Control, and Disease*, New York: Alfred Knopf.

Teschner, K. (2009): Das Ende des Tafelweins, in: *WAZ* 186 (12.08. 2009), Wir 2.

Vilgis, T. (2005): *Die Molekül-Küche. Physik und Chemie des feinen Geschmacks*, Stuttgart: Hirzel.

Voland, E. (2006): Angeberei als Hochkultur, in: *FAZ* 296 (20.12.2006), 34.

Witt, U. (2008): *Symbolic Consumption and the Social Construction of Product Characteristics*, Papers on Economics and Evolution Nr. 15, Jena: Max Planck Institute of Economics.

Wüstenhagen, C. (2009): Die Wahrheit über unser Essen, in: *Die Zeit: Wissen* 5, 12-25.

„Tückisch trübe" – In/transparenz und Tod.
Schubert, Schubart und andere

Joachim Landkammer[1]

> Akademische Gebilde taugen nichts... Gebilde dieses Typus sind trocken; allgemein ist Trockenheit der Stand abgestorbener Mimesis; ein Mimetiker par excellence wie Schubert wäre, nach der Temperamentenlehre, sanguinisch, feucht.
>
> *Theodor W. Adorno, Ästhetische Theorie*

Durchblick braucht Durchsicht – oder, weniger salopp: Transparenz stellt die technische Voraussetzung dar für einen freien und unverfälschten Blick auf die Realität. Ganz selbstverständlich gehen wir normalerweise mit dem metaphorischen Potenzial des abendländischen Okularzentrismus um, für den seit den griechischen Anfängen der „theoria" Verstehen und Erkennen immer ein Resultat des (richtigen und genauen) *Sehens* war. Wie aber wird Transparenz hergestellt, bewahrt und gesichert? Wie kann eine nur *negativ* definierte Bedingung, die Abwesenheit von Sichthindernissen, überhaupt als solche wahrgenommen werden? Gibt es nicht auch scheinbare, überflüssige und gar schädliche Formen der Sichtbarkeit? Man muss keine Angst vor dem panoptischen Überwachungsstaat und seiner Dystopie des „gläsernen Menschen" verspüren, um ein Zuviel an Transparenz zu fürchten: schon die alteuropäische Lichtmetaphorik musste das Paradox verarbeiten, dass Helligkeit zwar Grundbedingung von Erkenntnis und Wahrheit, sie selbst unserem Blick aber nicht zugänglich ist bzw. irreparable Schäden der Wahrnehmungsorgane nach sich zieht: Wer direkt in den Ursprung des Lichts, in die Sonne schaut, sieht nicht am meisten, sondern am allerwenigsten. Der erblindete Ödipus ebenso wie Platons sonnenlichtgeschockter Philosoph in der Höhle zeigen, wie gefährlich lebt, wer *zu viel* wissen und sehen will/muss.[2]

---

1   Der Verf. legt Wert auf die Feststellung, dass dieser Text gegen seinen Willen nach den Regeln der sog. „neuen" Rechtschreibung redaktionell überarbeitet wurde.
2   Nicht weiter verfolgt werden kann hier der von Heidegger vorgenommene Paradigmen-Wechsel im Denken der Transparenz, der ihre Unzugänglichkeit mit ihrem übersehenen Immer-Schon-

Das Streben nach Transparenz, so anschaulich, vernünftig und selbstverständlich es scheinen mag, ist ähnlich lebensbedrohlich wie die Suche nach „mehr Licht". Die rein negative Bestimmtheit von Durchsichtigkeit führt tendenziell zur Negation des transparenzbesessenen Subjekts; mit dem Verschwinden der partikularen undurchdringlichen Anhaltspunkte löst sich auch der Beobachter selbst auf. Jean Starobinski hat 1971 in seinem Rousseau-Buch mit dem Untertitel „La transparence et l'obstacle" den französischen Denker als radikalen Kämpfer gegen den Schein und den „Schleier" unserer kulturell verdorbenen Welt vorgestellt und seine Werke verstanden als Ausdruck der „*einheitliche[n] Absicht*, die auf die Erhaltung oder Restitution der gefährdeten Transparenz zielt" (Starobinski 2003: 26, kursiv im Orig.). Am Ende „verliert sich [Rousseau] in der starren Behauptung seiner Transparenz" (ebd. 392), bis zur völligen Dissolvenz des Subjekts: „man muß sterben, um endgültig auf seiten der Transparenz zu *sein*" (ebd.: 380, kursiv im Orig.).

Jean-Jacques wird in dieser philosophisch-literarischen Biographie zwar als Individuum mit ganz persönlichem Schicksal behandelt, trägt aber auch allgemeine Züge des Aufklärungszeitalters und seiner Fragestellungen. Er repräsentiert so jene Moderne, die „bekanntlich von einem Mythos namens Transparenz heimgesucht [wird]: Transparenz des Ichs zur Natur, des Ichs zum Anderen, aller Individuen zu Gesellschaft" (Vidler 2002: 269). Die Postmoderne mag diesen Mythos hinter sich gelassen haben; auch die post-postmoderne Spielart von Transparenz bringt dem Subjekt jedoch weder die Entlastung des unendlich sichtbaren Raums, noch die der Selbstfindung in sich bespiegelnder Reflexion, sondern – so stellte der Architekturtheoretiker Anthony Vidler 1992 fest – konfrontiert ihn mit einer Entfremdungserfahrung, mit der Angst vor dem Unheimlichen in einem „paranoischen" bzw. „panischen Raum" (vgl. Vidler 2002: 274ff.). Dabei war Pan einmal die Gottheit der hellsten Stunde, der vollkommenen mittäglichen Transparenz; aber „unheimlich" sind auch hier dem „eigentlich thätigen Menschen" jene „Zustände des Erkennens" im „Mittag des Lebens": wer da den großen schlafenden Pan sieht, der

„will Nichts, […] sorgt sich um Nichts, sein Herz steht still, nur sein Auge lebt, – es ist ein Tod mit wachen Augen. Vieles sieht da der Mensch, was er nie sah, und soweit er

---

Vorliegen erklärt: „So übersehen wir […] im Eifer des gewöhnlichen Sehens der sinnlichen Wahrnehmung […] das Allernächste, nämlich die Helle und das ihr eigene Durchsichtige, durch das hindurch der Eifer unseres Sehens eilt und eilen muß" (Heidegger 1992: 201). Vgl. außerdem zur postmodernen Kritik am Ideal der „klaren Sicht" Levin 1999; Jay 2005.

sieht, ist Alles in ein Lichtnetz eingesponnen und gleichsam darin begraben. Er fühlt sich glücklich dabei, aber es ist ein schweres, schweres Glück."[3]

Hier soll das „schwere Glück" der Transparenz, ihre Tendenz, in ihr Gegenteil und in das Gegenteil der mit ihr verbundenen Erwartungen umzuschlagen, anhand eines sehr viel unscheinbareren Beispiels nachgezeichnet werden. Nicht eine biographisch orientierte philosophische Werkanalyse wie bei Starobinski, oder eine von Freud und Lacan inspirierte Architekturtheorie wie bei Vidler, sondern eine einfache text- und musiknahe Lektüre eines kurzen Liedes soll versuchen zu zeigen, daß auch im zunächst intellektuell unscheinbaren Kontext das Paradox der Transparenz sowohl thematisches als auch methodisches Erklärungspotential bereitstellt.

1 Descartes: Transparenz am toten Objekt

Das Helle, Klare und Deutliche stellt in der visuell geprägten Metaphorik des Abendlands ein selbst gewähltes Wahr-Zeichen der Moderne dar, nicht nur weil Descartes' – zumindest nach gängigen geistesgeschichtlichen Zäsuren – epocheneröffnende methodische Progammschrift *Discours* (1637) nur noch für wissenschaftlich relevant halten wollte, was sich „si clairement et si distinctement" seinem Geist (esprit) präsentiert, „que je n'eusse aucune occasion de le mettre en doute" (Descartes 1996: 30).[4] Nach Jonathan Crary beruht die frühneuzeit-

---

3   Friedrich Nietzsche, Menschliches, Allzumenschliches II (Der Wanderer und sein Schatten), 1880, Nr. 308: Am Mittag (Nietzsche 1980, Bd. 2: 690).
4   Andernorts noch stärker: „fort clairement et fort distinctement" (Descartes 1996: 54). Die Häufigkeit von Descartes' fast schon stereotyper Wendung „clare et distincte", sowohl adverbial als auch als Adjektivattribut, ist durch das lateinische Register der zweisprachigen Meiner-Ausgabe (Descartes 1996: 165) belegt, die deren Vorkommen allein in diesen „Philosophischen Schriften in einem Band" an ca. 40 Stellen identifiziert. Trotzdem wird der Zwillings-Ausdruck in der Descartes-Forschung oft nicht nur als rhetorische Figur (Hendiadyoin) behandelt, sondern jeder Ausdruck wird einzeln gedeutet; meist auf der Basis einer Stelle aus *Principia philosophiae*, wo Descartes von einer Wahrnehmung (perceptio) ausdrücklich fordert „non modo requiritur ut sit clara, sed etiam ut sit distincta" und dann definiert: „Claram voco illam, quae menti attendenti praesens & aperta est; sicut ea clarè à nobis videri dicimus, quae oculo intuenti praesentia, satis fortiter & apertè illum movent. Distinctam autem illam, quae, cùm clara sit, ab omnibus alia sejuncta est & praecisa, ut nihil planè aliud, quàm quod clarum est, in se contineat" (*Principia philosophiae*, § 45; hier zit. nach der Edition Amsterdam 1644, digitalisiert im Rahmen des „Archimedes Project", vgl. http://archimedes.m piwg-berlin.mpg.de/cgi-bin/toc/toc.cgi?page=26;dir=desca_princ_081_la_1644;step=textonly, vgl. Descartes 1955: 15). Descartes präzisiert des weiteren die inhaltliche und logische Assymmetrie der beiden Begriffe dahingehend, dass Klarheit (= Präsenz, Aufmerksamkeit) nur die hinreichende Bedingung für die Deutlichkeit (= Eindeutigkeit) sei – die Schmerzemp-

liche, auch Cartesianische Konzeption des Sehens auf dem technischen Modell der „Camera obscura", die es erlaubt, „den Vorgang der Repräsentation in aller Transparenz [zu] beobachten" (Crary 1996: 44). Diese wird dadurch hergestellt, dass jede natürliche Verbindung zwischen dem Betrachter und der Welt zugunsten eines entkörperlichten und geistigen Sehens gekappt wird. Nicht die sinnliche Wahrnehmung, mit all ihren gefährlichen Täuschungen, sondern ein apparatgestütztes, unfehlbares Auge garantiert dem Betrachter, „Zeuge einer mechanischen und transzendentalen Repräsentation der Objektivität der Welt" (ebd.: 51) zu sein. Descartes' Anleitung zur Konstruktion einer solchen Camera obscura mit Hilfe eines als Linse verwendeten tierischen oder menschlichen Augapfels (!) fordert, dass die „Membran" von diesem Organ entfernt wird: „eine Operation, die die wichtige Transparenz der Camera obscura gewährleisten und die latente Trübung des menschlichen Auges umgehen" soll (ebd.: 58). Was dem rationalistischen Ideal der Klarheit und Deutlichkeit von Anfang an einen trübenden Dämpfer verpasst, ist die schon am Anfang unserer okularzentrischen Moderne stehende Einsicht, dass Transparenz eine Bedingung von Sichtbarkeit darstellt, die sich unter *lebendigen* Realumständen gar nicht (optimal) reproduzieren lässt: Alles allzu Fleischlich-Menschliche ist latent getrübt. Auch in der Umwelt des Menschen gibt es keine wirklich durchsichtigen Materialien: Die verzerrenden Medien (Glas, Luft, Flüssigkeit) müssen erst „durch den Gebrauch der Vernunft transparent gemacht werden" – jedenfalls ist das die Absicht von Newtons *Opticks* (ebd.: 71).

2 Feuerbach: das „optische Wasserbad" einer Transparenz-Philosophie

Und das Wasser? Wir nähern uns dem Medium unserer Gedichtszene und unserem eigentlichen Thema über einen weiteren kleinen (halb-) philosophischen Umweg. Die metaphorische Vergegenständlichung von Klarheit und Reinheit durch das Element des Wassers liegt nahe. Ludwig Feuerbach hat 1841, in der Vorrede zur ersten Auflage seines religionskritischen Bestsellers „Das Wesen des Christentums", die antiken anti-theologischen Wurzeln der Aufklärung beschworen und gleich eine Vielzahl von Bedeutungsnuancen des Elements abgerufen: Der Zweck seiner Schrift wird vorgestellt als „Beförderung der *pneumatischen Wasserheilkunde*", als „Belehrung über den Gebrauch und Nutzen des *kalten*

---

findung sei bspw. zwar oft klar, aber nicht deutlich – während vice versa jede deutliche Vorstellung auch immer klar ist. Vgl. Brandt 1999: 137ff. zur Philosophiegeschichte der Wendung, von Descartes bis Kant; außerdem Hüppauf 2007.

Wassers der natürlichen Vernunft" und mit kühnem Rückbezug auf den abendländischen Ursprung der Philosophie wird die „Wiederherstellung der alten einfachen jonischen Hydrologie auf dem Gebiete der spekulativen Philosophie, zunächst auf dem der spekulativen Religionsphilosophie" gefordert. Da Thales' Lehre vom Ursprunge aller Dinge aus dem Wasser zwar für eine quasinaturwissenschaftliche Ablösung älterer theologischer Welterklärungsmodelle steht, aber diese letztlich nur durch eine etwas anders geartete metaphysische Spekulation ablöst, muss auch noch das *entscheidende* proto-aufklärerische Moment der Antike, Sokrates bewusstseinsphilosophische Überwindung des *vor*sokratischen Denkens, im Zeichen des Wassers in Anspruch genommen werden:

> „Nicht widerspricht das sokratische Γνῶθι σαυτόν, welches das wahre Epigramm und Thema dieser Schrift ist, dem einfachen Naturelement der jonischen Weltweisheit, wenn es wenigstens wahrhaft erfaßt wird. Das Wasser ist nämlich nicht nur ein physisches Zeugungs- und Nahrungsmittel, wofür es allein der alten beschränkten Hydrologie galt; es ist auch ein sehr probates psychisches und optisches Remedium. Kaltes Wasser macht klare Augen. Und welche Wonne ist es, auch nur zu blicken in klares Wasser! Wie seelerquickend, wie geisterleuchtend so ein optisches Wasserbad! Wohl zieht uns das Wasser mit magischem Reize zu sich hinab in die Tiefe der Natur, aber es spiegelt auch dem Menschen sein eignes Bild zurück. Das Wasser ist das Ebenbild des Selbstbewußtseins, das Ebenbild des menschlichen Auges – das Wasser der natürliche Spiegel des Menschen. Im Wasser entledigt sich ungescheut der Mensch aller mystischen Umhüllungen; dem Wasser vertraut er sich in seiner wahren, seiner nackten Gestalt an; im Wasser verschwinden alle supranaturalistischen Illusionen. So erlosch auch einst in dem Wasser der jonischen Naturphilosophie die Fackel der heidnischen Astrotheologie.
> Hierin eben liegt die wunderbare Heilkraft des Wassers – hierin die Wohltätigkeit und Notwendigkeit der pneumatischen Wasserheilkunst, namentlich für so ein wasserscheues, sich selbst betörendes, sich selbst verweichlichendes Geschlecht, wie großenteils das gegenwärtige ist.
> Fern sei es jedoch von uns, über das Wasser, das helle, sonnenklare Wasser der natürlichen Vernunft uns Illusionen zu machen, mit dem Antidotum des Supranaturalismus selbst wieder supranaturalistische Vorstellungen zu verbinden. Ἄριστον ὕδωρ, allerdings;[5] aber auch ἄριστον μέτρον.[6] Auch die Kraft des Wassers ist eine in sich selbst begrenzte, in Maß und Ziel gesetzte Kraft. […] Nur wer den schlichten Geist der Wahrheit höher schätzt als den gleisnerischen Schöngeist der Lüge, nur wer die Wahrheit schön, die Lüge aber häßlich findet, nur der ist würdig und fähig, die heilige Wassertaufe zu empfangen (Feuerbach 1988: 11f.).

Wenn es den hier ausgeschütteten Metaphernschwall nicht um eine weitere, noch dazu das „falsche" Element in Anspruch nehmende Redeweise ergänzen würde, müsste man von einem wahren „Feuerwerk" der Wassersemantik spre-

---

5   Anspielung auf den Beginn von Pindars erster Olympischer Ode; „Höchstes Gut ist Wasser" in der Übersetzung von U. Hölscher (Pindar 2002: 11); vgl. auch Race 1981.
6   „Maß(halten) ist das Beste"; der Satz wird Kleobulos von Lindos, einem der Sieben Weisen, zugeschrieben.

chen, das Feuerbach hier abbrennt. Die lange Passage wurde wiedergegeben, um vor Augen zu führen, welch dichter Metamorphose der Gedanke der Transparenz bei einem materialistisch denkenden (wenn auch vielleicht etwas geschwätzigen) Philosophen in einem materialistisch denkenden Jahrhundert unterliegt. Nicht mehr Descartesche Lichtstrahlen in einer artifiziell verdunkelten Kammer, sondern ein greifbares, reales Natur-Medium produziert hier die ersehnte klare Sicht auf die Welt: und noch viel mehr als das. Transparenz wird hier nicht nur mit (fast) allen Sinnen erfahrbar (Wasser ist auch „Nahrungsmittel" und hat eine spürbare Temperatur: eiskalt), sie ist auch Energieträger und zeitigt eine unmittelbare somatische Wirkung der Reinigung, Erfrischung und Heilung (um nicht zu sagen: der Erlösung). Die Wasser-Transparenz bringt den menschlichen Körper wieder ins Spiel, der nun „gestählt" (schon damals: wehe den „Warmduschern"!) und von allem Unnatürlichen befreit wird. Sich auf dieses Medium einzulassen, ist eine therapeutische Tat und eine moralische Pflicht, nur wenig verhohlen durch ein säkulares Heilsversprechen überhöht. Transparenz ist zwar immer noch auch eine „geistige" Freude für die Augen, aber ihre wahren Wunder wirkt sie, weil man in ihr „baden" kann; erst diese Möglichkeit der „full-immersion" befreit gleichzeitig die gnoseologischen, vitalen, selbstreflexiven und erotischen Potenziale des Menschen. Ohne den vielfältigen Implikationen dieser modernen Wasser-Mythologie hier weiter nachgehen zu wollen und zu können,[7] sollen diese multiplen Konnotationen den Resonanzraum liefern für die folgende intensivere Beschäftigung mit einem poetischen Dramolett, in dem das Wasser und seine (In-) Transparenz den materiellen Hintergrund für eine Katastrophe der Beobachtung liefern.

3 Schubart: idyllische Transparenz und ihre böswillige Zerstörung

Wasser nimmt in der Form eines ruhig fließenden Bachs die symbolische Aggregatsform einer dynamischen und gleichmäßigen Durchsichtigkeit an. Es taugt als wohltuender Lebensspender für die menschennahe Flora und Fauna; es okkupiert eine angenehme Mittelposition zwischen dem „wilden" Gebirgsbach am Rande menschlich-technischer Kontrollierbarkeit und dem faulig stehenden Gewässer und bietet daher ein zwar ungezähmtes, aber für menschliche Zwecke noch überschaubares vertrautes, „heimeliges" Ökotop. Insofern ist es kein Wunder, dass im Zeitalter romantischer Empfindsamkeit das „Bächlein" als eine auf Menschen-

---

7 Vgl. aber die Aufsätze zur „Kulturgeschichte des Wassers" in Böhme 1988, die teilweise unter der etwas zu angestrengt ökologisch-moralisierenden Perspektive des Herausgebers leiden.

maß reduzierte Idylle ein überaus beliebtes Setting darstellte; das gilt auch für Musiker, wie etwa Ludwig van Beethoven, dem nach dem Bericht seines ersten Biografen Anton Schindler bei seinen Spaziergängen entlang des Schreiberbachs in Wien die Inspiration für den zweiten Satz der „Pastorale" (Symphonie Nr. 6, op. 68, UA 1808) mit dem Titel „Szene am Bach" zugeflossen sein soll. Franz Schubert, obgleich wohl auch mit dem Wiener Parkgelände vertraut, hat neun Jahre später ebenfalls eine solche „Szene" in Musik gesetzt, allerdings nicht aufgrund einer Natur-Inspiration, sondern als Vertonung eines vorgefundenen (vom ihm jedoch modifizierten, und – wie gezeigt werden soll – wesentlich modifiziert angeeigneten) Texts: dem Gedicht „Die Forelle" des fast gleichnamigen Dichters, Organisten und Publizisten Christian Friedrich Daniel Schubart (1739-1791). Das Lied ist zu einem seiner weltweit bekanntesten Werke geworden, wohl auch durch Schuberts Wiederverwendung der Liedmelodie in einem reinen Instrumentalwerk, im Variationssatz des daher so genannten „Forellenquintetts" (opus post. 114, D 667, 1819).

Schuberts anspruchsvolle, in Adornos Sinn „getroffene" (Adorno 2003a: 28) Vertonung hat allerdings den Effekt, den *Text* in den Hintergrund zu rücken; sie übertönt mit ihrer überzeugenden Präsenz einige interessante, aber bisher überhörte poetisch formulierte Denkanstöße zum „Transparenzproblem", die wir hier wieder etwas mehr in den Vordergrund rücken wollen. Das bedeutet nicht, dass wir die Musik ausblenden, sie bildet weiterhin den unüberhörbaren Hintergrund der texthermeneutischen Reflexionen; aber in dem nun im Folgenden angebotenen „Remix" soll die bisher vernachlässigte Sprachspur lautstärkemäßig etwas angehoben werden, um die Musik – so wie man es auch Schubert unterstellen darf – primär vom dichterischen Gehalt her zu denken.[8] Die Absenkung der Tonspur und der Verzicht auf musikwissenschaftliche Detailanalysen scheint durch ihre allgemeine Bekanntheit und ihre eindrückliche „Ohrwurmqualität" legitimiert: ihre transluzide Transparenz, jene „Transparenz, für die das Kunstwerk mit seinem Leben zu zahlen hat" (wie Adorno 1928 in seinem Schubert-Aufsatz schrieb, Adorno 2003a: 23) soll hier den Blick frei geben auf einen Text, dem die folgenden Überlegungen erst noch zu einer höheren Durchsichtigkeit verhelfen wollen.

---

8   „Die Musik [Schuberts] ist ‚natürlich', ist ‚ausdrucksvoll', übt in ihrem Zerfließen einen unwiderstehlichen Zauber aus, ist berückend schön; aber trotzdem ist sie zugleich das Erklingen jenes Anderen, das Eigenwillen besitzt: des Realen der Sprache" (Georgiades 1992: 178). Das Standardwerk zum Verhältnis von Musik und Sprache bei Schubert bleibt Georgiades' 1967 das erste Mal erschienene Buch, in dem aber leider gerade auf die *Forelle* nicht näher eingegangen wird. Auch Susan Youens wendet sich gegen die Tendenz, in der „song scholarship" „poets and even their poetry" zu verstehen „as somehow ancillary to the study of lieder, as if poets are merely the provisioners of fodder for music" (Youens 1999: IX); ihr drei Schubert-Dichtern und einer Schubert-Dichterin gewidmetes Buch betrifft leider ebenfalls C. F. D. Schubart nicht.

3.1 Ein Szenario und seine Figuren

Schubert hat Schubarts 1782 entstandenes Gedicht zwischen November 1816 und Juli 1817 das erste Mal vertont; weitere vier, in der Tat nur für die Schubertforschung relevante minimal veränderte „Fassungen" folgen bis 1821: Schon 1820 war das Lied allerdings das erste Mal, nach der heute meist als „definitiv" verstandenen vierten Fassung, gedruckt worden.[9] Vor uns haben wir ein einfaches dreistrophiges refrainloses Lied, mit jeweils acht Versen: „im dreihebigen Jambentakt gehalten, die Verse abwechselnd weiblich und männlich endend, dabei kreuzweise gereimt" (Jäger 1983: 375). Verstehen wir wie Schubert (und naheliegenderweise andere zu Recht weniger bekannte Komponisten des Liedes[10]) jede Strophe als eine textliche Einheit und versuchen jeweils einen Kommentar:

> In einem Bächlein helle,
> Da schoss in froher Eil'
> Die launische Forelle
> Vorüber wie ein Pfeil.
> Ich stand an dem Gestade
> Und sah in süßer Ruh'
> Des munter'n Fischleins Bade
> Im klaren Bächlein zu.

Die beiden gängigen Vokabeln für die umgangssprachliche Qualifikation von Transparenz, die Worte „hell" und „klar", finden sich in der ersten und letzten Zeile, als Adjektive zum Elementarbegriff des „Bächleins".[11] Innerhalb dieses Rahmens, dessen Symmetriestruktur die ungewöhnlich postponierte, dann normal vorgezogene Adjektivstellung noch unterstreicht (ebenso wie die Entsprechung „froher Eil" – „süßer Ruh"), wird die weibliche (?) Protagonistin, der erzählende Beobachter und ihr „Tun" vorgestellt. Auffallen mag, inmitten der einfachen Banalität der Situation, zunächst nur der charakterliche Kontrast zwischen der „handelnden" Figur („launisch", „munter") und dem nur zusehenden, aber offenbar „genießenden" Beobachter. Die hier geschilderte „Aktivität" ist

---

9   Einzelheiten bei Zilkens (2000: 8ff.); von dort wird auch der hier zitierte Schubart-Text, allerdings von vornherein mit Schuberts Änderungen, übernommen.

10 Vgl. zu den Vertonungen von F. A. Baumbach (1753-1813) und Schubart selbst Zilkens (2000: 10f., mit Musikbeispielen).

11 In allen drei Strophen lassen sich in der ersten und letzten Zeile solche rekursiven Klammer-Elemente ausmachen, die die acht Zeilen zu einer semantischen Einheit zusammenschließen: Während in der 1. Strophe das „Bächlein" wörtlich wiederkehrt, wird in der zweiten das Schlüsselwort „Rute" und „Angel" zum wiederkehrenden Signal, während man in der dritten Strophe zumindest eine semantische Korrespondenz zwischen dem „Dieb" und der von ihm „Betrogenen" konstatieren könnte.

freilich eine besondere: Nur in anthropomorpher Verklärung kann der Form, in der Wassertiere eben existieren, die Gestalt eines aktiven, gewollten Handelns verliehen werden. Dass das „Fischlein" in seinem „Bächlein" (die Verkleinerungsformen stehen für eine kindlich-naive Weltsicht auf einen heilen Mikrokosmos) „badet", ruft schon in dieser ersten Strophe durch eine verfremdend-menschelnde Beschreibung symbolische Valenzen auf, die hinter der unscheinbaren genre-typischen Szenerie lauern.[12] Auf jeden Fall wird hier – gegen jede biologische Teleologie – eine Zweckfreiheit des tierischen Handelns suggeriert, das sich mit der des Betrachters zu ästhetischer Harmonie zusammenschließt.

Transparenz ist eine wichtige Komponente dieses Schaubilds: Der kontemplative Beobachter profitiert von der absoluten Sichtbarkeit seines Betrachtungsobjekts. Er genießt eine „Beschaulichkeit" im wörtlichen Sinne, freilich eine an der Grenze zum Voyeurismus, v.a. wenn man die unterstellte Weiblichkeit der Forelle und die Männlichkeit des sprechenden Erzählers berücksichtigt (vgl. Kramer 2003: 82). Die Transparenz des Mediums Wasser ermöglicht hier ein klar asymmetrisches Objekt-Beobachter-Verhältnis und jedem der beiden Positionen die ihr zustehende nichts-tuende selbstgenügsame „Tätigkeit": dem Fisch das muntere „Baden", dem Betrachter die stille Kontemplation.

Dies alles ergibt aber so nur ein „stehendes" Bild, ohne sichtbares narratives Potenzial, ohne erwartbare Entwicklung und Dramatik; die „pfeilschnellen" Bewegungen des Tieres lassen keine fühl- und messbare Zeit vergehen (so wie Zenons Pfeil sich bekanntlich nicht bewegt). Damit daraus eine „Geschichte" wird, muss das Szenario glücklicher Zweckfreiheit sich nun ändern – und damit die Bedingungen seiner Sichtbarkeit.

3.2 Ein Täter tritt auf

Die zweite Strophe erweitert den Horizont des Szenarios:

> Ein Fischer mit der Ruthe
> Wohl an dem Ufer stand,
> Und sah's mit kaltem Blute,
> Wie sich das Fischlein wand.
> So lang dem Wasser Helle,

---

12 Gleichwohl scheint die reflexhafte Identifikationskette Fisch = halbmenschliches Fabelwesen = Frau, wie sie z.B. Kramer 2003 abruft, zu vorschnell geflochten. Die uns hier vorgestellte Forelle wird kaum durch ein un-forellenhaftes Verhalten auffällig; vgl. dagegen zu den einschlägigen sprechenden, singenden, betörenden „Undinen, Melusinen und Wasserfrauen" stellvertretend nur Stephan 1988 und die Textsammlung von Max 2009.

So dacht' ich, nicht gebricht,
So fängt er die Forelle
Mit seiner Angel nicht.

Eine dritte Person – tritt nicht eigentlich auf, sondern war „wohl" immer schon da, aber noch nicht in den Gesichtskreis der enger fokussierten ersten Strophe getreten. Sofort wird auch klar, warum: Mit der Vorstellung dieser Person durch ihre Berufsbezeichnung, in Verbindung mit dem für den Beruf typischen Werkzeug, wird der Bannkreis kantisch-schillerscher Zweckfreiheit verlassen. Damit einhergehend werden wir mit einem anderen, einer präzise zielgerichteten Art von Blick konfrontiert: ein kaltblütig kalkulierender, ein jagender Blick, der die eigenen Erfolgschancen und die des Opfers abschätzt. Unter diesem „kalten" Blick transformiert sich das ästhetische, freie Gegenüber der ersten Strophe sofort in ein schon in der „gierigen" Antizipation gefangenes, das spätere Zappeln vorwegnehmendes, „sich windendes" Objekt. Wo der interesselose ästhetische Betrachter eine lebensmunter-selbstzufriedene, autotelische „flow"-Bewegung wahrnimmt, erkennt der professionelle Beobachter nur eine hilflose, den Todeskampf bereits antizipierende Defensiv-Körpertaktik.

Die zweite Hälfte der Strophe, das Zentrum des Texts (zumindest in Schuberts verkürzter dreistrophiger Version), thematisiert nun explizit, als Reflexion des auktorialen Beobachters, die typisch *moderne* Erwartung an Transparenz: klare und durchsichtige Verhältnisse (im Unterschied zum notorisch „düsteren" Mittelalter) bedeuten im aufgeklärten Zeitalter Sicherheit und Schutz des Individuums. In einem aufgeklärten, „illuminierten" Habitat brauchen wir keine Angst vor Übergriffen zu haben, niemand kommt „am hellen Tage" zu Schaden: „La publicité est la sauvegarde du peuple" (Bailly). Transparenz ist also nicht nur, wie in der ersten Strophe, Bedingung für die ästhetische interesselose Anteilnahme und Kontemplation, sondern auch für persönliche Sicherheit und Unversehrtheit.

Die Einschränkung „So lang" deutet jedoch schon an, dass es sich um eine riskante, instabile, vielleicht sogar unwahrscheinliche Bedingung handelt. Die Gefahr, dass „Helle" auch fehlen[13] oder verschwinden kann, muss mitgedacht werden; dies wird insbesondere dann zum realen Risiko, wenn einem anwesenden Akteur für die Verfolgung seiner Zwecke ein direktes Interesse an Undurch-

---

13   Die eigen- und altertümliche Verwendung des Ausdrucks „es gebricht" ist natürlich dem Reimzwang geschuldet, verleiht dem „Transparenzgebot" aber eine poetische Würde, die es über eine reine naturwissenschaftliche Tatsachenfeststellung hinaushebt. Heute wird diese Wendung, wenn überhaupt, mit der Präposition „an" verwendet; mit doppeltem Objekt findet sie sich aber auch noch bspw. bei Thomas Mann, vgl. die Belegstellen im „Wörterbuch der deutschen Gegenwartssprache", http://www.dwds.de/?woerterbuch=1&qu=Gebrechen.

sichtigkeit unterstellt werden darf. Der „störende Dritte" (Wetzel 2003) kann mit dem zwischen den anderen beiden Figuren herrschenden friedlichen Sichtbarkeitsregime nichts anfangen, er wird zum Feind der Transparenz – und damit zum Zerstörer der Idylle, der ästhetischen Be- und Durch-Schaulichkeit.

3.3 Die Intransparenzfalle

Die dritte Strophe erzählt nun, vor dem Hintergrund der bisher geschilderten eher statischen Konstellation, vom eigentlichen „Ereignis":

> Doch endlich ward dem Diebe
> Die Zeit zu lang. Er macht
> Das Bächlein tückisch trübe,
> Und eh' ich es gedacht,
> So zuckte seine Ruthe,
> Das Fischlein zappelt d'ran,
> Und ich mit regem Blute
> Sah die Betrogene an.

Nun geht alles sehr schnell: das „so lang" (in der Mitte der letzten Strophe) hatte schon eine Endlichkeit des gegenwärtigen Zustands voraussahnen lassen, nun fallen wir abrupt aus der kontinuierlichen Zeitlosigkeit der zweckfreien Kontemplation: weil jemand, der mit Ästhetik nichts anfangen kann, keine Zeit mehr hat; die atemlosen Enjambements machen es spürbar. Der „Dieb" bestiehlt zuallererst uns, die vom lyrischen Ich angeleiteten Betrachter, durch seinen „Einbruch" in die dauerhafte Beständigkeit des bisherigen Still-lebens. Und er raubt die Sicht: Sein eingreifendes Handeln, das ihn als einzigen und wahren intentionalen Akteur der Geschichte auszeichnet, produziert zielgerichtet *Intransparenz*. Er unterbricht die ruhig fließende natürliche Klarheit und schafft eine instantane Opazität, die seinem ahnungslosen Opfer sofort zum Verhängnis wird. Transparenz wird nun – im kontrastiven Vergleich zwischen einem passiven Beobachter und einem zweckhaft Handelnden, beide vereint *und* getrennt durch ihr verschiedenartiges Interesse am (weiblichen?) Objekt – erkennbar als eine Umweltbedingung, die desinteressierte Betrachtung zwar ermöglicht, eine *vita activa* aber verhindert: Solange der zielorientiert Handelnde als solcher identifizierbar und mit seinen Absichten erkennbar bleibt, hat er keine Chance. Das weiß der Betrachter, aber er referiert offenbar ein Allgemeinwissen,[14] an dem auch der Akteur teilhat: Jedenfalls macht er sich diesen Zusammenhang *negativ* zunutze.

---

14   Ob man *tatsächlich*, auch außerhalb der literarischen Fiktion, durch künstliche Wassertrübung Forellen fangen kann (eine Frage, zu der sich auch Jäger 1983: 380 unter Fachleuten „umge-

Die Tat des Täters braucht, anders als das Glück des nur Schauenden, das Opake und Undurchsichtige; Intransparenz ist unvermeidliche Voraussetzung des Handelns. Nur solange alle klar sehen, sind hedonistischer Selbstgenuss und ästhetische Kontemplation noch möglich. Damit sich etwas produktiv bewegt, muss man Schlamm aufwühlen, Ordnungen zerstören, Enttäuschungen produzieren, Chaos und Unordnung, also *Negentropie* erzeugen.[15] Und das geht sehr schnell, ganz plötzlich, „eh ich es gedacht": Wer sich naiv darauf verlässt, dass Transparenz ein Dauer-, ein Normal-, ein Naturzustand ist, wird in einem kurzen Moment der Unachtsamkeit, der Undurchschaubarkeit alles verlieren. Das Wasser mag sich wieder klären, die Wogen wieder glätten, der aufgewirbelte Staub mag sich wieder senken, aber zumindest für eine ist das „Bad" beendet: das „Fischlein" zappelt in der blitzschnell zugeschnappten Intransparenzfalle.

Die undurchschaubar komprimierte Zeit lässt auch einen genauen „Tathergang" nicht rekonstruieren; eine Reflexion auf Wirkungs-Ursachen-Verhältnisse ist auch a posteriori nicht möglich, und auch angesichts des irreversiblen Resultats nicht mehr recht sinnvoll. In den ruckhaften plötzlichen Bewegungen des „Zuckens" und „Zappelns" verebben die vorausgegangenen „pfeil"-schnellen Bewegungsabläufe des lebenden Tieres, das seine kinetische Energie (das Symbol seiner Lebendigkeit) an seinen Fänger bzw. an dessen „Rute" abgegeben hat. Dieser Energietransfer in der „Vereinigung" endet für eine der Beteiligten tödlich.

4 Interpretationsversäumnisse und nachholende Überinterpretationen

Der Text entwickelt ein erstaunliches Potenzial: Was sich als pastorale Idylle anließ, endet mit nichts weniger als einem hinterhältigen Mord. Das unschuldige

---

hört" hatte), muss weiterhin offen bleiben. Eine kleine E-Mail-Umfrage bei Anglerportalen im Internet hat immerhin ergeben, dass Forellen offenbar in trübem, an durch Regen angeschwemmte Nahrung reichem Wasser, „unvorsichtiger", weil gefräßiger werden. Frank Kornblum (face-of-fishing.org, Mail an den Verf. am 6.11.09) hat einen schönen Vergleich: „Ist wie bei deutschen Urlaubern im All-Inklusiv Urlaub. Geht's nach Karte, sind sie vorsichtig und wählen mit Bedacht aus. Gibt's ALL YOU CAN EAT-Buffet, wird reingeschaufelt, was das Zeug hält und alles probiert!" Ulrich Beyer (Angel – Ussat, Mail an den Verf. am 6.11.09) weiß: „Forellen sind sehr gute Augenräuber und lernen auch schnell, die Gefahr einer sichtbaren Angelschnur zu umgehen. Dies wird im trüben Wasser erschwert", fügt jedoch einschränkend hinzu: „Allerdings zeigt meine anglerische Erfahrung, dass scheue Forellen zunächst erschrocken reagieren, wenn klares Wasser aufgewühlt wird."

15 Nach Nietzsche entspringt alles geschichtliche Handeln einer „Dunstwolke", einer „Dunstschicht des Unhistorischen": „Wie der Handelnde, nach Goethes Ausdruck, immer gewissenlos ist, so ist er auch wissenslos" (Nietzsche 1980, Bd. 1: 253f.). In Goethes „Maximen und Reflexionen", auf die Nietzsche hier anspielt, hieß es dazu auch: „Gewissen hat nur der Betrachtende".

Liedchen gerät zum Requiem, es beschreibt den Todesfall einer Unschuldigen. Solchen Pathos mag man übertrieben und dem arglosen Machwerk eines dichterischen Kleinmeisters unangemessen nennen, aber man wird sich fragen müssen, ob man die eigentliche Tragik des Geschehens verharmlosen darf, weil es ja *nur* um ein Tier, *nur* um einen seinen normalen Beruf ausübenden, geschickten Menschen und überhaupt *nur* um eine Parabel gehe, die sich an dem metaphorischen Potenzial des „Nachstellens" und „Fangens", und nicht unmittelbar am wörtlich verstandenen (und explizit ja auch gar nicht genannten) Tötungsakt orientiert. Aber die verwunderte Frage „*But can't it be just...?*" (Kramer 2003: 81, kursiv im Original) hat schon Lawrence Kramer als Auslöser einer Interpretationsunsicherheit angeführt,[16] die für ihn zwingend zur Herausarbeitung des sexuellen Subtexts führt. Generell darf behauptet werden, dass heutige Lektüren des Schubert-Lieds offenbar glauben, dessen frühere Unterschätzung ob seiner vermeintlichen Tierfabel-Belanglosigkeit durch einseitig angestrengte Überinterpretationen kompensieren zu müssen. Dabei wird seit der politisierten Interpretation des Musikpublizisten Frieder Reininghaus („Musik unter Metternich" war bezeichnenderweise der Untertitel seines Schubert-Buchs von 1979) immer wieder gern eine versteckte „politische" Dimension hinter der oberflächlichen Biedermeier-Idylle vermutet. In der *Forelle* muss, so meint man, eine als Tierfabel verkleidete autobiographische Anspielung des Dichters Christian Daniel Schubart entdeckt werden, der wegen seiner kritischen Töne gegen Klerus und Adel „1777 von Ulm aus auf württembergisches Gebiet gelockt, dort verhaftet und ohne Gerichtsverfahren zehn Jahre lang auf [der] Festung Hohenasperg eingesperrt" wurde (Jost 1989: 4). Inwiefern diese reale Entführung und Gefangennahme eines kritischen Geistes in ihren konkreten Umständen (wie auch immer mit gewisser poetischer Freiheit interpretierbare) Parallelen mit einem Forellenfang durch künstliche Wassertrübung aufweist, scheint keinem der auf sie verweisenden Autoren aber eine Zeile wert zu sein. Worin bestand genau die Täuschung, mit der man Schubart auf das Herrschaftsgebiet des Herzogs Carl Eugen „lockte"?[17] Welche konkreteren Analogien zu diesem Vorgang kann die Tier-

---

16 Ähnliche Unzufriedenheit mit dem zunächst Naheliegenden äußern viele Interpreten: „natürlich befriedigt es nicht", nämlich das „brave Ergebnis der bisherigen Textbetrachtung", die in dem Gedicht eine „Tiergeschichte, empfindsam dargeboten in der typischen Form eines Volksliedes" sah (Jäger 1983, 377). Als Beispiel für eine typische „Unterschätzung" darf die En-passant-Erwähnung durch eine Figur in Halldór Laxness' nobelpreisgekröntem Roman „Atómstöðin" von 1948 gelten, die vor dem Hintergrund der Bilder aus Buchenwald den Tod aller bisherigen Kultur verkündet: „Das Liebesleben der Forelle – Röslein rot auf der Heide – Dichterliebe –: fertig damit, aus, Schluß. Tristan und Isolde sind tot; sind in Buchenwald gestorben". Th. W. Adorno zitiert diese Passage 1955 in seinem Aufsatz „Neue Musik heute" (Adorno 2003b: 133).
17 Die herzogliche Order vom 18. Januar 1777 an den Kloster-Oberamtmann Scholl in Blaubeu-

Parabel aufweisen? Hätte ein aufmüpfiger Schriftsteller für sich selbst nicht ein passenderes Symboltier gefunden als ein „launisches" Fischlein? Und: warum sollte Schubart, der bei Bedarf sehr wohl auch seine bedauernswerte Lage als um Hilfe rufender, von der Außenwelt Eingeschlossener ohne aufwendige metaphorisch-poetische Überformung und Verfremdung beschreiben konnte,[18] nun auch mit diesem extravaganten Gedicht unbedingt die „liedhafte Selbstaussprache [eines] traurigen zornigen Dichters" (Jäger 1983: 383) intendieren?

Ohne sich durch all diese noch offenen Fragen allzu sehr aus dem Konzept bringen zu lassen, wird in der Sekundärliteratur eine eher eindimensionale Lesart präferiert. Seltsamerweise kann dann sowohl die *Präsenz* als auch das *Fehlen* von Schubarts vierter, von Schubert nicht vertonter Strophe die versteckte politische Botschaft belegen: dass Schubart diese poetisch minderwertigen, plump moralisierenden Verse *hinzugefügt* hat, hat eine „Schutzfunktion" (ebd.) und dient zur bewussten „Vernebelung der zuvor intonierten Freiheitsmetaphorik", dass Schubert hingegen sie *weglässt*, bedeutet, dass er es „bei der Vieldeutigkeit des Sinns [beließ], zu der explizit auch ein durchaus aktuelles politisches Verständnis der Fabel gehört" (Reininghaus 2007). Jost übernimmt diesen Gedanken (und die damit zusammenhängende These, dass Schubert mit den 30 Jahre zurückliegenden Vorgängen um diese Festungshaft vertraut war, obwohl er dafür explizit *keine* Belege anführen kann, vgl. Jost 1989: 6), unterfüttert ihn nun aber auch durch den Hinweis auf die musikalische Gestaltung der dritten Strophe, deren „Qualität" eine „existentielle Dimension des Textes" signalisiere: in der Vertonung der letzten beiden Zeilen erhalte der

> „,Betrug', der sich bei Schubart nur auf die Gefangennahme der Forelle bezieht, [...] eine neue Semantik als illusionäre Hoffnung auf Befreiung. [...] [D]ie besondere Gestaltung der Vertonung [deutet] darauf hin, daß der Komponist die ,Tiergeschichte' generell als symbolischen Vorgang für willkürliche und heimtückische Gefangennahme, vielleicht für die Einschränkung des Menschen durch überlegene Mächtige schlechthin auffaßte" (Jost 1989: 9)

---

ren schlägt vor, „durch die sichere Verwahrung seiner Person die menschliche Gesellschaft von diesem unwürdigen und ansteckenden Gliede zu reinigen", welcher „Endzweck [...] am besten dadurch zu erreichen wäre, wenn Schubart unter einem scheinbaren oder seinen Sitten und Leidenschaften anpassendem Vorwande auf unstreitig Herzogl. Württembergischen Grund und Boden gelockt und daselbst dort gefänglich niedergeworfen werden könnte". Bei der „Intrige", der Denunziation und Verhaftung sollen auch die Jesuiten mitgewirkt haben (vgl. Heiner Jestrabek, auf http://jestrabek.homepage.t-online.de/schubart.htm).

18 Vgl. die von Jäger (1983: 382) aufgeführten expliziten Gedichte der (An-) Klage, zum Einen „ergreifend unmittelbar, ohne Gleichnis", zum Andern „parabolisch"; dass die *Forelle* ganz anders gearbeitet ist („im Bild ganz ohne Vergleich und ,et ego' ") fällt Jäger zwar auf, lässt ihn aber keineswegs an seiner biographischen Lesart zweifeln, sondern fordert ihm nur noch mehr Lob ab: „So liedhaft wie in der *Forelle* ist ihm die Klage nie gelungen" (ebd.). Vielleicht weil es eben gar keine sein wollte?

Vielleicht. Vielleicht aber auch nicht. Vielleicht gibt es noch andere und raffinierte Möglichkeiten, ein solches Lied zu nobilitieren als es in die gern bediente Rubrik ‚Politischer Protestsong, Unterart Tierparabel', einzuordnen. Je manifester unpolitisch eine Kunstform ist, so scheint es, umso plump-pathetischer werden die gegenteiligen Beschwörungen der Interpreten. Nur vordergründig darf es (bei) Schubert um das Wasser, die Natur, das Wandern gehen:

> „Überhaupt gewinnen die Wasserbilder, die Wanderer- und Reisemotive für Schubert und seine Musik eine durchaus nicht nur wortsinnliche Dimension, sondern fungieren als Chiffren der Freiheitssehnsucht und Klopfzeichen der Hoffnung auf andere Verhältnisse" (Reininghaus 2007).

Festzustellen ist hier wohl auch ein speziell *literaturwissenschaftlicher* Bias: Christian Friedrich Daniel Schubart ist für die Germanistik der sozialkritische, widerspenstige Vorzeige-Literat des 18. Jahrhunderts, ein unbeugsames Opfer des Absolutismus, der sich auch durch eine fast einjährige Isolations- und 10-jährige Festungshaft nicht von seiner freigeistigen Widerstands-Haltung hat abbringen lassen (vgl. Warneken 2009). Der gern heroisierte biographische Hintergrund dieses quasi-mythischen Idols[19] drängt sich nun auch bei der Sicht auf die *Forelle* zwischen Interpreten und Text; ein eher musikalisch geprägter Blick könnte, mehr von Schub*ert* als von Schub*art* herkommend, den Text von der Bürde seiner politischen Konnotationen befreien und dafür einige bei genauerem Hinsehen viel offener liegende Motive herausstellen. Transparenz ist nicht nur das „Thema" des Lieds, es selbst präsentiert sich auch in einer Durchsichtigkeit, die erst einmal wahrgenommen werden muss, bevor man – durch sie hindurch blickend – angebliche „tiefere" Bedeutungen identifizieren sollte.

5 Die antike Volks(lied)-Weisheit: im Trüben fischen

Hans-Wolf Jäger, heute emeritierter Bremer Professor für Neue Deutsche Literaturgeschichte, ist 1970 bzw. 1971 in Germanistenkreisen durch seine Bücher *Politische Kategorien in Poetik und Rhetorik der 2. Hälfte des 18. Jahrhunderts* und *Politische Metaphorik im Jakobinismus und im Vormärz* bekannt geworden.

---

19 Vgl. bspw. das „Laufenberg NETzine" des Autors Walter Laufenberg, der Schubart als „Pate und Galionsfigur" eine lange Seite widmet, auf der u.a. behauptet wird: „Ich bin sicher, CFD wäre ins Internet gegangen, wenn es das zu seiner Zeit schon gegeben hätte" (http://www.netzine.de/schubart.html). Vgl. dagegen die wohltuend entmythologisierende Einschätzung des „Halbdichters" in Willi Winklers Rez. der Biographie von Warneken (Winkler 2009).

Damit war schon der Ton vorgegeben, als er 1983 im von Karl Richter herausgegebenen zweiten Band („Aufklärung und Sturm und Drang") der Reclam-Edition *Gedichte und Interpretationen* Schubarts Forelle ebenfalls als Selbstbeschreibung deutete (Jäger 1983). Dabei ließ er sich auch von einem Vorverständnis von Intransparenz leiten, das sich, gerade im Zusammenhang mit dem Element Wasser, zum alten abendländischen Bestand metaphorischer Common-sense-Semantik gehört. Die Erzeugung von Wasserunreinheit ist seit langem *moralisch* normiert: Gutartig ist, wer „kein Wässerchen trüben" kann, während man jemandem, der „im Trüben fischt" von vornherein unlautere Motive unterstellt. Jäger erinnert daher auch an Äsops Fabel vom „Fischer im trüben Wasser":

> „Ein Fischer fischte in einem Fluss. Er spannte seine Netze von beiden Flussufern durch den Fluss, band einen Stein an ein Tau und schlug damit ins Wasser, damit die Fische auf der Flucht ins Netz gerieten, ohne es zu merken. Ein Anlieger beobachtete ihn bei dieser Tätigkeit und schalt ihn, weil er den Fluss trübe und ihn kein klares Wasser mehr trinken ließe. Der aber sprach: „Wird der Fluss nicht so aufgewirbelt, so müsste ich Hungers sterben."[20]

Richtig ist, dass es nicht nur in dieser Fabel, sondern auch in ähnlichen langlebigen Bildern mit praktischer Nutzanwendung, wie sie sich etwa in dem den Aalfang beschreibenden „Emblema CXVIII" aus Andrea Alciatos weitverbreitetem Kunstbuch *Liber Emblematum* von 1566[21] oder in Erasmus' auf Aristophanes[22] zurückgehendem Adagium III.6.79 (= Nr. 2579: „Anguillas captare")[23] finden, auf die pseudo-politologische Aussage hinausläuft, dass bestimmte ruchlose Menschen von gesellschaftlicher Unordnung und politischem Chaos profitieren und einen solchen Zustand daher gern mutwillig herbeiführen. Sicher mag die an diesen antiken Topos geknüpfte moralische Disqualifizierung des „Trüben" als eines zur egoistischen Vorteilsverschaffung bewusst herbeigeführten unnatürlichen Zustands, die sich auch in den genannten sprichwörtlichen Redewendungen[24] niedergeschlagen hat, im weiteren inspiratorischen Assoziationsfeld von Schubarts *Forelle* vorzufinden sein.

---

20 Es handelt sich um die Fabel Nr. 546 im neuen Oxford Index der Äsop-Ausgabe von Laura Gibbs (2002), dt. Übersetzung zit. bei Jäger (1983: 380).
21 „sic iis respublica turbida lucro est, / Qui pace, arctati legibus, esuriunt", vgl. die zweisprachige, in Frankfurt a.M. 1566/67 erschienene und von der Glasgow University digitalisierte Ausgabe mit der dt. Übersetzung von Jeremias Held, LIBER EMBLEMATUM D. ANDREAE ALCIATI... (http://www.emblems.arts.gla.ac.uk/alciato/emblem.php?id=A67a118).
22 Die Ritter des Aristophanes, griech. u. deutsch, hg. von W. Ribbeck, Berlin 1867, S. 154/155 („So lang des Sumpfes Wasser still steht..."). Auch bei Aristophanes das griechische Verb „ταράσσειν" (Z. 867: „ἢν τὴν πόλιν ταράττῃς"). Vgl. auch Anmerkung 25.
23 Vgl. Baker 2001: 279 (in der Ausgabe Venedig 1520 dazugekommen).
24 Vgl. dazu auch Archer Taylors aus dem Jahr 1968 stammenden parömiologischen Aufsatz „It

Aber bei genauerer Betrachtung dürften doch wichtige Unterschiede auffallen: Der Effekt der Undurchschaubarkeit ist im gängigen Bild eher sekundär, im Vordergrund steht nicht das (hier auch meist nicht mehr fließende) Wasser, sondern der aufgewühlte Schlamm und die dadurch verschreckten Tiere. Das genaue Profitmotiv hinter dem „Fangen" von sonst schwer zu erwischenden Wesen lässt sich meist nicht präzise übersetzen: Aesops Lehrsatz zur zitierten Fabel lautet, dass die „δημαγωγοί" am meisten erreichen (μάλιστα ἐνεργάζονται) durch ihre umstürzlerischen Aktivitäten, und bis heute weiß man meist nicht, was es Demagogen und andere „Werfer von Nebelkerzen" eigentlich nützt, wenn sie die (ohne ihr Zutun offenbar völlig klaren, transparenten Verhältnisse) durch ihre Verschleierungstaktiken verunklaren. Eine menschliche Urangst vor Orientierungslosigkeit identifiziert Intransparenz prinzipiell mit dem Bösen und kann sich diese folglich nicht als Zweck in sich selbst, sondern nur als ein Mittel zu böswilliger Tat vorstellen. So lässt bei Äsop nur die Bewegung des „Ins-Wasser-Schlagens" (ἔτυπτε τὸ ὕδωρ) die gewünschte metaphorische Nähe zu der agitatorischen Aktion des „Aufrührens" entstehen.[25] Aber der Fischer der *Forelle* will gerade *nicht* ängstigen und verstören. Er hat es mit keinem Sozialgefüge, sondern mit einem Individuum zu tun; daher wäre es auch sinnlos, ihm vorzuwerfen, einen „Aufruhr" anstiften zu wollen – vor allem dann nicht, wenn der tückische Fänger der seinen Untertan heimtückisch täuschende Fürst, also die Staatsgewalt selbst, sein soll: Vom Gemeinplatz der Intransparenz als bezweckter Folge politischer Unruhestiftung ergibt sich also gerade *kein* logischer Nexus mit Jägers grobkörniger Deutung der Handlung des Forellenfischers:

> „Die Trübung der ‚Helle' läßt sich als herrischer Verstoß gegen die Forderung allgemeiner Aufklärung und Publizität verstehen, der Frevel gegen die am Gedichtanfang gemalte heile Natur als absolutistische Willkürhandlung wider das natürliche gemeingültige Recht" (Jäger 1983: 383).

Solch standardisierte Polit-Philologie wird den transparenztheoretischen Details des Gedichts nicht gerecht; sie missachtet nicht nur die zu einem Einzelereignis, einer Momentaufnahme minimalisierte Intimität des bei Schubart erzählten Geschehens, sondern kann letztendlich auch nur zwei der drei Figuren, die des Opfers (der Dichter) und des Bösewichts (der Herrschende, also: Carl Eugen)

---

is good fishing in troubled (muddy) waters" (Taylor 1975).
25 Das griechische Verb für das Tun der „Fischer" bei Äsop (vgl. http://mythfolklore.net/aesopica/chambry/27.htm) lautet ταράσσειν, das mit „aufrühren, erschüttern, verwirren, beunruhigen, aufwiegeln, anstiften, schüren" übersetzt wird; vgl. auch ταραχή (= Erregung, Bewegung, Verwirrung, Unordnung, Unruhe, Aufruhr) und auch τάρβος (= Angst, Furcht).

zuordnen und deuten, aber selbst die diesen zugeschriebenen Handlungen (baden, nachstellen, Wasser trüben, an der Angel zappeln) nicht näher aufschlüsseln. Sie produziert daher lediglich eine Art „Harmlosigkeit zweiter Ordnung", weil sie, zur Überwindung der volksliedhaften Arglosigkeit zu vorschnell die (vormals sehr beliebte) interpretatorische Allzweckwaffe der politischen Deutung zieht: Als ob die „Freiheitssehnsucht" und andere „Klopfzeichen" auf ihre Weise nicht genauso idyllisch-naiv und „biedermeierlich" wären wie ein naiv-unpolitisches Verständnis des „wunderlieblichen Liedes".[26]

6   Forelle sexuell

Nun wird man einwenden, dass die intime Körperlichkeit des Geschehens und die mehr oder weniger deutliche geschlechtliche Markierung der beteiligten Personen durchaus wahrgenommen und vor dem Hintergrund einer breit gefächerten „ent-harmlosenden" Schubert-Rezeption der letzten Jahre auch dieses Lied als sexuell konnotiert wahrgenommen wurde. Michael Chanan, obwohl kein ausgewiesener Musikwissenschaftler oder gar Schubert-Spezialist, hat vor 10 Jahren in seinem Buch über die Stellung von Komponisten („from Handel [sic] to Hendrix") in der Öffentlichkeit wohl noch eine weithin als solches empfundenes Defizit zur Sprache gebracht:

> „It is truly remarkable how most of the voluminous writing on Schubert's lieder avoids any comment on their poetic texts, and thereby fails to mention the most obvious fact about some of his most popular songs, like *Die Forelle* and *Heidenröslein* – that they are sexual allegories. And not at all subtle ones, but full of blatantly Freudian imagery, like the fisherman's rod and the rose with its thorn" (Chanan 1999: 84).

Nun ist richtig, dass Schubarts Gedichtvorlage in ihrer von Schubert nicht berücksichtigten vierten Strophe die Deutung des Fischers als eines jungen Frauen nachstellenden „Verführers mit der Angel" explizit und damit das Lied zur moralinsauren Fabel mit warnender Nutzanwendung macht.[27] Zumindest für Schu-

---

26   So der Schubert-Freund Hüttenbrenner (zit. bei Zilkens 2000: 13). Eine sich nicht mehr harmlos dünkende Harmlosigkeit eignet sich hervorragend auch für pädagogische Zwecke; vgl. daher auch die in diesem Sinne für die „Sek. I" didaktisch aufbereitete Schul-Forelle von Hartmut Flechsig (o.J.).
27   Die weggefallene Strophe mit dem „Verführer mit der Angel" ist nachzulesen z.B. bei Jäger: 372f.; Kramer: 82, u.a.; eine von Schubart selbst offenbar schon verworfene Alternative zur vierten Strophe (ebenfalls bei Jäger 1983: 373) brachte noch einmal die Idee der Intransparenz ins Spiel, in dem sie „trübe" auf „Liebe" reimte...

bart (dessen erotisch offenbar sehr aktive Lebensweise allerdings einer solch kleinkarierten Denkart eher widerspricht) wird sich daher der Gesamtsinn des Texts als der einer (etwas plumpen) sexualmoralischen Allegorese erschließen. Weil das jedoch, anders als für Chanan, den deutschen Schubert-Interpreten zu platt ist, wird die sexuelle Selbstexplikation nur als Trick der Spurenverwischung, als Verschleierung der „eigentlichen" politischen Botschaft bzw. Klage angesehen. Jäger zufolge nimmt Schubart hier eine zensurfromme Umdeutung des „despotisch-polizeilichen Zugriffs in einen sexuellen Griff" vor, und verlässt sich dabei auf die vieldeutige „Rute" und ihre „Mehrsinnigkeit von Fang-, Zucht- und Buhlwerkzeug" (Jäger 1983: 384).

Anders als die Schub*art*- können sich die Schub*ert*-Interpreten nicht auf diese fehlende Strophe und ihren „Versuch einer erotischen Didaktik für junge Mädchen" (ebd.: 380) berufen; was sie aber, im Gefolge einer psychobiographischen Diskussion über Schuberts (mehr oder weniger versteckte) (Homo-?) Sexualität,[28] nicht daran hindert, auch in Schuberts Lied ausschließlich sexuelle Bedeutungen wahrzunehmen, was auch bei der Aufführung eine tragende Rolle spiele.

> „In *Die Forelle* (‚The Trout'), in which an innocent creature is cruelly deceived by a man with a long pole, the effect of the song depends not just on the pleasures of sexual innuendo but on the triangular relationship between the narrator, the fisherman, and the trout. When a man sings it, it is about masculine rivalry and phallic triumph. When a woman sings it, then she is the trout, and may well evince a different attitude to the dénouement" (Chanan 1999: 90).

Diese leichtsinnig-voreiligen Identifizierungsvorschläge einmal beiseite lassend, erscheint es angebracht, hier auf einen symptomatischen „Versprecher" hinzuweisen. Denn so wie nach Karl Kraus' unsterblichem Bonmot die Psychoanalyse die Krankheit ist, für deren Therapie sie sich hält, verrät die Selbstverständlichkeit solcher Interpretationshaltung mehr über die sexuelle Grundeinstellung der Interpreten als die des Texts oder gar Schuberts. Symptomatisch dafür ist die zitierte Kurzzusammenfassung der Geschichte („in which an innocent creature..."), die Chanan übrigens ohne Zitatnachweis wortgetreu quasi-plagiiert hat:[29] Nicht nur

---

28 Angestoßen von Robert Schumanns immer wieder zitierten Bemerkung über die „Weiblichkeit" Schuberts (im Vergleich zum männlichen Beethoven), wurde Schuberts angebliche Homosexualität in der amerikanischen Musikwissenschaft seit den 90er Jahren breit diskutiert. vgl. dazu nur das Special Issue der Zeitschrift „19th-Century Music" (Vol. 17.1) von 1993, hg. von Lawrence Kramer, der mit seinem Buch (1992) auch den bis heute gewichtigsten Beitrag zu einer „neuen", psychoanalytische Methoden und Überlegungen miteinschließenden Schubert-Interpretation geleistet hat. Wie weit allerdings seine Deutung der „Forelle" vor dem Hintergrund von Schuberts „wish to be woman" (Kramer 2003: 75ff.) trägt, soll hier dahingestellt bleiben.

29 Die identische Wendung findet sich wörtlich bei Kramer 2003: 82. Chanan markiert andere

der Pathos der „grausamen" Täuschung (in Wahrheit handelt es sich eher um einen recht simplen kleinen „Trick"), die an einer „unschuldigen Kreatur" (ein femininer Antropomorphismus, der männlichem Wunschdenken entspricht) verübt wird, sondern v.a. dass aus einer normalen, nicht näher spezifizierten Angel hier plötzlich ein „long pole" wird, ist typisch und aufschlussreich für die chauvinistische Voreingenommenheit, mit der heutige Interpreten an solche Texte herangehen und ihr eigenes, unreflektiert maskulin geprägtes Denken als aufgeklärte „entkrampfte" Lektüre eines ihnen in seinen tiefergehenden Bedeutungsschichten vermutlich fremd bleibenden Gedichts verbrämen.[30]

7 (Un-) Sichtbarkeiten und tote Augen

Gegen die Gefahr solcher interpretatorischer Reduktionismen scheint das Risiko einer Überinterpretation gemäß den hier angedeuteten Überlegungen eher gering; angestrebt wird eine mehr textimmanente Lektüre, die die beschriebenen Realverhältnisse in ihrer materiellen bzw. „medialen" Konkretheit ernstnimmt. Dabei spielt offenbar die wechselseitige Sichtbarkeit der *drei* beteiligten Figuren eine besondere Rolle; auffallen kann, dass in jeder Strophe das Verb „sehen" verwendet wird, zweimal in der ersten Person, des Erzählers, einmal in der des Fischers. Die Forelle ist nur passives Objekt der Blicke: Besonders exponiert in den letzten beiden Zeilen des Lieds, die aus verschiedenen Gründen besonderer Aufmerksamkeit bedürfen, stellen sie doch für Schubert eine Art auflösender Coda dar, die den moralisierenden Epilog von Schubarts Gedicht überflüssig macht. Darüber hinaus markieren diese zwei Zeilen eine heikle Stelle, die in der vor allem von der Musik her denkenden Schubertforschung für Diskussion gesorgt hat. Denn während die ersten sechs Zeilen dieser dritten „Strophe" in ihrer veränderten musikalischen Gestaltung eben nicht mehr als Strophe behandelt werden, sondern den Vorgang der Täuschung und des Fangs mit einer dramatisch-düsteren Begleitung und einer quasi deklamierenden, fast monoton „keine

---

Zitate aus Kramers Buch, dem er viel verdankt; hier fehlen jedoch Anführungszeichen und Zitatnachweis.
30 Foucault hat diese Haltung bekanntlich genauer analysiert: „Wir [...] sprechen seit einigen Jahrzehnten kaum noch vom Sex, ohne uns ein wenig in die Pose zu werfen: Bewußtsein, der herrschenden Ordnung zu trotzen, Brustton der Überzeugung von der eigenen Subversivität, leidenschaftliche Beschwörung der Gegenwart und Berufung auf eine Zukunft, deren Anbruch man zu beschleunigen hat. Ein Hauch von Revolte, vom Versprechen der Freiheit und vom nahen Zeitalter eines anderen Gesetzes schwingt mit im Diskurs über die Unterdrückung des Sexes" (Foucault 1983: 15f.).

Töne" mehr findenden Melodie beschreiben, finden die letzten beiden Zeilen relativ übergangslos zur heiter-harmonischen Form des Anfangs, bzw. der ersten beiden eigentlichen Strophen zurück: obwohl sich ja gerade in ihnen die *Tragik* der Geschichte vollendet. Man hat versucht, die scheinbare Inkongruenz, die zwanghafte Schließung der Form durch die ziemlich umstandslose Wiederholung des Anfangs, entweder als kompositorische Schwäche oder aber als besonders tiefgründige und versteckte symbolische Hinweise auf textexterne politische Utopien auszulegen. Vielleicht kann man versuchen, zu zeigen, dass beide Annahmen überflüssig sind, da eine am In/Transparenzthema orientierte Textauslegung der „Wiederholung" des Anfangs einen plausiblen Sinn geben kann.

Zunächst aber ein kurzer „hörender Blick" auf Schuberts *Musikalisierung von Intransparenz*: Im Intermezzo, das die temporäre Trübung des Wassers und die instantane Gefangennahme des Tieres schildert, bleibt die Melodiestimme auf dem Grundton des Lieds (des'') stehen und wiederholt ihn deklamatorisch-monoton („quasi-rezitativisch", Jost 1989: 8); die Klavierbegleitung erzeugt durch Akkorde, deren Grundton nicht im Bass liegt, die also im Rahmen klassischer Harmonielehre instabil sind, und durch Halbtonrückungen ein Maximum von Stagnation bei gleichzeitiger dauernd hin- und herwechselnder Harmonik. Die rechte Hand behält die Sextolenbewegung des Anfangs bei, die aber nun nicht mehr als diskontinuierliche „Figur", sondern als Dauerbewegung das Verschwinden konkreter Konturen signalisiert. Dabei bleibt sie ebenfalls auf einem zentralen Ton stehen, dem b der zur Grundtonart des Liedes parallelen Molltonart, in dem der dramatische Mittelteil (die „bridge") steht. Im Gesamtklang ergibt sich damit ein ständiger Wechsel zwischen einem als Quintsextakkord deutbaren Septimakkord (Es7), der normalerweise „aufgelöst" werden müsste, aber hier keine konventionelle Anschlussmöglichkeit findet, und einem in der klassischen Musik ungewöhnlichen Vierklang (des-moll6), mit der Quinte im Bass, der in dieser Form normalerweise nur als Durchgangsakkord im Rahmen einer Moll-Kadenz denkbar wäre. Die Undurchsichtigkeit wird hier geschildert aus der Perspektive dessen, der stagnierend innehält im verzweifelten Versuch, einen Halt und einen Anhaltspunkt zu finden, während der Kontext durch eine unklare, ziellose und irritierende „Verrückung" verschwimmt. Wenn der Erzähler diese „Opfer-Perspektive" übernimmt, ist damit eine Identifikation angedeutet, die sich später noch bestätigen wird. Dass das Intransparenzereignis hier ein künstlich produziertes ist, könnte man aus der alternierenden Hin- und Herbewegung der Harmonik heraushören: Hier entsteht kein sich „natürlich" entwickelndes Chaos, sondern jemand geht „tückisch" vor.[31]

---

31   „Tückisch (von Tücke, mhd. tücke, das wieder herkommt von ahd. tuc oder duc, d.i. Schlag, Stoß, schnelle Bewegung; tückisch ist also eig. das, was schnell, hastig und deshalb unmerk-

Wichtig ist auch, was diese Musik des Mittelteils *nicht* tut: Sie dramatisiert das Geschehen zwar höchst effizient und eloquent, aber sie „überdramatisiert" es nicht. Von der Episode gehen keine definitiven, die Szene und das Geschehen wesentlich verändernden Impulse aus; es handelt sich fast um eine „Variante" der Strophe, nicht um einen einschneidenden Ein- und Umbruch. Auch von hier aus sind wir also aufgerufen, eher nach den Gemeinsamkeiten zwischen Anfang und Ende des Texts bzw. der beschriebenen Situationen zu suchen. So kommen wir auf die Beobachtung zurück, dass es in allen drei Strophen primär um Beobachterverhältnisse geht. Das in allen drei Texteinheiten verwendete Wort „sehen" wird in lapidarer Kürze in der letzten Strophe zum zentralen Thema, zum „eigentlichen Problem", wie aus der nun sehr exponierten Stellung am Anfang der letzten Zeile hervorgeht. Der letzte Satz der letzten Strophe kommt in der Tat auf eine simple Feststellung zurück, die von Beginn an gegolten und die Ausgangssituation des „Kurzdramas" bestimmt hat: Ein Beobachterverhältnis zwischen einem erzählenden Ich und einem betrachteten Objekt wird konstatiert. Nicht dieses Verhältnis, sondern die Befindlichkeit des Beobachters (der nicht mehr in „süßer Ruh`", sondern, das „kalte Blut" des Fischers teilweise übernehmend, „mit regem Blute" beobachtet) hat sich ebenso geändert wie der Seins-Status des Objekts: Die gefangene Forelle ist kein munter „badendes" Lebewesen mehr, sondern ein zappelndes Opfer. Was aber zunächst nur wie das bestürzende Ende eines Beobachtungsgeschehens anmutet, ist auf andere Weise auch der Beginn eines *ganz neuen Sehens*: denn erst jetzt kommen (das ja offenbar *noch* lebende!) Objekt und der Betrachter sich auf ganz andere Weise nah, sie stehen sich quasi auf Augenhöhe gegenüber, so dass der Beobachter sein Objekt nicht nur sehen, sondern eben „*an*sehen" kann. Das Bächlein, der Fischer, die Angel und alle anderen Umstände scheinen in diesem letzten Bild eines tête-à-têtes im Hintergrund zu verschwinden, um nur den beiden, von Anfang an als solchen vorgestellten Haupt-„Personen" – kinematographisch gesprochen – die letzte Einstellung der Sequenz zu überlassen. Erst jetzt, scheint es, ist eine vollendete, unmittelbare Sichtbarkeit erreicht: freilich um den Preis des Betrugs und der Endlichkeit dieses Verhältnisses (während die ästhetische Beobachtung des „Flussbads" noch von zeitloser Unvergänglichkeit schien). Das nun „rege" Blut des Betrachters verrät die Wirkung des Sturzes aus der Sphäre interesseloser Beschaulichkeit in die Realität der moralisch relevanten, unmittelbaren Präsenz: Dass in dem Gegenüber eine unschuldig Getäuschte erkannt werden muss, verursacht eine irritierte Grundstimmung, die auch die Frage der Mit-Schuld des

---

lich geschieht)" erklärt Johann August Eberhards Synonymisches Handwörterbuch der deutschen Sprache von 1910, http://www.textlog.de/38071.html.

scheinbar neutralen distanzierten Beobachters an dieser Sachlage nicht ausblenden kann. Der Traum des Unbeteiligten, der auf die Schutzwirkung der Transparenz vertraut hatte („So lang dem Wasser Helle / So dacht ich, nicht gebricht..."), ist in der überhellen Realität der unmittelbaren Konfrontation nun ausgeträumt.

Die Transparenz des Wassers hatte (wie die von Glas) eine doppelte Funktion: Sie sollte Blickkontakte ermöglichen, eine darüber hinaus gehende, reale und insbesondere taktile Interaktion aber gerade vermeiden: *Nähe durch Distanz*. Es zeigt sich aber nun nicht nur, dass die Transparenz des Wassers lediglich eine temporäre und prekäre ist, sondern dass diese beiden konträren Funktionen der Blickbindung und Raumtrennung zwingend miteinander verknüpft sind. Mit dem Verlust von Sichtbarkeit geht auch die Aufhebung der separierenden Funktion einher. Während die Transparenz trennt, „vereinigt" Intransparenz: Sie hebt Unterschiede auf, verwischt Grenzen, verschmilzt zuvor sorgsam Getrenntes[32] und ermöglicht gefährliche Grenzüberschreitungen, die man manchmal mit dem Leben bezahlt – bringt also gerade die allergrößte Distanzierung mit sich: *Distanz durch Nähe*. Man sieht sich zwar *an*, man *erkennt*, aber man erkennt sich als „Betrogene". Nur in *tote* Augen kann man wirklich schauen: „Verrà la morte e avrà i tuoi occhi" heißt eine bekannte Gedichtsammlung von Cesare Pavese. Und Goethes Mignon, von Schubert mehrfach vertont, singt: „Dann öffnet sich der frische Blick" – dann, in „jenem festen Haus" des eigenen Todes.[33]

8 Tödliche Blicke

Momente der temporären Intransparenz haben daher wenn nicht zerstörerische, so doch zumindest fragwürdig produktive Folgen: Sie ermöglichen Metamorphosen, Gestalt- und Medienwechsel – und dadurch Annäherungen und Zugewinne an Unmittelbarkeit. Das Trübe ist sozusagen das schwarze Loch, durch das Menschen und Dinge in eine andere, manchmal ersehnte und begehrte Seinsart schlüpfen können; mittels der Opazität verlässt man den abgezirkeltklaren Raum der Denotation und schafft das „Andere der Konnotation" (Hüppauf 2007: 70), eröffnet das Feld des Symbolischen. Aber es stellt sich nun auch

---

32   Wie bei der Unschärfe liegt die Produktivität der Intransparenz darin, „dass sie die durch das isolierende Schärfeideal in Frage gestellte Kontinuität der Welt retten konnte" (Hüppauf 2007: 65, mit Bezug auf Leibniz). Zur Unschärfe als Gegensatz zur Transparenz vgl. Ullrich 2003, bes. das Zitat des Photographen J. Hilliard, dessen Unschärfetechniken „collude in a rebuttal of the aspiring transparency of photography" (Ullrich 2003: 155).

33   Schuberts Vertonungen von Mignons zweitem Gesang „So laßt mich scheinen, bis ich werde" tragen die Nummern D 469, D 469B, D727, D. 877, Nr. 3, op. 62, nr. 3; vgl. dazu Georgiades 1992: 320ff.

eine neue, fast „grausam" reale Form von unmittelbarer Klarheit und Sichtbarkeit her: Erst jetzt sieht man sich, spürt man sich, fühlt man mit. Daher wird sich der Betrachter, auf seine Rolle des scheinbar neutralen, anfänglich „nur" ästhetisch interessierten Beobachters zurückschauend, fragen müssen: Ist nicht genau das letztendlich intendiert gewesen? Wollten wir nicht von Anfang an dem Objekt unserer transparenten Begierde nicht nur interesselos zu-schauen, sondern es als ein „betrogenes" an-sehen? Schuberts Art der Vertonung dieser letzten Zeilen könnte genau dies reflektieren: Sie beschreibt den Zustand der am Ende bloßgestellten Verhältnisse, den eines unruhigen (zu übermütigen?) Fisches außerhalb des Wassers und eines endlich „bewegten", an-teilnehmenden Beobachters als einen, der bereits dem idyllischen Scheinfrieden des Beginns zugrundelag. Vom terminalen Endzustand aus fällt ein ernüchternder Blick zurück auf den unverfänglichen Anfang,[34] und siehe: es hat sich nicht viel verändert. Nichts ist eigentlich passiert, weil „es" eben so *ist*. Wo ein menschlicher (männlicher?) Blick hinfällt, lebt bald kein Fisch mehr.[35] Es gibt kein unschuldiges Schauen, keine schauende Unschuld: Das Ende „vom Lied" ist nicht das tragische Resultat eines Bruchs, die Tat einer destruktiven Intervention eines Bösewichts als Diabolus ex macchina, sondern, so zumindest könnte Schuberts Musik in Anlehnung einer im Text angelegten Bedeutungsebene suggerieren, die Klarstellung einer seit jeher allen pseudo-ästhetischen Beobachterverhältnissen zugrunde liegenden Aggressivität und Destruktivität. Die Musik stellt durch ihre identische Wiederholung klar, dass in Wirklichkeit das Selbe ist, was der poetische Diskurs als verschiedene Momente, als sich als Vorher und Nachher von einem tragischen Zwischenfall, verursacht durch einen unbeteiligten Dritten, unterscheidende Zustände ausgeben will. Die zuckende, springende Klavierfigur beschreibt nicht, sondern „repräsentiert" die munter lebende genauso wie die sterbend zappelnde Forelle; der Betrachter findet für seine Kontemplation einer heilen Welt wie für die erregte Gegenüberstellung mit einem getäuschten Opfer identische Töne. Erst Schuberts Musik ermöglicht und erzeugt jene wahrhaftige, wahrhaft aufklärerische radikale Selbsttransparenz des Beobachters, die ihm die Einsicht aufdrängt, dass keine folgen- und harmlose Transparenz mehr möglich ist. Nicht die episodische

---

34 Musikalische Analysen Schubertscher auch (Instrumental-) Stücke weisen oft auf die andere und vollendete Perspektive, die vom Ende eines Werks auf seinen Anfang zurückfällt (vgl. etwa Leppert 2005: 59 und Marston 2000).

35 Entgegen Adornos v.a. in Tierschutzkreisen viel zitiertem Diktum, dass über die Möglichkeit des Progroms entschieden werde „in dem Augenblick, in dem das Auge eines tödlich verwundeten Tiers den Menschen trifft", wird hier deutlich, dass nicht viel gewonnen ist, wenn man dem „Trotz, mit dem er [der Mensch] diesen Blick von sich schiebt – ‚es ist ja nur ein Tier' " widersteht (Minima Moralia, Nr. 68, 1997: 133).

Intransparenz des „bösen" Fischers, wie eine naive Lesart der kleinen Parabel nahelegen würde, sondern Transparenz *selbst* ist „tödlich".[36] Wer „nur" sehen will, muss immer mehr sehen, als er sehen will. Blicke fangen und Blicke töten[37] – das wäre in leicht pathetischer Zuspitzung die von jeder biedermeierlichen Ästhetik wie von jedem Aufklärungs-Rationalismus weit entfernte, aber vielleicht gerade deswegen zutiefst romantische Einsicht der Schubertvertonung.[38]

9 Epilog und Ausblick: tödliche Transparenz bei Thomas Mann

Wenn dieser, hier nur an einem einzigen Fallbeispiel ausprobierten und durch weitere Untersuchungen zu erhärtenden Interpretationshypothese ein gewisser Sinn nicht abzusprechen ist, wenn man also der Romantik, insbesondere in der Verquickung von Wort- und Klangausdruck eine eher pessimistisch-ambivalente Haltung zur Transparenz unterstellen darf (im Gegensatz zum Transparenz-Rationalismus der Aufklärung), dann kann man wohl auch zeigen, dass sich genau diese skeptische Haltung bis in die Literatur des 20. Jahrhundert weiterverfolgen ließe. In einer berühmten Szene von Thomas Manns *Zauberberg* (1924) wird im wahrsten Sinne des Wortes „sichtbar", welche faszinierenden und gleichwohl fragwürdigen Erkenntnisse und Einsichten wir der Transparenz heute verdanken: Hans Castorp, der junge Held auf dem mühsamen Weg der Selbstfindung, darf zum Abschluss der Röntgenuntersuchung seiner Lunge auf eigenen Wunsch (und ohne jede medizinische Notwendigkeit) auch seine eigene Hand „durch den Leuchtschirm" betrachten.

> „Und Hans Castorp sah, was zu sehen er hatte erwarten müssen, was aber eigentlich dem Menschen zu sehen nicht bestimmt ist und wovon auch er niemals gedacht hatte, daß ihm bestimmt sein könne, es zu sehen: er sah in sein eigenes Grab. Das spätere Geschäft der Verwesung sah er vorweggenommen durch die Kraft des Lichtes, das Fleisch, worin er wandelte, zersetzt, vertilgt, zu nichtigem Nebel gelöst, und darin das kleinlich gedrechselte Skelett seiner rechten Hand, um deren oberes Ringfinderglied sein Siegelring, vom Großvater her ihm vermacht, schwarz und lose schwebte: ein hartes Ding dieser Erde, womit der Mensch seinen Leib schmückt, der bestimmt ist, darunter wegzu-

---

36 Vgl. zur „tödlichen Transparenz" auch Baudrillard 1992: 47. Baudrillards Kritik an der „Herstellung einer endgültigen Transparenz" durch die zeitgenössische „Operation des Weißwaschens" (ebd.: 53), sein Plädoyer für „radikale Andersheit" (ebd.: 131ff.), kann als philosophische Antwort auf Walter Benjamins optimistische Hoffnung von 1929, gesehen werden: „Was kommt, steht im Zeichen der Transparenz" (Benjamin 2002: 197).
37 In ichthyologischer Begrifflichkeit: in der *Forelle* fällt ein *Augenräuber* dem andern zum Opfer.
38 „Die dialektische Befreiung der eigentlichen Gehalte Schuberts vollzieht sich nach der Romantik, der er selber kaum jemals blank zurechnet" (Adorno 2003a: 20f).

schmelzen, so daß es frei wird und weitergeht an ein Fleisch, das es eine Weile wieder tragen kann" (Mann 1924/1974: 306).

„Mein Gott, ich sehe!" (ebd.: 285): Mit dem zwischen Schreck und Faszination changierendem Ausruf ist dieses Kapitel überschrieben (und dies ist auch der Gestus der beiden Schlusszeilen der *Forelle*). Als einen „[n]ützliche[n] Anschauungsunterricht für junge Leute" hatte Hofrat Behrens, gutgelaunt und jovial wie immer, den beiden Vettern die „Lichtanatomie", einen „Triumph der Neuzeit", versprochen: „gleich werden wir Sie alle beide durchschaut haben" (ebd.: 301). Was man aber nun durch-schaut, damit ausblendet und hinter sich lässt, ist nichts weniger als das Leben selbst. Das Opake, Undeutliche auf den Röntgen-Bildern von Behrens' „Privatgalerie" ist noch einmal jenes Fleisch, besser jener „Fleischrest" an der cartesianischen Augapfel-Membran im Sehloch der Camera obscura. Das Menschlich-Endliche bleibt opak und verschwommen, klar und scharf wird in dieser neuen Version der Camera obscura, was über das Menschliche hinausgeht: „die rundliche Lebensform [...] war schemenhaft und dunstig von Kontur; wie ein Nebel und bleicher Schein umgab sie ungewiß ihren klar, minutiös und entschieden hervortretenden Kern, das Skelett" (ebd.).

Die Röntgentechnik ermöglicht eine Transparenz zweiter Ordnung, die die Wahrnehmungsverhältnisse der alltäglichen Sichtbarkeit umkehrt: Das ehedem uneinsehbar Innere wird nach außen in eine blanke und klar konturierte Sichtbarkeit gestülpt; dafür verblasst die vorher manifeste äußere Körperlichkeit zum schemenhaft Opaken. Transparenz „tötet", und zwar nicht mehr nur die Anderen (z.B. „unschuldige" Tiere), sondern durch die Beschleunigung der täglichen „Verwesung" (*nascendo quotidie morimur*) auch uns selbst. Dabei gewinnt Transparenz statt der Raum- nun eine Zeitdimension: das „Hinein-Sehen" wird zu einem „Vor-Sehen", die Diagnose zur Prognose. Spätmoderne hochentwickelte Transparenztechniken erlauben die zwar abgeschwächte, aber vielleicht einzig zugängliche Form von Heideggers existentialistischem Anspruch, mit „Entschlossenheit" in den Tod als ureigenste Möglichkeit des Menschen „vorzulaufen": Immerhin können wir heute in ihn vor-*schauen*.[39]

Solche extremen Momente der Transparenz sind freilich ek-statische Ausnahmen des Tief-Blicks. So viel, so weit will und darf der Mensch nicht sehen, spürt Hans Castorp:

---

39   Eine Art zeitgenössisches 3D-Update dieser visuellen Vorwegnahme der eigenen Sterblichkeit stellt die Plastik „I Am Still Alive" des belgischen Künstlers Kris Martin (2006, Sammlung Boros, Bunker Berlin) dar: Es handelt sich um eine versilberte Skulptur des per Computertomographie erfassten Schädels des Künstlers.

"Heftig bewegt von dem, was er sah, oder eigentlich davon, daß er es sah, fühlte er sein Gemüt von geheimen Zweifeln gestachelt, ob es rechte Dinge seien, mit denen dies zugehe, Zweifeln an der Erlaubtheit seines Schauens im schütternden, knisternden Dunkel; und die zerrende Lust der Indiskretion mischte sich in seiner Brust mit Gefühlen der Rührung und Frömmigkeit" (ebd.: 306).

Thomas Manns Protagonist steht vor der ethischen Kardinalfrage jeglicher neuzeitlicher Erkenntnis und Wissenschaft: Dürfen wir, was wir können? Schon lange bevor die – vieldiskutierte – potenzielle „Schädlichkeit" konkreter technischer Umsetzungen von wissenschaftlichen Errungenschaften thematisiert wird, gibt es möglicherweise Grenzen des Sehen- und des Ans-Tageslicht-Zerren-Dürfens, Grenzen der „Indiskretion", die weit jenseits persönlicher Schambarrieren uns vor fast lebensgefährdenden menschlichen Einsichten schützen. Die sinnlich-konkrete Konfrontation mit der eigenen Sterblichkeit unterminiert das gängige aufklärerische Emanzipationsversprechen der Wissenschaft; Alltags-Nutzen und -Tauglichkeit dieses Resultats von Transparenz-Herstellung dürfen bezweifelt werden, und emotional verarbeiten lassen sich solche Einsichten, falls einem nicht die nüchtern-lapidare Sachlichkeit des Mediziners Behrens („Spukhaft, was?") zu Gebote steht, nur mit so wissenschaftsfernen Haltungen wie „Rührung" und „Frömmigkeit".[40]

Denn gerade mit der „Entschlossenheit" scheint es nichts zu werden auf dem „Zauberberg", an jenem Grenz- und Nicht-Mehr-Ort, an den man sich begibt, um in weltabgewandter, reiner Zeitlichkeit zu leben, wo der Protagonist am Ende ohne Uhr und ohne Kalender auskommt (ebd. 984). Hier verschwimmt die Zeit selbst (sie ist von der Art „jener ganz kleinen Uhren, deren Zeigerbewegung überhaupt untersichtig bleibt", ebd. 982) und wird „transparent" und unsichtbar: Sie schlägt nicht mehr zu Buche, ist nicht mehr greifbar; sie vergeht nur noch, ohne Spuren zu hinterlassen und verliert sich im Unbestimmten. Es bedarf eines äußeren und radikal weltumstürzenden Anstoßes von außen (von „unten"), des Ersten Weltkriegs, um die monotone Lethargie zu unterbrechen; und im Schlussbild des Romans sehen wir den jungen Castorp, nicht mehr als Individuum, sondern als undeutlichen Teil eines undefinierten Massenkörpers,

---

40   All dies ließ Bazon Brock unter den Tisch fallen, als er 2001 mit Passagen aus demselben Zauberberg-Kapitel seine Verteidigung der umstrittenen „Körperwelten"-Ausstellung des Plastinators Gunther von Hagens einleitete und diesen in die Nähe des (Hobbykünstlers) Hofrat Behrens rückte, weil er seinen aufgeregten Patienten versichert: „Seien Sie ruhig, es geht ganz ästhetisch zu" (Brock 2001a; vgl. auch Brock 2001b, 2005, 2009). Gerade die Plastination stellt freilich ein weiteres Beispiel für die ästhetisch-wissenschaftliche Verknüpfung von Transparenz und Tod dar. Journalistisch-kritisch zu von Hagens und zu Bazon Brocks Vereinnahmung seiner Aktivitäten in die Kunstwelt Peuker/Schulz 2004: 77ff.

nun wahrhaft „vor-laufen", oder eher: vor-stolpern in den Tod. Das Einzelbild des Romans, der Fokus auf das Individuum und seiner „hermetischen"[41] Geschichte, löst sich am Ende auf im Ungewissen, in der *Intransparenz* einer nächtlichen, regnerischen, schlammigen Szenerie: „Und so, im Getümmel, in dem Regen, der Dämmerung, kommt er uns aus den Augen" (994). Und aus den Ohren, darf man hinzufügen: denn was den wankenden Soldaten kurz vorher noch als Einzelnen (wieder)erkennbar machte, waren einzelne, abgerissene Strophen eines Schubert-Lieds, das Hans Castorp auf dem Zauberberg kennen und schätzen gelernt hatte. Der Text endet und *muss* enden vor der Undurchsichtigkeit eines Welt-Geschehens, das nicht mehr in der epischen Genreform eines Romans, also in Form einer um Individuen zentrierten Geschichte gestaltbar ist. In der vernebelnden, undurchschaubaren Situation des Weltkriegs wird auch das Schubert-Lied mit seiner verschwiegenen „Sympathie mit dem Tod" zu einem residualen Kulturgut-Versatzstück, das man, wie es ängstliche Kinder tun, im Dunkeln vor sich hin singt. Auch wenn es bei Thomas Mann nicht die „Forelle", sondern der „Lindenbaum" ist: vielleicht ist es doch kein Zufall, dass vor der Schlüsselkatastrophe des 20. Jahrhunderts und vor dem „Ende der Moderne" noch einmal Schubert zitiert wird; mussten sich nicht sehr viele, die in der glorreichen Transparenz der Augusttage 1914 aufgebrochen waren und sich nun in der stumpfsinngen Intransparenz des Nebels vor Verdun wiederfanden, als „Betrogene" *an*-sehen?

Literatur

Adorno, Theodor W. (2003a): Schubert (1928), in: ders.: *Gesammelte Schriften*, Band 17: *Musikalische Schriften IV*, Frankfurt a.M.: Suhrkamp, 18-33.

Adorno, Theodor W. (2003b): Neue Musik heute (1955), in: ders.: *Gesammelte Schriften*, Band 18: *Musikalische Schriften V*, Frankfurt a.M.: Suhrkamp, 124-133.

Baudrillard, Jean (1992): *Transparenz des Bösen. Ein Essay über extreme Phänomene*, 1. Aufl. franz. 1990, Berlin: Merve.

Benjamin, Walter (2002): Die Wiederkehr des Flaneurs (1929), (Rez. zu Franz Hessel, Spazieren in Berlin, 1929), in: ders.: *Gesammelte Schriften*, Band 3, Frankfurt a.M.: Suhrkamp.

Böhme, Hartmut (1988) (Hrsg.): *Kulturgeschichte des Wassers*, Frankfurt a.M.: Suhrkamp.

Brandt, Reinhard (1999): *Kritischer Kommentar zu Kants Anthropologie in pragmatischer Hinsicht* (1798), Hamburg: Meiner.

---

41 „Hermetisch" hier im Sinne von „der real vergehenden Zeit entzogen", wie Eingemachtes in hermetisch verschlossenen Weckgläsern, wie sich Hans Castorp das Wort erklärt (ebd. 706).

Brock, Bazon (2001a): *Ein nützlicher Anschauungsunterricht für Kritiker der Plastination*, http://www.brock.uni-wuppertal.de/Aktuell/plastinate/plastinate.html (Abruf 13.11.2009).

Brock, Bazon (2001b): Der gestaltete Körper, in: Wetz, Franz Josef/Tag, Brigitte (Hrsg.): *Schöne neue Körperwelten – Der Streit um die Ausstellung*, Stuttgart: Klett-Cotta, 267-78.

Chanan, Michael (1999): *From Handel to Hendrix. The Composer in the Public Sphere*, London u.a.: Verso.

Crary, Jonathan (1996): *Techniken des Betrachters. Sehen und Moderne im 19. Jahrhundert*, 1. Ausgabe engl. 1990, Dresden u.a.: Verlag der Kunst.

Descartes, René (1955): *Die Prinzipien der Philosophie*, 7. Aufl., Hamburg: Meiner.

Descartes, René (1996): *Philosophische Schriften in einem Band*, Hamburg: Meiner.

Feuerbach, Ludwig (1988): *Das Wesen des Christentums*, 3. Auflage 1849, Stuttgart: Reclam.

Flechsig, Hartmut (o.J.): *Die Forelle von Christian Friedrich Daniel Schubart und Franz Schubert*, Reihe F.U.G.A (= Fachübergreifende Unterrichtseinheiten, Gegenstandsanalysen, Arbeitsvorschläge) auf der Seite Schulmusik-online der „Allgemeinen Koordinierungsgruppe Musik beim Ministerium für Kultus, Jugend und Sport Baden-Württemberg", www.schulmusik-online.de/anlagen/fuga/forelle.pdf (Abruf 04.02.2010).

Foucault, Michel (1983): *Der Wille zum Wissen. Sexualität und Wahrheit*, Band 1, 1. Aufl. franz. 1976, Frankfurt a.M.: Suhrkamp.

Georgiades, Thrasybulos G. (1992): *Schubert. Musik und Lyrik*, 3. Aufl., Göttingen: Vandenhoeck & Ruprecht.

Gibbs, Laura (2002) (Hrsg.): *Aesop's fables*, Oxford: Oxford University Press.

Heidegger, Martin (1992): *Parmenides* (Gesamtausgabe, Bd. 54: II. Abt. Vorlesungen 1923-1944), Frankfurt a.M.: Klostermann.

Hüppauf, Bernd (2007): Clare et distincte – Vergangenheit und Gegenwart einer Maxime, in: Megerski, Christine/Savage, Robert/Weller, Christiane (Hrsg.): *Moderne begreifen. Zur Paradoxie eines sozio-ästhetischen Deutungsmusters*, Wiesbaden: DUV, S. 51-79.

Jäger, Hans-Wolf (1983): Von Ruten. Über Schubarts Gedicht Die Forelle, in: Richter, Karl (Hrsg.): *Gedichte und Interpretationen*, Band 2: *Aufklärung und „Sturm und Drang"*, Stuttgart: Reclam, 374-385.

Jay, Martin (2005): *Downcast Eyes. The Denigration of Vision in Twentieth Century French Thought* (1992), Berkeley, Calif. [u.a.]: Univ. of California Press.

Jost, Peter (1989): „Die Forelle" und die Festung Hohenasperg. Mißverständnisse um ein Schubert-Lied, in: *Neue Zeitschrift für Musik* (05/1989), 4-10.

Kramer, Lawrence (2003): *Franz Schubert: Sexuality, Subjectivity, Song*, 1. Aufl. 1998, New York: Cambridge University Press.

Leppert, Richard (2005): On Reading Adorno Hearing Schubert, in: *19th-Century Music* 29 (1), 56-63.

Levin, David Michael (1999): *The Philosopher's Gaze. Modernity in the Shadows of Enlightenment*, Berkeley, Calif. [u.a.]: Univ. of California Press.

Mann, Thomas (1974): *Der Zauberberg*. Roman, Frankfurt a.M.: Fischer.

Marston, Nicholas (2000): Schubert's Homecoming, in: *Journal of the Royal Musical Association* 125, 248-270.

Max, Frank R. (Hrsg.)(2009): *Undinenzauber. Geschichten und Gedichte von Nixen, Nymphen und anderen Wasserfrauen*, 1. Ausg. 1991, Stuttgart: Reclam.

Nietzsche, Friedrich (1980): *Sämtliche Werke*, KSA, München: dtv/de Gruyter.

Peuker, Torsten/Schulz, Christian (2004): *Der über Leichen geht. Gunther von Hagens und seine „Körperwelten"*, Berlin: Links.

Pindar (2002): *Siegeslieder*, übers. von Uvo Hölscher, hrsg. von Thomas Poiss, München: Beck.

Race, William H. (1981): Pindar's ‚Best is Water': Best of What?, in: *Greek, Roman, & Byzantine Studies* 22, 119-124.

Reininghaus, Frieder (2007): Ich hab' ein heißes junges Blut. Franz Schubert und das musikalische Biedermeier, in: *Partituren* 11, 2007, 50-55 (auch unter http://partituren.net/de/archiv/ausgabe11/biedermeier/index.html).

Starobinski, Jean (2003): *Rousseau. Eine Welt von Widerständen*, ungek. Neuausgabe, (1. Ausgabe dt. 1988, fr. 1971), Frankfurt a.M.: Fischer.

Stephan, Inge (1988): Weiblichkeit, Wasser und Tod. Undinen, Melusinen und Wasserfrauen bei Eichendorff und Fouqué, in: Böhme (1988), 234-262.

Taylor, Archer (1975): *Selected Writings on Proverbs*, ed. by W. Mieder, Helsinki: Academia scientiarum fennica.

Ullrich, Wolfgang (2003): *Die Geschichte der Unschärfe*, 2. Aufl., Berlin: Wagenbach.

Vidler, Anthony (2002): *unHEIMlich. Über das Unbehagen in der modernen Architektur*, 1. Ausgabe engl. 1992, Hamburg: Edition Nautilus.

Wetzel, Dietmar J. (2003): *Diskurse des Politischen. Zwischen Re- und Dekonstruktion*, München: Fink.

Warneken, Bernd Jürgen (2009): *Schubart. Der unbürgerliche Bürger*, Frankfurt a.M.: Eichborn.

Winkler, Willi (2009): Der Mann und sein Kerker. Eine neue Biographie zu Christian Friedrich Daniel Schubart, in: *Süddeutsche Zeitung* (07.10.2009).

Youens, Susan (1999): *Schubert's Poets and the Making of Lieder*, 1. Aufl. 1996, Cambridge: Cambridge University Press.

Zilkens, Udo (2000): *Franz Schubert. Vom Klavierlied zum Klavierquintett; die Forelle im Spiegel ihrer Interpretationen durch Musiktheoretiker und Musiker*, 2. Aufl. (1. Aufl. 1997), Köln-Rodenkirchen: Tonger.

(In-) Transparenz telematischer Kommunikationsinfrastrukturen. Realfigur, Virtualfigur und Infosozialität des Avatars

Gertraud Koch und Nina Ritzi-Messner

1 Einführung

Wie wohl keine andere hat Lara Croft unser Bild vom Avatar geprägt. Die erste weibliche Heldin eines Computerspiels (Tomb Raider) ist diesem sozusagen entstiegen und hat ihre Abenteuer, die sie beim Raub von Gräbern erlebt, filmisch fortgesetzt. Erst dieser Wechsel des Mediums, vom interaktiven Computerspiel zum Massenmedium Film in Kino und schließlich Fernsehen, hat die telematische Figur berühmt gemacht. Sie ist damit auch für jene (Generationen) zu einer sozialen Tatsache geworden, die wenig mit Computer oder auch nur der digitalen Spielewelt anfangen können. Als reale Figur ist Lara Croft noch mehr Teil unserer Lebenswelten geworden. Vermittelt durch die Hauptdarstellerin der Rolle im Film, Angelina Jolie, ist Lara Croft heute auch eine in der Schauspielerin personifizierte Kultfigur.

Dieser Weg der Lara Croft vom interaktiven Cyberspace zum „klassischen" Massenmedium Film bis hin zur leiblichen Personifizierung lehrt viel darüber, wie wir die telematische Figur des Avatars zu verstehen haben. Sie steht sinnbildlich für die Relationen, Verschränkungen und Spezifika digitaler und faktischer Welten. Als digitale, telematische Infrastruktur und Spielfigur weist sie über diese Funktion hinaus und wird in der Nutzung zum Teil der sozialen Welt jedes Spielers. Lara Croft bleibt als soziale Tatsache nicht nur auf die Nahwelt einzelner beschränkt; telematische Figuren sind zum Massenphänomen geworden, haben vergemeinschaftende Funktionen übernommen, was die filmische Darstellung und massenmediale Verbreitung der Welt der Lara Croft noch einmal auf andere Weise versinnbildlicht. Zugleich ist die telematische Figur des Avatars auf das engste verknüpft mit der Person, die sie bedient und als Spielfigur benutzt. Sie ist informationell mit dieser gekoppelt und damit an das biologische Wesen, die Person des Spielers, gebunden. Der Avatar kann somit nicht abgelöst von den Individuen aus Fleisch und Blut verstanden werden, die seine Existenz inspirieren und ihn steuern. Lara Croft ist in diesem Sinne eine

Figur, die Transparenz über die Relationalität des Avatars zur faktischen Welt schafft. Die Verschränkungen und Bezüge des Avatars mit seinen Nutzern, mit der sozialen Welt und als telematische Infrastrukturen werden deutlich. Der Avatar ist in seinem Wesen als telematische Figur somit – entgegen aller Vermutungen – bei genauerer Betrachtung höchst transparent. Er ist jedoch zugleich im selben Maße intransparent, wie dies der Kommunikation immer eigen ist.

2 Avatare als Repräsentanten

Die Figur des Avatars ist eine junge Gestalt in der Geschichte menschlicher Fiktionen und realer Entwicklungen, schon weil sie auf das Engste mit dem Computer sowie den digitalen Infrastrukturen verbunden ist und diese medienhistorisch/-anthropologisch bekanntermaßen eine eher jüngere Erscheinung sind. Als telematische Sonderform des Cyborg[1] (Tabbert 2004) ist der Avatar ein Hybrid, welcher technische, biologische und soziale Informationen koppelt und nur im Modus dieser Koppelung besteht. Avatare sind Repräsentationen menschlicher Akteure, so die Definition, also mediale Verweisungen auf einen Nutzer, der vermittelt durch den Avatar in virtuellen Umgebungen handelt. Hier wird bereits deutlich, dass es sich beim Avatar primär um einen interpersonalen Kommunikationsunterstützer handelt. Die Mediatisierung interpersonaler Kommunikation geht über statische Repräsentationsformen wie Text und Foto hinaus, so dass unmittelbares Handeln in Netzwerken ermöglicht wird. Dieses ist nicht mehr nur auf textliche Dimensionen beschränkt, sondern schließt visuelle Eindrücke, nonverbale Kommunikationsebenen und auditive Kanäle mit ein.[2] Je nach virtuellem Raum, in dem die Interaktionen stattfinden, nehmen die Avatare ganz unterschiedliche Formen an, werden als Foto oder als Video einer Person in einen

---

[1] Thomas Tabbert unterscheidet in seiner Betrachtung künstlicher Menschen in Literatur und Technik – seiner Fallstudie zur Artifizialanthropologie, wie er es nennt – prothetische Kyborge, telematische Kyborge, transmutagene Kyborge und kladophorische Kyborge. Er ersetzt dabei den Begriff des „Cyborgs" durch den des „Kyborgs", um den diversen und divergenten Definitionen zu entgehen und sein, aus der Betrachtung der bestehenden Ansätze entwickeltes Verständnis, den weiteren Betrachtungen zugrunde legen zu können.

[2] Mit dem Begriff „Avatar" ist ein sehr breites Spektrum an Repräsentationen von individuellen Computernutzern in virtuellen Netzwerken bezeichnet. In der vorliegenden Argumentation wird ein engerer Begriff des Avatars zugrunde gelegt, der dem populären Verständnis ähnlich ist und somit insbesondere Figuren wie Lara Croft inklusive der dazu gehörigen virtuellen Welten bezeichnet. Avatare sind außerdem von Agenten zu unterscheiden, die sich in ihrer Gestalt häufig nicht von Avataren unterscheiden. Agenten werden jedoch nicht von einem Menschen, sondern von einem Computerprogramm gesteuert.

virtuellen Konferenzraum eingespielt oder als vordefinierte Spielfigur von einem Computerspieler aufgegriffen und entsprechend des Spielzwecks eingesetzt. Auch die freie Gestaltung von Avataren ist in einigen virtuellen Umgebungen inzwischen möglich. Die telematische Figur des Avatars erlaubt ihren Nutzern somit ein breites Spektrum an Repräsentationen, welches entlang einer Achse von dokumentarischer Abbildung hin zu fantasievoller Imagination schier unbegrenzt scheint (Bailenson et al. 2008).[3]

An verschiedenen Stellen und immer wieder von Neuem werden im Zusammenhang mit Avataren Identitätsfragen gestellt. Wer ist der Nutzer hinter einer Figur? Ist er der, für den er sich ausgibt? Wie viel Wahrheitsgehalt hat ein Nutzerprofil eines Avatars, wie viel Übereinstimmung besteht zwischen faktischer Person und virtueller Repräsentation?[4] In einer solchen identitätsorientierten Perspektive ist ein Avatar potenziell überall auf der oben dargestellten Achse zwischen Dokumentation und Imagination zu verorten. Häufig weisen Avatare Nutzerprofile auf, welche so explizit auf die Schaffung von Transparenz angelegt sind (Geser 2007). Im Nicht-Wissen um die tatsächlichen Verhältnisse – wie textliche Angaben können auch Fotos und Videos modifiziert sein – haben wir es folglich mit einer höchst intransparenten Figur zu tun. Zudem sind die Steuerungsmöglichkeiten von Avataren inzwischen differenziert: So kann die Steuerung einer Figur z.B. auch durch zwei Personen erfolgen oder man legt diese ganz in die „Hand" eines Softwareprogramms, welches den Avatar dann autonom steuert und was häufig nur aufgrund einer perfektionierten Operabilität der telematischen Figuren vermutet werden kann (Bailenson et al. 2008). Allerdings haben Studien gezeigt, wie schwierig das Spiel mit der Identität auch im Virtuellen ist und dass Habitualisierungen (etwa geschlechtsspezifische) häufig kommunikativ nicht versteckt werden können (Herring 2000; Bente/Krämer/Eschenburg 2008).

In Bezug auf die Fragen der Identität ist darüber hinaus zu bedenken, dass diese auch in direkten Face-to-face-Interaktionen nicht (immer) eindeutig zu bestimmen ist und somit keine Besonderheit der Avatarkommunikation darstellen. Goffman (1959) beschreibt das Individuum in „The Presentation of Self in Everyday Life" etwa als Darsteller, dem bestimmte Techniken zur Verfügung stehen, die dem Einzelnen oder einer Gruppe von Darstellern dazu dienen, ihre

---

3   Dass auch die Imaginationen nicht unbegrenzt fantasievoll sind, wird derjenige erfahren, der auf youtube.com die schier unüberschaubare Masse an Avatardarstellungen der virtuellen Plattform Second Life betrachtet.
4   Dem Ethnografen der Online-Plattform Second Life, Tom Boellstorff, zufolge ist Virtualität am besten als Potenzialität zu verstehen und kann als existent begriffen werden, wenn es eine wahrgenommene Lücke zwischen der Erfahrung und dem Faktischen gibt (Boellstorff 2008: 17-22).

situativ bestimmte Rolle zu erzeugen bzw. aufrecht zu erhalten. Im Rahmen der Interaktion stellen sich die Beteiligten laut Goffman dar, indem sie durch die Verwendung von Ausdrucksmitteln versuchen, bei ihrem Gegenüber einen bestimmten Eindruck von sich und der Situation zu erzeugen. Die Frage nach dem Nutzer hinter einer Figur, dem Wahrheitsgehalt eines Nutzerprofils oder dem Grad an Übereinstimmung zwischen faktischer Person und virtueller Repräsentation finden sich, verringert um die Errungenschaften virtueller und digitaler Möglichkeiten sowie den Einfluss des medialen und technischen Charakters der Avatare, auch in Goffmans Frage nach (den Eigenschaften und Merkmalen) der Person, die sich hinter der Rolle des Darstellers verbirgt. Eine gewisse Intransparenz bringt somit schon die den Avatar kreierende Person in die Interaktion im virtuellen Raum. Diese Identitätsarbeit und das sich dahinter verbergende Individuum stellen jedoch weder die zentralen Qualitäten der Avatare noch die aufschlussreichsten Elemente für dessen Verständnis dar.

3 Avatare als quartäre Medien

Die Konzeptualisierung der Avatare als „Second Self", wie dies bei Sherry Turkle (2005 [1985]) nahe gelegt wird und sich in vielen derzeitigen Analysen der Avatarkommunikation reproduziert (u.a. Misoch 2007), scheint somit in mancherlei Hinsicht eine verkürzende Vorbelegung des Avatars als Repräsentant oder Identifikationsfigur zu sein. So blendet sie sowohl den medialen als auch den technischen Charakter dieser Figur weitgehend aus. Es ist folglich weniger das Individuum und dessen Identitätsarbeit, sondern die über Avatare ermöglichten syntaktischen Beziehungen von Menschen (Goffman 1967), die von besonderem Interesse sind und Qualitäten bezeichnen, die über textbasierte Netzwerke hinaus gehen. Infosozialität (Faßler 2008), nicht Identität ist konzeptuell aufschlussreich für das Verständnis von avatarfähigen virtuellen Räumen und der Figur des Avatars. Dies gilt sowohl für Online-Spiele, in denen die Charaktere entlang von Spielzwecken definiert und damit bekannt sind, als auch für virtuelle Räume, die vollständig auf Narrationen verzichten. In Online-Spielen ist in der Spielsituation uninteressant, wer die Charaktere als Nutzer steuert. Dies gewinnt erst an Bedeutung, wenn man sich dem faktischen Leben, den Bedürfnissen, (Spiel-) Erfolge sozial sichtbar zu machen und sich in Verbindung mit einer spezifischen Spielfigur zu bringen, zuwendet. Infosozialität ist aber vor allem auch dann interessant, wenn virtuelle Umgebungen im Unterschied zu den Online Games vollständig auf Narrationen (Kocher 2007) verzichten (z.B.

Second Life). Die Gestaltung von virtuellem Raum und Avataren bleibt hier den Nutzern überlassen, folglich ist auch das Verhältnis von Raum, Avatar und Nutzer deutungsoffen und entsteht durch die Aushandlung von co-präsenten Akteuren. Weitaus umfassender als es identitätsfokussierende Studien zu erfassen vermögen, geht es in der Perspektivierung von Avataren und ihren Nutzern dann um die Qualitäten, die digitale Umgebungen als Medien und Maschinen (Schelhowe 1997) für die Sozialität und Vergemeinschaftung erbringen. In dieser Bestimmung der Relationen von Avatar und Nutzer ist sowohl das mediale als auch das technische Handeln gemeinsam zu betrachten, diese in der Analyse jedoch auch zu unterscheiden. Dabei geht es – anders als bei der Frage nach der Identität der Person, die einen bestimmten Avatar steuert und die als Frage stark vom Interesse des Interaktionspartners geleitet ist, – explizit um die technische Dimension der Kommunikation. Denn jenseits von imaginativen Verklärungen und Fragen der Authentizität des Abbildes ist ein Avatar zunächst als eine technische Infrastruktur, ein Softwareprogramm, zu verstehen, welches im Zusammenhang mit Computerhardware als (steuerbare) Maschine funktioniert.

Harry Pross (1972) hat die Bedeutung der technischen Qualitäten von Medien für die Kommunikation thematisiert und den Grad der Technisierung zu deren Klassifizierung herangezogen. Primäre Medien sind in diesem Sinne solche, die allein auf leiblicher Basis vorhanden sind: Stimme, Gestik, Mimik, usw. Sekundäre Medien sind in der Herstellung technisiert, bedürfen also eines extrakorporalen Trägermediums, das mit der Information ausgestattet wird und dann ohne weitere technische Unterstützung gelesen werden kann (u.a. Schriftrolle, Buch, Zeitung). Tertiäre Medien bedürfen demgegenüber auch beim Empfänger einer technologischen Infrastruktur, damit dieser die Information aufnehmen kann (Telefon, Radio, TV, etc.). Quartäre Medien, so die Ergänzung der Pross'schen Systematik durch den Medienanthropologen Manfred Faßler, sind „die computerbasierten und -verstärkten Medienbereiche netztechnischer und elektronisch-räumlicher Konsumtion, Informatik und Kommunikation. Sie sind durch die Telematik (Tele- & Informatik oder auch: Tele- & Automatik), durch das globale System der Fernanwesenheit bestimmt" (Faßler 1997: 147). Anders als Pross, der den Grad der technischen Mediiertheit zum Ausgangspunkt wählt, priorisiert Faßler die Reichweite und Vernetzung der Medien. Bleibt man jedoch bei der von Pross etablierten Perspektive des Technisierungsgrades, so werden die telematischen Medien erst durch die Möglichkeit, selbst Daten zu verarbeiten und zu generieren, also der Verbindung von Informationen der medialen Funktion (Vermittlung) und der technischen Funktion (Verarbeitung), zu einem quartären Medium. Die telematische Figur des Avatars ist hierfür ein Beispiel. Seine technische Struktur funktioniert nur in Bezug auf die spezifische informatische Plattform. Sie übersetzt Informationen vom Nutzer und setzt diese in Bezug auf die virtuellen Umgebungen um, sorgt etwa für Bewegung und entwickelt dabei „eigenständig" schwingende Kleidung, fliegende Haare, etc.; Auch umgekehrt werden Skripts, also kleine Programme auf der Plattform, verarbeitet und in Aktionen des Avatars auf der Plattform umgesetzt. In diesem technischen Verständnis als (lesbares) Softwareprogramm mit spezifischen soft- und hardwaretechnischen Kompatibilitäten (Bindungen) ist ein Avatar also höchst transparent.

In welcher Intensität die Sozialität der Avatare an die virtuellen Räume gebunden ist, in denen diese sich bewegen und die – ihrerseits mit Programmierungen ausgestattet – wesentlich die Verhaltensvariationen der Avatare determinieren können, ist vielfach gar nicht bewusst. Erst wenn man eine virtuelle Welt wie z.B. Second Life oder Computerspiele wie World of Warcraft tatsächlich exploriert, wird dies deutlich. Es sind die in einem virtuellen Raum hinterlegten Scripts die ermöglichen, dass Avatare etwa in einer virtuellen Lounge Barhocker, Sessel und sonstige Sitzmöbel tatsächlich lässig bevölkern können. Tanz-Scripts in dafür vorgesehenen Lokalen oder Sälen, Testfahrtsimulationen real existierender Automarken auf virtuellen Rennstrecken, Betten u.a. als Lokalitäten für Cybersex und viele Skripts mehr eröffnen so den Avataren – wenn diese der Aufforderung zustimmen – neue, teils ungeahnte Zustände und Handlungsmöglichkeiten, die dabei an den Ort gebunden sind und somit nicht als „Fähigkeit" der Figur gelten. Mobiler als raumbezogene Handlungsprogramme sind jene, die in beweglichen Objekten über virtuelle Räume verteilt sind und von allen genutzt werden können, die sie mehr oder minder zufällig finden.

Die Interaktionsmöglichkeiten werden durch die technische Infrastruktur modelliert. Nutzer müssen sich auf diese beziehen und auch ablaufende Programme hinnehmen, die Informationen nicht nur vermitteln, sondern selbst auch in spezifischer, meist nicht zu beeinflussender Art und Weise, modifizieren und gestalten. Handlungsmöglichkeiten in der Vermittlung werden hier nicht nur durch die spezifischen Anforderungen der Informationsaufbereitung (Film, Radio, etc.) begrenzt, sondern erfahren darüber hinaus auch eigenständige Informationsaufbereitungen durch das Medium. Solche den Avataren implizite Handlungsprogramme sind in ihrer Programmhaftigkeit kalkulierbar und in ihrer Wirkung transparent, auch wenn diese nicht gesteuert werden können. Allerdings ist die Transparenz begrenzt und deren Begrenzungen wiederum häufig nicht absehbar. Wenn versteckte Skripts in virtuellen Umgebungen hinterlegt sind, so können auch ungewünschte Interaktionen stattfinden, die nicht vom

Nutzer veranlasst, sondern automatisiert und interaktiv[5] zwischen Avatar und virtueller Plattform erfolgen.

Wenn Quellcodes jedoch offen liegen und ein Nutzer die entsprechende software-technische Kompetenz mitbringt, sind diese dann häufig doch gestaltbar und im Sinne eigener Festlegungen manipulierbar. Solche Individualisierungen, so gerne sie von Könnern aufgegriffen werden, sind für die breite Masse der Nutzer insofern problematisch, dass durch sie die Kontingenz virtueller Umgebungen steigt – und dies nicht immer im positiv bereichernden Sinne.

4 Avatare als Aktanten

Jenseits der konkreten Funktionsweisen kommunikationstechnischer Infrastrukturen ist auch der Avatar als hybrides Mensch-Technik-System zu thematisieren, welches durch die Interaktibilität von technischen Artefakten und Menschen gekennzeichnet ist (Latour 2005).[6] Mensch und technisches Artefakt bestimmen sich hier wechselseitig: „In der Interaktivität wird sowohl die Identität des Akteurs als auch die des technischen Artefakts definiert, wobei angemerkt sein muss, dass nur der menschliche Akteur diesen Akt der Identitätsdefinition reflektieren kann" (Braun-Thürmann 2004:78)[7] und damit – dies sei hier ergänzend betont – auch in Gestaltungsabsicht variieren kann. Die Interaktibilität der Avatare und auch des Cyberspaces ist in diesem Sinne als dreifache zu analysieren:

(a) als relationales Verhältnis zwischen Artefakt und Nutzer, also zwischen Avatar bzw. Cyberspace und Nutzer, die letzterer mehr oder weniger gestalten kann.
(b) als Interaktionsinfrastrukturen, die im Avatar eingeschrieben sind und unabhängig von vertieften informationstechnischen Kenntnissen von jedermann genutzt werden können.
(c) als visuelle Mitteilungen, die über das Design vermittelt werden.

---

5 Zur Differenzierung von Interaktion und Interaktivität siehe Neuberger (2007).
6 Diese bedingen menschliche Handlungsentlastung, weil Handlungsprogramme direkt entweder technologisch ausgeführt oder aber Strukturen geschaffen werden, die bestimmte Handlungsformen einfordern/erzwingen und dies somit nicht mehr menschlich eingefordert werden muss (z.B. Schloss und Schlüssel).
7 Braun-Thürmann bezieht sich hier auf ein Beispiel von Bruno Latour, womit er die Vieldeutigkeit von technischen Artefakten und Handlungsspielräumen verdeutlicht. Die Identität einer Waffe als Sportgerät oder Mordinstrument entscheide sich erst in der Hand des Nutzers, der wiederum durch die Waffe in seiner Hand in seiner Identität als Sportler oder Mörder bestimmt werde.

Das unter (a) angesprochene relationale Verhältnis zwischen Artefakten und Nutzer muss von Fall zu Fall im Detail angeschaut werden. Es kann nicht, wie dies der am MIT tätige Anthropologe Stefan Helmreich vertritt, als „totally self-contained" verstanden werden (Helmreich 2004: 285). Vielmehr ist dieses Verhältnis immer in seinem spezifischen sozio-kulturellen Kontext zu erforschen. Es ist also die große Variationsbreite an Settings in der Nutzung von Avataren, die diversen Interaktibilitäten, die zu betrachten sind, wie der Ethnograph der virtuellen Welt Second Life Tom Boellstorff konstatiert, um das Phänomen des Virtuellen umfassend untersuchen zu können (Boellstorff 2008: 62). Für ihn ist es zudem schwierig nachzuvollziehen, warum die Grenzüberschreitungen zwischen Virtuellem und Eigentlichem so viel Aufmerksamkeit auf sich ziehen. Häufig werde davon ausgegangen, dass durch Grenzüberschreitungen auch die Differenzierung an sich geschwächt oder infrage gestellt wird. Es könne laut Boellstorff aber durchaus auch eine Stärkung dieser Unterscheidungen, die durch die Grenzen markiert werden, bedeuten. Zudem sei die Produktion von Virtuellem auch jenseits der kybernetischen Welten in Literatur, Film, usw. üblich: „Virtual worlds reconfigure selfhood and sociality, but this is only possible because they rework the virtuality that characterizes human being in real world" (Boellstorff 2008: 29).

Unter (b) rücken die Informationsinfrastrukturen in den Blick, welche die Figur mit spezifischen, telematischen Interaktionsoptionen ausstattet. Avatare sind über ihre technische Materialität hinaus sowohl ein soziales als auch ein kommunikatives Konstrukt, eine auf Interaktionen ausgerichtete Selbstpräsentation, die wie im faktischen Leben nur mit den Dimensionen an Identität in Übereinstimmung zu bringen ist, die tatsächlich auch coram publicam gezeigt werden sollen (Goffman 1959). Es ist der Nutzer, der mit der telematischen Kommunikationsinfrastruktur des Avatars neue Handlungsmöglichkeiten erhält, seine Relation zu diesem definiert und ihn gemäß Nutzen und Intention einsetzt. Der Avatar ist in diesem Sinne zunächst und zuallererst eine Mitteilung darüber, als was und wie ein Nutzer angesprochen werden möchte: Ob als weibliches oder männliches Wesen, als exotische Gestalt oder Normalo, als Cyborg oder menschlich-tierisches Mischwesen, als Tänzerin oder Folterknecht. Fast jede Variation ist denkbar und meist auch ohne vertieftes informationstechnisches Wissen leicht herzustellen. Was das mit der tatsächlichen Identität des Nutzers zu tun hat, ist, wie oben schon erwähnt, ähnlich intransparent wie in faktischen Interaktionen mit nur flüchtig bekannten Personen und insofern auch nur bedingt relevant.

Avatare und die virtuellen Umgebungen, in die sie sich begeben oder die ein Nutzer sich selbst schafft, liefern vielfältige metakommunikative Hinweise im Sinne des Interaktionsforschers Erving Goffman, entscheidende Hinweise also darauf, wie Interaktionssituationen und -angebote zu verstehen sind. Laut Goffman (1974) wird eine Situation in Erfahrungsschemata eingeordnet, um sie verstehen und deuten zu können sowie sich in ihr zurecht zu finden. Die Situation wird somit in einem bestimmten Rahmen wahrgenommen und erhält vor diesem Hintergrund einen Sinn, ist demnach nicht an sich sinnvoll, sondern nur im Rahmen eines bereits bestehenden Wissensvorrats. Situationen erfordern immer eine gewisse Interpretationsleistung, auch wenn diese dem Einzelnen nicht bewusst sein muss. Auch schaffen diejenigen, die sich in der Situation befinden, normalerweise nicht deren Definition, sie stellen „lediglich ganz richtig fest, was für sie die Situation sein sollte, und verhalten sich entsprechend" (Goffman 1980: 9). Trotz dieser unter Umständen individuell verschiedenen Vorstellungen und Situationsdefinitionen geht Goffman davon aus, dass es etwas wie ein gemeinsames Vorstellungssystem innerhalb einer Kultur gibt. Typisierungen und Rollenübernahmen, situative Kontexte, Aufmerksamkeitsfokusse und Intentionen lassen sich so unabhängig von Erklärungen rasch nonverbal herstellen, so dass über solche metakommunikativen Hinweise bereits ein Rahmen signalisiert wird, in dem Mitteilungen zu interpretieren sind.

Der Avatar ist so als eine *Realfigur der Wahrnehmung* zu verstehen. Er stellt Muster und Schemata für die Interaktion zur Verfügung, macht Handlungsabsichten und -verläufe erwartbar (Faßler 2008: 285). Er erhöht damit die Transparenz medialer Interaktionen, die aufgrund der fehlenden visuellen und nonverbalen Kommunikationsmöglichkeiten häufig erhöhter Kontingenz somit auch größeren Spielräumen für Interpretationen und Missverständnisse unterworfen sind. So gesehen schaffen Avatare Transparenz in virtuellen Kommunikationsumgebungen. Zugleich fungiert der Avatar als *Virtualfigur der Wahrnehmung*, die hochgradig deutbar und flexibel zur Projektionsfläche ganz verschiedener Imaginationen und Wunschvorstellungen wird (Faßler 2008: 285). Betrachtet man die Figuren, die sich durch Second Life bewegen, stechen die sexualisierende Betonung von Geschlechtsmerkmalen bei fast allen Avataren, die martialische Inszenierung von Maschinenmenschen oder auch die hyperkreativen Kostümierungen aus Fantasy-Welten sofort ins Auge. Überhaupt zieht sich die ästhetisierende Überhöhung idealtypischer Formen durchgängig durch die Darstellung verschiedenster Lebensstile und sozialer Gruppen im virtuellen Raum. Die telematischen Cyborgs werden so als Projektionen auf der Suche nach Erfahrungen deutlich, die man im faktischen Leben nicht machen kann oder machen will. In diesem Sinne weisen sie über die alltäglichen Zusammenhänge hinaus.

Schließlich sind auch die unter (c) angesprochenen Aufforderungen in die Betrachtung einzuschließen, die im Design des Objekts darauf angelegt sind, Handeln zu evozieren, also soziale und biologische Programme der Informationsverarbeitung anzustoßen. Dies stellt eine zentrale Dimension aller Informationen dar, die uns über Bildschirmmedien erreichen und wesentlich an visuelle Kommunikationskanäle appellieren. In die Räume eingeschriebene metakommunikative Hinweise informieren über den Rahmen (Goffman 1974), in dem Aktionen hier verortet werden sollen bzw. müssen und darüber, wie Avatare durch ihr Äußeres informieren als was, worauf, ob überhaupt und auch wie sie angesprochen werden wollen. Ein düsteres Ambiente in der Gothic- und anderen Underground-Szenen, gepaart mit den düsteren Outfits der dort anzutreffenden Figuren, ist häufig schon Kommunikation genug und macht weitere Worte ggf. überflüssig.

5 Resümierendes zur (In-) Transparenz telematischer Figuren

Avatare und virtuelle Räume mit ihren spezifischen Interaktionsofferten und Interaktibilitäten sind heute und werden in Zukunft wohl noch weitaus häufiger zum Ausgangspunkt virtueller Vergemeinschaftung (Utz 2008). Die Frage nach der Transparenz, die überdies auch die Vertrauenswürdigkeit solcher telematischen Figuren anspricht, ist in diesem Sinne keine hypothetische. Sie ist derzeit wohl für einen eher kleinen Kreis der Computernutzer relevant, die sich in solchen virtuellen Gemeinschaften bewegen. Die wachsende Zahl an avatarbasierten Konferenztools einerseits und Studien, die die erhöhte Wirksamkeit mediierter interpersonaler Kommunikation via Avatar belegen, andererseits (Bente et al. 2008) deuten darauf hin, dass dieser Modus in nicht allzu ferner Zukunft in einigen Bereichen ein relevantes Phänomen werden wird.

Wenn man die vorhergegangenen Gedanken zur (In-) Transparenz von Avataren resümierend zusammenfasst, so mögen manche Diskussionen um die Vertrauenswürdigkeit solcher Gestalten verwundern. Die Avatare, das ist unbestreitbar, sind an vielen Stellen intransparent. So ist etwa unklar, wer ihr Nutzer ist, wie sich die Figur des Avatars zu dessen faktischen Identität verhält und ob diese zum Zweck einer Täuschung ins virtuelle Leben gerufen wurde. Dies allerdings ist ein Problem, das sich im faktischen Leben ganz ähnlich darstellt. So analysiert etwa der Interaktionsforscher Erving Goffman (1974) Täuschungen im Rahmen der Betrachtung von Interaktionen als Inszenierung des Selbst sowie sozialer Situationen als Bühnen dieser Inszenierungen. Er beschreibt diese als Bemühungen eines oder mehrerer Menschen, das Handeln so zu lenken, dass einer oder mehrere andere zu einer falschen Vorstellung von dem gebracht werden, was vor sich geht. In diesem Fall sind nicht alle Beteiligten in das Geschehen eingeweiht, es gibt somit also Täuscher und Getäuschte, die sich hinsichtlich ihres Rahmen-wissens unterscheiden. Wie verlässlich eine Person im faktischen Leben diejenige ist, die sie vorgibt zu sein, lässt sich hier erst durch intensives Kennenlernen, aufgrund institutioneller Einbindungen oder durch Nachforschungen einschätzen – ein Aufwand, den man in virtuellen Umgebungen kaum treiben mag. Darüber hinaus sind auch im faktischen Leben (Ent-) Täuschungen nicht unvermeidlich. Heimliche, über lange Jahre ihre Praktiken vertuschende Betrüger, Heiratsschwindler und Manipulateure sind auch hier erfolgreich.

Bezieht man sich primär auf die Möglichkeiten der Verständigung, die mit dem Avatar und den virtuellen Umgebungen entstehen, so sind diese als verbessert gegenüber bisherigen textlastigen digitalen Interaktionsformen zu sehen. Die Integration von metakommunikativen Hinweisen und nonverbalen Kanälen helfen, die stets gegenüber der direkten Face-to-face-Interaktion erhöhten Kontingenzen telematischer Kommunikation zu reduzieren. Potenziell erhöht sich so die Transparenz in der virtuellen Kommunikation. Das Verständnis des Avatars als technische Infrastruktur ermöglicht darüber hinaus, diesen – jenseits von evokativen Identitätsvermutungen des Nutzers – auch als ein spezifisches Kommunikationsmedium (im Verbreitungsmedium Internet) mit spezifischen Interaktionsmöglichkeiten und -begrenzungen zu analysieren. Allerdings ist dieses Kommunikationsmedium nicht durchgängig kalkulierbar, da es in hohem Maße interaktiv mit den jeweiligen virtuellen Plattformen verbunden ist, auf denen es sich bewegt. Darüber hinaus kann es auf diesen Plattformen zu datentechnischen Manipulationen kommen, die vom Nutzer nicht mehr gesteuert werden können. Auch die unvermutete Steuerung eines Avatars über eine Software statt über einen Nutzer ist nicht unbedingt offensichtlich und wird häufig erst aufgrund von Präzision und Geschwindigkeit der Handlungen des Avatars vermutbar. Offen liegende Quellcodes von virtuellen Umgebungen und telematischen Figuren machen in diesem Sinne beides möglich: Die bessere Nachvollziehbarkeit ihrer Funktionsweise sowie die aktive Herstellung täuschender Manipulationen. Diese erhöhte technische Komplexität des Avatars macht ihn zu einem quartären Medium im (erweiterten) Sinne von Pross.

Die Skepsis gegenüber dem Avatar als Kommunikationsinfrastruktur scheint also nicht unwesentlich mit seiner visuellen – häufig zugleich fantasievollen und anregenden – Gestaltbarkeit und dem Unwissen über seine technische Funktionsweise als Kommunikationsinfrastruktur zusammen zu hängen. Die (In-) Transparenz des Avatars unterscheidet sich in kommunikativer Hinsicht in vielen Aspekten nur unwesentlich von der, die auch in Face-to-face-Interaktionen gegeben ist. Der Mythos der Lara Croft wird so, mit dem zunehmenden Aufgreifen von Avataren für Kommunikation in professionellen Kontexten, sicher abnehmen.

Literatur

Bailenson, Jeremy N. et al. (2008): Transformed Social Interaction in Mediated Interpersonal Communication, in: Elly A. Konijn/Sonja Utz/Martin Tanis/Susan B. Barnes (Hrsg.): *Mediated Interpersonal Communication*, New York: Routledge, 77-99.

Bente, Gary/Krämer, Nicole C./Eschenburg, Felix (2008): Is There Anybody out There? Analyzing the Effects of Embodiment and Nonverbal Behaviour in Avatar Mediated Communication, in: Elly A. Konijn/Sonja Utz/Martin Tanis/Susan B. Barnes (Hrsg.): *Mediated Interpersonal Communication*, New York: Routledge, 131-157.

Boellstorff, Tom (2008): *Coming of Age in Second Life. An Anthropologist Explores the Virtually Human*, Princeton/Oxford: Princeton University Press.

Braun-Thürmann, Holger (2004): Agenten im Cyberspace: Soziologische Theorieperspektiven auf die Interaktionen virtueller Kreaturen, in: Udo Thiedeke (Hrsg.): *Soziologie des Cyberspace. Medien, Strukturen, Semantiken*, Wiesbaden: VS Verlag, 70-96.

Faßler, Manfred (1997): *Was ist Kommunikation?*, München: Fink.

Faßler, Manfred (2008): *Der infogene Mensch. Entwurf einer Anthropologie*, München: Fink.

Geser, Hans (2007): Me, my Self and my Avatar. Some Microsociological Reflections on „Second Life", in: *Sociology in Switzerland: Towards Cybersociety and Vireal Social Relations*, Online Publikationen, http://socio.ch/intcom/t_hgeser17.pdf (Abruf 29.02.2008).

Goffman, Erving (1959): *The Presentation of Self in Everyday Life*, Garden City/New York: Doubleday.

Goffman, Erving (1967): *Interaction Ritual*, New York: Pantheon.

Goffman, Erving (1974): *Frame Analysis: An Essay on the Organization of Experience*, London: Harper and Row.

Helmreich, Stefan (2004): The Word for World is Computer: Simulating Second Natures in Artificial Life, in: Norton Wise (Hrsg.): *Growing Explanations: Historical Perspectives on the Sciences of Complexity*, Durham, NC: Duke University Press, 275-300.

Kocher, Mela (2007): *Folge dem Pixelkaninchen. Ästhetik und Narrativität digitaler Spiele*, Zürich: Chronos.

Latour, Bruno Ed. (2005): *Reassembling the Social*, Oxford: Oxford University Press.

Neuberger, Christoph (2007): Interaktivität, Interaktion, Internet. Eine Begriffsanalyse, in: *Publizistik* 52 (1), 33-50.

Pross, Harry (1972): *Medienforschung*, Darmstadt: Habel.

Schelhowe, Heidi (1997): *Das Medium aus der Maschine: zur Metamorphose des Computers*, Frankfurt am Main u.a.: Campus-Verlag.

Utz, Sonja (2008): Social Identification with Virtual Communities, in: Elly A. Konijn/Sonja Utz/Martin Tanis/Susan B. Barnes (Hrsg.): *Mediated Interpersonal Communication*, New York: Routledge, 252-270.

Einführung: Politik und Transparenz

Cornelia Wallner

Transparenz findet sich als vielschichtiges Phänomen im politischen Bereich. So diskutieren die folgenden acht Beiträge Fragen der Technologiepolitik, des E-Governments sowie der Demokratie und Korruption.

Piotr Sztompka diskutiert Vorraussetzungen für eine funktionierende Demokratie. Neben institutionellen Voraussetzungen kommt dabei insbesondere dem Vertrauen eine entscheidende Rolle zu. Aus demokratiepolitischen Überlegungen leitet der Autor das Fazit ab: Demokratie bedarf sowohl des Vertrauens als auch des Misstrauens, denn das Vertrauen der Zivilgesellschaft in die demokratische Politik kann nur dann eingefordert werden, wenn es institutionalisiertes Misstrauen gibt.

Über das Feld der Technologiepolitik näher sich **Klaus Kornwachs** der Thematik. Er befasst sich mit der Frage der Transparenz von Technik für Hersteller, Nutzer und Entsorger. Nutzer von technischen Systemen benötigen tiefe Einblicke in die Technik, allerdings ist vollständige Transparenz nicht möglich, denn ab einer bestimmten Komplexität ist die Undurchschaubarkeit der Technik zwangsläufig gegeben. Entsorger benötigen die erforderlichen Informationen, um zu wissen, wie Strukturen gefahrlos abgebaut werden können. Notwendig wird Transparenz in der Technik, wenn man nicht bloß Bediener von Technik sein will. Auch Techniker verstehen Geräte oftmals nur noch auf Modellebene. Daraus resultiert das „Elend der Technikfolgenabschätzung". Um Transparenz zu erreichen, fordert der Autor bessere Aufklärung über die Vereinfachung technischer Systeme und Offenlegung von Zusammenhängen durch Hersteller und Betreiber. „Es geht nicht so sehr darum, wie man Technik transparent machen kann, sondern darum, dass wir sie transparent gestalten müssen, um verantwortlich mit ihr umgehen zu können", so die Schlussfolgerung.

Auch **Armin Grunwald** befasst sich mit der Technikfolgenabschätzung und den sich daraus ergebenden Forderungen nach Transparenz. Technikfolgenabschätzung soll helfen, künftige Technikfolgen rechtzeitig zu erkennen, negative oder erwünschte Folgen durch politische Steuerungsmaßnahmen zu verhindern bzw. zu fördern. Transparenz wird notwendig aufgrund der Komplexität zwischen wissenschaftlich-technischen Entwicklungen, Innovationspotenzialen,

Traditions- und Konsumverhalten, Lifestyle und Kultur sowie politischen Entscheidungen. Die Erwartung, werturteilsfreies Wissen – Wissenschaft (Fakten) und Politik (Werte) – bereitzustellen, hat sich als nicht einlösbar erwiesen, denn das Wissen lässt sich von den Werten nicht trennen. Letztere den Entscheidungsträgern wie Politik oder Gesellschaft zu überlassen, ist daher nicht möglich, so der Autor. Eine weitere Notwendigkeit für die Transparenz der Technikfolgenabschätzung sieht Grunwald in der wissenschaftlichen Unabhängigkeit. Diese ist zwar vorgegeben, aber in der Realisierung oft äußerst schwierig. Technikfolgenabschätzung sollte *transparent, nachvollziehbar und nachprüfbar* sein. Der Realisierung dieser Transparenz sind allerdings in der Praxis Grenzen gesetzt.

Der Herstellung von Transparenz gewidmet ist die NPO *Transparency International*, die 1993 von Vertretern der Weltbank und des Internationalen Währungsfonds gegründet wurde. **Dirk Tänzler** diskutiert die Entstehung, Funktionsweise und Rolle von Transparency International, deren Ziel sich in den Mitteln spiegeln soll. Sie will selbst Vorbild sein: Transparenz statt Korruption. Transparenz ist ein Grundprinzip politischen und ökonomischen Denkens. Es geht aber nicht nur um „good governance", sondern auch um die Legitimität ihres Handelns. Transparency International hat keine „künstliche" Legitimität durch Wahl oder Mandat oder „natürliche" durch Eigentumsrechte, sondern beruht nur auf gesinnungsethischem Engagement. Es ist ein Moralunternehmen, das ein „new common good" produziert, für das eine Nachfrage in der Öffentlichkeit gesucht und gefunden werden muss. Transparency International selbst befindet sich in einem grundlegenden Wandlungsprozess in der Organisationsstruktur, im Organisationswandel und im Elitenwechsel. Die zivilgesellschaftliche Moralinstitution wandelt sich in eine Agentur für Politikberatung, denn letztlich können NGOs Ansprüche formulieren und Dienstleistungen entwickeln, aber nicht legitimieren. Das muss die demokratische Politik leisten.

Tero Erkkilä befasst sich mit neuen Strategien des Regierens und der Relevanz des Informationszuganges. Formen der New Governance diskutiert der Autor am Beispiel Finnlands und zeigt dabei, wie politische Innovationen vor sich gehen und innovative Informationspolitik gestaltet werden kann. Anhand der Entwicklung von „Publizität" hin zu Transparenz vollzieht sich dabei auch ein Wandel von Politik hin zu Ökonomie, womit sich auch die Verantwortlichkeiten des politischen Systems wandeln.

Als geeignete *Methode* zur Erreichung von Transparenz in der Politik wird zumeist E-Government genannt. **Andreas Schmidt** sieht in E-Government ein Mittel sowohl zur Herstellung von Transparenz als auch zur Korruptionsbekämpfung. Der Autor stellt drei Ansätze vor, die zeigen, wie durch die Schaffung von Transparenz Korruption vorgebeugt und bekämpft werden kann: IDEMA ist ein Internetdienst für eine „moderne Amtssprache" und soll durch eine Verbesserung des Textverständnisses rechtliche Zusammenhänge transparenter und Entscheidungen besser nachvollziehbar machen. Durch die Einreichung eines Anti-Korruptionsbeauftragten soll Transparenz gewährleistet werden. Und schließlich kann der Einsatz eines Ombudsmannes für Korruptionsbekämpfung sinnvoll sein. Diese Maßnahmen zur Schaffung erhöhter Transparenz können die Bürger mobilisieren und motivieren, sich mit politischen oder rechtlichen Entscheidungen auseinander zu setzen und stellen einen wichtigen Faktor zur Korruptionsbekämpfung dar.

Jörn von Lucke setzt sich mit den Potenzialen von Transparenz für Regierung und Verwaltung auseinander, begründet den Leitgedanken „Transparenz 2.0" und zeigt aktuelle Entwicklungen und erste Umsetzungen für die T-City Friedrichshafen auf. Über Umfang und Grenzen der Transparenz gibt es unterschiedliche Auffassungen. Zu große Offenheit könnte die Sicherheit und den Schutz der Bevölkerung gefährden. Für demokratische Systeme gilt Transparenz als Systembestandteil und dient als Waffe gegen Korruption und Machtmissbrauch. Diktatorische Systeme bevorzugen Intransparenz. Transparenz durch E-Government ist dabei eine Vision der Verwaltungsinformatik, um Vorgänge und Entscheidungen besser nachvollziehbar zu machen und damit Korruption zu erschweren. Von Lucke berichtet über die erhebliche Steigerung der Transparenz im amerikanischen Staat und in der Verwaltung durch das von Barak Obama am Tag seiner Amtseinführung verkündete Memorandum „Transparency and Open Government" und über weitere vorbildhafte Umsetzungen von „Transparenz 2.0" an einigen weltweit herausgegriffenen Beispielen. Letztendlich werden die verantwortlichen Entscheidungsträger in Politik und Verwaltung darüber beschließen, ob, in welcher Form und in welchem Umfang Transparenz gewünscht und realisiert wird, so die Schlussfolgerung.

Über die Transparenz des Handelns schließlich schreibt **Steve Fuller** und diskutiert die Frage, wie transparent die Ziele des Handelns sowie die Mittel und Handlungsweisen sind. Ziele und Mittel hängen dabei zusammen, die Informationen über das eine stehen in Interdependenz mit der Interpretation des anderen. Ein gemeinsamer Bezugspunkt im sozialen Handeln ist ausschlaggebend dafür, dass Individuen erkennen, dass sie hinsichtlich desselben Ziels handeln, so der Autor. Somit beinhaltet die Transparenz des Ziels ein vergemeinschaftendes Element, auch wenn die Mittel zur Zielerreichung zwischen den Individuen variieren.

Does Democracy Need Trust, or Distrust, or Both?

Piotr Sztompka

There is a spreading concern about the failures, ungovernability, 'democratic deficit' of some democratic regimes, about pathologies, political scandals and corruption. This occurs both in the old, established democracies and the new emerging democracies.

In attempts at explanation there is a turn toward soft, cultural and mental factors: social moods, collective mentalities, national character, 'habits of the heart' (Tocqueville 2008; Bellah 1986, 1991). One of the crucial variables of this sort is trust. This will be my focus in this article.

The supposition that there is some link between trust and democracy is supported by two kinds of empirical evidence. First, by the comparative survey studies (World Value Survey, Eurobarometer and the like), which, following the research traditions of Alex Inkeles (1991, 1996) or Ronald Inglehart (1983, 1998), show that democratic countries are consistently high on measures of trust, whereas non-democratic countries are low, and more specifically that the countries where by several independent measures democracy is functioning better and for longer historical periods are consistently higher on measures of trust than countries with faltering or young democracy. The second empirical resource comes from case studies of democracies in periods of crisis, which show the dramatic erosion and decay of trust. I have had my personal laboratory in Poland, during the two years 2005-2007, when the rule of demagogic, populist, nationalist, provincial and xenophobic parties visibly abusing democracy, led to the unprecedented collapse of trust (Sztompka 2008).

Such are the empirical facts, but concerning the character of this link between trust and democracy there are two opposite schools. The first claims that democracy flourishes in the culture of trust coupled with citizens' participation, and decays when trust is missing. The civic side of democracy and the imperative of robust civil society has been emphasized by the so-called republican tradition from Tocqueville to Bellah or Putnam (Tocqueville 2008; Bellah 1986; 1991; Putnam 1993; Dogan 2006). The second school makes the opposite claim: Democracy needs the culture of scepticism and delegation of public functions. It covers centuries from Demosthenes, through Madison to Vivien Hart (1978), and Cleary and Stokes (2006). The debate is in simplistic 'either/or terms'. Whereas, as I will argue, democracy needs both: trust and distrust, but on different levels of political and public life.

Let us consider the ideal type, or in other words the theoretical model of democracy. There are two core components of the model: the civil society and the democratic constitution. On the civic side democracy focuses on the human factor, the endowment of the actors, which constitutes the agential potential of democracy. This is emphasized in Lincoln's classical definition: 'rule of the people, by the people, for the people'. The rationale for democracy is to empower the human agency, to mobilize talents, skills, initiative, and knowledge of the widest masses of citizens. Thus in democracy citizens are expected to embody civic virtues: activism, participation, self-organizing, caring for public issues, awareness and concern for the common good, cooperation.

For such virtues to develop and find conducive arena for manifestation, two circumstances must obtain. People have to feel free and motivated to initiate cooperative interactions with others. The *conditio sine qua non* for that is trust in others with whom they enter associations and cooperative networks: the horizontal, personal trust. But the second condition is facilities and opportunities for effective activism, guaranteeing that initiative and efforts, activism and participation, cooperation and pooling resources will not be in vain. For that, the *conditio sine qua non* is again trust, but this time trust in institutions: the vertical, institutional trust.

On the institutional side democracy means a specific architecture of laws: a democratic constitution, democratic political structure, a solid legal framework providing procedures and accepted channels for action. All this provides the structural potential of democracy. The main premise underlying the construction of democratic architecture is that neither citizens nor politicians are angels, and therefore not all of them will willingly follow democratic rules and procedures. As James Madison put it in a prophetic mood: "Enlightened statesmen will not always be at the helm. (...) Men of factious tempers, of local prejudices, or of sinister designs, may by intrigue, by corruption or by other means, first obtain the suffrages, and then betray the interests of the people" (quoted in Cleary and Stokes 2006). Thus in the democratic legal, constitutional framework there must be inbuilt safeguards, safety valves against potential abuses or misuses of democracy. Thus some measure of distrust must be institutionalized, 'just in case'.

There are ten structural principles of democracy in which distrust is assumed, either explicitly or implicitly. The first one is the principle of legitimacy and majority rule. Democracy requires justification, like all power, which *per se*, in its naked form, is seen as suspect. It is only Weberian 'authority' as opposed to sheer power or coercion that counts in democracy. And it is only when the authority is shown to emanate from the majority will, via elections, and when the elected representatives realize the common interests of the electorate ('the common good'), that the rulers are recognized as legitimate. But just in case, there are the institutions of civil disobedience or revocation of representatives, the corrective in case of the breach of trust.

The second principle emphasizes periodic elections and limited terms of office. This indicates distrust in the willingness of the rulers to surrender their power voluntarily and to subject their power to periodic scrutiny. The tendency to petrify power is institutionally prevented by the mechanisms of the turnover of power.

The third principle is the recognition of opposition. As 'power corrupts', there must be observers close enough and motivated enough to see pathological tendencies. The recognized existence of opposition contesting for power guarantees the careful critical monitoring and unraveling of the misuses or abuses of power.

The principle number four is the division of powers, curbed competences and checks and balances between segments of institutional democratic machinery. This clearly implies the suspicion that institutions will tend to expand, monopolize decisions, and abuse their powers. And as a preventive measure the mutual controls are introduced among branches of government – legislature, executive and judiciary – as well as between different institutions, and state agencies.

The fifth principle is the rule of law and independence of the courts. This implies distrust in the spontaneous good will of the citizens and institutions alike. To prevent arbitrariness, abuses, and deviance, all agents must be subjected to the common, universally binding framework of law. Various safeguards of the autonomy of courts are intended to guarantee that the laws will be impartially enforced, in the spirit of universalistic criteria.

The sixth is the principle of constitutionalism and judicial review. It implies distrust in the integrity of the legislative bodies which may be tempted to bend or to change the law in line with particularistic, partisan or factional interests. Hence the 'basic law' is needed and autonomous constitutional courts must enforce its precepts.

The seventh is the principle of due process. Some measure of distrust is extended even to the law – enforcing or arbitrating institutions themselves. Hence the need for the institution of appeal, and sometimes multi-level appeal procedure before a ruling becomes valid and final.

The eighth is the principle of civic rights. This implies that citizens may be subjected to abuse by the authorities. To prevent this, civic rights are enumerated in the constitution, the office of the ombudsman is created to protect the citizens and enforce their rights, and the law provides the possibility of suits against state institutions, and even of suing the state as such before international tribunals.

The ninth is the principle of law enforcement. This implies the reverse of the former, namely that some citizens may not fulfill their obligations toward the state, disobey or evade laws. Hence the establishment of institutions and roles such as tax collectors, police, public prosecutors, border guards, customs controllers to prevent and sanction disobedience.

Finally, the tenth principle of democracy emphasizes open and free communication. This is needed because not all institutions or their incumbents can be trusted to be truthful, open to argumentation, willing to recognize adverse opinions. They may try to influence the flow of information and restrict public debate. The existence of the 'fourth power', pluralistic and autonomous media, provides a powerful check against any forms of censorship, official biases and prejudices.

Notice that the distrust embedded in all ten principles is not specific, it is not the result of some concrete *a priori* calculation, or evaluating *ex post* some case of breached trust. Rather it is diffused, generalized. It relates to potentialities, to anticipated, possible breaches of trust. Hence it can be said that the democratic constitutions institutionalize the culture of defensive, prudent distrust or scepticism. This aspect of democracy is emphasized by the procedural model, from Locke to Dworkin (2006).

The embeddedness of institutionalized distrust in democratic constitutions does not imply that it spreads to the level of civil society. Just the reverse. Institutionalized distrust, i.e., the culture of prudent scepticism, breeds civic trust, engenders and enhances the culture of trust. How come?

This beneficial effect is reached due to the potential accountability of both rulers and ruled. Citizens feel more secure in trusting politicians, when the latter are accountable, i.e., potentially monitored, controlled, checked by independent institutions, by other branches of power, judicial review, and independent media. Citizens do not need to keep a constant watch on politicians, when they know that there are institutions ready to do this, and do it better than common people who lack the necessary information, competence and expertise. Politicians, on the other hand, feel secure in trusting citizens, when the citizens are also accountable: potentially monitored, controlled, enforced.

There is one condition for this mechanism to operate: The potential accountability must actually be implemented sparingly. Let us look at two extreme cases. The first obtains, when the institutions of accountability do not intervene, are inactive even in the face of salient, widely reported abuses and breaches of trust. Then the citizens lose subsidiary trust in such institutions and hence the culture of trust is undermined. But see also the opposite case, when such institutions of accountability intervene too often (a constitutional court questions every legislation, parliamentary investigative commissions are formed repeatedly, the president vetoes all bills). This signals to the citizens that something is wrong on the level of politics, and this also destroys the culture of trust.

Thus there is some threshold, some middle optimum level of sparse, but visible actions by the institutions of accountability. Such actions send a double message to the citizens, eventually strengthening the culture of trust: firstly, that such institutions are vigilant and operating, if needed. And secondly, that they are apparently not often needed, which means that pathology is marginal and trust is in principle founded and justified.

Thus in the model of democracy institutionalized, prudent, defensive distrust encourages trust on the level of civil society. The distrust culture inbuilt into democratic institutions breeds a trust culture spreading among the citizens (Sztompka 1998, 1999).

This was the ideal type or model of democracy. Now we have to get down to the realities of democracy, for all ten principles may be stretched or abandoned. And the empirical cases are easy to find. From time to time, here and there one or more faults of democracy reveal themselves: Legitimacy of power is fragile, offices are petrified, opposition harassed, branches of power mutually dependent, double standards emerge in the laws and law enforcement, constitution is interpreted arbitrarily and opportunistically, due process is not observed, civic rights are only declarative and not implemented, administration of justice is slow and selective, media are politically influenced. Malfunctioning, faltering democracy produces alienation, decay of trust and its replacement by pervasive distrust, the culture of cynicism (Sztompka 2008).

This occurs in two steps. First, the departures from standards of democracy clearly indicate to the citizens that the government is not monitored nor controlled, that the institutionalized mechanisms of accountability do not operate. The logic linking accountability with trust is undermined and the culture of trust erodes. Second, instead of relying on the institutions of accountability, worried people take things in their hands and try to arrive at personal evaluations, calculations, and estimates of trustworthiness or untrustworthiness of those in power. But they lack the access, information and expertise to do it directly. Thus they have to rely on the media. But the inherent logic of the media is to overemphasize the dark sides of life: scandals, corruption, dishonesty, abuses of power. In effect, people fall into a 'moral panic' and generalize singular cases into the belief that there is a total crisis of morality and nobody can be trusted. The disappointment with politics leads to alienation from the public sphere. In such conditions people withdraw vertical trust in the institutions and actors in power. Eventually, the culture of distrust and cynicism spreads widely.

In the vacuum of lacking moral standards, in the conditions of 'anomie', to use a Durkheimian term, the functional substitutes for lost trust emerge. Four of them are typical. First, the privatization of trust, withdrawal from the public sphere and the escape towards private, horizontal trust in intimate, close relations with the people we know intimately. The social capital is pervaded by exclusive loyalties and not bridging ties, bonds of self-centered interests, circles of 'connections', *blat* (as the Russians call it) for illicit profits and enrichment. Edward Banfield, studying South Italy, proposed a term for that: 'amoral familism' (Banfield 1958). The second functional substitute is ghettoization, the tendency to build walls around communities of those whom we know personally and hence can trust (local communities in neighborhoods, occupational communities at work, religious communities in sects, life-style communities in countercultures). The third response is the externalization of trust: directing expectations to foreign support and help, or seeking more security and prosperity through emigration to foreign countries. The fourth functional substitute is corruption and patronage, buying security and certainty of favors or help from others, when they cannot be provided by trust.

The erosion of trust and the emergence of a culture of distrust (cynicism) constrains participation, activism, and initiative. People lose interest in politics, do not take part in elections, do not debate in public, do not intervene against pathologies. The crisis of the institutions of democracy and their functioning is now coupled with the crisis of civil society. Without a robust civil society, democracy is empty. Without functioning democracy, civil society is helpless. The vicious circle is put into operation: Without trust democracy falters, with faltering democracy trust decays even more.

In this seemingly hopeless situation there is one remaining safeguard, one mechanism of democracy able to break and reverse the vicious circle, the ultimate corrective: the democratic elections. For this mechanism to operate two conditions must be fulfilled: people must be willing to vote and they must know whom to vote for in order to repair democratic mechanism and rebuild trust. They must be able to distinguish pro-democratic and anti-democratic forces, movements or parties.

In other words, as the first precondition civil society must be mobilized in opposition against current incumbents. This unfortunately occurs only if the crisis is fully manifest and trust reaches the bottom. And as the second precondition, the capacity of discernment must be acquired by the citizens. It was James Madison who already emphasized "the wisdom to best discern the true interests of the country". This capacity is necessary for founded, informed trust. And it prevents two pathologies of trust: both the naïve, blind trust, when populist demagogues get the votes, and the paranoid, obsessive distrust, which does not allow making any informed choice.

Thus through a long and roundabout route we have arrived at two conclusions. The first conclusion is that for the full implementation of the potential of democracy two factors are ultimately most significant. For the structural potential of democracy: the institutionalization and proper operation of accountability, and institutional vigilance. For the agential potential of democracy: the capacity of discernment among the citizens, and the mobilized citizens' vigilance. This is clearly correlated with the level of education. As the scholarization indexes consistently rise in most democratic societies, there is a chance of the evolution of democracy toward the new, more advanced forms: away from delegation toward participation, and from representative democracy toward discursive, deliberative, or dialogical democracy involving citizens more directly. Democracy is ultimately for educated people, enlightened citizens. The more educated the citizens, the more chances for the culture of trust.

And the second conclusion states that democracy needs both trust and distrust; it needs spontaneous trust, the culture of trust in the civil society, safeguarded by institutionalized distrust or scepticism in the domain of politics and public life.

The initial controversy of the two schools, linking democracy either with trust or with distrust, has been shown to be misleading. In fact neither is entirely right. We have argued that the middle-of-the road position is more correct: namely that democracy needs both the culture of trust and the culture of distrust – but at different levels of social life. The culture of trust at the level of civil society, and the culture of distrust embedded in the institutions of government. These cultures do not contradict each other, but are mutually supportive, bound in a dialectical relationship.

References

Banfield, Edward (1958): *The Moral Basis of a Backward Society*, Glencoe: Free Press.

Bellah, Robert et al. (1986): *Habits of the Heart: Individualism and Commitment in American Life*, New York: Harper&Row.

Bellah, Robert et al. (1991): *The Good Society*, New York: Knopf.

Cleary, Matthew/Stokes, Susan (2006): *Democracy and the Culture of Scepticism*, New York: Russell Sage Foundation.

Dogan, Mattei (2006): *Political Mistrust and Discrediting of Politicians*, The Hague: Brill.

Dworkin, Ronald (2006): *Is Democracy Possible Here: The Principles for a New Political Debate*, Princeton: Princeton University Press.

Hart, Vivien (1978): *Distrust and Democracy: Political Distrust in Britain and America*, Cambridge: Cambridge University Press.

Inglehart, Ronald et al. (1983): *Trust in the European Community*, Ann Arbor: Interuniversity Consortium for Political and Social Research.

Inglehart, Ronald et al. (1998): *Human Values and Beliefs: A Cross-Cultural Sourcebook*, Ann Arbor: University of Michigan Press.

Inkeles, Alex (1991): *On Measuring Democracy: Its Consequences and Concomitants*, New Brunswick: Transaction Publishers.

Inkeles, Alex/Sasaki, Masamichi (eds.) (1996): *Comparing Nations and Cultures*, Englewood Cliffs: Prentice Hall.

Putnam, Robert (1993): *Making Democracy Work: Civic Traditions in Modern Italy*, Princeton: Princeton University Press.

Sztompka, Piotr (1998): Trust, distrust and two paradoxes of democracy, in: *European Journal of Social Theory* 1, 37-62.

Sztompka, Piotr (1999): *Trust: a Sociological Theory*, Cambridge: Cambridge University Press.

Sztompka, Piotr (2008): *The Ambivalence of Social Change in Post-Communist Societies*, Stockholm: Södertorn Lectures No. 1.

Tocqueville, Alexis de (2008): *De la democratie en Amerique. Democracy in America*, bilingual edition, ed. by Eduardo Nolla, Indianopolis: Liberty Fund.

Transparenz in der Technik

Klaus Kornwachs

1 Wenn Technik undurchsichtig wird

Moderne Technik wird *prima facie* selbst für Fachleute vielfach als „großes System" erlebt, das komplex, unbeherrschbar und undurchsichtig erscheint. Die Fülle technischer Information kann kein Mensch bewältigen, ein Ausdruck des *user manuals* des Airbus würde bei normalem Papier das Gewicht des Flugzeugs selbst übersteigen.[1] Kleinste Geräte, wie der I-Pot oder das Handy haben schier unendliche Einstellmöglichkeiten, die ausführlichen Bedienungsanleitungen würden stundenlange Lektüre erfordern, und niemand außer Experten kann erklären, wie ein solches Gerät in allen Details funktioniert. Diese Komplexität ist die erste Schranke, hinter der die Technik opak wird.

In der Automobiltechnik ist ein weiterer Trend sichtbar, der sich allerdings verallgemeinern lässt: Man kommt an die Motoren als Laie nicht mehr heran, die Aggregate sind aus Modulen aufgebaut, und diese sind so verkapselt, dass selbst ein Servicetechniker ohne Diagnosegerät nicht in der Lage ist zu sagen, was an Fehlfunktionen denn vorliegt. Nicht seine Analyse, sondern das Diagnosegerät sagt ihm, wann er das Modul gegen ein neues auszutauschen hat.

Technik beginnt unsichtbar zu werden. Das tut sie in zweifacher Weise. Zum einen werden die Geräte, insbesondere diejenigen, die einen Mikroprozessor oder Computer enthalten, immer kleiner, *wearable computing*, d.h. am Leib oder in der Kleidung integriert (vgl. Herzog/Schildhauer 2009). Das so ausgerüstete Kleidungsstück funktioniert in einer Weise, die der Benutzer explizit nicht mehr wahrnimmt. Zum anderen jedoch macht auch Gewohnheit Technik unsichtbar. Wir empfinden Möbel nicht mehr als Technik, wenn sie nicht gerade Elektronik oder andere Geräte beinhalten, auch das Buch kommt uns untechnisch vor, seit wir über E-Books reden.

---

1 Die Größenordnungen: 100 Handbücher allein für Reparatur und Wartung (= Anzahl der Baugruppen) à 50000 Seiten à 8g = 40 Tonnen. „Eine gedruckte Version der [Gesamt] Dokumentation für ein einziges Flugzeugmodell wäre so umfangreich, dass für ihren Transport aufgrund des Gewichts zwei Flugzeuge [A380] benötigt würden" [Zusatz des Verf. zur Erläuterung]. Vgl. Aldrich (2008: 2).

All dies begegnet uns als Alltagsphänomenologie – Technik wird undurchsichtig bis unsichtbar, und dies kann sich, je nach dem, in Misstrauen, Technikstress, in Gleichgültigkeit gegenüber der Technik oder auch in Faszination niederschlagen. Technik ist nicht gleich Technik – wir müssen etwas genauer hinsehen. Technik auf das *instrumentum*, das Gerät, zu reduzieren, wäre töricht, und deshalb hat beispielsweise der VDI bei seiner Richtlinie 3780 für Technikbewertung (vgl. VDI 1991) einen Technikbegriff zugrundegelegt, der neben dem eigentlichen Gerät auch die Handhabung und den Gebrauch, den Entwurf und die Herstellung, aber auch die Entsorgung mit einschließt. Er hat sich die Überzeugung des Technikphilosophen Günther Ropohls zu eigen gemacht, dass Technik nur im Kontext eines Handlungssystems verstanden werden kann (vgl. Ropohl 1979, 1999, 2009). Dazu muss man die Technik aber als Technik kennen. Nicht in allen Details – aber man muss wissen, welche Technik vorliegt, andernfalls kann man nicht mehr verantwortlich damit umgehen.

Dies führt zur Beziehung zwischen Technik und dem Thema dieses Bandes, der Transparenz. Dazu stellen wir drei Fragen und versuchen, Umrisse einer Antwort zu geben. Was bedeutet es, wenn Technik für den Hersteller, den Nutzer und den Entsorger transparent ist? Ist es überhaupt notwendig, eine transparente Technik zu haben? Und wenn ja, wie könnte man Transparenz in der Technik erreichen?

2 Transparente Technik

2.1 Zum Begriff der Transparenz

Transparenz ist eine bestimmte Eigenschaft eines Objekts für einen Beobachter des Objekts. Der ursprünglich optische Begriff der Transparenz lässt sich leicht auf andere Bereiche in Analogie übertragen. So nennen wir einen Kristall transparent, wenn man ihn von allen Seiten einsehen kann, wenn man so Fehlstellen erkennen kann, die tief in seinem Inneren liegen. Eine Folie ist transparent, wenn sie das unter ihr Liegende sichtbar macht. Die optische Transparenz erlaubt trotz fester Materie, vermöge der optischen Durchlässigkeit des Lichtes, das Innere eines Körpers zu beobachten. Die ist eine Voraussetzung für mögliche Eingriffe in seine inneren Eigenschaften und damit für die Kontrolle solcher Eigenschaften. Es geht also nicht nur um die Eigenschaften des Objekts, sondern um die Möglichkeiten des Beobachters, über die er vermöge solcher Eigenschaften verfügt.

Generell können wir dann sagen, dass ein System (im Sinne einer funktionierenden Ganzheit aus Elementen und der sie kohärent zusammenhaltenden Struktur) transparent ist, wenn alle möglichen Systemzustände dem Beobachter bekannt sind und die Dynamik der Zustandsübergänge, die sich in Abhängigkeit von einwirkenden Größen entwickelt, als Regularität erkennbar ist. Dies ist der Ansatz, der vom „Verhalten" des Systems ausgeht und den wir Verhaltenstransparenz nennen könnten. Es ist klar, dass Verhaltenstransparenz eine notwendige, aber keine hinreichende Voraussetzung für Vorhersagen des Systemverhaltens ist.

Komplexe Systeme sind dann dadurch gekennzeichnet, dass diese Regularitäten nicht ohne weiteres oder sogar prinzipiell nicht erkennbar sind. Sie sind nicht verhaltenstransparent (vgl. Kornwachs/Lucadou 1984).

Ein anderer Zugang ist durch den Begriff der Struktur möglich. Ein System ist strukturtransparent, wenn die Verbindungen zwischen den Elementen oder Subsystemen[2] erkennbar sind, und aufgrund des Verhaltens der Elemente resp. Subsysteme und der Struktur Aussagen über das Gesamtverhalten gemacht werden können.

Nun kann ein und dasselbe Verhalten durch eine Vielzahl möglicher Strukturen und Elementarverhalten ins Werk gesetzt worden sein, sodass man aufgrund des Gesamtverhaltens nicht unbedingt auf die Struktur schließen kann (Kornwachs 2008b). Mit andern Worten: aus der Verhaltenstransparenz eines Systems kann man nicht unbedingt auf die Strukturtransparenz eines Systems schließen. Umgekehrt ist dies sehr wohl möglich. Diese Asymmetrie wenden wir nun auf das Problem der Transparenz in der Technik an. Dazu müssen wir zunächst Technik als System beschreiben.

2.2 Technik als System

In seiner groß angelegten Analyse einer allgemeinen Technikwissenschaft hat Günter Ropohl eine systemtheoretische Beschreibung von Technik geleistet, die hier äußerst brauchbar ist (vgl. Ropohl 1979, 1999, 2009).

Man beachte, dass wir dies nicht Systemtheorie der Technik, sondern systemtheoretische Beschreibung nennen. Das verweist auf die erkenntnistheoretische Position des Deskriptivismus, die hier eingenommen werden soll: Systeme also solche gibt es nicht. Systeme sind keine Objekte, die uns gegenüber stehen,

---

2 Elemente sind Subsysteme, deren Struktur man aus Praktikabilitätsgründen in der Analyse nicht mehr weiter zerlegt. Wie weit man mit der Zerlegung geht, d.h. die Bestimmung dessen, was noch ein Element ist, hängt vom Autor der Systembeschreibung und damit von seinen Interessen an der Systembeschreibung ab. Vgl. auch Kornwachs (2008b).

sondern Systeme sind Beschreibungen herausgegriffener, uns interessierender Gegenstandsbereiche, die wir mit einem gewissen Begriffsinventar und einer mathematischen Sprache modellieren, um Vorhersagen zu machen, Simulationen anzustellen, Erklärungen zu erhalten oder Kontroll- und Steuerungsmöglichkeiten zu eruieren. Was mit zur Systembeschreibung gehört und was nicht (Systemgrenzen sind auch die Grenzen des Modells), entscheidet der Systembeschreiber, der Autor und sein Kenntnisstand über den Gegenstandsbereich. Die systemtheoretische Beschreibung sagt also nichts über den Gegenstandsbereich selbst aus, sondern formuliert das Wissen des Modellierers über den Gegenstandsbereich so, dass es leichter möglich ist, eine Menge von Konsequenzsätzen aus diesem Wissen abzuleiten. Insofern spielt in dieser Konzeption die Systemtheorie als Instrumentarium dieser Beschreibung eine ähnliche Rolle wie die Statistik, die Logik oder die Mathematik. Diese Position hier zu markieren ist erforderlich, um Missverständnisse, vor allem im Hinblick auf die sog. „Systemtheorie" von Niklas Luhmann zu vermeiden.[3]

Nach Ropohl gehören zu Technik nicht nur die Geräte, Apparate oder Artefakte, sondern auch die Art und Weise, wie wir mit diesen Instrumenten umgehen. Dies wird in einem Handlungssystem modelliert, in dem menschliche Handlungen und Geräte oder Werkzeuge untrennbar zusammengehören. Dazu gehören die Herstellung, der Betrieb, der Gebrauch bis hin zur Entsorgung. Menschliche Handlungen werden durch Ziele bestimmt und somit auch das technische Handeln. Dieses Subsystem nennt Ropohl das Zielsystem. Handlungen haben Wirkungen und Folgen, intendierte und nicht intendierte, vorhersehbare und nicht vorhersehbare, erwünschte und unerwünschte. Diese Wirkungen und Folgen werden im Subsystem der Umwelt modelliert. Eine bestimmte Technik *als* ein System betrachtet existiert nicht isoliert, es ist immer eingebettet in die Interaktionen mit anderen Gegenstandbereichen und Techniken, die sich aber als Ko-Systeme modellieren lassen. Zu den Ko-Systemen eines Fahrzeugs gehören z.B. die Verkehrsregeln, die Proliferation von Kraftstoff und Ersatzteilen, der Bau von Straßen und deren Instandhaltung, das Rechtssystem, ein Reparaturservice und vieles andere mehr. Ohne diese Ko-Systeme, deren Gesamtheit ich die organisatorische Hülle nennen möchte, kann das Artefakt „Auto" seine ihm zugedachte technische Funktionalität nicht erfüllen, es bleibt ein Haufen aus Blech, Gummi, Elektronik und Glas, mit dem man nicht von A nach B fahren kann. Keine Technik existiert also isoliert.

---

3 Bezug auf Luhmann (1984).

2.3 Beobachter an und Handelnder mit Technik

Wir stellen Artefakte her und handeln mit ihnen. Dazu müssen sie uns erkennbar sein, wir müssen sie mehr oder weniger beobachten können. Die Beobachter können nach drei Rollen aufgeteilt werden, den Hersteller, den Nutzer und den Entsorger. Alle haben unterschiedliche Interessen und von daher auch unterschiedliche Bedürfnisse der Beobachtung und damit auch an Transparenz.

Der Hersteller

Der Hersteller (zur Vereinfachung nehmen wir Erfinder, Entwickler, Produzent und Distributor in einem) technischer Geräte hat die legitimen Interessen, seine Investitionen und Arbeitsaufwände zu kompensieren, d.h. an einem *return of invest*, und gewinnbringend am Markt zu agieren. Er muss nicht nur das vermarktete Gerät kennen, sondern auch seine Nutzungsbedingungen und seit der Produzenten- wie Produkthaftung auch die Folgen der Nutzung, ggf. sogar des möglichen, antizipierbaren Missbrauchs.[4] Die Haftung lässt es ihm geraten erscheinen, dass die Nutzung der Technik für ihn durchschaubar ist. Hierfür ist eine hinlängliche Verhaltenstransparenz erforderlich. Aus technischen Gründen und aus dem Wunsch nach Verbesserungs- oder Eingriffsmöglichkeiten wird der Hersteller ebenfalls eine Strukturtransparenz anstreben. Diese wäre z.B. nicht mehr voll gegeben, wenn er von einem Zulieferer gekapselte Technikmodule beziehen und in sein Aggregat einbauen würde.

Dies korrespondiert mit der landläufigen Meinung, dass wenigstens der Hersteller seine eigene Technik durchschauen müsste, also im obigen Sinnen Struktur- und Verhaltenstransparenz herrsche. Das bedeutet, dass er das Verhalten seiner Geräte in allen möglichen organisatorischen Hüllen und möglichen Gebrauchswelten kennen müsste und dass er die Wirkungsweise der Technik aufgrund ihrer Zusammensetzung aus elementaren Technikbausteinen ermitteln kann.

Der Hersteller eines Handys sollte dann wohl die vollständigen Funktionsmöglichkeiten kennen, ihre potenzielle Benutzungsvarianz durch beliebige Benutzer, das Verhalten der Benutzer in Hinsicht auf Umwelt und Entsorgung bis

---

4   Produzentenhaftung ist eine verschuldensabhängige Haftung des Produzenten für die Schäden, die ein fehlerhaftes, von ihm in Verkehr gebrachtes Produkt verursacht. Grundlage hierfür ist der § 823 im BGB (Schadensersatzpflicht). Will man den Produzenten für die gesundheitlichen, körperlichen oder sachlichen Schäden eines von ihm hergestellten Produkts verantwortlich machen, muss man sich auf das Produkthaftungsgesetz (ProdHaftG) beziehen.

hin zu den gesellschaftlichen, rechtlichen und politischen Auswirkungen der massenhaften Nutzung eines solchen Produkts. Auf Abstriche von dieser „idealen" Situation kommen wir beim Abschnitt über Folgenabschätzung zurück.

Der Nutzer

Wir müssen hier den Nutzer differenzieren in *den Betreiber* einer Technologie, *den Konsumenten* oder Verbraucher und *den Bediener*.

Der *Betreiber* einer Technologie hat das nahe liegende Interesse, die Funktionalität der Technologie einem Nutzer anzubieten, d.h. er verkauft nicht technische Geräte, sondern technisch vermittelte Funktionen, Prozesse und Dienste. So verkauft mir der Taxifahrer nicht sein Auto, sondern Mobilität, die er mit Hilfe der Technik und der zugehörigen Infrastruktur anbietet. Dazu muss er die Einsatzbedingungen kennen, sein Gerät und die organisatorische Hülle. Dazu ist es nicht unbedingt erforderlich, dass er alle Mikroschaltkreise und mechanischen Details seines Autos kennt, aber er muss wissen, wo er Hilfe und Unterstützung herbekommen kann, wenn Organisation (z.B. Taxibestellungen) oder Auto versagen. Für ihn muss das Gesamtsystem funktional transparent sein, gewisse Bereiche des Verhaltens und der Struktur im Einzelnen sind hingegen für ihn uninteressant.

Der Betreiber[5] eines großen technischen Systems wie einer Fernsehanstalt oder eines Kernkraftwerks bedarf allerdings weitaus tieferer Einblicke, nicht nur in die organisatorische Hülle einerseits und die komplexe Technik andererseits, sondern auch in das Zusammenspiel von Technik und Gesellschaft. Seine Sichtweise ist nicht mehr mit dem Taxifahrer vergleichbar – er müsste nicht nur den Herstellprozess und die Technik, sondern auch die Wirkungen und Nebenwirkungen seines Angebots (hier Fernsehprogramme bzw. Energie) kennen. Hier beginnt Technik für den Betreiber genau da intransparent zu werden, wo er sich diese Einblicke aus prinzipiellen Gründen nicht mehr verschaffen kann. Dass solche Intransparenz eine Rolle spielt, zeigt sich in der aktuellen Diskussion: Die notwendige Technologie und organisatorische Hülle zur Bewältigung einer der Folgen der Kernenergieerzeugung, die Entsorgung, wird abgekoppelt betrachtet und ist noch nicht gelöst. Dies schlägt aber auf Technik und Organisation für den

---

5   Dies sind bei großen Technischen Systemen immer Gruppen von Menschen, die in einer Institution eingebettet agieren (z.B. Vorstand). Damit wird auch die Verantwortungszuschreibung schwierig, da sich der Verantwortungsbegriff traditionellerweise auf Individuen, nicht auf Kollektive bezieht.

Betreiber zurück – Energie aus Kernkraft wird zum Sicherheitsproblem, zum Politikum, zur Diskussion über undurchsichtige Technik und deren Folgen.

Die prinzipiellen Gründe scheinen in der Diskussion weniger auf, haben aber direkt mit dem systemischen Charakter von Technik und Organisation zu tun. Jeder Betreiber von Technologie hängt über lose oder starke Kopplungen mit Betreibern anderer Technologien zusammen. Wie tief man diese Kopplung verfolgen und kennen muss, ist eine Frage der Pragmatik. So wie der Koch nicht alle Einzelheiten der Lebensmittelchemie kennen muss, um Rezepte umzusetzen, muss der Betreiber ja nicht Technik entwickeln und herstellen, sondern benutzt sie instrumental in einer Zweck-Mittel Beziehung. Allerdings hängt sein wirtschaftlicher Erfolg oftmals eng von diesem Zusammenspiel ab, das er aber in seiner Dynamik und Struktur nie in der vollen Tiefe durchsuchen kann und im Alltag auch nicht muss. Es bleibt also immer ein Rest von Unklarheit, mit dem man im Normalfall leben kann.

Große Technische Systeme wachsen – die Gründe habe ich an anderer Stelle dargestellt (vgl. Kornwachs 1994) – und damit bekommen sie von der Seite der Systemtheorie eine unangenehme Eigenschaft für den Beobachter, also auch für den Betreiber: Veränderliche Systeme sind mit unserem derzeitigen Instrumentarium nicht vollständig beschreibbar, selbst wenn wir es wollten. Es geht nicht um technologische Zufälle oder normale Havarien, sondern um einen prinzipiellen Zug der Art und Weise, wie wir technisch-organisatorische Systeme beschreiben, wenn wir mit ihnen umgehen wollen. Die mathematischen Gründe hierfür aufzulisten ginge an dieser Stelle zu weit.[6] Man kann jedoch eine Faustregel aufstellen: Je schneller neue Technologien für den Betreiber aufeinander folgen, desto schwieriger werden seine Bemühungen, die organisatorische Hülle daran anzupassen, damit er die zumindest die gleiche Funktion wie zuvor für ihn hinreichend effizient anbieten kann. Daraus resultieren Überraschungen, das prinzipiell Unvorhersehbare.

Daher erscheinen sich ändernde, also wachsende, aber auch schrumpfende Technologien weniger transparent als solche, die sich in einer Steady-state-Phase befinden. Die sowohl wirtschaftspolitisch gewollt wie technisch bedingten Beschleunigungen der Innovationszyklen gehen daher immer mit einem – zumindest zeitweiligen Verlust – von Transparenz einher.

Konsumenten einer Technologie sind nicht nur der berüchtigte, elektronisch überforderte Handy- oder Fahrkartenautomatenbenutzer, sondern auch der Benutzer eines Fahrzeugs, eines Lifts, eines Flugzeugs, einer Bohrmaschine

---

6 Es sei verwiesen auf Kornwachs/Lucadou (1984).

oder einer der zahlreichen Energieformen. Die Undurchschaubarkeit der Technik für den Konsumenten ist ab einer bestimmten Komplexität zwangsläufig – wir alle sind Laien auf den Gebieten, auf denen wir keine Fachleute sind, und auf diesen Gebieten tritt uns Technik entgegen, die wir nicht kennen können, weder strukturell noch im Hinblick auf ihr Verhalten – lediglich Kenntnisse über die Funktionen können wir uns aneignen.

Daraus folgt zwangsläufig, dass in einer Gesellschaft, die auf Arbeitsteilung aufgebaut ist und die Arbeit extrem technisiert hat, wie dies seit der Industriellen Revolution der Fall ist, der Konsument mit einer für ihn intransparenter Technik leben und arbeiten muss und dass dies eine massive Vertrauensleistung voraussetzt.

Werfen wir noch einen näheren Blick auf einen Typus von Nutzer, der – phänomenologisch – am nächsten am Gerät und damit der Technik ist, den *Bediener*. Er weiß, was er tun muss, um das Gerät in Gang zu setzen und es dahin zu bringen, dass es die gewünschte technologische Funktion realisiert – aber er muss hierfür nichts von der Funktionsweise oder inneren Struktur des Gerätes wirklich verstehen. Er ist wie der *mimetès*, der Nachahmer bei Platon, wie ein Schauspieler, der Bewegungen und Handgriffe durchführt, die nicht aus ihm kommen, sondern vom Stückeschreiber vorgedacht und vorgeschrieben sind:[7] Die Bedienungsanleitung „sagt" ihm, was er zu tun hat – seine Handlungen resultieren nicht aus dem Verständnis des Geräts. Für den Bediener kann Technik als Technik opak bleiben – gleichwohl braucht er ein Mindestverständnis der organisatorischen Hülle.

Der Entsorger

Ingenieure waren immer begeistert von der Vorstellung, was sie alles ersinnen, konstruieren, bauen und schließlich in Gang setzen können. Zum Gebrauch von Technik gehört jedoch über kurz oder lang auch deren Entsorgung. Diese Erkenntnis wurde erst in der zweiten Hälfte des 20. Jahrhunderts bewusst, sie hat aber noch keinen Eingang in die Technikwissenschaften gefunden. Der Montagemaschine steht nun die Entstückungsmaschine gegenüber – entsorgungsfreundliche Konstruktionen sind gefragt. Rückbaubare Technik heißt die Forderung.

Nun gibt es ein Selbstverständnis der Techniker und Ingenieure, das sich in der Steinbuchschen Formel ausdrückt, wonach man nur etwas verstanden hätte,

---

7   „Also weder Einsicht (εἴσεται) wird der Nachbildner (μιμητής) haben noch richtige Vorstellung (ὀρθᾶ δοξάσει) von dem, was er nachbildet, was Güte und Schlechtigkeit anbelangt" (602a). Vgl. Platon (1990), übers. von F. Schleiermacher (1928).

wenn man es auch bauen könne.[8] Damit ist gemeint, dass erst der Versuch, etwas zu bauen, die Verhältnisse, mit denen man zu tun hat, transparent mache. Nun gibt es auf der anderen Seite die Erfahrung, meist in Kinder – oder Jugendjahren, dass das Gegenteil von Bauen, nämlich das Auseinandernehmen und Kaputtmachen, ebenfalls zu technischem Erkenntnisgewinn führen kann. Heute könnte man sagen, dass man eine Technologie erst dann richtig verstanden hat, wenn man sie nicht nur bauen, sondern auch gerecht entsorgen kann.

Transparenz von Technologie von der Entsorgungsseite her gesehen bedeutet, zum einen das Verhalten von Teilen eines technischen Systems zu kennen, wenn diese sich nicht mehr im System befinden und dort funktional eingebettet sind, zum anderen zu wissen, wie bestehende Strukturen gefahrlos abgebaut werden können. Während man den Zusammenbau immer mehr automatisierte und effizienter machte, blieb dem Prozess des Auseinanderbauens das Zerstörerische vorbehalten – dabei könnte das Auseinanderbauen auch ein Umbauen sein.

3 Muss Technik transparent sein?

Ist es überhaupt notwendig, eine transparente Technik zu haben? Wie können die Frage provozierend anders herum stellen: Wollen wir alle nur Bediener von Technik bleiben? Wenn nicht, dann müssten wir sie transparent machen.

3.1 Modularisierung

Es gibt eine Reihe von nachvollziehbaren Gründen, Technik opak zu gestalten. Die Modularisierung in der Gerätetechnik ist z.B. ein Versuch, Technik weniger komplex zu machen. Man stelle sich eine elektronische Schaltung, z.B. eines TV-Geräts aus den 60er Jahren vor, bei dem alle Bauteile auf einer Platine angebracht waren. Die räumliche Anordnung auf dieser Platine hing davon ab, welches Bauteil mit welchem verbunden werden musste. Dadurch ergaben sich relativ zwanglos Unterstrukturen, das heißt Gruppen von Bauteilen, die untereinander mehr Verbindungen aufwiesen als zu denen der Nachbargruppe. Es lag nun nahe, solche Gruppen von Bauteilen zu Modulen zusammenzufassen, sie auf eine separate Platine zu packen, das ganze in einem Gehäuse zu „verkapseln" oder einzuschweißen und als neues Bauteil aufzufassen. Dadurch besteht die

---

8   Vgl. Steinbuch (1965, 1971: jeweils Vorwort).

Schaltung nicht mehr aus – sagen wir – 1000 Bauteilen, sondern fünf bis sechs Modulen. Arrangiert man die Servicetechnik so, dass nun nicht mehr jedes Bauteil geprüft werden muss, sondern nur noch die Module, hat man ein wesentlich schnelleres und effektiveres Prüf- und Reparaturverfahren: Bei einem Fehler wird das Modul als Ganzes ausgetauscht.[9] Analoges gilt in der Mechanik, beim Fahrzeug- oder Maschinenbau und erst recht in der Unterhaltungselektronik und der Informations- und Kommunikationstechnik. Zudem vereinfacht die Modularisierung die Produktion und ihre arbeitsteilige Organisation: Aus Bauteilen werden Komponenten, deren Herstellung man auslagern und an Zulieferer delegieren kann und die nur noch bei der Endmontage zusammenkommen müssen.

Der Prüf- oder Servicetechniker muss beim Prüfungsvorgang nicht mehr die Schaltung in allen Einzelheiten verstehen, er prüft lediglich die Module auf ihre Funktionsweise und tauscht sie gegebenenfalls aus. Der Nachteil dieser Entwicklung liegt darin, dass Techniker die Geräte, die sie instandhalten oder reparieren, nur noch auf Modulebene verstehen. Der Vorteil für den Hersteller liegt darin, dass er seine Schaltungskniffe nicht mehr offenbaren muss, sie liegen im Modul, das er verkapselt hat, versteckt. Das Modul muss als Ganzes gekauft, oder ausgetauscht werden. Ähnliches gilt für die Softwareproduktion: Unterprogramme werden in der Regel verkapselt geliefert, manche Softwarehersteller verwehren dem Kunden bekanntlich den Zugang zum Quellcode und damit zum eigentlichen Verständnis des Programms.

Die Vorteile der Modularisierung von Technik liegen klar auf der Hand: Die „Konstruktion", d.h. das Wie des Geräts selbst ist nicht mehr ohne weiteres nachvollziehbar, Produktion, Reparatur und Instandhaltung werden vereinfacht, der Nutzer und Bediener muss sich nur das aneignen, was er wissen muss, nicht mehr. *Divide et impera ...*

3.2 Undurchschaubare Technik?

Neben den wirtschaftlichen Vorteilen der Modularisierung kommen jedoch auch Risiken ins Spiel. Wie tief man bei einem Reparaturvorgang in die Technik einsteigen muss, um erfolgreich zu sein, ist eine Sache und es ist auch eine Fra-

---

9   Chips sind in der Mikroelektronik, verglichen mit den früheren Schaltungen, extrem modularisierte, weil extrem miniaturisierte Komponenten. Beispiel: Ein Pentium 4 HT Extreme beherbergte im Februar 2005 mit dem Speicherplatz von 64 GB und einer Taktfrequenz von 3730 MHz 169 Millionen Transistoren (in 0.09 μ HCMOS-Technologie). Das berühmte Mooresche Gesetz konstatiert bisher eine Verdoppelung der Transistordichte alle 18 Monate. Vgl. Moore 1965. Zu den ökonomischen Gründen der Miniaturisierung vgl. Hilberg (1986).

ge des Aufwandes und der Erfolgsaussichten, die – jeder Autobesitzer weiß das – gegen den Neukauf von Komponenten oder des ganzen Geräts ausgespielt werden. Das alles mag bei Massenprodukten angehen, bekommt aber eine andere Dimension, wenn es sich um großtechnische Anlagen oder große Technische Systeme handelt: Kernkraftwerke, Raffinerien, Bohrinseln, weltweite Kommunikationsnetze und dergleichen.

Das Verstehen von Havarien solcher großen Systeme ist nochmals eine andere Sache: Dazu müsste man, auch im Sinne einer Abschätzung ihrer Zuverlässigkeit, die „ganze Technik" kennen. Hier kommt etwas ins Spiel, was ich die Modularisierung der organisatorischen Hülle solcher großer Technologien nennen möchte.

Normalerweise machen wir uns die organisatorische Hülle nicht bewusst, obwohl wir sie kennen und nutzen: Der Kühlschank kann die ihm zugedachte Funktion, Lebensmittel frisch zu halten, nicht erfüllen, wenn wir die Bezahlung der Stromrechnung nicht richtig organisiert haben, den Kühlschrank nicht rechtzeitig mit Lebensmitteln beschicken und diese nach Überschreiten des Verfallsdatums nicht entsorgen. Bei Stromausfällen oder Nichtbeachten der Ladenschlusszeiten wird ein Kühlschrank daher seine ihm zugedachte Aufgabe über kurz oder lang nicht mehr erfüllen können.

Die organisatorische Hülle eines Fahrzeugs ist komplexer, aber noch von dessen Halter zu bewältigen: Es muss das Fahrzeug zulassen und regelmäßig technisch überprüfen lassen, sich an die Verkehrsregeln halten, rechtzeitig tanken, seine Versicherung bezahlen, die Reparaturwerkstätten aufsuchen, seine Steuern entrichten, mit denen Straßen gebaut und instandgesetzt werden können und eventuell Mautgebühren und Bußgeldbescheide begleichen. Die Ko-Systeme dieser organisatorischen Hülle sind aber schon modularisiert: Das Überwachungs- und Sanktionssystem für die Verkehrsregeln ist kommunal, Versicherungen und Reparatur sind hingegen privatwirtschaftlich organisiert, Steuern zieht das Finanzamt ein, das Mautsystem in Deutschland gilt als hochkomplexes technisch organisatorisches System, das die wenigsten Normalbürger auf Anhieb erklären könnten. Diese Modularisierung der organisatorischen Hülle wird vom Fahrzeughalter als ärgerliche Wanderung zwischen unterschiedlichen Institutionen wahrgenommen.

Charles Perrow hat gezeigt, wie die Aufsplittung eben dieser organisatorischen Hülle bei großen, miteinander eng vernetzen technischen Systemen zu Havarieren führen kann (vgl. Perrow 1987): Unterschiedliche Kompetenzen für unterschiedliche Teilbereiche der Verantwortungsübernahme in Ablauf und Aufbauorganisation kosten Zeit und Verständlichkeit in der Kommunikation.

3.3 Folgenabschätzung

Undurchschaubarkeit der Technik kann sich nicht nur in ihrer Struktur und ihrer organisatorischen Hülle bemerkbar machen, sondern auch in den Folgen ihres Gebrauchs. Es ist ja gerade das Elend der Technikfolgenabschätzung, dass die Nebenwirkungen technischen Handelns in intendierte und nicht intendierte, schlimmer aber noch, in vorhersehbare und nicht vorhersehbare aufteilbar sind – letztere sind eben dann *im vorab* nicht erforschbare. Die Folgen des Einsatzes von FCKW oder Asbest waren lange Zeit eben nicht abzuschätzen, um die Folgen der Kernenergie wurde lange Zeit in erbitterten Glaubenskriegen gestritten, weil selbst – der Interessenvertretung damals unverdächtige – Fachleute in den 60er Jahren die Entsorgung und das Sicherheitsrisiko für beherrschbar hielten. Nur wenige waren in der Lage, aus den Entwicklungslinien der Informations- und Kommunikationstechnik noch Mitte der 80er Jahre den heutigen Gebrauch des World Wide Web vorauszusehen, während die arbeitsorganisatorischen Folgen einer billigen jederzeitigen Erreichbarkeit, wie wir sie heute dank des Handys kennen, früh diskutiert wurden.

Somit wäre es das Unterfangen der Technikfolgenaschätzung, den künftigen Gebrauch von Technik möglichst transparent zu machen. Zu den oft diskutierten methodischen, aber auch institutionellen Schwierigkeiten eines solchen Unterfangens, gesellen sich die Probleme, die aus der Verfolgung von ökonomischen Interessen an zukünftigen Technologien resultieren. Die Befürchtungen sind aus der Herstellersicht nachvollziehbar: Eine wie immer auch geartete Kritik in Form des Aufweisens künftiger Probleme bei Einsatz und Nutzen einer Technologie wird als potenzielle Gefährdung von Akzeptanz und Durchsetzbarkeit am Markt angesehen.

Gleichwohl bleiben Hersteller, Anbieter, Betreiber und Nutzer in der Verantwortung, auch wenn die betreffende Technologie sich als opak erweist. Gerade dann, dies scheint zumindest die Tendenz der Auffassung zu sein, die sich in der veränderten Sichtweise der Produkt- und Produzentenhaftung niederzuschlagen beginnt, kann sich die Verantwortungsübernahme für Beteiligte und Betroffene als riskant erweisen, und entsprechend werden sie gezwungen, vorsichtiger als bisher zu agieren.

3.4 Vertrauen

Vertrauen in Technik setzt – im Alltag meist unbewusst – die Überzeugung voraus, dass eine vollständige Kontrolle nicht möglich oder aus gemachten Erfahrungen heraus nicht notwendig ist. Wir betreten einen Aufzug oder ein Flugzeug in der scheinbaren Gewissheit, dass Erbauer und Pilot kompetent sind, und dass für die Sicherung der technischen Funktionalität auch jemand zuständig ist, den man, wie auch immer, erreichen kann. Wer einmal in einem Aufzug am Wochenende stecken geblieben ist und den Hausmeister erst nach Stunden erreichen konnte, wird dieses Vertrauen in den Aufzug als nicht selbst betriebener Technik verloren haben.

Diesem eher anekdotisch begründeten Vertrauensverlust steht eine gesellschaftlich zu beobachtende Erosion von Vertrauen in Institutionen und damit auch in die organisatorische Hülle großer Technologien gegenüber.[10] Die Unterstellung, dass die Gestaltung solcher organisatorischen Hüllen nicht sachdienlich, sonder machtschlüssig und interessenabhängig geschieht, verdichtet sich – gewiss auch durch selektive Wahrnehmung – zu einer Überzeugung, dass Betreiber, Konzerne und Hersteller notwendiger Technologien den Nutzer und seine notwendigen Bedürfnisse ausnutzen. Dass die Benzinpreise zufällig immer zu Beginn und Ende von Reiseperioden ansteigen, dass Druckerpatronen teurer sind als der Drucker selbst, dass Institutionen und Dienstleister die Erbringung der Dienstleistung immer mehr zum Verbraucher hin verschieben – all das ist ökonomisch verständlich, wird aber als Intransparenz des wirtschaftlich wie technischen Handelns von anonymen Entitäten erlebt. Diese Intransparenz wird verstärkt durch das freimütig zugegebene, weitgehende Unverständnis von Technik in Alltag und Beruf.

4 Wie kann man Technik transparent machen?

4.1 Aufklärung

Bei dem Gesagten ist es fraglich, ob Aufklärung über Technik allein den Vertrauensverlust rückgängig machen kann. Gewisse Bereiche der Technik bleiben komplex, nicht einmal ein Studierender an einer Technischen Universität kann erfahrungsgemäß die Grundfunktionen eines Farbfernsehgerätes in Form eines

---

10 Vgl. demoskopische Ergebnisse bei Köcher (2004).

einfachen Blockschaltbildes aufzeichnen, wenn er nicht gerade Elektro- oder Medientechnik studiert. Gerade deshalb ist die Forderung richtig, neben den Naturwissenschaften an allgemeinbildenden Schulen Technikunterricht als Pflichtfach einzuführen.

Dies wäre ein prophylaktischer Zweig der technologischen Aufklärung. Der genuine Zweig wäre, dass wir unsere Technikgestalter noch intensiver als bisher mit der Wechselwirkung von Technik mit ihrer organisatorischen Hülle vertraut machen – bei diesem Thema werden sie während ihres Ingenieurstudiums meist allein gelassen.

Es hat sich durchaus etwas getan – die Zeitungen haben ihre Wissenschaftsseiten erheblich bei der Technikberichterstattung ausgeweitet, und dies nicht nur für Enthusiasten von Motoren und Computern. Die Technik kommt auch in den Medien ins Gerede – und das ist gut so und trägt zur Aufklärung bei. Der notwendige Technikdiskurs hat wohl noch nicht richtig begonnen.

4.2 Transparenz in der Technik selbst

Verstehen von komplexer Technik und ihres Gebrauchs ist eine Sache. Man könnte aber auch an die Technik selbst herangehen und von den Gestaltern technisch-organisatorischer Systeme fordern, die Systeme einfacher zu machen. Denn dann, so die Hoffnung, würde sie auch transparenter werden.

Dezentralisieren

Charles Perrow hat als Schlussfolgerung aus seinen Untersuchungen „Normaler Katastrophen" gefordert, die Kopplung zwischen den Teilsystemen aufzulockern und kleinere, in sich eher autonome Bereiche aufzuteilen, deren Schnittstellen – organisatorisch gesehen – keine Automatismen aufweisen (vgl. Perrow 1987). Gewiss ist es ökonomisch in vielen Fällen vorteilhafter zu zentralisieren, hier kann sich aber die Außensicht – wir könnten auch sagen, die makroökonomische Beurteilungsebene, die vom Verbraucher und der Gesellschaft eingenommen wird – von der Innensicht, die der Betreiber oder Hersteller hat – mikroökonomische Ebene – erheblich unterscheiden. Deshalb sind solche Entkopplungen zuweilen schwer durchsetzbar, zumal die psychologische Komponente eine erhebliche Rolle spielt, frei nach Kurt Tucholsky: „Oberste Aufgabe der Zentrale ist es, Zentrale zu bleiben".

Overengineering vermeiden

Diese Forderung ist recht plakativ, ihre Umsetzung wäre für die Transparenz von Technik recht wirkungsvoll – aber sie ist ebenfalls schwer durchsetzbar. Die wirtschaftlichen und psychologischen Gründe für das Overengineering sind diskutiert worden (vgl. Kornwachs 2008a), und so werden Konstrukteure und Entwerfer kaum der Versuchung widerstehen, in ihre Schöpfung all das hineinzupacken, was technisch möglich ist, weil diese Vielfalt als technologischer Fortschritt empfunden wird. Auch hier kontrastieren wieder Innen- und Außensicht. Freilich werden die demographische Entwicklung und damit die Verschiebung der Kaufkraft für technische Produkte, z.B. der Unterhaltungs- oder Kommunikationselektronik, dafür sorgen, dass zumindest die Bedienoberflächen einfacher werden.[11]

Offenlegung

Auch diese Forderung hört sich zunächst unrealistisch an, denn das würde bedeuten, dass der Hersteller und Betreiber Teile seiner technologischen Tricks und Kniffe offen legen müsste. Kaufte man ein TV-Gerät noch in den 70er Jahren, erhielt man neben der Bedienungsanleitung auch Serviceunterlagen – für den Fall einer Reparatur und darin enthalten war z.B. auch ein kompletter Schaltplan. Ein solcher Schaltplan würde heute nicht viel nützen, da er lediglich die Zeichen für einige Bauelemente und überwiegend Mikroprozessoren und Operationsverstärker enthält. Letztere sind programmierbare Komponenten, man müsste also die Software kennen.

Die Forderung, um beim TV-Gerät zu bleiben, liefe darauf hinaus, die Verkapselungen aufzuheben und eine *„Open-source"*-Politik auch in der generellen Technik einzuführen. Dass dies auf den erbitterten Widerstand der Hersteller stoßen muss, ist schon fast trivial.

Verweilen wir zum Schluss dennoch etwas bei diesem radikalen Gedanken. In der Lebensmittelbranche ist diese Art von Offenlegung („sagen, was drin ist") schon fast selbstverständlich (mit Ausnahmen), weil sie eine *conditio sine*

---

11 Das wird bisher nur für die Konsumgüterbereich diskutiert. Es wäre ein Gestaltungsauftrag an die Technik, auch im Investitionsgüterbereich, z.B. Produktionstechnik, altersfreundliche Bedienungsoberfläche aufzubauen. Vgl. Kornwachs (2005), Conrad/Heindorf/Waldenberger (2009) und Lindenberger et al. (2009). Vgl. auch die Forderung nach einer Low-Tech-Gestaltung von Arbeitsplätzen für leistungsgeminderte oder nicht hinreichend qualifizierbare Arbeitnehmer bei Hirsch-Kreinsen/Jacobson/Laestadius (2005).

qua non für das Vertrauen des Verbrauchers ist. Bei dem, was wir zu uns nehmen, sind wir mit Recht sensibel geworden. Technik geht uns alle an, weil wir mit ihr zu tun haben, und zwar unausweichlich. Also haben wir es auch mit den Folgen ihres Gebrauchs zu tun, den wir auch als Nutzer mit verantworten müssen. Zu den Bedingungen verantwortlichen Handelns gehört die prinzipielle Verfügbarkeit über das für eine Entscheidung relevante Wissen. Wenn man den Erhalt der Bedingung verantwortlichen Handelns als ethisches Regulativ akzeptiert (vgl. Kornwachs 2000), ergibt sich daraus die Pflicht der Hersteller und Betreiber, die für dieses Wissen notwendige Information bereit zu stellen.

Daher geht es nicht so sehr darum, wie man die Technik transparent machen kann, sondern darum, dass wir sie transparent gestalten müssen, um verantwortlich mit ihr umgehen zu können.

Literatur

Aldrich, Susan E.(2008): *Airbus' gigantische Content-Herausforderung*, Boston, Patricia Seybold Group, in: www.empolis.de/microsites/executive-forum/2009/HTML/Infomaterial/Empolis_ Airbus_Case_Study.pdf.

Conrad, Harold/Heindorf, Victoria/Waldenberger, Franz (Hrsg.) (2009): *Human Resource Management in Aging Societies. Perspectives from Japan and Germany*, New York: Palgrave Macmillan.

Herzog, Otthein/Schildhauer, Thomas (Hrsg.) (2009): *Intelligente Objekte. Technische Gestaltung – Wirtschaftliche Verwertung – Gesellschaftliche Wirkung*, Acatech diskutiert, Heidelberg et al.: Springer.

Hilberg, Werner (1986): Mikroelektronik – tiefere Einsichten in ihre Dynamik durch einfache Modelle, in: *Physik in unserer Zeit* 17, 18-28.

Hirsch-Kreinsen, Hartmut/Jacobson, David/Laestadius, Staffan (2005): *Low-Tech Innovation in the Knowledge Economy*, Frankfurt a.M.: Peter Lang.

Köcher, Renate (2004): *Technikfeindlich und innovationsmüde? Die Reaktion der Bevölkerung auf den wissenschaftlich-technischen Fortschritt*. Vortrag auf acatech-Symposium „Innovationsfähigkeit – Bildung, Forschung, Innovation: Wie können wir besser werden" 11. Mai 2004, Berlin, in: www.acatech.de/de/home/koecher110504.htm.

Kornwachs, Klaus/Lucadou, Walter von (1984): Komplexe Systeme, in: Kornwachs, Klaus (Hrsg.): *Offenheit Zeitlichkeit Komplexität. Zur Theorie der Offenen Systeme*, Frankfurt a.M./New York: Campus, 110 165.

Kornwachs, Klaus (1994): Steuerung und Wachstum – ein systemtheoretischer Blick auf große technische Systeme, in: Braun, Ingo/Joerges, Bernward (Hrsg.): *Technik ohne Grenzen*, Frankfurt a.M.: Suhrkamp, 410-445.

Kornwachs, Klaus (2000): *Das Prinzip der Bedingungserhaltung – eine ethische Studie*, Münster: Lit.

Kornwachs, Klaus (2005): *Demographic Development – Loss of Innovation Strength*, Paper at the Conference for „Demographic Challenges for Human Resource Management and Labor Market Policies" at the University of Tokyo, 5.-6. Oktober 2005.

Kornwachs, Klaus (2008a): Electronic Overtaxing, in: Wenchao, Li/Poser, Hans (Hrsg.): *The Ethics of Today's Science and Technology. A German-Chinese Approach.* Münster et al.: Lit, 158-168. (Dt.: Kornwachs, Klaus 2005: Die elektronische Überforderung, in: Albert, Marie-Theres/Herter, Jürgen (Hrsg.): *Querschnitte* V. Studien des Zentrums für Technik und Gesellschaft, Berlin: Ikos, 111-125.)

Kornwachs, Klaus (2008b): Nichtklassische Systeme und das Problem der Emergenz, in: Breuninger, Renate (Hrsg.): *Selbstorganisation*, Ulmer Humboldt-Kolloquium, Bausteine der Philosophie Band 28, Ulm: Universitätsverlag, 181-231.

Lindenberger, Ulman/Nehmer Jürgen/Steinhagen-Thiessen/Elisabeth/Delius, Julia/Schellenbach, Michael (Hrsg.) (2009): *Altern und Technik*, Nova Acta Leopoldina N. F. 104 (368) Altern in Deutschland, Band 6.

Luhmann, Niklas (1984): *Soziale Systeme. Grundriß einer allgemeinen Theorie*, Frankfurt a.M.: Suhrkamp.

Moore, Gordon E. (1965): Cramming More Components onto Integrated Circuits, in: *Electronics* 38 (8).

Perrow, Charles (1987): *Normale Katastrophen*, Frankfurt a.M.: Campus.

Platon (1990): Der Staat, in: *Platons Werke*, Griechisch- Deutsch, hrsg. v. G. Eigler, übers. von F. Schleiermacher, Bd. 4., Darmstadt: Wiss. Buchgesellschaft.

Ropohl, Günter (1979, 1999, 2009): *Eine Systemtheorie der Technik*, München: Hanser; 2. Auflage: *Allgemeine Technikwissenschaft*, München: Hanser; 3. überarb. Aufl., Karlsruhe: Universitätsverlag.

Steinbuch, Karl (1965, 1971): *Automat und Mensch. Auf dem Weg zu einer kybernetischen Anthropologie*, New York et al.: Springer, 3. resp. 4. Aufl.

Verein Deutscher Ingenieure (VDI) (1991): *Technikbewertung – Begriffe und Grundlagen, VDI-Richtlinie 3780.* VDI, Hauptgruppe: Der Ingenieur in Beruf und Gesellschaft, Ausschuss Grundlagen der Technikbewertung, VDI: Düsseldorf; Berlin: VDI-Verlag Beuth.

Transparenz in der Technikfolgenabschätzung. Konzeptionelle Erwartungen und ihre Einlösung

Armin Grunwald

1 Einführung: die Relevanz der Thematik

Der Begriff der Technikfolgenabschätzung ist in Form der amerikanischen Version des Technology Assessment (TA) bereits mehr als 40 Jahre alt (Bimber 1996). In der TA geht es, abstrakt gesprochen, darum, angesichts der zunehmenden Notwendigkeit der Legitimation politischer Entscheidungen (hier in Bezug auf den wissenschaftlich-technischen Fortschritt und seine gesellschaftliche Adaptation und Folgen) durch Wissen fundiertes Wissen für Entscheidungsunterstützung einerseits zu mobilisieren, andererseits aber auch dieses Wissen in Bezug auf seine Selektivitäten, Grenzen, Unsicherheiten und Beobachterabhängigkeiten zu reflektieren und das Ergebnis dieser Reflexion ebenfalls in den Entscheidungsprozess einzuspeisen. Diese Doppelfunktion, Wissen für Entscheidungsprozesse bereitzustellen, gleichzeitig aber auch die dabei auftretenden Schwierigkeiten zu thematisieren, macht deutlich, dass TA eine typische Aktivität innerhalb der Wissensgesellschaft darstellt: Es geht darum, komplexe Entscheidungsfindungen zu unterstützen, in denen Wissen einerseits als Legitimation erzeugende Ressource unverzichtbar ist, in der aber andererseits die Legitimation stützende Funktion stets durch nicht eliminierbares Nichtwissen gefährdet wird. Umgang mit Wissen und Nichtwissen sowie die Rolle von Metawissen – Wissen über das Wissen – (das Vorsorgeprinzip ist ein schönes Beispiel für diese Situation; vgl. von Schomberg 2005) wird auf diese Weise zu einer politischen Herausforderung in neuer Form (Stehr 2003).

Transparenz ist hierbei in mehrfacher Hinsicht entscheidend (vgl. Kap. 3): Transparenz in der Strukturierung des Entscheidungsproblems, um das es geht, Transparenz in den vielfältigen Gemengelagen zwischen Wissen und Werten, wie sie in TA-Fragestellungen in der Regel auftreten, und Transparenz im Hinblick auf die der Technikfolgenabschätzung häufig zugeschriebene demokratietheoretische Bedeutung, so etwa im Kontext pragmatistischer Verhältnisse von Politik, Wissenschaft und Öffentlichkeit (Habermas 1968; vgl. auch Grunwald 2008b) oder in Bezug auf eine an Grundsätzen deliberativer Demokratie orientierte ‚Gesellschaftsberatung' (Leggewie 2007). Auf diese Weisen gerät die Forderung nach Transparenz rasch in den Mittelpunkt der Erwartungen an TA. Dies zu explizieren ist Anliegen des vorliegenden Beitrags.

Zu diesem Zweck wird zunächst ein kurzer Überblick über die Technikfolgenabschätzung gegeben, der auf die der Forderung nach Transparenz in der TA zugrunde liegenden Befunde und Motivationen ausgerichtet ist und der damit die *Erwartungssituation* charakterisiert (Kap. 2). Im nächsten Schritt werden exemplarisch Möglichkeiten und Wege der Einlösung dieser Erwartungen und ihre Grenzen beschrieben, sowohl in wissenschaftstheoretischer als auch in organisatorischer Hinsicht, teils erläutert an den am Büro für Technikfolgen-Abschätzung beim Deutschen Bundestag (TAB) etablierten Verfahren (Kap. 3). Schließlich erfolgt eine kurze Reflexion auf die demokratietheoretische Rolle der Transparenz in der TA.[1]

2 Technikfolgenabschätzung (TA) und die Forderung nach Transparenz

Die Forderung nach Transparenz wird seit Beginn der TA im Umfeld des amerikanischen Kongresses (Bimber 1996) immer wieder erhoben. Sie verbindet die Diagnose, dass das Wissen der TA grundsätzlich nicht werturteilsfrei sein kann, mit der Forderung, dass TA in wissenschaftlicher Unabhängigkeit durchzuführen sei und darin eine demokratietheoretische Bedeutung habe.

2.1 Technikfolgenabschätzung – ein kurzer Überblick

Die Grundidee der Technikfolgenabschätzung liegt darin, mit prospektiver Forschung zu Wissenschafts- und Technikfolgen und ihrer Bewertung möglichst umfassend zur gesellschaftlichen Meinungsbildung und zur Vorbereitung politischer Entscheidungen beizutragen. Das Wissen über Folgen von Wissenschaft und Technik soll bereits in diesbezüglichen Entscheidungen berücksichtigt werden können. Dies erfolgt zum einen unter dem engeren Ziel der Politikberatung (vgl. auch Petermann 1991), andererseits darüber hinaus im Hinblick auf die Beratung der Gesellschaft allgemein (Leggewie 2007). Die Wissensbereitstellung in der TA stellt eine spezifische Form problemorientierter Forschung (Bechmann/Frederichs 1996) bzw. der post-normal science (Funtowicz/Ravetz 1993)

---

[1] In der Realisierung dieses Programms wurde auf einige bereits publizierte Arbeiten des Autors zurückgegriffen (Grunwald 2005, 2008a, 2008b).

dar, die sich durch einen engen Bezug zu gesellschaftlichen Debatten, zu politischen Entscheidungsnotwendigkeiten und zu ethischen Werten auszeichnet. Am Anfang der TA stand die Erfahrung von unerwarteten und teilweise gravierenden Technikfolgen, von denen es in vielen Fällen wünschenswert gewesen wäre, sie im Vorhinein gekannt zu haben, um sie verhindern oder um Kompensationsmaßnahmen einleiten zu können. Demzufolge nahm zunächst der durchaus problematische Begriff der Frühwarnung vor technikbedingten Gefahren (Bechmann 1994) wesentlichen Raum in der TA ein (Paschen/Petermann 1991: 26). TA solle helfen, künftige Technikfolgen rechtzeitig zu erkennen, negative Folgen durch politische Steuerungsmaßnahmen zu verhindern und unsere Voraussicht für die Folgen unserer Handlungen insgesamt in zeitlicher Hinsicht auszuweiten. In diesem Sinne ist TA Teil der reflexiven Modernisierung (Beck/Lau 2004). Die entscheidungstheoretische Innovation der TA besteht darin, systematisch und umfassend auch die *nicht intendierten* Folgen in den Blick zu nehmen und dabei neben den Perspektiven der *Entscheider* auch *andere Perspektiven* (Betroffene, Bürger, zukünftige Generationen etc.) zu berücksichtigen (Gloede 2007; Bechmann 2007).

Einen weiteren wesentlichen – und mit den erwähnten unterschiedlichen Perspektiven gesellschaftlicher Gruppen verbundenen – Hintergrund der Entstehung von TA stellen gravierende gesellschaftliche Technikkonflikte dar, die eine neue Erscheinung in den industrialisierten Gesellschaften seit den sechziger Jahren sind. Wesentliche Funktionen von TA sind (a) die frühzeitige Erkennung von Technikkonflikten, mehr noch aber (b) Beiträge zu ihrer möglichst gewaltfreien und diskursiven Lösung. In den letzten Jahren stehen statt der „klassischen" Technikkonflikte (Kernenergie, radioaktive Endlager, Freisetzungsexperimente in der Gentechnik) vermehrt die ethischen Fragen im Vordergrund, die sich aus der biomedizinischen Forschung ergeben (Bora et al. 2005). In den Mittelpunkt einer hauptsächlich auf Konfliktbewältigung im Umfeld von Wissenschaft und Technik ausgerichteten TA treten Begriffe und Probleme wie öffentliche Kommunikation über Technik, Risikokommunikation, Konfliktforschung, Mediation und Schlichtung, ethische Aspekte und die Beteiligung von Betroffenen an Entscheidungsprozessen.

Wenn auch pragmatisch und motivational die Frühwarnung vor technikbedingten Risiken zunächst im Vordergrund stand, so ging und geht es in der TA immer auch um die frühzeitige Erkennung der Chancen von Technik, damit diese optimal genutzt werden können und damit rationale Abwägungen von Chancen und Risiken vorgenommen werden können. Die Suche nach Chancen und innovativen Anwendungsmöglichkeiten von Technik sowie die Befassung mit den Bedingungen gelingender Innovation gehören zur TA. In den letzten Jahren sind konsequenterweise Schnittstellen zur Innovationsforschung aufgebaut worden (Meyer-Krahmer 1999; Smits/den Hertog 2007).

In allen diesen Aufgaben sollen auf der Basis von wissenschaftlich gestütztem Wissen mögliche politische Maßnahmen und Instrumente zum Umgang mit Technikentscheidungen und Technik entworfen und im Hinblick auf ihre Eignung beurteilt werden, z.b. auf den Feldern des Digital Rights Management (DRM), möglicher Risiken von Nanopartikeln, der Förderung von technischen Innovationen im Verkehrsbereich, in Bezug auf eine nachhaltige Energieversorgung oder für ein effizientes Stoffstrommanagement. Dieses Folgen- und Handlungswissen soll dann in die entsprechenden Entscheidungsprozesse eingebracht werden und dort die Entscheidungsgrundlage verbessern. Zur Politikberatung durch TA gehört auch, Hinweise zum gesellschaftlichen Umgang mit Nichtwissen und Unsicherheit zu geben, z.b. zum politischen Risikomanagement und zu Konsequenzen des Vorsorgeprinzips (von Schomberg 2005).

Diese Aufgaben der TA stellen sich, je nach Kontext, in spezifischer Gestalt. Die konkrete Ausprägung von TA-Studien und -Prozessen hängt vor allem ab von der spezifischen Fragestellung, von der jeweils relevanten politischen und gesellschaftlichen Situation, von den Adressaten der Beratung und ihren Interessen, vom Entwicklungsstand der Technik, um die es geht, von den institutionellen Kontexten und Akteurskonstellationen und von den Gestaltungsspielräumen in anstehenden Entscheidungen. Daher muss zu Beginn grundsätzlich eine Situationsdiagnose (Decker/Ladikas 2004) vorgenommen werden, damit das Design der TA-Studie und ihre Einbettung in politisch-gesellschaftliche Prozesse an die spezifischen Bedingungen angepasst werden können. TA in der Praxis stellt daher eine stark kontextualisierte Form von Wissensproduktion und -verbreitung dar (Grunwald 2001).

In den letzten Jahren ist zu beobachten, dass der klassische Fokus der TA, nämlich Technik in Form von gegenständlichen Artefakten (z.B. Anlagen und Kraftwerken) mit ihren Folgen zu untersuchen, an relativer Bedeutung verliert zugunsten der Betrachtung eher *wissenschaftlicher* Entwicklungen einerseits und gesellschaftlicher *Querschnittsfolgen* der Technisierung andererseits. Dies hat zum einen mit der wissenschaftlich-technischen Entwicklung zu tun, die immer stärker auf (technische) Vernetzung zielt und daher Technik immer weniger als singuläres Artefakt, sondern als „Medium" (Hubig 2006) in Erscheinung treten lässt. Nanotechnologie, RFID-Chips, die Leitbilder des Pervasive Computing oder der Ambient Intelligence (Orwat/Grunwald 2005) sowie – und hier kulminiert diese Entwicklung – die Idee der „Converging

Technologies" (Roco/Bainbridge 2002) sind einschlägige Beispiele. Der Begriff der Technowissenschaften reflektiert diese Verschiebungen zwischen verwissenschaftlichter Technik und technisierter Wissenschaft. Zum anderen sind auch im Wirkungsbereich von Technik die Folgedimensionen komplexer geworden. Besonders im Bereich der Informations- und Kommunikationstechnologien (mit ihren Folgen für neue Wertschöpfungsketten in der Wirtschaft, Lebens- und Arbeitswelt, Logistik, politischen Kommunikation, weltweiten Vernetzung etc.; vgl. Orwat/Grunwald 2005), aber auch im biomedizinischen Bereich ergeben sich weit reichende Folgen, die bis in die kulturellen Grundlagen moderner Gesellschaften reichen (z.B. Grunwald et al. 2006). Es geht also oft gar nicht mehr um die Folgen einzelner Techniken für einzelne Bereiche, sondern es geht häufig um komplexe Gemengelagen zwischen wissenschaftlich-technischen Entwicklungen, Innovationspotenzialen, Produktions- und Konsummustern, Lifestyle und Kultur sowie politischen Entscheidungen angesichts dieser Komplexität. Bereits diese Komplexität nachvollziehbar und für Entscheidungsträger nutzbar aufzuarbeiten und transparent zu strukturieren, ist eine erhebliche Aufgabe – ein erster wenngleich bei weitem nicht alle Facetten erfassender Hinweis auf die Erwartungen an Transparenz in der TA.

2.2 Wissen und Werte

Ein zweiter Aspekt wird im Blick auf den Wissensbegriff der TA deutlich. Ursprüngliche positivistische Erwartungen an die TA, werturteilsfreies Wissen bereitzustellen und damit ein dezisionistisches Modell der Arbeitsteilung zwischen Wissenschaft (Fakten) und Politik (Werte) zu unterstützen, haben sich theoretisch und praktisch als unterkomplex und nicht einlösbar erwiesen. Das von der TA als Problemlösebeitrag angesichts der genannten Anforderungen und Problemlagen bereitgestellte Wissen besteht vielmehr aus folgenden, über Faktenwissen weit hinausgehenden Wissenstypen (Grunwald 2004):

- *Systemwissen*: Wissen über die betrachteten Systeme (technische Entwicklungen und ihre Bedingungen, Anwendungsmöglichkeiten, Akteurskonstellationen und Interessen, Erfolgsbedingungen und hemmende Faktoren für Innovationen, Einschätzungen zukünftiger Märkte, Mechanismen an der Schnittstelle zwischen Wissenschaft, Technik, Politik, Umwelt und Gesellschaft) ist notwendige Voraussetzung einer wissenschaftsgestützten Politikberatung zu Wissenschafts- und Technikfragen.

- *Orientierungswissen*: Bewertungen wissenschaftlich-technischer Entwicklungen und ihrer Folgen erschließt sich nicht nur empirisch aus den Wertestrukturen der Gesellschaft, sondern bedarf einer rechtfertigenden, mit normativen Prämissen arbeitenden Argumentation, bis hin zu ethischen Überlegungen z.b. zur Akzeptabilität von Risiken (Gethmann/Mittelstraß 1992) oder zur nachhaltigen Entwicklung (Grunwald/Kopfmüller 2006).
- *Handlungswissen*: Vorausschauendes Wissen über Wirkungen politischer Maßnahmen (z.b. der Regulierung oder der Forschungsförderung) stellt eine entscheidende Voraussetzung einer informierten Entscheidungsfindung dar. Neue Formen der Governance (z.B. Voss et al. 2006) sind hier ein wichtiges Thema.

Es ist daher sinnlos zu versuchen, das „reine" und „objektive" Wissen von den Wertungen völlig abspalten zu wollen (Grunwald 2003). Wissen der TA stellt grundsätzlich und notwendigerweise, soll TA die ihr zugedachten Aufgaben erfüllen, eine Aggregation aus Wissen und Werten dar (Grunwald 2002). Übrigens gilt dies nicht nur für TA, sondern für Wissen generell. Denn jeder Bestimmung von etwas *als Wissen* gehen normative Festlegungen voraus, relativ zu denen sich Wissen als solches erweisen lässt. Die Argumente hierfür liegen

- *erkenntnistheoretisch* darin, dass es normative Kriterien geben muss, Wissen *als Wissen* zu erweisen und von bloßer Meinung abzugrenzen (Janich 1997),
- *wissenschaftstheoretisch* darin, dass normative Kriterien darüber entscheiden, welches Wissen *als wissenschaftlich geprüftes Wissen* gelten darf,
- *messtheoretisch* darin, dass es für quantitative Untersuchungen eine normative Quantifizierungsregel geben muss (im Falle monetärer Quantifizierungen von Umweltschäden oder von Lebensqualität von erkennbar hoher ethischer Relevanz),
- *pragmatisch* darin, dass die Existenz von Wissen an eine vorgängige Entscheidung gebunden ist, dieses Wissen überhaupt haben zu wollen (was im Kontext der Wissensgesellschaft zur Notwendigkeit einer Wissenspolitik führt; vgl. Stehr 2003),
- *begrifflich* darin, dass durch die Wahl bestimmter Grundbegriffe und Basisunterscheidungen schon normativ relevante Vorentscheidungen und getroffene Perspektivenfestlegungen sowie damit verbundene Ein- und Ausschließungen vorgenommen werden (Mittelstraß 1974).

Durch den Bezug der TA auf gesellschaftliche Entscheidungsprozesse und die dort involvierten normativen Aspekte, z.b. Kriterien nachhaltiger Entwicklung, Kriterien der Zumutbarkeit von Risiken oder Kriterien der Verteilungsgerechtigkeit sind diese generellen Diagnosen hier umso stärker relevant. TA-Wissen von den Werten zu trennen und letztere den Entscheidern zu überlassen, ist in dieser simplen Weise nicht möglich. Technikfolgenabschätzung hat vielmehr eine wichtige Funktion darin, diese Grenze immer *neu zu finden bzw. zu konstituieren*. In diesem Sinne ist TA ein Ort, in dem die Grenze zwischen Wissen und Werten immer wieder neu diskutiert wird, und zwar sowohl in der Kommunikation zwischen Experten und Gegenexperten als auch in der Kommunikation zwischen TA und ihren Adressaten.

Möglich und notwendig ist, die jeweils involvierten normativen Voraussetzungen aufzudecken, die dem TA-Wissen in seinen verschiedenen Formen zugrunde liegen, und ihre allgemeine Akzeptierbarkeit zu prüfen. Diese kann z.B. für die normativen physikalischen Messtheorien hinsichtlich der Messung von Länge, Zeit oder Masse als gegeben gelten, während es für Messvorschriften hinsichtlich der quantitativen Messung des Wertes eines Menschenlebens oder von Lebensqualität kaum zu erwarten ist. Allgemein anerkennbares Wissen ist dann kein positivistisches und werturteilsfreies Wissen, sondern ein Wissen, das auf allgemein anerkannten normativen Voraussetzungen basiert. In welchen Fällen dies gegeben ist, muss im Einzelfall erst herausgefunden werden. An dieser Stelle eröffnet sich eine zweite Erwartung an Transparenz: Mit welchen normativen Kriterien arbeitet TA und wie kann sie deren ‚Geltung' und Akzeptierbarkeit plausibel machen?

2.3 Das Postulat wissenschaftlicher Unabhängigkeit der TA

Weitere – und zentrale – Aspekte der Notwendigkeit von Transparenz in der TA ergeben sich aus dem Postulat der wissenschaftlichen Unabhängigkeit. Die Forderung nach wissenschaftlicher Unabhängigkeit der Technikfolgen-Abschätzung begleitet ihre Geschichte von Anfang an. Bereits in den Anfängen der Institutionalisierungsdiskussion des Office of Technology Assessment (OTA) am US-amerikanischen Kongress war die Sicherstellung wissenschaftlicher Unabhängigkeit ein wichtiges Kriterium für die organisatorische Auslegung: „When legislators established OTA many inside and outside Congress hoped that the new agency would provide the kind of objective advice that is a common mission of new expert organisations. ... OTA was designed to emphasize both the appearence and reality of non-partisan, neutral competence" (Bimber 1996: 50). Es galt, auf jeden Fall zu vermeiden, dass das OTA von Teilen des US-Kongresses oder von externen Interessengruppen oder der Wirtschaft instrumentalisiert werden konnte. Verschiedene Aufsichtsorgane und ausgeklügelte Entscheidungsmechanismen sollten vor allem verhindern, dass die jeweilige Mehrheitsfraktion das OTA dominieren könnte.

Unabhängigkeit stellt für bestimmte Institutionalisierungsformen der TA eine unverrückbare *institutionelle Randbedingung* dar. Wird z.B. eine parlamentarische Einrichtung zur wissenschaftlichen Politikberatung gegründet und mit öffentlichen Mitteln finanziert (Vig/Paschen 2000), so wäre eine nicht durch wissenschaftliche Unabhängigkeit (im Sinne von Unparteilichkeit) charakterisierte Auslegung nahezu undenkbar. Allein der Finanzierungsmodus über öffentliche Gelder und die Beauftragung durch „das" Parlament statt durch einzelne Fraktionen oder Parteien determinieren dies: „What is specific about PO-TAs [parliamentary offices of technology assessment, A.G.], as part of its identity, are the neutral, independent and non-partisan values of the information and policy analysis produced, values built on traditional Mertonian scientific exceptionalism" (Cruz-Castro/Sanz-Menendez 2004).

Was jedoch „wissenschaftlich unabhängig" genau bedeuten soll – schließlich müsste im Konfliktfall eine Prüfung möglich sein, ob diese Anforderung erfüllt war oder verfehlt wurde – ist nicht ohne weiteres klar. Der Begriff „wissenschaftlich unabhängig" stellt einen zumindest zweistelligen Begriff dar: *Etwas* ist wissenschaftlich unabhängig relativ zu einem *Kriteriensatz*. Wissenschaftliche Unabhängigkeit wird nicht abstrakt einem Gegenstand – das können in unserem Fall TA-Institutionen oder einzelne TA-Projekte sein – zugesprochen, sondern nur relativ zu bestimmten Kriterien.

Im Kriteriensatz für wissenschaftliche Unabhängigkeit finden sich Begriffe wie Unabhängigkeit, Unvoreingenommenheit, Werturteilsfreiheit, Sachlichkeit, Objektivität, Unparteilichkeit oder Ausgewogenheit, zwischen denen es mehr oder weniger große inhaltliche Überschneidungen gibt. Diese Bedeutungen müssen, sollen sie als Charakteristika wissenschaftlich unabhängiger TA verwendet werden, in Form von überprüfbaren Kriterien konkretisiert werden. Hierfür wurden die vier Begriffe

- Unvoreingenommenheit,
- Unabhängigkeit,
- Ausgewogenheit und
- Objektivität (im Sinne von Inter- und Transsubjektivität)

als in der TA relevante Bedeutungsfelder für wissenschaftliche Unabhängigkeit bestimmt (Grunwald 2005). Diese Begriffe beziehen sich auf verschiedene Gegenstände bzw. Schritte in einem TA-Verfahren. So stellt die Unvoreingenommenheit primär eine Disposition für den *Start* von Projekten dar, Unabhängigkeit und Ausgewogenheit bilden in erster Linie gewünschte Eigenschaften der *Durchführung* und Objektivität ist eine erwünschte Eigenschaft der *Ergebnisse*. Zu diesen vier Bedeutungsfacetten wurden jeweils Kriterien angegeben, durch die sich diese Bedeutungen operationalisieren lassen (ebd.).

Ist die Forderung wissenschaftlicher Unabhängigkeit zwar häufig institutionell vorgegeben, so erscheint ihre Realisierung aber als außerordentlich schwierig. Angesichts der in der Regel hohen Politisierung der Gegenstandsbereiche von TA (über umstrittene Techniklinien wie Energietechnologien, Gentechnik oder Medizintechnik oder über normative Orientierungen für Technik, wie z.B. das kontrovers verstandene Leitbild der nachhaltigen Entwicklung) und der Unmöglichkeit, Fakten und Werte strikt zu trennen (s.o.), ist wissenschaftliche unabhängige TA schwierig zu bestimmen und praktisch umzusetzen (vgl. die Diskussionen zu den Anwendungsfeldern parlamentarischer TA in Petermann/Grunwald 2005).

2.4 Erwartungen an Transparenz in der TA

Aus den genannten Faktoren (1) der Komplexität der Entscheidungsprozesse, zu denen TA beitragen will und soll, (2) der Nicht-Separierbarkeit von Wissen und Werten sowie (3) der zentralen Bedeutung wissenschaftlicher Unabhängigkeit lassen sich nun die Erwartungen an Transparenz der TA und in der TA konvergent ableiten.

(1) Angesichts der Komplexität gesellschaftlicher Entscheidungsprozesse zu Fragen des wissenschaftlich-technischen Fortschritts ist es zunächst Aufgabe der TA, die Entscheidungsstruktur in dieser Komplexität transparent herauszuarbeiten. Es geht z.B. darum, die betroffenen gesellschaftlichen und politischen Dimensionen offen zu legen, die unterschiedlichen Perspektiven auf die jeweilige Frage zu erheben und in ihren Positionierungen zur Fragestellung deutlich zu machen, die involvierten oder zu involvierenden Akteure und Gruppen zu identifizieren, Beweislasten zu bestimmen, Argumentationsmuster herauszuarbeiten etc. Insgesamt besteht die Aufgabe der TA darin, ein transparentes Bild der Entscheidungssituation und ihres gesellschaftlichen Umfeldes zu erstellen.

(2) Angesichts der erwähnten häufigen Untrennbarkeit von Wissen und Werten (s.o.) in der TA ist zunächst der *Prozess* der Wissensproduktion der TA kritisch zu betrachten und transparent offen zu legen. Denn die Wissensproduktion hängt von normativen Vorentscheidungen ab, z.b. die Wahl der Systemgrenzen oder das Design des Projekts betreffend (vgl. Grunwald 2002: Kap. 7). Des Weiteren gehen in TA-*Ergebnisse* normative Kriterien ein, indem Beurteilungen von Techniken und Technikfolgen relativ zu politisch gesetzten oder ethischen Kriterien (z.B. zu Fragen nachhaltiger Entwicklung, zur Akzeptabilität von Risiken, zum Datenschutz oder zu Problemen der Verteilungsgerechtigkeit) vorgenommen werden. Um eine demokratische Deliberation und Meinungsbildung durch diese TA-Ergebnisse zu unterstützen – und sie nicht technokratisch zu *ersetzen* –, ist es geboten, die jeweiligen normativen Voraussetzungen aufzudecken und ihre allgemeine Akzeptanz zu prüfen. Die hinsichtlich Transparenz entscheidende Frage ist, wie berechtigt die zugrunde liegenden normativen Voraussetzungen sind und ob und unter welchen Bedingungen mit ihrer breiten kzeptanz gerechnet werden kann (vgl. hierzu auch Kap. 4 im vorliegenden Beitrag).

(3) Das Mittel der Wahl, die wissenschaftliche Unabhängigkeit von TA nachvollziehbar zu realisieren, besteht darin, den zu den Ergebnissen führenden Argumentationsgang möglichst lückenlos aufzeigen und das Zustandekommen und die Geltung der Ergebnisse Schritt für Schritt, nachvollziehbar und *transparent* nachzuweisen (Grunwald 2005, Lübbe 1997). Wissenschaftliche Unabhängigkeit in all ihren Bedeutungen (s.o.) könnte dann Schritt für Schritt durch die verschiedenen Stadien des TA-Prozesses hindurch gemäß den genannten Kriterien überprüft werden. Dem Postulat der *Transparenz* kommt daher eine übergreifende und zentrale Bedeutung zu: „Forderung nach Transparenz, Nachvollziehbarkeit und Nachprüfbarkeit der TA-Prozesse: Annahmen und Werturteile sollen offen gelegt werden" (Paschen/Petermann 1991: 30; vgl. auch Ausschuss 2002: 6). Die Bindung von Ergebnissen der Technikfolgenabschätzung an – nicht wertfreie – Vorentscheidungen, die auf dem Weg dorthin unweigerlich getroffen werden müssen, macht dieses Postulat zum Zentrum der Vermittlung des Anspruchs auf wissenschaftliche Unabhängigkeit an den Adressaten und nach außen. Wenn das von der Technikfolgenabschätzung bereitgestellte Wissen und die Bewertungen akzeptiert werden sollen, ist zu gewährleisten, dass die Adressaten bzw. die Gesellschaft (z.B. in Form von Verbänden oder Medien) sich jederzeit von der gesamten Begründungskette überzeugen können, die zu den Resultaten hinführt. Vertrauen in Institutionen der

Technikfolgen-Abschätzung beruht wesentlich auf der Erfüllung dieser Anforderung und damit letztlich auf Transparenz.

Diese Anforderungen an Transparenz werden dadurch verschärft, dass TA in der Regel mit den Bedingungen des Wissens unter *Unvollständigkeit* und *Ungewissheit* konfrontiert ist. Hinter der Verpflichtung zur transparenten Aufdeckung der Bedingungen der Gültigkeit dieses Wissens und seiner Grenzen in TA steht deshalb auch ein *praktisches Interesse*: Der Adressat der TA sollte wissen, wie das TA-Wissen und die normativen Orientierungen hinsichtlich ihrer Geltung einzuschätzen sind, weil davon maßgeblich die Erfolgsaussichten und die einzugehenden Risiken von eventuellen darauf aufzubauenden Entscheidungen abhängen. Transparenz bedeutet vor diesem Hintergrund, nicht nur TA-Wissen über Technik- und Entscheidungsfolgen bereitzustellen, sondern darüber hinaus auch ein *Metawissen* als Wissen über dieses Wissen zu erarbeiten und zu kommunizieren (auch wenn dies nicht immer von den Adressaten gern gehört wird). Zu diesem Metawissen gehört z.B. das Wissen über Prämissen, Selektivitäten, Unsicherheiten, normative Anteile und Bereiche des Nichtwissens. Insofern diese Form der Reflexivität zur Rationalität der TA generell gehört (Grunwald 2008b), fordert das Postulat der Transparenz, die Schritte und Ergebnisse dieser Reflexion auch gegenüber den Adressaten deutlich zu machen.

3 Zur Realisierung von Transparenz in der TA

Im nächsten Schritt wird gefragt, mit welchen Mitteln TA diese Transparenz zu realisieren sucht. Hier lassen sich wissenschaftstheoretisch motivierte, analytische Ansätze (3.1 und 3.2) von organisatorischen Verfahren unterscheiden (3.3), welche gleichwohl aufeinander bezogen sein müssen.

3.1 Transparenz im Umgang mit Expertendilemmata

In Kontroversen um Wissenschaft und Technik – und nicht nur dort – kommt es häufig zu sich teils diametral widersprechenden Expertenaussagen und Gutachten. Dies hat zu einem Orientierungsproblem auf Seiten der Entscheidungsträger geführt (wem soll man nun glauben?) und zu einem Autoritätsverlust der Wissenschaften:

„Der Glaube an die ‚Einheitsrationalität'... ist angesichts der wirksam inszenierten öffentlichen Kontroversen (z.B. über die Kernenergie) wohl endgültig verloren. Wissenschaft als wertneutrale Schiedsinstanz und als Bezugspunkt für gesellschaftliche Rationalität – diese Rollen sind offenbar nicht mehr zeitgemäß" (Paschen et al. 1987: 58).

Einschlägige Beispiele für divergierende Expertenurteile lassen sich zuhauf finden. Die Debatten um den genetischen Determinismus in den 90er Jahren des vorigen Jahrhunderts, um die Eignung von Gorleben als Endlagerstandort für hoch radioaktive Abfälle, die Auseinandersetzungen um die Deutungen der Ergebnisse der Hirnforschung und die vielen Debatten zur Deutung des Klimawandels und seiner anthropogenen Komponente gehören zu den prominenteren.

Der Begriff des Expertendilemmas (Nennen/Garbe 1996) bezieht sich auf genau die Situation, dass Expertengutachten zu unterschiedlichen, teils sich komplett widersprechenden Urteilen kommen können. Wissenschaft erscheint als parteilich und vielleicht sogar käuflich statt als objektiv und neutral. Es besteht die vielfach kaum zu vermeidende Gefahr, dass Experten die Rollen als neutrale Gutachter und als engagierte Bürger oder Interessenvertreter nicht klar trennen, sondern auch Bewertungen auf der Basis eigener Überzeugungen vornehmen, die durch die Expertise nicht gedeckt sind.

Wissenschaftstheoretisch motiviert kann versucht werden, diese Trennung von Expertenaussagen in Wissensbestandteile, die von der ‚Scientific Community' anerkannt sind, und in subjektive Einschätzungen und Deutungen analytisch vorzunehmen, um insbesondere die Grenzen wissenschaftlicher Konsense zu erkunden. In dieser Perspektive wäre das Ziel, statt vorschnell von Rationalitätsstandards abzugehen, die Möglichkeiten der argumentativen Rationalität so weit wie möglich auszunutzen und zumindest analytisch eine ‚Prämissendeutlichkeit' zu erreichen (Lübbe 1997). Was auf diese Weise gelingen kann, ist eine analytische Trennung der deskriptiven Expertenaussagen von den implizit enthaltenen normativen moralischen, evaluativen oder politischen Beurteilungen. Das Konfliktfeld wird dadurch geklärt und transparenter gemacht; normative Konflikte können präzisiert, aber nicht unbedingt gelöst werden. Divergierende Urteile werden auf unvereinbare Prämissen und normative Vorentscheidungen zurückgeführt, die aufgedeckt werden sollen, um nicht unterschwellig demokratische Entscheidungen technokratisch zu präjudizieren. Denn erst wenn Prämissen und normative Vorentscheidungen aufgedeckt sind, kann eine aufgeklärte demokratische Auseinandersetzung stattfinden.

3.2 Transparenz in kontroversen Zukunftsvorstellungen: Energiezukünfte

Entscheidungen in Energiepolitik und Energieforschung im Hinblick auf Technologien und Infrastrukturen für Energiebereitstellung und Energieumwandlung erfolgen im Hinblick auf teils weit entfernte Zukünfte. Aussagen über die allmähliche Erschöpfung fossiler Energieträger, über Aussichten auf die Konkurrenzfähigkeit erneuerbarer Energieträger, die Formulierung von Klimazielen durch CO_2-Vermeidung, die Sicherung der wirtschaftlichen Versorgung angesichts geopolitischer Verschiebungen, Potenzialen und Risiken der Wasserstoffwirtschaft, langfristige Überlegungen zur Rolle der Fusionstechnologie etc. – alle diese für Energiepolitik und die Ausrichtung der Energieforschung zentralen Aspekte bestehen im Kern aus teils weit reichenden Annahmen über zukünftige Entwicklungen . Sie sind ‚Zukünfte', auf deren Basis Entscheidungen getroffen werden. ‚Energiezukünfte' orientieren *heutige* Energieforschung und *heutige* Energiepolitik.

Energiezukünfte sind also einerseits *notwendig*, um rationale Entscheidungen treffen zu können. Rein normativ, d.h. auf der Basis von Zielsetzungen und anerkannten Werten, sind Fragen der Energiepolitik oder der Ausrichtung der Energieforschung nicht entscheidbar. Andererseits sind diese Zukünfte jedoch häufig hoch kontrovers. So werden z.b. im Energiebereich seit Jahren inkompatible und divergierende Energiezukünfte gehandelt (z.B. die Rolle der Kernenergie betreffend), ohne dass klar ist, welche Zukünfte wie weit durch Wissen abgesichert sind, wo die Konsensbereiche liegen und wo wenig oder gar nicht gesicherte Annahmen über Randbedingungen und gesellschaftliche Entwicklungen die Zukünfte determinieren. Wenn jedoch Energiezukünfte zur Orientierung von rational begründeten Entscheidungen *heute* beitragen sollen, dürfen sie nicht beliebig oder ideologisch sein.

Es werden also Verfahren der Bewertung von Energiezukünften benötigt, in denen ihre ‚Rationalität', also ihre inter- und transsubjektive argumentative Qualität transparent analysiert und letztlich geprüft werden könnte (Grunwald 2009). Zukünfte sind jedoch in Bezug auf ihre Wissensstruktur zunächst opake und undurchschaubare Konstrukte aus den unterschiedlichsten Bestandteilen: wissenschaftliches Wissen unterschiedlicher Quelle und Geltung, lebensweltliches Wissen, Ad-hoc-Annahmen, Relevanzeinschätzungen, Ceteris-paribus-Bedingungen etc. Nicht durch Wissen gestützte Anteile werden durch mehr oder weniger gut begründbare Annahmen und evaluative Bedingungen ergänzt oder kompensiert. Um diese opake Struktur transparent zu machen, um eine vergleichende Bewertung von Energiezukünften zu ermöglichen, muss vorgängig eine

Dekonstruktion der zu analysierenden Zukünfte vorgenommen werden, eine Zerlegung in ihre epistemologisch relevanten Bestandteile. In einer groben Annäherung kann zunächst folgende Abstufung der Wissens- und Nichtwissensbestandteile vorgenommen werden (Grunwald 2009):

- *gegenwärtiges Wissen*, das nach anerkannten (z.b. disziplinären) Kriterien als Wissen erwiesen ist (z.b. je nach Fragestellung aus Geologie, Wirtschaftswissenschaften, Technikwissenschaften, ...);
- *Einschätzungen* zukünftiger Entwicklungen, die kein gegenwärtiges Wissen darstellen, sich aber durch gegenwärtiges Wissen begründen lassen (z.b. demografischer Wandel, Energiebedarf, ...);
- *Ceteris-paribus-Bedingungen*, indem bestimmte Kontinuitäten, ein ‚business as usual' in bestimmten Hinsichten oder die Abwesenheit disruptiver Veränderungen als Rahmen für die prospektiven Aussagen angenommen werden;
- *Ad-hoc-Annahmen*, die nicht durch Wissen begründet sind, sondern die ‚gesetzt' werden (wie z.b. die auch zukünftige Verbindlichkeit des deutschen Kernenergieausstiegs, das Nichteintreten eines katastrophalen Kometeneinschlags auf der Erde, ...).

Für eine transparente vergleichende Bewertung von Energiezukünften ist demnach die Validität des enthaltenen Wissens, die Zustimmungsfähigkeit der Einschätzungen sowie ‚Sinn' und Anschlussfähigkeit der Ad-hoc- und der Ceteris-paribus-Annahmen zu hinterfragen, genauso wie die Zusammenstellung dieser epistemologisch heterogenen Bestandteile der Energiezukünfte. Ein Streit über die argumentative ‚Qualität' von Energiezukünften bezieht sich daher nicht auf die vorausgesagten Ereignisse in einer zukünftigen Gegenwart, sondern auf die Gründe, die auf der Basis gegenwärtigen Wissens und gegenwärtiger Relevanzbeurteilungen für die jeweiligen Zukünfte in Anschlag gebracht werden können und zwischen denen diskursiv abgewogen werden muss.

Eine epistemologische Dekonstruktion der hier angedeuteten Art wird kaum zu einer klaren Anordnung konkurrierender Energiezukünfte auf einer Ordinalskala führen. Aber was zumindest erwartbar ist, ist die Schaffung von *Transparenz* in Bezug auf Energiezukünfte: in Bezug auf die Wissensbestände und deren Grenzen, in Bezug auf involvierte Unsicherheiten, die in einer solchen Dekonstruktion expliziert werden müssten (während sie sonst im Dunkeln bleiben können), und in Bezug auf die Aufdeckung der involvierten Werte, Normen und auch Interessen. Angesichts der hohen praktischen Bedeutung von

Energiezukünften in weit reichenden Festlegungen der Energiepolitik ist die Herstellung dieser epistemologischen Transparenz eine wichtige Aufgabe, um eine aufgeklärte wissenschaftliche, politische und öffentliche Debatte über diese Energiezukünfte zu unterstützen, ja zu ermöglichen. Diese in einer ‚unbarmherzigen' erkenntnistheoretischen Dekonstruktion zu erwartenden Leistungen sind es, die die Mühe einer solchen Anstrengung rechtfertigen, auch angesichts der Unsicherheiten, wie weit man damit wirklich kommt, um rationale Entscheidungen auf der ersten Stufe, der Stufe der Entscheidung zwischen konkurrierenden Zukünften im Supermarkt der Energiezukünfte, zu ermöglichen.

3.3 Transparenz in der TA beim Deutschen Bundestag

Das Büro für Technikfolgenabschätzung beim Deutschen Bundestag (TAB; vgl. Petermann/Grunwald 2005) besteht seit 1990 und ist nach einer Probephase zu einer ständigen Einrichtung des Deutschen Bundestages geworden. Das TAB soll Beiträge zur Verbesserung der Informationsgrundlagen insbesondere forschungs- und technologiebezogener parlamentarischer Beratungsprozesse leisten. Zu seinen Aufgaben gehören vor allem die Konzeption und Durchführung von TA-Projekten und – zu deren Vorbereitung und Ergänzung – die Beobachtung und Analyse wichtiger wissenschaftlich-technischer Trends und damit zusammenhängender gesellschaftlicher Entwicklungen (Monitoring). Seit 1990 wird das TAB vom Institut für Technikfolgenabschätzung und Systemanalyse (ITAS) des Forschungszentrums Karlsruhe betrieben, seit 2003 in Kooperation mit dem Fraunhofer-Institut für System- und Innovationsforschung (ISI).

Das TAB ist personell eine kleine Einheit (zurzeit acht Wissenschaftler). Die Vielfalt der bestehenden Anfragen und Themensetzungen wird bearbeitet, indem zu jedem Thema eine Reihe von Gutachten von wissenschaftlichen Einrichtungen eingeholt wird. Die Ergebnisse dieser Gutachten werden vom TAB-Team ausgewertet, auf den parlamentarischen Beratungsbedarf fokussiert und in Form eines Berichtes an das Parlament zusammengeführt. Auf diese vernetzte Arbeitsweise kann die gesamte Kompetenz und das Wissen des Wissenschaftssystems für die Entscheidungszwecke des Parlamentes mobilisiert werden. Die Ergebnisse von TAB-Studien führen teils zu Bundestagsbeschlüssen (allerdings eher selten), teils wirken sie sich eher indirekt auf parlamentarische Entscheidungsprozesse aus.

Eine zentrale Leistung des TAB ist es, aus (in der Regel wissenschaftlichen) Gutachten verschiedener Provenienz, die sich teils arbeitsteilig und komplementär zueinander verhalten, die aber teils auch zueinander in Widerspruch stehen, einen kohärenten Bericht für das Parlament zu erstellen. Dieser soll für die parlamentarische Beratung geeignet sein und mehrere Handlungsoptionen enthalten. Diese Leistung zeigt sich zunächst in der Festlegung der Themen der Gutachten und ihren Zuschnitt im Hinblick auf die vom Parlament gewünschte Technikfolgenabschätzung, sodann in der Begleitung der Anfertigung der Gutachten in engem Kontakt mit den Gutachtern, und schließlich vor allem in der Zusammenführung der verschiedenen Gutachten in den Bericht an das Parlament. Wissenschaftliche Gutachten spielen also in der Arbeit des TAB eine wesentliche Rolle. Dabei wird Expertise als Expertise zwar akzeptiert, aber immer im Bewusstsein der Existenz möglicher *Expertendilemmata* (s.o.).

Die Sicherung der wissenschaftlichen Unabhängigkeit (s.o.) erfolgt zu einem guten Teil durch Schaffung von Transparenz, sowohl in der Arbeitsweise als auch in der Erstellung der Ergebnisse und in der Kommunikation mit dem Auftraggeber. Dazu werden – neben internen Mechanismen – mehrere Kommunikationskanäle genutzt: Kommunikation mit wissenschaftlichen Gutachtern, Kommunikation mit Stakeholdern und Kommunikation mit dem Parlament. Durch intensive Kommunikation mit den Gutachtern, ggf. durch die Vergabe von Parallel- oder Konkurrenzgutachten, durch die Einholung von Kommentargutachten und die Kommunikation mit Stakeholdern soll das Expertenwissen auf seinen „harten Kern" zurückgeführt werden (vgl. die obige Diskussion zum Expertendilemma). Bewertungsfragen, die einer demokratischen Meinungsbildung unterliegen müssen, sollen dabei identifiziert werden. Auf der anderen Seite dient die intensive Kommunikation mit Parlamentariern, insbesondere den TAB-Berichterstattern, einer Sicherstellung von Ausgewogenheit und Neutralität. Das TAB nutzt Rückmeldungen der Berichterstatter und anderer Politiker, die in der Regel ein sehr gutes Sensorium für Unausgewogenheiten und Intransparenzen haben. Deren Hinweise auf verborgene implizite Wertungen sorgen gelegentlich für eine Verbesserung der Transparenz durch eine differenziertere Darstellung der Argumentationsketten sowie der Ergebnisse.

Dies gelingt selbstverständlich nicht immer in der gleichen Weise. Eine *prinzipielle* Grenze liegt darin, dass Expertise nicht „ohne Rest" in deskriptive und normative Anteile zu trennen ist, sondern dass untrennbare Verschränkungen verbleiben. Auch „objektives" Wissen beruht auf Relevanzentscheidungen und Prioritätensetzungen, bedarf einer spezifischen Terminologie mit spezifischen und nicht wertneutralen Basisunterscheidungen oder ist theorieabhängig. Es gibt keinen Algorithmus, der garantieren könnte, dass alle normativen Annahmen transparent aufgedeckt seien. Ein *praktisches* Problemfeld besteht darin, dass möglicherweise *zu wenig* konträrer oder jedenfalls perspektivisch verschiedener Input berücksichtigt wird. Das TAB vergibt zumeist weniger als zehn Gutachten pro TA-Projekt, so dass die Zahl der unterschiedlichen Positionen begrenzt ist. Außerwissenschaftliche Stellungnahmen sind zumeist gar nicht vorgesehen.

Daher ist die Einlösung der Forderung nach Transparenz kaum vollständig möglich. In der Praxis wird es nie gelingen, den TA-Prozess vollständig in Einzelteile aufzulösen und für jedes Teil komplette Transparenz herzustellen. Intuitive Elemente und „tacit knowledge" dürften sich nicht vollständig eliminieren lassen. Es ist nur an das Verfassen des TA-Berichtes zu denken, wo mit jeder Formulierung und jeder konkreten Wortwahl auch eine Wertung vorgenommen wird. So war beispielsweise die Beurteilung, dass das für Kernfusion benötigte Tritium ein *wesentliches* Proliferationsrisiko darstelle (Grünwald et al. 2002), in der Diskussion mit den Parlamentariern umstritten. Der Grund war die Interpretation, was hier „wesentlich" bedeute. Jenseits solcher Beurteilungsfragen sind sogar Beschreibungen nie nur Beschreibungen, sondern enthalten häufig durch die verwendeten Begriffe und deren Wahrnehmung bestimmte Wertungen (so wird z.B. das Wort „Atomenergie" häufig mit kernenergieskeptischen Haltungen in Verbindung gebracht, während „Kernenergie" eine positivere Haltung dazu signalisiert). Der Realisierung von Transparenz in der Praxis sind Grenzen gesetzt.

4 Die demokratietheoretische Funktion von Transparenz in der TA

Der Umgang mit dem technischen Fortschritt, insbesondere mit technikbedingten Risiken, hat früh Fragen aufgeworfen, ob und in welcher Hinsicht das klassische Modell repräsentativer Demokratie hier an Grenzen stößt. Vielfach wurde eine ‚Demokratisierung des Wissens' gefordert, um der Bevölkerung die Möglichkeit zu geben, sich selbst ein fundiertes Urteil zu bilden und dieses in Entscheidungsprozessen zu Gehör zu bringen. Angesichts technokratischer Tendenzen (Habermas 1968) stellen sich zusätzliche Probleme: der Übergriff technischen Denkens auf die Behandlung ureigener politischer Fragen, ein Zurückdrängen des Denkens in gesellschaftlichen Alternativen zugunsten technischer Optimierung und die Überweisung von Entscheidungsfindungen an technokratische Expertenzirkel außerhalb der legitimierten politischen Verfahren. Es sind letztlich zwei verschiedene Probleme, auf die hier hingewiesen wird: (1) wie können politische Entscheidungsfindungen *von der Sache her* adäquat mit dem wissenschaftlich-technischen Fortschritt umgehen, und (2) wie sind in diesen Fragen *demokratietheoretische* Ansprüche einlösbar? Diese Fragen ernst nehmen bedeutet, wissenschaftlicher Politikberatung eine demokratietheoretische Dimension zuzusprechen statt sie ausschließlich auf instrumentelle Beiträge zum Funktionieren des institutionellen Getriebes staatlicher Organe zu beschränken.

Den demokratietheoretisch gleichermaßen defizitären Modellen eines dezisionistischen und eines technokratischen Verhältnisses von Wissenschaft, Öffentlichkeit und Politik hat Habermas (1968) das *pragmatistische* Verhältnis entgegengehalten. Wissenschaftliche Politikberatung, also z.B. Technikfolgenabschätzung, das direkte Aufeinandertreffen von wissenschaftlicher Expertise und politischer Handlungsmacht in institutionalisierten Beratungsverhältnissen (wie im TAB, s.o.) dürfe vor dem Hintergrund dieses Modells nur eine *vorbereitende Rolle* für diesen vom ‚Publikum der Staatsbürger' zu vollziehenden Beratungsprozess spielen:

> „In der Integration von technischem Wissen und hermeneutischer Selbstverständigung steckt, da sie in einer vom Staatsbürgerpublikum losgelösten Diskussion der Wissenschaftler in Gang gebracht werden muss, immer ein Moment von Vorwegnahme. Die Aufklärung eines wissenschaftlich instrumentierten politischen Willens kann nach Maßgabe rational verbindlicher Diskussion nur aus dem Horizont der miteinander sprechenden Bürger hervorgehen und muß in ihn zurückführen" (Habermas 1968: 137).

Das Vorliegen *transparent explizierter Verständnisse* dessen, worum es in kontroversen Fragen des technischen Fortschritts geht, zu denen Technikfolgenabschätzung arbeitet, gehört zu den Vorbedingungen, die erfüllt sein müssen, wenn an eine demokratische Deliberation überhaupt gedacht werden soll (Grunwald 2008b). Wissenschaftliche Politikberatung muss wesentlich diese hermeneutische Leistung vollbringen. Zu klären, worum es geht, in epistemologischer, normativer und praktischer Hinsicht, hat demokratietheoretische Bedeutung in der Ausgestaltung der Wechselverhältnisse zwischen Politik, Öffentlichkeit und Wissenschaft. Eine aufgeklärte demokratische Öffentlichkeit bedarf Klärungen dieser Art, um zu verstehen, was in den Technikdebatten auf dem Spiel steht, und um sich dann ein Urteil zu bilden.

Der Umgang mit Expertenwissen und mit entsprechenden Expertendilemmata in der TA lässt sich vor diesem Hintergrund durchaus als Demokratisierung von Expertise verstehen. Allerdings nicht in dem häufig geäußerten und irreführenden Sinne, dass Geltungsfragen des Wissens einem Mehrheitsprinzip unterworfen werden sollten. Vielmehr geht es durch die genannten Schritte in Richtung auf eine höhere Transparenz von Expertise in Bezug auf inkludiertes Wissen genauso wie in Bezug auf inkludierte Werturteile und Einschätzungen darum, komplexe Expertenaussagen so zu „dekonstruieren", dass ihr je verschiedener epistemologischer und normativer Gehalt sichtbar wird. Wissensbestandteile, die *als Wissen* erwiesen werden können, fallen nicht unter demokratische Mehrheitsprinzipien. Bestandteile von Expertisen jedoch, die einen evaluativen Gehalt haben, müssen sich einer entsprechenden normativen Deliberation erst stellen, z.B. in Bezug auf die zugrunde gelegten Kriterien und ihre ethische Rechtfertigbarkeit. Sie können durchaus ein berechtigter Teil von Expertise sein, haben jedoch einen anderen Status als die genannten Wissensbestandteile und müssen in einer demokratischen Arena verhandelt werden. Die erkenntnistheoretische Dekonstruktion von Expertise deckt derartige Bestandteile von Expertisen und Gegenexpertisen auf und trägt dazu bei, dass die Bedingungen der Möglichkeit einer demokratischen Deliberation zuerst geschaffen werden. Dies ist die zentrale Aufgabe, die es mit Transparenz in der TA zu realisieren gilt.

Die Erhöhung der Transparenz, die Erreichung von Prämissendeutlichkeit und die Markierung bewertender Prämissen sind damit wichtige Elemente einer Demokratisierung von Expertenwissen als Vorbedingung für eine demokratische Technikgestaltung (Grunwald 2003). Wie an verschiedenen Beispielen der letzten Jahre zu sehen ist (Ausschuss 2002), wird dieses Programm einer Demokratisierung von Expertise wenigstens von Fall zu Fall mit gutem Erfolg erreicht. Die so erfolgte Erhöhung von Transparenz kann dann als Basis für transparentere öffentliche Diskurse genutzt werden. Dies allerdings geschieht noch kaum. Hier kann erheblich mehr getan werden, um die Demokratisierungspotenziale der TA auf für öffentliche Technikdiskussionen nutzbar zu machen.

Literatur

Ausschuss für Bildung, Forschung und Technikfolgenabschätzung (2002): *Technikfolgenabschätzung (TA). Beratungskapazität Technikfolgenabschätzung beim Deutschen Bundestag – ein Erfahrungsbericht*, Bundestags-Drucksache 14/9919, Berlin.

Bechmann, Gotthard (2007): Die Beschreibung der Zukunft als Chance oder Risiko?, in: *Technikfolgenabschätzung – Theorie und Praxis* 16, 24-31.

Bechmann, Gotthard (1994): Frühwarnung – die Achillesferse der TA?, in: Armin Grunwald/Hartmut Sax (Hrsg.): *Technikbeurteilung in der Raumfahrt. Anforderungen, Methoden, Wirkungen*, Berlin: Edition Sigma, 88-100.

Bechmann, Gotthard/Decker, Michael/Fiedeler, Ulrich/Krings, Bettina (2007): TA in a Complex World, in: *International Journal of Foresight and Innovation Policy* 4, 4-21.

Bechmann, Gotthard/Frederichs Günter (1996): Problemorientierte Forschung: Zwischen Politik und Wissenschaft, in: Gotthard Bechmann (Hrsg.): *Praxisfelder der Technikfolgenforschung. Konzepte, Methoden, Optionen*, Frankfurt am Main/New York: Campus, 11-37.

Beck, Ulrich/Lau, Christoph (2004): *Entgrenzung und Entscheidung. Was ist neu an der Theorie reflexiver Modernisierung?*, Frankfurt am Main: Suhrkamp.

Bimber, Bruce (1996): *The Politics of Expertise in Congress: the Rise and Fall of the Office of Technology Assessment*, New York: State University of New York Press.

Bora, Alfons/Decker, Michael/Grunwald, Armin/Renn, Ortwin (Hrsg.) (2005): *Technik in einer fragilen Welt. Herausforderungen an die Technikfolgenabschätzung*, Berlin: Edition Sigma.

Cruz-Castro, Luisa/Sanz-Menendez, Luis (2004): Politics and Institutions: European Parliamentary Technology Assessment, in: *Technological Forecasting and Social Change* 27, 79-96.

Decker, Michael/Ladikas, Miltos (Hrsg.) (2004): *Bridges between Science, Society and Policy. Technology Assessment – Methods and Impacts*, Berlin: Springer.

Funtowitz, Silvio/Ravetz, Jerome (1993): The Emergence of Post-Normal Science, in: René von Schomberg (Hrsg.): *Science, Politics and Morality*, Dordrecht: Kluwer, 73-92.

Gethmann, Carl Friedrich/Mittelstraß, Jürgen (1992): Umweltstandards, in: *GAIA* 1: 16-25.

Gloede, Fritz (2007): Unfolgsame Folgen. Begründung und Implikationen der Fokussierung auf Nebenfolgen bei TA, in: *Technikfolgenabschätzung – Theorie und Praxis* 16, 45-53.

Grunwald, Armin (2001): Arbeitsteilige Technikgestaltung und verteilte Beratung: TA zwischen Politikberatung und Technikbewertung in Unternehmen, in: *TA-Datenbank-Nachrichten* 10 (2), 61ff.

Grunwald, Armin (2002): *Technikfolgenabschätzung – eine Einführung*, Berlin: Edition Sigma.

Grunwald, Armin (2003): Technology Assessment at the German Bundestag: Expertising Democracy for Democratising Expertise, in: *Science and Public Policy* 30, 193-198.

Grunwald, Armin (2004): Strategic Knowledge for Sustainable Development: the Need for Reflexivity and Learning at the Interface between Science and Society, in: *International Journal of Foresight and Innovation Policy* 1(1/2), 150-167.

Grunwald, Armin (2005): Wissenschaftliche Unabhängigkeit als konstitutives Prinzip parlamentarischer Technikfolgen-Abschätzung, in: Thomas Petermann/Armin Grunwald (Hrsg.): *Technikfolgen-Abschätzung am Deutschen Bundestag*, Berlin: Edition Sigma, 213-239.

Grunwald, Armin (2008a): Technikfolgenabschätzung als wissenschaftliche Politikberatung, in: Bröchler, Stefan/Schützeichel, R. (Hrsg.): *Politikberatung*, Stuttgart: Lucius & Lucius, 282-298.

Grunwald, Armin (2008b): *Technik und Politikberatung. Philosophische Perspektiven*, Frankfurt am Main: Suhrkamp.

Grunwald, Armin (2009): Energiezukünfte vergleichend bewerten – aber wie?, in: Möst, Dominik/Fichtner, Wolf/Grunwald, Armin (Hrsg.): *Energiesystemanalyse*, Karlsruhe: Hochschulverlag.

Grunwald, Armin/Banse, Gerhard/Coenen, Cristopher/Hennen, Leo (2006): *Netzöffentlichkeit und digitale Demokratie. Tendenzen politischer Kommunikation im Internet*, Berlin: Edition Sigma.

Grunwald, Armin/Grünwald, Reinhard/Oertel, Dagmar/Paschen, Herbert (2002): *Kernfusion Sachstandsbericht*, TAB-Arbeitsbericht Nr. 75, Berlin: Büro für Technikfolgen-Abschätzung beim Deutschen Bundestag.

Grunwald, Armin/Kopfmüller, Jürgen (2006): *Nachhaltigkeit*. Frankfurt am Main/New York: Campus.

Habermas, Jürgen (1968): Verwissenschaftlichte Politik und öffentliche Meinung, in: ders. (Hrsg.): *Technik und Wissenschaft als Ideologie*, Frankfurt am Main: Suhrkamp, 120-145.

Habermas, Jürgen (1992): Drei normative Modelle der Demokratie: Zum Begriff deliberativer Politik, in: Münkler, H. (Hrsg.): *Die Chancen der Freiheit*, München, 11-124.

Hubig, Christoph (2006): *Die Kunst des Möglichen I. Technikphilosophie als Reflexion der Medialität*, Bielefeld: Transcript.

Janich, Peter (1997): *Kleine Philosophie der Naturwissenschaften*, München: Beck.

Leggewie, Claus (Hrsg.) (2007): *Von der Politik- zur Gesellschaftsberatung. Neue Wege öffentlicher Konsultation*, Frankfurt am Main/New York: Campus.

Lübbe, Weyma (1997): Expertendilemmata – ein wissenschaftsethisches Problem?, in: *GAIA* 6 (3), 177-181.

Meyer-Krahmer, Frieder (1999): Technikfolgenabschätzung im Kontext von Innovationsforschung und Globalisierung, in: Thomas Petermann/Reinhard Coenen (Hrsg.): *Technikfolgenabschätzung in Deutschland. Bilanz und Perspektiven*, Frankfurt am Main/New York: Campus, 197-216.

Mittelstraß, Jürgen (1974): *Die Möglichkeit von Wissenschaft*, Frankfurt am Main: Suhrkamp.

Nennen, Heinz-Ulrich/Garbe, Detlef (1996): *Das Expertendilemma: zur Rolle wissenschaftlicher Gutachter in der öffentlichen Meinungsbildung*, Heidelberg: Springer.

Orwat, Carsten/Grunwald, Armin (2005): Informations- und Kommunikationstechnologien und Nachhaltige Entwicklung. In: Mappus, Stefan (Hrsg.): *Erde 2.0 – Technologische Innovationen als Chance für eine nachhaltige Entwicklung?*, Berlin: Springer, 242-276.

Paschen, Herbert/Bechmann, Gotthard/Wingert, Bernd (1987): Funktion und Leistungsfähigkeit des Technology Assessment im Rahmen der Technologiepolitik, in: Kruedener, Jürgen/Schubert, Klaus von (Hrsg.): *Technikfolgen und sozialer Wandel*, Opladen: Westdeutscher Verlag, 57-73.

Paschen, Herbert/Petermann, Thomas (1991): Technikfolgenabschätzung – ein strategisches Rahmenkonzept für die Analyse und Bewertung von Technikfolgen, in: Petermann (1991), 19-42.

Petermann, Thomas (Hrsg.) (1991): *Technikfolgen-Abschätzung als Technikforschung und Politikberatung*, Frankfurt am Main/New York: Campus.

Petermann, Thomas/Grunwald, Armin (Hrsg.) (2005): *Technikfolgen-Abschätzung am Deutschen Bundestag*, Berlin: Edition Sigma.

Roco, Mihail/Bainbridge, William (Hrsg.) (2002): *Converging Technologies for Improving Human Performance*, Arlington: National Science Foundation.

Smits, Ruud/den Hertog, Pim (2007): TA and the Management of Innovation in Economy and Society, in: *International Journal on Foresight and Innovation Policy* 3, 28-52.

Stehr, Nico (2003): *Wissenspolitik*, Frankfurt am Main: Suhrkamp.

Vig, Norman/Paschen, Herbert (Hrsg.) (2000): *Parliaments and Technology Assessment. The Development of Technology Assessment in Europe*, Albany: State University of New York Press.

von Schomberg, Rene (2005): The Precautionary Principle and its Normative Challenges, in: Fisher, Edwin/von Schomberg, Rene (Hrsg.): *The Precautionary Principle and Public Policy Decision Making*, Cheltenham, UK and Northampton, MA, 161-165.

Voss, Jan-Peter/Bauknecht, Dirk/Kemp, Rene (Hrsg.) (2006): *Reflexive Governance for Sustainable Development*, Cheltenham: Edward Elgar.

Transparency International.
Von der Moralinstitution zur Politikberatungsagentur – Professionalisierungsstrategien in einer globalen Nonprofit-Organisation

Dirk Tänzler

Seit Anfang der 90er Jahre des letzten Jahrhunderts beobachten wir einen tiefgreifenden Wandel der Gesellschaften und ihrer Institutionen. Der im Namen der liberalen Revolution betriebene Umbau erstreckt sich vom „State-Building" im postsozialistischen Osteuropa, im Irak oder in Afghanistan bis hin zum „New Public Management" in den öffentlichen Verwaltungen der Industriestaaten der westlichen Welt. In diesen Zeiten der Transformation und Globalisierung entstand eine Vielzahl neuer zivilgesellschaftlicher Organisationen und es konnte ein deutliches Wachstum des sogenannten Nonprofit-Sektors verzeichnet werden.[1]

Der Non-Profit-Sektor ist, soziologisch betrachtet, sowohl wohlfahrts- und arbeitsmarktpolitisch als auch, was leider zu häufig unterbelichtet bleibt, kulturell von Bedeutung, nämlich für die Entwicklung der moralischen Grundlagen von Politik, Ökonomie und Gesellschaft, sprich für die Bildung von Vertrauen, Einverständnis und Gegenseitigkeit – also für den von Mark Granovetter mit dem Ausdruck „Embeddedness" bezeichneten Zusammenhang – sowie als Potenzial der Selbststeuerung und der Innovation der Gesellschaft (Granovetter 1974, 1991).

Eine der einflussreichsten in dieser Zeit entstandenen zivilgesellschaftlichen Organisationen ist zweifellos Transparency International (TI). Kaum eine andere dieser „Nongovernmental Organisations" (NGOs) ist so sehr mit den gesellschaftlichen Veränderungen der letzten Jahre verknüpft, und zwar auf einem Gebiet, dem politisch und gesellschaftlich immer wenig Aufmerksam zuteil wurde: Korruption. Das änderte sich dank Transparency International radikal. Korruption wurde als Symptom, wenn nicht gar als Ursache einer blockierten

---

1 Wie im Rahmen des Johns Hopkins Comparative Nonprofit Sector Projects, das diesen globalen gesellschaftlichen Trend fast zeitgleich wissenschaftlich begleitet, festgestellt wurde, wuchs der Arbeitsmarkt im Dritten („nonprofit") Sektor viermal schneller als in der übrigen Wirtschaft. Siehe Salamon/Anheier 1994; für Deutschland: Anheier/Seibel 2001 und Zimmer/Priller 2004. Dort sind auch entsprechende Zahlenangaben zu finden.

Entwicklung in Afrika, Lateinamerika, Asien und Osteuropa ausgemacht, darüber hinaus als Hindernis auf dem Weg zu einer neuen Weltwirtschaftsordnung. Korrupte Praktiken vereiteln eine rationale politische Interessenvertretung, verhindern oder unterminieren die Demokratie und setzen die Regeln der freien Marktwirtschaft außer Kraft. Insbesondere in unter- oder fehlentwickelten Ländern sind Wirtschaft und Politik auf kriminelle Weise so miteinander verbandelt, dass deren Personal als Träger der Modernisierung ausfällt und nur die Zivilgesellschaft dafür in Frage kommt, die dort vielfach aber erst im Entstehen begriffen ist. Nichts weniger als die Schließung dieser Lücke haben sich Nichtregierungsorganisationen wie Greenpeace, Amnesty International und Transparency International, um nur die wichtigsten und bekanntesten zu nennen, auf ihre Fahnen geschrieben.

Nach anderthalb Jahrzehnten ist Transparency International als moralische und politische Instanz fest etabliert und befindet sich als Organisation in einem grundlegenden Wandlungsprozess. Soziologisch betrachtet erhält dieser im vorliegenden Beitrag rekonstruierte Wandel historische Relevanz angesichts der Tatsache, dass Transparency International den Kampf gegen die illegalen sozialen Netzwerke der Korruption als Netzwerk ganz anderer Art führt. Die Analyse des Organisationswandels bei Transparency International ermöglicht daher auf empirischer Basis Einsicht in das Funktionieren von Netzwerkorganisationen,[2] wie sie für „global player" in der sich etablierenden „Weltgesellschaft" als typisch gelten. Die soziologische Analyse unterscheidet drei miteinander verflochtene Ebenen: die Organisationsstruktur, den Organisationswandel und den Elitenwechsel.[3] Die Organisationsstruktur wird als Mittel zum Zweck, als soziale Problemlösung verstanden, der Organisationswandel als Folge einer endogen oder exogen ausgelösten Zielverschiebung betrachtet und diese Zielverschiebung mittels des Vergleichs der Selbstbeschreibungssemantiken rekonstruiert, deren sich Eliten bedienen, die in unterschiedlichen Phasen der Organisationsentwicklung die Deutungshoheit in der Organisation innehaben. Gegenüber gestellt werden die programmatischen Selbstbeschreibungen des Managements

---

2   Zum Begriff des „Netzes" oder des „Netzwerks" siehe White 2002; Castells 1996, 1997, 1999; Mann 1986, 1993; Latour 2007; Böhme 2004; Schüttpelz 2007; Fangerau/Halling 2009.
3   Empirische Grundlage der vorliegenden Analyse sind Daten aus offiziellen Dokumenten, journalistischen und wissenschaftlichen Beiträgen sowie aus Interviews mit Führungskräften von Transparency International, die im Rahmen des vom Autor koordinierten EU-Forschungsprojekts „Crime and Culture" (2006-2009) generiert wurden. Aktuell führt der Autor gemeinsam mit Transparency International ein ebenfalls kulturvergleichendes Begleitforschungsprojekt über die „Advocacy and Legal Advices Centres (ALACs)" durch (2009-2012). Weitere Informationen zu den Projekten unter http://www.uni-konstanz.de/crimeandculture/index.htm.

mit den sich abzeichnenden Resultaten ihres Handelns. Eine solche „rationalistische" wissenssoziologische Organisationsanalyse mag angesichts der einschlägigen Debatten der letzten Jahre als naiv erscheinen; im Sinne der Max Weberschen Wissenschaftslehre (Weber 1968), der sich die folgenden Überlegungen verpflichtet fühlen, sind sie ganz unabdingbar, um in Differenz zum theoretisch konstruierten Idealtypus den historisch konkreten Fall bestimmen zu können.

1 Ein zivilgesellschaftliches Netzwerk

Ziel und Zweck von Transparency International ist ganz allgemein der Kampf gegen Korruption in Wirtschaft und Politik. Die Organisation sieht es als ihre Aufgabe an, die Bürger darüber aufzuklären, dass sie letztlich die Opfer dieser Machenschaften sind und durch ihre Lethargie und Passivität, ihre Toleranz gegenüber Korruption, diese erst ermöglichen. Dem zivilgesellschaftlichen Anliegen entspricht die zivilgesellschaftliche Organisation in Gestalt eines weltweiten Netzwerks autonomer „National Chapters" und einem in Berlin angesiedelten „Sekretariat". Innerhalb der Netzwerkorganisation übernehmen die „National Chapters" die zivilgesellschaftliche Arbeit an konkreten Einzelfällen, während sich das „Sekretariat" auf die Steuerung der internen und externen Politiken sowie in zunehmendem Maße der Politikberatung auf der Ebene von nationalen und internationalen politischen und wirtschaftlichen Akteuren (Nationalstaaten, Europäische Union, UNO, Wirtschaftsunternehmen) konzentriert.

Verglichen mit Nichtregierungsorganisationen wie etwa Greenpeace oder Amnesty International, die strikt hierarchisch strukturiert sind, springt die einzigartige Netzwerkorganisation von Transparency International ins Auge. Bei Greenpeace und Amnesty International sind die nationalen und örtlichen Aktivisten organisatorisch und finanziell abhängige ausführende Organe eines Headquarters. Demgegenüber besteht Transparency International aus einer Vielzahl autonomer und eigenfinanzierter „National Chapters" und einem „Sekretariat", das keinerlei Weisungsbefugnis oder sonstige hierarchische Steuerungsmöglichkeit besitzt. Nicht einmal der Name ist verbindlich und auch die Organisation und Arbeitsweise der National Chapters variiert von Land zu Land, ist stark von kulturellen Traditionen geprägt.

In deutlichem Kontrast zum spontaneistischen und kooperativen Handlungsstil des National Chapters in Bosnien ist die Schwesterorganisation in Rumänien einerseits so rigide bürokratisch organisiert wie die rumänische Staatsbürokratie und andererseits so skeptisch gegenüber Institutionen wie die rumänische Bürgergesellschaft, was sich unter anderem in einem rigiden Beharren auf strikter Autonomie sowohl gegenüber staatlichen Institutionen als auch gegenüber dem Transparency-International-Sekretariat ausdrückt. Die Koordination der Beziehungen autonomer Basisgruppen im internationalen TI-Netzwerk erfolgt daher durch komplizierte Aushandlungsprozesse. Die daraus resultierenden „Reibungsverluste" in einer wachsenden Organisation sind dann auch ein wesentlicher Grund für den sich abzeichnenden Organisationswandel, in dem es letztlich darum geht, lose Bindungen („weak ties") dauerhaft zu verkoppeln und sie mit mehr Verbindlichkeiten („strongness", Granovetter 1991) auszustatten. Es lassen sich zwei Phasen dieses Organisationswandels mit folgenden Merkmalen ausmachen:

Die erste Phase beginnt mit der Gründung von Transparency International im Jahre 1993 durch hochrangige Vertreter der Weltbank und des Internationalen Währungsfonds. Als erfahrene politische Ökonomen begannen sie in ihren Arbeitsfeldern visionäre Problemlösungen zu entwickelten, die im Rahmen ihrer Organisationen und der institutionalisierten Politik (allein) nicht realisiert werden konnten. Sie kreierten neue „öffentliche Güter", sorgten für deren Akzeptanz in der Zivilgesellschaft, betrieben schließlich erfolgreich das politische Agenda-Setting und das notwendige Fundraising zur finanziellen Unterstützung der zivilgesellschaftlichen Akteure. Allerdings alimentieren sich die National Chapters größtenteils selbst und sind daher ökonomisch und politisch unabhängig. Wie die Gründer von Transparency International, die sich eher informell zusammenfanden, so organisierten sich auch die zivilgesellschaftlichen Akteure in den National Chapters spontan auf der Grundlage ihrer moralischen und politischen Überzeugungen – was ihrem Engagement zu Gute kam, aber dem Wachsen ihrer Schlagkraft deutliche Grenzen setzte. Hier nun setzt seit Mitte dieses Jahrzehnts die zweite Phase der Entwicklung zu einer Professionalisierung der Organisation ein.

2 Transparenz und die Ökonomie zivilgesellschaftlichen Engagements

Das weltweit operierende Antikorruptions-Bündnis gibt sich den programmatischen Namen Transparency International. Nomen est omen. Das Ziel soll sich in den Mitteln spiegeln, die Organisation selbst Vorbild sein: „Transparenz" statt „Korruption", „Aufklärung" statt „dunkler Geschäfte" betreiben. Das erscheint zunächst banal; aber bei genauerem Hinsehen zeigen sich signifikante Zusammenhänge.

Transparenz ist ein Grundprinzip politischen und ökonomischen Denkens, letztlich nichts anderes als die Umsetzung des Vernunftglaubens der bürgerlichen Aufklärung in das demokratische Prinzip politischer Repräsentation einerseits und das marktwirtschaftliche Prinzip der Angebots- und Nachfragesteuerung durch Preise, die eine zweckrationale Betriebsführung und -organisation ermöglichen, andererseits. Die Verfahren der parlamentarischen Demokratie garantieren die Transparenz der politischen Machtausübung und der Markt und sein Preissystem die Durchsichtigkeit und Berechenbarkeit eigennutzorientierten Wirtschaftshandelns. In der Policy-Forschung ist Transparenz mittlerweile einer der Maßstäbe für „good governance". Es überrascht daher nicht, dass die Führung von Transparency International sich dieser Semantik bedient, stammen die Mitglieder dieser alten „Gründerelite" doch aus Organisationen wie der Weltbank und dem Internationalen Währungsfonds, in denen dieses neoliberale Denken, das alles, so auch das Politische, in ökonomischen Begriffen zu fassen versucht, verbreitet war und ist.

Es geht aber nicht nur um „good governance" und „best practice" in der Organisation, sondern auch und vor allem um die Frage der Legitimität ihres zivilgesellschaftlichen Handelns. Zivilgesellschaftliche Organisationen besitzen keine repräsentative, mit Hobbes (1966) zu sprechen, „künstliche" Legitimation durch Wahlämter und Mandat noch unmittelbare „natürliche" Legitimation durch Eigentumsrechte. Bürgerschaftliche im Unterschied zu politischer Legitimität beruht auf dem Prinzip der partizipativen Demokratie, auf gesinnungsethischem Engagement. Das Handeln von Moralunternehmern, so heißt es in einem programmatischen Text eines Direktors von Transparency International, erhält Rechtfertigung auf Grund der „validity of their ideas, by the values they promote, and by issues they care about" (Marschall 2002). Die zivilgesellschaftliche Organisation produziert ein „new common good", für das eine Nachfrage auf einem (Quasi-) Markt der Werte – Aufmerksamkeit in der bürgerlichen Öffentlichkeit – gesucht und gefunden werden muss.

Bei der theoretischen Reflexion des Legitimationsproblems bemühen die Gründerväter der Organisation eine ihrer Profession entsprechende ökonomische Semantik. Es werden hier Bezüge zum Markt und zum Unternehmertum hergestellt, da der Liberalismus nur die Grundunterscheidung zwischen Markt und Staat, gut und böse, (freie) Konkurrenz und (bindender) Hierarchie kennt, aber keinen Begriff von der Gesellschaft hat, die es für ihn schlicht nicht gibt. Da der Staat insbesondere außerhalb der westlichen Industrienationen – der zitierte TI-Direktor stammt aus einem postsozialistischen, einst „überpolitisierten" Land Südosteuropas – als positive Bezugsgröße ausfällt, wird das (Zivil-) Gesellschaftliche zwangsläufig in Analogie zum Markthandeln formuliert. Als charismatischer Moralunternehmer handelt der zivilgesellschaftliche Aktivist nicht mit ökonomischem Kapital, sondern mit seinem sozialen und kulturellen Kapital, d.h. mit seinem moralischen („Prestige") und geistigen („Wissen") Eigentum. Der Moralunternehmer bezieht seine „Güter" von diesem Markt der Werte und speist dort die reaktivierten oder neuen „common goods" wieder ein. Es ist dieser emergente Charakter der Zivilgesellschaft als Quelle der Stabilität durch Vertrauensbildung einerseits und der gesellschaftlichen Erneuerung andererseits, der die besondere Rolle des Dritten Sektors für die Funktionssysteme ausmacht. Die Zivilgesellschaft versorgt Politik und Wirtschaft mit Vertrauen, Reputation und Kreativität, die diese selbst nicht generieren können.

Im Zusammenspiel freier, an kein politisches Mandat gebundener Moralunternehmer und mit „moralischer und professioneller Autorität" ausgestatteter Nichtregierungsorganisationen wird der doppelte Zweck der Zivilgesellschaft, Quelle und Garant gesellschaftlicher Entwicklung zu sein, erreicht, wenn diese „single-issue organisations (...) concentrate their resources on that single issue without much compromise and without trade-offs", wenn sie also der Logik der Politik entsagen, die ja eine Praxis des Machbaren, nicht des Prinzipiellen ist. Lokal verankerte Nichtregierungsorganisation sind daher, anders als staatliche Einrichtungen, in der Lage, „indigenous resources otherwise unavailable for development projects" (Marschall 2002) zu mobilisieren und dürfen damit zurecht als Moralinstitutionen bezeichnet werden.

3 *Advocacy* als Leitbild der Organisationsentwickler

In der Gründungsphase dominierten bei Transparency International die charismatischen Ideenfinder. Mit dem Wachstum des Netzwerkes gewinnen die Organisationsentwickler mehr und mehr an Einfluss. Dieser sich anbahnende Elitenwechsel ist deutliches Anzeichen für einen Organisationswandel. Unter Beibehaltung ihres Netzwerkcharakters transformiert sich die zivilgesellschaftliche Moralinstitution gegenwärtig in eine Agentur für professionelle Politikberatung. Im Zusammenhang mit dem Organisationswandel fällt auf, dass die Rekrutierung nicht mehr über „weak ties" (Grannovetter 1974) – nach dem elitären Verfahren der Kooptation persönlicher Bekanntschaften – erfolgt , sondern „versachlicht" und demokratisiert über den Arbeitsmarkt und zwar aus einem ganz anderen Segment: Nicht mehr Ökonomen, sondern Politologen/Verwaltungswissenschaftler geben mittlerweile den Ton im wachsenden Mittelbau der Organisation an. Auf die mit zunehmendem Wachstum zumal in einer offenen Netzwerkorganisation immer dringlicher und gleichzeitig immer schwieriger werdenden Koordinations-

und Abstimmungsprobleme reagiert Transparency International mit verschiedenen Projekten zur Arbeits- und Organisationsentwicklung. Ein solches Projekt, Advocacy and Legal Advice Centre (ALAC), ist z.Z. das umfangreichste und ambitionierteste Kernprojekt von Transparency International.

> The TI „*Advocacy and Legal Advice Centre (ALAC)*" facilitates the wider engagement of the population in the fight against corruption, for enhanced transparency and accountability. (…) TI's Advocacy and Legal Advice Centre (ALAC) provide citizens with information and tools necessary to pursue their corruption-related complaints. The ALAC process begins with a corruption hotline and free legal advice. Once a case is presented, the ALAC takes on an advocacy role, taking official measures and involving the competent authorities to pursue the complaint. Important for building trust among citizenry, ALAC operates independently of official legal complaint mechanisms (Transparency International 2007).

Programmatisch folgt das Projekt, wie im Namen angezeigt, dem sogenannten *Advocacy*-Konzept. *Advocacy* ist ein politikwissenschaftliches Modell der Beschreibung und Erklärung politischer Prozesse und spielt im zivilgesellschaftlichen Diskurs des Dritten Sektors eine Schlüsselrolle.

> Provision of tangible services is only one function of the civil society sector. Also important is the sector's advocacy role, its role in identifying unaddressed problems and bringing them to public attention, in protecting basic human rights, and in giving voice to a wide assortment of social, political, environmental, ethnic, and community interests and concerns. The civil society sector is the natural home of social movements and functions as a critical social safety valve, permitting aggrieved groups to bring their concerns to broader public attention and to rally support to improve their circumstances (Salamon/Sokolowski/List, 2003: 20).

Der Begriff *advocacy coalition* wurde Ende der 80er Jahre des letzten Jahrhunderts von Paul A. Sabatier als Kritik an der traditionellen politikwissenschaftlichen Institutionenanalyse und am Modell des rationalen Akteurs eingeführt (Sabatier 1988, 1993) und ist mittlerweile zum Schlüsselkonzept der Managementlehre avanciert. Eine *advocacy coalition* definiert sich über eine von mehreren institutionellen und zivilgesellschaftlichen Akteuren – das können Parteien, Interessensgruppen, Bürgerinitiativen, Journalisten und Wissenschaftler sein – geteilte Grundüberzeugung („set of basic beliefs") und deren Absicht, ihre dementsprechenden Ziele politisch durchzusetzen. Dieses Bündnis tritt nicht als geschlossene Gruppe auf, sondern als ein „offenes" Netzwerk. Oftmals ist es nicht sofort ersichtlich, wer einer solchen *advocacy coalition* angehört. Nur das inhaltliche Agieren zur Erreichung des Ziels setzt diese als Koalition fest. Beispiel für eine *advocacy coalition* können Medienkampagnen sein, die einen politischen Prozess unterstützen (vgl. Zinterer 2004: 4). Der Austausch von Informationen ist aber nicht nur ein Instrument, sondern vor allem ein organisatorisches Strukturmoment solcher Koalitionen:

> „*At the core of the relationship is information exchange*". What is novel in these networks is the ability of nontraditional international actors to mobilize information strategically to help create new issues and categories and to persuade, pressure, and gain leverages over much more powerful organizations and governments. Activists in networks try not only to influence policy outcomes, but to transform the terms and nature of the debate (Keck/Sikking 1998: 2, Hervorhebung durch den Autor).

Advocacy coalitions oder *advocacy networks* gelten gemäß der Lehre von der Wissensgesellschaft[4] in der zweiten, reflexiven Moderne (Beck 1986) als „knowledge based" oder „epistemic communities" (Haas 1992). Das *advocacy*-Konzept eignet sich daher einerseits zur Beschreibung, Projektierung und Legitimation der zivilgesellschaftlichen Tätigkeit – Transparency International gelang es als Urheber eines öffentlichen Diskurses in den letzten beiden Dezennien die Einstellung zur Korruption weltweit grundlegend zu ändern. Zum anderen normiert dieses wissenschaftliche Konzept das Verhalten der Netzwerkakteure im Sinne zivilgesellschaftlicher Selbstorganisation. Die Kernidee ist die der Selbstverpflichtung. Das Organisationsmitglied verhält sich als engagierter Bürger und dabei gemäß des Marktmodells als unternehmerisches Selbst innovativ im Sinne des Gemeinwohls, das unmittelbar – und nicht nur mittelbar wie in Wirtschaft und Politik – auch sein Wohl ist. Zivilgesellschaft ist nicht einfach die Summe der vielen einzelnen Bürger, die sich bei Gelegenheit (d.h. Zufall) spontan zu Wort melden, sondern ist die sich um eine Elite als zivilgesellschaftlichem Kristallisationskern und Gravitationszentrum konstituierende Selbstorganisationen der Bürger in Gestalt von Vereinen, Selbsthilfegruppen oder NGOs.

Prinzipiell geht es dabei um ein neues Verständnis des politischen Prozesses und seiner Akteurem, wie es auch von den sogenannten „Neuen sozialen Bewegungen" seit den 60er Jahren des letzten Jahrhunderts propagiert wurde und unverkennbar Wurzeln im US-amerikanischen Selbstverständnis von Gesellschaft und Politik hat („community", „Graswurzeldemokratie"). Ganz in dieser Tradition stehend hat der *Advocacy*-Ansatz drei Dimensionen: Er ist 1. antiinstitutionell, 2. antirationalistisch und 3. wertorientiert. Entsprechend wird der Politikprozess als Kräftespiel zwischen einer begrenzten Zahl von Kontrahenten (2-4) begriffen. Es stehen sich nicht so sehr institutionelle Akteure gegenüber, die rational bestimmte Klassen-, Gruppen- oder Organisationsinteressen verfolgen, sondern wertorientierte Bünde (so nennt sich eine deutsche Umweltorgani-

---

4 Zum Begriff der Wissensgesellschaft: Drucker 1969; Stehr 1994; Tänzler et al. 2006.

sation in der Kurzform „B.U.N.D."), deren Akteure sich aus den unterschiedlichsten gesellschaftlichen Bereichen und Organisationen zusammenfinden. Unverkennbar verschiebt sich das Schwergewicht von den institutionellen Akteuren des Staates, von den Berufspolitikern und Fachleuten in den staatlichen Verwaltungen und transnationalen Organisationen wie UNO, Weltbank oder Internationalem Währungsfond wie auch den entsprechenden Vertretern der Wirtschaft hin zu einer dritten Macht, der Zivilgesellschaft, zu denen ja die Akteure aus den genannten Institutionen als Bürger auch gehören. Politik wird dabei nicht so sehr als Kampf zwischen Parteien um Dominanz, sondern als von „policy brokern" (i.a.R. NGOs) vermittelte Suche nach einem Kompromiss und einer Reduktion des Konflikts in einem bestimmten Problemfeld verstanden. Ein Prinzip von Transparency International ist daher, die Kontrahenten an einen Tisch zu bringen und nicht etwa eine Gruppe an den Pranger zu stellen. Am Ende steht nicht in erster Linie die rationale Lösung im Hinblick auf einen Interessensausgleich – das wird weiterhin als das angestammte Feld der Politik verstanden und den Politikern überlassen –, sondern im Hinblick auf die Übereinstimmung von Wertvorstellungen (Umwelt/Überleben, Menschenrechte, Antikorruption). Jenseits der Parteien (-differenzen) wird auf die Einheit der Zivilgesellschaft abgestellt und eine „unpolitische Politik" zivilgesellschaftlicher Laien propagiert und praktiziert. Durch ein Zurückdrängen der Expertenkultur und die Förderung zivilgesellschaftlichen Engagements soll die demokratische Willensbildung verstärkt und die direkte Bürgerbeteiligung erreicht werden. *Advocacy coalitions* verfolgen das Ziel des „Empowerments" der Bürger, die in die Lage versetzt werden sollen, in Eigenverantwortung ihr Leben zu verbessern.

Das „Empowerment" war ursprünglich eine Idee professioneller Sozialarbeit in den USA, mit der die Apathie der Klienten überwunden werden sollte. Die Idee fand Anwendung bei der Bürgerrechtsbewegung der Schwarzen, im Feminismus, der Lesben- und Schwulenbewegung, bei Gruppen der Neuen Linken und sie stand Pate für Paulo Freires „emanzipatorische Pädagogik" sowie Peter L. Bergers und John Neuhaus' politisches Manifest „To Empower People" (1977) und gehört mittlerweile zum Standardrepertoire an Management-Schools und an politik- und verwaltungswissenschaftlichen Universitätsabteilungen. Über diesen akademischen „Umweg" kehrte die Idee wieder in zivilgesellschaftliche Organisationen wie Transparency International zurück. Auf deren Website findet man unter der Rubrik ALAC folgende Beschreibung:

> Advocacy and Legal Advice Centres (ALACs) reject the notion that people are apathetic in the fight against corruption. Rather, they demonstrate that people will become

involved in it when they are provided with simple, credible and viable mechanisms for doing so.[5]

Advocacy vermittelt im Sinne des Subsidiaritätsprinzips zwischen größeren, mächtigeren Institutionen und kleineren, schwächeren Akteuren im Sinne der Unterstützung, nicht der Beherrschung. Empowerment zielt auf die Verbesserung der inneren, psychischen Befindlichkeit (Ohnmachtsgefühle, Selbstwertgefühle), der äußeren sozialen Lage der Schwachen und im Sinne des Community-Gedankens auf die Überwindung der sozialen Unterschiede und Gegensätze. An die Stelle der (Klassen-) Kampfrhetorik tritt ein liberales und synergetisches Marktmodell, das Versöhnung und Ausgleich verheißt: Macht wird nicht als eine gleichbleibende knappe Ressource verstanden, von der die einen auf Kosten der anderen mehr haben, sondern als ein emergentes Prinzip, das zu einer sozialen *Win-win*-Situation führt. „Es gibt in dieser Perspektive keine Schwächen, sondern nur in die Latenz abgedrängte und unterentwickelte Stärken, die darauf warten, bewusst gemacht zu werden" (Bröckling 2007: 196). Unter dieser Prämisse sind die Ohnmächtigen das designierte Objekt der „Bemächtigungsspezialisten" (Ibid).

4 Handlungslogik der Reorganisation

ALAC als ein von Transparency International entwickeltes und innerhalb der Organisation „vertriebenes" Management-Tool besteht rein technisch aus einem Handbuch sowie einem EDV-gestützten Dokumentationssystem für die Kontaktaufnahme, d.h. für das Erstgespräch der Klienten mit dem Büro des jeweiligen National Chapters, sowie einer Rechtsberatungsstelle, geführt durch einen für Transparency International arbeitenden Rechtsanwalt, der allerdings keine Einzelfälle im Auftrag der Organisation vor Gericht verteidigt oder sonstwie gegenüber Behörden als Vertreter auftritt; es wird grundsätzlich nur über die rechtlichen und sonstigen Einrichtungen, an die sich ein Betroffener oder Informant wenden kann, informiert und beraten. Der durch das ALAC-Tool bewirkte Organisationswandel zeigt sich in drei Dimensionen: Verrechtlichung, Verwissenschaftlichung und Professionalisierung.

---

5 http://www.transparency.org/global_priorities/other_thematic_issues/alacs/faq.

5 Verrechtlichung

Die Besonderheit des ALAC-Projekts resultiert aus der Tatasache, dass damit sowohl ein „Managementtool", ein „Citizen Participation Tool" als auch eine organisatorische Einheit und deren Funktionsweise bezeichnet wird. Mit dem Implementieren des Managementtools in einer gleichnamigen „Abteilung" der „National Chapters" geht – geradezu schleichend – eine Reorganisation der Beziehungen zwischen den „National Chapters" und dem „Sekretariat" einher. ALAC ist ein Instrument, das wie viele andere als „Projekt" realisiert wird. Durch diese Projekte entstehen innerhalb des TI-Netzwerkes zumindest befristet für die Projektlaufzeit vertragliche Verpflichtungen zwischen National Chapters und Sekretariat. Es kommt zunehmend zu einer Verrechtlichung der sozialen Beziehungen im Netzwerk. Neben diesem Trend zur Verrechtlichung „von oben" zeichnet sich ebenfalls eine Verrechtlichung „von unten" ab: Juristen haben in den National Chapters ein neues Arbeitsfeld entdeckt (vgl. Rogowski/Tänzler 2010). Allerdings werden die Vertragspartner, die National Chapters, nicht hierarchisch über Anweisungen in die Organisation eingebunden, sondern mittels Selbststeuerung durch Zielvereinbarungen (Management by Objektives) und durch ein Qualitätsmanagement, das die Standardisierung der Arbeitsabläufe und Evaluierung der Leistungen einschließt. Sie bleiben rechtlich eigenständige organisatorische Einheiten nach dem *Franchise*-Modell (vgl. De Sousa 2008). Nicht alles, was zum Netzwerk gehört, hat daher Netzwerkcharakter. So wie es Netzwerke mit und ohne Steuerungszentrum gibt (z.B. Greenpeace einerseits, Transparency International andererseits), so können auch die durch Netzwerke lose verknüpften Einheiten entweder informell netzwerkartig (ALAC in Bosnien) oder formell hierarchisch gegliedert sein (ALAC in Rumänien). Zentrum wie Peripherie des Netzwerks können wiederum mit formalen Organisationen des Staates oder der Wirtschaft vernetzt sein, wobei dieses Netzwerk von einem ganz anderen Typus ist, z.B. (zumindest tendenziell) gegen das Transparenzprinzip verstoßend (so die verschiedentlich kritisierte Staatsnähe von TI-Sekretariat oder National Chapters in Großbritannien[6]). Interessant ist auch der Fall des EU-Büros von Transparency International in Brüssel, formal eine Zweigstelle des Sekretariats, das als Lobby operiert, d.h. TI politisch auf europäischer Ebene vernetzt. So sehr über Projekte wie ALACs eine Verrechtlichung der sozialen Beziehungen im Netzwerk beobachtbar ist, so typisch und

---

6   Die Nähe zu Staat und Wirtschaft ist allerdings ein Grundprinzip von Transparency International, das sich nicht als Gegner (wie tendenziell Greenpeace), sondern als Partner von Politik und Wirtschaft definiert.

konstitutiv ist für das Netzwerk aber eine andere Form der Herrschaftsausübung, deren Charakter zwar ähnlich sachlich und anonym ist wie das Recht, aber weniger formal: das Wissensmanagement.

6 Verwissenschaftlichung

Die Implementierung der ALACs wird begleitet durch spezielle, durch Transparency-International-Sekretariat organisierten Trainings. Dadurch wird die Einzelberatung von Klienten durch die National Chapters optimiert und dank der neuen EDV-gestützten Dokumentation gleichzeitig auch die Grundlage gelegt für die Typisierung und Generalisierung der nun standardisiert generierten und damit vergleichbaren Daten. Damit sichert sich TI-Sekretariat die Wissensbasis für sein Kerngeschäft, die Politikberatung auf nationalem und internationalem Niveau.

Die Verwissenschaftlichung zivilgesellschaftlichen Engagements wird durch die Anwendung von organisations- und managementtheoretischem Wissen sowie durch den Aufbau eigener Forschungskompetenzen z.B. durch die Generierung einer spezifischen Database, entsprechender Auswertung und Theoriebildung u.a. in Projektzusammenarbeit mit universitären Forschungseinrichtungen befördert.[7] Diese Verwissenschaftlichung des zivilgesellschaftlichen Engagements konfligiert aber mit der expertenkritischen, antiprofessionellen Grundorientierung oder Organisation. Die Legitimation der Wissenschaft ist eine theoretisch-prozedurale, die Legitimation der Zivilgesellschaft eine moralisch-praktische. Insofern ist das ALAC-Programm nicht einfach ein Ausdruck des Selbstverständnisses von Transparency International, eine politikwissenschaftlich angeleitete Rekonstruktion, sondern ein Redesign als sogenannte „knowledge based" oder „epistemic community".

Über das „Design" einer einheitlichen „Performance" – im doppelten Wortsinne – wird die Organisation zusammengehalten, allerdings vertragsrechtlich abgesichert. Die „Berechenbarkeit" der Organisation durch die Standardisierung und Evaluierung der Arbeitsabläufe und Leistungen der Basisgruppen schlägt sich auch in der Einheitlichkeit der Organisationskultur und einem höheren Wiedererkennungswert von Transparency International samt Untergliede-

---

7 Bekanntestes Beispiel für die Verwissenschaftlichung zivilgesellschaftlicher Praxis ist der im Auftrag von Transparency International regelmäßig erhobene und publizierte „Korruptionswahrnehmungsindex" (CPI), den Johann Graf Lambsdorff von der Universität Passau konstruiert hat und der großen Einfluss auf den Antikorruptionsdiskurs und die entsprechenden „policies" hat (Lambsdorff 2008).

rungen nieder. Dies ist z.B. für Osteuropa von großer Bedeutung. Aufgrund des Misstrauens gegenüber Institutionen und institutionellen Akteuren in den postsozialistischen (aber auch z.b. afrikanischen und asiatischen) Ländern ist die Legitimationsbeschaffung selbst für oppositionelle Kräfte schwierig. In einigen Ländern, wie z.b. den neuen EU-Mitgliedstaaten Bulgarien und Rumänien, genießen transnationale Organisationen und Institutionen wie die Europäische Kommission und Nichtregierungsorganisationen hohes Ansehen, so auch Transparency International. Durch ihre Anbindung an Transparency International gewinnen die National Chapters an Akzeptanz sowohl in moralischer (Integrität) als auch in technischer Hinsicht (Professionalität).

7 Professionalisierung

Das ALAC-Projekt versucht der Eigenart und Eigendynamik von heterarchischen Netzwerkorganisationen Rechnung zu tragen. Entsprechend erfolgt der Organisationswandel nicht planungsbürokratisch formal-rational im Hinblick auf Angebotsverbesserungen, sondern durch Ausrichtung auf die gemeinsam zu definierende klienten- oder kundenorientierte Nachfrage. Die Implementierung des „Managementtools" ALAC wird durchaus als Zeichen für einen grundlegenden Wandel bei Transparency International wahrgenommen, der aber nicht dem Weberschen Modell der Institutionalisierung und Bürokratisierung einer charismatischen Bewegung folge, sondern einem Qualitätsmanagement verpflichtet sei. Formalrationale Verfahren der Bürokratisierung setzen auf angebotsorientierte Kompetenzzuweisungen, die mit Positionen in einer Ämterhierarchie verbunden sind und an alle Klienten gleichermaßen verteilt werden (*sine ira et studio*). Qualitätsmanagement zielt dagegen auf die Vermarktung eines öffentlichen Guts, ist auf Nachfrage- und Kundenorientierung ausgerichtet. Gemäß der Lehre des New Public Managements werden öffentliche Angelegenheiten, wird Politik in eine ökonomische Semantik, Macht (Befehl und Gehorsam) in Kategorien des Marktes (Angebot und Nachfrage) übersetzt. Neben das von Ökonomen geprägte visionäre Leitbild einer Moralinstitution (Definition eines „new common good") tritt eine hauptsächlich von Politologen praktizierte Strategie der Organisationsentwicklung und Professionalisierung („best practice"). Während sich hinter der Marktmetaphorik der alten Elite die materiale Rationalität moralunternehmerischen Handelns versteckt, agiert die neue Elite als Agent einer formalen Verfahrensrationalität. Denn ihr Schlüsselwort „Projekte" meint nicht mehr die autonome unternehmerische Tat, sondern die Entwicklung und

Umsetzung einer neuen Form der Organisation oder der Herrschaft im Gewande der sogenannten Professionalisierung[8] mit den Mitteln des Wissens- und Qualitätsmanagements sowie der (Selbst-) Evaluation auf der Grundlage von gemeinsam getroffenen Zielvereinbarungen. Professionelle, das sind hier zunächst die Organisationsentwickler vom TI-Sekretariat, sind sozialwissenschaftlich geschulte Kommunikationsexperten und damit die prädestinieren Träger der Verwissenschaftlichung zivilgesellschaftlichen Engagements und der Etablierung einer Wissensgesellschaft. Hauptaufgabe dieser Professionellen ist es, „to bring the human factor under control". Sie sind die „engineers of these new (...) ventures into corporate identity and culture" (Kellner/Heuberger 1992: 50).

Mit dem Organisationswandel und Elitenwechsel verbunden sind eine „Zielverschiebung" der Organisation und eine „Diversifikation" der Produkte und „Zielgruppen". Adressat ist nicht mehr allein die Zivilgesellschaft. Über die „interne Beratung" der National Chapters wird die Organisation „fit" gemacht für die professionelle „externe" Beratung der Politik auf nationalem und internationalem Niveau, dem „Kerngeschäft" von Transparency-International-Sekretariat.

Fassen wir zusammen: In der ersten Phase kreist das Denken der Gründergeneration von Transparency International um das Legitimationsproblem zivilgesellschaftlichen Handels und dessen Verhältnis zur Politik. Im Mittelpunkt stehen Fragen nach der Produktion eines neuen „common good" durch Moralunternehmer als spezifischer Leistung partizipativer Demokratie. Der Reflexion auf die materiale Rationalität zivilgesellschaftlichen Handels und der Legitimität von Nichtregierungsorganisationen in der ersten Gründungsphase folgt in der zweiten Phase die Entwicklung formaler, verfahrensrationaler Managementinstrumente zur Steuerung einer expandierenden Organisation.

Der Zusammenhang zwischen dem Legitimationsproblem, das in der Gründungsphase virulent war, und der Organisationsentwicklung, wie es sich aktuell in der Expansionsphase stellt, einerseits und zwischen den Selbstbeschreibungssemantiken der alten ökonomischen und neuen politik- und verwaltungswissenschaftlichen Eliten andererseits stellt sich über das Theorem der Nachfrageorientierung her. Das Denken der alten ökonomischen Gründungsväter und der neuen Politik- und Verwaltungswissenschafter in den Stäben des Mittelbaus trifft sich in Ideen, wie sie u.a. in der Lehre vom New Public Management formuliert sind, und – zunächst sprachlich – in einer Ökonomisierung des Politischen.

---

8 Es handelt sich um eine Professionalisierung, die mit dem ursprünglichen Verständnis der monopolistischen Verwaltung eines gesellschaftlichen Funktionsbereichs nicht mehr viel zu tun hat (vgl. Tänzler 1998).

Der hier angedeutete Organisationswandel ist nur insofern intendiert, soweit Managementtechniken eingesetzt werden, um die Arbeit zu effektivieren. Transparency-International-Sekretariat strebt keine Formalisierung und Zentralisierung der Organisation an. Gleichwohl ist die Anwendung der Managementtechniken nicht wertfrei und folgenlos. Obwohl auch individuelles Machtstreben und der bewusste Aufbau von Kontrollstrukturen nicht ausgeschlossen werden kann, vollzieht sich der Wandel zu einer professionellen Beratungsorganisation hinter dem Rücken der Akteure und zwar, aus wissenssoziologischer Sicht, als eine Verwissenschaftlichung zivilgesellschaftlichen Handelns, getragen von akademisch geschulten Experten, die dank ihres Wissens Deutungsmacht erringen, wodurch sich ihre Position in den sozialen Beziehungen verstärkt.

In der sogenannten Wissensgesellschaft sind es nicht so sehr formale Amtskompetenzen, die eine Ressource für Macht darstellen. Flache, insbesondere Netzwerkorganisationen lassen sich nicht über Befehlsstrukturen steuern, sondern primär über ein Wissensmanagement. Die Projektsteuerung und Organisationsentwicklung des TI-Netzwerkes liegt in den Händen eines akademischen Mittelbaus, der ein demokratisch-heterarchisches Herrschaftsmodell favorisiert; es gibt kein wahrnehmbares Machtzentrum wie in dem traditionell hierarchischen Ressourcen-Modell, in dem die ungleiche Verteilung von Wissen (und anderen Kapitalien) die ungleiche Verteilung von Macht in einer formalisierten Beziehung zwischen Führung und Ausführung bestimmt. In einer Organisation, die durch Kommunikation von Wissen im Sinne demokratischer Teilhabe und Selbstentfaltung funktioniert, „herrscht" eine anonyme Macht, eben das Wissen selbst. Die mikropolitische Wirkung des Wissensmanagements – und hier geht die wissenssoziologische Analyse in Ideologiekritik über – wird erkennbar an dem Modus der Wissensvermittlung. In der von Michael Power beschriebenen Audit-Gesellschaft (Power 1997) herrscht ein Managerialismus betriebswirtschaftlicher Provenienz, mit dem eine Evaluationskultur etabliert wird, die nach der von Foucault beschriebenen Logik der Governmentalité funktioniert und eine neue Phase im Prozess der Umwandlung von Fremd- in Selbstzwang beschreibt, von dem ja selbst die Institutionen der wissenschaftlichen Aufklärung nicht verschont bleiben. Es wird keine Macht über andere Menschen ausgeübt, sondern der Mensch kontrolliert sich selbst, was letztlich viel effektiver ist. Damit schleicht sich auch in zivilgesellschaftliche Organisationen eine Form anonymer Macht ein, als deren Gegengewicht sie eigentlich ins Leben gerufen wurden.

8 Bürgergesellschaft und Staat. Eine Schlussbetrachtung

Nichtregierungsorganisationen operieren auf der Grundlage eines persönlichen Engagements für das Allgemeinwohl. Solche partizipative Legitimation gründet in der moralischen Integrität der Akteure. Als Erfinder oder Advokaten eines „public good" können zivilgesellschaftliche Akteure (und Organisationen) nur als Mittler zwischen Bürger und Staat fungieren. Sie können Ansprüche formulieren und entsprechende Dienstleistungen entwickeln, aber diese nicht legitimieren und institutionalisieren. Dazu müssen sie sich den Verfahren einer demokratischen Politik unterwerfen.

Zu Zeiten der liberalen bürgerlichen Gesellschaft des 19. Jahrhunderts waren Politiker ehrenamtliche Repräsentanten der Zivilgesellschaft, sogenannte Honoratioren. Der moderne Berufspolitiker im „organisierten Verbändestaat" mag, wie im Falle der Grünen, aus der „außerparlamentarischen" Zivilgesellschaft kommen. Als Abgeordneter unterliegt er den Regeln des politischen Kampfes in der Partei und im Parlament, die ihn von der Kultur der Uneigennützigkeit der Zivilgesellschaft entfremden, Gesinnungsethik durch Verantwortungsethik verdrängen.

In Folge der funktionalen Ausdifferenzierung der Politik und ihrer Verberuflichung kommt es zu einer neuen Arbeitsteilung zwischen Zivilgesellschaft und Politik. Unter diesen Bedingungen ist die Zivilgesellschaft gefordert, ständig neue öffentliche Güter sowie entsprechende Aktions- und Organisationsformen hervorzubringen. Die Pluralisierung der Lebensführungsstile und die Demokratisierung der Gesellschaft löst das traditionelle Konzept der „Leitkultur", wie es für Zeiten hegemonialer Honoratiorenschaften typisch ist, auf. Der „Polytheismus der Werte" moderner Gesellschaften, so Max Weber, also die Freiheit in weltbürgerlicher Absicht im Sinne Immanuel Kants, verlangt eine auf universalistischen Prinzipien gegründete politische Kultur im Rahmen des Nationalstaates. Die Zivilgesellschaft formuliert Überzeugungen und Ansprüche und sorgt dafür, dass sie als Thema auf die politische Agenda gesetzt werden. Diesen aus dem individuellen Dämon geborenen „öffentlichen Gütern" verleiht die Politik mit ihren demokratischen Verfahren allererst „Legitimität", d.h. allgemeine Wertschätzung und – letztlich rechtliche – Verbindlichkeit. Mag auch der Konflikt zwischen Effektivität (Ökonomie) und Ansprüchen (Politik) im Zuge von Transformation und Globalisierung sich so weit zugespitzt haben, dass in den Augen von Ralf Dahrendorf (1994) die politische Klasse außer Kraft gesetzt ist, die nötigen Reformen zu bewerkstelligen und somit die Zivilgesellschaft – als letzte Hoffnung – aufgerufen ist, einzuspringen, dann aber doch – um fundamentalistische oder totalitäre Tendenzen zu verhindern – nur in dem Sinne einer Stärkung der partizipativen Demokratie im Rahmen, nicht in Opposition zur repräsentativen Demokratie.

Literatur

Anheier, Helmut K./Seibel, Wolfgang (2001): *The Nonprofit Sector in Germany. Between State, Economy and Society*, Manchester: Manchester University Press.

Beck, Ulrich (1986): *Risikogesellschaft. Auf dem Weg in eine andere Moderne*, Frankfurt a.M.: Suhrkamp.

Böhme, Hartmut (2004): Netzwerke. Zur Theorie und Geschichte einer Konstruktion, in: Barkhoff, Jürgen/Böhme, Hartmut/Riou, Jeanne (Hrsg.): *Netzwerke. Eine Kulturtechnik der Moderne*, Köln: Böhlau, 17-36.

Bröckling, Ulrich (2007): *Das unternehmerische Selbst. Soziologie einer Subjektivierungsform*, Frankfurt a.M.: Suhrkamp.

Castells, Manuel (1996, 1997, 1998): *The Information Age: Economy, Society and Culture*, Bd. 1-3, Cambridge/Oxford: Blackwell.

Dahrendorf, Ralf (1994): *Der modern soziale Konflikt. Essay zur Politik der Freiheit*, München: Deutscher Taschenbuch Verlag , 1. Auflage Stuttgart, Deutsche Verlags-Anstalt 1992.

De Sousa, Luis (2008): TI in Search of a Constituency. The Institutionalisation and Franchising of the Global Anti-Corruption Doctrine, in: de Sousa, Luis/Hindess, Barry/Larmour, Peter (Hrsg.): *Governments, NGOs and Anti-Corruption. The New Integrity Warriors*, London/New York: Routledge.

Drucker, Peter F. (1969): *The Age of Discontinuity. Guidelines to our Changing Society*, New York: Harper & Row.

Erhard Schüttpelz (2007): Ein absoluter Begriff: Zur Genealogie und Karriere des Netzwerkbegriffs, in: Kaufmann, Stefan (Hrsg.): *Vernetzte Steuerung. Soziale Prozesse im Zeitalter technischer Netzwerke*, Zürich: Chronos, 25-46.

Fangerau, Heiner/Halling, Thorsten (Hrsg.) (2009): *Netzwerke. Allgemeine Theorie oder Universalmetapher in den Wissenschaften? Ein transdisziplinärer Überblick*, Bielefeld: Transcript.

Granovetter, Mark (1974): *Getting a Job: A Study of Contacts and Careers*, Chicago: University of Chicago Press.

Granovetter, Mark (1991): Economic Action and Social Structure. The Problem of Embeddedness, in: *American Journal for Sociology* 91 (3), 481-510.

Haas, Peter (1992): Introduction: Epistemic Communities and International Policy Coordination, in: *Knowledge, Power and International Policy Coordination, International Organization*, Sonderheft 46, 1-36.

Hobbes, Thomas (1966): *Leviathan*, Neuwied/Berlin: Luchterhand.

Keck, Margaret E./Sikkink; Kathryn (1998): *Activist beyond Borders. Advocacy Networks in International Politics*, Ithaca/London: Cornell University Press.

Kellner, Hansfried/Heuberger, Frank W. (1992): Modernizing Work. New Frontiers in Business Consulting (West Germany), in: dies. (Hrsg.): *Hidden Technocrats. The New Class and New Capitalism*, New Brunswick/London: Transaction Publishers, 49-80.

Lambsdorff, Johann Graf (2008): *The Methodology of the Corruption Perceptions Index*, http://www.icgg.org/downloads/Methodology_2008.pdf.

Latour, Bruno (2007): *Eine neue Soziologie für eine neue Gesellschaft. Einführung in die Akteur-Netzwerk-Theorie*, Frankfurt a.M.: Suhrkamp.

Mann, Michael (1986, 1993): *Sources of Power*, Cambridge: Cambridge University Press, 2 Bde.

Marschall, Miklos (2002): *Legitimacy and Effectiveness: Civil Society Organizations' Role in Good Governance*, Transparency International.

Power, Michael (1997): *The Audit Society. Rituals of Verification*, Oxford: Oxford University Press.

Rogowski, Ralf/Tänzler, Dirk (2010): Public Advocacy as Legal Representation of Collective Interest. The Case of Transparency International (in Vorbereitung).

Sabatier, Paul (1988): An Advocacy Coalition Framework of Political Change and the Role of Policy-Oriented Learning therein, in: *Policy Sciences* 21, 129-168.

Sabatier, Paul (1991): Toward Better Theories of the Political Process, in: *Political Sciences & Politics* 24, 147-159.

Salamon, Lester M./Anheier; Helmut K. (1994): *The Emerging Sector. The Nonprofit Sector in Comparative Perspective*, Baltimore: The John Hopkins University Institute for Policy Studies.

Salamon, Lester. M./Sokolowski, S. Wojciech/List, Regina (2003): *Global Civil Society. An Overview*, Baltimore: The John Hopkins University Institute for Policy Studies.

Stehr, Nico (1994): *Knowledge Societies*, London: Sage.

Tänzler, Dirk (1998): Verallgemeinerung und Trivialisierung der Professionssemantik am Beispiel der Manager, in: Corsten, Michael (Hrsg.): *Professionspolitik. Dokumentation des 3. Workshops des Arbeitskreises Professionelles Handeln*, 5./6. Juni 1998, Berlin: Max-Planck-Institut für Bildungsforschung (Eigendruck), 15-18.

Tänzler, Dirk/Knoblauch, Hubert/Soeffner, Hans-Georg (2006) (Hrsg.): *Zur Kritik der Wissensgesellschaft*, Konstanz: UVK-Verlagsgesellschaft.

Transparency International (2007): *Promotion of Participation and Citizenship in Europe through the Advocacy and Legal Advice Centres (ALACs)*, Projektantrag (Entwurf).

Weber, Max (1968): *Gesammelte Aufsätze zur Wissenschaftslehre*, 3. Auflage, hrsg. von Johannes Winckelmann, Tübingen: J.C.B. Mohr (Paul Siebeck).

White, Harrison C. (2002): *Markets from Networks. Socioeconomic Models of Production*, Princeton: Princeton University Press.

Zimmer, Annette/Priller, Eckhard (2004): *Gemeinnützige Organisationen im gesellschaftlichen Wandel. Ergebnisse der Dritte-Sektor-Forschung*, Wiesbaden: VS Verlag für Sozialwissenschaften.

Zinterer, Tanja (2004) Advocacy Coalition, in: Nohlen, Dieter/Schultze, Rainer-Olaf (Hrsg.): *Lexikon der Politikwissenschaft. Theorien, Methoden, Begriffe*, Bd. 1, München: H. C. Beck 2004, 4.

Transparency and Nordic Openness: State Tradition and New Governance Ideas in Finland

Tero Erkkilä

1 Introduction

Transparency has become one of the key concepts of contemporary politics. Yet, it is a newcomer to the political language both in the Anglo-American world and outside. Historically, states have differed with regard to their allocation of state information. At present, information access laws – often named "freedom of information acts" after the US model – are being adopted internationally. In social scientific analysis, transparency is valued for its democracy-enhancing qualities. What often seem to be disregarded, though, are the potential contradictory terms that the notion of 'transparency' bears vis-à-vis national political cultures.

There are also market-liberal notions tied to the term, which are making their way to the national political contexts. This is perhaps most apparent in the developing countries, which are dependent on foreign direct investment and development aid (Relly/Sabharwal 2009). But also countries with a significant institutional history of openness, such as the Nordic countries, are adopting the market connotations of transparency. In the following, I will examine the conceptual re-descriptions of institutional openness in Finland. Assessing the ideational changes in Finnish government platforms between 1917 and 2007, I will ask what additional value or what contradictory terms the new discourse on transparency has brought to the perceived responsibilities of the government. I will mainly rely on the conceptual historical framework of Quentin Skinner (2002), using also certain key insights from Reinhardt Koselleck's "Begriffsgeschichte" (Koselleck 2004 [1979]).

I will begin with a short history of institutional openness, pointing out different national trajectories that are now converging. In particular, I will highlight the Nordic peculiarity of the *'principle of publicity'*, a constitutional principle of governing with a significant institutional history. I will then explore the role of conceptual change in the process of political innovation, which bears consequences for institutional change. In my analysis of the platforms of Finnish governments (1917-2007), I will show how the access to government information first became a topic of concern in the mid-1990s, when Finnish governing experienced a critical juncture due to the economic crisis, to Finnish accession to the EU, and entrance to global economy. Though *Nordic openness* is discussed as a Finnish tradition of governing, there is at present an apparent conceptual reframing of institutional practices. Moreover, I will show how 'openness' and 'transparency' displace 'publicity' as a political concept. This shift in rhetoric indicates a shift in the belief system of the governments. Access to government information is no longer merely an issue of democracy and political accountability, but is becoming a policy concern for (economic) performance instead.

2 Institutional Openness in Historical Perspective

The organisational evolution of the modern state and sovereign rule was possible through the state's ability to collect and analyse information (Sheehan 2006: 9). Looking at the history of institutional openness, one may conclude that the tensions between markets, (state) institutions and citizen rights, as well as the social conflicts in these relations, have been at the heart of the developments of the 'public sphere' and the normative boundaries of the 'public' (compare Stråth forthcoming; Habermas 1989; Arendt 1958; Toqueville 1991; Emirbayer/Sheller 1999). Technological developments are also noteworthy as driving forces of change. The development of printing in the 18th century eroded the secrecy of absolutist rule (Habermas 1989; Konstari 1977; Gestrich 1994). It also contributed to another cross-historical process, namely to the building of international, pan-European and wider, networks of communication (Stråth forthcoming; Würgler 2002).[1] Starting in the mid-20th century, the general politicisation of government, the computerisation of public administration and transnational communication have driven countries to adopt the institutional practice of openness, though to varying extents (Bennett 1997).

---

1   As a result of increasing trade relations and participation in state activities, a new political awareness is said to have arisen in 18th century Europe. Political opinions and even secret information based on official documents spread in Europe due to new information networks (Würgler 2002: 126-127). The enhanced means of transportation also allowed the ideas to diffuse, as the academic elite travelled through Europe (see Manninen 1996, 2000). This allowed the ideas of Enlightenment to spread, which influenced theoretical thinking on the state and debates on politics even at the peripheries.
    Bo Stråth has called communicative and discursive networks of expertise, a "soft European public sphere" that has existed since the 18th century and in some cases even in 16th and 17th century Europe (Stråth forthcoming). In their early form, these circles of academics, royals and tradesmen allowed the communication of Enlightenment ideas in a pan-European context.

The public sphere has been a key element in studies on nation-building, one which explained contextual differences of collective identities, nationhood and nationalism (Eisenstadt/Schluchter 2001; Eder 2006). In the world of convergence through large-scale processes such as 'modernisation' and 'globalisation', there are still differing national trajectories in political and economic institutions, citizen liberties and rights, as well as narrative boundaries of nations, "us and them". The 'public sphere' can be understood as a structure or as a discursive space (Eder 2006; Marx Ferree et al. 2002).[2] The latter position marks an opening for a genealogical conceptual analysis of the 'public', which is adopted also in this article. It makes concepts such as 'publicity', 'openness' and 'transparency' instrumental in defining the institutional boundaries of the public sphere (cf. Somers 1995; Somers 2005).[3]

The European institutional history of administrative openness outlines variations in time and in political argument for adopting the legislation concerning publicity of government information up to the late 20th century.[4] Ideationally, the institutional practice of making government documents public date as far back as 18th century Sweden. Though the publicity of state affairs was topical in several locations in 18th century Europe, they first gained institutional status in Sweden in 1766 (Konstari 1977; compare Knudsen 2003; Gestrich 1994; Würgler 2002; van Dülmen 1986; Martens 1971; van Eijnatten 2004).[5] There has been a distinctive historical trajectory in the Nordic countries, where access to government documents makes a key constitutional principle of

---

2 The public sphere as a social category has been regarded as a site for constructing and maintaining these differences (compare Habermas 1989; Arendt 2002; Anderson 1999). Contemporary accounts of the public sphere often treat it either as an idealised, normative structure promoting or hindering democratisation, or as a discursive space where power is used (Marx Ferree et al. 2002). The institutionalisation of the public sphere thus affects the national understanding of public and private as well as the understanding of political accountability (Eisenstadt/Schluchter 2001: 10-12, 15-16).

3 The public sphere is itself often seen as a social structure subject to an institutionalisation process, where developmental, structural, institutional and cultural factors meet (Eisenstadt/Schluchter 2001: 17-18). On the other hand, the 'public sphere' also plays a key role in the development of political institutions, for instance in the institutionalisation of citizen rights (Somers 1993).

4 There are common lineages of modernisation and nation-building in Europe that are relevant to country comparisons regarding the access to government information (compare Eisenstadt/Schluchter 2001; Eder 2006).

5 The accounts of failed attempts at breaking the absolutist secrecy form loose narratives on how the Enlightenment ideas of free speech and freedom of printing combatted the "mystery of the state" and censorship in 18th century Europe in vain. The Enlightenment, as critics of Habermas have stressed, was not a uniform force or change agent that was at play all over Europe (Skinner 1999). Instead, it showed many contextual variations and transformations.

governing, namely the 'principle of publicity' (Swedish: 'offentlighetsprincipen', Finnish: 'julkisuusperiaate').[6]

Pre-20th century	1950s & 1960s	1970s & 1980s	1990s	2000s
Sweden (1766)	Finland (1951) [U.S.A. (1966)]	Denmark (1970)	Hungary (1992)	Bulgaria (2000)
		Norway (1970)	Spain (1992)	Estonia (2000, in force 2001)
		[New Zealand (1970)]	Italy (1992)	Lithuania (2000)
		Austria (1974)	Portugal (1993)	Slovakia (2000, in force 2001)
		France (1978)	Belgium (1994)	UK (2000, in force 2005)
		Netherlands (1978, in force 1980)	Ireland (1997, in force 1998)	Poland (2001, in force 2002)
		Luxemburg (1979)	Latvia (1998)	Romania (2001)
		[Australia (1982)]	Greece (1999)	Slovenia (2003)
		[Canada (1982)]	Czech Republic (1999, in force 2000)	Germany (2005)

Table 1: Adoption of information access laws in Europe (EU-27) [and in countries included for comparison][7]

In terms of comparative administrative law, this feature of governing separates the Nordic countries from other administrative traditions (Harlow 2006: 193). Initial conditions do not predetermine historical developments, but they are often of great importance (Pierson 2000). This is apparent in the Swedish case,

---

6   The term has no direct English equivalent. Acknowledged as a constitutional right, the principle of publicity declares all government documents public unless otherwise indicated. More than a citizen right, it can be seen as a guiding principle of governing. In legal terms, the principle is conceptually wider than mere public access to official documents; it is often seen as including freedom of expression, public access to court rooms and public access to decision-making venues. The Finnish constitution acknowledges the principle as follows: "[D]ocuments and recordings in the possession of the public authorities are public, unless their publication has for compelling reasons been specifically restricted by an Act" Finnish Constitution 1999/7/31, 12 §.
7   Source: Bennett 1997; www.freedominfo.org. Some non-EU countries were also included for comparison.

where the law allowing public access to state information remained an unmatched institutional peculiarity for some 200 years (see Table 1).

The issue of accessing government information got topical in 18th century Sweden amid a transition from absolutist rule to liberal-bourgeois rule (Konstari 1977; Knudsen 2003: 63; compare Habermas 1989). The process that led to the right to access documents of the state was directly related to the decline of absolutism (see Anderson 1993: 190-191; Tiihonen 1994: 57). Despite similar conflicts elsewhere in 18th century Europe, the Swedish law remained an institutional peculiarity until the 20th century (compare Table 1).

The issue of institutional openness was debated in Denmark on various occasions starting from the mid-1800s, but it was not before 1970 that the actual law was passed (Knudsen 2003: 69-82). Norway, which had belonged to the Danish sphere of influence, also received pertinent legislation in 1970, in a process of general democratisation of public administration (Høgetveit 1981: 70; Grønlie/Nagel 1998: 308, 329). Finland as a former part of Sweden had adopted the Swedish administrative model that mostly survived the Russian rule from 1809-1917 (Knudsen 2003: 43-44; Tiihonen 1994: 6; Konstari 1977). In Finland, the principle of publicity gained legal status in an access law adopted in 1951.

There are also differences among the Nordic countries. In Sweden, the world's first law which granted citizens access to government documents was issued along a statute on the liberalisation of printing already in 1766. Finland, then part of Sweden, has been said to have followed this trajectory, making institutional openness a key principle for governing, even if this was acknowledged in law only in 1951 (Konstari 1977). Denmark, and Norway as a former part of it, followed a somewhat different trajectory and adopted their access laws in 1970, when the general European interest in the issue emerged (Knudsen 2003).[8]

According to Konstari (1977), the principle had been lying dormant in the Finnish administrative culture since 1766, when Sweden adopted the world's first legislation on the matter (Finland was part of Sweden at the time). During most of the 19th century (1809-1917), Finland was under Russian rule. The tsarist rule brought strict censorship to the country, making the idea of institutional openness somewhat obsolete. After gaining independence in 1917, Finland cop-

---

8   In Denmark, the freedom of printing was debated in the early 1770s, which led to a short era of liberalisation of printing (Knudsen 2003). Yet it did not receive a similar kind of institutional status or position as in Sweden and did not lead to the breaking of administrative secrecy. In Norway, then part of Denmark, the ideas of breaking the absolutist secrecy had a similar fate: The issue of institutional openness was debated on several occasions from the mid-1800s onwards, but it was not before 1970 that both Denmark and Norway received their first legislation on accessing government information.

ied many of it state institutions from Sweden. The publicity of government records was adopted in 1951, though drafted already in 1939. On the other hand, Finland differs from the Scandinavian countries with regard to "openness". The cold war era in Finland was characterised by limited public debate and self-censorship particularly in the sphere of foreign politics. The post-cold war era has brought a normalisation of public political debate in Finland.

The current liberalist drive for 'freedom of information' portray it as a citizen right entailing a means for democratic control and implying a potential conflict. However, in Finland the 'principle of publicity' is said to have served an integrative function for society, which could apply to the Nordic countries at large (Konstari 1977; compare Larsson 1998).[9] This can also be linked with another Nordic tradition, namely consensus-based policy-making and governance (Kettunen/Kiviniemi 2006; Rainio-Niemi 2008; Larsson 1998). Involving various actors in specific deliberative bodies, this type of "openness" is likely to create extensive networks of collaborative governance.[10] This implies the contextuality of institutional openness, understood in Finland as a principle of governing – an institutional practice – rather than a citizen right (cf. Konstari 1977).

However, this state tradition is changing again, as the new economic and performance-driven perception of institutional openness – often discussed as transparency – are making their way into Finnish governing. This resembles a paradigm shift in institutional economics, where now the role of information in market performance is stressed (Stiglitz 1998, 2002). In the following, I will analyse the above ideational shift in the programmes of the Finnish government. I will first elaborate on the relation of conceptual change and political innovation.

3 Concepts and Political Innovation

The shifts in the rhetoric of governing, i.e. arguments for its justification, are not only reflections of the institutional state of affairs but also carry the potential for

---

9   Larsson's account of the Swedish experiences point in the same direction: The 'openness' of the Swedish government generates trust and, vice-versa, the government can afford to be open because there is no mounting social pressure to get involved in its work (Larsson 1998).

10 The extensive collaboration of labour market organizations of the Nordic countries and administrative peculiarities such as State committees serve as good examples of sites of consensual decision-making. If a consistent "tradition" regarding 'openness' can be identified in the Nordic context, it is likely to be the consensual decision-making process in which agreements and collaboration are sought. Somewhat paradoxically, this is likely to emphasize the deliberations among experts conducted in non-public venues.

institutional change. The shifts can be seen as representing changes in the perceived responsibilities and goals of government. In institutional theory, this "ideational life-cycle" is often regarded as consisting of periods of consensus interrupted by an external shock or ideational uncertainty, during which change is possible or necessary (for the term see Marcussen 2000). Once the ideational and normative consensus is again sought, i.e. ideas become embedded or institutionalised, another stable period follows (Somers/Block 2005). Scholars have identified institutional change as an outcome of ideational and ideological change (Schmidt 2002), entailing also political conflict (Peters et al. 2005).[11] Recently, there has been a renewed interest in studying discourse as a mechanism of institutional change – *discursive institutionalism* (Schmidt 2002, 2008).

The periods of ideational consensus might be seen as phases in time during which values and norms of governing are generally accepted, whereas they are in flux at the junctures of cycles (Marcussen 2000: 14-15). Even though rivalling ideas are constantly present in history, regime changes seldom occur. One reason for this is, according to Somers and Block, that for ideational regimes to change the prevailing public ideas or normative underpinnings of a nation have to change as well (Somers/Block 2005). Here the ideational change largely rests on political rhetoric and narratives. In order for an ideational change to come about, it has to fit into the existing narrative of the state or be coupled with a new one, thus replacing the old narrative (Schmidt 2008; Somers/Block 2005: 280).[12]

In Finland, 'openness' has become a part of the contemporary narrative for the Finnish state, starting from the 1990s in the context of Finnish accession to the European Union. It has appeared later in the EU context, where Finns have been active in promoting openness. Also international comparisons, such as the country rankings by Transparency International, have tied Finland's low degree of corruption to the openness of its public institutions. This has created a narrative of *Nordic openness*, a perception of Nordic institutional tradition that separates Finland from other nationalities. Bearing connotations of progress and

---

11   The political conflict as an engine of change does not necessarily take the shape of party-political activities. The present political conflict is likely to consist of shifts in governance ideologies, for instance, a shift toward neo-liberalism, making the political actors and agency difficult to define (Peters et al. 2005).

12   Comparing changes in the Welfare regimes in England (1834) and the United States (1996) cross-historically, Somers and Block point to the importance of the shifting public discourse in the process of change (Somers/Block 2005). On the other hand commonly cherished concepts and public discourses, such as 'social capital', may also come to cover institutional developments that contradict the rhetoric (Somers 2005). Still, both of these cases speak for the importance of public discourses in bringing about change.

modernity, this narrative also offers Finns a new self-image.[13] It also distances itself from the Finnish Cold War-past and the problematic relations with the Soviet Union. Somewhat paradoxically, this new narrative makes references to past traditions, such as the 'principle of publicity'. Looking at the political concepts used in Finnish government platforms (see below), 'openness' or 'publicity', let alone 'transparency', have traditionally not been part of their political vocabulary, but instead start to appear in the 1990s.

As hypothesised above, the general notion of 'openness' has become a political innovation in 1990s Finland. The structural changes that are taking place are portrayed in the political concepts used. But the political concepts themselves are also paving a way for change. Firstly, they carry new causal beliefs or rationalities of governing. Secondly, these concepts are often rhetorically appealing, making it possible to legitimise institutional changes. As already indicated, I intend to engage in a diachronic analysis which sees the political turmoil of the 1990s as a critical juncture. This juncture allowed new institutional practices and ideas to be introduced to the Finnish model of governing (compare Marcussen 2000; Peters et al. 2005). In Reinhart Koselleck's Begriffsgeschichte, such a critical juncture is termed *Sattelzeit* – a period of crisis – during which new concepts emerge and old ones are critically altered (Koselleck 2004; Richter 1995: 17). According to Koselleck, conceptual change occurs at historical junctures where the gap between our experiences (*Erfahrungsraum*) and future expectations (*Erwartungshorizont*) grows too large (Koselleck 2004: 256).[14] It is here that our vocabulary tends to change as we need to reconceptualise our new environment.

The emergence of new political concepts also entails political innovation and shifts in belief systems (Skinner 1989; Farr 1989). The relation of conceptual change and shifts in social beliefs and causalities of governing deserve particular attention (Skinner 1989; Farr 1989; Rothstein/Steinmo 2002). Studying conceptual change gives insights into changing social beliefs and theories, changes in social perceptions and awareness as well as changing social values and attitudes (Skinner 1989: 20). Moreover, conceptual change can be seen as actors' attempt to make sense of the environment in which they operate; for this

---

13 In 2006, Finland named "transparent and effective Union" as the objective for its EU presidency [http://www.eu2006.fi/]. The theme was based on Finnish self-images of being "open" and "direct" as well as "progressive" [http://www.eu2006.fi/the_presidency/en_GB/logo/].
14 Though the analytical approach of Reinhardt Koselleck is more centred on the overall process of conceptual change than that of Skinner, paying attention to both continuity and change, Koselleck more strongly highlights the importance of historical junctures (Sattelzeit) in conceptual change.

they have to create a belief system that allows them to see causalities and take actions (Farr 1989: 25). Here the study of conceptual change and historical analysis of institutions intersect in their aim to reveal how social beliefs are formed and institutionalised (Rothstein/Steinmo 2002: 16).

Conceptual change therefore gives insights into why and how certain policy problems arise and how they are constructed, entailing also measures for solving these problems. The representation of problems involves judgements and decisions on what should be done (Bacchi 1999: 1, 9).[15] These representations, entailing causal beliefs, largely come to be part of our political imagination through the use of language and concepts (ibid.: 10).[16] Context is also influences the representations and interpretations of policy problems (ibid.: 7). Hence, when analysing the emergence of policy problems and their social consequences, our focus should be more on the problematisation than on the problems themselves (ibid.: 62-63).

Moreover, there is a more direct relation between the political concepts and governing than may be immediately apparent. In order to make a domain of social life governable, we first need to render it thinkable, give this phenomenon a name – conceptualise it (Miller/Rose 1990).[17] The conceptualisation of a domain or feature of governing "politicises" it (Palonen 2003), bringing it to the centre of our political agenda, making it a policy "concern" or "problem" (Bacchi 1999).[18] The use of certain political concepts therefore not only reflects social reality but also constructs and alters it. Sudden reference to a policy concept does not mean that this particular characteristic of governing has not existed before. Yet, it is an indication of active attempts at making this aspect of governing politically "playable" (Palonen 2003: 55). My particular interest lies in the notions of 'openness', 'publicity' and 'transparency' of governing. Why

---

15 According to Bacchi, the simple question "what is the problem?"is at the core of the analysis of the construction of policy problems. This question opens a viewpoint on how the policy issue is represented, interpreted and contextualised; what is seen as a solution to a given problem, what is perceived to be achieved by this. To simplify: How we portray a problem also comes to rule out different interpretations and policy formulations of the same matter (Bacchi 1999).

16 Owing to Foucault and newer studies on governmentality, Bacchi proposes genealogical analysis for uncovering the claims to knowledge that indicate 'shifts' in thinking and approaching certain issues, often taking shape as value claims and ethical argumentation (Bacchi 1999: 40-41, 49).

17 The Foucauldian analyses have pointed to the instrumental relation of governing and concepts in history. The invention of the notion 'population' for example helped making it a governable domain. The same applies to concepts such as 'unemployment' and 'efficiency', and, as I will argue, to 'openness' and 'transparency'.

18 According to Palonen, politicization "marks an opening of something as political" (Palonen 2003: 171).

do they appear at a given time and in a given context? How are they conceptualised? And what is seen to be achieved with them?

4 Conceptual Change and Ideational Cycles in Government Platforms

The following analysis concentrates on expressions of responsibility in the government platforms in line with the general idea of democratic control (accountability): *for what, to whom and how* is the government responsible (cf. Mulgan 2000).[19] The classification seeks to indicate that our ideas of responsibility, let alone goals of governing, are by no means fixed but instead show variations in time (see also Weber 1999; Koskiaho B. 1973; Kantola 2006).[20] Also our concepts of governing are prone to change over time, both semantically and through the adoption of new terms (see Hyvärinen 2003; compare Dunn 2006).[21] The historical periods in my classification roughly follow previous accounts of Finnish political, administrative and legal history (Jansson 1993; Heiskanen 1977; Stenvall 1995; Inha 2005; Jyränki 2006; Nousiainen 2006; Heiskala/Luhtakallio 2006). Though the division presented here may not be univocally welcomed by scholars of ideational history, it has been adopted to make the shift in the governmental rhetoric more visible and also to give it a historical context.[22]

---

19 According to Koskiaho, government platforms give us insights into the underlying norms and values of governing, but also into its main goals, i.e. "what is to be established", and means or "mechanisms" through which it is to be established (Koskiaho B. 1973: 194). In my analysis, I have explored such expressions of responsibility against Mulgan's (2000) classification of accountability.

20 Although the shifts or cycles in the ideas of responsibility are accompanied by analogous institutional developments, the latter are referred to rather to contextualise the prevailing governance ideologies.

21 Matti Hyvärinen (2003: 83) has pointed out the recent use of the term 'democracy' (*demokratia*) in the Finnish context, which slowly started to gain ground in the early 20th century. Before this, the term used was *kansanvalta*, referring to the "power of the people" and containing also other attributes than 'democracy'. In his historical account of the usage of the term 'democracy', John Dunn (2006) draws attention to its international spread as a concept of legitimisation, which influences perceptions of political power globally.

22 According to Skinner, "it is dangerous for a historian of ideas to approach his material with preconceived paradigms", even if this cannot eventually be fully avoided (Skinner 1969: 48). The classification was primarily based on the textual analysis at hand here and not on previous accounts of historical periods in Finland, even if these narratives can be seen in the division adopted here. Yet, I believe that the classification helps in the contextualisation of texts rather than predetermining the results of the analysis.

Societal peace, civil merit 1917-1939	War, rebuilding and national unity 1939-late 1950s	Growth, welfare and parliamentarism late 1950s-late 1980s	Competition and welfare, efficient and open government late 1980s-
Responsible for what? (What is to be established?) Social stability and societal peace	*Responsible for what? (What is to be established?)* Independence, peace, stabilisation	*Responsible for what? (What is to be established?)* Higher standard of living, employment, social security, welfare, peaceful relations with neighbouring countries, competitiveness, equality, justice	*Responsible for what? (What is to be established?)* Maintaining the Welfare State, social cohesion, equality and trust; securing national competitiveness
(Who's) Responsible to Whom? Citizens responsible for their behaviour (civil merit, sacrifice), government seeks co-operation with parliament; citizens, parliament and civil servants should support the government	*(Who's) Responsible to Whom?* Citizens responsible for their behaviour (sacrifice, abstinence, sense of responsibility), government and parliament should work in common understanding	*(Who's) Responsible to Whom?* Government responsible to parliament (and constituency)	*(Who's) Responsible to Whom?* Government responsible to citizens and parliament, joint responsibility, government responsible to the market
How? Rule of law, legality, civil merit	*How?* National unity	*How?* Parliamentary representation, co-operation (with other state institutions and groups of interest mediation), planning	*How?* Parliamentarism, constitutional rights, co-operation, marketisation, flexibility, decentralisation, openness, transparency

Table 2: Finnish government platforms (1917-2007) and ideational cycles of responsibility

The government platforms carry a major shift in the locus or bearer of responsibility (see Table 2). Up until the late 1950s the citizen is seen to have responsibilities towards the state or government. The parliament is addressed with wishes of co-operation and common understanding. Towards the 1960s the vocabulary changes and the governments' democratic responsibilities to the parliament are addressed in the platforms. Thus the logic changes: The government is increasingly admitting its responsibility towards the parliament and the constituency. The government accountability rests on parliamentary confidence.

Towards the present, the vocabulary changes again, as the government is held more and more responsible for its performance. Throughout the 1990s national competitiveness has become increasingly topical and the platforms portray a conceptual shift towards performance as a type of accountability.

Ideational shifts have occurred during times of obvious turmoil, such as the Second World War, but there are also more mundane changes. The shift towards Welfare State policies undoubtedly was a political culmination, but it was not a result of great turmoil or crises. This point of view tends to leave the political aspects of the 'use' of concepts under-valued (Skinner 1999: 72). Particularly the occurrence of concepts is difficult to explain fully. One should pay attention to what was "possible" to be said at a given time: What concepts were used at the time and what ideological groupings were they associated with, and, moreover, were there any political restrictions for expressing certain viewpoints (Skinner 1969)? Even this does not fully explain why some concepts are not explicitly used. In the government platforms certain references to commendable concepts first appear when the phenomena they describe are apparently lacking or when these features of governing are under threat.

For instance, the Finnish non-parliamentarian caretaker governments of the 1970s make constant reference to parliamentarism and parliamentary confidence, thereby expressing a norm of governing prevailing at the time. The fact that this does not appear explicitly in the platforms of governments that are drawn from the ranks of elected parliament, points to its self-evident nature.[23] The concept of Welfare State first appears in the government platform of Harri Holkeri in 1987, when structural changes in world economy and politics were starting to become visible, as well as their challenges for the Finnish Welfare State. In this case, the conceptualisation also politicises the issue and makes the 'Welfare State' a debatable and governable domain, which then remains a topic in the government platforms to follow (cf. Kantola 2006: 173-175). What is the future of the 'Welfare State' and what needs to be done in order to maintain (reform) it?

Though the concern over "national competitiveness" appears in platforms over time, there is a significant change in the mechanism through which this is hoped to be secured (compare Kettunen 1999; Kantola 2006). While the governments until the mid-1980s argued for planning as a means for achieving efficiency, the logic changes towards the end of the 1980s, as the idea of the market appears, which signifies the rapid Finnish entrance to open market-economy

---

23   Shared by a wider community, norms are seldom made explicit in everyday life. It is rather the breaking of the norm that has to be acknowledged, which is the case in the platforms of caretaker governments.

(cf. Alasuutari 2006; Heiskala 2006).[24] The market is not only a site for economic competition of the state, but also a means for organising the tasks of the state. This also makes competitiveness a goal in itself, which is prominently expressed in Finnish government platforms of the 1990s, where it overrides several other concerns (cf. Kantola 2006).[25] As the Welfare State appears as a parallel concept of (national) competitiveness, the means for upholding the Welfare State changes, now stressing new responsibilities of the citizen (Kantola 2006, 174). Competitiveness also comes with several parallel concepts such as 'knowhow' and 'innovation' (Kantola 2006: 168-171).

Kananen and Kantola have discussed competitiveness and productivity as shared goals for the Finnish government coalitions since the 1990s, irrespective of their political orientation (Kananen/Kantola 2009). This time context is important in understanding the rise of 'openness' and 'transparency' as new concepts of government responsibility. I will next explore the emergence of 'openness' and 'transparency' in the vocabulary of governments in Finland and how these have come to complement the term 'publicity'. I am primarily concentrating on the government platforms of the Prime ministers Harri Holkeri (1987-1991), Esko Aho (1991-1995), Paavo Lipponen (1995-1999, 1999-2003), Anneli Jäätteenmäki (2003), and Matti Vanhanen (2003-2007, 2007-).

5 Competition and Transparent State

Looking at the adoption of information access laws internationally, the adoption was usually preceded by a political debate on the topic, often crucial for the adoption (Bennett 1997). Even though the law on the publicity of government documents was passed in Finland already in 1951, the term 'publicity' does not appear in the Finnish government platforms at the time of its adoption in the 1950s or after. The first reference to 'openness' was made in the platform of Prime Minister Castrén in 1919. It expressed the need of mutual understanding between govern-

---

24 Heiskala has identified the turn to the 1990s as a shift from Keynesian planned economy to a Schumpeterian market-based competitive state (Heiskala 2006: 24-25). In asking how the change was made possible, Alasuutari points to the importance of the rhetoric used in government documents, but also to the shifts in the Finnish national identity from the Nordic state-centric model, a key identification for the Finns in the Cold War-era, to a European or Western state (Alasuutari 2006: 57-61).

25 Kantola compared the Finnish government platforms from 1979-2003 with the annual reports of major Finnish corporations, arguing that the emerging vocabulary of 'competitiveness', which first appeared in the annual reports of private companies, entered the government platforms with a short delay (Kantola 2006).

ment and parliament in steering the Finnish state, which was to be sought by the "open and direct actions of government".[26] The second remark on openness is made in the government platform of Sunila (1927), which states that the government engages into its work trusting that it gets support from the parliament with which it "pursues open and trusting co-operation".[27] The "principle of publicity" first appears in the platform of the second government of Ahti Karjalainen in 1970, as the government proposes to investigate "the fulfilment of the principle of publicity of all incomes and liability to report them for taxation".[28]

All in all, there are hardly any references to 'openness' and to the 'publicity' of governing or 'principle of publicity' before 1990s. 'Public' is used in reference to public institutions, public companies or public funding, as a synonym of state bureaucracy and activities (compare Pekonen 2003: 141). The notion of 'openness' starts to appear in the government platforms in the 1990s. There is an apparent confusion between the concepts of 'public' and 'open', as the former, in the beginning of the 1990s, refers to the public sector and the government and the latter is understood in economic terms, as an 'open', unregulated, sector.

The government platform of Prime Minister Harri Holkeri (published in April 1987) acknowledges structural changes imposed by the internationalising economy and the international division of labour as change factors likely to influence the Finnish way of life. The government declares the "modern" and "equal" Welfare State as its objective, which should be achieved from "Finland's national premises". There are no references to 'openness' with regard to responsible rule, but a reference to openness is made in relation to "open labour markets".[29] The platform of Holkeri refers to the reforming of the labour market which it also sees as bringing about denouncements. The government claims to pursue this process in co-operation between government and labour market organisations as well as local authorities. Also workplace democracy appears as a legitimising concept. This also implies the economic value of exchange of information and deliberation between different actors (cf. Kettunen 1999; Hall/ Soskice 2001: 11-12).

---

26 Government platform of Kaarlo Castrén, published in 1919/4/22.
27 Sunila 1927/12/17.
28 Ahti Karjalainen II, 1970/7/15.
29 Harri Holkeri, 1987/4/30: "The development of international division of labour, structural change of the international economy and internationalisation are shaping our way of life. Strengthening the basis of our national culture and identity, and our economy require ability to meet the challenges of structural change and seize the opportunities that it brings. [...] The central starting point of the activities of the government is the goal of modern and equal welfare state from our own national premises."

The government platform of Holkeri names the 'Welfare State' as a political project (compare Kantola 2006). It emerges as a legitimising concept at the time of its foreseeable re-definition. This seems to constitute a rhetorical parallel to the caretaker governments of 1970s that made constant references to parliamentarism, whereas governments with solid parliamentary support did not see this worthy of mentioning. Yet there is a perceivable difference: Naming the current model of state a Welfare State makes a claim about the political project of past decades. It also makes this construct appear as a monolithic entity with a due political concern of how to maintain it. This conceptualization therefore also turns the Welfare State and its future into a political question. Throughout the document, rationalisation and competition are mentioned as means for the set goals, but also equality and justice appear as commendable concepts. Decentralisation of government, along with the enhanced possibility of central steering, enters the agenda of government reform.

The government platform of Aho (April 1991) builds on the normative vocabulary of the New Public Management doctrines, including most of its virtues, such as efficiency, flexibility, productivity, and decentralisation, signifying also the reforms that were initiated during the time (Pollitt et al. 1997). Similar to the government platform of Holkeri, the platform of Prime Minister Esko Aho makes references to 'openness' in the context of economy. Openness is referred to in relation to trade politics and GATT negotiations, in which the government aims at an increased "openness of world trade".[30] Also the notion of 'open sector' is used in reference to private entrepreneurship and market as distinct from the 'public sector' and 'public finance', which refer to the domain of the state.[31] Remarkably, in the early 1990s 'open' acquires connotations of 'non-public'.

Though 'national competitiveness' had already appeared earlier in government platforms, it now starts to appear more consistently, in references to competing countries and as a means for overcoming the economic recession that Finland is facing in the early 1990s. The government still aims to pursue good co-operation with labour market organisations and economic interest groups in order to achieve the set goals. Also the concepts of market and market economy appear in the sphere of governing. This alters the logic of governing, as the gov-

---

30 Esko Aho, 1991/4/26: "In the GATT-negotiations the government aims for results that ensure the functioning of multilateral trade system and lead to greater openness of world trade".
31 Esko Aho, 1991/4/26: "The aim of government's economic policy is to diminish the deficiency in the balance of current payments and to seize the foreign debt taking, to ensure employment, enhance the public sector performance and to turn the open sector national product into rise. [...] Government's economic policy favors the industry and other open sector" (italics added).

ernment's responsibility for social development seems to diminish. Whereas the jargon of "planning" covered all walks of social life before, the "market" now replaces it as a means for attaining desired goals.

The perceivable actions of the state are reduced to counteracting possible negative outcomes of market economy. In effect 'national competitiveness' appears in a somewhat different manner than before. It is used as an argument for reorganising Finnish economy amid the economic recession of the early 1990s or as a point of reference for single issues of reform, such as taxation and environmental policy, which can be altered only as long as this does not threaten competitiveness. Competitiveness becomes an overriding value throughout the government platforms. While national competitiveness was a by-product or means of welfare politics based on equality before, it is now increasingly becoming a goal in itself (Kettunen 1999: 135).

The above development is also reflected in the understanding of 'society' and 'state' which is also shifting. While the traditional, holistic understanding of the term 'society' has been under attack recently, there is also a perceivable shift from a 'society' to a *"competitiveness-gemeinschaft"*: A former understanding of 'society' which amalgamated civil society with state institutions is replaced by the new nationalistic notion of national competitiveness (Kettunen 2003: 207). This is also apparent in the government platforms (cf. Kantola 2006). While the socio-political steering (*yhteiskuntapolitiikka*) of the 1970s and early 1980s presents planning as its key mechanism, the new competitive state abandons these ideas altogether and regards markets and market type mechanisms as its logic for organisation. Also the spatial dimensions of statehood are being reevaluated, as the nation-states are no longer seen as polities but rather as sites of mobile economic activities (Moisio 2007).

The platform of Paavo Lipponen (published in April 1995) is the first one to carry a heading: "The government of employment and joint responsibility". At the time, the platform of the first Lipponen government was described as a "love letter" to the market, while the citizen was seen as having received a cold message of necessary adjustments (Pekonen 1995). The government promises to strengthen co-operation and trust throughout the society, and with labour market organisations and interest groups in particular.[32] Skilled people, functioning labour markets as well as labour market agreements are mentioned as keys to suc-

---

32 Lipponen, 1995/4/13: "Parliamentary government and citizen's constitutional rights will be strengthened. [...] The government will act for strengthening co-operation and trust in the whole society, particularly with labour market organisations and interest groups."

cess. The "open" labour market deliberations explicitly become an element of national competitiveness (compare Kettunen 1999).

The democratic connotations of openness first start to appear systematically in 1995 and in the context of European governance (Finland joined the EU in 1995). The first government of Lipponen states that Finland will enhance the openness of the decision-making of the European Union.[33] The openness of the Union has to be improved and decision-making has to be made easier to follow. The Finnish preparation for the 1996 inter-governmental conference will be based on an "open citizen debate and a communication of the parliament." The Finnish mission to open up the decision-making processes of the European Union becomes a legitimising argument for the Finnish accession to the Union. In effect, Finland is described as the advocate of openness in the European Union.

'Information society' also first appears in the 1995 platform of Paavo Lipponen, referring to education (bringing digital networks to schools), libraries and broadband networks. The section on public sector reform mentions the securing of welfare state services as a goal. Reform is cropped to the notions of efficiency, functionality and service orientation, but the publicity of governing on all levels of government is also expressed as one aspect of reform.[34] Also, anticipating the new Finnish constitution that came into force on 1 March 2000, the government refers to parliamentarism and constitutionalism, but also to fundamental rights, bringing the notion of 'rights' to the legitimisng vocabulary. In addition, the legislation concerning the publicity and secrecy of governing is assessed in this context as an issue of concern (referring to the new legislation to be passed in 1999).

The second government of Paavo Lipponen titles its platform of April 1999 "Just and supportive – socially solid Finland". Again the vocabulary of "welfare" and "well-being" is present throughout the platform and the "Nordic Welfare State" is to be maintained. Openness remains a topic in the Finnish EU-politics of the second government of Paavo Lipponen. The platform states that the government will "act so that the EU's decision-making and administration is developed according to the principles of openness, responsibility and efficient administrative practices". There is also another reference to openness in relation to global economics. The document states that the openness of the international actors has to be

---

33 "Finland enhances openness in the decision-making of the European Union. The Union's practices of publicity have to be enhanced and the decision-making will have to be made better observable", Lipponen, 1995/4/13.

34 "The efficiency, functionality and service orientation of the public administration will be increased. On all levels of government the real measures of citizen activity and the publicity of government will be strengthened", Lipponen, 1995/4/13.

increased and their ability to meet the instability caused by the free movement of capital and the challenges of globalisation has to be strengthened.

The discourse of constitutional rights still remains on the agenda referring also to the 'openness' of electoral funding. 'Openness' and access to information are also addressed in the section on Information Society. Here, access to information is again coupled with the notion of 'rights'. Information technology is seen as enhancing the public sector processes and the openness of decision-making.[35] eGovernment is also used as a reference to efficiency and service delivery.

Transparency appears for the first time in the vocabulary as the 'transparency' of pricing and financing in domestic politics. Also the vocabulary then shifts, as openness starts to acquire democratic connotations, i.e. openness of governing, and the economic aspects are captured under a new term, 'transparency'. The context for the latter concept to appear is mostly economic and market-oriented. This also introduces a new account holder, to whom the government is responsible: the market.

Four years later, Anneli Jääteenmäki's government captions its platform "To a new rise with work, entrepreneurship and joint responsibility". Increasing the openness of EU institutions remains on the agenda of Prime Minister Jäätteenmäki's platform (April 2003), now coupled with the notion of 'good governance'.[36] Openness also remains, as a reference to market economy and 'open markets', of which Finland is to benefit. This is expected to be realised, providing that Finland remains competitive and provides a good location for companies, both in terms of infrastructure and taxation.[37] 'Openness' is also referred to in the context of managing public-owned companies and ensuring market trust in the state's shareholder policies – the government thus expresses its responsibility towards the market.[38] 'Openness' in the use of the law is mentioned with regard to renewing the legislation on the publicity of legal proceedings. 'Trans-

---

35 "In different sectors of policy, the society's access to information, development of know-how, chances for entrepreneurship and competition, regional balance, realisation of basic rights, social equality, trust, and security will be secured. [...] The public sector processes, e-government and the openness of decision-making must be developed using the possibilities of the information and communication technologies", Paavo Lipponen, 1999/4/15.
36 "The institutions of European Union have to be developed towards simplification and openness according to the principles of good governance", Anneli Jäätteenmäki, 2003/4/17.
37 "It is necessary that Finland is able to effectively utilize the opportunities opening in the open markets. This requires the maintaining of the good price competitiveness [...] Both in terms of infrastructure and taxation Finland has to be a competitive location for companies and their key activities", Anneli Jäätteenmäki, 2003/4/17.
38 "At the same time, it will be assured that the [state's] shareholders policy is on an open and trust-invoking basis separated from regulatory tasks and that that state's abilities in its shareholder policy is trusted in the market", Anneli Jäätteenmäki, 2003/4/17.

parency' has four occurrences, again in the domestic context, with connotations of market or financial transparency, but also referring to the "clarity of a process" and "effectiveness".

The government platform of Matti Vanhanen, published on 24 June 2003 after the resignation of the Jäättenmäki government, is identical to the document of Jäätteenmäki's platform.[39] The government platform of the second Vanhanen government (published in April 2007) carries the heading "Responsible, caring and supportive Finland". With reference to the Finnish Welfare State the platform states that a distinction between "individual responsibility, joint responsibility and the responsibility of society has to be clarified". The programme makes references to the transparency of pricing, state funding, trade and services. 'Openness' of the European Union remains an issue, both as a general remark on the running of administrative processes and as a remedy to the citizen critique. Transparency has six occurrences, four of which carry explicit market connotations, whereas two refer to the "clarity" of processes or "system", implying external scrutiny.

To conclude, there have been significant shifts in the legitimising concepts of governing in Finland. Towards the present, the statements concerning responsibility have become more explicit, albeit more abstract. Responsibility features in the headings of three government platforms, though referring to 'joint responsibility'. The omnipotent role of the state, still present in the platforms of the 1970s and early 1980s, has diminished and 'planning' has been replaced with the market as a means for achieving goals. 'Openness', a notion that at first was also used as an opposite of 'public', as a reference to market economy, later is displaced by the term 'transparency', a newcomer to Finnish political vocabulary.

The government expresses an awareness of being responsible for offering companies a good locus for their activities, but also refers directly to the perceived necessity of increasing transparency in its activities concerning competition. This resembles the ideas that have been presented by scholars of information economics (Stiglitz 1998, 2002) which point to a shift in the economic paradigm and also in market activities, altogether favouring transparency as market architecture. Though 'openness' became topical in the context of Finnish EU accession, it coincided with the new ideas on market-liberalism. The appearance of 'openness' in the context of market-relevant information and later the invention of the new term 'transparency' indicate the entrance of these ideas to the agenda of Finnish governing.

---

39 Ironically, Anneli Jäättenmäki had to resign due to her unauthorised use of secret foreign political material in the pre-election debates. The material concerned Prime Minister Paavo Lipponen's discussions with George W. Bush regarding the war in Iraq.

Figure 1: The conceptual shifts in Finnish government platforms

It is remarkable that despite the long institutional history of the 'principle of publicity', access to government information becomes an issue of concern only in the 1990s. Moreover, there is a conceptual shift to be observed over time (see Figure 1). The government discourse shifts from the semantic field of democracy towards the market. The first step is the emergence of the political concept of openness, which has both democratic and economic connotations – unlike publicity, which belongs solely to the sphere of democracy. Towards the present, the economic connotations are then subsumed under the notion of transparency, also a newcomer to the Finnish debate. Yet, the government discourse tends to summarise all of the above concepts under a notion of tradition, *Nordic openness*. This dynamic resembles the conceptual change identified by Reinhardt Koselleck: In a time of political turmoil, there is an attempt to apply concepts from the past in order to conceptualise the expectations for the future.

According to Koselleck, new political concepts tend to arise when the gap between experiences (*Erfahrungsraum*) and expectations (*Erwartungshorizont*) becomes too wide. As the previous democratic semantics of the concept of 'public' are complemented with new market-liberal connotations, discourse turns to 'openness'. Following that, the use of the concept 'transparency' further propels the shift towards an economic understanding of the access to government information. The two debates around openness and transparency – the exceptional Finnish openness in the EU context (*Nordic openness*) and the economic potential of transparency – meet in their nationalistic discourse. The Finnish concern over the secretive EU in the mid-1990s opened a narrative of openness as a Nordic tradition within Finnish governing, separating 'us' from 'them'. The national competitiveness, to which openness or transparency are increasingly seen as remedies, is also debated under the same logic of inclusion and exclusion: "our" competitive edge over "the others".

The coupling of efficiency and performance with openness is a somewhat novel and perhaps not so readily apparent idea. This conceptual change in the government vocabulary points to a "political innovation" due to a paradigm change in economics, where the market architecture and ideas of efficiency are increasingly based on transparency. The fact that openness and transparency are seen as having positive causal effects on the economy also shows that the above beliefs are making their way into the Finnish thinking of government. This political innovation also marks a shift in the responsibilities assumed by the government. Now aware of a new external audience, the government assumes responsibilities towards market actors. 'Openness' is also seen as a mechanism for political inclusion, but nevertheless it marks constraints and a new focussing on the responsibilities of the government, while the citizens, interest groups and market actors are seen as having more responsibilities.

6 Conclusions

Nordic countries have had a distinctive institutional trajectory of institutional openness, which has been a key principle of governing in these countries – the principle of publicity. The contemporary international interest in the topic of transparency has politicised this institutional trajectory also in the Nordic context. In Finland, this awareness of an institutional history has marked an opening for the re-description of the institution: But democracy, openness and transparency are now also valued for their economic potential. Even if the concept of openness emerges in a discourse on "traditions" – Nordic openness – it is nevertheless a novelty in the Finnish government rhetoric. Moreover, this discourse makes the topic "governable", allowing for semantic re-descriptions of the democratic principle.

The shift from 'publicity' to 'openness' allows economic connotations to enter the thinking of government accountability. The second shift from openness to 'transparency', then, expresses the new ideas of enhanced (economic) performance through public scrutiny. While this might seem as a mild reframing of the previous institutional practices, it in fact removes them from their democratic root and shifts them partially to the domain of economics. Consequently, the openness of government activities has become part of national competitiveness. Though this might seem a trivial shift, there is a perceivable reassessment in the responsibilities of the government. The previously democratic institution has become a mechanism for accountability through performance. Though openness and transparency would intuitively seem to imply greater government responsibility towards the citizens, their emergence coincides with growing demands on citizens, who now are increasingly held responsible for their own well-being and Finland's competitiveness in the open economy.

References

Alasuutari, Pertti (2006): Suunnittelutaloudesta kilpailutalouteen: miten muutos oli ideologisesti mahdollinen?, in: Heiskala, Risto/Luhtakallio, Eeva (eds.): *Uusi jako. Miten Suomesta tuli kilpailukyky-yhteiskunta?*, Helsinki: Gaudeamus.

Anderson, Perry (1993): *Lineages of the Absolutist State*, London: Verso.

Arendt, Hannah (1958): *The Human Condition*, Chicago: The University of Chicago Press.

Bacchi, Carol Lee (1999): *Women, Policy and Politics. The Construction of Policy Problems*, London: Sage.

Bennett, Colin (1997): Understanding the Ripple Effects: The Cross-National Adoption of Policy Instruments for Bureaucratic Accountability, in: *Governance. An International Journal of Public Policy and Administration* 10 (3), 213-233.

Dunn, John (2006): *Setting the People Free. The Story of Democracy*, London: Atlantic Books.

Eder, Klaus (2006): The Public Sphere, in: *Theory, Culture and Society* 23 (2-3), 607-611.

Emirbayer, Mustafa/Sheller, Mimi (1999): Publics in History, in: *History and Theory* 28, 145-197.

Farr, James (1989): Understanding Conceptual Change Politically, in: Ball, Terrence/Farr, James/Hanson, Russell (eds.): *Political Innovation and Conceptual Change*, Cambridge University Press, Cambridge.

Gestrich, Andreas (1994): *Absolutismus und Öffentlichkeit. Politische Kommunikation in Deutschland zu Beginn des 18. Jahrhunderts*, Göttingen: Vandenhoeck & Ruprecht.

Grønlie, Tore/Nagel, Anne-Hilde (1998): Administrative History in Norway, in: *Jahrbuch für Europäische Verwaltungsgeschichte* 10, 307-332.

Habermas, Jürgen (1989): *The Structural Transformation of the Public Sphere. An Inquiry into a Category of Bourgeois Society*, London: Polity Press.

Hall, Peter A./Soskice, David (2001): An Introduction to Varieties of Capitalism, in: Hall, Peter A./Soskice, David (eds.): *Varieties of Capitalism. The Institutional Foundations of Comparative Advantage*, Oxford: Oxford University Press, 1-68.

Harlow, Carol (2006): Global Administrative Law: The Quest for Principles and Values, in: *The European Journal of International Law* 17 (1), 187-214.

Heiskala, Risto/Luhtakallio, Eeva, eds. (2006): *Uusi jako. Miten Suomesta tuli kilpailukyky-yhteiskunta?*, Helsinki: Gaudeamus.

Heiskala, Risto (2006): Kansainvälisen toimintaympäristön muutos ja Suomen yhteiskunnallinen murros, in: Heiskala, Risto/Luhtakallio, Eeva (eds.): *Uusi jako. Miten Suomesta tuli kilpailukyky-yhteiskunta?*, Helsinki: Gaudeamus.

Heiskanen, Ilkka (1977): *Julkinen, kollektiivinen ja markkinaperusteinen: Suomalaisen yhteiskunnan hallintajärjestelmien ja julkisen päätöksenteon ja hallinnon kehitys ja kehittäminen 1960- ja 1970-luvuilla*. Helsingin yliopiston yleisen valtio-opin laitoksen tutkimuksia. Sarja C, DETA 31.

Høgetveit, Einar (1981): *Hvor hemmelig? Offentlighetsprinsippet i Norge og USA, særlig med henblikk på militærpolitiske spørsmål*, Oslo: Pax Forlag.

Hyvärinen, Matti (2003): Valta, in: Hyvärinen, Matti/Kurunmäki, Jussi/Palonen, Kari/Pulkkinen, Tuija/Stenius, Henrik (eds.): *Käsitteet liikkeessä. Suomen poliittisen kulttuurin käsitehistoria*, Tampere: Vastapaino.

Inha, Jyri (2005): *Haminasta Maastrichtiin – Modernin suomalaisen valtio-sääntöhistorian pääpiirteet*, Helsinki: Oikeustieteellinen tiedekunta.

Jansson, Jan-Magnus (1993): *Hajaannuksesta yhteistoimintaan. Suomalaisen parlamentarismin vaiheita*, Tampere: Gaudeamus.

Jyränki, Antero (2006): Kansanedustuslaitos ja valtiosääntö 1906-2005, in: Mylly, Juhani/Pernaa, Ville/Niemi, Mari K./Heino, Laura (eds.): *Suomen eduskunta 100 vuotta. Osa 2: Eduskunnan muuttuva asema*, Helsinki: Edita.

Kananen, Johannes/Kantola, Anu (2009): Kilpailukyky ja tuottavuus – Kuinka uudet käsitteet saavuttivat hallitsevan aseman hyvinvointivaltion muutoksessa, in: Kananen, Johannes/Saari, Juho (eds.): *Ajatuksen voima – Ideat hyvinvointivaltion uudistamisessa*, Jyväskylä: Sophi/Minerva.

Kantola, Anu (2006): Suomea trimmaamassa: suomalaisen kilpailuvaltion sanastot, in: Heiskala, Risto/Luhtakallio, Eeva (eds.): *Uusi jako. Miten Suomesta tuli kilpailukyky-yhteiskunta?*, Helsinki: Gaudeamus.

Kettunen, Pauli (1999): The Nordic Model and the Making of the Competitive 'Us', in: Edwards, Paul/Elger, Tony (eds.): *The Global Economy, National States and the Regulation of Labour*, London: Mansell Publishing.

Kettunen, Pauli (2003): Yhteiskunta, in: Hyvärinen, Matti/Kurunmäki, Jussi/Palonen, Kari/Pulkkinen, Tuija/Stenius, Henrik (eds.): *Käsitteet liikkeessä. Suomen poliittisen kulttuurin käsitehistoria*, Tampere: Vastapaino.

Kettunen, Pekka/Kiviniemi, Markku (2006): Policy-Making in Finland: Consensus and Change, in: Colebatch, Hal (ed.): *The Work of Policy – an International Survey*, New York: Lexington Books.

Knudsen, Tim (2003): *Offentlighed i det offentlige. Om historiens magt*, Aarhus: Aarhus Universitetsforlag.

Konstari, Timo (1977): *Asiakirjajulkisuudesta hallinnossa. Tutkimus yleisten asiakirjain julkisuudesta hallinnon kontrollivälineenä*, Helsinki: Suomalainen lakimiesyhdistys.

Koselleck, Reinhart (2004): *Futures Past. On the Semantics of Historical Time*, New York: Columbia University Press. [Vergangene Zukunft 1979.]

Koskiaho, Briitta (1973): Hallitusohjelma ei ole puu. Analyysi hallitusohjelmien yhteiskuntapoliittisista arvoista, tavoitteista ja keinoista, in: Hakovirta, Harto/Koskiaho, Tapio (eds.): *Suomen hallitukset ja hallitusohjelmat 1945-1973*, Helsinki: Gaudeamus.

Larsson, Torbjörn (1998): How Open Can a Government Be? The Swedish Experience, in: Deckmyn, Veerle/Thomason, Ian (eds.): *Openness and Transparency in European Union*, Maastricht: European Institute of Public Administration.

Manninen, Juha (1996): *Feuer am Pol. Zum Aufbau der Vernunft im europäischen Norden*, Frankfurt am Main: Peter Lang.

Manninen, Juha (2000): *Valistus ja kansallinen identiteetti. Aatehistoriallinen tutkimus 1700-luvun Pohjolasta*, Helsinki: Suomalaisen Kirjallisuuden Seura.

Marcussen, Martin (2000): *Ideas and Elites: The Social Construction of Economic and Monetary Union*, Aalborg: Aalborg University Press.

Martens, Wolfgang (1971): *Die Botschaft der Tugend. Die Aufklärung im Spiegel der deutschen Moralischen Wochenschriften*, Stuttgart: Metzler.

Marx Ferree, Myra/Gamson, William/Gerhards, Jürgen/Rucht, Dieter (2002): Four Models of the Public Sphere in Modern Democracies, in: *Theory and Society* 31, 289-324.

Miller, Peter/Rose, Nikolas (1990): Political Rationalities and Technologies of Government, in: Hänninen, Sakari/Palonen, Kari (eds.): *Texts, Contexts, Concepts. Studies on Politics and Power in Language*, Helsinki: The Finnish Political Science Association.

Moisio, Sami (2007): Valtiomuutoksen tuottaminen Suomessa. Poliittisen maantieteen näkökulma, in: *Politiikka* 49 (4), 229-247.

Mulgan, Richard (2000): "Accountability": an ever-expanding concept?, in: *Public Administration* 78 (3), 555-573.

Nousiainen, Jaakko (2006): Suomalainen parlamentarismi, in Mylly, Juhani/Pernaa, Ville/Niemi, Mari K./Heino, Laura (eds.): *Suomen eduskunta 100 vuotta*. Osa 2: *Eduskunnan muuttuva asema*, Helsinki: Edita.

Palonen, Kari (2003): Four Times of Politics: Policy, Polity, Politicking, and Politicization, in: *Alternatives* 28 (2), 171-186.

Pekonen, Kyösti (1995): Käskyjä kansalle, mannaa markkinoille, in: *Helsingin Sanomat* 1995/4/14 (newspaper article).

Pekonen, Kyösti (2003): Hallitseminen, in Hyvärinen, Matti/Kurunmäki, Jussi/Palonen, Kari/Pulkkinen, Tuija/Stenius, Henrik (eds.): *Käsitteet liikkeessä. Suomen poliittisen kulttuurin käsitehistoria*, Tampere: Vastapaino.

Peters, Guy B./Pierre, Jon/King, Desmond S. (2005): The Politics of Path Dependency: Political Conflict in Historical Institutionalism, in: *The Journal of Politics* 67 (4), 1275-1300.

Pierson, Paul (2000): Increasing Returns, Path Dependence, and the Study of Politics, in: *The American Political Science Review* 94 (2), 251-267.

Pollit, Christopher/Hanney, Stephen/Packwood, Tim/Rothwell, Sandra/Roberts, Simon. (1997): *Trajectories and Options: An International Perspective on the Implementation of Finnish Public Management Reforms*, Helsinki: Ministry of Finance.

Rainio-Niemi, Johanna (2008): *Small State Cultures of Consensus. State Traditions and Consensus-Seeking in the Neo-Corporatist and Neutral Policies in Post-1945 Austria and Finland*, Doctoral Dissertation. University of Helsinki: Department of Social Science History, Political History.

Relly, Jeannine/Sabharwal, Meghna (2009): Perceptions of Transparency of Government Policymaking: A Cross-National Study, in: *Government Information Quarterly* 26, 148-157.

Richter, Melvin (1995): *The History of Political and Social Concepts. A Critical Introduction*, Oxford: Oxford University Press.

Rothstein, Bo/Steinmo, Sven (2002): Restructuring Politics: Institutional Analysis and the Challenges of Modern Welfare States, in: Rothstein, Bo/Steinmo, Sven (eds.): *Restructuring the Welfare State. Political Institutions and Policy Change*, New York: Palgrave Macmillan.

Schmidt, Vivien (2002): *The Futures of European Capitalism*, Oxford: Oxford University Press.

Schmidt, Vivien (2008): Discursive Institutionalism: The Explanatory Power of Ideas and Discourse, in: *Annual Review of Political Science* 11, 303-326.

Sheehan, James (2006): The Problem of Sovereignty in European History, in: *American Historical Review* 111 (1), 1-15.

Skinner, Quentin (1969): Meaning and Understanding in the History of Ideas, in: *History and Theory* 8, 3-53.

Skinner, Quentin (1989): Language and Political Change, in: Ball, Terrence/Farr, James/Hanson, Russell (eds.): *Political Innovation and Conceptual Change*, Cambridge: Cambridge University Press.

Skinner, Quentin (1999): Rhetoric and Conceptual Change, in: *Finnish Yearbook of Political Thought* 3, 60-73.

Skinner, Quentin (2002): *Visions of Politics*. Volume 1: *Regarding Method*, Cambridge: Cambridge University Press.

Somers, Margaret (1995): What's Political or Cultural about Political Culture and the Public Sphere? Toward an Historical Sociology of Concept Formation, in: *Sociological Theory* 13 (2), 113-144.

Somers, Margaret (2005): Let Them Eat Social Capital: Socializing the Market Versus Marketizing the Social, in: *Thesis Eleven* 81, 5-19.

Somers, Margaret/Block, Fred (2005): From Poverty to Perversity: Ideas, Markets, and Institutions over 200 Years of Welfare Debate, in: *American Sociological Review* 70 (2), 260-287.

Stenvall, Jari (1995): *Herrasmiestaidosta asiantuntijatietoon. Virkamiehistön asiantutemuksen kehitys valtion keskushallinnossa*, Helsinki: Hallintohistoriakomitea.

Stiglitz, Joseph E. (1998): Distinguished Lecture on Economics in Government: The Private Use of Public Interests: Incentives and Institutions, in: *The Journal of Economic Perspectives* 12 (2), 3-22.

Stiglitz, Joseph E. (2002): Information and the Change in the Paradigm in Economics, in: *The American Economic Review* 92 (3), 460-501.

Stråth, Bo (forthcoming) Moral and Politics in a European Public Sphere, in: Frank, Robert/Kaelble, Hartmut (eds.): *Building European Public Sphere. History and Global Perspective*, Brussels: PIE-Peter Lang.

Tiihonen, Seppo (1994): *Herruus. Ruotsi ja Venäjä*, Helsinki: Hallintohistoriakomitea.

Tocqueville, Alexis de (1991): *Democracy in America*, New York: Alfred A. Knopf.

van Dülmen, Richard (1986): *Die Gesellschaft der Aufklärer. Zur bürgerlichen Emanzipation und aufklärerischen Kultur in Deutschland*, Frankfurt am Main: Fischer.

van Eijnatten, Joris (2004): Between Practice and Principle. Dutch Ideas on Censorship and Press Freedom, 1579-1795, in: *Redescriptions. Yearbook of Political Thought and Conceptual History* 8, 85-113.

Weber, Edward (1999): The Question of Accountability in Historical Perspective. From Jackson to Contemporary Grassroots Ecosystem Management, in: *Administration & Society* 31 (4), 451-494.

Würgler, Andreas (2002): Conspiracy and Denunciation: A Local Affair and its European Publics (Bern 1749), in: Melton, James Van Horn (ed.): *Cultures of Communication from Reformation to Enlightenment. Constructing Publics in Early Modern German Lands*, Aldershot: Ashgate.

Transparenz zur Korruptionsbekämpfung durch E-Government

Andreas Schmidt

1 Einleitung

Heutzutage werden unsere Alltagserfahrungen und unser alltägliches Leben von Informations- und Kommunikationstechnologien (IuK-Technologien) geprägt. Sei es der selbstverständliche Umgang mit E-Mails oder die tägliche Arbeit im Unternehmen, unsere Gesellschaft hat sich schon längst zu einer Informationsgesellschaft gewandelt.[1] Informationen werden nicht länger in dicken Enzyklopädien nachgeschlagen, sondern im Internet bei Wikipedia[2] recherchiert. Andere Suchabfragen werden „gegoogelt" oder über wissenschaftliche Dokumentationsdienste erledigt.

Gerade die umfassenden Trefferlisten der einschlägigen Suchmaschinen erschaffen die Vorstellung von einer Welt und Gesellschaft, in der nahezu jede erdenkliche Information über das Internet gefunden und abgerufen werden kann. So erfasst beispielsweise eine Suche nach dem Begriff „Transparenz" über die Suchmaschine Google weit über vier Millionen Treffer in nur 0,2 Sekunden. Trotz dieser unüberschaubaren Menge an Informationen sind wir von einer transparenten Welt, einer transparenten Gesellschaft und einem transparenten Staat noch weit entfernt.

Transparenz stellt für Gesellschaften und Staaten ein hehres und anstrebenswertes Ziel dar. Aus politikwissenschaftlicher Sicht ist der Grad der Transparenz politischer Prozesse ein Merkmal für Demokratie. „Ohne Transparenz kann keine ausreichende Information für die Bürger und folglich keine angemessene Bewertung der Politik durch diese (und somit kein adäquates Wahlverhalten) erfolgen" (Lauth 2008: 43). Beispielhaft für einen transparenten Umgang mit Informationen ist das Königreich Schweden, das seit 1766 in seiner Verfassung ein Öffentlichkeitsprinzip verankert hat. Dieses ermöglicht den Bürgern Zugang und Einsicht in sämtliche Verwaltungsdokumente (vgl. Bührig/Budde 2007: 60 f.). Geheimhaltung ist hier nicht die Norm, sondern ein Ausnahmezustand.

---

1   Für eine Übersicht zu Konzepten der Informationsgesellschaft siehe Steinbicker (2001).
2   Wikipedia ist laut Selbstbeschreibung eine „im Januar 2001 gegründete freie Online-Enzyklopädie in zahlreichen Sprachen." Das besondere an diesem Nachschlagewerk ist, dass jeder Nutzer jeden Artikel verändern kann (vgl. http://de.wikipedia.org/wiki/Wikipedia).

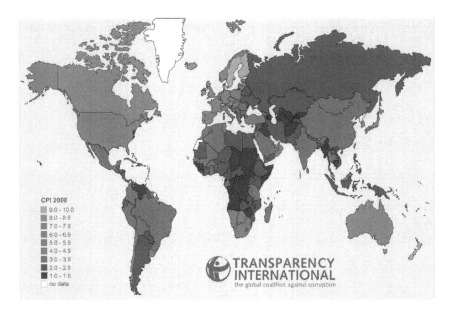

Abb. 1: Corruption Perception Index 2008 (http://www.transparency.org/content/download/36275/5 70111/file/cpi_2008_cmyk.jpg)

Dies spiegelt sich auch im Corruption Perceptions Index (CPI) der NGO Transparency International[3] wider. Im CPI von 2008 findet sich Schweden mit 9,3 von 10 möglichen Punkten[4] zusammen mit Neuseeland und Dänemark auf dem Spitzenplatz.[5]

Der CPI erfasst die Korruptionswahrnehmung in der öffentlichen Verwaltung auf Basis von Befragungen von Geschäftsleuten und Experten. Zwar bedeutet ein hoher Wert auf dem CPI (d.h. wenig Korruption) nicht automatisch auch einen hohen Grad an Transparenz in dem jeweiligen Staat, jedoch kann davon ausgegangen werden, dass ein hohes Maß an Transparenz korruptives Handeln erschwert, da Korruption ja „gerade nicht auf transparenten Verfahren beruht" (Lauth 2008: 43). Transparenz und somit die Durchschaubarkeit und

---

3 Transparency International ist ein gemeinnütziger Verein, der sich im Namen der Korruptionsbekämpfung zum Ziel gesetzt hat, Akteure aus Wirtschaft, Politik und Zivilgesellschaft zur Schaffung von Transparenz zusammenzubringen (weitere Informationen unter http://www.transparency.de).
4 Hierbei bedeuten 10 Punkte „weitestgehend keine Korruption" und 0 Punkte bedeuten ein sehr hohes Maß an Korruption im öffentlichen Sektor.
5 Deutschland liegt im CPI von 2008 zusammen mit Norwegen auf dem 14. Platz mit 7,9 Punkten.

Nachvollziehbarkeit von Verwaltungshandlungen ist also ein Kernpfeiler im Kampf gegen korruptives Handeln.

Nach einer Begriffsbestimmung von Transparenz wird im Folgenden anhand von Maßnahmen aus der Korruptionsbekämpfung und -prävention dargestellt werden, wie durch E-Government, d.h. den Einsatz von IuK-Technologien in Regierung und Verwaltung, Transparenz erhöht und somit korruptives Handeln erschwert werden kann.

2 Transparenz – eine Begriffsbestimmung

Der Begriff der Transparenz stammt aus dem Lateinischen und setzt sich zusammen aus *trans* (lat. ‚darüber, hinüber, jenseits, durch') und *parere* (lat. ‚scheinen'). Ursprünglich in der Physik für die Beschreibung optischer Eigenschaften gebraucht, hat der Begriff der Transparenz Einzug in den Alltagsgebrauch gehalten. So bezeichnet Transparenz nicht nur ‚Durchscheinen, Durchsichtigkeit und Lichtdurchlässigkeit', sondern auch ‚Deutlichkeit und Verstehbarkeit' (vgl. Duden 2007: 1051).

Transparenz stellt nicht nur einen Zustand dar, sondern ist auch Ausdruck und Resultat „eines intellektuellen Bedürfnisses, nämlich unseres angeborenen Verlangens nach dem, was leicht erkennbar, offensichtlich und frei von jeder Verstellung sein sollte" (Rowe/Slutzky 1997: 22). Demnach stellt Transparenz beziehungsweise die Suche nach Transparenz ein Grundbedürfnis des menschlichen Daseins dar. Auch die Anthropologie sieht die Erreichung von Transparenz als Notwendigkeit in der menschlichen Grundsituation. Diese Grundsituation ist charakterisiert durch den Zwang, sich mit einer hochkomplexen Umwelt aktiv auseinanderzusetzen und somit die Welt zu erfahren (Gehlen 1962: 39 f.).

> „Will er [der Mensch, Anm. d. Autors] überleben, so ist er gezwungen, innerhalb seiner Umwelt Sachverhalte und Zusammenhänge zu erkennen und Wirkungsweisen zu durchschauen; mit anderen Worten: er muss seine Umwelt als transparent erleben. Seine Chancen zu überleben steigen tendenziell mit dem Grad der Durchschaubarkeit seiner Umwelt an" (Karg 1990: 15).

In Hinblick auf die Bekämpfung korruptiven Handelns erscheint es zu kurz gegriffen, Transparenz im Sinne von objektiver Durchschaubarkeit zu verstehen. Objektive Durchschaubarkeit impliziert in diesem Zusammenhang, dass eine Verwaltung und ihr Handeln vollkommen durchschaubar sein können. Es muss aber davon ausgegangen werden, dass „die dort vorzufindenden Vorgänge, Sachverhalte und deren Interdependenzen äußerst komplex und umfangreich sind und in ihrem Gesamt(umfang) höchstens in Ausnahmefällen bekannt sind" (Karg 1990: 62). Unter dieser Annahme wäre also die Erreichung von objektiver Transparenz nur für Teilbereiche der Verwaltung realisierbar. Wäre es tatsächlich möglich, objektive Transparenz zu erzielen, so könnte sie sich auch quantitativ messen lassen. Hierzu würde man ein Instrument benötigen, durch welches festgestellt werden könnte, welche Teilbereiche und Aspekte der Verwaltung nicht bekannt und durchschaubar sind. Es müsste folglich sämtliche Vorgänge, Sachverhalte und Interdependenzen der Verwaltung erfassen. Ob dies mit einem zu rechtfertigenden Erhebungsaufwand zu realisieren wäre, bleibt mehr als fraglich.

Im Falle der Prävention von korruptivem Handeln der Verwaltungseinheiten oder Verwaltungsmitarbeiter spielt hingegen die subjektive Transparenz eine entscheidende Rolle.[6] Erfährt ein Verwaltungsmitarbeiter ein hohes Maß an subjektiver Transparenz in seiner Verwaltung, muss er davon ausgehen, dass korruptives Handeln mit einer hohen Wahrscheinlichkeit entdeckt und mit negativen Sanktionen belegt wird. Bei der gestiegenen Entdeckungswahrscheinlichkeit wird er es sich zweimal überlegen, ob er vom rechtmäßigen Verfahrensweg abweicht. Das Gleiche gilt für Personen, die durch Bestechung Verwaltungsmitarbeiter zu korruptivem Handeln ermutigen wollen. Geht der Bestechende durch ein hohes Maß an subjektiv erfahrener Transparenz der Verwaltung davon aus, dass eine hohe Entdeckungs- und Aufklärungswahrscheinlichkeit besteht, so wird er eher von Bestechungsversuchen absehen. Im umgekehrten Fall ist davon auszugehen, dass sich die Wahrscheinlichkeit für korruptives Handeln vergrößert, wenn die Akteure durch ein niedriges Niveau an subjektiver Transparenz davon ausgehen, dass sie im Falle eines Fehlverhaltens nicht erwischt werden können und somit keine Konsequenzen zu tragen haben.

Transparenz in der Verwaltung ist also keine verwaltungsimmanente Angelegenheit, sondern beeinflusst auch deren Umwelt. „Transparenz ermöglicht die Informationsabgabe an Adressaten in der Systemumwelt" (Kißler 2007: 95). In diesem Sinne manifestiert sich transparenzfördernde politische Kommunikation in sämtlichen öffentlichen Mitteilungen der politischen Instanzen und Verwaltungen (wie Bundesanzeiger oder kommunale Amtsblätter). Gerade in Hinblick auf den

---

6   Es kann zwar davon ausgegangen werden, dass bei einem hohen Grad an objektiver Transparenz wahrscheinlich auch ein hohes Niveau an subjektiv erlebter Transparenz vorliegt, dies muss aber nicht zwingend gelten. Es ist durchaus denkbar, dass ein hohes Maß an erlebter subjektiver Transparenz mit einem niedrigen Maß an objektiver Transparenz einhergeht. Eine höhere objektive Transparenz macht die Perzeption von hoher subjektiver Transparenz wahrscheinlicher. Weiterführende Informationen zum Konzept der subjektiven Transparenz finden sich in Karg (1990).

Willensbildungsprozess spielt die so genannte Herrschaftstransparenz eine gewichtige Rolle.[7] Durch Herrschaftstransparenz wird die „einseitige unbeantwortbare Information" (Luhmann 1970: 8) durch Möglichkeiten der Informationsbeantwortung ersetzt und dient somit als Präventionsmaßnahme gegenüber Manipulationen. Auch die Enquete-Kommission des Bundestages unterstützt die theoretischen Überlegungen zu Transparenz als wichtige Präventionsmaßnahme gegen korruptives Handeln. Neben einer Verschärfung der Maßnahmen zur Strafverfolgung bei Korruption hält sie „die Demokratisierung und mehr Transparenz für wesentliche Mittel, um der Korruption und Bestechung die Grundlage zu entziehen. In Ländern, wie zum Beispiel Schweden, die hohe Transparenz und Informationsrechte gewährleisten, ist der Korruption sehr viel weitergehender die Grundlage entzogen als bei uns" (Deutscher Bundestag 2002: 556).

Die Schaffung einer erhöhten Transparenz muss also als ein vorrangiges Ziel in der Bekämpfung von korruptiven Handlungen verfolgt werden. Denn „Korruption gedeiht nur dort, wo Entscheidungen über Transaktionen nicht öffentlich sind, wo sie deshalb weder kontrolliert werden können, noch gerechtfertigt werden müssen" (Matzner 1981: 334). Dies kann, wie im Verlauf dieses Beitrages gezeigt werden wird, auch durch Instrumente und Methoden des E-Government geschehen.

3 E-Government

Während in unserem alltäglichen Leben die neuen IuK-Technologien eine große Bedeutung haben, ist dieser Wandel in den deutschen Verwaltungen noch nicht abgeschlossen. Zwar existieren Ansätze zum Einsatz von E-Government, aber diese sind bei Weitem noch nicht ausgereizt.

Gemäß der Speyerer Definition wird hier unter E-Government „die Abwicklung geschäftlicher Prozesse im Zusammenhang mit Regieren und Verwalten (Government) mit Hilfe von Informations- und Kommunikationstechniken über elekt-

---

7 Neben der Herrschaftstransparenz identifiziert Kißler drei weitere Arten von Transparenz in der politischen Kommunikation. Durch die Problemtransparenz werden Bürger über Gesetze, Programme und Verfahren der politischen Einrichtungen informiert und erlangen so einen Überblick über mögliche Folgen von politischer Entscheidung. In Form von Planungstransparenz gewinnt der Bürger eine Einsicht in den politischen Entscheidungsprozess und wird dadurch in die Lage versetzt, bei der Zukunftsplanung zu partizipieren. Transparenz in Form von Geschichtstransparenz bedient das Interesse der Bürger, einen Einblick in die durch Entscheidungen getragene Verantwortung in abgeschlossenen politischen Prozessen zu erhalten (vgl. zu den Transparenzformen Kißler 2007: 95).

ronische Medien" (von Lucke/Reinermann 2000: 1) verstanden. Dabei umfasst diese digitale Abwicklung sämtliche Ebenen, d.h. sie findet sowohl auf supranationaler, nationaler, regionaler wie auf lokaler Ebene statt. Dabei ist E-Government ein Oberbegriff, unter den sich viele unterschiedliche Aktivitäten subsummieren:

> „E-Government umschließt Informations- und Kommunikationsdienste für Bürger, für Wirtschaft, für Verwaltung und deren Gremien (E-Information), aber auch Formulare (E-Forms), die offline oder online abgerufen, ausgefüllt und abgesandt werden können. Zudem sind Transaktionsdienste für Bürger, Wirtschaft und Verwaltung einbezogen (E-Transaction). Auch zu E-Commerce-Lösungen wie Ausschreibungen, Steuer- und Zollverfahren finden sich bereits Anwendungsbeispiele. E-Government schließt weiter die elektronische Bereitstellung (E-Service) von Dienstleistungen, Bescheiden und Produkten der öffentlichen Hand ein. Ebenso dürfen Geschäftsprozesse (E-Workflow), demokratische Prozesse (E-Democracy) und die Wertschöpfung für die Gesellschaft (E-Benefit) nicht vergessen werden" (von Lucke 2000: 186 f.).

E-Government umfasst neben den genannten Diensten noch eine Vielzahl weiterer. Darunter fallen unter anderem die elektronische Verwaltungsakte (E-Akte), durch die Verwaltungsprozesse und -abläufe transparent gemacht und nachvollzogen werden können, sowie Instrumente und Methoden des Web 2.0, etwa für jeden Nutzer veränderbare Wikis, (Meinungs-) Foren, öffentliche Blogs,[8] Content-Management-Systeme (CMS) und Hochleistungsportale. Des weiteren sind unter Aktivitäten des E-Government auch Umfrage- und Befragungsinstrumente, Business-Intelligence-Verfahren und elektronisch gestützte Lernsysteme (E-Learning) zu fassen. Auch die Informationsfreiheitsgesetze zählen im weiteren Sinne zu E-Government. Da durch den technischen Fortschritt immer neue Anwendungsgebiete erschlossen und Werkzeuge für bestimmte Aktivitäten entwickelt werden, erhebt diese Auflistung keinen Anspruch auf Vollständigkeit.

Durch die genannten, eine große Bandbreite abdeckenden E-Government-Aktivitäten soll nicht nur eine Leistungsverbesserung der Verwaltungen gegenüber den Bürgern und somit eine höhere Dienstleistungsqualität erreicht werden. Auch für sich selbst erhoffen sich die Verwaltungen positive Effekte. „Diese reichen von Verfahrensvereinfachungen und -beschleunigung über effizientere interne Kommunikation bis hin zur nahtlosen Zusammenarbeit mehrerer Verwaltungsinstanzen bei der gemeinsamen Erbringung von Dienstleistungen" (Schallbruch 2003: 3).

---

8   Blogs werden immer mehr von politischen Amtsinhabern verwendet, um unmittelbar mit Bürgern kommunizieren zu können. Ein Beispiel für ein Blog eines Bürgermeisters findet sich unter http://www.buergermeisterblog.de. Vgl. Wyld (2007).

Transparenz in Staat und Verwaltung kann durch E-Government ebenfalls nachhaltig erhöht werden. Dies soll am Beispiel des Informationsfreiheitsrechts und der elektronischen Akte exemplarisch aufgezeigt werden.

3.1 Das Informationsfreiheitsgesetz

Gerade der Aspekt der E-Information stellt in Hinblick auf die Schaffung eines hohen Niveaus an subjektiver Transparenzerfahrung durch die Bürger einen wichtigen Pfeiler dar. Durch das Informationsfreiheitsgesetz (IFG) des Bundes, das am 1. Januar 2006 in Kraft trat, wurde ein großer Schritt hinsichtlich einer transparenteren öffentlichen Verwaltung unternommen.

Das IFG schafft einen Anspruch auf Zugang zu amtlichen Informationen bei Behörden des Bundes, der an keine Voraussetzungen gebunden ist. Damit bricht das Gesetz mit der tradierten Regelung, nach der ein berechtigtes Interesse bei Akteneinsicht – rechtlich oder tatsächlich – nachgewiesen werden musste. Das IFG ist nicht auf einzelne Bundesbehörden beschränkt, sondern gilt grundsätzlich einmal für alle Bundesbehörden. Das IFG wird nicht zu den Bürgerrechten gezählt, sondern gilt als Jedermannrecht. Das bedeutet, dass wirklich jeder Bürger anspruchsberechtigt ist. Der Informationszugang muss nach Eingang des Antrags möglichst unverzüglich gewährleistet werden. Das Gesetz sieht hier eine Monatsfrist vor, deren Überschreitung von der Behörde zu begründen ist. Geschwächt wird das Recht eines Jeden auf Information und Akteneinsicht durch die Ausnahmeregelungen der §§ 3-6 IFG. So können dem Informationszugang neben überwiegenden öffentlichen Belangen (beispielsweise Auskünfte, die den Nachrichtendienst oder die nationale Verteidigung betreffen) noch weitere Gründe entgegenstehen. So verhindert nach § 4 IFG der behördliche Entscheidungsprozess, insbesondere ein laufendes Verwaltungsverfahren den Informationszugang, soweit dadurch eine Maßnahme vereitelt würde. Des weiteren steht dem Recht auf Information der Schutz personenbezogener Daten Dritter entgegen. Auch in Zukunft wird es in Deutschland zunächst einmal keine skandinavischen Verhältnisse geben, in denen die Steuererklärungen der Nachbarn eingesehen werden können. Als letztes steht dem Informationszugang eine Verletzung von Betriebs- oder Geschäftsgeheimnissen und geistigem Eigentum entgegen (§ 6 IFG). Sollte dies durch eine beantragte Auskunft der Fall sein, so wird dem Antragssteller diese Information verwehrt.

Informationsfreiheitsgesetze haben sich auch in den meisten Bundesländern durchgesetzt. In elf Bundesländern wurden eigene Informationsfreiheitsgesetze verabschiedet, die für die jeweiligen Landes- und Kommunalverwaltungen gelten.[9] Besonders hervorzuheben sind hierbei die Gesetze Brandenburgs, Berlins, Schleswig-Holsteins und Nordrhein-Westfalens. In diesen Ländern ist sowohl das fiskalische Handeln der Verwaltungen vom Informationsrecht vollständig erfasst als auch der Ausschlussgrund Betriebs- und Geschäftsgeheimnisse nicht absolut gesetzt. Hierfür ist eine Abwägung vorgesehen. Liegen höherrangige Rechte vor, so ist die Informationsfreiheit dem Schutz von Betriebs- und Geschäftsgeheimnissen vorrangig. Beide Regelungen in den vier Landesgesetzen gehen über das IFG des Bundes hinaus.

Im Zuge der Finanzkrise regte der Deutsche Bundesrat an, eine generelle Ausnahme für Informationen aus dem Sektor Finanz-, Wertpapier- und Versicherungsaufsicht an. Diese Initiative ist sehr umstritten, da dadurch die Vorgänge im Zusammenhang mit der Finanzkrise (zum Beispiel rund um die Rettung der BayernLB) für den Bürger nicht mehr nachvollziehbar werden.

Auch wenn die aus dem IFG resultierenden Informationsrechte in der Bevölkerung noch kaum bekannt sind, stellen sie ein machtvolles Instrument im Kampf gegen Verwaltungsintransparenz dar und helfen, Korruption aufzudecken und Prävention gegenüber korruptivem Verhalten zu leisten. Die präventive Wirkung des Informationsrechts basiert, wie schon dargestellt, auf einer höheren Aufdeckungswahrscheinlichkeit von korruptivem Verhalten.

3.2 Die elektronische Akte

Ein wichtiges Kernstück im Rahmen der Digitalisierung von Verwaltung stellt die Ablösung der klassischen Handakte aus Papier durch eine elektronische Akte und ein dazugehöriges Dokumentenmanagementsystem dar. Dabei stehen einer elektronischen Aktenregelung mittlerweile keine Rechtsregeln mehr entgegen (vgl. Roßnagel 2001: 163). Die elektronische Akte ermöglicht eine orts- und zeitungebundene simultane Bearbeitung derselben Akte. Des weiteren ist es durch elektronische Signaturen und eine intelligente Zugriffssteuerung möglich, die so archivierten Daten vor unerlaubter Einsicht zu schützen.

---

9   Diese elf Bundesländer sind (sortiert nach dem Datum des Inkrafttretens des Gesetzes): Brandenburg, (1998), Berlin (1999), Schleswig-Holstein (2000), Nordrhein-Westfalen (2002), Mecklenburg-Vorpommern (2006), Hamburg (2006), Bremen (2006), Saarland (2006), Thüringen (2007), Sachsen-Anhalt (2008) und Rheinland-Pfalz (2009). Obwohl es in Bayern noch kein IFG gibt, ist hier die Gemeinde Prien am Chiemsee zu erwähnen, die eine „Satzung zur Regelung des Zugangs zu Informationen des eigenen Wirkungskreises der Marktgemeinde Prien am Chiemsee" erlassen hat.

An die elektronische Akte werden dabei dieselben Kriterien angelegt wie an ihren Vorgänger im Papierformat (zu den Kriterien vgl. Ruby 2007: 26):

„– Vollständigkeit
– Verfügbarkeit
– Integrität
– Vertraulichkeit
– Authentizität
– Zusammenfassung aufgabenbezogener und zusammengehöriger Schriftstücke
– Transparenz und Nachvollziehbarkeit
– Nachweisfunktion
– Rechtmäßigkeit des Verwaltungshandelns
– Redundanzfreie Datenverwaltung
– Zeitliche Bestimmtheit (Aktualität)".

Zwar verfolgen einzelne glühende Befürworter einer digitalen Verwaltung auch weiterhin dogmatisch eine papierlose Verwaltung. Dies ist aber nicht das erklärte Ziel des E-Government (vgl. Yildirim 2004: 44). Vielmehr soll der Übergang vom Papier zur elektronischen Akte dazu dienen, Rationalisierungs- und Optimierungsprozesse auszulösen.

Für die Bearbeitung und den Umgang mit elektronischen Akten kommt der elektronischen Signatur eine entscheidende Rolle zu. Sie dient dazu, „die Integrität der Akte, die Identität der Bearbeiter und den Zeitpunkt der Bearbeitung festzustellen, um die korrekte Aktenführung rechtssicher überprüfen zu können" (Kunstein 2005: 205). Durch Benutzung von elektronischen Signaturen und Zeitstempeln, die bei der Bearbeitung einer Akte elektronisch hinterlegt werden, lässt sich auch im Nachhinein exakt nachvollziehen, wer wann was bearbeitet hat. Des weiteren ist es ohne Probleme möglich, Dokumente der ursprünglich eingestellten Akte im Original zu schützen und so Manipulationen zu verhindern. Hier hat die elektronische Akte gegenüber der Papierform klare Vorteile. Durch den technischen Fortschritt in der Archivierungstechnik ist es heutzutage auch unproblematisch, größere Archivbestände über einen längeren Zeitraum (beispielsweise 30 Jahre) verlustfrei zu sichern.

Durch ein zuverlässiges und elaboriertes System aus Dokumentenmanagement, Zugangshürden und elektronischen Signaturen lässt sich ein sehr hohes Maß an Transparenz in Verwaltungsabläufen schaffen. Es kann jederzeit nachvollzogen werden, welcher Verwaltungsmitarbeiter welche Daten in einer Akte verändert hat. Somit bleibt die klare Verantwortlichkeit für Vorgänge erhalten.

Eine verbesserte Information wird dadurch realisiert, dass Hinweise, Registerauskünfte, allgemeine Informationen, Stand der Bearbeitung, Warnungen und sonstige Hinweise an Bürger nicht mehr in persönlicher Kommunikation zwischen Bürger und Verwaltungsmitarbeiter weitergegeben werden müssen. „Sie können auch in automatisierter elektronischer Form abgewickelt werden und bilden daher Paradebeispiele für rationalisierende Anwendungen in der Verwaltung" (Yildirim 2004: 44).

Die elektronische Akte bietet daher die Voraussetzungen, um korruptionspräventive Mechanismen im Verwaltungsalltag einzuführen.

4 Korruption

Bevor exemplarisch vier Methoden der Korruptionsbekämpfung und -prävention vorgestellt werden, soll das Phänomen der Korruption in aller Kürze dargestellt werden. Der Begriff der Korruption kommt von *corrumpere* (lat. ‚bestechen, verderben, vernichten, pfuschen'). Korruption wird gemeinhin definiert als

> „Missbrauch eines öffentlichen Amtes, einer Funktion in der Wirtschaft oder eines politischen Mandats zugunsten eines Anderen, auf dessen Veranlassung oder Eigeninitiative, zur Erlangung eines Vorteils für sich oder einen Dritten, mit Eintritt oder in Erwartung des Eintritts eines Schadens oder Nachteils für die Allgemeinheit (in amtlicher oder politischer Funktion) oder für ein Unternehmen (betreffend Täter als Funktionsträger in der Wirtschaft)" (Bundeskriminalamt 2007: 4).

Interessanterweise kennt das Strafrecht keinen Straftatbestand der Korruption. Die fehlende Legaldefinition für Korruption wird dadurch abgemildert, dass es im StGB Vorschriften existieren, die als klassische Korruptionsdelikte fungieren:

1. Wählerbestechung (§ 108 b StGB)
2. Abgeordnetenbestechung (§ 108 e StGB)
3. Bestechlichkeit und Bestechung im geschäftlichen Verkehr (§§ 299 und 300 StGB)
4. Vorteilsannahme (§ 331 StGB)
5. Bestechlichkeit (§ 332 StGB)
6. Vorteilsgewährung (§333 StGB)
7. Bestechung (§§ 334 und 335 StGB)
8. Unterlassen der Diensthandlung (§ 336 StGB)

In Verbindung mit den genannten Straftatbeständen treten häufig unter anderem weitere Straftaten auf. Dies sind unter anderem Strafvereitelung im Amt (§ 258 a StGB), Geldwäsche (§ 261 StGB), Betrug (§ 263 StGB), Subventionsbetrug (§ 264 StGB), Untreue (§ 266 StGB), Urkundenfälschung (§ 267 StGB), Wettbewerbsbeschränkende Absprachen bei Ausschreibungen (§ 298 StGB), Rechtsbeugung (§ 339 StGB), Falschbeurkundung im Amt (§ 348 StGB), Verletzung des Dienstgeheimnisses (§ 353 b StGB) und Verleiten eines Untergebenen zu einer Straftat (§ 357 StGB). Mit diesen Straftatbeständen wird versucht, den multiplen Facetten des Phänomens Korruption gerecht zu werden.

Bei Korruptionsdelikten wird zwischen situativer (spontaner) Korruption und struktureller Korruption unterschieden. Situative Korruption liegt beispielsweise dann vor, wenn ein Polizist von einem Autofahrer Geld oder eine Gefälligkeit annimmt und ein Auge zudrückt. Strukturelle Korruption setzt eine bewusste Planung des korruptiven Handelns voraus. Grundlage sind meist längerfristig angelegte korruptive Beziehungen.

Wie schon in den Jahren zuvor betrifft der Schwerpunkt der polizeilich bekannten Korruption die allgemeine öffentliche Verwaltung.[10] Besonders im Fokus der Korruptionsfälle standen behördliche Dienstleistungen, die Vergabe öffentlicher Aufträge und das sonstige Verwaltungshandeln. Obwohl der Anteil an aufgedeckten Korruptionsfällen in der öffentlichen Verwaltung überproportional hoch ist, ist dies kein zwingender Beweis für eine spezielle Korruptionsanfälligkeit dieses Bereichs im Vergleich zur Wirtschaft. Im Bereich der Privatwirtschaft kann vielmehr von einer hohen Dunkelziffer ausgegangen werden, da viele Korruptionsfälle nur intern verfolgt und intern sanktioniert werden, ohne an die Öffentlichkeit zu kommen. Ein solches Vorgehen wäre für die öffentliche Verwaltung nicht zulässig.[11]

„Der Umstand, dass Korruption selbst ein Delikt ist, das regelmäßig keinen direkten Geschädigten erkennen lässt und insofern eine geringe inhärente Hemmschwelle zeigt, fördert diese Form von Wirtschaftskriminalität zusätzlich" (Benz et al. 2007: 47). Die durch Korruption entstehenden materiellen Schäden lassen sich nur schwer beziffern. Dies liegt u.a. daran, dass durch Korruption Folgeschäden entstehen können, die nur schwer zu kalkulieren sind.

Neben den materiellen Schäden verursacht Korruption weit reichende Konsequenzen. „Korruption sowie ihre präventive und repressive Bekämpfung sind hochaktuelle Themen in Gesellschaft, Politik, Justiz und Verwaltung. Korruption ist kein Kavaliersdelikt, sondern stellt vielmehr eine nicht zu unterschätzende Gefahr für die Volkswirtschaft, das Vertrauen der Bevölkerung sowie das rechtsstaatliche Gefüge einer Demokratie dar" (Brenneisen/Hahn 2008: 7).

---

10 Auf Basis von 4.985 Nennungen kommt die allgemeine öffentliche Verwaltung auf 79% gegenüber der Wirtschaft (15%), den Strafverfolgungs- und Justizbehörden (5%) und der Politik (1%).
11 Sollte es doch zu einer Anzeige kommen, so findet diese in die Statistik des Bundeskriminalamtes keinen Eingang, da diese Anzeigen meist direkt bei der Staatsanwaltschaft erfolgen.

Seit Korruption als ernsthaftes und schwerwiegendes Problem in der allgemeinen öffentlichen Verwaltung identifiziert und analysiert worden ist, wurden Instrumente und Maßnahmen entwickelt, die Korruption vermeiden beziehungsweise verhindern sollen und bei auftretenden Korruptionsfällen aufdeckend wirken. Dies fängt an bei der Auswahl der geeigneten Angestellten, über das Mehr-Augen-Prinzip bis hin zu Richtlinien und gesetzlichen Vorschriften für die Vergabe von öffentlichen Aufträgen. Doch trotz all dieser Methoden und Instrumente ist es bislang nicht gelungen, effiziente Mittel zur Aufdeckung von Korruptionsfällen zu schaffen beziehungsweise effiziente Prävention zu leisten. Dies muss nicht nur notwendigerweise an den Präventionsmethoden liegen. Vielmehr fehlt es oft an konsequenter Umsetzung und einfacher Handhabung beziehungsweise der Nutzerfreundlichkeit von Präventionsmethoden.

Deshalb verwundert es nicht, dass immer wieder Fälle auftreten, in denen Verwaltungen wie Unternehmen unter der Fahne der Korruptionsprävention ihre Mitarbeiter unter Generalverdacht stellen und massenhaft persönliche Daten überprüfen. Derzeit wohl prominentestes Beispiel für so einen Fall stellt die Deutsche Bahn AG dar. Hier wurden im Namen des Anti-Korruption-Kampfes mindestens zwei Massenüberprüfungen persönlicher Daten durchgeführt, bei denen ein Großteil der Belegschaft darauf kontrolliert wurde, ob sie mit Lieferanten Geschäfte machen. Dafür wurde eine externe Detektei beauftragt und Mitarbeiter wie Ehefrauen dahingehend bespitzelt. Der Geschäftsführer des BME (Bundesverband Materialwirtschaft, Einkauf und Logistik) Dr. Holger Hildebrandt kommentierte die „Spitzelaffäre" wie folgt: „Korruptionsprävention ist für Unternehmen unerlässlich. Die Verantwortlichen dürfen jedoch nicht über das Ziel hinausschießen, wie bei der nahezu flächendeckenden Mitarbeiterüberprüfung bei der Deutschen Bahn geschehen".[12]

Auch die baden-württembergischen Landeshauptstadt Stuttgart musste im Februar 2009 ein ähnliches Vorgehen einräumen. Das städtische Rechnungsprüfungsamt hatte im Jahr 2008 durch einen Computerabgleich überprüft, ob bei der Begleichung von 5,8 Millionen Rechnungen Geld auf den Gehaltskonten von 1600 städtischen Mitarbeitern gelandet war. Dazu wurde – ohne das Wissen der Beschäftigten und ohne Verdachtsmomente – Konten von Mitarbeitern in korruptionsgefährdeten Ämtern mit Konten von Lieferanten abgeglichen. Oberbürgermeister Schuster distanzierte sich ausdrücklich von dieser Aktion: „Ich glaube nicht, dass das die richtige Methode war, um Korruption aufzudecken".[13]

---

12 Siehe http://www.bme.de/Korruption-kontrolliert-bekaempfen.45727.0.html.
13 Siehe Stuttgarter Zeitung vom 10.02.2009, „OB Schuster Distanziert sich von der Kontenprüfung".

Die Korruptionsprävention und -bekämpfung befindet sich also permanent in einem Spannungsfeld zum (Mitarbeiter-) Datenschutz. Aufklärungsarbeit bei Korruption verspricht nur dann Erfolg zu haben, wenn „die Grenzen des strafprozessual Zulässigen ausgelotet und dann auch tatsächlich ausgenutzt werden. Wer einen Schritt weitergeht, übersteigt den Grad zum Rechtswidrigen, wer einen „bequemen Sicherheitsabstand" lässt, schläft ruhig, bleibt in der Aufklärung aber oft erfolglos, weil verwickelte Korruptionsstrategien nur durch ausgefeilte prozessuale Aufklärung durchleuchtet werden können" (Rex 2008: 13).

Da Korruption mit ihren unterschiedlichen Ausprägungen, Ursachen und Motiven ein sehr komplexes Phänomen darstellt, kann kein einfaches Patentrezept für die Korruptionsbekämpfung gefunden werden (vgl. Dölling 2007: 49).

Im Folgenden werden drei Ansätze vorgestellt, die exemplarisch zeigen, wie durch die Schaffung von Transparenz Korruption vorgebeugt und bekämpft werden kann. Während ein Anti-Korruptionsbeauftragter und ein Ombudsmann für Korruptionsbekämpfung mit dazugehörigen Whistleblowing-Systemen sehr unmittelbar mit Korruptionsbekämpfung zu tun haben, zielt IDEMA mit der Schaffung einer modernen und verständlichen Amtssprache auf die indirekte Korruptionsbekämpfung und -prävention durch Verständlichkeit und Transparenz in der Verwaltungskorrespondenz.

5 IDEMA:[14] Internetdienst für eine moderne Amtssprache

Bei der Schaffung von größtmöglicher Transparenz in Verwaltungen zur Korruptionsbekämpfung und -prävention ist ungehinderter Zugang zu Informationen zwar notwendig, aber nicht hinreichend. Transparenz setzt nicht nur den möglichst uneingeschränkten Informationszugang voraus, sondern bedingt auch Verständlichkeit der verfügbaren Informationen.

Gerade im Kontakt mit Behörden, Verwaltungen, Gesetzen und Verordnungen stoßen Bürger schnell an die Grenzen der Verständlichkeit bei ihnen vorliegenden Texten. Einige Beispiele hierfür sind die „Lichtzeichenanlage",[15] die „Spontanvegetation"[16] und die „Raufutter verzehrende Großvieheinheit (RGVE)".[17]

---

14 Webpräsenz unter http://www.moderne-amtssprache.de
15 Vgl. § 37 Abs. 2 Satz 3 StVO.
16 Vgl. Stadt Willich (2006): Eingriffs- und Ausgleichsbilanzierung zum Bebauungsplan 25 VIII W – Wekeln (Klein Kempen).
17 Vgl. Deutscher Bundestag (2005): Antwort der Bundesregierung auf die Kleine Anfrage der Abgeordneten Birgit Homburger, Ernst Burgbacher, Hans-Michael Goldmann, weiterer Abgeordneter und der Fraktion der FDP, Drucksache 15/5508: 2.

Das Textverständnis wird nicht nur durch einzelne Neologismen erschwert, sondern es finden sich ganze Abschnitte, deren Verständnis auch nach mehrmaligem Lesen nicht garantiert ist. Ein Beispiel hierfür findet sich in § 3 (2) der „Verordnung über die Erteilung einer Verwarnung, Regelsätze für Geldbußen und die Anordnung eines Fahrverbots wegen Ordnungswidrigkeiten im Straßenverkehr" vom 13. November 2001:

> „Wird ein Tatbestand der Nummer 119, der Nummer 198.1 in Verbindung mit der Tabelle 3 des Anhangs oder der Nummern 212, 214.1, 214.2 oder 223 des Bußgeldkatalogs, für den ein Regelsatz von mehr als 35 Euro vorgesehen ist, vom Halter eines Kraftfahrzeugs verwirklicht, so ist derjenige Regelsatz anzuwenden, der in diesen Fällen für das Anordnen oder Zulassen der Inbetriebnahme eines Kraftfahrzeugs durch den Halter vorgesehen ist."

Um solche unverständlichen Formulierungen und damit unverständliche Gesetzestexte zu verhindern wurde vom Deutschen Bundestag im Juli 2009 durch die Einführung eines Redaktionsstabs für die Verbesserung der Verständlichkeit von Gesetzen ein erster Schritt zu einer bürgerfreundlicheren Verwaltungssprache gemacht.[18]

Schon seit 2005 existiert das Projekt IDEMA (Internetdienst für eine moderne Amtssprache), das im Jahr 2008 durch die Initiative „Deutschland – Land der Ideen"[19] ausgezeichnet wurde. IDEMA geht auf das Projekt „Bürgerfreundliche Verwaltungssprache" der Ruhr-Universität Bochum und vier Bochumer Ämtern zurück, das von 2000-2001 durchgeführt wurde. Ziel von IDEMA ist es, „verständlichere, alternative Begriffe für unverständliche Wörter aus der Verwaltungssprache"[20] zu finden. Diese Alternativen werden vor der Anwendung durch Juristen geprüft, um die rechtliche Verbindlichkeit und Eindeutigkeit zu wahren.

IDEMA ist ein Online-Angebot, das öffentliche Verwaltungen dabei unterstützt, Korrespondenz mit dem Bürger zu vereinfachen und bürgerfreundlicher zu gestalten, ohne an juristischer Genauigkeit zu verlieren (vgl. Hohn 2008: 133). IDEMA versteht sich als zentrale Anlaufstelle für alle Belange der Bürger-Verwaltungs-Kommunikation. Kommunen, die sich bei diesem Dienst anmelden, erhalten fünf Jahre lang Zugang zum Projekt.[21]

---

18   Zu weiteren Informationen zum Redaktionsstab siehe Pressemitteilung vom 03.07.2009: http://www.bundestag.de/presse/pressemitteilungen/2009/pm_090703.html [letzter Zugriff: 01.09.2009].
19   Informationen zur Initiative und allen Preisträgern unter http://www.land-der-ideen.de.
20   Ruhr-Universität-Bochum (2005): Presse-Info, Nr. 330.
21   Die Kosten für die Kommune belaufen sich dabei auf eine einmalige Zahlung zwischen 500 Euro und 10.000 Euro, abhängig von der Größe der Kommune.

Mittels Stichwörtern können die beteiligten Kommunen nach alternativen, besser verständlichen Formulierungen suchen. Tritt der Fall auf, dass das eingegebene Stichwort noch nicht im Online-Wörterbuch erfasst ist, wird dieser Begriff von IDEMA neu bearbeitet. Dadurch wird die Datenbasis an erfassten Vokabeln und deren Alternativen immer umfangreicher. Wenn möglich, wird die gesuchte Formulierung mit einem realen Beispiel aus der Datenbank verknüpft.

Durch die vereinfachte Verwaltungssprache werden rechtliche Zusammenhänge transparent und Entscheidungen für die Bürger nachvollziehbar. Für eine Weiterentwicklung von IDEMA ist eine Schnittstelle zu den Bürgern denkbar. Auf der Internetseite könnte eine Kontakt- und Dialogmöglichkeit für Bürger geschaffen werden, die unverständliche Behördenpost vorliegen haben. Man kann davon ausgehen, dass durch eine Feedbackmöglichkeit unverständliche Formulierungen in Korrespondenzen der öffentlichen Verwaltung besser identifiziert werden können. Das Bürgerfeedback wäre dann unmittelbar und unverzerrt und würde nicht über Verwaltungsmitarbeiter an IDEMA übermittelt werden.

Es ist zu hoffen, dass Behörden dieses Potenzial erkennen und die Korrespondenz mit den Bürgern verständlicher gestaltet wird. So lange „nur" wenige Musterkommunen[22] diese Ansätze übernehmen, kann die Verbesserung der Verständlichkeit von Behördenkorrespondenz nicht flächendeckend Einzug halten. Hier bleibt zu hoffen, dass sich der interkommunale Wettbewerb um Unternehmen und Bürger positiv auf eine verständliche Verwaltungskommunikation und somit ein transparenteres Verwaltungshandeln niederschlägt.

6 Anti-Korruptionsbeauftragte

Ein offener Umgang mit der Thematik der Korruption und Korruptionsbekämpfung beziehungsweise -prävention ist eine Grundvoraussetzung für eine wirksame Sensibilisierung der Verwaltungsmitarbeiter. Dabei ist es nicht damit getan, jedes Jahr einen Teil der Mitarbeiter in einer kurzen Fortbildung zu sensibilisieren. Vielmehr sollten permanente Sensibilisierungsbemühungen verfolgt werden, damit die Mitarbeiter dahingehend geschult werden, dass sie korruptives Handeln erkennen oder zumindest Rücksprache mit ihren Vorgesetzten halten können.

---

22 Im IDEMA-Kommunalnetzwerk sind bislang (Stand 02.09.2009) 11 Kommunen und drei Landkreise registriert. Diese sind Bochum, Calw, Celle, Herne, Kyritz, Langen, Oberursel, Rheda-Wiedenbrück, Wesel, Wiesloch, Wolfsburg und die Landkreise Enzkreis, Gütersloh und Soest.

Gerade in Fällen der strukturellen Korruption wachsen korruptive Beziehungen über Jahre hinweg und stabilisieren sich immer mehr. Oftmals werden Mitarbeiter über kleine Geschenke „angefüttert", welche mit der Zeit sukzessive in Hinblick auf den materiellen Wert vergrößert werden. Der Beginn des Anfütterns kann ein Kugelschreiber oder eine Flasche Wein sein, kann sich dann über ein exklusives Essen bis hin zu teuren Elektronikartikeln oder Fahrzeugen entwickeln. Durch die schrittweise Erhöhung des Geschenkwertes wird beim beschenkten Mitarbeiter ein immer stärkeres Gefühl erzeugt, eine Gegenleistung schuldig zu sein. Dieses Bewusstsein wird vom Schenker dann für korruptive Angebote und Handlungen ausgenutzt.

Die Einrichtung eines Anti-Korruptionsbeauftragten spielt mit Blick auf den transparenten Umgang mit Korruption und Korruptionsprävention eine essentielle Rolle. Anti-Korruptionsbeauftragte sind Mitarbeiter der Verwaltung oder eines Unternehmens, oftmals in der Revisionsabteilung angesiedelt. Zu ihren Hauptaufgaben gehört es, Mitarbeiterschulungen zu einschlägigen Themen durchzuführen und als Ansprechpartner zu dienen, falls Mitarbeitern ein Geschenk gemacht wurde.

Um die Fort- und Weiterbildung von allen Mitarbeitern im Rahmen der Korruptionsprävention effektiver gestalten und unterstützen zu können, bietet sich der Einsatz von E-Learning-Tools und interaktiven Lernmethoden an. So ist es denkbar, Mitarbeiter regelmäßig im Rahmen von Fort- und Weiterbildungsmaßnahmen beziehungsweise im Rahmen der Korruptionssensibilisierung mit simulierten Situationen zu konfrontieren, in denen korruptives Handeln vorliegen könnte. Der Mitarbeiter wird im Anschluss an die simulierte Situation dazu aufgefordert, auf diese Situation interaktiv zu reagieren.[23] Bei einer solchen Sensibilisierung wird der Fokus darauf gelegt, Korruption zu erkennen, und situationsadäquat zu reagieren. Beispiele für zu bewertenden und einzuschätzende Situationen sind folgende Fragen:

1. Welchen Straftatbestand erfüllen Sie, wenn Sie sich von einem Kunden oder Lieferanten zum Vor-Ort-Termin fahren lassen?
2. Was machen Sie, wenn Ihnen der Getränkelieferant eine Kiste Rotwein für die Abteilung zukommen lässt?
3. Was tun Sie, wenn ein Kollege den Wein annimmt und Sie dies bemerken?

---

23 Hierbei ist es wichtig, dem Mitarbeiter auch die Möglichkeit der „Nicht-Reaktion" zu gewähren. Dadurch wird ersichtlich, welche Situationen für den Mitarbeiter nicht unter korruptivem Handeln subsumiert wird und eröffnet dadurch Ansatzmöglichkeiten für eine individualisierte Weiterbildung.

4. Was ist zu tun, wenn Sie bei einer Ausschreibung Preisabsprachen unter den Wettbewerbern vermuten?

Die vier Beispiele sind natürlich nicht erschöpfend, sondern sollen exemplarisch die Möglichkeiten einer solchen Sensibilisierung verdeutlichen und Anregungen für eigene Szenarien bieten. Je genauer die Szenarien auf die real gegebenen Verhältnisse abgestimmt werden, desto größer wird der Lerneffekt auf die Mitarbeiter sein.

Eine weitere Möglichkeit, mittels E-Learning Mitarbeiter zu sensibilisieren sind Planspiele. Hierbei können die Mitarbeiter in einer simulierten Verwaltung oder Stadt in unterschiedliche Rollen schlüpfen und so Auswirkungen von Korruption erfahren. Außerdem können sie in die Lage versetzt werden, die Handlungsmotivation verschiedener Akteure antizipieren zu können.

Kernpunkt einer solchen durch E-Learning unterstützten Sensibilisierung ist die individualisierte Auswertung der Ergebnisse und ein fundiertes Feedback aus der Simulation. Anti-Korruptionsbeauftragte können durch Simulationen wichtige Informationen über die Wirksamkeit ihrer Bemühungen erhalten.

Neben der Fort- und Weiterbildung beziehungsweise Sensibilisierung und Beratung im Bereich der Korruptionsbekämpfung und -prävention werden Anti-Korruptionsbeauftragte oftmals im Rahmen der internen Ermittlungen eingesetzt. Die Stadt Köln beschreibt diesen weiteren Aspekt in der Arbeit des Anti-Korruptionsbeauftragten folgendermaßen:

> „Der Anti-Korruptionsbeauftragte ist im Rahmen seiner Aufgaben unter anderem befugt, wie ein Rechnungsprüfer von den städtischen Dienststellen und Betrieben alle notwendigen Auskünfte, den Zutritt zu allen Diensträumen sowie die Vorlage, Aushändigung und Einsehung von Akten, Schriftstücken und sonstigen Unterlagen zu verlangen. Er ist dazu verpflichtet, ernstzunehmende Hinweise auf korruptive Sachverhalte unmittelbar mit den Strafverfolgungsbehörden zu besprechen und abzustimmen."[24]

Hier wird deutlich, dass der Anti-Korruptionsbeauftragte viel mehr ist als „nur" ein Ansprechpartner, der für Sensibilisierung und Fort- und Weiterbildung zuständig ist. Er ist vielmehr interner Ermittler, der bei Verdacht auf korruptive Handlungen und Aktivitäten aktiv ermitteln kann.

Ein Anti-Korruptionsbeauftragter sorgt im Idealfall für eine Enttabuisierung von Korruption in einer Organisation und ermöglicht eine transparente Umgehensweise mit dieser Thematik. Es werden Hilfestellungen für die Identifikation und Einordnung korruptiver Handlungen angeboten. Dadurch wird – für

---

24 Stadt Köln: http://www.stadt-koeln.de/1/verwaltung/antikorruption/01129.

Mitarbeiter wie organisationsfremde Akteure – transparent dargelegt, welche Handlungen erlaubt sind und was das legitime Maß überschreitet.

7 Ombudsmann für Korruptionsbekämpfung und Whistleblowing

Das Ziel einer effektiven und repressiven Korruptionsbekämpfung ist ohne die Offenlegung und Kenntnis von Korruptionsfällen nur schwer zu bewerkstelligen. Da vor allem in Fällen struktureller Korruption ein Vertrauens- und Abhängigkeitsverhältnis zwischen den korrupt Handelnden besteht, ist es schwierig, ohne Insiderwissen Kenntnis von korruptiven Handlungen zu erhalten.

Ein Akteur, der eine korruptive Beziehung eingegangen ist oder eine solche beobachtet hat und aus dieser aufgrund persönlicher Motive oder Rechtschaffenheit ausbrechen möchte oder seine Beobachtung melden möchte, fordert vielmals Anonymität ein. Diese ist bei herkömmlichen Wegen der Compliance nicht zwingend gegeben. Um Anonymität zu gewährleisten, gibt es die Mittel des Ombudsmannes und des elektronischen Hinweisgebersystems (Whistleblowing-Systems), die im Folgenden dargestellt werden.

Im Gegensatz zum Anti-Korruptionsbeauftragten ist der Ombudsmann für Korruption üblicherweise kein Mitglied des Unternehmens oder der Behörde. Obwohl die Ombudsperson behördenfremd ist, sollte sie einen guten Einblick in die dortigen Verhältnisse besitzen. Ombudspersonen sind meistens Rechtsanwälte, da sie eine Schweigepflicht besitzen, so dass potenzielle Hinweisgeber auf Anonymität vertrauen können. Des Weiteren können Ombudspersonen aufgrund ihrer Profession Hinweisgebern rechtlichen Rat erteilen. „Eine solche Vertrauensperson kann eine wichtige Instanz in den konfliktträchtigen Zeiten der Anbahnungsversuche von korrupten Arrangements sein, sie ist sicherlich eine der wichtigsten Anlaufstellen für den Ausstieg aus etablierten Korruptionsnetzwerken" (von Nell 2003: 84). Gerade für potenzielle Aussteiger aus etablierten Korruptionsnetzwerken stellen Ombudspersonen eine wichtige Anlaufstelle dar. Sie können über etwaige rechtliche Konsequenzen informieren und den Aussteigern hinsichtlich des weiteren Vorgehens Rat geben.

Neben der Schweigepflicht ist die Ombudsperson meist berechtigt, Akten einzusehen und auf dieser Basis zusammen mit dem Hinweisgeber selbständig zu entscheiden, ob die Strafverfolgungsbehörden eingeschaltet werden sollen. Anders als die Anti-Korruptionsbeauftragten bindet die Ombudsperson keine Anzeigepflicht bei offensichtlich korruptiven Handlungen. Die Ombudsperson sollte möglichst unkompliziert erreichbar sein, so dass sich für Hinweisgeber keine hohen Hürden ergeben. Dabei ist zu beachten, dass Hinweisgeber beispielsweise nicht nur Verwaltungsmitarbeiter sind, sondern auch Bürger, die einen Korruptionsverdacht beziehungsweise korruptives Handeln melden möchten. Die Einrichtung eines Ombudsmannes kann dafür sorgen, dass in Organisationen ein größeres Maß an Transparenz Einzug hält. Dies kommt daher, dass Bearbeitungsprozesse von Anfang an transparent gestaltet werden, um den Anschein korruptiven Handelns und so eine etwaige Meldung bei der Ombudsperson zu verhindern.

Elektronische Hinweisgebersysteme (Whistleblowing-Systeme) sind Systeme, die mittels IuK-Technologien das (anonyme) Anzeigen von Korruptionsfällen ermöglichen. Über die Möglichkeit der unkomplizierten, anonymen Meldung von Korruptionsverdachtsfällen beispielsweise vermittels Webportal können Hinweisgeber erschlossen werden, die ansonsten zu den beobachteten Sachverhalten schweigen würden. Whistleblowing-Systeme zeichnen sich durch eine möglichst geringe Zugangsbarriere aus.

Viele Whistleblowing-Systeme sind zunächst nur für den organisationsinternen Gebrauch vorgesehen. Hier kann die Geschäftsleitung über Missstände im Unternehmen anonym informiert werden. Der Whistleblower hat meist die Motivation anonym zu bleiben, da Whistleblower oftmals auch als Denunzianten angesehen werden. Da von den Hinweisgebern meist im Vorfeld der Ermittlungen nicht abgeschätzt werden kann, wie diese ausgehen werden, würden sie sich ohne Anonymität einer Existenz bedrohenden Gefahr aussetzen. Zeigt ein Mitarbeiter bei der Geschäftsleitung korruptionsverdächtige Handlungen seines Vorgesetzten an und löst somit Ermittlungen aus, riskiert er im Falle, dass dem Vorgesetzten nichts nachgewiesen werden kann (dies muss nicht heißen, dass keine Korruption vorgelegen hat) sowohl seine Karriere, seinen Arbeitsplatz als auch seine soziale Stellung. „Diese Konsequenzen können sich z.B. manifestieren in außerordentlicher Vertragsauflösung, Gehalts- bzw. Sozialleistungskürzung, psychischem Druck am Arbeitsplatz sowie allgemeiner sozialer Ächtung" (Faust 2003: 239).

Whistleblowing kann anhand von fünf Merkmalen erklärt werden (Leisinger 2003: 28 ff.):

„– Kenntnis eines Problems ohne die Macht, es zu lösen: der potentielle Whistleblower wird im Rahmen seiner Tätigkeit mit fragwürdigen Sachverhalten konfrontiert, hat aber nicht die Macht und Befugnis, den Sachverhalt zu ändern.
– Berichterstattung außerhalb des regulären Dienstweges: nach Information der hierarchisch Vorgesetzten stellt der Whistleblower fest, dass sich am Sachverhalt nichts verändert. Er wendet sich an externe Stellen (wie Medien, Finanzamt etc.).

- Gemeinnützigkeit als Handlungsmotiv: der Whistleblower handelt altruistisch und möchte Schaden von der Allgemeinheit abwenden. Er handelt nicht aus eigennützigen Motiven.[25]
- Professioneller Dissens um nicht-triviale Dinge: aufgrund der Fachwissens des Whistleblowers werden Missstände identifiziert, die über ein triviales Maß hinausgehen."

Whistleblowing-Systeme gehen aber über den internen Gebrauch hinaus. Es gibt auch öffentliche Whistleblowing-Systeme, mit deren Hilfe Missstände öffentlich angeprangert und publiziert werden können.

Ein Beispiel für so ein System ist die Internetseite WikiLeaks.[26] WikiLeaks hat sich zum Ziel gesetzt, größtmögliche Transparenz über die Veröffentlichung von anonym eingesendeten organisationsinternen Dokumenten zu erreichen. Hierbei findet im Vorfeld der Veröffentlichung auf der Internetseite eine Überprüfung der Authentizität der eingesendeten Dokumente statt. Dabei findet keine Überprüfung beziehungsweise Einschätzung der Relevanz des eingesendeten Dokuments statt, sondern es wird prinzipiell jedes Dokument veröffentlicht. WikiLeaks befindet sich noch in der Beta-Phase und wird kontinuierlich verbessert.

Über so ein Whistleblowing-System werden Transparenzlücken geschlossen, Missstände öffentlich gemacht und so über mediale Berichterstattung öffentlicher Druck erzeugt.

8 Schlussfolgerungen

In der modernen Verwaltung halten immer mehr die neuen IuK-Technologien Einzug. Diese Veränderung sollte nicht nur dazu genutzt werden, den Verwaltungsablauf in seiner jetzigen Struktur zu digitalisieren. Vielmehr sollten die vielfältigen Möglichkeiten der organisationalen Umstrukturierung, die diese Technologien realisieren können, erkannt und vor allem auch genutzt werden. Eine Verwaltung, die nur zu den kurzen Geschäftszeiten erreichbar ist und immer noch durch die Verwendung riesiger Aktenberge funktioniert, wird schon bald nicht mehr zeitgemäß sein.

Gerade in einer Zeit, in der das Politikinteresse zugunsten einer bequemen Politikverdrossenheit nachlässt, kann die Schaffung von erhöhter Transparenz in Entscheidungsprozessen Bürger wieder mobilisieren und motivieren, sich mit

---

25 Zwar gibt es auch Whistleblower, die aus eigennützigen Motiven und wider besseren Wissens Kollegen, Vorgesetzte oder Organisationen verunglimpfen, es kann aber angenommen werden, dass deren Anteil bislang als eher gering einzuschätzen ist.
26 WikiLeaks: http://wikileaks.org.

den sie betreffenden Entscheidungen auseinanderzusetzen. Dies kann durch Instrumente des E-Government erreicht werden.

Doch nicht nur in Hinblick auf die Bürger ist eine transparente Verwaltung wünschenswert. Auch im Bereich der Korruptionsbekämpfung und -prävention stellt die Transparenz einen wichtigen Faktor dar. Transparente Verwaltungsprozesse in korruptionssensiblen Bereichen wie der Vergabe von öffentlichen Aufträgen sind im Interesse einer effektiven und effizienten Verwendung öffentlicher Mittel.

Durch eine einfache und verständliche Verwaltungssprache werden Verwaltungsprozesse und -vorgänge auch Menschen zur Verfügung gestellt, die mit der „Amtssprache" sonst nicht besonders vertraut sind. Organisationsinterne Abläufe und Prozesse werden durch die Einrichtung von Anti-Korruptionsbeauftragten für Mitarbeiter hinsichtlich der Rechtmäßigkeit transparent. Im Zweifelsfall kann hier Unterstützung eingeholt werden. Ombudsmann-Systeme werden eingerichtet, um auch ein anonymes Whistleblowing zu ermöglichen und um so intransparente Strukturen und Handlungen aufzuhellen.

Ein ambitioniertes Ziel wird durch das Whistleblowing-System WikiLeaks erzielt, das vollständige Transparenz durch Veröffentlichung interner Dokumente verfolgt. Hierdurch kann die Öffentlichkeit über einen Missstand in einer Organisation informiert und mobilisiert werden.

Durch IuK-Technologien besteht die Chance, im Kampf gegen Korruption mit gewaltigen Schritten voranzuschreiten. Dies geschieht durch den überlegten IuK-Einsatz bei der Prävention, bei der Entdeckung und bei der Aufklärung von korruptiven Aktivitäten in der Verwaltung. Durch den Technikeinsatz kann Transparenz geschaffen und somit korruptive Handlungen erschwert und verhindert werden. Dieses Potenzial gilt es zu erkennen, zu erschließen und zu nutzen.

Literatur

Benz, Jochen /Heißner, Stefan /John, Dieter /Möllering, Jürgen (2007): Korruptionsprävention in Wirtschaftsunternehmen und durch Verbände, in: Dölling, Dieter (Hrsg.): *Handbuch der Korruptionsprävention: für Wirtschaftsunternehmen und öffentliche Verwaltung*, München: Verlag C.H. Beck, 44-92.

Brenneisen, Hartmut/Hahn, Alexander (2008): *Korruption: Ansätze zur präventiven und repressiven Bekämpfung korruptiver Strukturen*, Münster: Lit. Verlag.

Bundeskriminalamt (2007): *Korruption: Bundeslagebild 2007*, pressefreie Kurzfassung, Wiesbaden: BKA.

Bührig, Agnes /Budde, Alexander (2007): *Schweden. Eine Nachbarschaftskunde*, 1. Auflage 2007, Berlin: Links.

Deutscher Bundestag (2002): *Globalisierung der Weltwirtschaft: Schlussbericht der Enquete-Kommission*, Leverkusen: Leske + Budrich.

Dölling, Dieter (2007): *Handbuch der Korruptionsprävention: für Wirtschaftsunternehmen und öffentliche Verwaltung*, München: C.H. Beck.

Dudenredaktion (2007): *Duden, das Fremdwörterbuch*, Der Duden in 12 Bänden, Bd. 5, Mannheim: Dudenverlag.

Faust, Thomas (2003): *Organisationskultur und Ethik: Perspektiven für öffentliche Verwaltungen*, Berlin: Tenea.

Gehlen, Arnold (1962): *Der Mensch. Seine Natur und seine Stellung in der Welt*, Frankfurt: Athenäum.

Hohn, Stefanie (2008): *Public Marketing, Marketing-Management für den öffentlichen Sektor*, Wiesbaden: Gabler.

Karg, Klaus Reinhold (1990): *Transparenz von Organisationen aus der Sicht ihrer Mitglieder*, Dissertation, Erlangen-Nürnberg: Universität, Wirtschafts- und Sozialwissenschaftliche Fakultät.

Kißler, Leo (2007): *Politische Soziologie: Grundlagen einer Demokratiewissenschaft*, Konstanz: UVK Verlagsgesellschaft.

Kunstein, Florian (2005): *Die elektronische Signatur als Baustein der elektronischen Verwaltung: Analyse des rechtlichen Rahmens elektronischer Kommunikation im Verwaltungsverfahren unter besonderer Berücksichtigung der Kommunalverwaltung*, Bristol/Berlin: Tenea.

Lauth, Hans-Joachim (2008): Demokratieentwicklung und demokratische Qualität, in: Gabriel, Oscar/Kropp, Sabine (Hrsg.): *Die EU-Staaten im Vergleich: Strukturen, Prozesse, Politikinhalte*, Wiesbaden: VS Verlag für Sozialwissenschaften, 33-61.

Leisinger, Klaus (2003): *Whistleblowing und Corporate Reputation Management*, München/Mering: Hampp.

von Lucke, Jörn (2000): Electronic Government in der Welt, in: Reinermann, Heinrich (Hrsg.): *Regieren und Verwalten im Informationszeitalter*, Heidelberg: v. Decker's Verlag, 186-202.

von Lucke, Jörn/Reinermann, Heinrich (2000): *Speyerer Definition von E-Government, Ergebnisse des Forschungsprojektes Regieren und Verwalten im Informationszeitalter*, Onlinepublikation, http://foev.dhv-speyer.de/ruvii/Sp-EGov.pdf [letzter Zugriff: 14.08.2009].

Luhmann, Niklas (1980): *Gesellschaftsstruktur und Semantik: Studien zur Wissenssoziologie der modernen Gesellschaft* 1, Frankfurt am Main: Suhrkamp.

Matzner, Egon (1981): Der moderne öffentliche Sektor und das Phänomen Korruption, in: Brünner, Christian (Hrsg.): *Korruption und Kontrolle*, Graz: Hermann Böhlau, 329-348.

von Nell, Verena (2003): *Korruption: Interdisziplinäre Zugänge zu einem komplexen Problem*, Wiesbaden: Deutscher Universitätsverlag.

Rex, Erhardt (2008): Korruptionsbekämpfung: Mut zum Handeln – Zeit zum Nachdenken, in: Brenneisen, Hartmut/Hahn, Alexander (Hrsg.): *Korruption: Ansätze zur präventiven und repressiven Bekämpfung korruptiver Strukturen*, Münster: Lit. Verlag, 12-15.

Roßnagel, Alexander (2001): Elektronische Signatur in der öffentlichen Verwaltung – Notwendige Anpassungen im öffentlichen Recht, in: Picot, Arnold/Quadt, Hans-Peter (Hrsg.): *Verwaltung ans Netz!: Neue Medien halten Einzug in die öffentlichen Verwaltungen*, Berlin: Springer, 153-168.

Rowe, Colin /Slutzky, Robert (1997): *Transparenz*, Basel et al.: Birkhäuser.

Ruby, Tilmann (2007): *Möglichkeiten und Perspektiven durch E-Government in den Bereichen Vormundschaft, Pflegschaften, Beistandschaften und Beurkundungen: Untersucht am Beispiel des Stadtjugendamtes Kaiserslautern*, München: Grin Verlag.

Schallbruch, Martin (2003): E-Government: Der Staat als Nachfrager und Anbieter, in: Büchner, Wolfgang/Büllesbach, Alfred (Hrsg.): *E-Government: staatliches Handeln in der Informationsgesellschaft*, Informationstechnik und Recht 12, Köln: Schmidt.

Steinbicker, Jochen (2001): *Zur Theorie der Informationsgesellschaft. Ein Vergleich der Ansätze von Peter Drucker, Daniel Bell und Manuel Castells,*. 1. Auflage 2001, Opladen: Leske + Budrich.

Wyld, David C. (2007): *The Blogging Revolution: Government in the Age of Web 2.0.*, E-Government/ Technology Series, Washington: IBM Center for The Business of Government.

Yildirim, Nuriye (2004): *Datenschutz im Electronic Government: Risiken, Anforderungen und Gestaltungsmöglichkeiten für ein datenschutzgerechtes und rechtsverbindliches eGovernment*, Wiesbaden: Deutscher Universitätsverlag.

Transparenz 2.0 – Transparenz durch E-Government

Jörn von Lucke

1 Transparenz

Aus dem Blickwinkel der Verwaltungsinformatik ergeben sich weitere Facetten für das Verständnis von Transparenz, die bisher keine besondere Beachtung gefunden haben. Auf Grund des technischen Fortschritts können moderne Informations- und Kommunikationstechnologien mittlerweile einen beachtlichen Beitrag leisten, durch den Transparenz in Regierung und Verwaltung einen vollkommen anderen Stellenwert erhält und unseren Alltag nachhaltig verändert. Dieser Beitrag setzt sich mit den Potenzialen von Transparenz für Regierung und Verwaltung im Informationszeitalter auseinander, begründet den Leitgedanken „Transparenz 2.0", zeigt aktuelle Entwicklungen und erste vorbildhafte Umsetzungen auf und entwickelt abschließend einige Umsetzungsszenarien für die T-City Friedrichshafen.

Von der Grundidee der optischen Transparenz ausgehend, wonach ein transparentes Objekt durchschaut werden kann, werden auch aus der Verwaltungsinformatik heraus „Klarheit" und „Durchsichtigkeit" als Synonyme für Transparenz verwendet. Die Verwaltungsinformatik selbst ist eine interdisziplinäre Wissenschaft, die ihre Wurzeln sowohl in den Verwaltungswissenschaften als auch in der Informatik hat. Aus Sicht der Informatik ist sie die Wissenschaft, die sich mit dem Entwurf, Betrieb und Einsatz von Rechnern zur Informationsverarbeitung in Staat und Verwaltung beschäftigt. Als Teilbereich der Verwaltungswissenschaften strebt sie grundsätzliche Erkenntnisse und Regelungen für Staat und Verwaltung an, die sich aus dem Einsatz von Informations- und Kommunikationstechnologien ergeben können. Bei der Verwaltungsinformatik handelt es sich um eine sehr praxisorientierte Wissenschaft, die sich den Ingenieurwissenschaften und den Geisteswissenschaften gleichermaßen zuordnen lässt (vgl. von Lucke 2008: 15). Daher erfolgt eine Annäherung an den Begriff der „Transparenz" von beiden Seiten aus.

In der Informatik wird „Transparenz" primär für eingesetzte Hard- und Software verwendet, deren Existenz für den Benutzer weder direkt erkennbar noch relevant ist. Hierzu zählen beispielsweise trojanische Pferde (Trojaner) oder Spyware, also Spionageprogramme, die ohne Wissen oder Zustimmung des

Benutzers Daten an den Hersteller der Software oder an Dritte senden. Da transparente Hard- und Software ohne Wissen der Anwender die Sicherheit der Systeme beeinträchtigen, nicht gewünschte Aktivitäten auslösen, die Privatsphäre verletzen oder das Benutzerverhalten ausspähen könnten, wird ersichtlich, dass in der Informatik mit Transparenz vielfältige Perspektiven verbunden sind. Vor allem der Datenschutz, der sich der Transparenz der Anwender von IT-rechtlicher Seite her nähert, soll den Einzelnen davor schützen, dass er durch die Verwendung seiner personenbezogenen Daten durch Dritte in seinem Persönlichkeitsrecht beeinträchtigt wird. Zudem sollte jede Form der personenbezogenen Datenverarbeitung durch IT-Systeme transparent dokumentiert, geschützt protokolliert und von Datenschutzbeauftragten auf ihre Zulässigkeit überprüft werden können (vgl. Rost/Pfitzmann 2009: 355 f).

Für die Durchsichtigkeit von Objekten am Bildschirm wird ebenfalls der Begriff der „Transparenz" verwendet. Viele Dateiformate für die Speicherung und den Austausch von Bilddaten wie etwa Graphics Interchange Format (GIF) oder Portable Network Graphic (PNG) ermöglichen es, transparente Farben zu verwenden. Alle als transparent bezeichneten Punkte einer Computergrafik werden dabei so dargestellt, als ob diese Grafik durchsichtig und die Punkte damit nicht vorhanden wären. Dies ermöglicht es, verschiedene Objekte übereinander zu legen, ohne auf den ursprünglichen Hintergrund verzichten zu müssen.

In den Verwaltungswissenschaften besitzt der Begriff der „Transparenz" eine sehr viel längere Tradition, die aus der Politikwissenschaft stammt und auf die in diesem Beitrag nicht detailliert eingegangen werden soll.[1] Transparenz soll diesem Verständnis nach dazu beitragen, Vorgänge und Entscheidungen in Politik, Verwaltung und Justiz von Außen nachvollziehbar zu machen. Beispiele gelebter Transparenz in einem demokratischen Staat finden sich in einer freien Presse, in der Veröffentlichung von Wahlergebnissen, in öffentlichen parlamentarischen Debatten, im Prinzip der Öffentlichkeit von Haushaltsplanung und Haushaltsbewirtschaftung, in der Rechtssicherheit, in öffentlichen Prozessverhandlungen vor Gericht und in der Informationsfreiheit.

Über Umfang und Grenzen von Transparenz in politischen Systemen gibt es durchaus unterschiedliche Auffassungen. Zu große Offenheit könnte etwa die Sicherheit und den Schutz der Bevölkerung gefährden, wenn beispielsweise militärische Geheimnisse verraten, Vorteile bei Verhandlungen eingebüßt, aktuelle Wahlprognosen kurz vor Schließung der Wahllokale veröffentlicht oder durch ungeprüfte Aussagen eine Panik oder eine Finanzkrise ausgelöst wird.

---

1 Vgl. hierzu Stiglitz (2002: 27 ff.); Bröhmer (2004); Hood/Heald (2006) und Florini (2007).

Staatsgeheimnisse und Amtsgeheimnisse gelten vielfach als Stabilitätsanker, um zu viel Transparenz Grenzen zu setzen.[2] Für demokratische Staaten gilt Transparenz als ein wichtiger Systembestandteil, dient sie doch als ausgezeichnete Waffe im Kampf gegen Korruption, Machtmissbrauch und Herrschaftswissen. Zugleich ist Transparenz die Grundlage zur freien Willensbildung und zur fundierten Wahlentscheidung. Diktatorische Systeme bevorzugen dagegen Intransparenz und Zensur zum Machterhalt, da jede Kritik und das Aufzeigen illegaler Machenschaften ihre Glaubwürdigkeit und ihre Stellung weiter untergräbt.

Nicht alle Bürger akzeptieren die vorhandene Transparenz in einem politischen System als gegeben. Einige möchten sie erhöhen und maximieren, indem sie „Transparenz" als einen wünschenswerten Zustand oder als eine Vision begreifen, die freie Information, Partizipation und Rechenschaft im Sinne einer offenen Kommunikation zwischen den Akteuren des politischen Systems und den Bürgern bedeuten würde. Vielfach sind Forderungen nach politischer Transparenz mit Forderungen nach mehr Verwaltungstransparenz und nach mehr Öffentlichkeit verbunden.

2 Transparenz 2.0 – Transparenz durch E-Government

Mittlerweile lassen sich Transparenz, freie Informationen und Partizipation technisch durch moderne Informations- und Kommunikationstechnologien in einer solchen Art und Weise realisieren, an die vor wenigen Jahrzehnten noch nicht zu denken war. Insbesondere ermöglichen Anwendungen des E-Government vollkommen neuartige Ansätze. Im Sinne der Speyerer Definition versteht man darunter die mit Hilfe von Informations- und Kommunikationstechnologien durchgeführte Abwicklung jener geschäftlichen Prozesse über nicht traditionelle elektronische Medien, die im Zusammenhang mit dem Regieren und Verwalten (Government) stehen (vgl von Lucke/Reinermann 2002: 1 ff.). Der Fachausschuss Verwaltungsinformatik der Gesellschaft für Informatik definiert in seinem Memorandum „Electronic Government" als Durchführung von Prozessen der öffentlichen Willensbildung, der Entscheidung und der Leistungserstellung in Politik, Staat und Verwaltung unter sehr intensiver Nutzung der Informationstechnik (vgl. GI/VDE 2000: 3). Interessanter und zukunftsweisender als Definitionen sind die dahinter liegenden Visionen, denen zufolge durch E-Government die Grundlagen für das Regieren und Verwalten im Informationszeitalter gelegt werden.

---

2 Vgl. Kopits/Craig (1998: 2 ff.); Stiglitz (2002: 29 ff.); Fung/Graham/Weil (2007) und Müller (2009: 9).

„Transparenz durch E-Government" als eine Vision der Verwaltungsinformatik bedeutet folglich, dass durch den Einsatz von moderner Informations- und Kommunikationstechnologie beim Regieren und Verwalten Vorgänge und Entscheidungen von Außen sehr viel besser nachvollziehbar gemacht werden können, sich eine echte Verwaltungstransparenz realisieren ließe und die Öffentlichkeit durch partizipative Elemente einen hohen Stellenwert bekommt.

Ehe sich jedoch die politischen Entscheidungsgremien über den Einsatz und die Verwendung transparenter Anwendungen in Staat und Verwaltung Gedanken machen, sollten sie über Technologien, Einsatzbereiche, Potenziale und Grenzen informiert werden. Wesentliche Ausgangsbasis für entsprechende Überlegungen und Analysen sind derzeit die Web 2.0-Technologien, mit denen sich Transparenz vielfältig realisieren lässt und über die zugleich auf die kollektive Intelligenz der Bevölkerung zurückgegriffen werden kann. Neuartige soziale Netzwerke wie Xing oder Facebook tragen bereits heute zur realen Vernetzung von Menschen und Gruppen bei. Mikroblogging, Blogging, Wikis und Podcasts verändern die Öffentlichkeitsarbeit von Organisationen, indem sie neuartige interaktive Publikationsformate bieten, die Jedermann zum Mitmachen aufrufen, ohne technische Vorkenntnisse zu verlangen. Mit Stadt- und Regiowikis werden von den Bürgern selbst neue unabhängige Publikationskanäle geschaffen. Öffentliche Diskussionen können in ganz unterschiedlichen Formaten jederzeit durchgeführt werden. Durch Mashups lassen sich vorhandene Datenbestände und Trackinginformationen (Paketverfolgung) mit Karten verknüpfen. Eine solche geobasierte Aufbereitung von Wissen und Informationen erleichtert das Verständnis für komplexe Materie und erhöht die Transparenz in der Bevölkerung nachhaltig.

Rechtfertigt aber die Verwendung von E-Government und insbesondere der Web-2.0-Technologien, von einem neuen Transparenzbegriff im Sinne von „Transparenz 2.0" zu sprechen? (vgl. Millar 2009: 16). Freie Information, Partizipation, Rechenschaft und offene Kommunikation prägen demokratische Systeme seit Jahrzehnten. Prinzipiell sollte der Begriff der „Transparenz" auch kontinuierlich weiterentwickelt werden können, insbesondere wenn substanzielle Verbesserungsvorschläge vorliegen. Mittlerweile lassen sich über das Internet Verwaltungsinformationen in Echtzeit publizieren und weltweit abrufen. Portale ermöglichen die Bündelung und Aufbereitung verteilter Datenbestände in Tabellen, Berichten, Charts und Karten. Durch diesen gezielten Einsatz von Informationstechnologien lassen sich neuartige Informationsangebote und Abläufe generieren, die erheblich zur Transparenz in Staat und Verwaltung beitragen. Web-2.0-Technologien eröffnen eine verstärkte partizipative Einbindung der breiten Bevölkerung. Zudem wird zunehmend der wirtschaftliche Wert der Datenbestände des öffentlichen Sektors als nationales Gut erkannt. All diese Überlegungen rechtfertigen eine Abgrenzung zum bisherigen Verständnis von Transparenz 1.0, da Transparenz durch E-Government maßgeblich an neuer Qualität gewinnen wird. Mit dem Begriff „Transparenz 2.0" soll daher eine Vision skizziert werden, die auf der ursprünglichen Idee aufsetzt, Vorgänge und Entscheidungen in Politik, Verwaltung und Justiz von außen nachvollziehbar zu machen, sie jedoch substanziell weiterentwickelt. Transparenz 2.0 wird sich künftig dadurch auszeichnen, dass zu allen nichtpersonenbezogenen und allen nicht geheimen Daten und Informationen der öffentlichen Verwaltung ein öffentlicher Zugang besteht. Diese Datenbestände werden offen und frei zugänglich sein, ohne dass es Diskriminierungen und Einschränkungen beim Zugriff gibt. Dazu werden Primärquellen bereitgestellt, und zwar vollständig und zeitnah nach ihrer Generierung. Sämtliche Datenbestände werden maschinell lesbar und weiterverarbeitbar sein, so dass eine manuelle Aufbereitung nicht mehr erforderlich ist, die Daten aber von Menschen gelesen und verstanden werden könnten. Grundsätzlich muss eine Weiterverbreitung und eine Folgenutzung der Daten sichergestellt sein. Transparenz 2.0 trägt somit maßgeblich zu einem Wandel hin zu echter Partizipation und echter Kollaboration in Staat und Verwaltung bei (vgl. Millar 2009: 16 f.).

3 Korruptionsbekämpfung durch E-Government

Intransparenz in Politik und Verwaltung erleichtert dagegen Korruption. Korruption trägt nachhaltig zum politisch-moralischen Verfall von Staaten und Gesellschaften bei. Zu den meist genannten Erscheinungsformen von Korruption gehören Unterschlagung, Bestechung, Bestechlichkeit, Vorteilsannahme, Vorteilsgewährung, Ämterkauf, Richter- und Abgeordnetenbestechung.[3] Transparenz kann und soll dazu beitragen, Korruption in Staat und Verwaltung aufzudecken. Korrupte wie Korrumpierende können durch transparent angelegte Prozesse und Entscheidungen aufgedeckt werden, wenn sich die erforderliche Geheimhaltung und Verschwiegenheit nicht mehr realisieren lässt. Zeitnahe Amtsenthebungen dienen der Schadensabwendung. Die interne Revision, Rechnungshöfe, Korruptionsbeauftragte und unabhängige Beobachter wie etwa der 1993 gegründete Verein Transparency International[4] zählen zu den anerkannten Pfeilern einer erfolgreichen Korruptionsbekämpfung.

---

3 Vgl. BIFAB (2001), Eintrag zu Korruption.
4 Transparency International: http://www.transparency.org und http://www.transparency.de.

Da Transparenz maßgeblich zur Korruptionsbekämpfung beiträgt, sollten mit „Transparenz durch E-Government" diese Anstrengungen noch erhöht und die Erfolgschancen verbessert werden können. In der Tat macht der Einsatz moderner Informations- und Kommunikationstechnologien im Rahmen der Korruptionsprävention, während des korrumpierenden Aktes und zur Korruptionsaufdeckung, großen Sinn.

Tabellarische und kartographische Übersichten wie der Internationale Korruptionsindex von Transparency International e.V. erhöhen das Problembewusstsein in der Bevölkerung und bei den Amtsinhabern. Portale zum Thema „Korruption" und entsprechende E-Learning-Angebote zum Verhalten in korruptionsgefährdeten Situationen helfen Amtsinhabern, Bürgern und Unternehmern, sich mit dem Thema adäquat auseinander zu setzen. Angebote, die im Korruptionsfall Entscheidungshilfe bieten oder gar eine Meldung an Vorgesetzte, Korruptionsbeauftragte oder Strafverfolgungsbehörden erzeugen, unterstützen betroffene Amtsträger, die sich in ihrer aktuellen Situation überfordert vorkommen und kompetenten Beistand benötigen. Zur Korruptionsaufdeckung tragen die völlige Öffnung von Verwaltungsakten in korruptionsgefährdeten Bereichen, die öffentliche Bekanntgabe von Geboten und Zuschlägen bei Ausschreibungen und der Einsatz von Business Intelligence zur Aufdeckung von Auffälligkeiten bei. Mit Blick auf die Bestimmungen des Datenschutzrechts darf hier allerdings keine Rasterfahndung betrieben werden, sondern nur bei konkretem Verdacht eine Auswertung vorgenommen werden.

4 Barack Obama: Transparency and Open Government

Der neue US-Präsident Barack Obama hat am Tage seiner Amtseinführung im Januar 2009 in einem Memorandum namens „Transparency and Open Government" die neuen strategischen Grundpfeiler seiner Präsidentschaft verkündet (vgl. Obama 2009: 4):

- Regierung und Verwaltung sollen transparent sein.
  Transparenz stärkt das Pflichtbewusstsein und liefert den Bürgern Informationen darüber, was ihre Regierung derzeit macht.
- Regierung und Verwaltung sollen partizipativ sein.
  Partizipation verstärkt die Effektivität von Regierung und Verwaltung und verbessert die Qualität ihrer Entscheidungen, indem das weit verstreute Wissen der Gesellschaft in die Entscheidungsfindung mit eingebunden wird.

– Regierung und Verwaltung sollen kollaborativ sein.
Kollaboration bietet innovative Werkzeuge, Methoden und Systeme, um die Zusammenarbeit über alle Verwaltungsebenen hinweg und mit dem privaten Sektor zu forcieren.

Durch diese strategischen Vorgaben zu mehr Offenheit, die die Demokratie stärken und Effizienz und Effektivität in Regierung und Verwaltung erhöhen soll, bekommt Transparenz auf der politischen Agenda der neuen US-Bundesregierung einen enorm hohen Stellenwert. Transparenz wird zu einer neuen Staatsdoktrin für die Vereinigten Staaten von Amerika.

Der Ansatz zu mehr Transparenz in Staat und Verwaltung ist allerdings kein spontaner Ansatz, sondern er entwickelte sich über mehrere Jahrzehnte hinweg.[5] Auf Grund eigener Überzeugung griff Barack Obama diese Ideen auf. Bei seiner Wahl zum US-Präsidenten profitierte Barack Obama insbesondere von den Möglichkeiten der Web-2.0-Technologien, die es ihm ermöglichten, Unterstützer zu mobilisieren und Wähler zur Abstimmung zu bewegen. Diese neuen Arten der sozialen Interaktion funktionieren allerdings auch nur, wenn sie transparent sind (wenn sich die Nutzer sicher sind, dass sie offensichtlich nicht ausgenutzt werden und sinnvolle Zwecke verfolgt werden), wenn sie partizipativ sind (wenn die Nutzer das Gefühl haben, mitgestalten zu können) und wenn sie kollaborativ sind (wenn Aufgaben so aufgeteilt werden können, dass einzelne Nutzer mit einem kleinen Beitrag das gemeinsame Projekt vorantreiben können; vgl. Müller 2009: 9).

Zur Umsetzung der präsidialen Vorgaben setzt Vivek Kundra, der Chief Information Officer der US-Bundesregierung, auf fünf Stützwerke: Steigerung der Verwaltungstransparenz, Steigerung der Bürgerbeteiligung, Senkung der administrativen Verwaltungskosten, Innovation in Regierung und Verwaltung und eine sichere IT-Landschaft. In den ersten sechs Monaten, bis zum Sommer 2009, wurden bereits drei wegweisende IT-Vorhaben initiiert und in Betrieb genommen, die maßgeblich zur Steigerung der Transparenz beitragen werden.

2009 beschloss die US-Regierung unter dem neuen Präsidenten Obama Konjunkturprogramme in Höhe von 787 Milliarden USD zur Ankurbelung der US-amerikanischen Wirtschaft und zur Bekämpfung der Finanz- und Wirtschaftskrise 2009. Alle Empfänger von Aufbauhilfen sind dazu verpflichtet worden, regelmäßig über die Verwendung der Mittel und die erzielten Fortschritte Auskunft zu geben. Zu diesem Zweck wurde noch im Februar 2009 das webbasierte Portal Recovery.gov (http://www.recovery.gov) geschaffen, über das

---

5 Vgl. Stiglitz (2002: 27 ff.) und Hood/Heald (2006).

sich die Bevölkerung jederzeit über die Mittelvergabe, die Empfänger, die Mittelverwendung und die Ergebnisse ein Bild machen kann. Ad hoc sind nun tabellarische und grafische Auswertungen sowie Berichte erzeugbar. Jedermann kann zudem jederzeit Kommentare, Anregungen und Ideen einbringen, Fragen zur Mittelvergabe stellen und Unregelmäßigkeiten melden. Sämtliche Zuwendungsempfänger müssen ab Oktober 2009 quartalsmäßig Berichte in einem vorgegebenen maschinenlesbaren Format zusenden, das eine automatisierte Auswertung ermöglicht. Zugleich wird erwartet, dass alle 50 US-Bundesstaaten auf Basis der vorliegenden Daten vergleichbare Auswertungen anbieten werden.[6] Auch einige IT-Unternehmen wie etwa Onvia mit seinem Onvia Tracking Recovery Portal (http://www.recovery.org) nutzen die bereitgestellten Daten, um die Leistungskraft ihrer IT-Lösungen mit einem Transparenzportal unter Beweis zu stellen.

Mit dem im Mai 2009 frei geschalteten Datenportal Data.gov (http://www.data.gov) wird der öffentliche Zugang zu den vorhandenen Datenbeständen der US-Bundesregierung vereinfacht. Dazu werden zunehmend maschinenlesbare Datenbestände in das Datenportal eingebunden, in Form von Rohdaten oder in aufbereiteter Form und um Metadaten ergänzt. Datenkataloge und Anwendungskataloge erleichtern die Suche und den Zugriff auf die vorhandenen und laufend zu aktualisierenden Bestände. Dieser Ansatz greift den Gedanken offener Verwaltungsdaten auf, demzufolge die Datenbestände von Regierung und Verwaltung ein hohes wirtschaftliches Gut mit nationaler Bedeutung sind, dessen volkswirtschaftlicher Wert sich durch Partizipation und Kollaboration noch weiter erhöhen lässt. Die Bevölkerung ist explizit aufgefordert worden, zunehmend eigene Vorschläge, Kommentare, Empfehlungen und Anwendungsmöglichkeiten einzubringen, Analysen der Daten vorzunehmen und sie für Forschungszwecke zu verwenden. Anwendungswettbewerbe, wie Kundra sie 2008 in Washington DC für das dortige lokale Datenportal initiierte, können binnen kurzer Zeit dank des so genannten Crowd Sourcings vielfältige neuartige funktionsfähige Anwendungen realisieren.[7]

Im Mai 2009 wurde das IT Dashboard als Prototyp eingerichtet, mit dem es CIO Kundra möglich ist, sich die IT-Budgets jedes US-Bundesministeriums genau anzusehen und Auswertungen durchzuführen. Kundra nutzt dieses Angebot allerdings nicht alleine, sondern hat es im Sinne des Obama-Memorandums bereits in der Entwicklungsphase der Politik, der Presse und der Bevölkerung über ein Portal (http://it.usaspending.gov) zur Nutzung frei gegeben. Auf Knopfdruck können Projekte nach Budget und Umsetzungsstand ausgewertet werden. Das in

---

6 Vgl. Murphy (2009: 5) und Amos (2009).
7 Vgl. Gorman (2009: 9 f.); Washington DC Data Catalogue: http://data.octo.dc.gov.

das Berichtswesen integrierte Ampelsystem erleichtertet das Verständnis, ob sich ein Projekt im grünen („Normal"), gelben („Erfordert Aufmerksamkeit") oder roten Bereich („Signifikante Bedenken") befindet. Ein solches Cockpit erhöht bei Mitarbeitern, Politikern, der Presse und der Bevölkerung das Verständnis für die laufenden IT-Aktivitäten. Durch die übersichtliche Nennung der verantwortlichen Amtsträger zu jedem Vorhaben wird klar, wer die Verantwortung für Erfolg und Misserfolg übernimmt. Integrierte Rückkopplungsmechanismen sind ebenfalls vorhanden und erlauben den direkten Kontakt zu den Verantwortlichen. Eine Ausweitung dieses Ansatzes auf weitere Bereiche der US-Bundesverwaltung über das 2007 durch den Transparency Act (Coburn-Obama-Gesetz) eingerichtete Portal USASpending (http://www.USAspen ding.gov) ist vorgesehen. Dabei orientiert sich die US-Bundesregierung inhaltlich und technisch an dem Non-Profit-Portal FedSpending.org (http://www.Fed Spending.org) und seinen Funktionalitäten, mit dem OMB Watch seit 2006 die Öffentlichkeit über die Vergabe von Bundeszuschüssen und Bundesaufträgen informiert (vgl. Wonderlich 2009: 30).

Insgesamt ist es beachtlich, in welch kurzer Zeit und mit welcher Unterstützung es der neuen US-Bundesregierung unter Präsident Barack Obama gelungen ist, Transparenz und Offenheit nicht nur als strategische Werte zu positionieren, sondern sie zu real gelebten Werten zu machen, von denen Staat, Verwaltung und Bevölkerung gleichermaßen profitieren. Insbesondere durch die Einbindung von E-Government und Web-2.0-Technologien ist es gelungen, „Transparenz" im Sinne von Transparenz 2.0 vollkommen neu als zukunftsgerichtete Strategie erfolgreich zu positionieren.

5 Vorbildhafte Umsetzungen von Transparenz 2.0

Vorbildhafte Umsetzungen für Transparenz 2.0 finden sich mittlerweile nicht mehr nur in den USA. Im folgenden Abschnitt werden exemplarisch einige E-Government-Anwendungen aus aller Welt herausgegriffen, die von ihrem Ansatz her als Leuchttürme für „Transparenz 2.0" erhebliche Ausstrahlungskraft besitzen und zur Nachahmung auffordern.

Die Stadtverwaltung von Seoul (Südkorea) hat im Rahmen ihres Ansatzes zur Korruptionsbekämpfung bereits 1999 auf ein Dokumentenmanagementsystem gesetzt, das für die Öffentlichkeit zugänglich gemacht werden kann. Mit OPEN (Online Procedures Enhancement for Civil Applications) wurde in 54 Verwaltungsbereichen, die als stark korruptionsgefährdet gelten, nach Einführung der elektronischen Akte der Öffentlichkeit ein Zugriff auf die Aktenbestände über das

Internet (http://open.metro.seoul.kr) eröffnet. Die Presse und die Bevölkerung können direkt die Genehmigungsprozesse der Stadtverwaltung einsehen und auf Unregelmäßigkeiten und Verdachtsfälle aufmerksam machen. OPEN erhielt für seinen innovativen E-Government-Ansatz, der die Anzahl entdeckter Korruptionsfälle nachhaltig senkte, mehrere Auszeichnungen (vgl. Kim/Cho 2005: 113 ff.).

Die Schweizer Bundesversammlung (Nationalrat und Ständerat) hat bereits Mitte der Neunziger Jahre die Potenziale des Internet für die Öffentlichkeitsarbeit des Parlaments erkannt und aktiv genutzt. Das Portal Parlament.ch (http://www.parlament.ch) trägt wesentlich zur Transparenz des parlamentarischen Geschehens in der Schweiz bei. Während der Sitzungsperioden werden die laufenden Debatten per Live-Stream übertragen. Das Amtliche Bulletin mit seinen Protokollen informiert die Öffentlichkeit innerhalb von 30 Minuten über das gesprochene Wort der Abgeordneten. Abstimmungen werden auf einem einseitigen Abstimmungsprotokoll so aufbereitet, dass das Abstimmverhalten jedes Abgeordneten genau nachvollziehbar ist. Zu jedem Abgeordneten gibt es zudem eine Übersicht, die über Kontaktadressen, Personalien, politische Ämter und Mandate, Interessensbindungen, eingereichte Vorstöße und das Abstimmverhalten informiert. Für sein Engagement, von dem Medien und die Öffentlichkeit gleichermaßen profitieren, ist das Schweizer Parlament mehrfach ausgezeichnet worden, unter anderem mit dem Preis des Speyerer Qualitätswettbewerbs im Jahr 2000.

Susan Combs, Controllerin des US-Staates Texas, hat sich zu einer Vorreiterin transparenter Staatshaushalte gemacht. Mit dem Portal „Transparency at Work" (Cashdrill)[8] ist es seit 2007 allen Interessierten möglich, den aktuellen Staatshaushalt von Texas nach unterschiedlichen Suchkriterien tagesaktuell auszuwerten. „Where the Money Goes" – „Wo das Geld hinfließt" lautet das Motto, zu dem verschiedene Auswertungswerkzeuge bereit stehen. Mit ihnen lassen sich Übersichten zu Auszahlungen nach Landesbehörde, nach Verkäufern, nach Ausgabenkategorie und nach Einkaufobjekten erzeugen. Ebenso sind Vergleiche möglich, in denen die bisherigen Ausgaben dem Haushaltsansatz einer Behörde gegenüber gestellt, in bestimmten Kategorien behördenweit verglichen und den vorhandenen Haushaltsquellen zugeordnet werden. Ermöglicht wird eine solche Auswertung über ein Data Warehouse, in dem entsprechende Informationen hinterlegt, aufbereitet und in mehreren Sprachen abgerufen werden können.

Darüber hinaus hat Susan Combs mit Texas Transparency Check-Up (http://www.window.state.tx.us/comptrol/checkup) ein webbasiertes Portal zu allen kommunalen Haushaltsplänen der Städte, Landkreisen, Schulbezirken, Schifffahrtsbehörden und Verkehrsverbünden innerhalb von Texas einrichten lassen.

---

8 Cashdrill: http://www.window.state.tx.us/comptrol/expendlist/cashdrill.php.

Dieses Angebot informiert über Haushaltstransparenz auf kommunaler Ebene, im Internet veröffentlichte kommunale Haushalte, vorhandene Ausgabenauswertungen und Vorreiter. Vorlagen für eine Umsetzung und Werkzeuge sollen es Mitarbeitern von Kommunalverwaltungen erleichtern, ein transparentes Haushaltwesen zu schaffen. Bürger haben darüber hinaus die Möglichkeit, ihre Erfahrungen und Eindrücke direkt dem Texas Comptroller mitzuteilen.

Als ein Vorbild für Transparenz im Vergabewesen gilt Kanada. Seit über 10 Jahren werden beispielsweise in der Provinz Nova Scotia Unternehmen und Bürger über das Vergabeportal Nova Scotia Procurement Services (http://www.gov.ns.ca/tenders) nicht nur über laufende Ausschreibungen informiert, sondern es werden auch Vergabeentscheidungen bekannt gegeben. Jedermann kann so herausfinden, welche Unternehmen Gebote eingereicht haben, in welcher Höhe diese Gebote lagen und wer letztendlich den Zuschlag zu welchem Preis bekommen hat. Die Transparenz für den Bürger als Auftraggeber und Steuerzahler wiegt der kanadischen Auffassung nach höher als die Sorge der Unternehmen, mit einer Veröffentlichung Geschäftsgeheimnisse zu offenbaren.

Mit Blick auf das in Deutschland nach § 30 Abgabenordnung geltende Steuergeheimnis und das Recht auf informationelle Selbstbestimmung mag es überraschen, dass in den USA für hohe Ämter kandidierende Politiker nahezu selbstverständlich ihre Steuererklärung veröffentlichen. Ausgefüllte Steuerformulare können im Internet vielfach über die Portale der Politiker abgerufen werden. In den hinterlegten Kopien werden allerdings die einzutragenden Sozialversicherungsnummern zur Verhinderung eines Identitätsraubs unkenntlich gemacht. In den USA prüfen Medien, Interessensverbände und Berufungsgremien diese Angaben in der Auswahlphase sehr genau. Wiederholt mussten Politiker zurücktreten, zuletzt etwa der designierte Gesundheitsminister und frühere Fraktionschef der Demokraten im Senat John Daschle, weil Unregelmäßigkeiten und Steuervergehen bei der öffentlichen Überprüfung erkannt und publik wurden.

Verwaltungstransparenz für Unternehmen bedeutet einen Vorteil im Standortwettbewerb. Unternehmen und Dienstleistungserbringern fällt es sehr viel leichter, sich in einem Land niederzulassen und die erforderlichen Genehmigungen für einen ordnungsgemäßen Geschäftsbetrieb einzuholen, wenn sie wissen, welche Behörde sie zu welchem Zeitpunkt für welche Nachweise und Bescheinigungen aufsuchen müssen. Die Europäische Union sieht in dieser herausfordernden Aufgabe ein wesentliches Hindernis für die Dienstleistungserbringung im europäischen Binnenmarkt. Aus diesem Grunde wurde mit der bis Ende 2009 umzusetzenden Dienstleistungsrichtlinie die Vorgabe gemacht, einheitliche Ansprechpartner (Points of Single Contact: eigentlich einheitliche

Ansprechstellen) für Unternehmen einzurichten und ergänzend Informationsportale aufzubauen, die über die Zuständigkeiten der öffentlichen Hand und den Stand des Verfahrens informieren.[9] Einheitliche Ansprechstellen lassen sich über Portale realisieren. In Deutschland favorisieren die politisch verantwortlichen Entscheidungsträger allerdings staatliche Einrichtungen namens „Einheitlicher Ansprechpartner", über deren Verortung, Aufgabenumfang und Zuständigkeiten seit zweieinhalb Jahren vielfältig gestritten wird. Entsprechende verwaltungsebenenübergreifende Zusammenstellungen gab es bisher kaum, für bundesweit flächendeckende Auskünfte gar nicht.[10] Insofern wird die EU-Dienstleistungsrichtlinie bis Dezember 2009 zu einer sehr viel höheren Verwaltungstransparenz in Deutschland und in der Europäischen Union beitragen.

Die EU-Energiedienstleistungsrichtlinie greift den Transparenzgedanken beim Energieverbrauch auf. Bisher ist vielen Verbrauchern nicht bewusst, wie viel Energie sie täglich verbrauchen. Die bisherigen analogen Energieverbrauchszähler waren nicht in der Lage, täglich, stündlich oder minutengenau über den Verbrauch von Strom, Gas, Wärme und Wasser zu informieren. Ab 2010 müssen schrittweise elektronische Energiezähler installiert werden, die den Verbrauch digital erfassen und über eine Kommunikationskomponente einer Auswertungsstelle übermitteln. Verbraucher können so sehr schnell sehen, welche Haushaltsgeräte am meisten Strom verbrauchen und wie der derzeitige Stromverbrauch wirklich aussieht. Entsprechende Transparenzinformationen sollen künftig über Energieverbrauchsportale abgerufen werden können. Damit wären sie nicht nur auf Papier oder über das Internet verfügbar, sondern könnten auch jederzeit vom Mobilfunktelefon oder über das interaktive Digitalfernsehen abgerufen werden. Ein solches Angebot könnte schrittweise um weitere Mehrwertdienste ergänzt werden. Zu denken wäre etwa an die Fernsteuerung der Rollladen, der Heizung oder der Alarmanlage.

6 Ideen zu Transparenz 2.0 in der T-City Friedrichshafen

Die T-City Friedrichshafen ist eine Public-Private-Partnership (PPP) zwischen der Deutschen Telekom AG und der kreisangehörigen Stadt Friedrichshafen, um zwischen 2007 und 2012 im Rahmen eines Open-Innovation-Ansatzes gemein-

---

9 EU-DLR (2006/123/EG) und von Lucke/Eckert/Breitenstrom (2008: 1 ff.).
10 Ein erwähnenswertes Vorbild für hochwertige verwaltungsebenenübergreifende Zuständigkeitsfinder ist das Verwaltungsportal service-bw (http://www.service-bw.de), für das entsprechende Informationen allerdings nur für Baden-Württemberg zusammengestellt wurden.

sam Innovationen zu entwickeln und in Friedrichshafen zu testen. Dazu wurde seit 2007 die Gemarkung der Stadt Friedrichshafen mit einem breitbandigen Hochgeschwindigkeitsnetzwerk für Festnetz und Mobilfunk ausgestattet.

Die im Beitrag skizzierten Überlegungen und Umsetzungen zu Transparenz 2.0 fordern Verwaltungsinformatiker förmlich dazu auf, sich Gedanken über geeignete Anwendungsszenarien in der T-City Friedrichshafen zu machen, die im Erfolgsfall auch rasch auf andere Städte mit Breitbandanschluss übertragen werden können. Mandantenfähige Portalsysteme und Shared Service Center würden in der Tat ihren Beitrag dazu leisten, die Zeiten für Implementierung und nationale Markterschließung zu minimieren. Konkrete Ansätze für Transparenz durch E-Government ergeben sich aus Überlegungen zu einheitlichen Ansprechpartnern, eröffnen sich aus einem Datenportal der Stadtverwaltung Friedrichshafen und einem IT Dashboard zur T-City Friedrichshafen, finden sich im „Gemeinderat-TV", in der Öffnung ausgewählter Verwaltungsakten und in einem Stadtwiki.

Einheitliche Ansprechpartner und verzeichnisbasierte Zuständigkeitsfinder können den Zugang zur Verwaltung transparent machen und erheblich vereinfachen. Es wäre wünschenswert, wenn von diesem Ansatz, der bis Ende 2009 nur für Dienstleistungserbringer umgesetzt sein muss, relativ rasch alle Häfler profitieren. Friedrichshafener Bürger könnten dann alle Verfahren und Formalitäten rund um Verwaltungsgeschäfte über eine einzige Anlaufstelle abwickeln und sich jederzeit elektronisch über den Stand des Verfahrens informieren. Eine Kenntnis der Verwaltungsstruktur und der zuständigen Stellen sowie ein Behördenmarathon wären dann nicht mehr zwingend erforderlich. Ein verzeichnisbasierter Zuständigkeitsfinder im Internet würde zusätzlich rund um die Uhr über die Zuständigkeiten der Stadt, des Landkreises, des Regierungsbezirkes, des Landes und des Bundes informieren. Die Umsetzung des einheitlichen Ansprechpartners nach der EU-Dienstleistungsrichtlinie obliegt in Baden-Württemberg den Kammern und den Landkreisen. Für die Stadt Friedrichshafen, die in das Gesamtkonstrukt bisher nur über ihre zuständigen Behörden eingebunden ist, würde die Einrichtung eigener einheitlicher Ansprechpartner auf Basis des Bürgeramts einen wichtigen Schritt in Richtung verstärkte Bürgerorientierung bedeuten.

Mit einem Datenportal nach dem US-amerikanischen Vorbild von data.gov könnte die Stadtverwaltung der Bevölkerung und interessierten Unternehmen ganz im Sinne der Informationsfreiheit einen Zugriff auf die vorhandenen öffentlichen nicht-personenbezogenen Datenbestände eröffnen. Dies setzt eine Grundsatzentscheidung voraus, in „offenen Verwaltungsdaten" einen strategischen Ansatz zur Wirtschaftsförderung und zur Standortpolitik im Informationszeitalter zu sehen. Um Anreize zur Nutzung und Veredelung dieser Daten zu schaffen, sollte dann nach dem Vorbild der „Application for Democracy"-Anwendungswettbewerbe die interessierte Öffentlichkeit zur Teilnahme aufgerufen werden. Aus dieser Keimzelle, zu der Entwickler aus der ganzen Welt beitragen könnten, lassen sich Wettbewerbsvorteile generieren, auf die die Stadt in einem globalen Standortwettbewerb dringend angewiesen ist.

Zu mehr politischer Transparenz trägt auch die Erweiterung der Berichterstattung über die Aktivitäten im Gemeinderat selbst bei. Grundsätzlich muss der Gemeinderat als politisches Organ klären, ob die bisherige Berichterstattung ausreichend ist. Andernfalls kann durch Live-Übertragungen öffentlicher Sitzungen und Berichterstattungen nach den Sitzungen die Berichterstattung sinnvoll ergänzt werden. IP-Radio wäre ein technischer Ansatz. Mit Blick auf die vorhandene Breitbandvernetzung Friedrichshafens sollte jedoch gleich über IP-TV nachgedacht werden, um auch Bilder in die Häfler Amtsstuben und Wohnungen zu übertragen. Einer Entscheidung und Vergabe an einen Mediendienstleister sollte eine Bedarfsanalyse zur Abfrage des grundsätzlichen Interesses von Bürgern, Verwaltung und Medien sowie deren Nutzungsbereitschaft vorangestellt werden. Die T-City Friedrichshafen bietet das erforderliche Experimentierfeld für eine prototypische Umsetzung, wobei von Erfahrungen aus anderen T-City-Bewerberstädten wie etwa Coburg erheblich profitiert werden könnte.[11]

Mit einem öffentlich zugänglichen IT Dashboard zur T-City Friedrichshafen selbst kann die Transparenz des Gesamtprojektes erhöht werden. Dies würde voraussetzen, dass die beiden PPP-Partner Deutsche Telekom AG und die Stadt Friedrichshafen bereit wären, mit Hilfe eines vorbereiteten und für Bürger nachvollziehbaren Berichtssystems über sämtliche ihrer derzeitigen Aktivitäten zu berichten, einschließlich der schwierigen und der mittlerweile abgeschlossenen Vorhaben. Beide Seiten müssen intern abwägen, ob und gegebenenfalls für welche Zielgruppen (Projektsteuerung, Leitungsgremien, Öffentlichkeit) sie dies mit Blick auf vorhandene Geschäfts- und Amtsgeheimnisse und die Öffentlichkeitswirkung überhaupt wollen. Von einem solchen Dashboard, das sich grundsätzlich als ein echter Prototyp für alle öffentlich-privaten Partnerschaften eignet, in die auch Steuergelder einfließen, würde allerdings Signalwirkung von Friedrichshafen ausstrahlen.

Korruption darf auch in Friedrichshafen nicht akzeptiert werden. Nach dem Vorbild von OPEN in Seoul könnte die Stadtverwaltung über das Internet sämtliche Verwaltungsakten in korruptionsgefährdeten Bereichen öffnen, um sich als Vorreiter für Transparenz und Korruptionsbekämpfung zu positionieren. Mit Blick auf die elektronische Vergabe und anstehende Berichtspflichten sollte auch

---

11 Coburg – IP-TV Stadtratsfernsehen: http://www.stadtratsfernsehen.de.

darüber nachgedacht werden, eingegangene Gebote und Zuschläge bei Ausschreibungen über das Internet in strukturierten, maschinenlesbaren Formaten zu publizieren. Entsprechende Angebote sollten um Kommentar- und Rückfragemechanismen ergänzt werden, so dass auf mögliche Unstimmigkeiten oder Unregelmäßigkeiten ohne großen Aufwand hingewiesen werden kann, damit diese von den zuständigen Stellen überprüft und gegebenenfalls verfolgt werden.

Die Bürger können im Sinne von Transparenz 2.0 auch selbst dazu beitragen, die aus ihrer Sicht öffentlich zu machenden Bereiche transparent zu machen. Ein Stadtwiki als offenes Redaktionssystem mit Jedermann-Änderbarfähigkeit würde beispielsweise dazu die technische Grundlage liefern können. Bürger können in einem Stadtwiki beliebig viele Seiten selbst anlegen und aktualisieren, mit denen sie die Öffentlichkeit über bestimmte Vorgänge oder Entwicklungen informieren wollen und diese damit transparent machen. Zu denken wäre etwa an lokalpolitische Ereignisse, Wahlversprechen oder Vorhaben. Dabei sind allerdings die redaktionellen Vorgaben zu beachten und einzuhalten, die der Träger des Stadtwikis für Beiträge aller Art festgelegt hat. Es liegt dann an der Bevölkerung und der Presse, diese Berichte zu verfolgen und auf ihre Glaubwürdigkeit hin zu überprüfen. Zusatzfunktionen wie der automatische Hinweis auf Aktualisierungen von Seiten und Datenbeständen erleichtern es zunehmend, Veränderungen zu verfolgen. Aber nicht alles eignet sich für eine Aufbereitung in einem Stadtwiki. So ist beispielsweise davon auszugehen, dass ein von Bürgern gepflegter wikibasierter Zuständigkeitsfinder in einem Stadtwiki weder hundertprozentig korrekte Inhalte hat noch Bürger sich auf dessen Rechtssicherheit verlassen dürfen. Somit wird klar, wo Stadtwikis als transparente Werkzeuge ihre Grenzen haben.

7 Abschließende Bemerkungen und Ausblick

Letztendlich werden die verantwortlichen Entscheidungsträger in Politik und Verwaltung darüber beschließen, ob und in welcher Form und in welchem Umfang Transparenz gewünscht und realisiert wird. Dies gilt für die T-City Friedrichshafen ebenso wie für andere Gemeinden, Städte und Landkreise, die Bundesländer, den Bund und die Europäische Union. Ein Bekenntnis zur Transparenz ist in allen demokratischen Staaten vorhanden, auch wenn dies unterschiedlich realisiert wird. Eine grundsätzliche Veränderung hin zu Transparenz als Staatsdoktrin, so wie dies gegenwärtig in den USA zu beobachten ist, kann für Deutschland noch nicht wirklich festgestellt werden. Jedoch erfolgte die Gründung von Transparency International aus Deutschland heraus, heute eine der wichtigsten Säulen der weltweiten Korruptionsbekämpfung.

Mit Blick auf die vergangenen Jahre einer großen Koalition auf Bundesebene und den Gestaltungswillen des neu gewählten Deutschen Bundestages stellt sich die Frage, ob durch die neue Regierung ein Wandel Richtung Transparenz und Offenheit in Deutschland zu erwarten wäre? Fällt der Blick auf die Wahlkampfprogramme 2009 oder auf die Aktivitäten der im 17. Deutschen Bundestag vertretenen Parteien, so sind kaum Veränderungen zu erwarten. Auch ein Wille zu mehr Transparenz, Partizipation und Kollaboration kann derzeit noch nicht beobachtet werden. Dies kann auch daran liegen, dass die sich eröffnenden Potenziale bisher noch nicht erkannt wurden. Bei aller Skepsis, die in Deutschland besteht, wenn aus dem Ausland Ideen und Anregungen für Veränderungen kommen, sollte die Entwicklung, die Präsident Obama mit seinem Memorandum „Transparency und Open Government" (vgl. Obama 2009: 4) ausgelöst hat, besonders wachsam verfolgt werden, denn sie kann maßgeblich zur Weiterentwicklung von Staat und Verwaltung sowie zur Vertrauensbildung in der Bevölkerung beitragen.

Deutsche Streiter für mehr Transparenz in Staat und Verwaltung müssen sich daher in den kommenden Wochen die Frage stellen, mit welchen Akteuren, mit welchen Zielen, mit welchen strategischen Ansätzen, mit welchen Maßnahmen und mit welchen Werkzeugen, insbesondere aber durch welche prototypischen IT-Umsetzungen der Weg zu mehr Transparenz beschritten werden könnte.

Literatur

Amos, Sherry (2009): *Transparency, Metrics & Outcomes – American Recovery and Reinvestment Act Public Performance and Transparency*, Washington DC: SAP America.

BIFAB (2001): Bibliographisches Institut & F. A. Brockhaus AG: *Meyers Großes Taschenlexikon in 25 Bänden*, 8. Auflage sowie PC Bibliothek Express 2.1.17, Meyers Lexikonredaktion, Mannheim et al.: Bibliographisches Institut Taschenbuchverlag.

Bröhmer, Jürgen (2004): *Transparenz als Verfassungsprinzip: Grundgesetz und Europäische Union*, Jus Publicum, Band 106, Tübingen: Mohr Siebeck.

Florini, Anne (Hrsg.) (2007): *The Right to Know – Transparency for an Open World*, New York: Columbia University Press.

Fung, Archon/Graham, Mark/Weil, David (2007): *Full Disclosure – The Perils and Promise of Transparency*, New York: Cambridge University Press.

GI/VDE (2000): Fachausschuss Verwaltungsinformatik der Gesellschaft für Informatik e.V. und Fachbereich 1 der Informationstechnischen Gesellschaft im VDE: *Electronic Government als Schlüssel zur Modernisierung von Staat und Verwaltung – Ein Memorandum des Fachausschusses Verwaltungsinformatik der Gesellschaft für Informatik e.V. und des Fachbereichs 1 der Informationstechnischen Gesellschaft im VDE*, Bonn/Frankfurt: Gesellschaft für Informatik und Informationstechnische Gesellschaft im VDE.

Gorman, Sean (2009): Information as a Public Good, in: *General Services Administration: Transparency and Open Government*, Washington DC: Intergovernmental Solutions Division, GSA Office of Citizens Services and Communications, 9-10.

Hood, Christopher/Heald, David (Hrsg.) (2006): *Transparency – The Key to Better Government*, Oxford: Oxford University Press.

Kim, Seongcheol/Cho, Keunhee (2005), Achieving Administrative Transparency Through Information Systems: A Case Study in the Seoul Metropolitan Government, in: Wimmer, Maria (Hrsg.): *Electronic Government*, Heidelberg: Springer Verlag, 113-123.

Kopits, George/Craig, John D. (1998): *Transparency in Government Operations*, Washington D.C.: International Monetary Fund.

von Lucke, Jörn (2008): *Hochleistungsportale für die öffentliche Verwaltung*, Schriftenreihe Wirtschaftsinformatik, Band 55, zugleich Habilitationsschrift an der Deutschen Hochschule für Verwaltungswissenschaften, Lohmar/Köln: Josef Eul Verlag.

von Lucke, Jörn/Eckert, Klaus-Peter/Breitenstrom, Christian (2008): *Gestaltungsoptionen, Anforderungen und Architekturüberlegungen zum Ansatz eines Einheitlichen Ansprechpartners gemäß der EU-Dienstleistungsrichtlinie*, FOKUS White Paper, Version 2.0, Berlin: Fraunhofer-Institut für Offene Kommunikationssysteme.

von Lucke, Jörn/Reinermann, Heinrich (2002): Speyerer Definition von Electronic Government, in: Reinermann, Heinrich/von Lucke, Jörn (Hrsg.): *Electronic Government in Deutschland, Ziele – Stand – Barrieren – Beispiele – Umsetzung*, Speyerer Forschungsbericht, Band 226, Speyer: Forschungsinstitut für öffentliche Verwaltung, 1-8.

Millar, Laurence (2009): Transparency 2.0, in: *General Services Administration: Transparency and Open Government*, Washington DC: Intergovernmental Solutions Division, GSA Office of Citizens Services and Communications, 16-17.

Müller, Philipp (2009): Von Facebook lernen – Transparenz, Partizipation, Kollaboration: Bürger machen ihre Verwaltung, in: *Wiener Zeitung – Verwaltung Innovativ* (23.06.), 9.

Murphy, John R. (2009): Recovery.gov Reveals Details of the Stimulus Spending, in: *General Services Administration: Transparency and Open Government*, Washington DC: Intergovernmental Solutions Division, GSA Office of Citizens Services and Communications, 5.

Obama, Barack (2009): Memorandum for the Heads of Executive Departments and Agencies – SUBJECT: Transparency and Open Government, in: *General Services Administration: Transparency and Open Government*, Washington DC: Intergovernmental Solutions Division, GSA Office of Citizens Services and Communications, 4.

Rost, Martin/Pfitzmann, Andreas (2009): Datenschutz-Schutzziele – revisited, in: *DuD – Datenschutz und Datensicherheit* 33 (6), 353-358.

Stiglitz, Joseph (2002): Transparency in Government; in: Islam, Roumeen/Djankov, Simeon/McLiesh, Caralee: *The Right to Tell – The Role of Mass Media in Economic Development*, Washington D.C.: World Bank Institute, 27-44.

Wonderlich, John (2009): Transparency in Government Begins Outside, in: *General Services Administration: Transparency and Open Government*, Washington DC: Intergovernmental Solutions Division, GSA Office of Citizens Services and Communications, 29-30.

Be Transparent Only in Your Ends, Never Your Means

Steve Fuller

The title of this essay suggests that one's dealings with others might be 'transparent' in two senses: either in one's *ends* or in one's *means*. Of course, one may wish to combine the two but they pull in opposing directions. In the former case, one makes explicit an aim that is purportedly shared with the interlocutor, such as truth, justice or even mutual benefit. In the latter case, one is less concerned that the other party wants what she wants than that the other party abides by certain agreed procedures. Taken to their respective extremes, the pure pursuit of transparent ends could license the use of deceptive means, whereas the pure pursuit of transparent means could foster a sense of indifference to the fate of the other party, as long as they follow the rules. The difference is grounded in a time-honoured distinction rooted in medieval scholastic philosophy between the ends-transparent *intuitive* and the means-transparent *discursive* expression of reason.

The distinction was originally posed to distinguish angels from humans in Roman Catholic cosmology (Adler 1982). Lacking human bodies, and their accompanying sinful concerns, angels are capable of receiving the word of God without interference, which in turn renders them the most efficient conveyors of the divine message with whom humans can directly engage. Indeed, the very existence of angels has been invoked to cast human free will in a negative light as a privation that reflects the intellectual confusions brought on by the possession of an animal body. For their part, angels are in the enviable position of possessing both a perfect understanding of the divine word and a capacity to communicate it to humans without overwhelming them, as God himself might. In short, angels are God's rhetorical mouthpieces or public relations agents. Their pagan counterpart in the Greco-Roman pantheon is the nimble-footed Hermes aka Mercury. Their modern successors are the Christian evangelists who are known, both positively and negatively, for their ability to customise the Gospel to maximize its impact on their audiences.

From the standpoint of today's secular culture, the apparent angelic disregard for human free will might be construed charitably as an attempt to drive a sharp wedge between the genuine freedom that is afforded by exact knowledge of the alternatives and their consequences, and the pseudo-freedom associated with uncertainty about the range and upshot of one's decisions. Only the former, which captures the angelic mentality, could truly count as free will even though its exercise would always correspond to what is best. Anything less would seem to convert a liability into a virtue, rendering 'freedom' a euphemism for the failure to recognise the limits of one's knowledge – so to speak, ignorance of one's own ignorance. Of course, there is potentially a middle way – namely, that we might learn from those products of our ignorant exercises of freedom, aka mistakes, such that we bootstrap ourselves up to a level of knowledgeable freedom. But exactly how we might come to do that is the great mystery shared by science and theology, given that we do not know the exact nature of our ends and hence the reliability of our feedback.

In any case, intuitive reason as exemplified by angels is about sheer *efficiency* in the transmission of truth, while humanity's more prosaic discursive reason is concerned with the *preservation* of truth across a chain of inferences. You can easily see the difference by adopting a sportsmanlike attitude towards truth-seeking: Is it about whether you win or lose (intuitive), or how you play the game (discursive)? In our modern secular world, truth preservation tends to be regarded more highly than truth efficiency: deduction over induction – in more general terms, logic over rhetoric. We value more that things are done the right way than that the right thing is done. Such is the transparency of means, seen ethically. From an epistemological standpoint, it is not enough to see quickly that something is true; one must also understand why it is true, which involves carefully displaying the steps in one's reasoning. Thus, knowledge is not simply a true belief but a *justified* true belief – and perhaps still more.

One might ask why justification is needed if one's belief is already true. Three functions of discursive reason immediately come to mind: (1) a validity check on the belief to ensure that it is not simply an illusion; (2) a vehicle for convincing those who hold opposing beliefs; (3) a medium for integrating one's belief into a larger body of knowledge. Now all of these functions are eminently reasonable if we imagine that human beings are in the business of bootstrapping themselves up from their animal existence to the level of divine knowledge. In the process, they must contend with interference from oneself, one's fellows, and other beliefs that are already held to be true.

But as opposed to this bottom-up approach, humans might be seen as always already imperfectly divine, in which case a more angelic epistemic orientation is in order. If humans are literally poised halfway between God and animal, then if angels are themselves halfway between God and humans, it follows that we are closer to angels than to animals – and *that* should be the starting point for any discussions of how we acquire and communicate knowledge, and what might count as transparency therein. In that case, the following maxim may apply:

If we seek the truth in all things, then when encountering others we should always act and speak in ways that we believe will lead them as efficiently as possible to the truth.

On the surface, this looks like a perfectly acceptable, perhaps even exemplary, moral principle. The end – the truth – is good in itself, and the maxim enjoins us to serve it to the best of our ability. Yet, in practice, this policy would seem to raise mutual manipulation to a categorical imperative. But the pejorative 'manipulation' is the right word only if one acts towards another in a way to which the other person would object, were it made known to her – presumably because she would perceive it as going against her interests, or (what might amount to the same thing) she would not have freely willed the act, had she possessed a comprehensive sense of the situation.

However, if our knowledge of others is, as a matter of fact, more reliable than our self-knowledge, then this key epistemic premise of manipulation is removed (Fuller 1993: chap. 4; Fuller 2009: chap. 4). Such a prospect is supported by experimental social psychology research, often under the slightly misleading rubric of the 'fundamental attribution error', which stresses the relative weakness of our self-knowledge rather than the relative strength of our knowledge of others. Nevertheless, it is the serious point that lies behind the popular joke from the 1950s: 'One behaviorist met another on the street and said, "You feel fine! How do I feel?"' (Ziff 1958). Still more seriously, support for the epistemic virtues of self-transcendence may be found in Karl Popper's sociological characterisation of the falsifiability principle in science as consisting in each scientist acting as her own conjecturer and her colleague's refuter (Popper 1963).

In putting the matter this way, Popper was not trying to stop scientists from conjecturing at all; on the contrary, he wanted to get them to conjecture as well as possible. Refutations thus spur the scientist to re-double her creative efforts at theorising, which would remain underdeveloped were she left to conclude that her first settled opinion about how or why something happened was correct. Psychologists call this default mental state, which mistakes cognitive efficiency for external validity, the 'availability heuristic' (Fuller/Collier: chap. 6). Politicians are especially adept at converting this liability to an advantage. While politicians may remain unsure about exactly what they themselves believe at any given moment, they interpret their decisiveness in dealing with others and responding to external events as evidence that they are heading in the right direction. In effect, their resort to the availability heuristic functions as experimental probes, the outcomes of which serve to focus the politician's mind more clearly. More generally, the use of the world to bring out the best in oneself epitomises 'hypocrisy' in the original Greek sense of someone whose identity is formed by imagining oneself as always on stage playing a role in a drama scripted by someone else (Runciman 2008: Conclusion).

At this point, it might be useful to provide a scaled inventory of actions related to the transparency of ends principle enunciated above. The scale ranges from actions in which the means used are also very transparent to those in which they are rather opaque. This dimensional change typically corresponds to an increase in the agent's causal knowledge of the other's behaviour, which enables her to pre-empt and/or channel potentially disadvantageous behaviour in the other person:

(1) *Very transparent means*: Explicitly contradict the other person's beliefs to show the fundamental error of her ways, which requires her providing compensation (e.g. through a redistributive tax scheme), if outright change is not feasible. In a word: *coercion*.
(2) *Semi-transparent means*: Offer incentives for the other person to change her behaviour, regardless of whether she changes her underlying beliefs, which amounts to her agreeing to live in a state of self-imposed cognitive dissonance aka hypocrisy. In a word: *bribe*.
(3) *Non-transparent means*: Seek the tipping point of the other person's normal behaviour, where a slight 'nudge' unleashes its full beneficial potential, very much in the spirit of a gestalt switch. In a word: *reframing* (Thaler/Sunstein 2008).

According to the angelic epistemology articulated in this chapter, (3) is certainly the most advanced mode of human interaction. Nevertheless, without a counterintuitive belief in the fundamental attribution error, it will also appear the most manipulative.

Indeed, the sharpest philosophical mind of the Venetian Renaissance, Paolo Sarpi (1552-1623), a confidant of Galileo's who actively promoted the angelic principle in his writings, fell victim to charges of deliberate self-misrepresentation and deception (Wootton 1983). Arguably more than even Galileo himself, Sarpi was held in suspicion by all the major power groups of the time, both Catholic and Protestant. Sarpi invoked the principle to challenge not only Church doctrine but also Biblical authority. While considerable historical mystery remains about the exact source of the all-around hostility to Sarpi, which went beyond the sceptical cast of his writings (not least a demystifying history of the Inquisition), it was clearly tied to inferences that were made about his personal attitudes. These led some to conclude that he was a spy, a liar or worst of all, an atheist. In the remainder of this chapter, I shall provide a speculative interpretation of Sarpi's *modus operandi*, drawing out some interesting and perhaps surprising implications of relevance today.

Perhaps the greatest challenge to Christianity's advancement has been how to get people to live a Christ-like life in a way that enables them to live well with each other, given the strong emphasis that Jesus placed on making a personal commitment to God. Max Weber (1963) famously provided a generalised sociological gloss on this spiritual problem as the 'routinisation of charisma'. Most interpretations of a 'Christ-like life' have tended to treat Jesus as someone who withstands human frailties and amplifies human virtues. One of the most enduring of these treatments has been *The Imitation of Christ* by the 15th century German monk, Thomas à Kempis. However, I read Sarpi as having approached the problem from a different angle. He was more interested in the specifically divine character of Jesus, and how that might serve as an example for other humans to follow. In that case, the take-home message from the life of Jesus is that, with the appropriate self-discipline, humans can approximate a divine point-of-view (something that Jesus himself often remarks as his own aspiration), which in turn has implications for how we deal with our fellows.

Now, strictly speaking, both Kempis and Sarpi were more interested in *reproducing* than *routinising* Christ's original charisma, and for that reason they stood apart from the doctrines promulgated by Roman Catholic authorities, which privileged conformity to the words of priests over fidelity to Christ's spirit. However, Sarpi's version was especially threatening as it suggested the possibility of self-transcendence, a standing above it all, in which one takes seriously the rhetorical character of all religious texts, not least the Bible. Accordingly, to understand such texts, one needs to consider how the sender – be it God, his angelic emissary or his self-avowed earthly representative – imagines the receiver's default mental dispositions prior to formulating a message that aims to bring about a certain normatively desirable effect. Depending on the sender's intentions, the text may aim to reinforce, extend, diminish, correct or outright alter those dispositions. But in any case, an adequate understanding of the communicative context is required for making sense of any particular text.

At one level, the point is obvious to anyone with a reasonably sophisticated grasp of the pragmatic dimension of semantics. You need to know what people are trying to do in order to figure out what they mean by what they say. At another level, the point is potentially subversive if taken as a principle for conducting one's life. In that case, one would treat all texts as symptoms of some ongoing social interaction. In Wittgenstein's gnomic terms, texts would then be more 'showings' than strict 'sayings'. Put more prosaically, understanding the meaning of a message would require first understanding the range of responses that the sender anticipates of the receiver, which would then explain the exact wording of the text that has been sent.

While such a characterisation might appear to license deception, charges of deception would appear most plausible to those for whom the message is not intended, which is to say, eavesdroppers. To the eavesdropper, the text may look as though it says one thing but really means something else, yet the difference goes unnoticed by the recipient, who responds more or less as the sender intends. But suppose the eavesdropper's perspective is not privileged, and instead one takes for granted that the sender's overriding concern is the conveyance of the truth. It follows that if both sides of the communicative exchange are satisfied with its outcome, then the eavesdropper would seem to be the one at fault – as so often is the case with real life eavesdroppers, who falsely presume that their detachment from an exchange necessarily confers a comprehensiveness of perspective that is lacking in the participants. This point should be of interest to historians, who are by definition professional eavesdroppers (Fuller 1988: chap. 6).

The question of deception also bears significantly on the idea of a *universal* message that might be sent, as per the proselytising efforts of Christianity, Islam, democracy, socialism and (arguably) science. Can a single text – be it the Bible or a set of equations – stand alone as a literal bearer of the 'good news' or rather, does it always require a specific mode of address even for a literal sense to be conveyed? I hold the latter view. In contrast to Kant, who was happy to argue 'transcendentally' that certain universal truths must be presupposed in order for certain defining features of our experience to be possible, I believe that such truths must be actively constructed, a process that requires saying different things in different settings to enable everyone to believe the same truths (Fuller 1988: chap. 9). In this respect, a widely disseminated text – like the Bible or a set of equations – is better understood, from a legal standpoint, as falling under the intellectual property category of *trademark* rather than *copyright* (cf. Fuller 2002: chap. 2). In other words, the sense in which the text is to be taken as 'universal' – and hence demands to be taken literally – is as a brand name rather than as a bearer of specific content. What matters most of all is that one identifies with (aka purchases) the text and uses it so as to keep it in circulation.

A commercial analogue may be provided by the history of Coca-Cola, which began in the late 19th century as a quasi-medicinal drink derived from coca leaves and kola nuts – stimulants in, respectively, Incan and West African cultures (Standage 2005: chaps. 11-12). While Coke is no longer made that way, many if not most of the qualities associated with the drink's original incarnation remain in its marketing and arguably even its contents, despite a decisive shift in the actual ingredients from the 'coca' (i.e. cocaine) to the 'cola' (i.e. caffeine). Today's Coke still aims to be the drink of choice for those with active lifestyles. Such long-term brand loyalty has been secured by a continuity not only in the product's name but also its appearance – the iconic curved Coke bottle from 1916 remains in circulation, the contents of which looks and tastes the same to all but the most discriminating consumers.

Now, by analogy, consider the Bible. Here we have a cultural hybrid akin to Coca-Cola: A Hebrew Old Testament and a Greek-Aramaic New Testament (themselves translated into all the world's major languages) that somehow combine to produce the most influential sacred text of all times – just as Coke has been the most commercially consumed drink. But even in the case of something as seemingly culturally neutral as physical equations, their canonical formulation is traceable to the splicing together of elements from disparate conceptual sources in response to relevant experimental outcomes that are marketed – in this case to scientists – as laws of nature that are more accurate and/or precise versions of their predecessors (Collins 1998: chaps. 10, 13). Whether we are talking about Coca-Cola, the Bible or a set of physical equations, these sustaining abstractions should be regarded as signifiers that refer back – 'anaphorically', in rhetorical terms (Brandom 1997) – to an original moment with which successors wish to identify, regardless of the changes in content that the abstractions have undergone.

In the philosophy of language, this orientation is called the 'causal theory of reference', in which an original naming episode 'baptises' something into continuous existence, however much our understanding of that thing (including an abstraction) might change over time (Schwartz 1977). It is perhaps no accident that the philosopher who first attached this profound significance to the sheer coinage of names, Saul Kripke, came from a family of rabbis, given the Biblical basis for the ontogenetic power of language. This power permits successive generations of people in disparate places to believe that they are part of a common project simply by virtue of upholding the same texts, regardless of whatever other beliefs they might hold that are relevant to their life circumstances. The efficacy of the causal theory of reference exemplifies the pure transparency of ends principle in that it shows how various groups can come to realize that they are in common cause even though they do not behave the same in every respect. This in turn leaves the impression that each group has voluntarily come to identify with the same brand, whether it be an iconic product like Coke or a complex book like the Bible.

References

Adler, M. (1982): *The Angels and Us*, New York: Collier Macmillan.

Brandom, R. (1997): *Making It Explicit*, Cambridge MA: Harvard University Press.

Collins, R. (1998): *The Sociology of Philosophies: A Global Theory of Intellectual Change*, Cambridge MA: Harvard University Press.

Fuller, S. (1988): *Social Epistemology*, Bloomington IN: Indiana University Press.

Fuller, S. (1993): *Philosophy of Science and Its Discontents*, 2nd edn. (orig. 1989), New York: Guilford Press.

Fuller, S. (2002): *Knowledge Management Foundations*, Woburn MA: Butterworth-Heinemann.

Fuller, S. (2009): *The Sociology of Intellectual Life: The Life of the Mind In and Around the Academy*, London: Sage.

Fuller, S./J. Collier (2004): *Philosophy, Rhetoric and the End of Knowledge*, 2nd edn. (orig. 1993, by Fuller), Mahwah NJ: Lawrence Erlbaum Associates.

Popper, K. (1963): *Conjectures and Refutations*, New York: Harper and Row.

Runciman, D. (2008): *Political Hypocrisy: The Mask of Power from Hobbes to Orwell and Beyond*, Princeton: Princeton University Press.

Schwartz, S., (ed.) (1977): *Naming, Necessity and Natural Kinds*, Ithaca NY: Cornell University Press.

Standage, T. (2005): *A History of the World in Six Glasses*, New York: Walker & Company.

Thaler, R./C. Sunstein (2008): *Nudge: Improving Decisions about Health, Wealth, and Happiness*, New Haven CT: Yale University Press.

Weber, M. (1963): *The Sociology of Religion*, Boston: Beacon Press.

Wootton, D. (1983): *Paolo Sarpi: Between Renaissance and Enlightenment*, Cambridge UK: Cambridge University Press.

Ziff, P. (1958): About Behaviorism, in: *Analysis* 18, 132-136.

Zu den Autorinnen und Autoren

Dirk Baecker, Prof. Dr. rer. soc. (geb. 1955) ist seit 2007 Inhaber des Lehrstuhls für Kulturtheorie und Kulturanalyse an der Zeppelin Universität Friedrichshafen. Er studierte Soziologie und Nationalökonomie an den Universitäten von Köln und Paris-IX (Dauphine) und wurde im Fach Soziologie an der Universität Bielefeld promoviert und habilitiert. Von 1996 bis 2007 lehrte er an der Universität Witten/Herdecke zunächst Unternehmensführung, später Soziologie. Seine Arbeitsschwerpunkte liegen in der soziologischen Theorie, Gesellschaftstheorie, Kulturtheorie, Organisationsforschung und Managementlehre. Siehe zuletzt u.a. *Studien zur nächsten Gesellschaft*, Suhrkamp Verlag (2007).

Remigius Bunia, Prof. Dr., ist Juniorprofessor für Allgemeine und Vergleichende Literaturwissenschaft am Peter-Szondi-Institut und an der Friedrich-Schlegel-Graduiertenschule der Freien Universität Berlin. Er ist Sprecher des DFG-Netzwerks „Fiktion". Zuvor war er an den Universitäten Siegen, Bonn, Mainz sowie als wissenschaftlicher Assistent an der Zeppelin Universität beschäftigt. Er wurde mit der Arbeit *Faltungen* an der Universität Siegen 2006 promoviert. Seine Abschlüsse als Literaturwissenschaftler und Diplom-Mathematiker erwarb er im Jahr 2002 an der Universität Bonn; diese Fächer sowie Linguistik und Mediävistik studierte er in Bonn, Paris und Hagen. Seine Arbeiten umfassen Rhetorik- und Semiotiktheorie. Ein vollständiges Literaturverzeichnis findet sich unter http://litwiss.bunia.de/s/publikationen.

Tero Erkkilä ist Doktorand im Institut für Ökonomie und Politik an der Universität Helsinki. Seine Dissertation untersucht die sich verändernden Vorstellungen von Berechenbarkeit und Transparenz in Finnland. Zu seinen neueren Veröffentlichungen gehören Governance and Accountability – A Shift in Conceptualisation, *Public Administration Quarterly* 31 (1), 1-38 (2007); Politics and Numbers: The Iron Cage of Governance Indices (mit Ossi Piironen), *Ethics and Integrity in Public Administration: Concepts and Cases*, M.E.Sharpe, Hrsg. Raymond W. Cox III (2009); La logique du palmarès dans le champ global de l'enseignement supérieur en formation: Acteurs, institutions, pratiques (mit Niilo Kauppi), *Europa zwischen Fiktion und Realpolitik*, Band 9/2009, Hrsg. Roland Marti & Henri Vogt, Frankreich-Forum, Transcript (2010).

Steve Fuller (geb. 1959 in New York City) ist Professor für Soziologie an der Universität Warwick, Großbritannien. Er studierte Geschichte und Wissenschaftsphilosophie und begründete das Forschungsprogramm soziale Epistemologie. *Social Epistemology* ist auch der Titel einer Zeitschrift, die er 1987 mit Taylor & Francis gründete, sowie seines ersten Buches. Zu seinen neuesten Veröffentlichungen gehören *The Sociology of Intellectual Life: The Career of the Mind in and around the Academy* (Sage, 2009) sowie *Science: The Art of Living* (Acumen, 2010). 2007 verlieh ihm die Universität Warwick ein „higher doctorate" (D.Litt.) für herausragende Beiträge zur Wissenschaft. 2008 war er Vorsitzender der Sektion Soziologie und Sozialpolitik der British Association for the Advancement of Science. Website: http://www.warwick.ac.uk/~sysdt/Index.html

Armin Grunwald, Prof. Dr. (geb. 1960), ist seit 1999 Leiter des Instituts für Technikfolgenabschätzung und Systemanalyse (ITAS) im Karlsruher Institut für Technologie (KIT), seit 2002 auch Leiter des Büros für Technikfolgen-Abschätzung beim Deutschen Bundestag (TAB) und seit 2007 Professor für Technikphilosophie und Technikethik am KIT. Seine Arbeitsgebiete sind Theorie und Methodik der Technikfolgenabschätzung, ethische Fragen von Schlüsseltechnologien sowie Theorie und Praxis nachhaltiger Entwicklung. Letzte Buchveröffentlichungen: *Auf dem Weg in eine nanotechnologische Zukunft. Philosophisch-ethische Fragen* 2008; *Technik und Politikberatung* 2008; *Wohin mit dem radioaktiven Abfall? Perspektiven für eine sozialwissenschaftliche Endlagerforschung* (mit P. Hocke-Bergler, Hrsg.); *Erkennen und Gestalten. Eine Theorie der Technikwissenschaften* (mit G. Banse, W. König, G. Ropohl, Hrsg.).

Stephan A. Jansen, Prof. Dr. (geb. 1971), ist seit September 2003 Gründungspräsident und Geschäftsführer der Zeppelin Universität sowie Inhaber des Lehrstuhls für „Strategische Organisation & Finanzierung (SOFI)". Er war Forschungsmitglied an der Stanford University (1999, 2010) und der Harvard Business School (2000-2001). Aufsichtsrats- und Beiratsmandate von Unternehmen und Ministerien, u.a. „Forschungsunion" der Bundesregierung und seit 2006 persönlicher Berater von Peer Steinbrück, Bundesfinanzminister a.D. Letzte Buch-Veröffentlichungen u.a.: *Rationalität der Kreativität?* (2009, Hrsg.); *Mergers & Acquisitions* (5. Auflage, 2008); *Zukunft des Öffentlichen* (2007, Hrsg.); *Demographie* (2006, Hrsg.); *Public Merger* (2004, Hrsg.); *Management von Unternehmenszusammenschlüssen* (2004); *Electronic Government* (2001, mit B. P. Priddat); *Oszillodox* (2000, mit P. Littmann).

Amy Kind studierte Philosophie an der University of Californa, Los Angeles. Anschließend lehrte sie am Claremont McKenna College, wo sie jetzt als Associate Professor für Philosophie tätig ist. Ihr Forschungsinteresse liegt hauptsächlich im Bereich Philosophie des Geistes. In ihren Veröffentlichungen behandelt sie Themen wie Bewusstsein, Introspektion, Imagination und die Transparenz der Erfahrung. Ihre Artikel erschienen in Zeitschriften wie *Philosophy and Phenomenological Research*, *Philosophical Studies* und *The Philosophical Quarterly*. Kürzlich veröffentlichte sie auch Arbeiten über Philosophie und Popkultur, insbesondere die Philosophie von Battlestar Galactica und Star Trek.

Gertraud Koch ist seit 2003 Professorin für Kommunikationswissenschaft und Wissensanthropologie an der Zeppelin Universität. Sie hat Kulturanthropologie und Europäische Ethnologie bzw. Empirische Kulturwissenschaft, Politikwissenschaft und Theater-, Film-, Fernsehwissenschaften in Frankfurt und Tübingen studiert und an der Humboldt Universität zu Berlin mit einer Arbeit zur Kulturalität der Technikgenese promoviert. Aktuelle Forschungsinteressen sind die Figur des Avatars, Ethnografie des Virtuellen, Arbeits- und Lernkulturen, Transkulturalität und Diversity sowie die Kulturalität von Innovation. Publikationen: *Transkulturelle Praktiken. Empirische Studien zu Innovationsprozessen* (2008); Second Life – ein zweites Leben? Alltag und Alltägliches einer virtuellen Welt, *Zeitschrift für Volkskunde* (2), 215-232 (2009); Kulturelle Vielfalt als produktives Potential? Zur Mobilisierung und Erzeugung von Anschlussfähigkeiten heterogener Wissensbestände, *Entwicklungsfaktor Kultur*, Hrsg. Gudrun Quenzel, Transcript, 95-118 (2009).

Klaus Kornwachs, Prof. Dr. phil. habil. Dipl. Phys. (geb. 1947); Studium der Physik, Mathematik und Philosophie, Habilitation in Philosophie (Universität Stuttgart) 1987. Von 1979-1992 u.a Abteilungsleiter beim Fraunhofer-Institut für Arbeitswirtschaft und Organisation, Stuttgart. Seit 1990 Honorarprofessor der Universität Ulm, seit 1992 Lehrstuhl für Technikphilosophie an der BTU Cottbus. 1991 Forschungspreis der Alcatel SEL-Stiftung für Technische Kommunikation, Gastprofessor in Budapest und Wien. Bis 2008 Leiter des Bereichs „Mensch und Technik" im VDI. Seit 2007 Leiter des Themennetzwerkes „Grundlagenfragen der Technikwissenschaften" der acatech. Veröffentlichungen (seit 2000): *Prinzip der Bedingungserhaltung* (2000), *Logik der Zeit – Zeit der Logik* (2001), *System – Technik – Verantwortung* (Hrsg. 2004), *Bedingungen und Triebkräfte Technologischer Innovationen* (Hrsg. 2007), *Zuviel des Guten – von Boni und Falschen Belohnungssystemen* (2009). *Strukturen technischen Wissens* (2010 in Vorb.).

Joachim Landkammer, Dr. (geb. 1962), ist wissenschaftlicher Mitarbeiter am Lehrstuhl für Kulturmanagement und inszenatorische Praxis sowie Programmleiter Musik im artsprogram der Zeppelin Universität. Forschungsschwerpunkte: Philosophische Ästhetik, Bildungs-, Politik-, Kunst- und Musikphilosophie; verschiedene Veröffentlichungen zu Themen der Ästhetik sowie der Bildungs- und Vergangenheitspolitik.

Jörn von Lucke, Prof. Dr. (Jahrgang 1971), studierte Wirtschaftsinformatik an der Universität Mannheim. Er promovierte in Verwaltungswissenschaften zu Effizienzsteigerung und Kostensenkung durch Internet-Technologien am Beispiel gesetzlicher Rentenversicherungsträger und habilitierte sich zu Hochleistungsportalen für die öffentliche Verwaltung an der Deutschen Hochschule für Verwaltungswissenschaften Speyer. Über fünf Jahre arbeitete er als Forschungs- und Sektionsreferent am Forschungsinstitut für öffentliche Verwaltung an der Deutschen Hochschule für Verwaltungswissenschaften Speyer. 2007 wechselte er an das Fraunhofer-Institut für Offene Kommunikationssysteme (FOKUS) in Berlin, wo er mit Unterstützung der Fraunhofer-Gesellschaft eine Forschergruppe zu Hochleistungsportalen für den öffentlichen Sektor aufbaut. 2009 übernahm er den Lehrstuhl für Verwaltungs- und Wirtschaftsinformatik an der Zeppelin Universität. Zugleich ist er der Gründungsdirektor des Deutsche Telekom Institute for Connected Cities (TICC) und im Projekt T-City Friedrichshafen engagiert.

Birger P. Priddat, Prof. Dr. (geb. 1950), seit 2007 Inhaber des Lehrstuhls für Politische Ökonomie an der Universität Witten/Herdecke; von 2007-2008 zugleich deren Präsident. Studium der Volkswirtschaft und Philosophie in Hamburg; 1991-2004 Lehrstuhl für Volkswirtschaft und Philosophie an der Universität Witten/ Herdecke; 2004-2007 Head of the Department for Public Management & Governance an der Zeppelin Universität. Weiterhin dort Gastprofessor. Forschungsschwerpunkte: Institutional Economics, Political Governance, Theoriegeschichte der Ökonomie, Wirtschaftsethik, Zukunft der Arbeit. Die neuesten Veröffentlichungen: *Strukturierter Individualismus. Institutionen als ökonomische Theorie* (2005); *Unvollständige Akteure. Komplexer werdende Ökonomie* (2005); *Irritierte Ordnung. Moderne Politik. Politische Ökonomie der Governance* (2006); *Neuroökonomie* (2007, Hrsg.); *Ökonomie, Sprache, Kommunikation* (2008, Hrsg. mit A. Kabalak & E. Smirnova); *Politik unter Einfluss. Netzwerke, Öffentlichkeiten, Beratungen, Lobby* (2009); *Politische Ökonomie. Neue Schnittstellendynamik zwischen Wirtschaft, Gesellschaft und Politik* (2009); *Organisation als Kooperation* (2010).

Lucia A. Reisch, Professorin für interkulturelles Konsumentenverhalten und Verbraucherpolitik an der Copenhagen Business School, Kopenhagen. Studium der Wirtschaftswissenschaften an der Universität Hohenheim und Business Administration an der UC Los Angeles, USA; Promotion zum Dr. oec. Gegenwärtige Projekte: internationale Verbraucherpolitik, empirische Konsumverhaltensforschung, Verbraucher im Web 2.0, Nachhaltigkeits- und Ernährungspolitik, Kinder und Konsum, Übergewicht bei Kindern, Corporate Social Responsibility. Mitherausgeberin des „Journal of Consumer Policy". Über hundert begutachtete Beiträge in Zeitschriften und Büchern. Mitglied in politischen Beratungsgremien (Verbraucherkommission Baden-Württemberg; Wissenschaftlicher Beirat für Verbraucher- und Ernährungspolitik sowie Wissenschaftlicher Beirat für Biologische Vielfalt und genetische Ressourcen des BMELV) und Aufsichtsgremien (u.a. Verwaltungsrat der Stiftung Warentest; Kuratorium Utopia, Kuratorium Öko-Institut).Publikationen unter: www.cbs.dk/staff/lr

Ortwin Renn (geb. 1951), Prof. Dr. rer. pol., Dr. sc. h.c., Ordinarius für Umwelt- und Techniksoziologie an der Universität Stuttgart und Direktor des zur Universität gehörigen Interdisziplinären Forschungsschwerpunkts Risiko und Nachhaltige Technikentwicklung am Internationalen Zentrum für Kultur- und Technikforschung (ZIRN). Neben seinem Engagement an der Universität Stuttgart gründete Renn das Forschungsinstitut DIALOGIK, eine gemeinnützige GmbH, deren Hauptanliegen in der Erforschung und Erprobung innovativer Kommunikations- und Partizipationsstrategien in Planungs- und Konfliktlösungsfragen liegt. Nach seiner Ausbildung in Volkswirtschaftslehre, Soziologie und Sozialpsychologie und anschließender Promotion an der Universität Köln arbeitete Renn als Wissenschaftler und Hochschullehrer in Deutschland, den USA und der Schweiz. Er verfügt über mehr als dreißigjährige Erfahrung auf dem Feld der Risikoforschung, der Technikfolgenabschätzung sowie der Einbindung von Interessengruppen und der allgemeinen Öffentlichkeit bei der Lösung konfliktgeladener Themen. Zu den Publikationen gehören über 30 Monografien und editierte Sammelbände sowie mehr als 250 wissenschaftliche Publikationen. Besonders hervorzuheben ist *Risk Governance*, 2008 (Earthscan).

Nina Ritzi-Messner, M.A., ist seit 2009 akademische Mitarbeiterin am Lehrstuhl für Kommunikationswissenschaft & Wissensanthropologie an der Zeppelin Universität. Bachelor Studium der Kommunikationswissenschaft und Psychologie an der Universität Erfurt. Master of Arts in Communication & Cultural Management an der Zeppelin Universität. Gründung der Beratungsagentur

COM.UNITY – Kultur & Kommunikation im Jahr 2006. Arbeits- und Studienaufenthalte in Italien, Afrika, China und den USA. Forschungsschwerpunkte: Interpersonale und Organisationskommunikation; Inter-, cross-, multi-, transkulturelle Kommunikation; Diversity; Schnittstellen von Kommunikation und Kultur sowie die Verknüpfung qualitativer und quantitativer Methoden.

Ninette Rothmüller, Sozial- und Kulturwissenschaftlerin, ist Gastwissenschaftlerin im Policy, Ethics and Life Sciences Research Centre (PEALS) in Newcastle upon Tyne. Als Forscherin begleitete sie das EU Framework 6 Projekt ‚Genetics in Healthy Aging' für die Ethikkommission. Im Frühjahrssemester 2010 ist sie als wissenschaftliche Mitarbeiterin im Art Department des Mount Holyoke College, Massachusetts, beschäftigt. Ihr Forschungsinteresse gilt der Schnittstelle von Kunst und Naturwissenschaften sowie der feministischen Ethik und Körperpolitik. In den vergangenen 10 Jahren hat Rothmüller ‚zwischen den Disziplinen' in verschiedenen interdisziplinären und internationalen Kontexten gearbeitet. Ihre Interessen und Analysen finden sich in ihren Schriften, aber auch in der Planung und Herstellung von Kunstprojekten.

Steven Sampson ist Dozent für Sozialanthropologie an der Universität Lund, Schweden, und Balkan-Spezialist. Zu seinen Forschungsinteressen gehören der Export der Demokratie, die bürgerliche Gesellschaft und Menschenrechte in Osteuropa. Gegenwärtig arbeitet er an einem Buch über die Anthropologie der Antikorruptionsindustrie. Neuere Veröffentlichungen sind u.a.: The Anti-Corruption Industry: from Movement to Institution, *Global Crime* (2010); Corruption and Anti-Corruption in Southeast Europe: Landscapes and Sites, *Governments, NGOs and Anti-Corruption: The New Integrity Warriors*, Hrsg. L. de Sousa, P. Larmour & B. Hindness (2009); Integrity Warriors: Global Morality and the Anticorruption Movement in the Balkans, *Understanding Corruption: Anthropological Perspectives*, Hrsg. Dieter Haller & Chris Shore (2005). Kontakt: steven.sampson@soc.Lu.se.

Andreas Schmidt, M.A. (geb. 1984), erwarb seinen B.A. in Politik- und Verwaltungswissenschaften an der Universität Konstanz. Im Anschluss daran absolvierte er seinen M.A. in Public Management & Governance an der Zeppelin Universität. Derzeit ist er Promotionsstudent an der Universität Witten/Herdecke sowie Leiter des Alumni-Office der Zeppelin Universität. In seiner Dissertation beschäftigt er sich mit dem Thema „Korruptionsbekämpfung durch E-Government".

Nico Stehr, Prof. Ph.D. ist Inhaber des Karl-Mannheim-Lehrstuhls für Kulturwissenschaften an der Zeppelin Universität. Im akademischen Jahr 2002/2003 war er Paul-Lazarsfeld-Professor der Human- und Sozialwissenschaftlichen Fakultät der Universität Wien. Jüngste Buchveröffentlichungen: *Wissenspolitik: Die Überwachung des Wissens* (2003); *The Governance of Knowledge* (2004); *Biotechnology: Between Commerce and Civil Society* (2004); *Knowledge Politics: Governing the Consequences of Science and Technology* (2005); *Die Moralisierung der Märkte* (2007); *Knowledge and the Law* (2008); *Knowledge and Democracy* (2008); *Society* (2009) und *Wissensökonomie und Innovation* (2010).

Ekaterina Svetlova, Dr. phil., ist wissenschaftliche Mitarbeiterin am Buchanan Institut für Unternehmer- und Finanzwissenschaften an der Zeppelin Universität. Ihr Interesse gilt den Möglichkeiten der Verknüpfung von Ökonomie, Philosophie und Soziologie. Ihr Buch *Sinnstiftung in der Ökonomik: Wirtschaftliches Handeln aus sozialphilosophischer Sicht* erschien 2008 im Transcript Verlag.

Piotr Sztompka ist Professor für theoretische Soziologie an der Jagiellonen-Universität in Krakau, Polen. Er hatte Gastprofessuren an bedeutenden Universitäten in den USA, in Australien, Lateinamerika und Europa inne (2008/2009 an der Zeppelin Universität). In Deutschland war er als Fellow am Wissenschaftskolleg zu Berlin und am Wissenschaftszentrum, Berlin. International anerkannt ist er für seine Arbeiten zu allgemeinen Gesellschaftsmodellen, Theorien des sozialen und kulturellen Wandels, sozialen Bindungen und Vertrauen sowie zum postkommunistischen Trauma, die in 14 Sprachen erschienen sind. 2002-2006 war er Vorsitzender der International Sociological Association (ISA). Auf Englisch erschienen sind u.a. folgende Bücher: *System and Function* (1974), *Sociological Dilemmas* (1979), *Robert Merton: an Intellectual Profile* (1986), *Society in Action* (1991), *Sociology of Social Change* (1993), *Trust: a Sociological Theory* (1999).

Dirk Tänzler, geb. 1955, Prof. Dr., Fachbereich Geschichte und Soziologie, Universität Konstanz, Promotion an der Johann-Wolfgang-Goethe Universität Frankfurt/Main (1990), Habilitation an der Universität Konstanz (2005), Gastprofessor an der Universität Wien (2005/06), der Universität Zürich (2007) und der Universität Luzern (2008), Lehrbeauftragter an der Zeppelin Universität, Friedrichshafen. Arbeitsschwerpunkte: Kultursoziologie, Wissenssoziologie, Politische Soziologie, Soziologie der Korruption, Geschichte der Soziologie, Soziologische Theorie, Hermeneutik von Wort und Bild. Mitherausgeber der Reihe Crime and Culture bei Ashgate Publishing (UK). Publikationen: *Cultures of Corruption in Europe* (2010, mit A. Giannakopoulos und K. Maras); *The Social Construction of Corruption in Europe* (2010, Hrsg. mit A. Giannakopoulos und K. Maras); *Neue Perspektiven der Wissenssoziologie* (2006, Hrsg. mit H. Knoblauch und H.-G. Soeffner); *Zur Kritik der Wissensgesellschaft* (2006, Hrsg. mit H. Knoblauch und H.-G, Soeffner); *Figurative Politik* (2002, Hrsg mit H.-G. Soeffner).

Ulrich Ufer ist DAAD-Professor an der Université de Montréal in Canada. Er studierte Geschichte an der University of Cambridge sowie Sozialanthropologie an der EHESS in Paris und schloss seine Dissertation als Co-Tutelle zwischen EHESS-Paris und der Universität Stuttgart ab. Er unterrichtet u.a. Geschichte und Anthropologie der Globalisierung, Europäische Identität sowie Fragestellungen der Interdisziplinarität. Letzte Publikationen u.a.: *Welthandelszentrum Amsterdam. Globale Dynamik und Modernes Leben im 17. Jahrhundert* (Böhlau, 2008), On the Global Distribution and Dissemination of Knowledge (mit Nico Stehr, *International Social Sciences Journal* 195, 2009), Globalization and Modern Identity Practices – Locals and Cosmopolitans in Seventeenth Century Amsterdam (HERMES 43, 2009) und Der Dreißigjährige Krieg in Oberschwaben. Drei Ego-Dokumente (*Ulm und Oberschwaben* 56, 2009).

Cornelia Wallner, Dr. phil., ist Post-doc-Scholar am Karl-Mannheim Lehrstuhl für Kulturwissenschaften der Zeppelin Universität. Studium der Soziologie sowie der Kommunikationswissenschaften an der Universität Wien, von 2005 bis 2009 dort Wissenschaftliche Mitarbeiterin. Studien- und Arbeitsaufenthalte in Belgien, China, Tschechien und Guatemala. In ihrer Dissertation entwickelte sie ein interdisziplinäres Analysemodell aus kommunikationswissenschaftlichen und ökonomischen Indikatoren zur Untersuchung von Medienmärkten. Ihre Forschungsgebiete umfassen Öffentlichkeit und sozialen Wandel, Mediensystemforschung sowie politische Kommunikation.

Helmut Willke lehrt seit 1983 Soziologie an der Universität Bielefeld; seit 2002 Professur für Staatstheorie und Global Governance. Seit 2008 Professur für Global Governance an der Zeppelin Universität. 1994 Leibniz-Preis der DFG. Forschungsschwerpunkte sind Systemtheorie, Staatstheorie, globale Steuerungsregime, Wissensmanagement. Gastprofessuren in Washington D.C., Genf und Wien; seit vielen Jahren als Berater in Politik, Wissenschaft und Wirtschaft tätig. Wichtigste Veröffentlichungen: *Atopia*, 2001 (Suhrkamp); *Dystopia*, 2002 (Suhrkamp); *Heterotopia*, 2003 (Suhrkamp); *Symbolische Systeme* 2005 (Velbrück); *Global Governance*, 2006 (transcript); *Smart governande* 2007 (Campus).

Personenregister

Ackerman ... 74
Adam ... 13
Adler ... 414
Adorno ... 239, 245
Akerlof ... 82
Alasuutari ... 360
Anderson ... 352
Antoni-Komar ... 234
Arendt ... 349
Ariès ... 219
Arrow ... 120
Ashby ... 115
Augustinus ... 167
Awad ... 44
Bacchi ... 356
Baier ... 217
Bailenson ... 271
Bainbridge ... 313
Baldwin ... 70, 71
Banfield ... 289
Barabási ... 34
Barbon ... 142
Barnard ... 127
Bateson ... 168, 233
Bechmann ... 310, 311
Beck ... 120, 311, 337
Bellah ... 284
Benner ... 78
Bennett ... 349, 360
Bense ... 136
Bente ... 271, 278
Benz ... 383
Berger ... 338
Bernagie ... 136, 140, 147, 148
Berres ... 228
Bimber ... 309, 310, 316
Black ... 62
Blankaart ... 142
Block, Fred ... 354
Block, Ned ... 203, 208
Boellstorff ... 276
Böhme ... 123, 191, 192
Bok ... 9
Bonabeau ... 34

Bontekoe ... 147, 148
Bora ... 311
Bourdieu ... 139
Boyes ... 183
Brandom ... 419
Braun-Thürmann ... 275
Breakwell ... 156
Brehmer ... 160
Brekke ... 189, 190
Brenneisen ... 383
Bröcker ... 93
Bröckling ... 339
Brown ... 109
Brueck ... 220, 229
Brunsson ... 120
Buchanan ... 70, 74
Budde ... 373
Bührig ... 373
Burke ... 140
Burton ... 183
Busby ... 186
Byrne ... 211
Cambon-Thomsen ... 180
Cameron ... 116
Campbell ... 141
Caulfield ... 190
Chalmers ... 201
Chanan ... 256, 257
Chandler ... 116, 127
Child ... 142
Cho ... 405
Cleary ... 285
Clements ... 179
Cohen ... 116
Collier ... 415
Collins ... 419
Coquery ... 141
Corrigan ... 181
Crary ... 242
Crozier ... 122
Cruz-Castro ... 316
Cutler ... 63
Dahl Rendtorff ... 178, 179
Dahrendorf ... 345

Därmann	225
Dawes	157
De Frutos	16
de Maria	105, 107
De Sousa	340
Decker	312
Deleuze	113
den Hertog	312
Denker	188
Derrida	84, 94, 121, 125
Descartes	241
Deursen	147
Dickenson	186, 194
Dodd	57
Dogan	284
Dollase	215, 217, 218, 220, 235, 236
Dölling	385
Douglas	155
Dretske	208
Dreyer	152
Driessen	141
Drösser	226
Dunn	357
Dworkin	287
Dyson	178
Eatwell	64, 66, 67, 69
Eder	350
Eichengreen	70, 71
Eigen	104
Eisenstadt	350
Elster	124
Emirbayer	349
Engels	179, 180
Erickson	33
Eschenburg	271, 278
Eschner	13
Esposito	84, 85
Evans	71
Fairbanks	25
Farr	355, 356
Faßler	272, 273, 277
Faust	391
Federichs	310
Feitama	149
Ferguson	236
Feuerbach	243
Fischer	217
Foucault	144
Freeman	178
Friedberg	122
Friedman	28
Fries	35
Funtowicz	310
Furetière	138, 139
Gallison	9
Galtung	108
Garbe	320
Garnot	136
Gehlen	375
Geithner	65, 68
Geraats	16
Gerhards	13
Geser	271
Gestrich	349, 350
Gethmann	314
Giddens	11
Gigerenzer	233
Gilbar	178
Gitter	43, 45, 46, 53
Gloede	311
Goffman	271, 272, 276, 277, 278
Gonder	230
González Quinzá	177
Granovetter	330, 333, 335
Greenspan	58, 61
Grønlie	352
Grootes	137, 138
Gulick	127
Haas	337
Habermas	13, 137, 309, 326, 349, 352
Habschick	43, 45, 46, 53
Hahn	383
Hall	60, 361
Handy	116
Hannson	181
Hansen	44, 45
Harðardóttir	186
Harlow	351
Harman	202
Harris	178
Hart	284
Hasse	234
Haufler	63
Hayek	28, 67

Personenregister 431

Heard-Lauréote 13
Heertje 82
Heimer 116
Heisenberg 26
Heiskala 357, 360
Heiskanen 357
Held 58, 77
Helmreich 276
Hemetsberger 49, 51
Henderson 58
Henriques 23
Hensen 224
Herring 271
Hertslet 24
Herzog 292
Heuberger 343
Hirschmann 42, 225
Hobbes 334
Hofmann 59, 61, 63
Høgetveit 352
Holkeri 359
Holland 186
Holström 15
Holzer 225
Høyer 177, 187, 188, 194
Hubig 312
Hulten 105
Hüppauf 261
Hutter 57
Hyvärinen 357
Iacono 178
Inglehart 284
Inha 357
Inkeles 284
Jäger 191, 192, 246, 252, 254, 255, 257
Janich 314
Jansson 357
Johnson 51
Jones 180
Jost 251, 252, 259
Jungermann 152
Jyränki 357
Kahneman 157
Kananen 360
Kantola 357, 359, 360, 362, 363
Karg 375, 376
Kaufmann 83

Kaye 183
Keck 337
Kellner 343
Keohane 70, 74
Keohane 58
Kets de Vries 116
Kette 62
Kettunen 353, 359, 361, 363, 364
Kim 405
Kißler 376
Kiviniemi 353
Klinke 152
Knight 93
Knudsen 350, 352
Kocher 272
Kohn 66
Kolstad 14
Konstari 349, 350, 352, 353
Kopfmüller 314
Korczak 44
Koselleck 348, 355
Koskiaho 357
Kozinets 49, 51, 52, 53
Kramer 247, 251
Krämer 271, 278
Krauss 230
Krebs 34
Krishnan 44
Krook 145
Kulpa 51
Kunstein 381
Kussin 62
Ladikas 312
Lambsdorff 105
Lampmann 41
Larsson 353
Latour 275
Lau 311
Laud 14
Lauth 373, 374
Lechner 221
Leggewie 310
Leisinger 391
Lemke 225
Lessig 12
Lévy 145
Liger 137, 142, 143

List.. 336
Littmann.. 116
Loar... 203, 205
Lock... 178
Long.. 12
Lübbe.. 320
Lucadou.. 294
Luhmann 11, 23, 26, 29, 32, 69, 116, 117, 118, 126, 163, 337
Luhtakallio.................................... 357
Maassen.. 172
Machlis... 155
Malinowski................................... 125
Malkin... 58
Mann................................. 263, 264, 265
Manzano... 16
March.. 116
Marcussen............................... 354, 355
Marks.. 10, 11
Marschall............................... 334, 335
Martens... 350
Martin... 183
Marx Ferree.................................. 350
Masuch... 116
Mattila.. 16
Matzner.. 377
McCarthy....................................... 14
McGregor..................................... 183
McRoberts..................................... 50
Merlau-Ponty............................... 191
Merton............................... 30, 38, 63
Meuter.. 192
Meyer... 13
Meyer-Krahmer............................ 312
Miao... 16
Millar.................................... 399, 400
Miller........................ 64, 127, 157, 356
Misoch... 272
Mittelstraß................................... 314
Moisio.. 363
Montier.. 84
Moore... 203
Morgenstern.................................. 28
Mulgan... 357
Müller... 402
Murray... 178
Nagel.. 352

Nelson.. 46
Nennen... 320
Neuhaus....................................... 338
Neyland.. 16
Nipsen................................... 142, 143
Nousiainen................................... 357
Novas... 186
Nwabueze............... 180, 181, 182, 183
O'Donovan.................................. 178
O'Leary....................................... 127
Obama................................... 401, 411
Oehler.. 43
Olsen, Johan P............................ 116
Olsen, Mancur............................. 14
Oppong.. 25
Ortmann... 84
Orwat.................................... 312, 313
Oxelheim.. 15
Padgett... 116
Pallazo... 59
Palonen.. 356
Pálsson... 186
Parival... 143
Parson................................... 126, 127
Paschen.............. 311, 316, 318, 320
Pasquier... 12
Paul... 12
Pekonen................................ 361, 363
Perrow................................... 302, 305
Petermann.......... 310, 311, 317, 318, 323
Peters..................... 116, 120, 354, 355
Petersen................................ 180, 186
Petryna.. 186
Pfetsch... 13
Pfitzmann..................................... 397
Pfriem.. 234
Pierce...................................... 83, 85
Pierson.. 351
Pilz.. 166
Plender.. 65
Pollit.. 362
Polzer.. 101
Popitz.. 9
Popper... 415
Porter, Michael............................. 68
Porter, Theodor............... 98, 109, 110
Porter, Tony................................... 63

… Personenregister …

Posselt 164	Sanz-Menendez 316
Power 57, 69, 344	Sarcinelli 13
Prahalad 52	Saussures 168
Prat 12, 15	Schallbruch 378
Pross 273	Scharfstein 68
Putnam 284	Scharpf 74
Questiaux 180	Schau 49, 51
Quinn 116	Schein 126
Rabinow 144	Schelhowe 273
Rainio-Niemi 353	Scheppers 14
Ramaswamy 52	Scherer 59
Rawls 56, 73	Scherhorn 42
Razafindrakoto 108	Scheytt 225
Reid 212	Schildhauer 292
Reinermann 378, 398	Schluchter 350
Reinicke 78	Schmidt 354
Reininghaus 252	Scholl 44, 46, 47
Relly 348	Schottmüller 143
Repo 44	Schwartz 419
Reuter 220, 222, 229	Schweizer 152
Rex 385	Senituli 183
Rijndorp 145	Sennett 11, 143
Roco 313	Senturia 109
Rogowski 340	Serres 236
Rohrmann 160	Seymour 178
Roodenburg 136	Shackle 121
Ropohl 293, 294	Shakespeare 170, 172, 173, 174
Rosa 155	Shanon 114
Rose, Hilary 180	Sharman 9
Rose, Nicolas 186, 356	Sheehan 349
Roßnagel 380	Sheller 349
Rost 397	Shiller 36, 58
Rothstein 355, 356	Shoemaker 203
Röttgers 217, 218, 219, 225, 236	Siemons 83
Roubaud 108	Sikking 337
Rousseau 11	Simmel 9, 10, 147
Rowe 375	Simon 116, 120
Ruby 381	Sinclair 62, 75
Runciman 416	Sinn 60, 73
Rynning 178	Sirnes 189, 190
Sabatier 336	Skinner 348, 355, 359
Sabharwal 348	Skolowski 336
Saenz 12	Slaughter 72, 75
Sahm 228, 230	Slovic 152
Salomon 336	Slutzky 375
Sampford 103	Smith 146
Sandel 10	Smits 312

Smutniak	65
Solbakk	177
Somers	350, 354
Sommer	217
Søreide	105
Soskice	361
Sparrow	33
Spencer-Brown	30, 117, 118, 119
Standage	419
Starobinski	10, 240
Stein	68
Steinmo	355, 356
Stenvall	357
Stiglitz	58, 83, 353, 366
Stinchcombe	116
Stoker	78
Stokes	285
Strange	69
Stråth	349
Strathern	12
Strulik	62
Sulmasy	12
Sunila	361
Tabbert	270
Taleb	84, 92
Taubes	230
Teensma	136
Telinck	147
Terhanina	50
Tett	61
Teubner	72
Thambisetty	183
Thelen	60
Thorgeirsdottir	191
Throsby	188
Tienda	12
Tiihonen	352
Tocqueville	284, 349
Tomasello	166, 168
Tsosie	183
Turkle	272
Tversky	157
Tye	201, 202, 203, 205, 208
Utz	278
van Dülmen	350
van Eijnatten	350
Van Gulick	205
Van Ryzin	13
Vidler	240
Vig	316
Vilgis	225
Villeneuve	12
Vishvanath	83
von Foerster	93, 115, 121
von Nell	390
von Schomberg	309, 312
Voss	314
Wallace	9
Walton	207
Walzer	58
Warglien	116
Warneken	253
Waterman	120
Watson	154
Weaver	114
Weber	332, 357, 417
Weick	116
Wenzel	82
Wetzel	249
White	118
Wiedemann	155
Wiener	115
Wiig	14
Wildavsky	58
Wilken	44
Williams	16
Williamson	58
Witt	219, 220, 234
Witte	78
Wittgenstein	168
Wonderlich	404
Wootton	416
Würgler	349, 350
Wüstenhagen	224, 225
Yildirim	381, 382
Zaner	191
Ziff	415
Zinterer	336
Zürn	74

Sachregister

Advocacy-Konzept .... 335ff.
Anlagenausschusssitzung .... 85f.
Avatar .... 269ff.
Beobachter 112
Bewusstes Erleben .... 200, 204ff.
Biobanken .... 177ff., 194ff.
   Ländervergleich .... 181ff.
   Stammzellenbanken .... 184f.
Corporate Social Responsibility ...... 53, 58f.
Corruption Perceptions Index CPI
   .... 99, 103ff., 107ff., 374
Datenschutz .... 43f.
digitale Infrastrukturen .... 270, 275f.
E-Government .... 377, 398ff., 404f.
elektronische Akte .... 380f.
Energiewandel .... 321ff.
Entscheidung .... 93ff.
Ernährung 234
   Bio-Label 221
   Esskultur .... 215, 217ff.
   Geschmack 217f., 220, 223, 235
   Nahrungsmittel .... 216, 220, 223, 232ff.
Ex-Post-Phänomen 36
Experten 85, 87
   Expertendilemma 319f., 326
   Expertise 61, 63
Finanz
   Krise 56ff., 82, 86, 93,
   Märkte 16, 56ff., 67, 83
   Szenarios .... 87ff.
   Transaktionen 15, 57
Gebrauchstheorie 168
Geldautomaten 35
Gesundheit 221, 223
IDEMA, Internetdienst
für moderne Aussprache .... 385ff.
Identität .... 271f.

Informationsfreiheitsgesetz 379
Institution 285, 355,
   Institutionelle Offenheit
   .... 248ff., 352, 361f.
Kommerzialisierung .... 141f.
Kommunikation 273, 324
   eigentlich eigentliches Sprechen
   .... 163, 175
   Infrastruktur 276, 279
   interpersonale 278
Komplexität
   Paradoxie 26
   soziale 9,11
   Transparenz-Spirale 27
Konsum .... 140f.
Korruption
   .... 97ff., 109f., 330ff., 374ff., 382ff., 400f.
   Prävention .... 384f., 387ff.
Latenz .... 30ff.
Legitimation .... 334f.
Liberalisierung .... 57f.
Managemententscheidung .... 118ff.
Marktfundamentalismus 57f., 71
Medien
   Mediengesellschaft 49
   Massenmedien 11, 269
   Politische Kommunikation ... 163ff., 170
   politische Meinungsbildung 13
Netzwerk
   Netzwerkforschung 33
   Netzwerkportale 50
   Organisation .... 127, 331f.
   Terrornetzwerke 34
Neurowissenschaft 200
NGO 99ff., 330f., 345
Organisation .... 112ff., 126, 331f.

Organisation
Organisationsentwicklung............. 343f.
Organisationstheorie........................116
Organisationswandel .... 343f.
Ökonomie
Konjunkturpaket 87
Marktrisiko...65
Prognosen... 84f.
Rezession...................................... 88ff.
Paradoxien...28
Phänomenologie...................................211ff.
Philosophie
Transparenzphilosophie................239ff.
Leib-Philosophie........................... 190ff.
Nächstenliebe.................................. 186f.
eigentlich eigentliches Sprechen
....163, 175
Politik
politische Beteiligung.................... 76ff.,
demokratisches Regieren............... 69ff.
politische Entscheidungsfindung
.... 13f., 56f., 63, 73, 309f., 325
politische Entwicklung Skandinavien
.... 350ff.
politische Ermächtigung................ 338f.
politische Innovation ....353ff.
politische Kommunikation ... 163ff., 170
politische Legitimität..................... 74ff.
politische Meinungsbildung................13
politische Theorie 10
Rating Agentur..37
Regierungsprogramm....... 357ff., 361f., 366f.
Regulierung............................. 58, 62f., 180
Repräsentationalismus ....201ff., 210f.
Risiko .... 65f.
als Frühwarnindikator................. 157ff.
als Glücksspiel .... 156f.
als Herausforderung...................... 155f.
als Schicksalsschlag...................... 154f.
Risikomuster 153
Risikowahrnehmung...........152ff., 159f.
Markt..65
System......................... 64ff., 67, 69

Second Life....................................272f., 277
Shakespeare .... 170ff.
Soziale Beziehungen 134
Soziale Opazität....................................135ff.
Sozialer Status ....134, 137ff., 146ff.
Sprachtheorie.. 164f
Stadtplanung..144ff.
System
komplexe 294
technische 294, 298, 302
Systemrelevanz ....59f., 66f.
Systemtheorie 295
Technik..................................292ff.,309ff.
Entsorger ....299f.
Hersteller ....296f.
Nutzer 297f
Modularisierung .... 300f.
Technikfolgenabschätzung...........303, 309ff.
Deutscher Bundestag....................323ff.
Transparency International.........99ff., 330ff.
Transparenz-Latenz-Matrix....................... 32
Verantwortung.........................77f., 288, 290
Verbraucher
Informationen......................45, 46f., 50
Rechte..41ff.
Verletzbarkeit, Ethik ....178f., 189f., 192ff.
Vertrauen 29, 48, 82, 284ff., 304
Verwaltung 376
virtuelle Welt... 271
Wahrheit ....414f.
Web 2.0
.... 45f., 49ff., 54, 269ff., 399f., 402, 404
Whistleblowing-Systeme ....390ff.
Wissen
Technikfolgenabschätzung............318ff.
Wissensbegriff................................. 313
wissenschaftliche Unabhängigkeit.......315ff.
Zeichentheorie 168

Printed in Poland
by Amazon Fulfillment
Poland Sp. z o.o., Wrocław